青蓝文库

本书是中国人权研究会2020年度部级研究课题（一般课题）
“民生法治语境下经济社会权利的司法保障机制研究”的
成果之一（项目批准号：CSHRS2022-22YB）

青蓝文库

经济、社会、文化权利论纲

涂云新 著

中国法制出版社
CHINA LEGAL PUBLISHING HOUSE

问渠那得清如许

经过两年多的策划和工作，《青蓝文库》终于面世了。这中间，凝聚了很多人的努力和期待。中国法制出版社邀我写一个总序，考虑到丛书包涉法学各个专业，自己所学狭薄，我一开始有些犹豫。但又想到司马迁所言：“序者，绪也，所以助读者，使易得其端绪也。”参与和见证一段历史，无形中就承载了记录绍介的义务。读者可能希望了解到这套文库的来龙去脉，如果我的序能够有所帮助，那还是义不容辞的。

说来话长。这套文库的大致雏形，最早涌现于 2016 年 3 月某日，中国法制出版社的马颖女士与我在陈明楼办公室的一番叙谈。马颖在法律出版界是资深编辑，那时刚接任编辑六部主任一职，很想为法制社的学术出版再开局面，拓展出一些新气象。而我自己当时手头文债积压，并无新货，于是，我们就聊到其他出版项目，其中就包括，法制社打算资助出版一批优秀博士论文。

如所周知，博士论文凝聚了一个人以学术为业的最初心血，是他走上学术之路的叩门砖，意味着从汲取导向的学生，开始向创新导向的学者蜕变。而且，从学术史经验来看，博士论文中也不乏经受住了时间检验的经典之作。

尽管意义与价值如此之大，但是，在当下的出版环境中，博士论文出版却非常之难。一来，是由于纯粹的学术著作的受众市场本身就非常狭小；二来，在逼仄的市场中，书的销量和效益又往往与作者的知名度挂钩。于是，一个名不见经传、初出茅庐的学者，捧着手中新鲜出炉的博士论文，既不容易得到学术市场的认可，也因此很难获得出版社的支持。名家大腕被争相约稿，而刚出道的新人，即使自掏腰包自费出版，恐也难逃被冷落敷衍的命运。所以，尽管每年中国的法学院校里有很多博士生毕业，但是，即使是其中最优秀的博士论文，想要立即出版也非易事，往往是“养在深闺人未识”，直到作者闯出腕儿来、有了学术名声的那一天，蒙尘的明珠才可能绽放光芒。

然而，此时出版，已有些错过，不再是学术新人最渴望自我肯定和向学界证明的迫切时机，也不是学者在最艰难的出道之初，最急需的支持和鼓励，因而，可能只是锦上添花。过往，中国人民公安大学出版社的《北大刑法博士文丛》，以及武汉大学出版社的《武汉大学刑法学博士文库》，为很多刚毕业的刑法博士提供了论文出版的平台，成就了他们人生中的第一本书，那是颇有高义的雪中送炭之举。不过，这两套文库作者限于特定高校和刑法专业，影响不免有限。如今，法制社有意精心打造一套文库，推出全国法学院各专业的优秀博士论文，这种对学术新人鼎力相助的力度，可谓前所未有，出版社的学术情怀和社会担当更是令人敬佩。因此，当听到马颖提出这个出版计划并征询我的具体建议时，我也感到很振奋，愿意尽自己绵薄之力，帮助她绘成这个蓝图。

我当时向马颖建议，可以通过民间渠道邀请一批中青年学者，而非官方机构来遴选优秀论文。这不仅是由于，机构评选论文的形式已成窠臼，更主要是考虑，如果评审人与被评审人年龄代际相近，那么无论是个人的学术潜质还是论文情况，都一定更为熟悉。而且，相对于年长的学界大家来说，中青年学者距离在毕业前后的艰难岁月中努力跋涉的经历，时间还未久远，因此，对学术新人出头的不易，以及博士论文出版的困难，大都有尚未淡化和忘却的切身体会，可能更愿意去投入精力帮助后来人。加之较少社会杂务，更多爱惜学术羽毛，评选上也会更加认真、负责和公允。

马颖是个很有决断力的人，她听了我的建议后，完全赞同这个新的民间方案，并请我推荐和联系编委会人选。我被马颖的热诚感染，受她之托，给一些学界朋友打了电话。大家在了解到这个出版计划后，几乎都是毫不犹豫地应允下来，愿意义务承担审查来稿和推荐优秀论文的工作。编委会的人员组成很快就确定下来。这也让我颇有感触，一个有情怀的出版项目，不需要多少鼓吹，自会焕发出它的光彩，吸引和召唤着有学术责任感的学者们汇集。

万事俱备，只欠开会。2016 年 4 月 18 日，第一次神仙会胜利召开。根据出版社的记录，第一次与会的学者名单如下：车浩、陈新宇、侯猛、劳东燕、雷磊、栗峥、王莹、许德峰、张翔、张翼、赵宏、朱腾、谢海定。舒丹、马颖、王雯汀三位法制社编辑策划主持了第一次聚会。聚会之日适逢当年的北京电影节，于是，由我提议，大家在小西天附近餐叙后，又集体遛弯到中国电影资料馆，看了一场银河映像系列之《暗花》。从电影院出来，仍然意犹未尽，找了一处胡同里的茶馆继续聊。

这次聚会颇有成果。商定的内容包括：（1）在全国范围内面向各个高校和专业征求优秀论文。（2）采用作者自荐和编委推荐两种方式确立稿源。（3）编委会的工作制度和推荐评审的义务。（4）兼顾图书质量和出版规模等基本理念和规则。其实，答应参与编务的学者，虽然是法学各个专业里出类拔萃的青年才俊，但毕竟有学校和专业的隔离，相互间并没有想象中那么熟悉，甚至是闻名已久但从未谋面的神交，是《青蓝文库》这个出版项目中包含的学术理想和情怀，调动了每个人的学术热忱，大家才聚到一起来。每个人都很珍重自己的责任。在集聚餐、喝茶、看电影于一体的聚会中，严肃活泼地讨论了问题，达成了共识，像这样的交游轶事，对我们每个参与者都是很奇妙的体验，也是一次弥足珍贵的回忆。

第一次聚会后不久，法制社就在征求各位编委意见的基础上，面向全国，推出了正式的征稿启事。“《青蓝文库》是由中央级法律专业出版社中国法制出版社创设的重大出版项目，专门出版中国法学专业优秀博士学位论文。文库旨在发现有潜质的学术新星，为法学博士论文的发表搭建优质平台。文库支持和推动高校不断推出创新性成果，与学界一起探索和确立中国法学博士论文的优秀标准。”这份启事，包括我本人在内，多位老师参与修改润色，应当说，完整地表达了出版社编辑和我们编委会成员的共同心声。

在这份启事中，中国法制出版社郑重承诺:《青蓝文库》的出版无需任何资助；出版社会精心打磨每一部作品，以精美的版式设计和装帧风格匹配作品的学术价值；对《青蓝文库》的出版成果，出版社会积极联系各学术刊物、报刊媒体、学校官方平台等进行大力宣传；每一年度出版社将邀请出版论文作者参加“青蓝出版沙龙”，享受一次打破学科专业界限相互交流的盛会。显而易见，这些承诺如能一一实现，那么，进入《青蓝文库》，对于博士毕业的学术新人在学界影响力的彰显和提升，将会有极大的助力。这可能是青年学者能在国内出版界得到的最好的亮相机会了。当然，这份启事中也写明了我们这些编委的承诺，即编委会成员将尊重学术研究视角和立场的多元化，本着充分的学术包容精神，对挑选出真正有价值的论文怀有使命感，力求评选结果客观公正。

出版社与编委会的第一次碰头议事，设在小西天，以独特的方式，取得了非常好的效果。在其乐融融的气氛中，沟通了感情，增进了对《青蓝文库》这项共同事业的认同度和使命感。可能是受此激励，三个月后的一个周末（2016 年 7 月 23、24 日），马颖很快又趁热打铁组织了第二次编委会会议，地点设在京郊。报到当天下午，大家就开始了分组审稿的工作。第二天，在北京实创西山科技培训中心，召开了正式的评审会。针对符合征稿要求的 21 篇博士论文，按照“严格筛选、宁缺毋滥”的原则，以编委的个人初审为基础，经过分组审稿、分组讨论以及集中评审后，编委会成员进行匿名投票。再由出版社统计全体编委的推荐意见，当场公布获得三分之二（即 12 名以上）编委推荐的论文名单。针对入选的论文，编委会确定一至两名编委，综合全体编委的修改意见，会后与论文作者直接沟通，提出完善建议。至此，第一次评审会圆满完成，共评选出 4 篇优秀论文，作为《青蓝文库》第一批次推出的作品。

这是一次非常成功的论文评审会。这首先得益于，马颖、王雯汀、罗莎、侯鹏、吴宇辰等几位出版社的编辑及工作人员，为这次评审会付出了大量的心力来准备、策划和安排。其次，参加评审会的编委会成员，包括陈杭平、侯猛、劳东燕、雷磊、栗峥、王莹、许德峰、尤陈俊、张翔、张龑、朱腾、赵磊以及本人在内，都本着珍重这份责任的态度，对评审投入了很大精力。会前，出版社就已经通过邮件把论文发给了编委进行预审，等到开会当天，各学科组的编委对所推荐论文和存在争议的论文讨论得非常深入，争论得也十分激烈，可以说是充分且坦诚地交换了意见。

之后很长时间，我都常常想起这次令人难忘的评审会。马颖等各位编辑老师的策划安排，可谓煞费苦心。会议所在之地离龙泉寺很近，龙泉寺是全国有名的佛教古刹，出过很多高僧，常常以现代人喜闻乐见的方式传播佛法，寺内香火旺盛，游客如织，置身其中，感受到一种出世般的内心宁静，但也不会斩断与人间烟火的勾连。浸染在这种情绪中，特别适合投入接下去的评审工作。因为学术一途，本来也是素心人之事，要能脱心志于俗谛之桎梏，而付出精力去评审和推荐他人的论文，更是要有一种对学术共同体的使命感。所以，我觉得法制社的这次会议策划颇有禅机、值得回味。

半年之后，我们又在法制社的会议室召开了第三次编委会，也是第二次论文评审会。有了前两次成功的会议打下的基础，编委会磨合日趋顺畅，后面的评审会就进入了良性运转的正常轨道。值得一提的是，在几次会议中，大家逐渐达成一项共识，即《青蓝文库》支持的对象，不仅仅是优秀论文本身，而且是论文作者的学术之路。因此，虽然论文质量不错，但是作者博士毕业后就不再从事学术工作的，原则上不纳入出版计划之列。

受命作序，回想往事，点点滴滴都涌上来。这样不厌其详地叙述过往细节，正如开头所言，因为要向读者诸君讲述《青蓝文库》的来龙去脉，希望文库的每一位作者都能记住历史。法制出版社多次表示，他们有能力、有信心将《青蓝文库》的项目坚持下去，十年、二十年甚至更久。我也相信，未来将有更多的青年才俊，以这套文库为阶，走上学术舞台的中心。序中所记，是在这套文库诞生过程中，出版社编辑和编委会成员付出的热情和心血，当然，肯定还有很多我不了解的幕后工作无法呈现。我一直认为，缺乏学术传承和积累，是中国法学曾被人讥为“幼稚”的重要原因。而学术传统的形成，不是某一两个人甚至一两代人就能毕功的事业。我们每个人，都是在无尽的历史长河中来承担各自的使命。我们努力完成自己的作品，也不要淡忘先行者的努力和恩惠，同样，有能力时，更应尽力去帮助和支持学术之路上的后来人。由此，学术共同体才可能写下历史记忆，中国法学才可能形成绵延不断的积累。

问渠那得清如许？我想，年轻学者们锐意十足的作品、学界同仁间相互守望和提携的赤诚、出版界襄助学术的热忱，就是那永不枯竭的源头活水吧。愿中国法学的学术传统涓涓不息，清水长流！

是为序。

车浩

2018 年 4 月 9 日于北大陈明楼

推荐序

第一次见到涂云新这本博士论文，是在出租车上。当时在武汉，涂云新和我一起打车去参加研讨会。闲聊中，他从书包里拿出厚厚一本，说正在准备博士论文答辩，问我能不能帮他看看。我就在车上翻阅起来。出租车上短短二十几分钟，自然无法细读。但这好比书画鉴定中“望气”的翻阅，却给我留下很深的印象：“感觉上，这是一部佳作。”因此，在车浩、马颖召集第一次“神仙会”讨论“青蓝文库”的思路时，我马上想起了涂云新的这篇博士论文，并当即给他打了电话，问他是否有意参与征稿。后来，涂云新的这篇博士论文得到了文库编委的认可，通过了审稿程序，现在得以出版。我相信，各位读者在阅读之后，也会同意我和其他各位编委的意见。

经济、社会、文化权利并非新鲜的学术话题，相关的研究很多。但是，在我看来，涂云新的这本《经济、社会、文化权利论纲》有其优长之处。

其一，丰富深细。这本书的内容非常丰富。从经济、社会、文化权利的历史渊源，“社会国”“财政国”的国家观，消极自由／积极自由二分的权利哲学，到经济、社会、文化权利保障的具体模式与路径选择，各国立法裁量、给付行政和司法保障的具体机制和案例，以及国际人权法与宪法交互下的基本权利的功能体系建构，这本专著为我们展现的经济、社会、文化权利的图景是非常全面的。我们几乎可以把它当作一本关于经济、社会、文化权利的“小百科全书”。同时，这本书又是精深而细密的。视野的广大，并没有消减细节上的扎实。书稿的每一个论断，都有详实的文献与论据基础。这种水磨工夫，并非对常识和既有结论的无谓繁琐论证，而是颇有发明。比如，作者考证出天主教精神影响下的墨西哥 1917 年宪法更早规定了经济、社会、文化权利，更新了我国学界将社会权溯源到 1919 年德国魏玛宪法，或者至远到 1918 年苏俄宪法的认识。

其二，宏阔通透。作者对于经济、社会、文化权利的研究，没有局限于传统的国际人权法学以及宪法学的视野，而同时纳入了财税法、行政法等的原理和制度，并有法哲学、法社会学、法经济学上的关照。在固有的宪法学进路下，作者也关注到了央地关系、立法对基本权利的多重作用等以往经济、社会、文化权利研究中较少被涉及的领域。作者宏阔的视野，显然伴随着学科贯通、制度贯通与知识贯通的理论雄心。将国内法层面的“最低核心义务”“即刻义务”与国际人权法层面的“最低人权标准”相勾连，以及建构立法、行政、司法与权利人之间的“制度合作”的主张，都体现了作者贯通熔铸的努力。

以博士论文修订而成的著作，往往是确立青年学者初步学术形象的亮相之作；在当下“多出快跑”而又重论文轻专著的评价机制下，它甚至可能是一个学者一生唯一真正的体系性专著。因此，是必须慎而重之的。涂云新的这本专著无疑是慎重的，也是成功的，为现在在读的博士生们提供了一个好的典范。

按照“青蓝文库”的惯例，编委会委员要为所推荐的作品写一个推荐序。这两天正好有一场关于《后浪》的舆论扰攘。我想我们都要给别人写推荐序了，怕已经是“前浪”无疑了。不过，这不正是“青蓝”的寓意吗？这个意思，车浩兄已经在文库总序中讲得很清楚了。文库的另一位编委劳东燕教授这两天有篇《疫情改变了什么》的文章，其中也品评了《后浪》。她觉得青年一代与中年一代之间应当是平视的态度，彼此不卑不亢，而且中年一代应该努力让青年一代的成长环境好一些，避免无谓的折磨或折腾。我想这也是“青蓝文库”的精神。在此，我诚挚地向法学界的读者们推荐涂云新的这本著作，也希望法学学术有滔滔的后浪。

张翔

2020 年 4 月 9 日

前　言

经济、社会、文化权利是被列为当代人权发展的第二份权利清单（Second Bill of Rights），它们不仅是当代国际人权法和宪法所认可的合于人类尊严生活最低标准的权利，更是现代公民为之奋斗和争取的关涉共同体良好生活的基本权利。本书基于国际人权法的最新发展和当代立宪主义的历史逻辑，运用了规范实证主义、法解释学、系统功能主义、比较法学、案例和经验研究等多重研究方法，围绕经济、社会、文化权利的历史渊源、阐释路径、建制基础、立法保障、行政保障、司法保障和国际法保障等核心法学问题展开了系统性发掘和论述，勉力建立了我国较为成熟的经济、社会、文化权利保障理论体系。包括导论（第一章）统摄全文的论域、立意、构思在内，本书分为四大部分，总计十三章。

第一部分是基础篇，主要论述经济、社会、文化权利的阐释框架。本部分主要由第二、第三、第四章组成。第二章以人权在近代历史上的发展脉络为背景追溯经济、社会、文化权利的历史渊源。一般认为，经济、社会、文化权利的产生来源包括：古希伯来传统法律文化中的济贫思想；西方工业化文明时代的社会主义思潮；1917 年墨西哥宪法中关于社会权的规范，1918 年德国魏玛宪法中的经济、社会权利条款；罗马天主教教宗利奥十三世（Pope Leo XIII，1810—1903）在《新神谕》（Rerum Novarum）一书中关于普通民众经济、社会、文化权利的论述；美国总统富兰克林·罗斯福（Franklin Roosevelt）“四大自由”中“免于匮乏的自由”。本书认为，严格实证宪法意义上第一次规定经济、社会、文化权利的根本法律是1917年墨西哥宪法，它的思想来源是天主教教宗利奥十三世的《新神谕》。第三章以欧洲大陆法系典型代表德国法为基础论述经济、社会、文化权利的根基。本章认为经济、社会、文化权利最先体现了国家对社会弱势群体的法律关照，之后逐步发展为现代宪法的基本原则即“社会国原则”，其理念在于控制资本的均衡以保持资本和劳动间的适当结构，它意在一方面实现劳动者的“自治和自理”（Arbeiterselbstverwaltung），另一方面促进劳动者的“自我发展”。第四章以系统功能主义和新制度主义为视角发展出经济、社会、文化权利的阐释框架。经济、社会、文化权利不仅蕴含了基本权利的给付功能，还包含了基本权利的防御功能和客观法秩序塑造功能。本章认为应矫正积极权利和消极权利绝对二元对立的传统权利视角，从权利的功能体系和其所依赖的制度设施来重新阐释和定义经济、社会、文化权利，尤其应以“最低核心义务”为基点建构可以实现的经济、社会、文化权利阐释框架。

第二部分是制度篇，集中论述经济、社会、文化权利在国家权力运作层面的要求。本部分由第五、第六两章组成。第五章论述经济、社会、文化权利的保障模式和路径选择，该章认为经济、社会、文化权利的保障路径实际上是在立法裁量模式、给付行政模式和司法救济模式的三方互动过程中臻于圆满的。第一，宪法法定化了经济、社会、文化权利，但人民原则上尚无法仅依据这些宪法规定直接向国家请求具体的给付，须待国家制定相关法令设定受益条件与给付内容之后，人民方能依照该实践宪法的法令产生具体的权利而能对国家请求。第二，经济、社会、文化权利的保障在很大程度上依赖以“给付行政”为特征的行政法上的调整，给付行政的实施不仅需要贯彻立法中规定的经济、社会、文化权利条款，也在于通过其所掌握的经济资源为公民享有经济、社会、文化权利创设良好的条件。第三，无论经济、社会、文化权利的规范多么完美至善，司法机关的救济都具有不可替代的功能。司法救济人权的本质要求司法机关在经济、社会、文化权利侵权案件中不仅依法裁判，而且在宪法价值的指引下保障当事人经济、社会、文化方面的合法权益。第六章尝试从功能—结构主义（Functional-Structuralism）法哲学的视角剖析现代财政国家在经济、社会、文化权利保障中永远无法回避的宪法问题，即国家财政结构和财政分配在多大程度上应该做出适当的调整和改善，以达到保障公民合于人性尊严的最低生活给付。在财政的横向分配中，国家应该通过预决算确保社会保障支出在“资源可用的最大范围内”尽力满足公民的权利诉求。此种财政资源的分配可以在具体化个案中接受司法审查，同时，我国应该保持适当的中央和地方的财政划分，社会保障支出系经过中央和地方共同协力来完成，故适当的中央与地方的财政划分对于健全和完善转型社会中的经济、社会、文化权利保障尤为必要。

第三部分是保障篇，主要论述经济、社会、文化权利的三种保障模式。本部分由第七、第八、第九三章组成。第七章以立法保障人权的一般法理为背景探讨经济、社会、文化权利的保障，既需要借由立法机关的立法活动和阐释活动来形成人权和限定人权，也需要立法机关恪守其保障人权的国家义务，在适度情况下合理地限制经济、社会、文化权利。在这个过程中，作为基本权利的经济、社会、文化权利的限制首先需要有法律的明确规定或授权，其次需要坚持必要性原则、最小侵害原则、利益衡平原则。本书认为，法律保留原则对于经济、社会、文化权利的保障同样适用，只是立法裁量和行政裁量在这个过程中占据着相当大的比重。第八章以给付行政为核心探讨经济、社会、文化权利的行政保障。行政机关在保障公民的经济、社会、文化权利时应该坚持贯彻平等保护原则、禁止恣意原则和合比例原则。在涉及行政机关给付裁量的领域，应该以法律保留为核心采用层级化保留体系，即给付行政措施。根据它所受到法律规范之密度不同，对于行政机关限制人民给付请求权又涉及公共利益的情况，应有明确的法律或法律授权；对于行政机关介入人民给付请求权较为宽松且以技术性、细节性事项为主的情况，行政机关享有较为充分的自由裁量权。第九章以南非、美国、日本、中国涉及经济、社会、文化权利保障的典型案例为依据，通过类型化的比较发现：南非宪法法院判决的“格鲁特布姆案”激发了学界的热烈探讨，同时也促使学界反思经济、社会、文化权利司法保障的三种机制。以南非为代表的“强实体权利”保障机制倾向于由司法直接提供经济、社会、文化权利所需的物质救济；以美国为代表的“弱实体权利”保障机制倾向于通过“正当法律程序”保障公民的经济、社会、文化权利；以日本为代表的大陆法系国家则将经济、社会、文化权利条款视为一种“方针政策”规范，法院原则上受到方针政策的拘束，但是公民尚不能够根据宪法中的经济、社会、文化权利条款请求国家物质给付。

第四部分是关联篇，论述与经济、社会、文化权利保障密切相关的议题。该部分由第十、第十一、第十二、第十三章组成。第十章从国际人权公约和国内实证宪法交错适用的角度探讨了文化权利的属性和保障问题。该章认为，文化权利是《经济、社会、文化权利国际公约》和《中华人民共和国宪法》所认可和保障的基本权利。作为一种兼具“主观诉求功能”和“客观法秩序功能”双重属性的权利样态，文化权利既保障了公民进行文化活动的自由，又同时要求国家承担积极保障的责任。在尊重和保护文化多样性的现代法治国家，构建以文化“自我决定”和“自我开展”为核心的权利体系，将促成国家文化事业和产业的大繁荣和大发展。中华民族的优良传统文化将在“文化体制改革”中对人类文明作出新的贡献。第十一章从国际法和国内法二元互动的角度探讨了《经济、社会、文化权利国际公约》在国内实施的法律问题，该章认为，联合国经济、社会、文化权利委员会的一般性评论（General Comments）对于发展经济、社会、文化权利的法理起到了重要作用。这些法理发展可以作为缔约国实施《经济、社会、文化权利国际公约》的法理参照，在经济、社会、文化权利司法阐释中，一般性评论可以作为国内法律救济不足的“漏洞填补”。另一方面，为了加强经济、社会、文化权利的国际保护，联合国经济、社会、文化权利委员会可以加大力度监督各缔约国为执行公约所采取的行政措施、司法措施，在未来也不排除要求各会员国向联合国经济、社会、文化权利委员会提交为保障公民经济、社会、文化权利而采取的财政资源分配方案。第十二章主要结合我国1954年宪法和1982年宪法中的相关条款，从我国社会保障制度构建历史的角度揭示当代中国经济、社会、文化权利保障的困境。在中国，以政策为核心的经济、社会、文化权利保障体现了行政机关在社会保障方面占据主导地位。第十三章是全书的结论和启示：第一，社会保障和文化体制必须接受宪法平等权的检讨，破除以身份为依据、以“城乡二元结构”为特征的社会保障体制和文化管理体制，实现所有国民在权利保障方面的“法律面前人人平等”。第二，社会保障和文化体制必须实现“法治化”，从而国家必须重视和实现“社会国”“民主国”“法治国”等宪法原则。第三，我国应将社会保障体制和文化管理体制中关涉公民切身利益的部分逐步纳入司法审查的范围。

目 录

第一编 基础篇

第二编 制度篇

第三编 保障篇

第四编 关联篇

第一编

基础篇

你的理论仅仅是我行动的一半，你仅止步于自由，我更前行至博爱。[1]
——阿尔方斯·德·拉马丁（Alphonse de Lamartine）

你行动的后半部分会毁损其前半部分，
并且，事实上，我几无可能将“博爱”与“自愿”相割裂……
若自由不被合法地摧毁，正义不被合法地践踏，
将“博爱”予以法律上的实施是断然不可能的。
——弗雷德里克·巴斯夏（Frédéric Bastiat）[2]

如果别人的自由被剥夺，
如果我的同胞兄弟仍然生活于穷困污秽之中，
如果他们还生活在脚镣手梏之中，那么，我也不要自由，
我用双手拒绝这些自由，我宁愿和我的同胞兄弟同甘共苦。
——别林斯基（Belinsky）

第一章　导　论

第一节　问题的理论背景及提出

一、理论背景

若溯源人类社会关于正义学问的探索史和斗争史，我们就会发现，权利作为一种极为根本和复杂的法律、伦理和社会现象始终占据着所有关于正

[1] F. Bastiat，The Law，Chap.2 in G. B. Huszar（Ed.），Selected Essays on Political Economy，Irvington-on-Hudson：Foundation for Economic Education，1995. M. de Lamartine wrote me one day：“Your doctrine is only the half of my program；you have stopped at liberty；I go on to fraternity.” I answered him：“The second half of your program will destroy the first half.” And，in fact，it is quite impossible for me to separate the word “fraternity” from the word “voluntary.” It is quite impossible for me to conceive of fraternity as legally enforced，without liberty being legally destroyed，and justice being legally trampled underfoot.

[2] F. Bastiat，The Law，Chap.2 in G. B. Huszar（Ed.），Selected Essays on Political Economy，Irvington-on-Hudson：Foundation for Economic Education，1995.

义问题的争议和实践的中心位置。这不仅是因为权利与国家治术、优良政体、社会生活有着紧密的关联，更是因为它至少构成了我们所赖以存在的语言、意志和行为的一部分。自文艺复兴和启蒙运动以后，知识巨擘祭起“人学”的大旗以来，从某种意义上看，权利的历史即文明进步的历史。权利的观念深深嵌入了我们生活的社会和文化之中，并且已然成为文明社会的支柱。伴随着人的觉醒，这是一个权利的时代，而整个 20 世纪的历史多么恰如其分地见证了它。正如《世界人权宣言》开篇所昭示：对人类家庭所有成员的固有尊严及其平等的和不移的权利的承认，乃是世界自由、正义与和平的基础。[1] 由此，一种新的社会理想已经成功地遍布全世界——人权。[2] 然而，关于权利和人权问题的探讨，我们有必要从根本上做一个理论上的检视和澄清。其一，权利、基本权利与人权三者有相互重叠而又相对独立的论域与使用方法。权利从最宽泛意义上涵盖它所能指涉的法律现象的各种诉求、愿望和主张；基本权利（fundamental rights/Grundrechte）指对于一个法律体系本质成立具有根本意义的权利，这些根本权利往往为一国宪法或宪法性法律所保障；人权指关乎人之存在、与生俱来和人之为人的权利，且这些权利不仅为国内法也为国际法所保护（Nickel 2010，Sepúlveda et al，2004），这些区别并不阻却人们对二者研究与实践意义上的交叉进行。其二，关于权利的探讨大致可被划分为四个叙述框架：谁之权利（Who）、什么权利（What）、权源为何（Why）、如何行使（How）。在这四个叙述框架下，权利研究可以分为两条路径：权利之规范结构（Structure）与权利之规范功能（Function），而权利在规范功能上又衍生出

[1] Preamble, Universal Declaration of Human Rights, G.A. Res. 217 A（III）, U.N. Doc. A/810, 71（1948）；序言，《世界人权宣言》，联合国大会 217 A（III）号决议，联合国文件编号 A/RES/217（本书所采用中文译本为联合国官方出版物 1970 年译本）。（除另有说明外，本书公约、法律文本、政府报告均以官方出版物原文为准，为避免引起异议、分歧，均以“作者文本”为主，以“传译文本”为辅。）另外，联合国文件都有文号，这是每一文件独特的标识符号。每一文号都由字母和数字组成，标示提交文件的机构或印发文件的机构。例如，安全理事会决议的文号格式如下：S/RES/［序号］/［年度］。

[2] Costas Douzinas, The End of Human Rights: Critical Legal Thought at the Turn of the Century, Hart Publishing, 2000, p.1.

“意志论”和“利益论”两种论证路径。[1]其三，权利的类型化仰仗于我们所使用的认识论工具。基于存在（Das Sein）和当为（Das Sollen）的相对区分，应然权利与实然权利有别；基于法律与道德之相对区分，法律权利（Legal Rights）与道德权利（Moral Rights，或称为自然权利 Natural Rights）有别；基于请求基础不同，自由权利（Liberal Rights）与申明权利（Claim Rights）有别；基于康德定言令式 / 绝对命令（Kategorischer Imperativ）下“作为义务”的不同，积极权利[2]和消极权利有别；基于权利主体之不同，个体权利与集体权利有别。

考诸近代以来海内外学术界关于人权理论的探索史，人们关于何为“根本权利”的认识约略可以概括为以下几个阶段：启蒙运动时期的“自然权利观”（Natural Rights theory），美、法革命时期的“人的权利观”（The Rights of Man），“二战”之后的“世界人权观”以及后殖民化时期的“三代人权观”（Three Generations of Human Rights）。此间海内外亦存在各种多元的观点去审视“根本权利”，中国学者提出的蕴含于中国传统儒家伦理中的人权观，譬如“民唯邦本”[3]“仁者，人也；仁者，爱人”[4]“民贵君轻”[5]等。[6]1990 年伊斯兰会议组织在埃及发表了《开罗人权宣言》（The

[1] Wenar，Leif，“Rights”，The Stanford Encyclopedia of Philosophy（Fall 2011 Edition），Edward N. Zalta（ed.），URL =〈http：//plato.stanford.edu/archives/fall2011/entries/rights/〉.

[2] 王建勋：《“积极自由（权利）”的迷思》，载《交大法学》2013 年第 2 期。

[3]《尚书 · 五子之歌》。

[4]《礼记 · 礼运》。

[5]《孟子 · 尽心下》。

[6] 本书将儒家传统伦理下的“权利观”视为对世界人权的贡献。例如，20 世纪 40 年代在各国起草《世界人权宣言》的过程中，中国代表张彭春以儒家思想为依托，巧妙推进了关于“全球道德共识”的建立。See Wm.Theodore de Bary，Wm.Theodore de de Bary & Tu Weiming，Confucianism and Human Rights，Columbia University Press，1999；May Sim，A Confucian Approach to Human Rights，History of Philosophy Quarterly，Vol. 21，No. 4（Oct.，2004），pp. 337-356；鞠成伟：《儒家思想对世界新人权理论的贡献——从张彭春对〈世界人权宣言〉订立的贡献出发》，载《环球法律评论》2011 年第 1 期。

Cairo Declaration on Human Rights in Islam）[1]。总体而言，现代学界关于人权的探讨大多以“世代”（Generation）的观点来理解，其中，“三代人权理论”无疑占据着现代人权探讨的核心位置。该理论由联合国教科文组织前法律顾问卡雷尔·瓦萨克（Karel Vasak）于20世纪70年代末在法国斯特拉斯堡的国际人权研究院（The International Institute of Human Rights）提出。[2]瓦氏的“世代人权观”从学理渊源上看与法国大革命时期的三大核心口号和理念即“自由、平等、博爱”密切相关。约略述之，瓦氏所谓的“第一代人权”指代“自由”时期的权利，它是以公民的自由和政治参与为重心的根本性权利，如生命权、人生自由权、言论自由权、宗教自由权、公正审判权、选举权，此类权利也被称为“蓝色”权利（“blue” rights）；瓦氏所谓的“第二代人权”指代“平等”时期的权利，它是以经济、社会、文化权利为重心的根本性权利，如劳动权（工作权）、住房权、健康权、社会保障权（最低生活保障权）、受教育权等对公民身心发展具有根本重要性的权利，此类权利也被称为“红色”权利（“red” rights）；瓦氏所谓的“第三代人权”是指代“博爱”时期的权利，它同时也是与“二战”后开始的非殖民化民族解放运动相对应的，它所指涉的是那些以“社会连带”或“社会团结”为特征的关系人类社会生存和发展的一系列集体

[1] Cairo Declaration on Human Rights in Islam [DHRI], Aug. 5, 1990, U.N. GAOR, World Conf. on Hum. Rts., 4th Sess., Agenda Item 5, U.N. Doc. A/CONF.157/PC/62/Add.18（1993）.“开罗人权宣言”第10条确认了伊斯兰教不受玷污（unspoiled nature）的地位。由于其在“宗教自由”上的伊斯兰至上的地位而遭到国际法律家委员会（International Commission of Jurists）的强烈批判，但该宣言也确认了除“宗教自由”外的《国际人权宣言》中所列的诸项人权。关于伊斯兰教中的权利观可参考Katerina Dalacoura, Islam and Human Rights. Hodder Arnold Education, 2005；哈宝玉：《伊斯兰教法：经典传统与现代诠释》，中国社会科学出版社2011年版。

[2] 瓦氏关于“世代人权理论”的观点最早可追溯到1977年，中文学界多认为其论点的提出始于瓦氏于1979年在国际人权研究院的演讲，此应为讹误。详见Karel. Vasak, Human Rights: A Thirty-Year Struggle: the Sustained Efforts to give Force of law to the Universal Declaration of Human Rights, UNESCO Courier30: 11, 1977。

权利，[1] 反映的是第二次世界大战后第三世界国家对于全球资源重新分配的要求，它包括自决权、发展权、和平权、环境权（包括自然资源权）以及代际公平权和可持续发展 [2](Rights to intergenerational equity and sustainability)，这类权利也被称为“绿色”权利（“green” rights），亦在传统法学的观点下被视为“软法”所保障的权利。

基于法哲学上关于权利的理解，启蒙时期的“自然权利观”继受了古代“自然法”并结合了“天赋人权”和“社会契约”思想，旨在从“人学”的根本上探究“权源”问题，由于自然权利的伦理意味浓厚且缺乏可以实证的经验证据，在 19 世纪实证法学兴盛之后渐次式微。格劳秀斯、霍布斯、洛克、卢梭、孟德斯鸠等思想家是“自然权利论”的典型代表。待美、法革命之时，以政治自由为核心的权利诉求迅速波及欧美等主要资本主义国家，近代国家要么在其宪法中宣示“人的权利”，要么在基本法律中开列“权利清单”。例如法国的《人权和公民权宣言》、《弗吉尼亚权利法案》(Virginia Declaration of Rights) [3]、“美国权利法案”（美利坚合众国宪法前十条修正案）。由于权利

[1] Karel Vasak，For the third Generation of Human Rights：The Rights of Solidarity，Inaugural Lecture to the Tenth Study Session of the International Institute of Human Rights，Strasbourg 2 (1979)；Philip Alston，A Third Generation of Solidarity Rights：Progressive Development or Obfuscation of International Human Rights Law? Netherlands International Law Review 29.03 (1982)：307-322. 沈宗灵：《人权思想历史发展的几个理论问题》，载《北京大学学报》1992 年第 2 期；岳海涌：《人权代际观在当代的发展与创新》，载《兰州交通大学学报》2011 年第 2 期；胡欣诣：《三代人权观念：源流、争论与评价》，载《泰山学院学报》2011 年第 4 期；贺鉴：《论中国宪法与国际人权法对三代人权的保护》，载《法律科学》2010 年第 2 期。

[2] Edith Brown Weiss In Fairness to Future Generations，Resources (United States)；83 (1989)；Edith Brown Weiss，The Plantetary Trust：Conservation and Intergenerational Equity，11 Ecology L.Q. 495 (1983-1984)；谷德近：《代际环境权的宪法保障》，载《当代法学》2001 年第 8 期。

[3]《弗吉尼亚权利法案》由乔治・梅森（George Mason）起草，并于 1776 年 6 月 12 日由弗吉尼亚议会通过，该法案列举了固有的自然权利清单，如生命权、自由权和财产权。美国联邦宪法制定之时，联邦党人和反联邦党人围绕着是否在联邦宪法中增加人权法案有着激烈的争执，美宪之父亚历山大・汉密尔顿（Alexander Hamilton）和詹姆士・麦迪逊（James Madison）对宪法是否应该写入权利法案存有不同的观点，前者持否定观点，后者持肯定观点。参见［美］汉密尔顿、杰伊、麦迪逊：《联邦党人文集》，程逢如、在汉、舒逊译，商务印书馆 2009 年版，第 84 页。美国联邦宪法正文没有人权法案，后来又在 1791 年修正案中增加了人权法案。

的主体性诉求从男性白人公民[1]向妇女、有色人种等多元扩张，“人的权利”（Rights of Men）这一称谓逐渐又被“人权”话语所取代，《联合国宪章》和《世界人权宣言》即为明证。在人权的“世代”观上，《世界人权宣言》将所有人权一体列出，并未区隔所谓“三代人权”，也没有划分“消极权利”和“积极权利”。然而由于各国、各民族在“权利观念”上存在分歧，随后“三代人权”分别在三批国际人权公约中得到体现。1966 年《公民权利和政治权利国际公约》[2]主要宣示和保障以“自由权”为核心的第一代人权；1966 年《经济、社会、文化权利国际公约》[3]主要宣示和保障以“社会权”为核心的第二代人权；以 1960 年的《给予殖民地国家和人民独立宣言》[4]、1986 年的《发展权宣言》[5]、1972 年的《斯德哥尔摩宣言》[6]和 1992 年的《里约热内卢宣言》[7]为代表的国际性文件主要宣示和保障以“社会连带权”为核心的第三代人权。

人权的探讨随着文明的开化和推进似乎永无止境，包括国际人权法学、宪法学、民法学、刑法学、环境法学、诉讼法学、经济法学在内的大

[1] 早期的“人的权利”仅仅适用于拥有市民权的男性（Homme ＝“人”＝“男性”、Citoyen ＝“男性市民”）。在当时，女性、奴隶是不被当作完整的“人”来看待的。

[2] International Covenant on Civil and Political Rights [ICCPR], General Assembly, Resolution 2200A (XXI), 21 United Nations GAOR Supp. (No. 16) at 52, United Nations Doc. A/6316 (1966), 999 U.N.T.S. 171, entered into force Mar. 23, 1976.

[3] International Covenant on Economic, Social and Cultural Rights [ICESCR], G.A. Res. 2200 A (XXI), 21 U.N.GAOR Supp. (No. 16) at 49, U.N. Doc. A/6316 (1966), 993 U.N.T.S. 3, entered into force Jan. 3, 1976.

[4] Declaration on the Granting of Independence to Colonial Countries and Peoples, General Assembly Resolution 1514 (XV), 15 United Nations GAOR Supp. (No. 16) at 66, United Nations Doc. A/4684 (1961).

[5] Declaration on the Right to Development, G.A. Res. 41/128, annex, 41 U.N. GAOR Supp. (No. 53) at 186, U.N. Doc. A/41/53 (1986).

[6] Stockholm Declaration, or the Declaration on the United Nations Conference on the Human Environment (1972).

[7] Agenda 21: Programme of Action for Sustainable for Sustainable Development, Rio Declaration on Environment and Development.Statement of Principles. Final Text of Agreements Negotiated by Governments at UNCED Conference, June 1992, Rio de Janeiro, Brazil.

部分国际国内学者都或多或少地直接触及人权研究；此外，哲学家、政治学家、经济学家、宗教学家、社会学家和各国政府都或主动或被动地卷入了这条看似“不归之途”。以哲学为例，被誉为新儒学代表人物的哈佛大学教授杜维明也从儒家传统的角度参与了国际学界关于人权的辩论。此外，联合国及其人权机构每年都定期举行关于人权的辩论，各国政府及其政要也都定期举行会晤探讨人权问题。由此观之，这确实是一个人权的时代，以人文、社会科学的观点来看，这也确实是一个迫切需要建立起新“人学”的时代。

二、问题的提出

建立在对人权历史演进的理解基础上，“自然权利”“人的权利”“人权”之间的关系，正如著名法学家刘易斯·亨金（Louis Henkin）借用黑格尔辩证法（“Thesis-Antithesis-Synthesis” Dialectic）来看待三百年来权利典范转移时的观点：18 世纪以消极自由权为重心的权利是为“正题”（Thesis），它经由 19 世纪以积极福利权的“反题”（Antithesis）后，到达了 20 世纪融合消极自由权和积极福利权的“合题”，而我们当代的人权体系正是处于这个“合题”（Synthesis）的阶段。[1] 以“世代”的观点观察和理解人权并非割裂各代人权之间“正—反—合”的辩证法哲学关系，更非使各类人权彼此孤立而相互排斥，相反，“世代”人权观更加适当地描述了与我们安身立命息息相关的权利的动态（Dynamic）、演化（Evolutionary），它尤其注重与社会变迁相呼应的累积性（Cumulative）与连续性（Successive）并重的人权理念和保障制度。

自 18 世纪立宪主义兴起之后，第一代人权经历了史无前例的“权利宪法化”过程。美、法革命时期的各国逐渐在宪法性文件中宣示公民政治权利或者开列“权利清单”，其间，立宪主义也见证了民权运动形塑和改变了人们所生活的世界。无论是在国家权力结构设置上的功能划分还是公民通过

[1] Louis Henkin, The Rights of Man Today, Stevens, 1978, pp.1-30.

政治权利“用脚投票”都显示：自由世界的建立被认为是时代最为崇高的社会理想。然而随着自由放任主义式资本主义（Laissez-faire Capitalism）在经济和政治领域内对人民生活的迅速扩张，一方面，工业革命改变了人们征服自然的方式，在极短的时间内创造了人类在前工业革命时期两千年才能累积的财富总量；[1]另一方面，在自由放任主义式资本主义市场体系下，极端的贫富分化和社会资源分配不公，导致了史无前例的失业、贫困、疾病等问题（Brian Inglis，1971），传统社会道德和理想政治秩序也随着现代化历程的推进被肢解和破坏。在这种社会历史条件下，社会主义（socialism）思潮应运而生，在法政权利领域，不同于早期立宪主义时期的新型权利诉求也弥漫在社会中下阶层，如劳动权（工作权）、休息权、最低生活保障权、医疗卫生权、工会结社权、受教育权。这种不同于公民自由权与政治参与权的新型权利类型，即为本书所探讨的第二代人权（经济、社会、文化权利）的雏形。

从学理上看，经济、社会、文化权利的产生被视为一种积极权利，国家不得侵犯，国家必须承认这种消极权利者，乃因为这种权利与个人身体、知识与道德的发展有关；但国家如欲助长个人的发展，并非单单履行这种消极义务所能成功；国家必须积极地履行若干种义务……国家如履行若干种积极的义务，人民即获有若干种积极的权利。[2]这也是因为人类社会产生后，任何人都不由自主地被卷入社会生活之中，他们必然要为社会作出特定的贡献，也必然要从社会享受一定的利益和待遇。[3]一方面，政治与法律制度下，社会弱势人群力争上游的努力逐步被置于了一个权利诉求的框架下；另一方面，与“三代人权观”相关联的权利探讨也充分体现在了“人权三样态”理论中。正如我国著名人权研究学者李步云所言：“从应有权利转化为法定权利，再从

[1] Gregory Clark, Joseph Cummins & Brock Smith, The Surprising Wealth of Pre-Industrial England (August 3, 2010). 另参见陈志武：《改革开放 160 年》，载张维迎主编：《改革》，上海人民出版社 2013 年版。

[2] 王世杰、钱端升：《比较宪法》，商务印书馆 2002 年版，第 143—144 页。

[3] 何华辉：《比较宪法学》，武汉大学出版社 2013 年版，第 207 页。

法定权利转化为实有权利，这是人权在社会生活中得到实现的基本形式。”[1]然而，作为积极权利的经济、社会、文化权利的法定化过程却在一开始就遇到了理论上的障碍。早在19世纪时，法国议会议员和政治理论家弗雷德里克·巴斯夏（Frédéric Bastiat）就认识到了“积极权利”与“消极权利”的冲突并捍卫了“消极权利”的坚定立场。他提到一封信并回忆说，德·拉马丁（de Lamartine）先生有一天给我写信：

他说，“你的理论仅仅是我信仰的一半，你仅止步于自由，我更前行至博爱”，我回信道：“你信仰的后半部分会毁损前半部分”，并且，事实上，对于我来说，很难将“博爱”这个词和“自愿”相割裂。对于我来说，若自由不被毁损，正义不被践踏在脚下，将“博爱”予以法律上的实施是断然不可能的。[2]

弗雷德里克·巴斯夏还继续回信写道：

当法律以友爱为借口、规定市民们牺牲自己的利益以造福公共利益时，人性并不会因此而消失。接着所有人会试图贡献的比别人更少、而拿取的比别人更多。如此一来，那些在斗争中获得最多利益的人难道是倒霉者吗？显然不是，那些人反而是最具权势而最耍尽心机的家伙。[3]

“自由”与“博爱”分别为法国大革命时期近代立宪主义形成之初的两种代表性的理念。当此之时，经典自由放任主义（Classic Liberism）在整个西方世界思想界蔚为大观，然而，先哲的思想深邃之处就在于他们对权利的洞察和预言往往可以超越时代并预言往后的历史。历史也证明了德·拉马丁和弗雷德里克·巴斯夏的辩论指出了整个以“自由”为核心的权利理论从其一诞生之初就处于“跛足”状态，我们完全有理由相信自由权对于人类文明的近代化具有不可替代的积极意义，但是我们也必须警醒：法国大革命打碎了一

---

[1] 李步云:《人权的三种存在样态》，载《法学研究》1991年第4期。另外参见汪习根:《法治社会的基本人权——发展权法律制度研究》，中国人民公安大学出版社2002年版，第1章；秦前红、陈俊敏:《“人权”人宪的理性思考》，载《法学论坛》2004年第3期；姜峰:《权利宪法化的隐忧——以社会权为中心的思考》，载《清华法学》2010年第5期。

[2] F. Bastiat, The Law, Chap.2 in G. B. Huszar (Ed.), Selected Essays on Political Economy, Irvington-on-Hudson: Foundation for Economic Education, 1995.

[3] F. Bastiat, The Law, Chap.2 in G. B. Huszar (Ed.), Selected Essays on Political Economy, Irvington-on-Hudson: Foundation for Economic Education, 1995.

个专制的旧世界后所形成的那个新世界中，“理想”与“现实”的鸿沟仍然存在——自由得到了，而博爱却丢失了。这也就是为什么德·拉马丁一再强调：经典自由放任主义的理论其实只完成了法国大革命三大崇高理念的一半，人类法律制度的建立必须走得更远。

正如英国法哲学家拉兹所认为的那样，自由意味着个人的自主决定，该自主性的行使既不能被代理也不能受到他人的强迫，但是人类却可以相互提供那些供个人实现自主性的条件。这些条件包括：（1）心智能力（Mental Capacities）；（2）独立而无外力之强迫或操控（Independence Without Coercion or Manipulation）；（3）一系列可供选择的道德帮助（A Range of Morally Worthwhile Options）。而政府存立的目的并不在于仅仅确保上述条件（2）的实现，更进一步，它还需要为其公民提供条件（1）和（3），法律体系本身就在于保障全体社会成员的上述条件的完全实现。[1] 在这一点上，英国社会和政治理论家以赛亚·伯林在其名著《两种自由的概念》（Two Concepts of Liberty）中一样有着深邃的分析：“自由”和“实现自由的条件”（Conditions of Liberties）同样有着密切的关联。他认为若没有充分的条件去行使那些所欲的自由，那么自由的意义究竟何在呢？他引证陀思妥耶夫斯基（Dostoevsky）的观点说道：“鞋子比普希金更重要”（Boots Are Superior to Pushkin）。以赛亚·伯林以“一个牛津大学院长的自由和一个埃及农夫的自由”举例并说道：“对那些吃不饱、穿不暖、生了病、不识字的人，说要给他们政治权利，而且不让政府来干涉他们，等于在嘲弄他们的落魄；因为他们必须先获得医疗上的帮助，必须先接受教育，然后才能够了解他们所能享有的自由，再进一步去运用这种自由。”[2] 也正是基于这种对自由所实现的条件的关注，以赛亚·伯林认为埃及农夫在享有个人自由之前，必须先获得衣物与医药，同时

---

[1] Joseph Raz, The Morality of Freedom, Oxford University Press, 1986, pp.415-416.

[2] Isaiah Berlin, Two Concepts of Liberty (1958), In Isaiah Berlin, Four Essays on Liberty, Oxford: Oxford University Press, 1969, p.118; Isaiah Berlin, Two Concepts of Liberty, in Michael Rosen, Jonathan Wolff & Catriona McKinnon, Political Thought, Oxford University Press, 1999, pp.124-128. 本书中文翻译时参考了陈晓林译本，[英] 以赛亚·伯林：《自由的两种概念》，载《自由四论》，陈晓林译，联经出版社 1986 年版，第 37—42 页。

他对后者的需要也更甚于前者。[1]

再返归“三代人权理论”和“人权三样态理论”，关于权利背后所隐含的“自由”和“博爱”的争议立刻在实证法学上导引出一个重要的问题——作为积极权利的经济、社会、文化权利究竟是否是一种法律意义上可以实证化的人权呢？著名的英国哲学家和政治学家莫里斯·克兰斯顿（Maurice Cranston）在《真实的和假想的人权》一文中指出：“第二代人权甚至是第三代人权并非真正的法律意义上的人权。”[2] 其核心的理由在于：经济、社会、文化权利并不具备实证人权的三项标准——切实可行性（practicability）、普遍性（universality）和至关重要性（paramount importance），因而所谓的第二代人权并非真正意义上的权利。[3] 与此相同，美国克莱蒙研究所（Claremont Institute）保守主义理论权威查尔斯·凯斯勒（Charles Kesler）教授则认为经济、社会、文化权利反映的仅仅是一种政治目标（Political Goals），若将之视为实证法上的权利则会导出相应的实证法上的义务。这种义务意味着其他的公民将被政府“强制”性地剥夺一部分利益以满足经济、社会、文化权利的要求，这种强制不仅仅违背了“自由政治”的原则，更违背了美国联邦政府政治决策中的“联邦主义”。与之持同样观点的还有希尔斯代尔学院（Hillsdale College）的保罗·拉赫（Paul Anthony Rahe）教授[4]、著名政治思想家和经济学家哈耶克（F. A. Hayek）[5]。

中国学者赵汀阳先生提出了一个比天赋人权更具思想合理性的权利理

[1] Isaiah Berlin, Two Concepts of Liberty (1958), In Isaiah Berlin, Four Essays on Liberty, Oxford: Oxford University Press, 1969, p.118; Isaiah Berlin, Two Concepts of Liberty, in Michael Rosen, Jonathan Wolff & Catriona McKinnon, Political Thought, Oxford University Press, 1999, pp.124-128. 本书中文翻译时参考了陈晓林译本，[英] 以赛亚·伯林：《自由的两种概念》，载《自由四论》，陈晓林译，联经出版社 1986 年版，第 37—42 页。

[2] Maurice Cranston, “Human Rights, Real and Supposed”, in D. D. Raphael, (ed.), Political Theory and the Rights of Man, Bloomington and London: Indiana University Press, 1967, pp. 43-51.

[3] 黄金荣：《司法保障人权的限度——经济和社会权利可诉性问题研究》，社会科学文献出版社 2009 年版，第 39—56 页。

[4] Paul Anthony Rahe, Soft Despotism, Democracy' s Drift: Montesquieu, Rousseau, Tocqueville, and the Modern Prospect, Yale University Press, 2010.

[5] Thomas W. Hazlett, The Road from Serfdom: Forseeing the Fall, 1992.

论——预付人权[1]，其基本原则是：（1）由于做人需要一个过程，人权这种资格就只能事先给予并且事后验证，所以人权是预付的。（2）人权虽然不劳而授，但绝非不劳而享，否则损害公正。因此，预付人权是有偿的，是有条件保有的。（3）根据“理性知识永远有限”的原理可以看作休谟定理。休谟证明了：人类所拥有的知识永远是截至现在的关于世界的部分知识，因此，永远不可能由此推出关于世界的整体和未来的知识。（4）形式公正不能保证实质公正，这是公正的最根本难题。要确定具体内容上的对称关系确实存在技术上的困难，因为几乎不存在能够证明两种不同的东西是“等值的”客观标准。（5）如果说权利是资格，那么义务就是代价或者成本。权利和义务关系的公正同样在于对称性，即权利和义务是互相蕴含的。[2]

就经济、社会、文化权利在法哲学的争议而言，新西兰籍的纽约大学法哲学教授杰里米·沃尔德伦（Jeremy Waldron）则认为经济、社会、文化权利是真正的人权。他论述道：若人们真正地关注其公民权利、政治权利的保障，那么更深一步而言，人们必须关注人们能够实现这些自由权利的条件（Conditions），经济、社会、文化权利的保障不是消解了自由权而是为自由权的实现创设条件。[3]20 世纪公认的最彻底、最有辨识力的匈牙利政治经济学家卡尔·波拉尼（Karl Polanyi）则反对哈耶克的观点，认为不受任何控制的自主主义经济体制会导致经济资源等的高度集中从而威胁到民主治理下的自由权利。[4]

随着《经济、社会、文化权利国际公约》（International Covenant on Economic, Social and Cultural Rights）（又称“A 公约”）实施的逐步深入，在全球范围内关于经济、社会、文化权利的人权属性的探讨逐渐趋向于肯认第二代人权的正当性。尤其是南非代表的“转型宪法”（Transformative

[1] 赵汀阳：《每个人的政治》，社会科学文献出版社 2010 年版，第 89 页。

[2] 赵汀阳：《每个人的政治》，社会科学文献出版社 2010 年版，第 89 页。

[3] J.Waldron, Liberal Rights: Collected Papers, 1981-1991, Cambridge University Press, 1993, p.7.

[4] Karl Polanyi, The Great Transformation: The Political and Economic Origins of Our Time, Beacon Press, 2011.

Constitution）[1] 不仅在近年来认可了经济、社会、文化权利作为“基本权利”的宪法属性，更是在一系列诸如 *Soobramoney* 案（1997 年），[2] *Grootboom* 案（2000 年），[3] *Nkuzi* 案（2001 年），[4] *Treatment Action Campaign* 案（2002 年）[5]，*Ndlovu v. Ngcobo* & *Bekker v. Jika* 案（2002 年）[6]，*Olivia Road* 案（2008 年）[7] 和 *Abahlali Basemjondolo Movement* 案（2009 年）[8] 中率先在世界上成功地发展出经济、社会、文化权利的宪法保障机制。而且这种以人权的“社会共识的整合”为基础的立宪主义模式也被认为是第三波民主化浪潮中的成功典范。值得注意的是，印度最高法院在 *People' s Union for Civil Liberties v. Union of India & Ors* 案[9] 和 *Shantistar Builders v. Narayan Khimalal Totame* 案[10] 中也直接涉及公民经济、社会、文化权利的物质给付请求，尤其在后案中，印度最高

[1] Sandra Liebenberg, Socio-Economic Rights: Adjudication Under a Transformative Constitution, Juta Academic, 2010.

[2] *Soobramoney v. Minister of Health* (CCT32/97) [1997] ZACC 17; 1998 (1) SA 765 (CC); 1997 (12) BCLR 1696, (1997) [*Soobramoney*case].

[3] *Government of the Republic of South Africa and Others v. Grootboom and Others*, (CCT11/00) [2000] ZACC 19; 2001 (1) SA 46; 2000 (11) BCLR 1169; (2000) [*Grootboom* case].

[4] *Nkuzi Development Association v. Government of the Republic of South Africa and The Legal Aid Board*, No.LCC 10/01 (Land Claims Ct. S. Afr. 2001) 2002 (2) SA. 733 (LCC) [*Nkuzi* case].

[5] *Minister of Health and Others v. Treatment Action Campaign and Others* (No 1) (CCT9/02) [2002] ZACC 16; 2002 (5) SA 703; 2002 (10) BCLR 1075 (5 July 2002); *Minister of Health and Others v. Treatment Action Campaign and Others* (No 2) (CCT8/02) [2002] ZACC 15; 2002 (5) SA 721; 2002 (10) BCLR 1033 (5 July 2002) [TAC case].

[6] *Ndlovu v. Ngcobo*, *Bekker and Another v. Jika* (1) (240/2001, 136/2002) [2002] ZASCA 87; [2002] 4 All SA 384 (SCA) (30 August 2002).

[7] *Occupiers of 51 Olivia Road, Berea Township and 197 Main Street Johannesburg v. City of Johannesburg and Others* (24/07) [2008] ZACC 1; 2008 (3) SA 208 (CC); 2008 (5) BCLR 475 (CC) (19 February 2008) [*Olivia Road* case].

[8] *Abahlali Basemjondolo Movement SA and Another v. Premier of the Province of Kwazulu-Natal and Others* (CCT12/09) [2009] ZACC 31; 2010 (2) BCLR 99 (CC) (14 October 2009).

[9] *People's Union for Civil Liberties v. Union of India & Others*, Supreme Court of India, Civil Original Jurisdiction, Writ Petition (Civil) No.196 (2001).

[10] *Shantistar Builders v. Narayan Khimalal Totame*, 1 SCC 520 (1990).

法院发展性地将生命权的保障范围“扩大解释”到经济、社会、文化权利的保障领域。

在主要的西方工业化国家中，经济、社会、文化权利法理的发展朝着两个方向前进：其一，以英美普通法系国家为代表的“司法渐进主义”径路。例如，爱尔兰最高法院 *O'Reilly v. Limerick Corporation* 案（1989 年）[1] 被认为是西方世界最早严肃直面经济、社会、文化权利保障问题的典型性案例。加拿大的 *Dunmore v. Ontario* 案[2] 和 *Victoria（City）v. Adams* 案[3] 直接处理的问题也是公民经济、社会、文化权利（社会福利权）的保障。其二，以德国、日本等传统大陆法系国家为代表的“社会国原则”（Sozialstaat）和“给付请求权”（Leistungsrechte）的保障路径。例如，现行《德意志联邦共和国基本法》在所谓的国家基础条款第 20 条第 1 款明文规定：“德意志联邦共和国是民主的和社会福利的联邦制国家。”循此，德国宪法学者展开了关于社会基本权究竟是“国家方针政策”“有拘束力之国家目标”“宪法委托”“立法裁量”抑或“主观权利”的探讨。德国联邦宪法法院（Bundesverfassungsgericht）在 2010 年指出，《基本法》第 1 条第 1 款（人性尊严条款）结合第 20 条第 1 款，构成了德国基本法上的“最低生存保障权”（Grundrecht auf Gewährleistung eines menschenwürdigen Existenzminimums）[4]（Christoph Werkmeister，2010；Sarah Mätzig，2010），该法院在 2012 年涉及适用《难民申请福利法》（Asylbewer-berleistungsgesetz，AsylbLG）的判决中再次指出，“最低生存保障权”由基本法第 1 条第 1 款和第 20 条第 1 款所共同保障。[5] 在日本，日本国宪法第 13 条规定了公民追求幸福的权

[1] *O'Reilly v. Limerick Corporation*［1989］I.L.R.M. 181.

[2] *Dunmore v. Ontario*（Attorney General），［2001］3 S.C.R. 1016，2001 SCC 94，the Supreme Court of Canada held that the distinction between positive and negative state obligations ought to be “nuanced”.

[3] *Victoria*（*City*）*v. Adams*，2009 BCCA 563；2008 BCSC 1363.

[4] BVerfG vom 9.2.2010 – 1 BvL 1/09，1 BvL 3/09，1 BvL 4/09.（BverfG 即德国《联邦宪法法院判例集》，本书注释中均采外文简称，下同。）

[5] Bundesverfassungsgericht，Urteil vom 18 Juli 2012-1 BvL 10/10，BVerfG，1 BvL 10/10 vom 18.7.2012，Absatz-Nr.（1-140），Bundesverfassungsgericht，18 July 2012.

利，第25条又规定了公民生存权和国家保障生存权的义务[1]，日本最高法院在“朝日诉讼”（1967年）[2]、“堀木诉讼”（1982年）[3]、“塩见诉讼”（1989年）[4]等涉及生存权的著名案件中宣示了全体国民都享有最低限度的生活保障权利。在中国，《中华人民共和国宪法》（1982年）不仅在第一章总纲部分第14条、第19条、第20条、第21条、第22条、第23条、第24条规定了一系列国家在公民社会生活中所应该增益的目标，更在第二章基本权利部分第42条至第49条集中规定了公民所应该享有的经济、社会、文化权利。实践中，我国虽既没有类似于大陆法系德国、日本的宪法解释制度，也缺乏类似美国和英联邦国家的宪法诉讼制度，但亦有部分学者从立法学的基本原理上认为我国存在基本权利的具体化制度，更有相当部分学者从行政法案例中发掘出了“给付行政”的法理。除类似王泽隆案[5]、邓秀霞案[6]等严格意义上“给付行政”案件外，我国确实存在大量的涉及最低生活保障的“社会事例”。毫无疑问，对于中国的人权和基本权利保障事业而言，首先它本身取决于巨大政经结构下的宪法运行机制，其次是宪法规范的实证化程度，最后是国家在多大程度上将权利视为一种“社会政策”或是一种“法律问题”。

当今学术界所有关于经济、社会、文化权利的探讨都可以溯源到19世纪拉马丁和巴斯夏之间关于“自由”和“博爱”的经典讨论。这里面，最根本的法哲学问题是：自由和博爱分别具有何种法律所值得和所欲保障的法律价

---

[1] 参见日本国宪法，（1946年11月3日公布，1947年5月3日施行），constituteproject.org，中文译本参见日本驻华大使馆。第13条（尊重个人，追求幸福的权利，公共福利）：全体国民都作为个人而受到尊重。对于谋求生存、自由以及幸福的国民权利，只要不违反公共福利，在立法及其他国政上都必须受到最大的尊重。第25条（生存权，国家保障生存权的义务）1. 全体国民都享有健康和文化的最低限度的生活的权利。2. 国家必须在生活的一切方面为提高和增进社会福利、社会保障以及公共卫生而努力。

[2] 最高裁判所判例，昭和39年（行ツ）第14号，民集21卷5号1043页。

[3] 最高裁判所判例，昭和51年（行ツ）第30号，民集36卷7号1235页。

[4] 最高裁判所判例，平成1年3月2日，判时第1363号68页。

[5] 王泽隆请求合江县民政局发放抚恤金案，四川省泸州市中级人民法院（2003）泸民终字4月23日判决书。

[6] 邓秀霞诉北京市海淀区劳动和社会保障局不履行法定职责案，北京市海淀区人民法院（2003）海行初字第269号。

值？换言之，法律是否应该在保护消极权利的同时保障积极权利？如果对上述问题的回答是肯定的，那么，在业已建立的自由法律秩序的基础上，积极权利如何以适当的方式实现法定化？人民是否能够既是自由的又是受到法律博爱精神关照的？更进一步地考虑在于，权利的法定化并不能自动导致权利的实有化，那么，这里的问题不是"经济、社会、文化权利是否应该得到法律保障"，而是"经济、社会、文化权利应该如何得到法律保障"。

基于所有人权都是普遍的、不可分割的、相互依存的和相互关联的理念[1]，经济、社会、文化权利作为人权谱系中饱受争议和备受关注的人权，不但得到了国际承认，而且被各国的宪法实践所形塑着。自权利哲学视角观之，代际人权理论下的经济、社会、文化权利的正当性基础、类型化特征、规范意涵都是不可回避的学术问题，又从权利所赖以存在的政经结构来看，经济、社会、文化权利在"社会国原则"下的性质定位，其与国家财政结构的关系、国家机关行为的互动关系都是极为迫切的现实问题。本书的研究在于系统地从权利理论和权利所赖以存在的政经结构两个方面来梳理和探讨经济、社会、文化权利如何在一个真实的法律世界中得到尊重、保障和实现。

第二节　本书的研究意义与价值

一、理论意义

经济、社会、文化权利是近现代权利理论发展中具有举足轻重作用和具有明显法治意义的基本问题。其内涵厘定、规范建构、保障机制探索、运行实践关系每一个人的生活，尤其对于社会弱势群体通过权利诉求来改良社会生活和形成社会理想具有基础性的作用。虽然自由、平等、博爱思想肇始于近代立宪主义和政治革命，经济、社会、文化权利也在全球范围内逐步得到认可，然而这些"存在于我们、环绕于我们"的权利现象却未能很好地得到

---

[1] UN Doc. A/CONF.157/23，Part I，para. 5；World Conference on Human Rights，UN Doc. A/RES/48/121.

法律上的关照，乃至于社会逐渐趋于“达尔文进化”式地朝着越来越偏离正义的方向前进。经济、社会、文化权利在这种语境下也揭橥了法理和制度探讨之必要，更为重要的是，它也可以通过“实证化”的努力形成一个对社会弱势群体在宪法上进行保护的坚固基础。具体而言有以下几个方面。

第一，经济、社会、文化权利的宪法保障比较研究有助于厘清实务和学术界对于基本权利保障中重大理论问题的认识。权利的保障和宪法的实施有赖于人们对其基本的制度构建有一个科学的认识，本项研究将着力澄清人们对“积极权利”与“权利保障”制度的误解，为理论与实务界提供一个认知新视角。

第二，经济、社会、文化权利的宪法保障比较研究有利于中国基本权利研究理论水准的提升，从而为中国基本权利的落实提供强大的理论储备。无论是基本权利的总括式研究还是对基本权利个案的探讨均需要有强大的理论作为基础。本项研究将通过对经济、社会、文化权利的阐释学基础和制度建构的二元互动关系的解读为我国权利理论的发展贡献智识。

第三，经济、社会、文化权利的宪法保障比较研究有利于打通部门法学在基本人权保障方面的隔阂。权利群的研究素材来源于各个具体的权利，如劳动权的研究为宪法学、行政法学、经济法学（劳动法、社会保障法）、国际法（国际人权法、欧洲人权法）等学科所共享，但是将劳动权、工作权置于经济、社会、文化权利的整体研究之下将有利于各个学科在相关问题上的共识累积。近年来国内法学者越来越多转向《经济、社会、文化权利国际公约》国内实施机制研究，国际人权法学者侧重于研究该公约的整体要求和国际标准，然后用此要求和标准来评判国内人权的保障状况。综合研究路径的优劣利弊，本书认为，如果我们能够打通国际法和国内法的界限，将国际人权标准放在一个具体的国别语境中并深入研究国内法层面的实施困境，那么学术界对该权利的理论认识水平必将有很大的提升。

二、实践意义

经济、社会、文化权利作为人权谱系中饱受争议和备受关注的人权不但得到了国际承认，而且被各国的宪法实践所形塑着。经济、社会、文化权利已然被写入现代法治国家的宪法文本中，其保障的必要性似乎自不待言，但这样的说法毕竟显得笼统。具体而言，研究经济、社会、文化权利在现代国家需要保障的理由可以归结为以下几个方面。[1]

第一，权利理念和价值无不存在于现代法治社会中，然而这些理念和价值尚须经过一个法定化和实定化的过程，才可直接作用于人民生活的实际并约束其行为。在一国宪法中，经济、社会、文化权利规范实际上是法律价值实定化在宪法层面上的表达，其核心要旨在于：保障人民符合人性尊严的最低生存条件、维护社会安全、采取社会保险制度及促成社会正义等积极任务。[2] 宪法规范正好承载了经济、社会、文化权利保障的价值，这种宪法价值要真正实现在公民共同体生活中，则必须经由权利保障的具体路径予以实现。经济、社会、文化权利属于基本权利的范畴，基本权利的宪法地位应然地决定了其在权利体系中的根本性。

第二，我国宪法分别规定了公民的劳动权（第 42 条）、劳动者的休息权（第 43 条）、退休人员社会保障权（第 44 条）、公民获得物质帮助权（第 45 条第 1 款规定了社会保险权、社会救济权；第 2 款规定了社会优抚权；第 3 款规定了特殊主体公民的获得物质帮助权）、受教育权（第 45 条）、文化活动权（第 47 条）、妇女的平等权（第 48 条）、家庭权利（第 49 条）。这些宪法规范都可以统归为公民的经济、社会、文化权利。唯待这些权利的保障确实实现于公民生活当中，宪法第二章所规定的公民基本权利才可以得到完整的保障，且经济、社会、文化权利的保障可以推动宪法第 33 条至第 41 条所规定的公民政治权利和自由的进一步完善[3]。

第三，民生问题是与人类生活相伴始终的问题，经济、社会、文化权利

[1] 参见秦前红、涂云新：《经济、社会、文化权利的保障路径及其选择——在立法裁量与司法救济之间》，载《交大法学》2013 年第 1 期。

[2] 詹镇荣：《社会国原则——起源、内涵及规范效力》，载《月旦法学教研室》2006 年第 41 期。

[3] 公民的政治权利和自由可以视为在横向上对公民基本权利的保障，它关注的是自由和秩序在公民和社会中普遍地实现，而经济、社会、文化权利由于深入关照公民之民生、身心发展可以视为在纵深方向发掘实质平等在国民生活中的实现。

的宪法化和国际保障体现的正是现代宪法和人权法对公民在共同体中生活状态的深层次关照。经济、社会、文化权利之下的劳动权（工作权）、社会保障权、家庭权利、适足生活水准权、住房权、健康权、受教育权、文化活动权无一不触及公民日常生活的方方面面。孙中山先生在 20 世纪初期就对民生问题有着深刻的洞见，他认为“民生就是人民的生活——社会的生存，国民的生计，群众的生命”[1] 所在。在孙中山所奉行的“三民主义”中，民生主义（平均地权、节制资本）上升到了与民族主义、民权主义等同的高度，这也可以解释为什么依据“三民主义”原则所制定的《中华民国训政时期约法》第五章第 33 条至第 46 条系统规定了“国民生计”。民生问题也主导着我国现行国家政治生活，自 21 世纪初以来，历届总理所做的《政府工作报告》都无一例外地强调着教育、医疗、社保、住房、文化等民生问题。[2] 然而，民生问题的解决在现代民主国家又必须寻求一个法治化的解决方案。也正如学者所言：“民生问题与法治息息相关，法治乃解决民生问题的必由之路。”[3] 对于民生问题，诉诸宪法中经济、社会、文化权利的保障无疑是一个最佳选择。

第四，无论在国际法层面上还是在国内宪制层面上，经济、社会、文化权利属于基本人权的范畴。1948 年《世界人权宣言》和 1966 年《经济、社会、文化权利国际公约》都对经济、社会、文化权利予以确认，《世界人权宣言》第 22 条至第 28 条、《经济、社会、文化权利国际公约》第 6 条至第 15 条都明确列举了公民应该享有的经济、社会、文化权利和国家应当负担的国际义务。国际法上，关于国际公约的效力是否及于个人有着热烈的探讨。传统国际法认为，国际公约以国家和国家实体为其规制对象，不对个人发生效力。原则上只有国家加入并经过一国宪法程序批准国际公约后，国际公约方可转换为国内法约束全体国民。[4] 晚近国际法的发展，尤其是国际人权对国内宪制的渗透在实质上又深深影响着一国公民基本权利的保障。例如，欧

[1]《孙中山选集》，人民出版社 1981 年版，第 802 页。

[2] 参见历年国务院《政府工作报告》，中华人民共和国中央人民政府网站，http://www.gov.cn/guowuyuan/zfgzbg.htm，最后访问时间：2020 年 6 月 22 日

[3] 盛清才：《法治视野下地民生建设研究》，载《前沿》2011 年第 3 期。

[4] Antonio Cassese, *International Law*, 2nd Edition,（Oxford University Press, 2005）, p. 9.

洲人权法院在解释和适用《欧洲人权公约》(European Convention on Human Rights)[1]时对欧洲委员会(Council of Europe，CoE)成员国公民的基本权利的保障产生了巨大的影响。与此同时，欧盟法院通过适用《欧洲联盟基本权利宪章》(Charter of Fundamental Rights of the European Union)[2]所产生的判决对欧盟各国法院更是产生了直接的和最高的拘束效力。[3]历经百年国家建设的历程使得中国已经融入一个日益全球化的结构中，中国在现代化过程中也承担着增进国际人权保护的国际义务。中国是一系列重要国际人权公约，尤其是《经济、社会、文化权利国际公约》的缔约国[4]，理所应当受到国际人权公约的约束，并兑现其庄严的承诺。虽然《经济、社会、文化权利国际公约》在中国法的语境中是否取得“法律渊源”的地位并由司法机关据以裁判推理还有待进一步探讨，然而，不可否认的是中国承担着保障公民经济、社会、文化权利的国家义务。中国向联合国人权理事会提交履行《经济、社会、文化权利国际公约》的缔约国报告并接受国际人权监督机构的审议的事实，进一步确认和证明了经济、社会、文化权利保障在中国的必要性。

---

[1] Convention for the Protection of Human Rights and Fundamental Freedoms, 213 U.N.T.S. 222, entered into force Sept. 3, 1953, as amended by Protocols Nos 3, 5, 8, and 11 which entered into force on 21 September 1970, 20 December 1971, 1 January 1990, and 1 November 1998 respectively.

[2] European Union, Charter of Fundamental Rights of the European Union, 26 October 2012, 2012/C 326/02.

[3] Internationale Handelsgesellschaft mbH v. Einfuhr- und Vorratsstelle für Getreide und Futtermittel (1970) Case 11/70.

[4] 1997年10月27日，时任中国常驻联合国代表正式签署《经济、社会、文化国际权利公约》。2001年2月28日，第九届全国人大常委会第二十次会议作出了批准《经济、社会、文化国际权利公约》的决定。参见秦前红:《宪法变迁论》，武汉大学出版社2002年版，第215页。2003年6月27日，中国如期向经社文权利委员会提交执行《经济、社会、文化国际权利公约》情况的首次报告。2005年4月27日至29日，委员会正式审议中国履约报告。See Leila Choukroun, “Justiciability of Economic, Social, and Cultural Rights: The UN Committee on Economic, Social and Cultural Rights ‘Review of China’ s First Periodic Report on the Implementation of the International Covenant on Economic, Social and Cultural Rights”, 19 Colum. J. Asian L. 30.

第三节 相关研究的文献回顾及评述

一、国际研究现状

本书所探讨的主旨在于经济、社会、文化权利的宪法保障问题。国际学术界就这一论域的集中探讨肇始于 1948 年《世界人权宣言》(UDHR)的签署，在 20 世纪 60 年代中期《经济、社会、文化权利国际公约》(ICESCR)生效后，人权法学者、比较宪法学者开始大规模撰文论述。截至 2019 年，根据部分具有代表性的国际法律数据库的检索，笔者概略统计出以“经济、社会、文化权利”为主题词的撰文情况如表 1-1 所示。

表 1-1 相关法律资源数据库检索分析

数据库 / 标题词	Westlawt 数据库[1] (world Journal)	Hein-Online数据库[2]	JSTOR 数据库[3]	SSRN数据库[4]	Beck-Online数据库[5]	Google Scholar[6]	中国知网
Socio-Economic Rights	>20,000	>63,000	>100,000	>888		>3,350,000	
Economic and Social Rights	>20,000	>699,000	>500,000	>4,064		>2,310,000	

[1] Westlaw 数据库是汤森路透(Thomson Reuters)提供的一站式法律信息检索平台。

[2] HeinOnline 数据库是美国著名的法律期刊全文数据库，涵盖全球最具权威性的法律研究期刊。

[3] JSTOR 数据库创立于 1995 年，是一个收集学术期刊的在线系统。它提供了对发表在数百本知名学术期刊上的文章的电子版全文搜索。

[4] SSRN 即社会科学研究网络(Social Science Research Network)的简称，系人文社会科学领域重要学术数据库。

[5] Beck-Online 数据库系由德国最大的法律出版集团 C.H.Beck 推出，本书搜索结果包含相关搜索词的文章。

[6] 本书采“Google 学术搜索”中所有相关关键词篇目，与其他专业性数据库的搜索相比，“Google 学术搜索”并非精确的搜索，故笔者为了统计比较之便利而罗列之。

续表

数据库 / 标题词	Westlawt数据库[1]（world Journal）	Hein-Online数据库[2]	JSTOR数据库[3]	SSRN数据库[4]	Beck-Online数据库[5]	Google Scholar[6]	中国知网
Economic, social and cultural rights	>20,000	>284,000	>200,000	>1,018		>3,140,000	
wirtschaftliche, soziale kulturelle Rechte	>9,000				>10,000	>109,000	
Sozialrecht	>100				>100,000	>29,100	
社会权						>4,320	>2,000
经济、社会、文化权利						>235,000	>200

综观国际学术界对经济、社会、文化权利的研究，相关法学研究者的研究大致分为三个密切相关的进路——人权法的进路、宪法权利的进路和具体权利研究的进路。

（一）国际人权法学角度的研究

挪威奥斯陆大学著名人权法研究学者 A. 艾德（A. Eide）教授会同克劳斯（C. Krause）教授和罗萨斯（A. Rosas）教授编有《经济、社会和文化权利》[1]一书，该书从人权法的角度分别论述了医疗健康权、社会保障权、适当生活水准权等一系列的经济、社会和文化权利。《经济、社会和文化权利》的第二版成为专题教科书，这本教科书系统阐述了经济、社会、文化权利在国际人权领域的基础概念和当代困境。[2]奥斯陆大学朗福德教授于 2008 年出版了《社会权利的法理》一书，论证了经济、社会、文化权利保护的国际趋势。此书旁征博引上千个案例，系统说明了国际人权法在第二代人权理论上的最新

---

[1] Asbjørn Eide, Catarina Krause & Allan Rosas, Economic, Social and Cultural Rights, Springer, 2001.

[2] A. Eide, C. Krause & A. Rosas, Economic, Social and Cultural Rights: A Textbook, 2nd Ed, The Hague: Kluwer Law International, 2001.

发展。[1]爱尔兰籍国际人权法学者Aoife Nolan专事诸如未成年人等特殊主体的经济、社会、文化权利研究，并出版了《儿童的社会经济权利、民主和司法》一书[2]。自她转教于英国诺丁汉大学之后，又致力于从财政和预算角度分析经济、社会、文化权利保障问题。例如，她与科奈尔（R. O' Connell）博士、哈维（C. Harvey）博士主编的《人权和公共财政：预算及经济社会文化权利之促进》[3]一书，就是从公共预算的角度来分析公约缔约国应该如何在财政分配上保障国民经济和社会权利的实现的。学者赫维（Tamara K. Hervey）和肯尔（Jeff Kenner）出版的《欧盟基本权利宪章下的经济和社会权利》一书，探讨了在欧盟人权机制下如何实现经济和社会权利保障在欧盟国家的整合问题。[4]日内瓦国际人道法和人权研究院（Geneva Academy Of International Humanitarian Law And Human Rights）设有专门的“经济、社会、文化权利研究课题”，以戈莱（Christophe Golay）博士为代表的学者对全球范围内经济、社会、文化权利的挑战和问题进行研究，其研究侧重于从公约框架下的食物权、饮水权和土地权利等方面进行展开。[5]南非学者桑德拉·利本伯格教授（Sandra Liebenberg）所撰写的《经济、社会、文化权利国际公约及其对南非的启示》是非洲在这一领域具有代表性的专著，除此之外，利本伯格教授还发表了《经济、社会权利：在转型宪法下的裁判》一文详尽分析了经济、社会、文化权利的国际保护对于南非的影响。[6]本·索尔（Ben Saul）、大卫·金利（David Kinley）、杰奎琳·莫布雷（Jacqueline Mowbray）出版了

[1] M. Langford (Ed.), Social Rights Jurisprudence: Emerging Trends in International and Comparative Law, Cambridge University Press, 2008.

[2] Aoife Nolan, Children' s Socio-Economic Rights, Democracy and the Courts, Hart Publishing, 2010.

[3] Aoife Nolan, R. O' Connell & C. Harvey, Human rights and Public Finance: Budgets and the Promotion of Economic and Social Rights Hart Publishing, 2013.

[4] Tamara K. Hervey & Jeff Kenner, Economic and Social Rights Under the EU Charter of Fundamental Rights: A Legal Perspective, Hart Publishing, 2003.

[5] E. Riedel, C. Golay, C. Mahon, G. Giacca (eds), Contemporary Issues in the Realization of Economic, Social and Cultural Rights, Oxford : Oxford University Press, 2011.

[6] S. Liebenberg, The International Covenant on Economic, Social and Cultural Rights and its Implications for South Africa, Vol.11, S. Afr. J. on Hum. Rts., 1995; S. Liebenberg, Socio-Economic Rights: Adjudication Under a Transformative Constitution, H.R.L. Rev. 12(1), 2012.

《〈经济、社会、文化权利国际公约〉评注、案例和材料》一书是澳大利亚学者最具有代表性的著作。[1] 在这个领域值得一提的学者还有菲利普·阿尔斯通（Philip Alston）、凯蒂·阿拉姆布罗（Kitty Arambulo）、亨利·斯坦纳（Herry Steiner）等，他们都在经济、社会、文化权利的研究方面做出了开创性的贡献。

（二）宪法学角度的研究

在英美法系中，美国学者史蒂芬·霍尔姆斯和凯斯·桑斯坦著有《权利的成本——为什么自由依赖于税收》[2]，英国学者莫里斯·罗奇著有《重新思考公民身份：现代社会中的福利、意识形态和变迁》[3] 则是从公民身份研究福利权的具有代表性的综合性著作。在大陆法系中，日本学者大贺须明著有《生存权论》[4] 是比较有代表性的著作。美国的韦尔曼（Wellman）教授便认为经济、社会权利是一种需要国家积极保障的权利。例如，社会保障权中的福利权（Welfare rights）与公共福利制度存在密切联系，它是一种接受福利利益或援助的权利。但是，关于福利权的定义是宽泛而动态的，因为它可以伴随着一国公共福利制度的发展而不断丰富或变更其内涵。执教于伦敦大学的英国公法学家 J. King 则从普通法系司法人权保障的传统研究了为什么经济、社会、文化权利具有可司法性（Justiciability），司法机关应该如何在民主合法性的基础上和法治的框架下，逐步和渐进地保障经济、社会、文化权利。值得一提的是，J. King 在《社会权之司法保障》一书中提出了“司法渐进主义”（Judicial Incrementalism）的途径。[5]

哈佛大学宪法学教授图示纳特（M. Tushnet）认为，经济、社会、文化

---

[1] Ben Saul, David Kinley, Jacqueline Mowbray, The International Covenant on Economic, Social and Cultural Rights: Commentary, Cases, and Materials, Oxford University Press, 2016.

[2] [美] 史蒂芬·霍尔姆斯、凯斯·R. 桑斯坦:《权利的成本——为什么自由依赖于税收》，毕竟悦译，北京大学出版社 2004 年版。

[3] [英] 莫里斯·罗奇:《重新思考公民身份：现代社会中的福利、意识形态和变迁》，郭忠华等译，吉林出版集团有限责任公司 2010 年版。

[4] [日] 大贺须明:《生存权论》，林浩译，法律出版社 2001 年版。

[5] J. King, Judging Social Rights, Cambridge University Press, 2012.

权利在现代民主法治国家面临的困境在于法院不可能像第一代人权那样进行一种比较细密的司法审查，他提出了“柔弱的法院、强硬的权利”的概念来描述现代福利权的司法保障途径。[1] 图示纳特建议，现代民主法治国家应该采取强力的社会福利权并配以弱势的违宪审查模式来减少司法介入福利保障的阻碍。另外，在 2013 年的《德国法杂志》第 14 期上，图示纳特教授从政治立宪主义的角度分析了司法审查对于社会福利权的保障问题。[2] 同时就职于芝加哥大学法学院和新南威尔士大学法学院的 Rosalind Dixon 教授则在面对社会权的司法保障方面，强调应该采取一种所谓的“宪法对话主义”（Constitutional Conversationalism）、“合作立宪主义”（Co-operative Constitutionalism）和“民主最低限度”（Democratic Minimalism）的方法来解决图示纳特教授所提出的“柔弱的法院、强硬的权利”这一权利保障的困境。[3] 美国学者凯瑟琳 · 杨（Katharine Young）教授于 2008 年在《耶鲁国际法杂志》上发表了《经济和社会权利的最低核心：一个内涵不定的概念》，该文章是国际领域对于经济、社会、文化权利的规范内核——最低核心义务最详尽和最有说服力的研究成果。[4] 文章提出了三种限定经济、社会、文化权利“最低核心义务”的理论——“规范核心理论”（Normative Essence）、“最低合意理论”（Minimum Consensus）和“最低义务理论”（Minimum Obligation）。凯瑟琳 · 杨 2014 年出版了专著《构建经济社会权利》[5] 一书，除此之外，凯瑟琳 · 杨与阿马蒂亚 · 森（Amartya Sen）主编了《经济社会权利的未来》一书，该书汇聚了全球研究经济社会权利的顶尖专家和学者，当属这个领域研

[1] M. Tushnet, Weak Courts, Strong Rights: Judicial Review and Social Welfare Rights in Comparative Constitutional Law, Princeton University Press, 2009.

[2] M. Tushnet, The Relation Between Political Constitutionalism and Weak-Form Judicial Review, German. L.J, 2013, 14: 2237.

[3] R. Dixon, Creating Dialogue about Socioeconomic Rights: Strong-form versus Weak-form Judicial Review, Int' l J. Constitutional Law, Vol. 5 (3), 2007.

[4] K. G. Young, The Minimum Core of Economic and Social Rights: A Concept in Search of Content, Vol.33, Yale J. Int' l L., 2008.

[5] Katharine G. Young, Constituting Economic and Social Rights, Oxford University Press, 2014.

究的权威成果。[1] 加拿大公法学家玛莎·杰克曼（Martha Jackman）教授则有多篇论文以医疗健康权、儿童权利、妇女权利为例探讨了经济、社会、文化权利在加拿大的保障现状和理论发展。[2] 著名哲学家、法学家约翰·塔斯欧拉斯（John Tasioulas）在 2017 年向世界银行提交了题为《最低核心义务——此时此地的人权》的报告，该报告以 44 页的篇幅论证了最低核心义务理论（Minimum Core Doctrine）对于经济、社会、文化权利保障的价值和进路。[3]

二、国内研究现状

（一）论著、著作方面

中国学者对经济、社会、文化权利的系统研究开始于 20 世纪 90 年代，如 1997 年刘俊海、徐海燕翻译了挪威著名人权法学家 A. 艾德的论文《人权对社会和经济发展的要求》[4]，刘海年撰写的论文《适当生活水准权与社会经济发展》[5] 等。到了 21 世纪初，黄列翻译了 A. 艾德主编的《经济、社会和文化权利》[6]，该书是较早从国际人权法的角度系统阐释经济、社会、文化权利的专著。我国学者柳华文著有《论国家在〈经济、社会和文化权利国际公约〉

---

[1] Katharine G. Young & Amartya Sen, The Future of Economic and Social Rights, Cambridge University Press, 2019.

[2] M. Jackman, From National Standards to Justiciable Rights: Enforcing International Social and Economic Guarantees Through Charter of Rights Review, 14 Journal of Law & Social Policy, 1999; M. Jackman, What 's Wrong With Social and Economic Rights? 11 Nat' l J. Const. L. 235, 1999; M. Jackman, The Last Line of Defence for [Which?] Citizens: Accountability, Equality and the Right to Health in Chaoulli, 44 Osgoode Hall L.J., 2006; M. Jackman, Charter Review as a Health Care Accountability Mechanism in Canada, Vol.18 Health Law Journal, 2010.

[3] John Tasioulas, Minimum Core Obligations : Human Rights In the Here and Now, Washington, D.C. : World Bank Group, 2017.

[4] ［挪］A. 艾德:《人权对社会和经济发展的要求》，刘俊海、徐海燕译，载《外国法译评》1997 年第 4 期。

[5] 刘海年:《〈经济、社会和文化权利国际公约〉研究》，中国法制出版社 2000 年版。

[6] ［挪］A. 艾德等主编:《经济、社会和文化权利》，黄列译，中国科学出版社 2003 年版。

下义务的不对称性》[1]和《经济、社会和文化权利可诉性研究》两本专著。[2]龚向和教授的博士学位论文从宪法学角度切入了社会权的法理，该论文随后以《作为人权的社会权》[3]一书出版。龚向和教授又著有《社会权的可诉性及其程度研究》和《从民生改善到经济发展：社会权法律保障新视角研究》，两书探讨了社会权司法保障和制度建设的一般法理和宪法学问题。[4]黄金荣博士著有《司法保障人权的限度——经济和社会权利可诉性问题研究》[5]和《〈经济、社会、文化权利国际公约〉国内实施读本》[6]两本专著，分别探讨了经济、社会、文化权利的可司法性问题和权利阐释的基本法理。夏正林教授著有《社会权规范研究》一书从宪法学角度解释了社会权的规范内容。[7]胡敏洁教授则侧重从行政法的视角研究社会福利权，其代表性研究成果当数《福利权研究》[8]这一专著。杨春福教授在2014年出版了《经济、社会和文化权利的法理学研究》，从整体主义的研究进路提供了一个较传统个人主义更为可欲的人权理论框架，通过对人权二分法的批评，进一步澄清了经济、社会和文化权利的人权属性，并重新厘清了他们的范围。[9]人权研究学者常健和郝亚明著有《中国人权保障政策研究》，该书探讨了人权的政策保障与法律保障之间的相互关系，具体分析了中国人权保障的总体政策规划，以及在经济、社会和文化权利，公民权利和政治权利，特定群体权利方面的保障政策及其发展，并对中国人权的对外政策与实践进行了深入的研究。[10]著名国际

[1] 柳华文：《论国家在〈经济、社会和文化权利国际公约〉下义务的不对称性》，北京大学出版社2005年版。

[2] 柳华文：《经济、社会和文化权利可诉性研究》，中国社会科学出版社2008年版。

[3] 龚向和：《作为人权的社会权》，人民出版社2007年版。

[4] 龚向和：《社会权的可诉性及其程度研究》，法律出版社2012年版；龚向和：《从民生改善到经济发展：社会权法律保障新视角研究》，法律出版社2013年版。

[5] 黄金荣：《司法保障人权的限度——经济和社会权利可诉性问题研究》，社会科学文献出版社2009年版。

[6] 黄金荣：《〈经济、社会、文化权利国际公约〉国内实施读本》，北京大学出版社2011年版。

[7] 夏正林：《社会权规范研究》，山东人民出版社2007年版。

[8] 胡敏洁：《福利权研究》，法律出版社2008年版。

[9] 杨春福：《经济、社会和文化权利的法理学研究》，法律出版社2014年版。

[10] 常健、郝亚明等：《中国人权保障政策研究》，中国社会科学出版社2016年版。

法学者曾令良教授在《国际人权公约的实施及中国的实践》一书中系统地研究了联合国两项基本人权公约实施及其在中国的实践，阐述了《经济、社会、文化权利国际公约》的监督机制，提出了中国在实施该公约过程中面临的挑战。[1]

（二）期刊、学位论文方面

国内学界比较早的关注经济、社会、文化权利的学者包括：毕小青在1994年翻译了联合国经济、社会、文化权利委员会主席菲力普·奥斯顿的英文文章《经济、社会、文化权利及其保障措施》。[2]1997年刘俊海和徐海燕合作翻译了奥斯陆大学著名经济、社会、文化权利专家A. 艾德的《人权对社会和经济发展的要求》一文。[3]1998年刘海年在《法学研究》上发表了《适当生活水准权与社会经济发展》[4]。陈厮于2006年翻译了来自美国纽瓦克市拉特格斯大学法学院的卡里玛·贝努姆教授撰写的《〈经济、社会和文化权利国际公约〉——反对歧视妇女的工具：总的评价及阿尔及利亚个案研究》一文。[5]龚向和教授在2005年集中发表了《社会权的历史演变》《通过司法实现宪法社会权——对各国宪法判例的透视》《社会权与自由权区别主流理论之批判》《〈经济、社会和文化权利国际公约〉中受教育权在中国的实现——兼论中国公民受教育权的立法保障》《论受教育权的可诉性及其程度》6篇宪法学论文，探讨了社会权保障的基本宪法问题，这些论述属于我国公法学界较

[1] 曾令良等：《国际人权公约的实施及中国的实践》，武汉大学出版社2015年版。

[2] ［澳］菲力普·奥斯顿：《经济、社会、文化权利及其保障措施》，毕小青译，载《外国法译评》1994年第4期。

[3] ［挪］A. 艾德：《人权对社会和经济发展的要求》，刘俊海、徐海燕译，载《外国法译评》1997年第4期。

[4] 刘海年：《适当生活水准权与社会经济发展》，载《法学研究》1998年第2期。

[5] ［美］卡里玛·贝努姆：《〈经济、社会和文化权利国际公约〉——反对歧视妇女的工具：总的评价及阿尔及利亚个案研究》，陈厮译，载《国际社会科学杂志（中文版）》2006年第2期。

早的关于社会权的成果。[1] 除此之外，胡敏洁也发表了《宪法规范、违宪审查与福利权的保障》和《转型时期的福利权实现路径：源于宪法规范与实践的考察》两篇文章，从宪法学的角度看待社会福利权的司法审查问题。[2]

经济、社会、文化权利的可司法性是我国学界今年来关注的重点之一，其学术脉络主要是通过司法保障人权的角度切入我国的社会保障权。在这方面的学术成果有胡敏洁的《论社会权的可裁判性》和《一种富有争议的权利：论福利权的法律性质》[3]，彭锡华发表的《论经济、社会和文化权利的可裁判性》[4]，王德新发表的《经济、社会和文化权利可诉性问题探析》[5]。通过其他方式保障经济、社会、文化权利的研究成果也零星存在，如沈跃东在《论监察专员制度对经济、社会和文化权利的保障》一文中从监察专员制度独特的内部构造的角度探讨了经济、社会和文化权利的保障问题。[6] 学者胡敏洁还发表了诸如《给付行政范畴的中国生成》《给付行政与行政组织法的变革——立足于行政任务多元化的观察》等文章中从给付行政的角度看待社

[1] 龚向和:《社会权的历史演变》，载《时代法学》2005 年第 3 期；龚向和:《通过司法实现宪法社会权——对各国宪法判例的透视》，载《法商研究》2005 年第 4 期；龚向和:《社会权与自由权区别主流理论之批判》，载《法律科学西・北政法学院学报》2005 年第 5 期；龚向和:《社会权司法救济之宪政分析》，载《现代法学》2005 年第 5 期；龚向和:《论受教育权的可诉性及其程度》，载《河北法学》2005 年第 10 期；龚向和:《〈经济、社会和文化权利国际公约〉中受教育权在中国的实现——兼论中国公民受教育权的立法保障》，载《湖南大学学报》（社会科学版）2005 年第 4 期。

[2] 胡敏洁:《宪法规范、违宪审查与福利权的保障》，载《中外法学》2007 年第 6 期；胡敏洁:《转型时期的福利权实现路径：源于宪法规范与实践的考察》，载《中国法学》2008 年第 6 期。

[3] 胡敏洁:《论社会权的可裁判性》，载《法律科学》2006 年第 5 期；胡敏洁:《一种富有争议的权利：论福利权的法律性质》，载《河北法学》2007 年第 10 期；胡敏洁、宋华琳:《美国宪法上的福利权论争》，载《政治与法律》2004 年第 3 期。

[4] 彭锡华:《论经济、社会和文化权利的可裁判性》，载《法学杂志》2009 年第 8 期。

[5] 王德新:《经济、社会和文化权利可诉性问题探析》，载《北方法学》2010 年第 6 期。

[6] 沈跃东:《论监察专员制度对经济、社会和文化权利的保障》，载《福建论坛》（人文社会科学版）2007 年第 4 期。

会福利权的行政保障问题。[1]上海学者郭曰君著有《国际人权法实施机制研究——以经济、社会和文化权利为中心》和《国际人权救济机制和援助制度研究——以经济社会和文化权利国际公约任择议定书为中心》两本专著，在这两本书中郭曰君以《经济、社会、文化权利公约》及其议定书为中心，从约文谈判、文本规定、实施状况和效果等多个方面对人权法的实施机制进行了全面、系统和立体的研究，并对进一步改进人权法的实施机制提出了一系列建议。[2]

此外，郭曰君与马玉丽联合发表的文章《〈经济、社会和文化权利国际公约〉缔约国报告制度研究》[3]，分析了缔约国在国际人权公约下报告义务的法律特点和性质。陈寒枫、周卫国、蒋豪发表的《〈经济、社会及文化权利国际公约〉及其实施》一文主要从国际层面上研究《经济、社会、文化权利国际公约》并指出：政府间组织和非政府组织对国家履行《经济、社会、文化权利国际公约》的情况进行监督，全球化进程将促进经社文权利的实现。[4]张雪莲在《经济社会权利“最低核心义务”的概念分析》一文中认为《经济、社会、文化权利国际公约》对最低核心义务的界定需要两个分析框架：一个是尊重、保护和实现的义务，另一个是行为义务与结果义务。[5]

---

[1] 胡敏洁：《给付行政范畴的中国生成》，载《中国法学》2013年第2期；胡敏洁：《给付行政与行政组织法的变革——立足于行政任务多元化的观察》，载《浙江学刊》2007年第2期；胡敏洁：《社会福利领域中的裁量与规则——基于城市最低生活保障条例的分析》，载《浙江学刊》2011年第2期；胡敏洁：《履行给付行政任务之私人法律地位：以养老保障行政为例》，载《华东政法大学学报》2011年第2期；胡敏洁：《福利行政调查权与受益人权利保障》，载《当代法学》2008年第2期；胡敏洁：《论美国社会保障中听证制度》，载《行政法学研究》2007年第2期；胡敏洁：《以私法形式完成行政任务——以福利民营化为考察对象》，载《政法论坛》2005年第6期。

[2] 郭曰君、马玉丽：《国际人权法实施机制研究——以经济、社会和文化权利为中心》，中国政法大学出版社2018年版；郭曰君：《国际人权救济机制和援助制度研究——以经济社会和文化权利国际公约任择议定书为中心》，中国政法大学出版社2015年版。

[3] 郭曰君、马玉丽：《〈经济、社会和文化权利国际公约〉缔约国报告制度研究》，载《广西社会科学》2014年第2期。

[4] 陈寒枫、周卫国、蒋豪：《〈经济、社会及文化权利国际公约〉及其实施》，载《外交学院学报》2001年第3期。

[5] 张雪莲：《经济社会权利“最低核心义务”的概念分析》，载《学术交流》2009年第10期。

还有，张敏在《社会权实现的困境及出路——以正义为视角》一文中分析了社会权实施中的困境并提出了以下解决方案：（1）确认产权制度基础上的社会立法；（2）社会权法定化并强调政府最低核心义务的履行；（3）肯定社会权的可司法性，强调司法保障社会权实现的最低限度。[1] 万鄂湘、毛俊响在《经济、社会和文化权利保护领域的重大突破——〈经济、社会和文化权利国际公约任择议定书〉草案述评》中介绍了经济、社会、文化权利最近条约监督实施机制。[2] 武汉大学国际法研究所石磊教授在《试论〈经济、社会和文化权利国际公约〉中工作权的性质与内容》一文中，分析了工作权的性质并认为它应该包括工作机会均等权、就业服务权等一系列的子权利。[3]

中国政法大学人权研究院孙萌发表了《经济、社会和文化权利的国际可诉性》一文，首先指出了经济、社会和文化权利的国际可诉性的含义，即受到侵害的经济、社会和文化权利能够通过国际层面的司法和准司法方法寻求救济的可行性，然后论证了该组权利在国际层面应该纳入司法救济的范畴。[4] 在《〈经济、社会及文化权利国际公约〉的实施机制解析》一文中，孙萌探讨了在国际层面如何克服《经济、社会、文化权利国际公约》的实施障碍。[5] 何海岚发表的《〈经济、社会和文化权利国际公约〉实施问题研究》运用了大量的国际人权法资料分析了经济、社会、文化权利保障中诸如“国家保护义务的三分论”“资源耗费论”“逐步实现论”“权利可司法性”“国际人权标准国内法实施”等问题。[6] 另外，秦前红教授和笔者也合作撰写了《经济、社会、文化权利的可司法性研究——从比较宪法的视角介入》《经济、社会、文化权利的保障路径及其选择——在立法裁量与司法救济之间》，两篇文章分

[1] 张敏：《社会权实现的困境及出路——以正义为视角》，载《河北法学》2014 年第 2 期。

[2] 万鄂湘、毛俊响：《经济、社会和文化权利保护领域的重大突破：〈经济、社会和文化权利国际公约任择议定书〉草案述评》，载《法律适用》2008 年第 11 期。

[3] 石磊：《试论〈经济、社会和文化权利国际公约〉中工作权的性质与内容》，载《法学评论》2007 年第 4 期。

[4] 孙萌：《经济、社会和文化权利的国际可诉性》，载《山东大学学报》（哲学社会科学版）2013 年第 5 期。

[5] 孙萌：《〈经济、社会及文化权利国际公约〉的实施机制解析》，载《人权》2013 年第 3 期。

[6] 何海岚：《〈经济、社会和文化权利国际公约〉实施问题研究》，载《政法论坛》2012 年第 1 期。

别从比较宪法的角度探讨了经济、社会、文化权利的司法救济问题以及“立法保障”与“司法保障”二者之间的关系问题。[1]

近年来以“经济、社会、文化权利”为题的硕、博士学位论文方面，也有许多成果。据笔者资料收集可以扩及的范围内的最新统计，这些成果包括：海南大学刘伟的硕士学位论文《人权入宪后我国经济、社会和文化权利法律保障研究》(2013年)；复旦大学法学院两篇关于文化权利保障的博士学位论文，分别为杨龙波的《发展的文化权利》(2012年)；赵宴群的《文化权利的确立与实现》(2007年)；山东大学法学院三篇硕士学位论文分别为马玉丽的《〈经济、社会和文化权利国际公约议定书〉研究》(2009年)、裴振华的《论我国人权保障与〈经济、社会和文化权利国际公约〉的关系》(2009年)、董合鹏的《论〈经济、社会及文化权利国际公约〉在中国的实施》(2010年)。

香港地区对一般人权理论具有重大贡献的学者当数陈弘毅（Albert Chen Hung-yee）教授，他著有《人权与法治》《法治、人权与民主宪政的理想》《人权在亚洲》等专著[2]，致力于从普通法传统下宪制与法治角度探讨人权的现代保障问题。但是香港学术界专门致力于经济、社会和文化权利研究且具有代表性的学者当属江嘉恩（Karen Kong）博士。江博士以“霍春华诉医管局案”[3]“何赛云诉房屋署案”[4]“孔允明诉社会福利署案”[5]“游文辉诉社会福利署案”[6]等关涉社会福利给付的重大案件为例，撰写了香港落实和保障《香港基本法》第36条（社会福利权）方面的文章，比较有代表性的论文包括《香

[1] 秦前红、涂云新：《经济、社会、文化权利的可司法性研究——从比较宪法的视角介入》，载《法学评论》2012年第4期；秦前红、涂云新：《经济、社会、文化权利的保障路径及其选择——在立法裁量与司法救济之间》，载《交大法学》2013年第1期。

[2] Albert Chen Hung-yee & Johannes Chan, Human Rights and the Rule of Law: The Challenges of Hong Kong' s Transition, Hong Kong: Wide Angle Press, 1987 (in Chinese); Albert Chen Hung-yee, Ideals of Rule of Law, Human Rights and Constitutional Democracy, Hong Kong: Commercial Press, 2012 (in Chinese); Albert Chen Hung-yee, Human Rights in Asia, London: Routledge, 2006.

[3] Fok Chun Wa and Another V. The Hospital Authority and Another, CACV 30/2009.

[4] Ho Choi Wan V. Hong Kong Housing Authority; FACV1/2005; [2005] 4 HKLRD 706; (2005) 8 HKCFAR 628.

[5] Kong Yunming v The Director of Social Welfare, FACV2/2013 (17 December 2013).

[6] Yao Man Fai George v The Director of Social Welfare, FACV2/2013.

港社会福利权的司法救济》《人人享有足食权：饥饿和社会不公的权利论证路径》《香港的公益诉讼：社会转型的新希望？》[1]。

第四节 本书的研究方法

社会科学的研究在很大程度上依赖于研究者所采用认识论和方法论的有效性。作为社会科学之一的法学亦不例外，综观古今中外的法学研究，凡是在法学理论研究或者法律实践中对人类知识有所增益的研究者无不在法学方法（大陆法系多称之为法学方法论 Methodenlehre der Rechtswissenschaft，英美法系多称之为法律方法 Legal Method）上精心锤炼、细致反思和勇敢超越。我们所熟知的法学流派大多以其法学方法上的特征命名，如 11 世纪、12 世纪在意大利、法国、德国形成的注释法学派（The School of Glossators）和评论法学派（The School of Commentators）[2]，启蒙运动时期以格劳秀斯、洛克、卢梭、孟德斯鸠为代表的自然法学派（Natural Law），19 世纪德儒冯·萨维尼（Friedrich Carl von Savigny，1779—1861）开创的历史法学派（Historische Rechtsschule），19 世纪法国奥古斯特·孔德（Auguste Comte，1798—1857）以"实际验证"为中心的法实证主义（Legal Positivism），19 世纪英国约翰·奥斯丁（John Austin，1790—1859）开始的分析法学派（Analytical Jurisprudence），英国人 H.L.A. 哈特所开始的新分析法学派，奥地利人凯尔森（Hans Kelsen，1881—1973）开创的纯粹法学派（Reine Rechtslehre），拉德布鲁赫（Gustav Radbruch，1878—1949）开始的新康德主义法学派（Neokantianism）[3]。法学的研究之所以需要首先研究方法，是因为在我们随身携带的精神行李中就已

---

[1] Kong K.，"Adjudicating Social Welfare Rights in Hong Kong"（2012）10 International Journal of Constitutional Law 588-599；Kong K.，"Costs in Public Interest Litigation：Whose Pocket Should be Picked?"（2009）39 Hong Kong Law Journal 767-782；Kong K.，"The Right to Food For All：A Right-based Approach to Hunger and Social Inequality"，（2009）32 Suffolk Transnational Law Review 525-566；Kong K.，"Public Interest Litigation in Hong Kong：A New Hope for Social Transformation?"（2009）28 Civil Justice Quarterly 327-343.

[2] 何勤华：《中世纪西欧评论法学派述评》，载《中外法学》1996 年第 5 期。

[3] 朱力宇、刘建伟：《新康德主义法学三论》，载《法学家》2007 年第 5 期。

经包括了方法——不管我们是不是已经知道这一点。基于这种方法论上的自觉，中国法学界关于权利理论的研究在近年来已经发展出不同于传统政治叙事为主要特征的法学研究。囿于实践的束缚，法学方法上的创新仍然在理论和实践的“阐释断裂”中徘徊。结合本书关于宪法人权中一组“权利群”的探讨，笔者试图借助研究方法的精细化以及对问题的反思来弄清楚相关权利保障的理论和制度问题。至于这种方法论上的“拿来”和“锤炼”在多大程度上对经济、社会、文化权利保障的理论和实践有所“增益”，效果只能交付学人公评。

一、规范实证主义的研究方法

恰如德国哲学家黑格尔（Friedrich Hegel，1770—1831）在《法哲学原理》中有言：“法一般来说是实定的。”根据黑格尔的解释，就法律权威的形式来源而言，实定法知识是实定法学的指导思想，就法律得以有效的内容来看，历史发展到一定阶段的特殊民族性、法律体系在适用上的必然性以及实际裁判所依据的规范都决定了法的实证品格。[1] 故此，本书所采用的研究方法首先是“实证主义”的（Legal Positivism/Rechtspositivismus）[2]，即作为一套体系化的人定规则，在任何法律体系中，任何关于一个法律规范的有效性问题都取决于其被实定化了的法源（Rechtsquelle/Source of Law/Legal Authority）。由于宪法规范需要在一个国家有效地贯彻和实施，基本权利研究的实证化在一方面仰赖于规范的有效形式，另一方面又有可能关涉到规范之背后的价值争议。“事实、规范和价值”的探讨在真实的法律世界中变得可能异常复杂难测，然而，宪法仍然可以在事实和价值的争议泥淖中被视为一种凝结和负荷了价值的“根本规范”，而这种根本规范本身也

[1] 黑格尔：《法哲学原理》（《法哲学原理或自然法和国家学纲要》），范扬、张企泰译，商务印书馆2010年版，第4页。

[2] 相似法律实证主义观点或对之批判参看John Gardner，Legal Positivism：5 ½ Myths，46 American Journal of Jurisprudence 199。

可以被当作“实定化的超实证法”[1]。故此，本书采用的研究方法还是规范主义的。对于基本权利的探讨而言，宪法所规定的各项权利所组成的规范体系究竟可否被视为封闭的？基本权利规范如何回应人的价值争议甚至是道德争议呢？笔者认为以哈特（H. L. A. Hart，1907—1992）、科尔曼（Jules Leslie Coleman）为代表的包容的法实证主义（Inclusive/soft legal positivism）可以将社会围绕基本权利的价值争议圆满地予以回应，基本权利的规范固然是实证的，但在这些宪法规范的“价值锁定”和“价值负荷”过程中，规范主义绝不应该被视为一个一劳永逸的封闭体系，而应该是一个开放、包容而又能回应社会争议的体系。综合前述，笔者在本项研究所秉持的立场是一种“规范实证主义”（Normative Positivism），而这种规范实证主义又不是意在构造一个关于宪法人权理论的封闭结构，从本质上来说，本书的研究方法又是包容的。

二、法解释学研究方法

本书尝试运用现代的法解释学的方法看待和认识基本权利的实证化。如伽达默尔所言，解释（Auslegung）意味着“让自己的前概念发生作用，从而使本书的意思真正为我们表述出来……我们把解释视域的获得看作一种视域融合（Horizontverschmelzung/Fusion of horizons）”[2]。解释学的方法假定人们将所创造的主体或者交互主体间的意义看作他们与世界的某种互动，阐释学者试图通过还原或者复原对客体现象所附加的意义来理解社会现象。（Orlikowski & Baroudi，1991）。卡尔·拉伦茨（ Karl Larenz，1903—1993）则将哲学上的解释学的方法成功运用于法学，在拉伦茨看来，“作为理解之学

[1] 许志雄：《宪法秩序之变动》，元照出版有限责任公司 2000 年版，第 82 页。

[2] 伽达默尔：《真理与方法》（下卷），洪汉鼎译，上海译文出版社 2004 年版，第 513 页。另外，宪法解释需要建立在对一个规范内容“理解”的前提条件上，这一理解与解释者的“前理解”（Vor-verständnis）或者需要被解释的具体问题本身并不相同。参见［德］康拉德·黑塞：《联邦德国宪法纲要》，李辉译，商务印书馆 2007 年版，第 44 页。

问的法学”是透过解释来理解语言的表达方式及其规范意义。[1] 依德国著名宪法学家康拉德·黑塞（Konrad Hesse，1919—2005）的见解，宪法解释的任务不仅仅是为判决而为之，而是在一个合理的与可得事后审查的程序中，将合宪的、“正确的”结果发掘出，并以合理的与可得事后审查的方式证立这一结果，经由这种方式达到法律的明确性与可预见性。[2] 传统宪法解释学以“文义解释、体系解释、历史解释和目的解释”为基本研究方法并取向于“客观解释理论”。我国有学者认为大陆法系法学之最初形态或者主流形态就是法教义学，即通过对法律规范内部结构的分析和阐释的习得，为法官提供一套从法律条文推导出具体案件判决的方法和规则。这种法解释学方法的体系化的主要功能在于构建一套合理的概念和逻辑体系，使得抽象而呆板的法律能够在面对具体细微而不断变迁的社会现实时具有可适用性。[3] 法阐释学（Rechtsdogmatik）的概念预设了具有权威性的宪法文本，法释义学的活动基本是在不质疑规范文本效力的前提下，探求规范文本的意义，并将其实用于具体的案件。康拉德·黑塞在总结和批判传统解释方法时认为，传统客观主义解释理论只能有限地达到宪法解释的目的。晚近德国联邦宪法法院已将政治、社会、历史的关联性、恰当正确的判决结果、由规范调整的生活事实对于确立规范内容的意义等要素融合进了宪法解释的过程。[4] 我国台湾著名宪法学者苏永钦教授认为蓬勃发展的法释义学在当下面临四个方面的困境：（1）直接移植造成的混乱完全忽略了代表主权国家存在的宪法不适

---

[1] ［德］卡尔·拉伦茨：《法学方法论》，陈爱娥译，商务印书馆 2005 年版，第 6 页。

[2] ［德］康拉德·黑塞：《联邦德国宪法纲要》，李辉译，商务印书馆 2007 年版，第 37 页。

[3] 张翔：《基本权利的规范构建》，高等教育出版社 2008 年版，第 5—6 页；张翔：《宪法解释方法与宪法教义学》，载许崇德、韩大元主编：《中国宪法年刊 2010》，法律出版社 2011 年版，第 82—95 页；张翔：《宪法教义学初阶》，载《中外法学》2013 年第 5 期；张翔：《基本权利的体系思维》，载《清华法学》2012 年第 4 期；白斌：《论法教义学：源流、特征及其功能》，载《环球法律评论》2010 年第 3 期；韩大元、林来梵、郑磊：《宪法解释学与规范宪法学的对话》，载《浙江学刊》2008 年第 2 期；李忠夏：《宪法学的教义化——德国国家法学方法论的发展》，载《法学家》2009 年第 5 期；林来梵、郑磊：《基于法教义学概念的质疑——评〈中国法学向何处去〉》，载《河北法学》2007 年第 4 期。

[4] ［德］康拉德·黑塞：《联邦德国宪法纲要》，李辉译，商务印书馆 2007 年版，第 42—43 页。

合。以处理人权与公共利益的冲突为例，其差异通常会反映在各国宪法对于不同法益的权衡，落实人权保障的组织程序，乃至政府的分权方式上，而跨国移植的混乱往往忽视了这些差异。（2）释义学明显脱离文本。由于解释对象在架构上的差异，移植的结果反而冲击了宪法原来的文本结构。（3）新旧规范间冲突隐现。反映社会现状和发展前景的法律增修条文和原来的宪法文本之间隐隐然存在某种典范性的冲突，而学说和实务没有意识到这样的冲突。（4）规范与现实的落差扩大。借由解释把新的社会事实吸纳入规范的内涵，往往造成了一种合理化的违法。[1] 故本书在权利研究上将继承传统法释义学的文本、历史、体系和目的阐释的基本方法。同时，在尊重实定法的规定上，将权利规范的用语（der Ausdruck）、条文（der Rechtssatz）或规定（die Regelung）都放在一个整体的法律体系中，再用整个法体系去涵摄个别用语、条文或规定的具体意义，亦即本书所使用的法阐释学将借鉴伽达默尔所谓"诠释学循环"（Der Ausdruck Hermeneutischer Zirkel）的方法克服当下阐释学在规范与现实之间的困境。

除此之外，本书还将借助霍菲尔德（Wesley Newcomb Hohfeld，1879—1918）的权利分析理论来勾勒出整个经济、社会、文化权利所在的整体框架，这个框架的构建借助了霍氏权利理论下"公民—义务"相互交织的密切关系，笔者的理解框架如下表 1-2 所示。

表 1-2　经济、社会、文化权利的解释结构（Interpretive Structure）

公民 A 享有 X 权利（如公民享有医疗健康权）	
公民 A 享有 X 权利（消极维度）	国家负有尊重和不侵犯公民 A 享有 X 权利的义务（Not-to-interfere-without-justification）
公民 A 享有 X 权利（积极维度）	国家负有保障和满足公民 A 享有 X 权利的义务（Must-provide-with-justification）

[1] 苏永钦：《部门宪法》，元照出版有限公司 2005 年版，第 4—10 页。

三、系统功能主义研究方法

正如台湾地区学者项程华所指出的，基本权利所涵盖的范围，若是以社会为基础的观点而言，即人民的生活范围。宪法基于“生活领域”的不同，规定有不同的条款，形成不同的保护功能与作用，以建构出不同体系的衡量基准，这种区分称为“系统”。[1] 由此社会系统理论的出场无疑可以提升宪法的解释方法，借由基本权利涵盖“社会生活领域”的不同而对其规范功能做一个系统的阐释。故本书将运用社会系统理论这一研究方法来分解实证宪法和国际法中关于经济、社会、文化权利的规范，探求如何实现宪法的终极目的——保护人民。引领风骚数十年的功能学派在社会科学研究领域产生了巨大的影响，其中包括美国社会学学者塔尔科特 · 帕森斯（Talcott Parsons）、德国社会学学者尼克拉斯·卢曼（Niklas Luhmann）[2]。帕森斯以类比生命体系提出了四种典范（four-function paradigm）而著称：A（适应）、G（目标达成）、I（整合）、L（模式维护），他发现社会就像人体或其他有机生命一样，也是一个由多个次体系组成的大体系，不同的次体系分别承担不同的功能，而在次体系内部又有类似的功能分配。[3]

四、比较法学研究方法

相关的资料和经验研究表明，经济、社会、文化权利的保障问题是一个全球性的人权难题。这不仅是因为“第二代人权”在理论上面临来自传统以“自由权”为核心思维范式的诸多质疑和挑战，也在于各个国家在权利内涵的形塑和实践中都结合了各自的法律传统。对于发展中国家而言，经济、社会、

[1] 项程华:《“系统理论”作为宪法基本权利的解释方法——以“受教权”与“学术自由”之区分为例》，http://www2.nsysu.edu.tw/sis/discuss/1A-2.pdf。

[2] 汤志杰:《社会如何可能：鲁曼（Niklas Luhmann）的观点》，载《思与言》第 32 卷第 2 期，第 111—131 页。鲁曼（卢曼）于 1964 年出版了《正式组织的功能与后果》（Funktionen und Folgen formaler Organisation），1997 年出版了《社会的社会》（Die Gesellschaft der Gesellschaft）。

[3] 苏永钦:《部门宪法》，元照出版有限公司 2005 年版，第 23 页。

文化权利的保障还关涉到发展模式、消除贫困等各个方面的挑战。所谓比较者，比较对象必须既存在某种“通融”又存在某种“差异”，“通融”使得比较研究可以找到连接点，而“差异”使得比较研究有借鉴和“拿来”的意义。本书将采用的“比较研究”（Comparative research）立足于不同法律体系之差异而又找到它们在国际人权保护上的共通之处。为此，本书将首先立足于具有不同基本权利保障传统的两大法系之间寻找一种“特征间类比”（feature-by-feature comparison），这些特征之间的类比与本书所论述的主题紧密相关。例如，本书将选取两个大陆法系的代表性国家——德国和日本的基本权利保障理论和两个普通法系的代表性国家——英国和美国的权利保障法理，通过他们在经济、社会、文化权利保障方面的“特征”进行对比、分析来认识这组权利的属性、要求和实践难题。其次本书将不止停留在西方法理的引介和分析上面，结合论域的问题意识，本书将通过一种“理论旅行”将人类文明的有益法理移植到发展中国家和法治后进地区。这种法理旅行并非简单的“拿来”和“套用”，也不意图“毕其功于一役”，而是要将理论旅行置于发展中国家的具体法理语境中，以发展中国家和非西方社会的“本地视角”（Local Perspectives）来和所移植的理论进行一种深度的“对话”和“商谈”。在这种对话和商谈中，发展中国家的理论智识不只是被动的接受，而是一种积极的“给予”，此所谓“通过接受而给予、通过给予而接受”（Giving by Receiving and Receiving by Giving）。本书认为那些被主流法律理论所忽略的地域和地区并非一片文化和制度的荒蛮之地，而应该是一片文化更新和制度创新的希望田野。故此，本书将重点关注南非和印度的经验。以“彩虹国度”而著称的南非在宪法的“典范转移”（Paradigm Shift）方面可谓开“第三波民主化”之先河。在经济、社会、文化权利保障领域，南非宪法法院从 *Grootboom* 案（2000）[1] 中的“宣告性救济”和“个别救济”模式成功地在

[1] *Government of the Republic of South Africa and Others v. Grootboom and Others*,（CCT11/00）[2000] ZACC 19；2001（1）SA 46；2000（11）BCLR 1169;（2000）[*Grootboom* case].

民主和法治的基础上发展出 *Olivia Road* 案（2008 年）[1] 的“宪法对话模式”，即南非宪法法院通过对转型时期宪法所凝结的价值共识的理解和阐释，要求在经济、社会、文化权利保障领域中，行政机关和权利请求人必须实现“商谈”和“对话”。这种救济模式相较于爱尔兰最高法院在 1989 年 *O' Reilly v. Limerick Corporation* 案 [2] 中固守权力分立原则下，议会享有完全的立法裁量而法院对人权救济爱莫能助的情况大有进步意义。在“商谈”理论被广泛谈及的今天，南非宪法法院和南非的宪法学者、人权律师并没有坐收理论移植带来的虚假繁荣，而是用“行动和变革”默默改变了现实，这一点诚为我国人民可以借鉴之处。

五、案例和经验研究方法

法律论证有别于一般的说理辩论，其关键在于通过有效“法源”的查找在具体案件中理解法律对具体的案件事实和法律现象予以法规范上的评价。“案例分析法”是一切法学研究领域中的一门基本功。无论罗斯科·庞德（Roscoe Pound，1870—1964）卷帙浩繁的《法理学》，还是毛茨（T. Maunz）和杜里希（G. Dürig）精致实用的《德国基本法评论》（Grundgesetz-Kommentar），案例研究都占据着基础性作用。普通法系国家的案例研究之深广程度自不待言，传统大陆法系国家如德国、法国和日本的公法研究越来越依赖将其结论建立在案例的说服力上。在真实的宪法和人权案例中，研究者不但可以找到法律实务界对类似问题处理的意见和结论，更重要的是，研究者可以发现：法官（无论多数意见或少数意见法官）的推理和论证会显示出一种精致独到的“法律确信”（*Opinio Juris*）。这种“法律确信”在漫长的判例累积过程中，恰如丹宁勋爵（Lord Denning）无比生动地形容，“初为

---

[1] *Occupiers of 51 Olivia Road, Berea Township and 197 Main Street Johannesburg v City of Johannesburg and Others*（24/07）[2008] ZACC 1；2008（3）SA 208（CC）；2008（5）BCLR 475（CC）（19 February 2008）[*Olivia Road* case].

[2] *O' Reilly v. Limerick Corporation* [1989] I.L.R.M. 181.

涓滴，后成溪涧，终至洪流”。故本书的理论无疑在很大程度上还建立在成文法之外——案例法。由此，笔者采用“案例或事例分析法”就显得尤为必要。本书将在吸收判例法精髓的同时结合欧陆法律体系自身的特点使得法律规范和实在案例能有机结合、相得益彰。本书主要援引了英国、美国、德国、日本、南非、印度、中国的相关案例，分析经济、社会、文化权利如何在立法保障、行政保障和司法救济之间最终实现。在案例分析的技术路径上，本书将采用“IRAAC 模式”来进行案例分析，试图通过 Issue（问题）—Rules（规则）—Analysis（分析）—Application（适用）—Conclusion（结论）的论证模式全面展开“案例或事例分析法”。

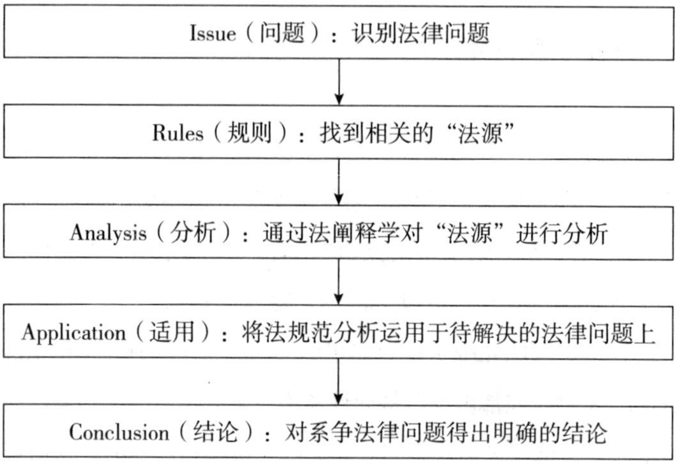

图 1-1　IRAAC 案例分析模式

另外，此处需要指出的是，经济、社会、文化权利研究的案例分析法不仅对国内法院十分适用，而且适用于国际性裁判机构。例如，欧洲人权法院在保障经济、社会、文化权利方面已经累积了相当的判例，运用这种 IRAAC 案例分析法分析欧洲人权法院的判例将会促进和增益我们对这些权利的了解。除此之外，在适用这种 IRAAC 案例分析论证模式的时候，本书将力求结合论题明晰、逻辑清晰的要求搜集具有代表性的国别和国际案例，通过类型化的比较使得多种保障模式和保护路径之间的特点、特征和效果得到一个完整的呈现。

第五节 本书研究的重点、难点及主要创新之处

一、研究重点

本书拟突破的重点在于以下五个方面：第一，经济、社会、文化权利的属性。经济、社会、文化权利是近代人权法理论和宪法理论在面对工业文明的弊端中所形成的一组具有“积极权利”性质的理论。它关涉到如何认识这些权利的渊源、属性和权能体系。换言之，只有深刻认识权利发展的历史逻辑并通过对“自由”的发掘才可能洞悉经济、社会、文化权利的本质。由此，当代人权法和宪法需要构建一个经济、社会、文化权利的现代阐释框架并将这个框架纳入组织和程序保障的宪制设计当中。第二，经济、社会、文化权利的侵害来源主要在于国家机关，同时国家机关又承担着保障公民合于人性尊严的最低生存给付，由此探讨经济、社会、文化权利保障在立法、行政和司法上的意涵就尤为关键。进一步推演，立法机关、行政机关和司法机关在保障经济、社会、文化权利过程中的关系和模式选择也成为一个亟待解决的理论和实践难题。第三，经济、社会、文化权利的保障必然牵涉到国家财政税收政策的调整。国家可能限于财政经济上的掣肘而疏于提供较为充足的社会保障给付，由此，如何从现代国家的财政结构（横向和纵向）角度看待国家财政资源分配对经济、社会、文化权利保障的重要性就成为海内外学者竞相探讨的对象。第四，经济、社会、文化权利保障中的国际法和国内法互动关系研究。《经济、社会、文化权利国际公约》第2条规定了各国承允“资源所限范围内”尽最大努力“逐渐达到”经济、社会、文化权利的保障。如何看待联合国经济、社会、文化权利委员会的一般性评论和申诉机制，如何协调世界范围内经济、社会、文化权利的保障就成为一个难题；国内法院是否可以适用或者借助《经济、社会、文化权利国际公约》也是一个亟待解决的问题。第五，中国的社会保障体制如何确保公民经济、社会、文化权利真正按照宪法和法律的规定落到实处，如何整合现有的法律体系实现“社会国”原则的要求，如何在宪法平等权的关照下统筹城市和农村地区的社会保障制度也是本书拟探讨的重点问题。

二、研究难点

本书在研究中的难点存在于以下四个方面：第一，经济、社会、文化权利的解释框架。传统宪法学理论仅仅将经济、社会、文化权利作为国家关照公民生活的一种宣示，如何通过阐释学的路径重新认识经济、社会、文化权利在主观权利和客观权利方面的一体性成为本书的研究难题之一。第二，政府负担保障人民权利的法定义务，如何通过立法机关、行政机关和司法机关三者的协力配合，保障公民经济、社会、文化权利是本书需要研究的问题。研究的难点在于立法保障、行政保障和司法保障三者之间的关系如何。当立法保障不足的时候，行政保障是否充分，当行政保障恣意性过大，法院是否可以提供必要的司法救济？综观德国、美国、日本的社会福利体制运行实际，本书认为应该在发展中国家后殖民化语境中将经济、社会、文化权利纳入宪法严肃对待的范畴。其中南非宪法法院从 *Grootboom* 案（2000 年）到 *Olivia Road* 案（2008 年）在经济、社会、文化权利保障模式上的转变尤为值得借鉴和研究。如何理解南非宪法法院在 *Olivia Road* 案中的宪法解释成为本书的另一个研究难点。第三，国家的经济和财政上的制约是否可以成为政府消极应对公民经济、社会、文化权利的理由呢？宪法关涉国家、民族和公民的命运，宪法并非价值中立或者价值无涉，宪法需要以人权为其终极皈依，否则强大的国家权力有可能是一个侵蚀普通公民权利的“利维坦”。第四，中国在保障公民经济、社会、文化权利中的具体问题。中国的社会保障制度被认为是一个行政主导的体制，如何实现中国社会保障制度的法治化？如何将行政机关的自由裁量和政策形成空间纳入规范的立法控制和司法控制的范畴？这些问题不仅理论性较高而且现实针对性强，因此成为本书研究的难题。

三、可能的创新之处

本书在已有研究的基础上计划达到的创新在于以下六个方面。

一是经济、社会、文化权利历史渊源寻找上的创新。多数学者认为经济、社会、文化权利萌芽于德国魏玛宪法中关于基本权利的规定，而本书通过对 1917 年墨西哥宪法（Constitution of Mexico of 1917）的研究发现：经济、社会、文化权利的提出，至少可以追溯到天主教教宗利奥十三世时期的宗教经典《新神谕》。本书认为实证宪法上，经济、社会、文化权利最早出现在 1917 年的墨西哥宪法，其次是 1918 年的苏俄宪法和 1919 年的德国魏玛宪法。

二是经济、社会、文化权利"结构—功能主义"阐释上的创新。本书不仅基于"权利一体化理论"认为任何基本权利都有防御功能、给付功能和客观规范之功能，而且提出经济、社会、文化权利在上述三种权能上的综合性和动态性，即经济、社会、文化权利防御权能、给付权能和客观规范权能三者并非可以孤立处之，尤其是将经济、社会、文化权利与基本国策条款置于系统考虑下，经济、社会、文化权利的各项权能立刻呈现一种动态互补的特征。另外，本书提出：经济、社会、文化权利必须结合特定的制度化事境才有意义。

三是对经济、社会、文化权利进行财政分析方面的创新。政府对经济、社会、文化权利的保障关涉到人民对特定物质和经济资源的"分享权"和"给付请求权"两种权能，故政府保障经济、社会、文化权利必须首先考虑国家财政能力、国家资源的分配和社会整体利益之调整（sozialen Ausgleich）等多种因素，其次结合具体的个案和语境进行审查。不论在何种情况下，"合于人民最低限度尊严之生存标准"必须被平等地实现。

四是保障经济、社会、文化权利需要进行"制度合作"（Multi-institutional cooperation）。在传统民主立宪范式下，国际和国内主流研究学者，如哈佛大学马克·图什纳特教授认为经济、社会、文化权利是一种强权利（Strong Rights），应搭配弱司法审查（Weak Judicial Review）的宪法救济方式。本书通过对南非宪法法院涉及经济、社会、文化权利的 *Grootboom* 案（2000 年）和 *Olivia Road* 案（2008 年）的分析认为，应该在立法机关、行政机关、司法机关和权利请求人（或群体）四方之间搭建一种"制度合作"（Multi-institutional cooperation）机制以弥补弱司法审查不能对强权利提供完整救济的不足。同时，通过对财政资源、案件事实等信息和计划的共享补足传统权力分立宪法体制的弊端。

五是经济、社会、文化权利的保障需要以《经济、社会、文化权利国际公约》为纽带和标准实现国际层面的整合，同时国内层面对经济、社会、文化权利的保障可以借助联合国经济、社会、文化权利委员会的努力而填补相应的宪法漏洞。本书提出应该建立更为严格的《经济、社会、文化权利国际公约》缔约国报告义务，其关键途径是各国的权利保障真实现状的信息，这种信息不宜仅仅限于“立法信息报告义务”，而应该进一步体现在“行政信息报告义务”和“司法信息报告义务”上，待机制成熟时，各缔约国应该在将来向联合国经济、社会、文化权利委员会报告其社会保障和文化事业建设上的财政状况。

六是中国经济、社会、文化权利的保障虽然与我国社会保障和文化体制密切相关，但经济、社会、文化权利保障中的政策化倾向严重，公民在经济、社会、文化权利方面的可衡量性、可救济性明显不足。本书提出的解决路径有三：其一，社会保障和文化体制必须接受宪法平等权的检讨，破除以身份为依据、以“城乡二元结构”为特征的社会保障体制和文化管理体制，实现所有国民在权利保障方面的“法律面前人人平等”。其二，社会保障和文化体制必须实现“法治化”，国家也必须贯彻和实现“社会国”“民主国”“法治国”等宪法原则。其三，基于司法是保障正义的最后一道防线的理念，本书认为经济、社会、文化权利最终是可以通过司法实现救济的基本权利的，具体而言，我国应将社会保障体制和文化管理体制中关涉公民切身利益的部分逐步纳入司法诉讼的范畴。

第六节　本书的研究思路

本书的研究思路大体遵循“权利阐释论—权利的制度保障论—权利的保障路径论—权利保障的关联论”这一逻辑思路。具体而言，本书将首先通过法律解释学的一般原理运用系统功能主义理论解释“什么是经济、社会、文化权利”，在明确了和解决了“是什么”的问题之后，本书将转向论述“如何保障经济、社会、文化权利”。由于如何保障这类权利涉及国家结构层面的“权力分工”“财政调整”，故本书在解决“怎么办”这一问题之前将详细讨论国家权力结构对公民权利的约束和外在语境。在解决“怎么办”之后，本书的论述将继续向前推进到国际和国内两个层面。在国内外两个维度上，文化权利都是一个容易引发激烈争执的权利类型，故本书专章论述之。接着，本书讨论《经济、社会、文化权利国际公约》和国内宪法秩序的互动关系，重点在于分析联合国经济、社会、文化权利委员会对相关法理领域的重大发展。最后，本书将论述的重点转向以“中国问题”为核心的剖析上。按照这一思路，笔者总结出本书的研究思路如图 1-2 所示。

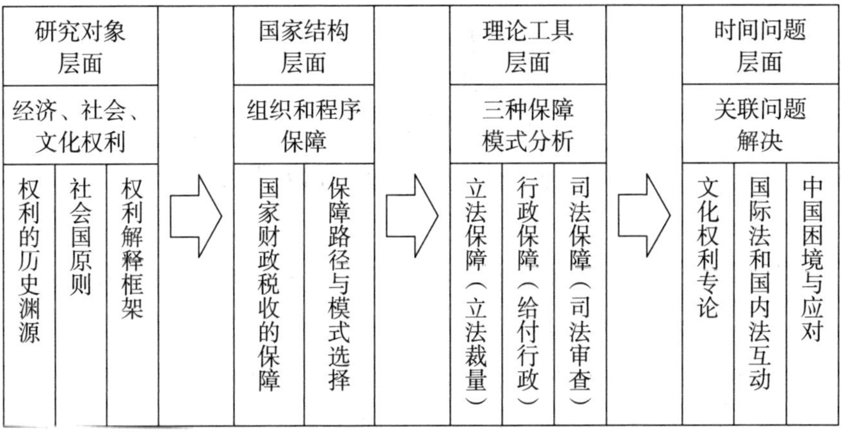

图 1-2　本书的写作框架和研究思路

人权是人类生存和共处的基础。
各项人权均普遍适用、不可分割而相互依存。
人权是联合国在执行和平与发展这项全球任务的过程中要解决的每个问题的核心。
——科菲·阿塔·安南（Kofi Atta Annan）

唯有创造环境，使人人除享有公民及政治权利而外，
并得享受经济社会文化权利，
始克实现自由人类享受无所恐惧不虞匮乏之理想。[1]
——《经济、社会、文化权利国际公约》前文

第二章 人权的概念渊源与历史演进：以经济、社会、文化权利为重心

在人类社会的历史上，权利是一个被频繁运用的政治和法律概念。近世以降，权利作为一个专业术语，通常被认为是由英语中的“right”、法语中的“droit”和德语中的“Recht”翻译而来。1864年美国传教士丁韪良（William Alexander Parsons Martin，1827—1916）在翻译亨利·惠顿（Henry Wheaton，1785—1848）的《万国公法》[2]时使用了诸如主权、权利等汉字法律术语。[3]随着《万国公法》汉译本的广泛传播，汉字文化圈以“权利”指代“right”的做法渐成惯例。然而，由于语言与文化的复杂性，中国和西方关于“权利”

[1] International Covenant on Economic, Social and Cultural Rights（ICESCR）, G.A. Res. 2200 A（XXI）, 21 U.N.GAOR Supp.（No. 16）at 49, U.N. Doc. A/6316（1966）, 993 U.N.T.S. 3, entered into force Jan. 3, 1976. Preamble.《经济、社会、文化权利国际公约》前言。

[2] Henry Wheaton, Elements of International Law, Carey, Lea & Blanchard, 1836.

[3] 李贵连：《〈万国公法〉：近代“权利”之源》，载《北大法律评论》1998年第1卷第1辑；何勤华：《〈万国公法〉与清末国际法》，载《法学研究》2001年第5期。在《万国公法》一书中，丁韪良创造的汉字法律术语有：万国公法、性法（自然法）、公师、法师、主权、权利、责任、法院、人民、国体、赔偿、自治、限制、章程、邦国、政治、选举、司法、争端、国会、制宪、领事、利益、管辖等。后来《万国公法》的中译本传到日本，包括日本明治时期箕作麟祥（Mitsukuri Rinsho，1846—1897）等著名法学家和政治家继受了《万国公法》中译本关于权利的翻译。

的理解有所不同。大部分中国人将“权利”理解为与现实利益密切结合的一种概念。在传统典籍中，权利既可以做名词，也可以做动词，它主要是指权势或财货，如《荀子·劝学》言：“是故权利不能倾也，群众不能移也，天下不能荡也。”《商君书·算地》言：“夫民之情，朴则生劳而易力，穷则生知而权利。易力则轻死而乐用，权利则畏法而易苦。”[1]自严复（1854—1921）以降，“权利”一词在中国则面临近代化翻译和现代化构建的难题。在近代化翻译方面，中国近代学人受到丁韪良翻译《万国公法》的深刻影响，即英语中的“right”、法语中的“droit”和德语中的“Recht”被翻译为“权利”。在概念的现代化构建方面，中国人逐渐引入能够与西方世界沟通的观念，并将该种观念移植到中国的传统法律文化中。在此过程中，中国人的“权利观”还渐渐作用于现实的政治和法律秩序的重构过程。依我国学者金观涛、刘青峰的研究，“权利”的现代化构建，在近代中国始终面临着两个方面的困难：第一重困难是界分国家和群体的主权与个体的权利。中国近代引入权利观念之初就注意到权利的集体性和个人性之间的紧张关系，但是在引入权利观念之时却过于强调权利的集体性。严复在《〈民约〉平议》中，对卢梭的权利观念批判道：“天赋之权利皆同，无一焉有侵夺其余之权利。是故公养之物，莫之能私。如土地及凡土地之所处者，非人类所同认公许者不得据之为己有也；产业者皆篡而得之者也。”章士钊（1881—1973）评论道：“民约评议者，严氏之所号称自造，盖全出于赫胥黎《人类自然等差》一文……乃皆外而不求，略而不论，独取一生物学者之赫胥黎先入以为之主，不知赫胥黎固非不认民约之说……”[2]第二重困难是区分权利的绝对价值和工具价值。国家的富强和民族之独立往往成为判断个人权利的一个价值标准，个人权利服务于集体的富强。这在一定程度上造成了“权利”与“权力”和“力量”

[1] 参见熊道宏：《近代中国“权利”概念的本土化建构》，载《政治学》2019年第5期。

[2] 章士釗：《为政尚异论：章士钊文选》，上海远东出版社1996年版，第109页；另参见钱基博：《现代中国文学史》，北京联合出版公司2010年版，《逻辑文》（下）部分。

之间的混淆。[1] 在中文学术界，权利概念的梳理和建构一直是法学研究的核心命题之一。目前我国主流的法理学教材中将“权利”提炼出了五大要素：(1)资格;(2)自由;(3)利益;(4)正当或正义;(5)主张或要求。正如我国学者所言，权利、人权以及基本权利(或者说宪法权利)，是一个庞大的论题，所涉及问题贯穿西方历史和文化发展的整体，故虽百万言未必可尽述其一端。[2]

在法学语境中，权利是一个伴随人类社会诞生、发展与演进的一系列概念和观念的集合。诚如拉丁法谚云:“Ubi homo，ibi societas. Ubi societas，ibi jus. Ergo ubi homo，ibi jus.”[3] 只要存在人类社会的地方，就会存在以正义为终极追求的某种形式的规则或法律。作为与“正义”和“法律”密切相联系的“权利”的观念亦可以追溯至人类社会之初。然而我们今日若从学术意义上探讨和分析权利的发展演变史，则需要澄清的前提条件是，我们是在何种意义上认识和解释“权利”的。毫无疑问，在人类社会诞生之初的权利，国家还没有形成，阶级还没有分化，彼时所谓的“权利”可能是同态复仇(lex talionis)意义上的“以牙还牙，以眼还眼”。这种权利之观念记载在《出埃及记》《利未记》《申命记》等宗教典籍当中。[4] 人类社会之初的权利还可以

[1] 参见金观涛、刘青峰:《近代中国权利观念的起源和演变》，载《观念史研究》，法律出版社 2009 年版，第 120—133 页；承红磊:《严复〈民约平议〉文本来源及其撰文目的再议：兼论赫胥黎在严复思想中的位置》，载《中国文化研究所学报》2014 年第 58 期；颜德如:《严复对卢梭社会契约思想之批判的分析》，载《哈尔滨工业大学学报》(社会科学版)2012 年第 4 期。

[2] 张龑:《论人权与基本权利的关系——以德国法和一般法学理论为背景》，载《法学家》2010 年第 6 期。在此文中，作者指出，从人权转化为宪法权利要经过四个限缩性过渡——民族国家化、制度化、理性科学化和习俗化。基本权利不仅是人权的制度化，而且它总是包含着以人权为指针，从而在最大限度上实现人权的要求。

[3] 此句拉丁法谚翻译为中文意思是“有人类，就有社会。有社会，就有法律”。因此，有人类就有法律。事实上，这句拉丁法谚最早来自古希腊思想家亚里士多德(Aristotle，384—322 B.C.)，亚里士多德曾说:“只要有人类社会，就会存在法律”(ubi societas，ibi ius)。

[4]《出埃及记》第 21 章第 23—25 节，“若有别害，就要以命偿命，以眼还眼，以牙还牙，以手还手，以脚还脚，以烙还烙，以伤还伤，以打还打”。《申命记》第 19 章第 21 节，“你眼不可顾惜，要以命偿命，以眼还眼，以牙还牙，以手还手，以脚还脚”。《利未记》第 24 章第 19—20 节，“如果有人使他的同伴伤残；他怎样待人，人也必怎样待他；以伤还伤，以眼还眼，以牙还牙；他怎样使人伤残，人也必怎样使他伤残”。

指那些涉及人身和财产关系的民事方面的权利。在近现代的学术语境下，我们所指的权利，无论是公法方面的，还是私法方面的，都被放置在一个民族国家（Nation-state）制度化语境中，具体而言，近当代的权利观是民族国家建构和体系化语境下的法律意义上的权利。权利（rights）可以指自然权利（人本身而具有的权利）、人权（包括法律权利和道德权利）、道德权利（道德体系所证成之权利）或者法律权利（法律所创设或者允许之权利）。权利（rights）既可以指公法上的权利，也可以指私法上的权利。

英语中的“right”、法语中的“droit”和德语中的“Recht”一词[1]在西方法律文化传统中其实是一个多义词，该词实际上既可以指权利，也可以指法律、正义、正当、合理等意思。从“语源学（Etymology）上看，“right”是中世纪英语，来源于古英语中的“riht，ryht，reht”等词。由于英语作为日耳曼语族的一个分支，古英语中的“riht，ryht，reht”还可以追溯到古日耳曼语言中的“rehtaz”一词。在古拉丁语中，rēctus 可以被翻译为权利，而古拉丁语的权利可以追溯到古希腊语中的 ὀρεκτός（orektós）。在更早的希伯来《律法书》（Torah）则有 צדק（tsadaq）一词来指“权利”或者“正当的”。在西方法律文化传统中，系统梳理和总结“权利”一词的语义变迁是一项浩大的学术工程。以日耳曼语言中的“Recht”为例，它的含义十分复杂，既能够表示权利又能够表示“法”。“subjektive Recht——主观法”表示的是权利的意思，“objektive Recht——客观法”表示的是法的意思。类似地，在法语中，droit 同样具有法的意思，“droit subjectif——主观法”表示的是权利的意思，“droit objectif——客观法”表示的是法的意思。[2]

与权利相关的另一核心概念就是“人权”，人权的概念和理念发端于人们对权利的认知，而权利是人类社会所特有的一种现象，故探讨人权的所有问题都必须具备一种历史和文化的语境。[3]当人们有志于严肃地梳理人权的历史文献和渊源之时，人们实际上是在梳理那些关于“权利”的理念、词汇、

[1] 权利一词在荷兰语中是“recht”，瑞典语中是“rätt and rät”，丹麦语中是“ret”，挪威语中是“rett”或“rett”，冰岛语中是“rétt”。均受到古日耳曼语言的影响。

[2] 参见方新军：《权利概念的历史》，载《法学研究》2007 年第 4 期。

[3] 参见吴忠希：《中国人权思想史略：文化传统和当代实践》，学林出版社 2004 年版。

文献、著述等的证据和史实。正如著名的人权学者范·德·维维尔（Johan D. van der Vyver）所言，权利概念的历史溯源犹如山石一样久远。[1] 但是并非所有的权利都可以落入人权的范畴。就此意义而言，人权概念所涵盖的范围仅仅包括那些作为个体的人类或者作为公民的社会组织中对人的存在尤为根本性的权利或者自由。人权最本质的性质在于其限制了国家机器及其立法权力能够任其意志而减损这些具有“根本重要性”的权利或者自由。在一些情况下，政治组织或者治理结构下的个人或者机关并不能克减（Derogate）或者限制这些所谓具有本质重要性的权利或者自由；而在另外一些情况下，即使这些具有本质重要性的权利或者自由都可以在正当化的情况下受到法律权威来源的影响，只是，这种正当性（Justification）的基础必须来源于法律权威本身，且必须遵循一种极为严苛和异常的程序或者形式。在此意义上，人权概念的历史可以追溯到 13 世纪起始，及至 17 世纪的英格兰政治动荡和革命交叠的时代，这个时期也恰好是人类从漫长的中世纪步入近代史的历史阶段。

第一节　公民权利和政治权利的历史渊源 [2]

站在人类历史发展的洪流中，纵览近现代的权利发展史，人们通常将 1215 年的自由大宪章作为一个极为关键和重要的历史事件来看待。自由大宪章（拉丁语原文是 Magna Carta Libertatum，英语通行翻译为 The Great Charter of the Liberties）是英格兰国王约翰（John，King of England，1166—1216）最初于 1215 年 6 月 15 日在温莎附近的兰尼米德（Runnymede）订立的拉丁文形式的政治性授权文件。自由大宪章 1225 年首次成为法律，1297 年的版本至今仍然是英格兰和威尔士的有效法律。《大宪章》（Magna Carta）是英国宪法的发源点，它被广泛认为是正当程序原则的肇始者，是英国议会形成的驱动器，被后世誉为“英格兰自由的奠基石”。在这份对人类历史影响

[1] See Johann D. Van der Vyver，Leuven Lectures on Religious Institutions，Religious Communities and Rights，Peeters，2004，Chapter 4 titled “Rerum Novarum and Economic and Social Human Rights”.

[2] See Johann D. Van der Vyver，Leuven Lectures on Religious Institutions，Religious Communities and Rights，Peeters，2004，Chapter 4 titled “Rerum Novarum and Economic and Social Human Rights”.

深远的法律文件中，英格兰新兴的贵族与国王通过签订“根本契约”的形式明文宣示：英国教会当享有自由，其权利将不受干扰，其自由将不受侵犯。（第1条）伯爵与男爵，非经其同级贵族陪审，并按照罪行程度外不得科以罚金。（第21条）任何自由人，如未经其同级贵族之依法裁判，或经国法判，皆不得被逮捕、监禁、没收财产、剥夺法律保护权、流放或加以任何其他损害。（第39条）[1] 历史学家通常认为自由大宪章中影响最为深远的是第39条，它衍生了人身保护的概念——任何人若非经法院之审判不应被剥夺生命、自由和财产。自由大宪章的核心理念是限制王权和保护权利，为了达到这一目标，自由大宪章还通过被称为“安全条款”的第61条之规定，组建了一个由25名贵族组成的委员会，赋予该委员会监督、确保约翰国王遵守大宪章的权力。自由大宪章的精神奠定了英国宪制的基础，英国伊丽莎白时代和詹姆士时代伟大的大律师、大法官和政治家爱德华·柯克（Sir Edward Coke，1552—1634）甚至认为英国国会和法治全部出自自由大宪章。自由大宪章深刻影响到了启蒙时代诸如洛克、孟德斯鸠等思想家，也成为北美殖民地人民反抗英帝国残暴统治的精神和制度力量。在1215年《自由大宪章》之后漫长的英国宪法的发展历程中，英国国会先后制定了《权利请愿书》（1628年）、《人身保护法》（1679年）、《权利法案》（1689年）等一系列推动英国宪法发展且闪耀历史光辉的伟人的法律文件。古老的欧洲正是在这些以宣告公民权利和政治权利著称的立宪运动中，逐步走入了一个“权利的时代”和一个“革命的时代”。

17世纪30年代的英国近代的斯图亚特王朝（House of Stuart）时期，英国国王查理一世为了应付和镇压苏格兰人民起义而筹措军费，他于1640年被迫重新召开议会。而英国国会重新召开这一年，因为其在近代资产阶级革命历史上的重要性，许多历史学家将1640年视为世界近代史的开端。是年，资产阶级和新贵族议员在国会组成了主张限制王权的“反对派”。由此，议会成为英国新旧政治力量角逐国家统治权力的重要场所，限制王权的“议会派”

[1]《自由大宪章》的中英文翻译版本众多，本书此处的《自由大宪章》相关条款的中文翻译采通行译本。另参见雷敦酥（Edmund Ryden）:《英国大宪章今译》，载《和平丛书》2002年第26期。

和尊重王权的“保王党”之间的矛盾和斗争成为近代英国历史早期最为重要的特征。和平的政治角逐最终演化为 1642 年至 1651 年英国议会派与保王党之间的一系列武装冲突，史称英国内战（English Civil War）。由于其特殊的宗教背景，英国内战又被称为清教徒革命（Puritan Revolution）。正如世界近代史读者所熟悉的那样，英国内战以国王查理一世于 1649 年被处决而结束，其后伴随着 1653 年克伦威尔（Oliver Cromwell）就任英国护国公，对英国实行所谓军政统治。然而，王朝复辟也随着克伦威尔的死亡而上演，1660 年查理二世返回伦敦“登基”，斯图亚特王朝复辟成功。在世界近代史的大潮下，复辟后的斯图亚特王朝“二世而亡”——1688 年英国国会中信奉新教的辉格党（Whig）和托利党（Tories）联合“起义”，通过和平的方式将信奉旧教的詹姆斯二世国王（King James II of England）罢黜，史称“光荣革命”（Glorious Revolution）。

为了回应和思考英国近代政治和法律制度上的变革，著名思想家和法学家约翰·洛克（John Locke，1632—1704）是思考政府正当性问题最为杰出的代表。洛克在这一问题上的学术进路起点在于通过定义国家存在的目的来寻找限制政府权力和政治权威的基础。洛克在他杰出的代表作《政府论》（Two Treatises of Civil Government）[1] 中将政府的功能类比于一个法律上的信托（Trust），政府通过缔结“社会契约”的方式而存在，社会共同体仅仅向法律上的信托那样将统治权委托给了政府。正如信托存在目的是保护委托人，政府就如受托人（Trustee）一样，它的唯一目的在于保护政治社会中共同体成员与生俱来的自然权利，洛克将这种政府存在的目的称为一种信托目的（Trust Purpose）。[2]

[1]《政府论》是洛克最为著名的一本政治哲学著作，其英文全称为 Two Treatises of Government: In the Former, The False Principles, and Foundation of Sir Robert Filmer, and His Followers, Are Detected and Overthrown. The Latter Is an Essay Concerning The True Original, Extent, and End of Civil Government. 参见［英］洛克:《政府论》(下篇)，叶启芳、瞿菊农译，商务印书馆 1964 年版；［英］洛克:《政府论》(上篇)，叶启芳、瞿菊农译，商务印书馆 1982 年版。

[2] See Johann D. Van der Vyver, Leuven Lectures on Religious Institutions, Religious Communities and Rights, Peeters, 2004, Chapter 4 titled “Rerum Novarum and Economic and Social Human Rights”.

正如洛克在《政府论》上篇中对《圣经》的阐发，他通过论理（Argumentation）的方式反驳了斯图亚特王朝旧派理论家罗伯特·菲尔麦勋爵（Sir Robert Filmer，1588—1653）“君权神授”理论下的“君主制”政府的正当性。在罗伯特·菲尔麦勋爵的理论模式下，统治和治理者的权威的终极来源是上帝，统治者是神在世俗社会的代表，臣民必须像服从上帝的意志一样听命于统治者的安排。洛克通过社会契约理论的分析认为任何政府都无法通过诉诸国王神权（jure divino）来证明国王的统治本身就是合理的。洛克反思的问题是“政府是怎样开始的、政府是如何被正当化的”。如果君主制政府没有履行它的信托目的（Trust Purpose），根据信托法下的法治原则，委托人将有权利与另外一个受托人缔结新的信托契约（trust agreement /*pactum subiectionis*），按照洛克的思想，这正是光荣革命发生的一个合理的解释——斯图亚特王朝通过对人民的压迫已经违反了国家存在的“信托目的”（保护人的自然权利），所以“受托人”已经使得“委托人”可以与一个新的“受托人”缔结新的信托契约。光荣革命的发生就正好说明了这个道理。斯图亚特王朝最后一位国王詹姆斯二世的暴政和专制使得英格兰人民重新拥有了一次与新的“受托人”缔结契约的机会——人民将英格兰王位委托给了一个新的荷兰籍君主威廉三世和玛丽二世（William III and Mary II）。而新的英国君主发布了“权利宣言”，明文宣示人民应享有的“真正的、古老的、不容置疑的权利”，根据信托目的理论，这样的国家和政府的存在就是正当的。

自然权利（natural rights）源于拉丁文“jus natural”。所谓的“自然权利”有多维的含义，但就其法哲学上的意义来看，它是指一个自然人个体能够成为人类的自然而然的、共生共存的最基本的权利。法国新托马斯主义神学家将这种权利称为“人之为人的权利”（rights of the human person as such）。这种自然权利所涵盖的范围包括生存权、自由权、追求一个理性和道德人类生活的权利。[1]在启蒙运动时期，几乎所有关于“自然权利”的探讨都试图将这些根本性的权利设想为一种没有国家（Stateless）的社会中个人所拥有的权利，由此，自然权利脱离主权国家对一个人生命、财产的限制。现代哲学

[1] J. Maritain，Les Droits De l' Homme Et La Loi Naturelle，110-113（1942）.

家试图洞穿人类的本质属性来把那些对于人类生活具有本质重要性的道德转换或者翻译成一种法律上的权利。在这个方面，值得一提的是南非的加尔文教哲学家 H.G. Stoker（1899—1993），Stoker 的哲学前提是“人性无恶”。在他看来，即使圣经中有关于人类从伊甸园堕落的记载，但是人类在本质上（nature of the *homo sapiens*）都是没有受到影响的。借用康德“物自体”的概念，Stoker 认为人权与人类的本质属性相关，是人之所以为人（human person *an sich*）所拥有的权利，作为“物自体”的人应该消除罪恶和那些令人堕落的影响。基于这种方法，Stoker 得出结论：每个人都拥有所谓的“本体权利”（ontic right）来达到人在生命世界的真实自我。由此，Stoker 反对任何可能限制或者阻止“本体权利”实现的法律或者社会制度。自然权利的理论事实上立足于人自身所认识和感受到的人类的本性和根本特性。洛克的理论其实也是假设所有的人类都是平等的，这些拥有自然权利的人类就会实现他们自由意志的自我实现，当然这些的自我实现与生命、自由、财产上的权利相关。

事实上，自由和权利需要处理政府公权力的干涉，在这一点上“自然权利”并不能自动地实现。从人类学或者宗教学的角度来看待人权的本质其实在现实世界并没有击中问题的要害——这里面最重要的问题还在于如何在一种“公民的自由权利和国家的政治权力”的结构框架下认识人权究竟是什么。从这个意义上说，“人类的任何一分子都拥有自然权利”这样的结论还需要在“国家—公民”的框架下继续被充实和扩大。

自然权利理论家们其实在对人权的认识上也存在不同。比如洛克认为当个人通过社会契约进入一个政治社会中时，任何个人都还保留着他们原有的那些自然权利，如何来保障这些自然权利呢，其义务主体就是政府，也就是说洛克认为政府有义务来保障公民与生俱来的自然权利。当法哲学家忠实于人类所拥有自然权利的目的之时，政治学家却是在一个既定的政治结构中去定义公民所具有的权利和自由。无论如何，任何人对于政府与人权的理解都会受制于他 / 她是如何在一个不同的宪法结构下进行研究。事实上，学术史上有更多超越政治结构的权利研究。

法国思想家卢梭（Jean-Jacques Rousseau，1712—1778）所定义的自然权利则指个人处于自然状态下的生命、自由和平等等权利。这些自然状态下的权利，一如我们所能观察到的，在社会共同体下被转化为公民权、平等权和财产权。[1] 而在 17 世纪和 18 世纪的法哲学家那里，人们关于“自然权利”却产生了除洛克外的诸如霍布斯、伏尔泰、孟德斯鸠、托马斯・潘恩等不同的版本和阐释系统。例如，德国启蒙哲学家克里斯蒂安・沃尔夫（Christian Wolff，1679—1754）就认为人人都拥有自然权利，同时这些自然权利应该增益人性的完善，诸如人人都有生命安全权、人人都有追求幸福生活的权利。[2] 英国著名法学家威廉・布莱克斯通爵士（Sir William Blackstone，1723—1780）不仅指出人人都拥有基本性的权利，而且拥有一些与这些基本权利相关联的“附属权利”，这些附属权利包括个人安全、个人自由和私人所有权。[3] 著名法哲学家康德（Immanuel Kant，1724—1804）将人类所拥有的根本性权利称为“本质自由”（*innere Freiheit*），这种本质自由与道德领域的最高的“定言令式”或“绝对命令”（Kategorischer Imperativ）相关联却又相对独立，亦即任何人都可以自由地去做他们想做的事，而这种自由也允许他人以同样的方式来实现。德国哲学家费希特（Johann Gottlieb Fichte，1762—1814）则与克里斯蒂安・沃尔夫有着相似的理解，他将人类所拥有的最根本权利视为一种人类可以依据理性来自由行为的权利。至于为何要依据理性行为，费希特认为人人都承担着遵守理性规则的道德义务。

由此，我们可以看到人权概念在世界近代史的早期侧重于我们后来所熟知的被称为“公民权利和政治自由”的内涵。这种以自由权为核心的人权概念被认为是可以精确把握和通过法律制度实施的权利，其法哲学上的基础都脱离不了“自然权利”，但是值得注意的是以“自然权利”理论为基础的人权观在 19 世纪的法学实证主义兴起之后渐渐失去了它在启蒙时期的光环。如果

[1] J.-j. Rousseau, Discours Sur l ‘Origine Et Des Fondaments De l’ Inegalité Parmi Des Hommes Suivi De La Reine Fantasqu, 114 (1755).

[2] Wolff, Institutiones Iuris Naturae Et Gentium, par. 95 (1754). 转引自 J. D. van der Vyver, Leuven Lectures on Religious Institutions, Religious Communities and Rights, Leuven: Peeters, 2004, Chapter.4.

[3] W. Blackstone, 1 commentaries on the laws of england in four books, 123 (7th ed. 1775)。转引自 J. D. van der Vyver, Leuven Lectures on Religious Institutions, Religious Communities and Rights, Leuven: Peeters, 2004, Chapter.4。

对“自然权利”理论下的“公民权利和政治自由”做一个大概的梳理，我们可以得出以下法学上的结论。[1]

第一，“公民权利和政治自由”的适用主体被严格地限定在公民个人。换言之，自由权的本质是一种个人自由不受阻碍地开展，在此理念下，公民的概念是一个个体概念。

第二，“公民权利和政治自由”从权利属性上看被归结为一种“防御权”(Abwehrrechte)，自由权的核心是指公民个人拥有防御和抵御政治权力干涉的自由。

第三，“公民权利和政治自由”所对应的国家义务在于“不干涉”和“不作为”义务，国家和政府应该尽可能最低限度地干涉公民的个人生活，而不是说，国家和政府允许公民个人去实现自己的自由意志。

第二节　经济、社会、文化权利的历史渊源[2]

在中西法律文化传统中，虽然经济、社会、文化权利是一个晚近的规范意义上的权利术语，但是透过经济、社会、文化权利法律结构之后的思想文化渊源却是源远流长的。儒家文化经典中很早就关注到了“人不独亲其亲，不独子其子”式的济贫问题，孔子曰：“……大道之行也，与三代之英，丘未之逮也，而有志焉。大道之行也，天下为公，选贤与能，讲信修睦。故人不独亲其亲，不独子其子，使老有所终，壮有所用，幼有所长，矜寡孤独废疾者皆有所养，男有分，女有归。货恶其弃于地也，不必藏于己；力恶其不出于身也，不必为己。是故谋闭而不兴，盗窃乱贼而不作，故外户而不闭。是谓大同……”[3] 以孔子为代表的儒家文化的传统经典文献中虽然不能直接找到对应于近代以来以法律为其规范结构的宪法权利体系，但是“人不独亲其

---

[1] See Johann D. Van der Vyver, Leuven Lectures on Religious Institutions, Religious Communities and Rights, Peeters, 2004, Chapter 4 titled “Rerum Novarum and Economic and Social Human Rights”.

[2] See Johann D. Van der Vyver, Leuven Lectures on Religious Institutions, Religious Communities and Rights, Peeters, 2004, Chapter 4 titled “Rerum Novarum and Economic and Social Human Rights”.

[3] 孔子:《礼记·礼运》。

亲，不独子其子”这种珍贵的“博爱”思想却凝结和闪耀着古人杰出智慧的思想，这种传统文化的思想资源也可以和润地嵌入近现代政治法律文明的体系中。[1]“老有所终，壮有所用，幼有所长，矜寡孤独废疾者皆有所养”式的“大同世界”是一种极高的理想，为统治者提供了一种奋斗目标和治理目标体系。在“大同世界”中，人的自由和权利得到了最充分的发展和保障，政治统治和治理都服务于人的自由和权利。经历两千多年的发展，中国进入近代史，伴随着“西学东渐”“西法东渐”，先进的中国人不仅引进了关于公民权利和政治权利的一系列思想和制度，也注意到了以“民生”为皈依的经济、社会、文化权利的保障问题。例如，太平天国时期，除《天朝田亩制度》关心社会民生问题外，洪仁玕（1822—1864）参引西法，提出《资政新篇》，力求为太平天国探寻新出路的同时，对民众生活问题同样有深切的关注。[2]孙中山（1866—1925）提出“三民主义”的思想和政治主张时，希望中国在工业化起步时期就能防备“资本家垄断之流弊”、实行“平均地权”和“节制资本”、倡导“民生主义”。[3]

经济、社会、文化权利在世界范围的思想萌芽可以追溯至古代希伯来法律文化传统，古代的犹太律法就规定了有关“慈善”（הקדצ）的诫令。《密释纳》第一部第2卷中就集中讨论了济贫的宗教律法问题[4]。中世纪时期犹太哲学家迈蒙尼德（Maimonides，1135—1204）明确而系统地阐释了《密释纳》中的慈善和济贫的思想体系。经历了漫长的人类文明的演进，启蒙时期著名英裔美国思想家托马斯·潘恩（Thomas Paine，1737—1809）在其名著《人

[1] 钱穆:《中国文化史导论》（修订版），商务印书馆1996年版，弁言；章开沅:《愤悱·讲画·变力——对外反应与中国近代化》，载《历史研究》1992年第2期。

[2] 王杰:《孙中山民生思想研究》，首都经济贸易大学出版社2011年版，第6页。又如，李龙教授指出，在近代中国法理学的发展上，太平天国时期，洪仁玕在文化教育和社会福利方面，主张办报纸、设学校、开医院，兴办各种慈善事业，如开办养老院、育婴堂等。参见李龙:《中国法理学发展史》关于近代初期法理学的发展状况的论述。

[3] 王杰:《孙中山民生思想研究》，首都经济贸易大学出版社2011年版，第16—17页。

[4] Mishneh Torah, Gifts to the Poor הנשמ הרות, תוכלה תונתמ םיינע Gifts for the Poor, Trans. by Joseph B. Meszler, Williamsburg, Virginia, 2003；另参见《密释纳·种子》（The Mishnah·Seder Zeraim），张平译，山东大学出版社2011年版。

的权利》中提出，济贫“不具有施舍性质，而是一种权利”。[1] 法国大革命著名领导人之一罗伯斯庇尔写道：“给予贫困者以必要的帮助，是富人对于穷人的神圣义务。”[2] 近代工业国家随着社会贫富不均所产生的社会问题日趋严重，承认每一个国民皆应拥有最起码的生活权利之思潮，也逐渐出现。[3] 大凡进入了工业化社会的国家，都需要政府制定或者实施社会保障立法或政策，以便为其公民在市场之外提供保障最低生活水准的物质生活资源。[4] 在“福利国家”兴起后，经济、社会、文化权利的法定化和政策化的原因大抵如下：几乎与公民权利和政治权利的发展史有着某种若隐若现的关联，一种倡导平等和博爱的社会思潮孕育了经济、社会、文化权利，然后在西方世界的工业化和现代化进程中，应对特定时期内处于社会底层的劳工阶级的权利运动，作为一种争取社会公正和社会财富正义分配的权利，零星经济、社会、文化权利逐渐在自由资本主义世界进入欧洲大陆法系国家的法律制度中。进入 20 世纪的学术界，对于“个人从国家得到必要的福利的权利”最有影响力的一种解释是将公民的这种权利称为社会权利（Social Right），对此给出系统论述的是英国 20 世纪中期著名的社会学家 T. H. 马歇尔（Thomas Humphrey Marshall 1893—1981）。[5] 在历史上，由于意识形态领域内的“均富化”和“自由化”分歧和人权发展过程中人们的认识不一，全世界范围内关于经济、社会、文化权利为基础的社会保障和社会福利领域逐渐分化出三种模式。第一种是源自德国俾斯麦的社会福利政策并且以德国《魏玛宪法》为突出代表的俾斯麦

---

[1] [美] 托马斯·潘恩：《潘恩选集》，马清槐等译，商务印书馆 1981 年版，第 308 页。另参见其他译本托马斯·潘恩：《人的权利》，乐国斌译，上海译文出版社 2018 年版；[美] 托马斯·潘恩：《人的权利》，戴炳然译，复旦大学出版社 2013 年版；[美] 托马斯·潘恩：《人的权利》，田飞龙译，中国法制出版社 2011 年版。

[2] [法] 罗伯斯比尔：《革命法制和审判》，赵涵舆译，商务印书馆 1965 年版，第 137 页。

[3] 陈新民：《德国公法学基础理论》（增订新版·下卷），法律出版社 2010 年版，第 432 页。

[4] 政府依据这类社会福利政策为公民提供的不是公共物品，而是个人可以享用的私人物品（现金或其他可以排他性地分别享用的实物或服务）。公民从政府得到的这些生活资源，属于国家给予的福利。参见杨伟民：《社会权利之根据探究——从马歇尔的范式出发》，载《社会学评论》2016 年第 4 期。

[5] 参见杨伟民：《社会权利之根据探究——从马歇尔的范式出发》，载《社会学评论》2016 年第 4 期。

模式，第二种是以英美为代表的强调经济自由和竞争为中心的盎格鲁－撒克逊模式。美国 1935 年的《社会安全法》(1935 Social Security Act)、英国的“贝弗里奇报告”(1942 Beveridge Report)[1] 及英国战后的自由福利制度是这个模式的典型代表。第三种是以苏联为代表的社会主义模式。可以说，20 世纪的权利发展史见证了经济、社会、文化权利所遭遇的怀疑、猜测、争论、认可和实施难题。

正如美国埃默里大学维维尔教授所指出的：“经济、社会、文化权利的正当性至今仍然是西方世界人权理论中的侍女（Cinderella)。”以美国的“权利法案”为例，美国的制宪国父们首先是将公民权利和政治自由纳入宪法保障的范围，而经济、社会、文化权利却始终都没有得到美国主流宪法学家的青睐，但是随着权利发展对于一个国家越来越重要，近代“西方怀疑主义”(Western skepticism）也不得不正视经济、社会、文化权利并在适当的政治框架下认可和实施这些权利。作为一组“权利群”，经济、社会、文化权利的特征可以归结为以下几个方面。[2]

第一，在生活给付法律意义上（Leistungsrechte),“经济、社会、文化权利”要求国家履行积极给付义务，以尊重、保护和实现这些权利的要求。

第二，“经济、社会、文化权利”的重心已经由传统的政治自由诉求转移到社会共同体内个人的非政治权利诉求方面，因而第二代人权具有明显的社会和文化意义。

第三，“经济、社会、文化权利”的相关条款设计并没有课以国家即刻实现（immediate enforcement）的义务，它需要国家在资源许可范围内最大限度地“渐进实现”(progressive realization）这些权利的内核。

究竟如何找到经济、社会、文化权利的历史渊源呢？这个问题实际上存在非常多不同的观点。笔者试图在已有研究的基础上，通过展示各类学说之基本观点，总结和梳理出包含社会福利思想、济贫思想在内的经济、社会、

[1] The Report of the Inter-Departmental Committee on Social Insurance and Allied Services, see William Beveridge, The Beveridge Report, His Majesty's Government: London (1942).

[2] See Johann D. Van der Vyver, Leuven Lectures on Religious Institutions, Religious Communities and Rights, Peeters, 2004, Chapter 4 titled “Rerum Novarum and Economic and Social Human Rights”.

文化权利的历史渊源。

一、希伯来法律文化中的济贫思想

在古老的犹太法典 (הלכה/Halakha)[1] 中，无论是政治国家意义上的“给付”还是律法生活中的“给予”均被称作“策达卡”（הקדצ/Tzedakah）。“策达卡”一词通常有两个含义，其一为正义或者正当（Righteousness），汉语学术界也把它翻译为“仁义”，其二为慈善（Charity）或者“博爱”（Philanthropy）。与其他宗教传统或者国家法律中的“捐赠”“救助”不同，犹太法律传统中的“慈善”这个词并非指“自愿性互助”（Benevolence and Generosity）而是一种具有宗教法约束力的“法律义务”，属于犹太法传统中能够约束所有犹太人的“诫命”（Mitzvah/commandment）之一。在中文中，“慈”，爱也[2]，“善”本义“吉祥”，又引申为完美、友好、善良、培养等意。[3] 慈善一词，指的是基于人类的道德移情和对他者的想象而进行的一种“扶贫济困”。基于费孝通先生“差序格局”的解释，儒家的“仁爱”是一个“由自及人”“推己及人”类似涟漪一般的对他者的同情，[4] 汉语传统中的“慈善”处理的是世俗人伦社会中的道德个体对他者的道德义务问题，这种高度伦理化的“人与人之间关系”

[1] 犹太法典（Halakha）中文译作“哈拉哈”，它指的是一整套基于犹太“妥拉”的所形成的适用于犹太人的口传律法的统称。犹太法典中的口传律法又称为《塔木德》（Talmud/תלמוד），由三部分组成：（1）《密释纳》（Mishnah/משנה），即口传律法；（2）《革马拉》（Gemara / גמרא），即口传律法注释；（3）《米德拉什》（Midrash/מדרש），即圣经注释。由于犹太教的律法博士（亦即“拉比”Rabbi）于公元 400 年—500 年前后分别在耶路撒冷和巴比伦分别讨论、辩论和注释《密释纳》（Mishnah/משנה），由此形成了对《密释纳》的两种注释，故《塔木德》（Talmud/תלמוד）又被分为了《巴比伦塔木德》（Talmud Bavli）与《耶路撒冷塔木德》（Talmud Yerushalmi）。 犹太法典中包含了大量的律法、规章，以及与它们相关的一切判例与学理意见。犹太法律博士基于对“妥拉”也就是“摩西五经”的解释和理解，总结除了犹太律法中共计 613 条“诫命”（Mitzvah/commandment），其中，365 条属于“消极诫命”（negative commandments），248 条属于“积极诫命”（positive commandments）。

[2] 许慎：《说文解字》，社会科学文献出版社 2006 年版，第 575 页。

[3] 孙燕：《早期儒家和古代犹太教慈善思想之比较》，载《孔子研究》2018 年第 2 期。

[4] 孙燕：《早期儒家和古代犹太教慈善思想之比较》，载《孔子研究》2018 年第 2 期。

的处事原则以“家”为本，向“国”推广，也构筑起了以“仁爱”为中心的民本思想、大同社会等系统的理论体系，从而为中国古代的国家政治统治和社会治理奠定了以“仁政”为指引的道德基础。而对比希伯来传统中的“策达卡”，它超越了世俗理解意义上的“慈善”而形成了一种超越性的宗教律法规则，它所要处理的是一个泛存在论意义上的“神与人之间的关系”。正如《申命记》(Deuteronomy)记载道：“应当伸出援手尽力接济，为他解难。”[1]后世的拉比在犹太口头律法的注释和阐释中，将这种“接济他人”的理念转化成了一种宗教律法意义上的“应当”。我国学者研究也表明 Tzedakah 一词出现在拉比犹太教时期，拉比们专门采用 Tzedakah 一词来指代慈善，并在拉比文献中用该词描绘所有施舍救助的行为。在拉比们看来，慈善并不仅仅是对穷人的支持，更是犹太人的权利、义务与荣耀。[2] 生于西班牙哥多华的塞法迪犹太哲学家和思想家迈蒙尼德(Moses ben Maimon，1135—1204)提出了“慈善层级”(Ladder of Tzedakah)理论来解读犹太律法传统中的“策达卡”。迈蒙尼德将慈善区分为八个层级：第一，被迫给予(Giving begrudgingly)；第二，自愿地较少给予；第三，被询问以后充分给予；第四，被询问以前充分给予；第五，公开给予未知的接收人；第六，匿名给予已知的接收人；第七，匿名给予未知的接收人；第八，给予且使得接收人自食其力。

从个人的宗教生活体验上来说，犹太教把这种“热切渴望去为孤立无援的人提供尽可能的帮助”的慈善捐赠视为一种“道德生活”，是人卓越品性的一种表现，是对“公义”的追求，从而极大地提升了慈善捐赠行为的道德品性。[3] 从政治国家的道德基础上来看，犹太律法中的“策达卡”思想可以形成一种能够支撑政治国家为其国民提供“物质给付”的宗教基础。“神与人之间”的律法原则可以投射和转化到“国与民之间”的政治法律规则。很遗憾，随着“第一圣殿”(又名“所罗门圣殿”，公元前 960 年—公元前 586 年)被

---

[1] 冯象：《摩西五经》，生活·读书·新知三联书店 2013 年版，第 357 页。另参见《圣经》和合本《申命记》15：8。

[2] 孙燕：《论犹太慈善组织和传统》，载《世界宗教文化》2011 年第 1 期。

[3] 徐新：《追求公义——论犹太人的捐赠思想》，载《福建论坛：人文社科版》2006 年 6 期。

巴比伦人摧毁以及“第二圣殿”（公元前530年—公元70年）被罗马帝国摧毁，犹太人丧失了他们政治国家和宗教律法生活的核心场所，唯留一面“哭墙”，犹太人开始了长达两千年左右的大流散（Diaspora）。在大流散期间，犹太律法博士并未放弃对“托拉”真理的探求，而是在长达几百年的“解经”和“注经”过程中延续着“托拉精神”。[1]犹太律法博士对“策达卡”等“诫命”的发掘和阐释，从某种意义上说，是在民族的生存危难之际，创造了一座能够指引犹太人生活实践的精神圣殿。[2]圣殿已经无可挽回地被摧毁了，在政治意义上，大卫王国和所罗门王国以来的政治国家也已经被巴比伦人和罗马人摧毁了，能够维系一个民族在千年的苦难和使命中负重前行的重担落在了犹太律法博士的肩上。

特拉维夫大学张平教授认为《申命记》（Deuteronomy）不但提出了君主权力的问题（你总要立上主你神所拣选的人为王[3]），更是开启了广义的政治治理议题的讨论（我要立王治理我，像四围的国一样[4]）。现代化所带来的政治和经济现实的变迁，对犹太律法中的“策达卡”诫命提出了严峻的法律和道德挑战——在何种意义上和何种程度上，现代福利国家承担了对人民的生存给付义务？宗教法律上的“给予”诫命在多大意义上转化为了国家的政治道德义务？如果说，贫困本身就是一种“不义”，国家应当如何通过政治和法律手段消除“贫困”？在民主法治原则的约束下，政府应当如何通过经济和社会资源的分配来“矫正”社会的不公？ 犹太教的律法传统应当如何适应变迁了的社会生活的实际？这些问题的回答都属于福利国家兴起之后政治学和法学的核心范畴，但如果要追溯福利国家关于国家给付义务的渊源，希伯来法律文化中的济贫思想是不容忽视的一个重要思想资源。

---

[1] 犹太律法博士对“托拉”（摩西五经）的解经和注经可以区分为hermeneutics（阐释），exegesis（解释），eisegesis（泛释），exposition（解说），homiletics（讲道），pedagogy（讲授）等不同的形式。

[2] 参见《密释纳·种子》（The Mishnah · Seder Zeraim），张平译，山东大学出版社2011年版，第17页、第71页。

[3] 冯象:《摩西五经》，生活·读书·新知三联书店2013年版，第361页。另参见《圣经》和合本《申命记》17：15。

[4] 冯象:《摩西五经》，生活·读书·新知三联书店2013年版，第361页。另参见《圣经》和合本《申命记》17：14。

二、天主教《新神谕》中的经济、社会、文化权利思想[1]

天主教教宗利奥十三世是西方最早关注工人平等权和物质帮助权的宗教领袖之一，他在天主教经典文献《新神谕》一书中有着大量关于普通民众经济、社会、文化权利的论述。启蒙运动、法国大革命、工业革命之后的世界仍然面临着诸多的社会问题，其中之一就是普通的工人大众并没有在人类所创造的工业文明中分享太多的财富，原先属于宗教统治的世界正在一步步走向世俗化。我们只要回顾一下当时的历史便能感受到19世纪宗教处于多么式微的状态。天主教教宗利奥十三世认为19世纪错综混乱的哲学思想若要得到拯救，就必须返回到一种托马斯·阿奎那的教谕之中。利奥十三世认为经典自由与法治主义的思潮事实上“否认了任何真理的标准，膨胀的个人已经不会听从于任何权威的意见”，“人类社会真正的自由并不能通过个人的为所欲为来实现”。[2]利奥十三世的权利思想集中体现在他的著作《新神谕》中，此书也被许多天主教的教徒认为是天主教在社会问题上的宪章式著作（*Magna Carta* of Catholic Social Teaching）。在这本著作中，利奥十三世集中探讨了劳工权利的问题，但是，我们不能借此就轻易地认为天主教此时就是人权的坚定拥护者。相反，正如熟悉天主教与人权历史的人都知道，直到20世纪60年代的“梵二大公会议”（Second Vatican Council 1962—1965）之前，天主教一致怀疑人权的正当性，例如天主教在很长一段时间内否认“宗教自由”“信仰自由”“劝信改宗”等被世俗的法律所承认的基本权利。所以《新神谕》中关于社会权利的探讨可以被认为罗马天主教对权利理论的一种独到理解或者贡献。利奥十三世试图通过天主教哲学诠释“穷人和富人、资本家和劳动者之间相互的权利和义务”，他这样做也是受到当时社会矛盾的启发，在他所处的时代，人们普遍认为工业的增长、科学的发现、个人财富的累积一定会导致整个文明的进步。但是事实却是另外一个景象：工业革命造成了一个“双

[1] See Johann D. Van der Vyver, Leuven Lectures on Religious Institutions, Religious Communities and Rights, Peeters, 2004, Chapter 4 titled “Rerum Novarum and Economic and Social Human Rights” .

[2] Libertas Praestantissimum, 1888. 转引自 J. D. van der Vyver, Leuven Lectures on Religious Institutions, Religious Communities and Rights, Leuven: Peeters, 2004, Chapter.4。

城记”，在城市的一边是财富的迅速聚集，在城市的另一边却是令人震惊的贫困，与此相伴随的是社会道德的沦丧和堕落。利奥十三世在《新神谕》中写道：“宗教教化着社会中的富人和雇主，劳工并不是雇主的奴隶，劳工必须被当作真正的人和基督徒被赋予人性的尊严，如果我们臣服于正确的理性和基督的哲学，我们就知道，劳动使得雇工维持生计，劳工不能仅仅被当作一种物理工具或者肌肉健壮的肉体的集合，上帝也赋予劳工以不容亵渎的理性和良心，劳工的人性尊严必须得到承认。”[1]

利奥十三世关注到了人性尊严得以维持的条件（Conditions of human dignity），所有法律的标准应该将劳动求偿权、休息权、健康工作环境和公平薪酬权都包括进去。他继续说道：“正义要求社会弱势的利益得到仔细的关照，这样，社会弱势群体不但可以在共同体生活中创造财富同时他们也应该分享自己所创造的财富，如果社会弱势群体有了适当的住所、衣着，他们就可以维持他们的生活，也可以在一种恒久和平的环境中找到他们的存在。”[2]利奥十三世没有止步于主张社会弱势群体应该享有的权利，他还在《新神谕》一书中阐明了社会弱者在享受经济和社会权利时候的国家义务问题。利奥十三世指出，国家承担着对社会弱势群体进行保护和救济的义务，在一个国家中，所有人的利益都应该在法律上被平等对待，不管这些利益是大还是小，穷人和富人都是国民经济成员，他们应该在经济权利上获得公平对待。利奥十三世并非主张“均富”，他的论证在于法律对于社会弱势群体的特别关照，因为富人在一个国家的法律体系下可能已经有很多途径和手段来保护自己，而那些由于贫困而资源匮乏的人群极有可能缺乏保护自身的法律途径，那么国家的法律必须给予社会弱者以救济和扶持。

---

[1] Rerum Novarum, 1891: Encyclical of Leo XIII on the Rights and Duties of Capital and Labour, reprinted in HENRY GEORGE, THE CONDITIONS OF LABOUR, 163-195 (1934). 转引自 J. D. van der Vyver, Leuven Lectures on Religious Institutions, Religious Communities and Rights, Leuven: Peeters, 2004, Chapter.4。

[2] Rerum Novarum, 1891: Encyclical of Leo XIII on the Rights and Duties of Capital and Labour, reprinted in HENRY GEORGE, THE CONDITIONS OF LABOUR, 163-195 (1934). 转引自 J. D. van der Vyver, Leuven Lectures on Religious Institutions, Religious Communities and Rights, Leuven: Peeters, 2004, Chapter.4。

在拉丁美洲国家中，墨西哥一向被认为是宗教虔诚的国家。1917 年墨西哥宪法（Constitution of Mexico of 1917）[1] 惊人地含有大量的关于经济、社会、文化权利的条款。我们虽然没有直接的证据证明 1917 年墨西哥宪法受到利奥十三《新神谕》思想的影响，但是我们通过研读 1917 年墨西哥宪法的文本结构和制宪思想发现，这部宪法确实涵盖了《新神谕》的很多论述。细致的研究者诸如 Akhtar Majeed，Ronald Lampman Watts 和 Douglas Mitchell Brown 认为 1917 年墨西哥才是世界上第一部以实定宪法的形式规定社会权条款的国家，而这部宪法也为"1918 年苏俄宪法"和 1919 年《魏玛宪法》树立了宪法规定经济、社会、文化权利的典范。1917 年墨西哥宪法第 123 条规定了工人的劳动权，包括 8 小时工作日、罢工权、休息权、公平薪酬权、工作平等权。该条款被认为是 1917 年墨西哥宪法最具有革命性的条款，因为它意在给予工人阶级免于遭受不受管控的劳动力市场的剥削和不公正对待。1917 年墨西哥宪法除了有社会事业建设的政策规定之外，还第一次以权利规则规定了社会保障和就业："任何人均有得到健康保护的权利"、"任何家庭均有权享有体面和尊严的住房"（第 4 条第 3 款、第 4 款）、"任何人均有从事尊严的、对社会有益的劳动的权利"（第 123 条第 1 款，该条还详细规定了休息权、最低工资、劳动保障等内容）。

三、社会主义思潮下的权利诉求

一般认为，社会主义（Socialism/Communism/ 共产主义）的思潮肇始于近代西方工业化过程中贫富分化和社会矛盾，社会主义（共产主义）提供了一种以打破私有财产所有权和减轻工业化痼疾为主要特征的拯救方案，而实现这种拯救方案的途径就是通过"阶级斗争"（Class Struggle）。社会主义（共产主义）分为早期的空想社会主义（Utopian socialism）和后期的科学社会主

[1] Mexican Constitution，*reprinted in* ALBERT P. BLAUSTEIN & JAY A. SIGLER，CONSTITUTIONS THAT MADE HISTORY 283（1988）. 转引自 J. D. van der Vyver，Leuven Lectures on Religious Institutions，Religious Communities and Rights，Leuven：Peeters，2004，Chapter.4。

义（Scientific socialism）。空想社会主义最早在16世纪托马斯·莫尔（Thomas More，1478—1535）的《乌托邦》一书中提出。在莫尔的理想世界（乌托邦）当中，私有制被废除，产品归全社会所有，公民在政治上一律平等，人人参加劳动。这种非常原始的乌托邦思想经过法国思想家圣西门（Henri de Saint-Simon，1760—1825）、傅里叶（Charles Fourier，1772—1837）和欧文（Robert Owen，1771—1858）的阐述而逐渐体系化。法国著名的早期社会主义者傅里叶在1808年即提出人民（工人）应该享有工作权（droit au travail），而同时代的德国大哲学家费希特（Johann Gottlieb Fichte，1762—1814）在1796年出版的名著《自然法的学理基础论》（Grundlage des Naturrechts nach Prinzipien der Wissenschaftslehre）中也认为，财产权是人民不可让渡之基本权利，作为其生活之资，而国家也有义务，必须在人民遭遇不幸时，负起扶助其生活之责！[1] 在空想社会主义思想家看来，资本主义的剥削制度是人类在道德和法律上犯了错误，背弃了人类的本性，他们的目的是要消灭这种错误、矫治资本主义的顽疾。空想社会主义对资本主义的抨击和批评主要集中在资本主义的财产所有权制度即私有制上面，他们认为工人创造了巨量的社会财富，却被工厂主、商人、银行家、经纪人、收租者、食利者以及达官显贵等资产阶级所瓜分，这就是人类不平等的根源。马克思和恩格斯敏锐地认识到空想社会主义在提供资本主义拯救方案上的不足和弱点，他们随即在对空想社会主义的批判上发展出"科学社会主义理论"，并将其作为马克思主义的三个组成部分之一。马克思和恩格斯通过大量的理论工作和实践调查找到了实现社会主义的阶级力量——无产阶级和为此进行奋斗的阶级组织方式——共产党，使社会主义从"空想"转变为"科学"。受到社会主义思潮的鼓舞，此时欧洲的工人运动风起云涌，正如二人在1848年《共产党宣言》的序言中所描写的那样——一个幽灵，共产主义的幽灵，在欧洲游荡。为了对这个幽灵进行神圣的围剿，旧欧洲的一切势力，教皇和沙皇、梅特涅和基佐、法国的激进派和德国的警察，都联合起来了。[2] 正如我国社会权研究学者所言：在

[1] 陈新民：《德国公法学基础理论》（增订新版·下卷），法律出版社2010年版，第432页。

[2] ［德］马克思、恩格斯：《共产党宣言》，中共中央编译局译，中央编译出版社2005年版，第1页。

政治意义上世界被划分为东、西的年代里，某种程度上，资本主义国家宪法中经济和社会权利的规定是为了抵制社会主义运动的结果，创立社会福利国家的目的之一是要驱散社会主义的威胁，这是资本主义国家在面对一个在意识形态和价值立意迥异于自身社会制度的主动修正。另一方面，社会主义国家也在自身的宪法中规定了经济、社会、文化权利，并且这些权利入宪也成为社会主义宪法的显著特征之一。[1]在这方面的代表是苏俄"十月革命"之后的"1918年苏俄宪法""1924年苏联宪法""1936年苏联宪法""1977年苏联宪法"，一系列体现社会主义原则的经济社会权利都被明文地宣示和列举。这四部宪法中，最先直接规定公民经济、社会、文化权利的就是"1924年苏联宪法"（USSR Constitution of 1924）[2]，体现公民经济、社会、文化权利最为完整的是"1936年苏联宪法"（1936 Soviet Constitution）。以"1936年苏联宪法"为例，该宪法第118条规定了劳动权、第119条规定了休息权、第120条规定了年老和患病者获得的物质帮助权、第121条规定了受教育权、第126条规定了结社自由权。从现代的观点来看，社会主义思想下的以"阶级理论"作为支撑的权利清单中所凝结的新型的权利就是我们今天所关注的经济、社会、文化权利。同时，承认和宣示公民的经济、社会、文化权利成为社会主义宪法区别于传统资本主义宪法最为鲜明的特征之一。

四、魏玛宪法下的社会权和经济权条款

《魏玛宪法》（Weimarer Verfassung）是第一次世界大战之后在德国魏玛共和国时期（1919—1933年）实施的一部宪法，该宪法于1919年8月由德国社会民主党人主持制定，被学界普遍认为是20世纪世界宪制史上最重要的宪法。[3]魏玛宪法在诸多方面都有很多创新，譬如它设计了处理总统和

---

[1] 郑贤君:《社会基本权理论》，中国政法大学出版社2011年版，第63—64页。

[2] 参考巴科内尔大学俄罗斯研究相关网站，http：//www.departments.bucknell.edu/russian/const/1936toc.html，最后访问时间：2020年3月20日。

[3] 1919年7月31日，德国国民议会以262人支持、75人反对、84人缺席通过魏玛宪法。1919年8月11日魏玛宪法正式生效，8月11日因此被定为魏玛共和国的国庆日，用以纪念"德国民主诞生之日"。

总理之间宪法关系的“半总统制”，规定了总统可以宣布国家进入紧急状态等。[1] 但是该宪法被后世铭记却更因为它落实社会国原则的理念于宪法条文，在宪法正文条文中加入诸多关于劳动权、受教育权等涉及公民经济和文化生活的内容，这种基本权利的设计大异于 18 世纪以“政治自由和权利”为中心的“政治宪法”，体现出浓厚的“社会宪法”的特征。正如我国学者评价认为，魏玛宪法代表着欧洲社会民主党人和平改造资本主义、实现社会主义的温和社会改革方案，标志着西方宪法理念与宪法结构的重大变化。[2] 与 1871 年 4 月 16 日俾斯麦的《德意志帝国宪法》中没有规定基本权利的做法不同，《魏玛宪法》第一次明文规定了公民在共同体生活中的一系列的基本权利。从《魏玛宪法》的结构来看，第二章规定了国民的基本权利（Grundrechte）和基本义务（Grundpflichten）。该章可以分为五个部分：第一部分（第 109—118 条）规定了个人的人身权利；第二部分（第 119—134 条）以共同体生活（Das Gemeinschaftsleben）为主题规定了集会、游行示威、选举等政治权利；第三部分（第 135—141 条）规定了宗教和宗教团体；第四部分（第 142—150 条）规定了教育和学校（Bildung und Schule），认可了 18 岁以下青少年的受教育权；第五部分（第 156—165 条）以“经济生活”（Das Wirtschaftsleben）为主题规定了以“公平原则”为核心的经济自由和经济政策，其中第 162 条明确使用了“社会权利”（soziale Rechte）的概念。我国台湾公法学家陈新民教授则认为《魏玛宪法》这些众多的条款确认了人民应获得教育权、生存权、工作权、住宅权等基本权利，其目的都在于确保人民能获得合乎人性尊严之生活（即《魏玛宪法》第 151 条所揭示之目的）。[3] 我国民国时期著名宪法学家和政治学家张君劢先生曾第一次将《魏玛宪法》翻译成中文，并积极肯定《魏玛宪法》作为一部“社会宪法”的积极意义。张君劢说道：“昔焉以法国为政治革命先驱，而全欧洲转相效法，则今后各国所仿效者，其在社会革命之先驱德国乎。”[4] 无怪乎，我国

[1] 聂鑫：《内阁制、总统制还是半总统制》，载《法学》2013 年第 10 期。

[2] 邓丽兰：《魏玛宪法在中国的传播》，载《中国政法大学学报》2008 年第 3 期。

[3] 陈新民：《德国公法学基础理论》（增订新版 · 下卷），法律出版社 2010 年版，第 433 页。

[4] 张君劢：《新德国社会民主政象记》，商务印书馆 1922 年版，第 43 页。

当今诸多宪法学说都直接或间接受到魏玛时期德国宪法学家的影响，许多的见解还没有超越包括凯尔森（H. Kelsen）、施密特（C. Schmitt）、斯门德（R. Semend）、黑勒（H. Heller）、特里佩（H. Triepel）、考夫曼（E. Kaufmann）等魏玛时期学者对基本权利的理解。关于1918年6月5日的《俄罗斯布尔什维克宪法》（1918 Constitution of the Russian Socialist Federative Soviet Republic）与1919年8月11日的《魏玛宪法》之间的关系，我国宪法学者兼通德文和俄文者较少，也许由于史学资料上的匮乏，许多学者似乎认为《魏玛宪法》中的经济、社会、文化权利条款受到"1918年苏俄宪法"的影响。笔者暂无有力的反证，但从《魏玛宪法》和"1918年苏俄宪法"的逻辑结构来看，二者的相互影响似乎不应该理解为"制宪理念"上的相互交融。可以肯定的是，我国从1912年"临时约法"到现行社会主义宪法确实受到"魏玛宪法"和"苏联宪法"的诸多影响。

五、富兰克林·罗斯福与"免于匮乏的自由"

富兰克林·德拉诺·罗斯福（Franklin Delano Roosevelt，1882—1945）是美国第32任总统，同时他也是20世纪二三十年代美国经济危机和第二次世界大战的中心人物之一。罗斯福以应对经济大萧条时期的"新政"（New Deal）而著称，他从1933年至1945年连续出任四届美国总统，是美国宪法史上唯一一个超过两届的总统。1941年1月6日罗斯福在美国国会联席会议召开之前于美国国会大厦中的众议院发表了国情咨文演说（State of the Union Address），在这次演说中，罗斯福宣示道："言论自由、信仰自由、免于贫困的自由及免于恐惧的自由是对于世界上任何地方的任何个人都具有根本意义的权利。" [1] 其通行中文译文如下。

在未来，我们将确保并期望世界建立在以下四项对人类具有根本重要性的自由上：第一是在全世界任何地方发表言论和表达意见的自由。第二是在全世界任何地方，人人有以自己的方式来崇拜上帝的自由。第三是不虞匮乏

[1] Franklin Delano Roosevelt，Four Freedoms Speech，Project Gutenberg，1964.

的自由——这种自由，就世界范围来讲，就是一种经济上的融洽关系，它将保证全世界每一个国家的居民都过健全的、和平时期的生活。第四是免除恐惧的自由——这种自由，就世界范围来讲，就是世界性的裁减军备，要以一种彻底的方法把它裁减到这样的程度：务使世界上没有一个国家有能力向全世界任何地区的任何邻国进行武力侵略。[1]

罗斯福演讲中第三个是免于匮乏的自由，其意旨就在于经济扶持、确保世界各地的每个国家的居民都可以享有一个健康和平的生活。随后在 1944 年美国国会大厦的国情咨文演说中，罗斯福进一步阐发了“不虞匮乏的自由”，他讲道：“真正的个人自由不可能在没有经济保障和经济独立的前提下存在”（True Individual Freedom Cannot Exist Without Economic Security And Independence）。在此，罗斯福还提到了一系列确保“不虞匮乏”的权利：工作求偿权、公会结社权、最低生活水准权、受教育权、医疗健康权等。[2] 罗斯福“四大自由”的思想得到了国际社会的认可，1948 年 12 月 10 日联合国大会通过并颁布的《世界人权宣言》序言中也明确宣示“一个人人享有言论和信仰自由并免予恐惧和匮乏的世界已被宣布为普通人民的最高愿望”。历史颇为吊诡的就在于，美国总统罗斯福的妻子安娜·埃莉诺·罗斯福（Anna Eleanor Roosevelt，1884—1962）在世界人权宪章的辩论中却否认《世界人权宣言》中的经济、社会、文化权利条款对政府施加了积极的实现义务。由于对《经济、社会、文化权利国际公约》的不同而又矛盾的理解，美国并未经过其宪法程序批准该公约。时至美国总统吉米·卡特（Jimmy Carter）在 1978

[1] Franklin Delano Roosevelt, Four Freedoms Speech, Project Gutenberg, 1964; 87 CONG. REC. 1, 46-47（1941）原文：In the future days, which we seek to make secure, we look forward to a world founded upon four essential human freedoms: The first is the freedom of speech and expression everywhere in the world. The second is the freedom of every person to worship God in his own way everywhere in the world. The third is the freedom from want, which, translated into world terms, means economic understandings which will secure to every nation a healthy peace-time life for its inhabitants everywhere in the world. The fourth is freedom from fear —which, translated into world terms, means a world-wide reduction of armaments to such a point and in such a thorough fashion that no nation will be in a position to commit an act of physical aggression against any neighbor —anywhere in the world.

[2] 90 CONG. REC. 1, 57（1944）.

年试图推动国会批准该公约时，国会中大多数议员都投了反对票。但是在关于正义和自由的理解上，著名美国政治哲学家约翰·罗尔斯（John Rawls）认为自由、机会、财富应该被平等地得到分配，在《作为公平的正义：正义新论》一书中，他阐释了正义的两个基本原则：（1）每一个人对于一种平等的基本自由之完全适当体制（scheme）都拥有不可剥夺的权利，而这种体制与适于所有人的同样自由体制是兼容的。（2）社会和经济的不平等应该满足两个条件：第一，它们所从属的公职和职位应该在公平和机会平等条件下对所有人开放；第二，它们应该有利于社会之最不利成员的最大利益（差别原则）。无论是基于罗尔斯正义理论的第一原则还是第二原则，公民在面对财富的分配时都应该享有一种普遍的平等权利和机会。

除了以上的论述以外，社团主义也可以看作经济、社会、文化权利的思想渊源之一。奥地利社团主义早期的重要理论家亚当·穆勒（Adam Müller，1779—1829）提出了一个宣称能同时矫正两种"危险"的意识形态——法国大革命的平等主义和亚当·斯密的自由放任主义的办法——社团主义，通过社团的协商合作来达到一种均衡。现代的新社团主义的例子包括国际劳工组织的会议、欧盟的经济和社会委员会以及斯堪的纳维亚国家的集体协议机制。另外，荷兰所建立的波德模式（Polder Model）或者爱尔兰的社群伙伴关系（Social Partnership）制度也是很好的实例。

第三节 社会连带人权的历史渊源

随着人权理论的扩散和发展，20世纪中后期发展出一种有别于传统西方社会以"个人权利"为其主体特征的集体权利，人权法学者和宪法学家多称之为"社会连带人权"。它的法理基础是"社会团结"或"社会连带"（Social Solidarity）的理念。法国著名社会学家爱米尔·涂尔干（émile Durkheim，1858—1917）在《社会分工论》（The Division of Labour in Society）中将社会团结区分为"机械团结"（Mechanical solidarity）和"有机团结"（organic solidarity）两种。前者适用于传统小型社会中以"血缘"（kinship）为纽带的社会关系，后者可以指代一种相互依赖的集体意识，当社会有较复杂的劳动分工时，就会显现这一特性。当人们从“社会连带”的观点来思考权利的时候，社会团结不只是一种所得重新分配的均等，而是一种社会关系的重整，其整合的重心在于追求人人生命的等值，没有谁比谁更优越。[1] 美国的民权运动高涨，一系列具有历史影响的重要法案被通过。《1964 年民权法案》禁止工作歧视、禁止所有的公共设施对黑人隔离或歧视。《1965 年选举权法案》（The Voting Rights Act of 1965）确保了“少数人”的登记投票的权利。这就废除了以“是否识字”或其他选民资格测试来将美国黑人排除在选举名单之外的做法，这不但为当事人向联邦法院提请诉讼创造了可能，还使得美国废止了带有歧视性的选举“人头税”。[2]《1965 年移民与国籍法案》（The Immigration and Nationality Services Act of 1965）废除了给移民国家分配名额的做法，至此，美国在法律上结束了南部的种族隔离制度。《1968 年民权法案》禁止住房歧视，并为美洲印第安人提供了宪法保护。同时“伟大社会”计划还发起“针对贫困的无条件的战争”（War on Poverty），这项计划的核心立法成果即《1964 年经济机会法》，美国通过该法成立了经济机会局（Office of Economic Opportunity，OEO）来监管一系列的以社区为单位的反贫困项目。此外，1965 年美国国会通过了《社会保险法》（Social Security Act of 1965），批准了医疗保险（Medicare），这为许多花费在老年人身上的医疗费用提供了联邦资金支持。除此之外，2000 年通过的《欧洲联盟基本权利宪章》（Charter of Fundamental Rights of the European Union）第四章的题目就是“社会团结”。该宪章第 34 条规定了社会安全与救助，第 35 条规定了健康关怀，第 36 条规定了“有权使用一般经济利益”，第 37 条规定了“环境保护”，第 38 条规定了“消费者保护”。

我们从学理上探索“社会连带人权”的观念仍然需要追溯第二次世界大战之后的权利发展的历史。随着很多殖民地人民的民族主义和民主主义意识的觉醒和高涨，国际社会发展出一种以国家或民族的连带权利（Solidarity Rights）为特征的“第三代人权”的观念。“第三代人权”的学说是由联合

[1] 苏永钦主编：《部门宪法》（初版），元照出版有限公司 2005 年版，第 291 页。

[2] 参看维基百科词条“伟大社会”词条。

国教科文组织前法律顾问卡雷尔·瓦萨克（Karel Vasak）于20世纪70年代末期在法国斯特拉斯堡的国际人权研究院（The International Institute of Human Rights）提出的。[1]国际实践中的“社会连带人权”其实要早于瓦萨克的学说。以1960年的《给予殖民地国家和人民独立宣言》[2]、1986年的《发展权宣言》[3]、1972年的《斯德哥尔摩宣言》[4]和1992年的《里约热内卢宣言》[5]为代表的国际性文件，标志着以“社会连带权”为核心的第三代人权的形成。以“自决权”为例，国际法院在“纳米比亚咨询意见”中（Namibia case）强调了非自治领土（Non-Self-Governing Territories）上的人民拥有国际法上的自决权（self-determination）。[6]在“西撒哈拉咨询意见”（Western Sahara case）中，国际法院重述:“任何民族都有自决权，通过行使该权利，任何民族都可以自由地决定它的政治、经济、文化制度”[7]，这一法理也在“东帝汶案”（*East Timor case*）中被再次确认。[8]自决权是否可以超越所谓的“畸零殖民地”（Colonial Enclave）的狭小限制而被适用于殖民语境以外的地

[1] 瓦氏关于“世代人权理论”的观点最早可追溯到1977年，中文学界多认为其论点的提出始于瓦氏1979年在国际人权研究院的演讲，此应为讹误。详见Karel. Vasak，Human Rights：A Thirty-Year Struggle：the Sustained Efforts to give Force of law to the Universal Declaration of Human Rights，UNESCO Courier30：11，1977。

[2] Declaration on the Granting of Independence to Colonial Countries and Peoples，General Assembly Resolution 1514（XV），15 United Nations GAOR Supp.（No. 16）at 66，United Nations Doc. A/4684（1961）.

[3] Declaration on the Right to Development，G.A. Res. 41/128，annex，41 U.N. GAOR Supp.（No. 53）at 186，U.N. Doc. A/41/53（1986）.

[4] Stockholm Declaration，or the Declaration on the United Nations Conference on the Human Environment（1972）.

[5] Agenda 21：Programme of Action for Sustainable for Sustainable Development，Rio Declaration on Environment and Development.Statement of Principles. Final Text of Agreements Negotiated by Governments at UNCED Conference，June 1992，Rio de Janeiro，Brazil.

[6] Legal Consequences for States of the Continued Presence of South Africa in Namibia（South West Africa）Notwithstanding Security Council Resolution 276（1970），Advisory Opinion ，1971 I.C.J. 16（June 21），p.31.

[7] Western Sahara，Advisory Opinion 1975 I.C.J. 12（Oct. 16），p.55.

[8] East Timor（Port. v. Austl.），1995 I.C.J. 91（Order of June 30）.

域？国际学术界如安东尼奥·卡塞斯（Antonio cassese）[1]、詹姆斯·克劳福德（James Crawford）[2]等都有热烈的探讨。不过，加拿大最高法院在“魁北克案”（*Quebec Case*）[3]、国际法院在“巴勒斯坦隔离墙咨询意见”[4]中关于“自决权”的论述似乎表明这一权利极有可能在很多情况下适用于非殖民地语境。[5]

第四节 近代人权观念在中国的继受和接受

中国古代法律文化中并没有类似于西方社会一样的人权（Human Rights）观念，中国近代的人权思想是在对传统道德伦理的批判与继承基础上继受西方人权观念而产生的。[6]在整个“西法东渐”的历史上，日本学者和日本的法律制度对于中国吸收和借鉴西方人权思想有着举足轻重的作用。中文学术界对于学术概念或者学术思想史的研究大多从“词源”学的角度切入。例如，我国学者认为康有为是最早把日文汉字“人权”语词介绍给国人的，大约在1897年，基于向国人介绍西学的目的，康有为编写了《日本书目志》，其中包括草野宣隆译的《人权宣告辩妄》一书；康有为刊行于1902年的《大同书》中大量出现“人权”词语（主要在戊部之后），如“各有自立自主自由之人权”“此其侵天界而夺人权，不公不平莫甚矣”等。梁启超1899年在《论中国与欧洲国体异同》中说：“欧洲自今世以来，学理大昌，天赋人权平等同胞之声，遍满全洲”。在1903年汪荣宝、叶谦编的《新尔雅》一书中也出现了“人权”词语。[7]如此一来，需要澄清的是我们在何种意义上使用“人权”一词：

---

[1] Antonio Cassese, Self-Determination of Peoples: A Legal Reappraisal, Cambridge University Press, 1999.

[2] James R. Crawford, The Creation of States in International Law, Oxford University Press, 2nd , 2007.

[3] Reference re Secession of Quebec, [1998] 2 S.C.R. 217; 1998 CanLII 793 (S.C.C.); (1998), 161 D.L.R. (4th) 385; (1998), 55 C.R.R. (2d) 1.

[4] Palestinian Wall Construction case) Legal Consequences of the Constr. of a Wall in the Occupied Palestinian Territory, Advisory Opinion, 2004 I.C.J. 136 (July 9) .

[5] 中文可参见白桂梅：《国际法上的自决》，中国华侨出版社1999年版。

[6] 韩大元：《中国宪法学说史研究》，中国人民大学出版社2012年版，第549页。

[7] 韩大元：《中国宪法学说史研究》，中国人民大学出版社2012年版，第550页。

若从人权思想的角度上看，词源学的考证确实具有重要的意义；若从自然法的角度上看，诸如康有为、梁启超、邹容、陈天华等清末民初的近代知识分子是将“人权”看作与“权利”相近似的概念，故卢梭的《民约论》（On Social Contract）、孟德斯鸠的《法意》（The Spirit of Law）被严复译介到中国时，人们对“Natural Law”的翻译大多使用“天赋人权”说；若从实在法学的角度上看，人权作为一个实定的法律概念出现于第二次世界大战之后，即在《世界人权宣言》之后，国际社会才有“实在人权法”（Positive Human Rights），在此之前出现的“人权”（Human Rights）都属于思想或者概念形态的人权。

诚如我国学者的研究所表明，中国近代人权思想在内容上经历了围绕“更法”“维新”“革命”三个中心思想而展开的阶段。首先，以龚自珍、林则徐、魏源等一批地主阶级中的先进分子，对停滞不前的宗法制度产生怀疑，进而发出“更法”“变古”的倡议，他们疾呼“变古愈尽，便民愈甚”“师夷长技以制夷”，企图通过权利观念的“功利性”阐发来对抗产业革命之后欧洲工业文明的坚船利炮。其次，以康有为、梁启超、谭嗣同为代表的“维新派”超越了对西方法律思想在“器物”和“功利”层面的认识，主张吸收西方工业文明的“先进制度”，通过“变法”和“维新”来达到挽救民族国家危亡的目的。最后，以孙中山为代表的中国民族资产阶级把革命的矛头直指封建专制制度和文化，提出了“民族、民权、民生”的三民主义革命主张，通过对清王朝发动武装起义的方式建立起了20世纪初期亚洲第一个民主共和政体。[1]

一、权利思想与“更法变古”

权利的发展历史和对权利的认识历史都表明，权利不可能超越它所处的那个时代，近代人权思想在中国的继承也明显经历了一个由浅入深的过程。起初，中国人所认识的民权还建立在对传统中国宗法伦理社会的改造层面，这时候的中国先进知识分子面临如何在一个列强崛起而帝国凌弱的年代去拯救那个维系中国传统社会的政治权力。龚自珍熟读中国传统文化典籍，他通

[1] 吴忠希：《中国人权思想史略：文化传统与当代实践》，学林出版社2004年版，第87页。

过对《春秋公羊传》的理解提出“公羊三世说”，即“据乱世”“升平世”“太平世”。世有三等：治世、衰世、乱世。据此，在面临西方列强的世界里面，清王朝处于“衰世”，如何能够拯救这种“衰世”？龚自珍认为唯有“更古”“变古”。如龚自珍在《上大学士书》中提到：“自古及今，法无不改，势无不积，事例无不变迁，风力无不移易，所恃者，人材必不绝于世而已。”[1]龚自珍基于这种认识主张改良清政府的政治权力运作，他认为：“中堂宜到阁看本也。大学士之充内廷者，例不看本。”“军机处为内阁之分支，内阁非军机处之附庸也。”在主张“变古”的同时，龚自珍还认识到人的重要性，他说道：“天地，人所造，众人自造，非圣人所造。”他还说道：“众人之宰，非道非极，自名曰我。我光造日月，我力造山川，我变造毛羽肖翘，我理造文字语言，我气造天地，我天地又造人，我分别造伦纪。”[2] 龚自珍在这里提出了众人主宰自己和认知、创造天地万物的观点，表现了他非圣非道的思想。仔细的读者在这里还可以看到“人造天地”的思想一方面颠覆了传统“圣人养贤以及万民”的认识，企图通过“人定胜天”来否定万事万物对人的束缚和主宰。另一方面若对比西方宗教经典《圣经》，龚自珍的认识与“上帝造人”说还有本质的区别。《圣经》开篇记录了人类诞生的故事：“起初，神创造天地。地是空虚混、渊面黑暗，神的灵运行在水面上。神说：要有光，就有了光。神看光是好的，就把光暗分开了。神称光为昼、暗为夜。有晚上、有早晨、这是头一日……神用地上的尘土造人，将生气吹进他鼻孔里，他就成了有灵的活人、名叫亚当……神就用那人身上所取的肋骨造成一个女人，领他到那人跟前。那人说：这是我骨中的骨、肉中的肉，可以称他为女人，因为他是从男人身上取出来的。”[3] 西方的“权利”理论奠基在自古希腊、古罗马以来的法律文化传统之上，且在很长时间内受到基督教宗教观念的影响。如果我们不犯“历史倒置”的错误，我们会发现自明末西方传教士向中国人传播“权利”思想之后，龚自珍对“人”的终极归属和终极“权源”的认识还

---

[1] 龚自珍：《上大学士书》。

[2] 龚自珍：《壬癸之际胎观第一》。

[3]《圣经》和合本，第一章，第 1 节到第 5 节；第二章，第 7 节、第 22 节、第 23 节。参照《圣经》英语标准版（English Standard Version），Crossway Bibles，2001。

存在法律文化传统上的隔膜，这种隔膜影响了近代中国人对权利“围绕于人、存在于人”本质的认识。在“体”与“用”之变的清末社会，类似西方那样“权利”观念被置于“中学为体、西学为用”的认识论框架之下，“权利”观念的移植意在劝说统治者改良政治、革故鼎新。正如我国学者所指出的那样：在近代中国，自由一直被当作“工具”而非“本体”对待，个体的独立自由（“个人主义”）面对民族复兴与国家富强的压力一直无法“正名”、无法树立自身的独立价值。[1]

二、权利思想与“改良维新”

康有为和梁启超通常被认为是把“权利”观念正式引入中国的杰出知识分子代表。康有为以《新学伪经考》和《孔子改制考》两篇力作，将孔子树立为一个政制的变革家，从而为维新变法确立合理性和权威性。以《孔子改制考》为例，全书主旨有二：一是通过考证，说明孔子是“托古改制”的变革家，是力主改革的权威；二是发挥孔子改制的核心思想，即“公羊三世说”。[2]康有为的思想主要集中在通过对中国先秦奠基的近代阐发来证明“维

---

[1] 聂鑫：《宪法基本权利的法律限制问题——以中国近代制宪史为中心》，载《中外法学》2007年第1期；王人博：《宪政的中国之道》，山东人民出版社2003年版，第94页。

[2] 吴忠希：《中国人权思想史略：文化传统与当代实践》，学林出版社2004年版，第111页。另外，《春秋公羊传》记载孔子写《春秋》“所见异辞，所闻异辞，所传闻异辞”。康有为把“公羊三世”与《礼运》中的“大同”“小康”结合起来，为托古改制制造根据。他说：“三世为孔子非常大义，托之《春秋》以明之……所传闻世托据乱，所闻世托升平，所见世托太平。据乱者，文教未明也。升平者，渐有文教，小康也。太平者，大同之……文教全备也。”（《春秋・董氏学》）他认为由据乱世进入升平世（小康之道）再进入太平世（大同之道），是社会进化的共同规律。三世进化实质是“由君主而君民共主而民主。由专制而立宪而共和”。康有为利用封建经典的思想框架和语言，宣传了资产阶级历史进化论和民权平等思想，为戊戌变法提供了理论依据。然而公羊三世说“义取渐进，更无冲突”（梁启超：《康南海传》），只讲量的渐进，反对质的飞跃，认为进化的顺序不能躐等。以为中国当时处于据乱世，西方各国已进入升平世，故要学习西方来变法维新，实行君主立宪，至于民主共和则是遥远的将来之事。而且他又将三世中每一世划为小三世，再划为更小的三世，“展转三重可至无量数，以待世运之变而为进化之法”（《中庸注》）。可见公羊三世说是一种庸俗进化论的历史观，后来成为改良派反对资产阶级民主革命的思想根据。参见方克立、卢育三、吕希晨、周德丰主编：《中国哲学大辞典》，中国社会科学出版社1994年版。

新变法”的正当性，其权利思想散见于《大同书》中的“入世界观众苦”“去国界合大地”“去阶级平民族”“去形界保独立”“去家界为天民”“去产界公生业”等论述当中。康有为在《实理公法全书》中以“实理”“公理”来证明人所固有的权利:“此乃几何公理所出之法。盖天既生一男一女，则人道便当有男女之事。既两相爱悦，理宜任其有自主之权，几何公理至此而止。若夫立约，则是增以人立之法，非几何公理所固有者。惟即以不立法为立法，斯为几何公理所之法也。”[1] 康有为的弟子梁启超可谓真正意义上最早将西方人权思想引入中国的知识分子。梁启超于清朝光绪二十八年（1902 年）至三十二年（1906 年），用“中国之新民”的笔名，在《新民从报》连续发表了二十篇政论文章，即《新民说》，这被认为是对西方“权利”的系统介绍较早的中文著作。在《新民说》中，梁启超专章以《论权利思想》介绍何为“权利”、何为“民权”。梁启超说:“人人欲伸张己之权利而无所厌，天性然也。是故权利之为物，必有甲焉先放弃之，然后有乙焉能侵入之。人人务自强以自吾权，此实固其群、善其群之不二法门也。”[2] 这种权利思想是将权利与责任放在同一个体系中来探讨，然后由个体的权利来推导权利对于社群的重要性。值得一提的是，梁启超还介绍了德国法学家鲁道夫·冯·耶林（Rudolf von Jhering，1818—1892）的《为权利而斗争》一文。《论权利思想》中说道：德儒伊耶陵（Jhering）所著权利竞争论原名为 Der Kampf um das Recht 英译为 Battle Right……本论要领，大率取材伊氏之作，故述其崖略如此。云:“权利之目的在平和，而达此目的之方法，则不离战斗。有相侵者，则必相拒；侵者无已时，故拒者亦无尽期。质言之，则权利生涯竞争而已。”又曰:“权利者，不断之勤劳也。勤劳一弛，而权利即归于亡……若是乎权利之为物，其所以得之与所以保之者，如此其不易也。”梁氏引介此书的目的正如他所说:“余亟欲续成之，以此书药治中国人尤为对病也。”[3] 梁氏继

[1] 康有为:《康有为大同论二种》，朱维铮编校，世界图书出版公司 2012 年版；刘少杰:《康有为的实证精神及其制度社会学——依据康有为〈实理公法全书〉和〈大同书〉的讨论》，载《社会科学研究》2010 年第 5 期。

[2] 梁启超:《新民说》，宋志明选注，辽宁人民出版社 1994 年版，第 44 页。

[3] 梁启超:《新民说》，宋志明选注，辽宁人民出版社 1994 年版，第 44 页。

续论述道：“藉欲得之，藉欲保之，则权利思想，实为之原。夫人之有四肢五脏也，是形而下生存之要件也。使内而或肝或肺，外而或指或趾，其有一不适者，孰不感苦痛而急思疗治之？夫肢脏之苦痛，即其身内机关失和之征也，即其机关有被侵焉之征也。而疗治者，即所以防御此侵害以自保也。形而上者之侵害亦有然，有权利思想者，一遇侵压，则其苦痛之感情，直刺焉激焉，动机一拨而不能自制，亟亟焉谋抵抗之以复其本来。夫肢脏受侵害而不觉苦痛者，必其麻木不仁者也。权利受侵害而不觉苦痛，则又奚择焉？故无权利思想者，虽谓之麻木不仁可也。”[1] 梁氏认为权利思想应该成为一个社会中人类生活“形而上”之本原，他通过人类生活中的“形而上”的类比说明权利应该是人类得以存立于世界的根本。如果人类生活对于根本性权利的侵犯而毫无知觉，那么就如人类在原始状态下对他人的肢体侵犯漠视和忍受一样是麻木不仁的。梁氏也认识到了权利和义务的一体不可分割，他不仅认为人民拥有不可侵犯的权利，也认为人们应该在一个社会共同体中履行权利所附随的义务。“权利思想者。非徒我对于我应尽之义务而已，实亦一私人对于一公群应尽之义务也。”[2] 最后梁启超在此文中阐述道：“国家，譬犹树也。权利思想，譬犹根也。其根既拨，虽复干植崔嵬，华叶蓊郁，而必归于槁亡。”[3] 这一句再次强调了权利对于政治国家的基础性作用，政府权力和人民权利之间虽然存在紧张关系，但是人民的权利始终具有优先地位。如其所言：“政府见国民之争权利也，则让之。欲使吾国之国权与他国之国权平等，必先使吾国中人人固有之权皆平等，必先使吾国民在我国所享之权利与他国民在彼国所享之权利相平等。若是者国庶有瘳，若是者国庶有瘳！”进言之，梁氏还以一种“国家自省”的态度看待了中国如何争取国家与国家之间权利的平等——必须首先确保国家之内部人人的权利平等才能在外部与其他国家之间争取平等而独立的地位。[4]

在中国近代历史上，系统从宪法学意义上阐释个人基本权利实证法体系

[1] 梁启超:《新民说》，宋志明选注，辽宁人民出版社 1994 年版，第 44—45 页。

[2] 梁启超:《新民说》，宋志明选注，辽宁人民出版社 1994 年版，第 50 页。

[3] 梁启超:《新民说》，宋志明选注，辽宁人民出版社 1994 年版，第 54 页。

[4] 梁启超:《新民说》，宋志明选注，辽宁人民出版社 1994 年版，第 55 页。

的法学家当数王世杰先生。王世杰先生总结列国宪法关于个人基本权利的规定将其类型化为三类。第一类为消极的基本权利，即人身自由、言论自由、信教自由、集会自由等个人自由，为了使个人知识、道德与身体上之优性得以尽量发育，国家对于这些自由负有不加侵犯与防止侵犯之义务，这一类权利对应着国家的消极义务；第二类为积极的基本权利，如受国家供给最小限度的教育之权利，为谋个人知识、道德与身体上优性之发育，有时候国家尚须对于个人积极地履行若干种活动，国家的这种积极义务，便构成我们之所谓个人的积极权利；第三类就是参政权，如选举权、被选举权、复决权、创制权、直接罢免权等，这类权利以参与国家意思之构成与国家意思之执行为其内容。[1] 王世杰先生认为第一类权利与第二、第三两类权利之间的关系是目的与手段的关系，如果没有第二、第三两类权利，第一类权利的目的也许不可能见诸事实。[2] 关于积极的基本权利，王世杰还以民国各省的省宪以及民国十二年（1923 年）四月北京议会"宪法起草委员会"所提生计、教育等章草案加以佐证。[3] 在民国时期，也有学者如张知本著有《宪法论》专门论及公民所具有的积极的基本权利，张知本先生称其为"受益权"。此外，还有张君劢先生、吴经熊先生都探讨过公民的受益权，这些民国宪法学家关于受益权的学说和见解大多受到了德国魏玛宪法中关于经济、社会、文化权利规定的启发。

三、权利思想与"三民主义"

（一）孙中山"三民主义"思想之概览

中国近代著名的政治家和革命家孙中山（1866—1925）被毛泽东称为"伟大的革命先行者"[4]。孙中山先生是"三民主义"思想的创建者，"三民主

---

[1] 王世杰：《比较宪法》，武汉大学出版社 2013 年版，第 61 页。

[2] 王世杰：《比较宪法》，武汉大学出版社 2013 年版，第 61 页。

[3] 王世杰：《比较宪法》，武汉大学出版社 2013 年版，第 122 页。

[4] 毛泽东：《纪念孙中山先生》，载《人民日报》1956 年 11 月 12 日。

义”系简称，它是由“民族主义”“民权主义”“民生主义”三种主要思想源流所汇聚成的一种体系化思想。

孙中山最早萌发“以民为本”“关注民生”的思考，可以追溯到1894年。是年，他在《上书李鸿章》中就大声疾呼：“民国以民为本，民以食为天，不足食何以养民？不养民何以立国？”[1] 在后续的思想发展中，孙中山将法国大革命以来的“博爱”精神和儒家的“仁爱”、墨家的“兼爱”思想完美地结合起来，奠定了孙氏“民生主义”的思想之基。孙中山自己也表示：“余之谋中国革命，其所持主义，有因袭吾国固有之思想者，有规抚欧洲之学说事迹者，有吾所独见而创获者。”孙中山在《建国方略》中写道：“伦敦脱险后，则暂留欧洲，以实行考察其政治风俗，并结其朝野贤豪，两年之中，所见所闻，殊多心得。始知徒致国家富强，民权发达如欧洲列强者，犹未能登斯民于极乐之乡也，是以欧洲志士犹有社会革命之运动也。余欲为一劳永逸之计，乃采取民生主义，以与民族民权问题同时解决，此三民主义之主张所由完成也。”[2] 由此来看，孙中山在撰写《建国方略》时，已经注意到自由资本主义之下欧洲社会“贫富分化”“社会革命”等诸多顽疾和弊病。孙中山并未完全照搬西学，而是在批判和借鉴中发展出一个适用于中国革命的体系。从1924年1月到8月，孙中山作了16次讲演（民族主义6讲、民权主义6讲、民生主义4讲，原计划讲6讲，因而民生主义没有完成其夙愿）以阐发三民主义，由黄昌谷全程速记、翻译。这是孙中山先生一生宣讲“三民主义”最系统、最详尽的篇章。历经很多年的政治实践和变迁，“三民主义”的内涵似有扩大的趋势，但无论如何，基于三民主义的16次讲义，孙中山的“三民主义”思想的概貌和框架仍然保存完整。本书在此基于台湾地区孙中山学术思想咨询网的研究，以下述表格归纳出已有的研究成果。

---

[1] 王杰：《孙中山民生思想研究》，首都经济贸易大学出版社2011年版，第132页。

[2] 孙中山：《建国方略》收录于《孙中山全集》（第6卷），中华书局1985年版，第232页。

表 2-1 孙中山的民族主义 [1]

民族自救	（一）就内求统一言：国内各族，团结一致，在平等基础上，把汉、满、蒙、回、藏五族，同化成一个中华民族，组成一个民族国家。统一是全体中国人的希望，能够统一，全体人民便能享福，否则便要受害 （二）就外求独立言：其意义在求中国之自由平等。在过去最重要的便是唤起民众，联合世界上以平等待我之民族共同奋斗。于今，则是要认清国家命运操之在我；要庄敬自强，处变不惊，慎谋能断。要坚持国家与国民独立不挠之精神；要斗志不斗气
国内各民族一律平等	（一）国内各民族在法律上受同样的保护和约束，亦即在法律之前一律平等 （二）享同样的权利，尽同样的义务 （三）各民族人民的政治权利与基本自由，不因种族之不同而有差别 （四）根据自中国固有的王道文化精神
世界各民族一律平等	（一）主张世界上任何民族不受其他民族的控制和压迫，各个民族都有平等的地点和同等的生存权利 （二）西方民族主义之所以变质的原因，即以优秀民族自居，歧视别的民族，并以物竞天择理论，侵略、压迫民族
民族间济弱扶倾	于一般衰弱而落后的弱小民族，应尽力济助他们，扶持他们，使他们能从危亡中兴盛起来。可知，我国向来以济弱扶倾为政策，自存共存为原则

[1] 参见孙中山学术研究咨询网，http://sun.yatsen.gov.tw/content.php?cid=S01_03_03_01，最后访问时间：2017 年 12 月 24 日。关于孙中山三民主义思想的研究可参考韩剑锋：《裕民、齐民、新民：孙中山民生主义思想研究》，上海三联书店 2013 年版；王德昭：《孙中山政治思想研究》，中华书局 2011 年版；李默海：《探寻宪政之路：孙中山的宪政思想及实践问题研究》，中央编译出版社 2011 年版；刘兴华、刘仁坤：《孙中山思想研究》，黑龙江人民出版社 2007 年版。

表 2-2　孙中山的民权主义 [1]

合理的自由	孙中山先生认为个人对自由的滥用，会对团体造成极大的破坏作用，因此主张自由是有限度的。他认为自由的意义是指一个小单位，在一个大团体中，能够活动，来往自如，便是自由。他也反对极端个人主义的自由，或为所欲为毫无限制的自由，因此主张为所欲为有限制的自由，且要有礼与法的规范
真正的平等	孙中山先生将“平等”分成“不平等”“假平等”“真平等”来加以讨论。[2]三民主义中认为平等的精义在于，天生人类之聪明才力有三种不平等，即先知先觉的发明家、后知后觉的宣传家、不知不觉的实行家。因此需要发挥服务的道德心，使三种不平等成为平等；此即聪明才智越大者，服千万人之务；聪明才智略小者，服十百人之务；全无聪明才智者，服一人之务。其目的就在于发展人性中的互动、合作、服务、牺牲的道德力量，以弥补人类天生不平等的自然缺陷
充分的民权	三民主义的民权主义主张采取直接民权，就是人民直接行使选举权、罢免权、创制权和复决权四种权利。而直接民权指的是人民以集会或投票的方式，行使选举、罢免、创制、复决四种政治权利，来直接管理国事。直接民权行使之方法，以地方自治为基础，并以县为单位。而每县的国民代表代表人民行使政治权利，使之尽其能，不窃其权。因此，民权主义中是以间接民权的形式来行使直接民权，本质仍是直接民权，亦即以直接民权的精神，由地方贯彻到中央

[1] 参见孙中山学术研究咨询网，http://sun.yatsen.gov.tw/content.php?cid=S01_03_03_01，最后访问时间：2020 年 3 月 20 日。

[2] 孙中山“平等观”中的“不平等”“假平等”“真平等”概念如下：

不平等	（1）天生的不平等 自然界没有平等，人类也没见过天赋的平等，如人生而有圣、贤、才、智、平、庸、愚、劣之分 （2）人为的不平等 专制帝王造成的，即帝、王、公、侯、伯、子、男阶级制度
假平等	（1）产生于打破人为的不平等，而又忽略天生的不平等 （2）所谓假平等，就是不分圣、贤、才、智、平、庸、愚、劣，一律求其平等，亦即平头的平等
真平等	立足点的平等，即让各人站在同一水平线上，根据各自天赋的聪明才力充分地去发展造就。由于凭借发展造就的机会完全相同，所以是真平等

续表

万能的政府	孙中山先生认为，建立五权分立的政府理由是政府是为人民谋幸福的，能力越大，则所谋求的幸福也越大。在方法上，主张依行政、立法、司法、考试、监察五种治权分立的原则，所组成的政府，才是完全的政府机关 此外，为使政府万能，就必须实现专家政治的理想，因为政府是一大部人事机器，为求其万能，除使其结构完备外，还要考虑其组成分子的优异。因此除了在制度上一方面使人民有充分的控制政府管理国事的权，另一方面政府要有治理政事，造福全民的能；另外，民权主义的架构中特别把考试权独立起来，其主要目的就在于实现专家政治的理想

表 2–3　孙中山的民生主义[1]

土地问题	（一）都市平均地权，都市平均地权是为消除少数人操纵土地所有权的不合理现象，消除土地投机业，使土地归国民共享，因此民生主义第一方法就是平均地权，平均地权同时还有促进工商业发达的积极性作用 （二）农村耕者有其田。耕者有其田是为了避免耕地被少数地主所垄断，而为种田的农民所有，且农民都能得到自己劳苦耕种的结果，因此提出耕者有其田。一方面他可以实现社会公道，另一方面又可以增加农业生产。至于如何达成此一耕者有其田的目标，民生主义中也具体提出了几项解决办法
资本问题	（一）节制私人资本，一方面在防止资本家垄断，另一方面在使社会财富分配平均，全面普享文明福祉 （二）发达国家资本，在于促进生产工业化，以改变经济结构，并改善人民生活。而发达国家资本的理由，在于实行工业化以求富、实行社会化以求均
发展经济主张	（一）公私有财产并存 在私有财产的主张上，农地主张耕者有其田，一般土地主张不必尽归国有，但为公共所需者则可国有；在资本方面主张改良资本制度，不可遽予推翻 在公有财产的主张上，认为大公司、大资本，尽为公有之社会事业；而国有即民有，国家以所生之力，举便民之事，大家共享其利 （二）国、民营企业兼顾 在民营企业方面，主张事务可委诸个人或较国家经营为宜者，应任个人为之，具体方法则是由国家奖励，以法律保护之，并且由政府致力改变投资环境，以促进其发展 在国营企业发展上，则主张包括食、衣、住、行、民生工业、煤铁、水力、矿、天然富源、城市土地、交通，独占垄断性事业，如银行、铁道、航路

[1] 参见孙中山学术研究咨询网，http://sun.yatsen.gov.tw/content.php?cid=S01_03_03_01，最后访问时间：2020 年 3 月 20 日。

“三民主义”学说由于时代的变化有所谓“旧三民主义”与“新三民主义”之分。“新三民主义或真三民主义，是联俄、联共、扶助农工三大政策的三民主义。没有三大政策，或三大政策缺一，在新时期中，就都是伪三民主义，或半三民主义……”[1]关于“旧三民主义”与“新三民主义”的区别，毛泽东深刻指出：

民族主义方面，旧三民主义所突出的是“反满”，矛头指向清王朝；新三民主义则提出了反对帝国主义的目标。民权主义方面，过去只是抽象地提倡“自由、平等、博爱”，现在主张普遍平等的民权。民生主义方面，过去只有“平均地权”的政纲，现在则提出了平均地权和节制资本的办法，承认“耕者有其田”，并谋求改善工人和农民的生活。[2]

（二）孙中山“民生主义”思想及其权利内涵

孙中山思想中的“民生主义”含有“为生民立命”的公道精神，即“将来世界上总有和平之望，总有大同一日，此吾人无穷之希望，最伟大之思想”。孙中山的民生哲学就是《易经》所说的“天地之大德曰生”，特征就在于以人（生民）为中心，它以实践力行为务，从内扩展到外，从人推展到天，亦世界大同，天下为公。[3]具体而言，孙中山认为“民生就是人民的生活——社会的生存、国民的生计、群众的生命”[4]。为此，孙中山在其《民生主义》中如此写道：

社会之所以有进化，是由于社会上大多数的经济利益相调和，不是由于社会上大多数的经济利益有冲突。社会上大多数的经济利益相调和，就是为大多数谋利益。大多数有利益，社会才有进步。社会上大多数的经济利益之所以要调和的原因，就是因为要解决人类的生存问题。古今一切人类之所以要努力，就是因为要求生存；人类因为要有不间断的生存，所以社会才有不停止的进化。所以社会进化的定律，是人类求生存。人类求生存，才是社会

[1]《毛泽东选集》（第1卷），人民出版社1964年版，第650页。

[2]《毛泽东选集》（第1卷），人民出版社1964年版，第650页以下。

[3] 卢国庆：《三民主义哲学旁通统贯之研究》，台湾师范大学2001年博士学位论文。

[4]《孙中山全集》（第9卷），中华书局1986年版，第355页。

进化的原因。阶级战争，不是社会进化的原因。阶级战争，是社会当进化的时候，所发生的一种病症。这种病症的原因，是人类不能生存；因为人类不能生存，所以这种病症的结果，便起战争。[1]

由孙中山先生关于民生主义的这段表述来看，他显然意识到了工业革命之后种种社会矛盾的根源之一就在于社会财富分配不能按照公平正义的原则进行，因为人类求生存的本能才促使人们通过阶级斗争的方式来矫治社会进化中的痼疾和顽症。因此，孙中山认为“历史的重心是民生”“民生是社会进化的重心”。[2]

第五节　围绕“经济、社会、文化权利”的权利清单的发展

一、经济、社会、文化权利条款“入宪”的时空分析

我国有学者从宪法学的角度认为早期的经济、社会、文化权利被各国宪法视为一种“权利型政策”，而随着“民生宪法”（德国法上也称为“社会宪法”）的进步，经济、社会、文化权利的实证品格逐步增强，它脱离了宪法政策和原则宣示的阶段而被现代宪法看作一种可以具体实施的、具有宪法约束力的权利。以教育、就业、社会保障（包括社会救济和社会保险）以及文化生活等领域为例，经济、社会、文化权利入宪在时间、空间两个维度上的发展趋势可以总结如表 2-4 所示。[3]

---

[1] 参见《孙中山全集》（第 9 卷），中华书局 1986 年版，第 371 页。另外，关于孙中山三民主义思想的研究可参考韩剑锋：《裕民、齐民、新民：孙中山民生主义思想研究》，上海三联书店 2013 年版；王德昭：《孙中山政治思想研究》，中华书局 2011 年版；李默海：《探寻宪政之路：孙中山的宪政思想及实践问题研究》，中央编译出版社 2011 年版；刘兴华、刘仁坤：《孙中山思想研究》，黑龙江人民出版社 2007 年版。

[2]《孙中山全集》（第 9 卷），中华书局 1986 年版，第 371 页。

[3] 蒋清华：《社会事业建设立宪方式比较研究：“民生宪法”的一个导言——基于对宪法文本的定量分析》，载《政治与法律》2012 年第 8 期。

表 2-4　不同时空民生宪法的规范内容及其类型统计 [1]

		教育		就业		社保		文化		规定权利型政策的宪法数
		权利型政策	社会权	权利型政策	社会权	权利型政策	社会权	权利型政策	社会权	
不同时期	1787—1916 年（统计 8 部）	3	0	1	0	3	0	1	0	4
	1917—1944 年（统计 9 部）	7	1	5	4	6	3	2	0	8
	1945—1966 年（统计 51 部）	21	13	9	24	21	10	11	3	25
	1967—2004 年（统计 82 部）	67	49	42	61	67	56	59	37	69
	总计（统计150部）	98	63	57	89	97	69	73	40	106
不同地域	欧洲（统计 34 部）	28	14	14	21	23	21	21	13	30
	亚洲（统计 37 部）	28	21	21	24	30	20	27	13	32
	北美洲（统计 17 部）	10	7	8	10	10	8	8	4	10
	南美洲（统计 11 部）	9	9	7	11	11	9	8	5	11
	非洲（统计 33 部）	14	8	3	17	12	8	4	2	14
	大洋洲（统计 8 部）	1	0	0	0	1	0	1	0	1
	总计（统计140部）	90	59	53	83	87	66	69	37	98

从以上图表的统计来看，从第一部成文宪法（美国宪法）到第一次世界

[1] 蒋清华:《社会事业建设立宪方式比较研究:“民生宪法”的一个导言——基于对宪法文本的定量分析》，载《政治与法律》2012 年第 8 期。

大战前夕，被统计的宪法文本中尚没有将经济、社会、文化权利作为一种法定的基本权利，只有少数国家在宪法文本中将经济、社会、文化权利作为一种隐含权利诉求的政策条款。随着宪法权利的变迁和发展，两次世界大战之间，少数国家在其宪法中将经济、社会、文化权利作为一种基本权利加以规定。从 1945 年到 1966 年，经济、社会、文化权利“入宪”的趋势变得十分明显，而这一时期也恰好是国际人权法快速发展的阶段。自 1966 年《经济、社会、文化权利国际公约》签署之后，经济、社会、文化权利越来越得到当代宪法的垂青，越来越多的宪法认可和规定了经济、社会、文化权利，这些权利不仅被当作一种“权利型政策”，更被视为一种具有宪法实在效力的基本权利。现如今，全世界范围内许多国家的宪法文本都反映或者提及了经济、社会、文化权利。从经济、社会、文化权利“入宪”的空间分布来看，欧洲国家和亚洲国家的宪法中规定经济、社会、文化权利的比例较高。而在被统计的大洋洲国家的八部宪法文本中，仅有一个国家规定了经济、社会、文化权利。

另外，根据我国学者夏正林在 2006 年 6 月对 168 个国家的宪法文本统计分析，全球范围内有 130 个国家规定了社会权（经济、社会、文化权利），占统计样本的 77.3%。在这些国家的宪法文本中，仅在政策、目标与原则中规定社会权（经济、社会、文化权利）的国家有 25 个，占统计样本的 14.9%；仅在权利章节中规定社会权（经济、社会、文化权利）的国家有 71 个，占统计样本的 42.3%，这其中包括了可以直接适用国际人权公约的国家（如葡萄牙）和仅规定受教育权一个类型的社会权的国家（如也门、西班牙）；既在政策、原则又在权利规范中规定了社会权内容的国家有 34 个，占统计样本的 22.3%。[1]

首先，从经济、社会、文化权利“入宪”的情况来看，笔者认为，宪法文本作为最具权威性的法律文件，一旦它规定或者提及经济、社会、文化权利，就意味着现代人权理论在实践中获得了重大进步，综观各国宪法的规范，我们发现，宪法或者将经济、社会、文化权利条款视为一种原则、政策、国

[1] 夏正林:《社会权规范研究》，中国人民大学 2006 年博士学位论文。

家目标、国家任务，或者将它们视为一种具有高度实证化品格的“基本权利”（Fundamental Rights/ Grundrechte）。其次，经济、社会、文化权利的“入宪”历程伴随近代以来权利理论的发展和突破，从宪法原则或政策性的宣示到基本权利品格的形塑，经济、社会、文化权利都不是一个空想而是一个现实。而且 1966 年《经济、社会、文化权利国际公约》对于第二次世界大战之后的现代宪法的影响是显而易见的。缔约国签署和批准了该公约就必须承担保障经济、社会、文化权利的国际人权义务，即使一个国家没有签署和批准该公约，这个国家也会在国际人权法的渗透和扩张中直接或间接地受到经济、社会、文化权利理念的影响。最后，经济、社会、文化权利并非一种“奢侈”的权利，它不是一种发达国家 / 后工业化国家独享的“专利”，相反，经济、社会、文化权利的法理发展在很大程度上得益于发展中国家 / 工业化国家在人权理论上的觉醒。对于那些面临贫困和经济发展的转型国家来说，经济、社会、文化权利给予了人民一种通过“权利共识”实现社会转型从而达致美好生活的法律武器。以南非和印度为代表的发展中国家对经济、社会、文化权利的法理发展定会成为当代国际人权发展中一道靓丽的风景线。

二、围绕经济、社会、文化权利的国际人权法进展

20 世纪英国著名的社会学家 T.H. 马歇尔提出了公民身份（Citizenship）理论并认为公民身份决定了一个人在现代国家中的法律地位。[1] 在 T.H. 马歇尔看来，18 世纪的欧洲最先发展出公民权利（Civil rights），进入 19 世纪后，以政治权利（Political rights）成为主流的权利诉求，20 世纪则见证了社会权利（Social rights）的大发展。[2] 第一次世界大战结束后，1917 年墨西哥宪法、1918 年苏俄宪法、1918 年魏玛宪法开启了以根本法形式承认和保障社会权利之先河。

[1] T.H Marshall, Citizenship And Social Class and Other Essays, Cambridge University Press, 1st Ed., 1950.

[2] Ulrike Davy, How Human Rights Shape Social Citizenship: On Citizenship and the Understanding of Economic and Social Rights, 13 WASH. U. GLOBAL STUD. L. REV. 201, 207 (2014).

人类社会在经历第一次世界大战之后，一方面面临国际的和平和安全问题，另一方面也在人类权利的探索方面拓展出新的领域。为了解决第一次世界大战国际和平和安全问题，同时也为了重构战胜的协约国与战败的同盟国之间的国际秩序，1919 年举办的巴黎和会通过了《凡尔赛和约》(法语：le Traité de Versailles；英语：Treaty of Versailles)。《凡尔赛和约》虽然主要针对德国解决战争所造成的问题著称，但是《凡尔赛和约》却奠定了国际联盟和国际劳工组织这两个重要国际组织的法律基础。就国际和平和安全问题而言，在巴黎和会上，英国政治家扬·史末资（Jan Smuts，1870—1950）和罗伯特·塞西尔勋爵（Robert Cecil，1864—1958）以及美国时任总统伍德罗·威尔逊（Woodrow Wilson，1856—1924）向大会提交了《国际联盟盟约》[1] 的草案，最终《国际联盟盟约》作为一个整体成为《凡尔赛和约》的第一部分。就人类权利的新探索而言，《凡尔赛和约》在第十三部分以“劳工”(Labour) 为专题，通过订立《国际劳工组织宪章》[2] 第一次系统地规定和承认了劳工权利。国际劳动组织（ILO）在 1944 年的“费城宣言”中宣示了劳动不是商品的理念（Labour is not a commodity)，人类社会的成员不论其种族、宗教、性别的差别如何，都应该在自由、尊严、经济安全和平等机会的条件下享有追求物质福利和精神发展的权利。[3] 以上的论据足以支撑这样一个论点，那就是在第二次世界大战之前，无论在国际语境中还是在国内宪法意义上，经济、社会、文化权利已经开始从思想孕育阶段走向了制度化、法律化的承认阶段。

在第二次世界大战中的“珍珠港事件”(Attack on Pearl Harbor) 发生之前的 1941 年 1 月 6 日，美国总统富兰克林·德拉诺·罗斯福在美国国会大厦中的众议院大厅向国会联席会议发表了国情咨文 (State of the Union address) 演讲。在这次演讲中，罗斯福提出了著名的“四大自由”，其核心要旨可

---

[1] Covenant of the League of Nations, signed Jun. 28, 1919, entered into force Jan. 10, 1920.

[2] Constitution of the International Labour Organisation (ILO), signed Jun. 28, 1919, entered into force Jan. 10, 1920.

[3] Art.I & Art. II, Declaration concerning the aims and purposes of the International Labour Organisation, adopted at the 26th session of the ILO, Philadelphia, 10 May 1944 (The Declaration of Philadelphia).

以表述为：世界各地（everywhere in the world）的人们均应该享有言论自由（Freedom of speech）、宗教自由（Freedom of worship）、免于匮乏的自由（Freedom from want）以及免于恐惧的自由（Freedom from fear）。在这四大自由中，免于匮乏的自由意味着在世界任何一个地方，都需要保障每一个国家居民的健康和平的经济生活，这项理念成为"二战"后最低生活保障权的渊薮。[1]"二战"结束后，联合国在1946年成立了联合国人权委员会，负责起草《世界人权宣言》，人权委员会在1947年年初第一届会议上授权委员会成员拟订了名为"一个国际人权法案的初稿"。后来，首任联合国秘书长特吕格韦·哈尔夫丹·赖伊（Trygve Halvdan Lie，1896—1968）委托了9位专家作为起草委员会（Drafting Committee）的成员，这些成员是考虑到地域分布而选出的9个国家的代表。[2]1948年12月10日，在巴黎召开的联合国大会以第217 A（III）号决议通过了《世界人权宣言》。

图2-1　1947年国际人权宪章起草委员会会议讨论时的场景

（Drafting Committee on an International Bill of Human Rights，1st session，9 June-25 June 1947，New York）

---

[1] 最低生活保障权（子权利）普遍被认为是经济、社会、文化权利（权利群）的重要组成部分，属于人类社会不可分割的人权的内容。它是一种确保人类维持生存标准下衣食住行方面的最低保障权利。《世界人权宣言》第25条和《经济、社会、文化权利国际公约》第11条都确认了最低生活保障权。See Knut Bourquain，Fresh Water Access From A Human Rights Perspective：A Challenge to International Water and Human Rights Law，Martinus Nijhoff Publishers，2008，p.137.

[2] 起草委员会成员包括：查尔斯·哈比卜·马利克（Charles Habib Malik，1906—1987）（黎巴嫩）；亚历山大·博格莫洛夫（Alexander E. Bogomolov，1900—1969）（苏联）；勒内·萨米埃尔·卡森（René Cassin，1887—1976）（法国）；张彭春（Peng Chun Chang，1892—1957）（中国）；安娜·埃莉诺·罗斯福（Anna Eleanor Roosevelt，1884—1962）（美国）；查尔斯·杜克斯（Charles Dukes，1880—1948）（英国）；威廉·霍奇森（William Hodgson，1892—1958）（澳大利亚）；赫南·圣克鲁兹（Hernán Santa Cruz，1906—1999）（智利）；约翰·彼得斯·汉弗莱（John Peters Humphrey，1905—1995）（加拿大）。

受制于联合国建立早期的国际政治和意识形态的现实，各国还不能“一步到位”地通过一个具有法律约束力的国际条约。联合国大会是通过宣言的形式宣告了这一普适性人权文件的诞生，按照《联合国宪章》第四章（第9—22条）和第五章（第23—32条）关于联合国大会和联合国安理会的职权分工，联合国大会的决议（General Assembly Resolutions）并非具有严格法律拘束力的文件。[1] 于是，在《世界人权宣言》通过之后，联合国人权委员会（Human Rights Commission）的工作就转化为着手起草一个具有法律约束力的国际人权公约。当国际社会试图制定对各国具有法律拘束力并且包含经济、社会、文化权利的国际人权公约的时候，一系列涉及“何为人权”“人权的范畴”“人权的实施机制”等方面的争议就成为国际政治领域中难以取得一致共识的问题。1950年第五届联合国大会审议人权委员会提交了仅仅保护个人的公民权利和政治权利的公约草案。联合国大会认为这一公约草案不全面，没有包括《世界人权宣言》的全部内容，未对经济、社会和文化权利予以保护，要求人权委员会对草案进行补充和修正。[2]1950年联合国大会第三委员会（Third Committee）主要辩论了起草一个统一的人权公约还是两个分立的人权公约的问题，当时大部分的成员国都赞同“起草一个统一人权公约”的提议。根据该提议，经济、社会、文化权利和政治权利、公民权利应该被置于同一个人权公约当中，由此第五届联合国大会于1950年12月4日通过了第421（V）号决议（38票赞成、7票反对、12票弃权）[3]，肯定了多数国家的提议。[4] 根据联合国大会的决议，联合国经济、社会理事会要求人权

[1] 关于《世界人权宣言》的法律性质的定位，法学理论和实务界展开了大量的讨论。参见何志鹏：《作为软法的〈世界人权宣言〉的规范理性》，载《现代法学》2018年第5期。关于《世界人权宣言》是否对各国具有严格法律约束力的问题，2004年美国联邦最高法院在Sosa v. Alvarez-Machain案中判决，《世界人权宣言》作为一个联合国大会的决议尚不能构成一个条约法意义上具有严格法律约束力的文件。See Sosa v. Alvarez-Machain，542 U.S. 692（2004）.

[2] United Nations. Office of the High Commissioner for Human Rights，International Bar Association，HUMAN RIGHTS IN THE ADMINISTRATION OF JUSTICE：A Manual On Human Rights For Judges，Presecutors And Lawyers，New York and Geneva：United Nations Publications，2003，p.684.

[3] UN. Doc. A/Res/421（V）[A-H]（1950）.

[4] GAOR，fifth session，1950，Third Committee，UN. Doc. A/C.3/SR.297-299 and 313.

委员会根据联大决议的精神制定人权公约草案。然而，人权委员会在制定该人权公约草案的时候却遭到了异常激烈的辩论，最终，人权委员会不得不在激烈分歧的意见中寻求一个折中的方案——分别制定关于公民权利、政治权利和经济、社会、文化权利的两个公约草案，但两份草案必须同时被提交联大通过并保证尊重《世界人权宣言》的精神。在 1952 年的第六届联合国大会上，联大通过了第 543（VI）号决议。根据该决议，经济、社会理事会可以要求人权委员会起草两个人权公约，一个包括公民和政治权利，另一个包括经济、社会及文化权利。[1] 由此，我们可以看到国际社会关于人权的保护是制定一个公约还是制定两个公约存在长期的辩论。各国争论的焦点都集中在了经济、社会、文化权利公约上面。具体而言，论争的各方逐渐分化成三大主要的“阵营”：[2]

第一，“制定统一国际人权公约派”（Principal Arguments in favour of One Covenant）。该派的主要论证依据是“权利一体化之必要”（The Need for Unity of Rights）。赞同制定统一公约的国家认为国际人权权利群中的各个权利是相互依存不可分割的，公民权利、政治权利与经济、社会、文化权利的分割对立将严重削弱《世界人权宣言》所要保护的人权的价值和理念。这些国家包括苏联、波兰、智利、墨西哥、沙特阿拉伯等国家。[3]

第二，“制定两个国际人权公约派”（Principal Arguments in favour of Two Covenants）。该派的主要论证依据在于“权利实现机制之差异”（Differences

[1] U.N. Doc. A/Res/543（1951）.

[2] Office of the High Commissioner for Human Rights in Cooperation with the International Bar Association, HUMAN RIGHTS IN THE ADMINISTRATION OF JUSTICE: A Manual on Human Rights for Judges, Prosecutors and Lawyers, New York and Geneva: United Nations Publications, 2003, Chapter 14.

[3] UN doc. E/CN.4/203, p. 22（Ukrainian SSR）; GAOR, fifth session, 1950, Third Committee, doc. A/C.3/SR.297, p. 176, paras 69-72（Chile）; doc. A/C.3/SR.298, p. 178, para. 13（Mexico）; GAOR, sixth session, 1951-1952, Third Committee, doc. A/C.3/SR.362, p. 91, para. 23（Iraq）; doc. A/C.3/SR.368, p. 127, paras.1-2（Byelorussian SSR）; p. 130, paras. 30-31（Poland）; doc. A/C.3/SR.370, p. 135, para. 3, and doc. A/C.3/SR.395, p. 285, paras. 2-4（USSR）; doc. A/C.3/SR.393, p. 272, paras. 10-11（Saudi Arabia）.

of Enforcement Mechanism)。赞同制定两个公约的国家认为虽然两类权利具有关联性，但是其人权实施和保障的机制完全不同。进一步而言，经济、社会、权利的保障要依赖于各国的经济发展和资源状况。[1] 这些国家包括美国、英国、印度、加拿大、丹麦、多米尼加、澳大利亚、新西兰等国。[2]

第三，“折中派”(Pleadings in favour of a Practical Solution)。折中派认为从现实的角度考虑分歧的化解和调和，该派认为国际人权公约制定中最重要的问题是让大多数国家都可以尽快加入有法律效力的国际公约，对国际人权的保障关键在于人权以及人权的价值在各国得到实施。制定两个公约更加现实和有效。持折中观点的国家以法国和乌拉圭最为典型。最终，似乎折中派的观点得到了联合国大会的多数支持。1952 年第六届联合国大会决定由人权委员会起草两个人权公约，一个包括公民和政治权利，另一个包括经济、社会及文化权利。1974 年人权委员会将《经济、社会及文化权利国际公约草案》(同时提交的还有《公民权利和政治权利国际公约草案》) 提交第九届联合国大会审议。1966 年 12 月 16 日第二十一届联合国大会第 2200A 号决议通过并开放给各国签字、批准和加入。根据《经济、社会、文化权利国际公约》第 27 条之规定，该公约应自第三十五件批准书或加入书交存联合国秘书长之日起三个月后生效。随着 1975 年 10 月 3 日牙买加 (Jamaica) 作为第 35 个国

---

[1] UN doc. E/CN.4/SR.207, p. 10 (Denmark); GAOR, sixth session, 1951-1952, Third Committee, doc. A/C.3/SR.367, p. 121, para. 3 (New Zealand). See also the statement by Venezuela to the effect that “the effective implementation of civil and political rights depended on the goodwill of the State and its subjects; whereas such goodwill was in itself inadequate for the implementation of economic, social and cultural rights”, p. 122, para. 12.

[2] UN doc. E/CN.4/SR.205, pp. 8-9 (Denmark); GAOR, fifth session, 1950, Third Committee, doc. A/C.3/SR.297, p. 172, para. 17 (USA); p. 173, para. 29 (Netherlands); p. 174, para. 34 (United Kingdom); doc. A/C.3/SR.298, p. 180, paras. 39-40 (Venezuela); p. 182, para. 60 (Dominican Republic); doc. A/C.3/SR.299, p. 186, paras. 8-12 (India); GAOR, fifth session, 1950, Third Committee, doc. A/C.3/SR.297, p. 172, para. 17 (United States); p. 174, para. 34 (United Kingdom); doc. A/C.3/SR.298, p. 182, para. 60 (Dominican Republic); doc. A/C.3/SR.299, p. 186, para. 10 (India); GAOR, sixth session, 1951-1952, Third Committee, doc. A/C.3/SR.362, p. 89, para. 3 (Denmark); p. 91, para. 32 (Canada); doc. A/C.3/SR.367, p. 123, para. 25 (Dominican Republic).

家批准该公约，《经济、社会、文化权利国际公约》于1976年1月3日正式生效。

1966年两个人权公约指《经济、社会、文化权利国际公约》（A公约）和《公民权利和政治权利国际公约》（B公约），两个公约在正文第一部分第1条上采取了完全相同的表述：

一、所有人民都有自决权。他们凭这种权利自由决定他们的政治地位，并自由谋求他们的经济、社会和文化的发展。

二、所有人民得为他们自己的目的自由处置他们的天然财富和资源，而不损害根据基于互利原则的国际经济合作和国际法而产生的任何义务。在任何情况下不得剥夺一个人民自己的生存手段。

三、本公约缔约各国，包括那些负责管理非自治领土和托管领土的国家，应在符合联合国宪章规定的条件下，促进自决权的实现，并尊重这种权利。

值得注意的是，《经济、社会、文化权利国际公约》和《公民权利和政治权利国际公约》所规定的权利保障机制在缔约国义务方面有所不同。

根据《公民权利和政治权利国际公约》第2条第1款之规定：

凡未经现行立法或其他措施予以规定者，本公约每一缔约国承担按照其宪法程序和本公约的规定采取必要的步骤，以采纳为实施本公约所承认的权利所需的立法或其他措施。[1]

一般认为对于《公民权利和政治权利国际公约》，各缔约国负有“即刻实现”（Immediate Implementation）的国际义务。

根据《经济、社会、文化权利国际公约》第2条第1款之规定：

每一缔约国家承担尽最大能力个别采取步骤或经由国际援助和合作，特别是经济和技术方面的援助和合作，采取步骤，以便用一切适当方法，尤其

[1] 联合国官方最原始版本为：《公民及政治权利国际盟约》第2条第2款规定：本盟约缔约国承允遇现行立法或其他措施尚无规定时，各依本国宪法程序，并遵照本盟约规定，采取必要步骤，制定必要之立法或其他措施，以实现本盟约所确认之权利。UN General Assembly, International Covenant on Civil and Political Rights, 16 December 1966, United Nations, Treaty Series, vol. 999, p.171, available at: http://www.unhcr.org/refworld/docid/3ae6b3aa0.html? [last accessed 26 December2013] .

包括用立法方法，逐渐达到本公约中所承认的权利的充分实现。[1]

一般认为对于《经济、社会、文化权利国际公约》，各缔约国负有“逐渐实现”（Progressive Realization）的国际义务。

围绕经济、社会、文化权利的辩论在很大程度上反映了当代人权法发展的历史曲折性和复杂性。随着“人权两公约”的签署和生效，越来越多的国家加入了《经济、社会、文化权利国际公约》的大家庭。直到1993年维也纳世界人权大会正式通过《维也纳宣言和行动纲领》（The Vienna Declaration and Programme of Action，VDPA），经济、社会、文化权利与其他人权一样是不可分割的、相互依赖的和相互联系的性质（Human Rights as Indivisible，Interdependent and Interrelated）得到了明确认可。[2]至此，在国际人权清单中，经济、社会、文化权利已经进入了“人权大家庭”而成为现代宪法中的“第二份权利清单”（Second Bill of Rights）。《经济、社会、文化权利国际公约》世界范围内的生效，宣示了经济、社会、文化权利与公民权利、政治权利一样属于真正意义上的人权，以《联合国宪章》和《世界人权宣言》为基础的国际人权体系逐渐趋向完善。在这个过程中，国际社会还专门通过了保护妇女、儿童、残疾人、少数人种、移徙工人和其他弱势群体权利的国际公约，强化了对这些特殊主体经济、社会、文化权利的保障。

第六节　本章小结

人权是人所具有的“环绕于吾身、存在于吾身”的权利，是对人的生存、知识、道德和身心的发展具有本质重要性的权利。权利的历史比任何宪法都

---

[1] 联合国官方最原始版本为：《经济社会文化权利国际盟约》第2条第1款规定：本盟约缔约国承允尽其资源能力所及，各自并借国际协助与合作，特别在经济与技术方面之协助与合作，采取种种步骤，务期以所有适当方法，尤其包括通过立法措施，逐渐使本盟约所确认之各种权利完全实现。UN General Assembly，International Covenant on Economic，Social and Cultural Rights，16 December 1966，United Nations，Treaty Series，vol. 993，p. 3，available at：http：//www.unhcr.org/refworld/docid/3ae6b36c0.html［accessed 26 April 2011］.

[2] UN Doc. A/CONF.157/23；32 ILM 1661（1993），para.5.

还要古老，近代权利发展表明人权具有历史维度上的代际性，经济、社会、文化权利是人权历史上的“第二代人权”，它同时也构成了一种公民的积极的基本权利。经济、社会、文化权利的历史渊源可以追溯到近代工业革命时期的“社会主义思潮”以及天主教教宗利奥十三世在《新神谕》一书中关于工人平等权和物质帮助权的论述，而罗斯福关于“免于匮乏的自由”的演讲则加速了经济、社会、权利进入现代人权大家庭的历史进程。从实证法的角度上看，1917 年的墨西哥宪法最早确认了宪法上的经济、社会、文化权利，之后的德国魏玛宪法、苏俄宪法纷纷宣示了经济、社会、文化权利的宪法地位。奠基于《联合国宪章》《世界人权宣言》的 1966 年“人权两公约”是国际人权法发展的里程碑，《经济、社会、文化权利国际公约》推动了各国宪法对经济、社会、文化权利的保护。现代宪法对经济、社会、文化权利的确认和保护的事实证明了“第二份权利清单”的形成。中国自近代起，以康有为、梁启超、王世杰、张知本、吴经熊、张君劢、罗隆基等为代表的学人学习了西方人权思想，在此过程中，中国近代的宪法也接受了经济、社会、文化权利的理念。

社会法治国家的原则更多的是为彼此差异的社会与经济势力创造出一种可能性，
使得它们对于政治意志形成过程的合宪性参与，
能够作为社会国家秩序形成的评判标准而发挥功效。[1]
——［德］康拉德·黑塞（Konrad Hesse）

第三章 “社会国原则”：经济、社会、文化权利保障的宪法根基

第一节 “社会国”的历史缘起与类型特征

一、语词辨析

“社会国”（Sozialstaat）原为一德语概念，在英美法系国家，这一概念的对应语词为“福利国”（Welfare State），斯堪的纳维亚国家如丹麦、瑞典和挪威也采用“人民家园”（Folkhemmet）。其实德语中也有“福利国”（Wohlfahrtsstaat）一词，但是，在区分“社会国”与“福利国”两个概念时，德国社会学家尼克拉斯·卢曼（Niklas Luhmann，1927—1998）认为，福利国的意义较为广泛，举凡在政策范围内均推定国家有全面性的责任，但社会国则受限于历史决定的核心领域，亦即国家仅为有限的政府。二者按照系统理论，都是针对社会的物质需求乃至于对环境的期望等，透过国家的介入、制度的规划加以改善，因此界限是模糊的。[2] 詹镇荣教授则认为“社会国”“福利国”等用语虽然语言表达不同，但在本质内涵与理念上均无二致。[3] 学术意义上的“社会国”与“社会主义国家”之间存在区别：前者在于说明，“国家对于经济上或因为经济而导致的社会关系，加以评价、保障

[1]［德］康拉德·黑塞：《联邦德国宪法纲要》，李辉译，商务印书馆 2007 年版，第 170 页。

[2] Niklas Luhmann, Die Politik der Gesellschaft, Frankfurt a.M. 2000, S.216；林莅熏：《社会国原则、国家保护义务与弱势者——以社会给付行政相关问题为中心》，台湾政治大学 2012 年硕士学位论文。

[3] 詹镇荣：《社会国原则：起源、内涵及规范效力》，载《月旦法学教室》2006 年第 41 期。

及变更，国家的目标在于使个人能享受合于人性尊严之生活，以减少贫富差距，排除或控制从属的依赖关系”；后者在于说明，“实行无产阶级专政、奉行共产主义意识形态的一种国体”。由此可见，“社会国”一词更多倾向于涵盖宪法上的一种原则或者有法律拘束力的方针政策，而“社会主义国家”一词则倾向于涵盖宪法上的一种关于“国体”的表述。应该说“社会国”作为一个更加具有法律实证品质的概念缺乏意识形态色彩，而社会主义国家若能吸纳“社会国”的概念，那么社会主义法治的内涵将更加丰富。就德国关于“社会国”的学术研究来看，不仅是法学，而且包括经济学、社会学、政治学、公共政策学等学科都有广泛而热烈的探讨。具有代表性和综合性的观点认为，“社会国”的建立需要综合考虑以下五个方面的要素，如表 3-1 所示。

表 3–1 “社会国”的要素 [1]

序号	要素	内容
1	社会国的目标设定（sozialstaatliche Ziele）	宪法、基本法律、社会政策
2	社会国的行为主体（Akteure im Sozialstaat）	政府、企业、私主体、家庭、国际组织
3	社会国的政策工具（sozialpolitische Instrumente）	社会保障、养老金、医疗保险、意外保险
4	社会国的财政保障（Belastung durch Kosten）	社会保险金、税收
5	社会国的效果评估（Endprodukte der sozialstaatlichen Wirksamkeit）	人民对于社会安全的需求满足度

二、历史背景

英国新古典学派经济学家阿尔弗雷德·马歇尔（Alfred Marshall，1842—

[1] See Wolfgang Glatzer, Akzeptanz des Sozialstaats in der Bevölkerung. In: Abteilung Wirtschafts- und Sozialpolitik der Friedrich-Ebert-Stiftung (Hrsg.): Zukunft des Sozialstaats – Sozialpolitik, WISO-Diskurs, November, 2007, S. 22-41.

1924）在一篇名为《经济骑士精神的社会可能性》（The Social Possibilities of Economic Chivalry）[1] 的文章中刻画了经济生活中“潜在的骑士精神”。正如中世纪的骑士精神减轻了对福利的极端厌恶，经济骑士精神也将减缓商业竞争的无节制扩张；如同中世纪的骑士精神引出了一种对王子和王国的无私忠诚，经济上的骑士精神也将培育出一种公共服务的精神。而且，如同中世纪的骑士精神将一位骑士的勇气和耐久力付之检验，经济上的骑士精神也将促使一些企业家“乐于做高尚的和困难的事情，因为他们是高尚的和苦难的”[2]。从法学的角度观察可知，古代社会没有发展出一套由国家保障人民基本生存需求的法律制度，对社会中的弱势者的救助和保护大多以私人自发、自愿的慈善为主，宗教和宗教性组织发挥了博爱为怀、广施善举的重要作用。在古代社会里，人们在使用国家这一概念时，需要清晰地将他们与近代世界史意义上的政治国家或民族国家相区别。在法律制度构建的层面上，只有少数国家承担本国公民或臣民的物质给付和帮助义务。即使这些国家的中枢机关或地方管理机构愿意缓解本国处于弱势地位的公民或臣民群体的生活困窘，其背后的考虑大多在于促进一定程度或更大程度的政治稳定和政治团结。与中世纪或古代社会不同，近代社会是工业革命的产物，在剧烈的社会变革后，现代福利国家理念的起源可以追溯到这样的考虑：国家的目的和责任必须超越它作为维持治安的“夜警国家”的消极存在，现代国家还必须保障人民符合人性尊严的最低生存条件、确保以实质公平和正义的原则让人民参享文明成果。福利国家正是在 19 世纪后期自由放任的资本主义经济模式弊端频发、倡导国家正视社会安全与正义的社会呼声日益高涨的历史大背景下应运而生的。作为工业化和自由资本主义的结果，人口的激增和人口的贫困困扰着国家的发展。也正是基于这样的认识，人们开始反思所谓“自由法治国”的种种弊端，在旧的以“法律形式主义”为特征的“自由法治国”模式下，即使在法律面前人人平等，那些处于社会最不利地位的群体在行使权利和享有自

[1] Alfred Marshall, The Social Possibilities of Economic Chivalry, The Economic Journal Vol. 17, No. 65 (1907), pp. 7-29; See also Alfred Marshall, The Social Possibilities of Economic Chivalry, Macmillan, 1907.

[2] [美] 罗伯特·索洛、格特路德·希梅尔法尔、安东尼·刘易斯等:《工作与福利》，陆云航、刘文忻、黄雪蒙译，中国社会科学出版社 2010 年版，第 98 页。

由时仍然单薄，唯其行使权利毫无财产担保和物质基础。由此，国家在法律、政策和治理模式上有必要将社会资源以符合民主法治的原则，向社会弱势群体倾斜，使得弱势者得到一个基本的生存保障。

人类近代意义上的社会福利立法则始于德国普鲁士时期的总理奥托·冯·俾斯麦（Otto Eduard Leopold von Bismarck，1815—1898）于19世纪80年代在德国推行一整套关于养老、医疗和意外伤害保险制度的社会改革，这种改革的目的在于解决普鲁士在工业化之后工业人口的迅猛增长所带来的一系列社会问题。[1] 从1883年7月到1889年6月，俾斯麦时期的德意志帝国议会相继通过和批准《疾病保险法》《意外灾难保险法》《残疾和老年保险法》并宣布由国家建立和实施疾病保险计划、工伤事故保险计划、退休金保险计划。[2] 学界通常认为，这三项法案建立了世界上第一个比较完整的社会保障法律体系。俾斯麦在德意志的历史上以"铁血宰相"（Eiserner Kanzler）而著称于世，大抵因为他执政时期德国经历了"普鲁士—丹麦""普鲁士—奥地利""普鲁士—法国"这三场对德意志民族统一运动具有重大的战争。他在1862年9月著名的"铁血演说"（Blut und Eisen）中认为："当代的重大问题不是通过演说和多数派决议所能解决的，而是要用铁和血来解决！"[3] 号称用"铁和血"来解决当代重大问题的俾斯麦却是近代社会开社会福利保险立法先河的政治家，历史在某一个节点上似乎矛盾而吊诡。若仔细考察普鲁士社会福利保险立法的社会环境，也许这种困惑便不复存在。其一，政治上，俾斯

[1] Zum Entstehen der Bismarckschen Sozialversicherung vgl. Quellensammlung zur Geschichte der deutschen Sozialpolitik 1867 bis 1914, I. Abteilung: Von der Reichsgründungszeit bis zur kaiserlichen Sozialbotschaft (1867-1881), Band 2, 5 u. 6; Quellensammlung zur Geschichte der deutschen Sozialpolitik 1867 bis 1914, II. Abteilung: Von der kaiserlichen Sozialbotschaft bis zu den Februarerlassen Wilhelms II. (1881-1890), 2. Band, Teil 1 u. 2; Band 5 u. 6.

[2] 黄家镇：《福利社会的第一次构想——以俾斯麦社会福利立法为中心》，载《中国图书评论》2013年第5期；唐庆：《论俾斯麦时代德国社会保险制度的创建》，载《江汉大学学报》（社会科学版）2011年第5期；桂莉：《社会保障制度起源于德国的原因浅析》，载《中南民族学院学报》（人文社会科学版）2002年第5期。

[3] Quelle: Otto von Bismarck, Reden 1847-1869, Hg., Wilhelm Schüßler, Band 10, Bismarck: Die gesammelten Werke, Hg. Hermann von Petersdorff. Berlin: Otto Stolberg, 1924—35, S. 139-140.

麦政府面对社会民主党的威胁。1871 年巴黎公社的暴力前景和国际主义使得俾斯麦十分担心社会革命在德国的蔓延，他于 1878 年开始“围剿左派”，制定《反对社会民主党进行普遍危害活动法》以打压社会民主党。同一时间，他还制定了很多保障工人福利的措施进而应对工人运动。一方面，“社会弊病的医治，一定不能仅仅依靠对社会民主党进行过火行为的镇压，而且同时要积极促进工人阶级的福利”。另一方面，集权和高效的现代官僚制度使得国家有雄心“全方位部署人民的生活”。[1] 其二，经济上，正如德国的统一仰仗于德国工业的迅速崛起，工业的发展所累积的物质财富也使得国家在社会福利支出方面具有了一定的基础。当时，普鲁士德国的经济增长速度已经超过了法国甚至是英国，普法战争之后德国获得的巨额的战争赔款和矿藏资源又使得德国工业增长更加迅猛，这些都为庞大的社会保险福利支出提供了经济保障。其三，思想界中以古斯塔夫·施慕勒（1838—1917）、阿道夫·瓦格纳（1835—1917）等学者为代表的“国民经济历史学派”（又被称为“讲坛社会主义”，德文为 Kathedersozialismus）强调经济学的历史和文化基础，主张国家对人民生活关照的道德义务，国家应该通过立法将工人阶级纳入道德体系。从 1883 年到 1889 年短短的几年间，俾斯麦政府通过与议会的斗争和妥协将社会福利保险制度法定化，即国家承担为公民提供社会福利保险的法定义务，这与早期施舍式的社会救助和商业保险相比有着本质的区别，从而创近代福利社会保险体制之先河。难怪俾斯麦在其《思考与回忆》中将普鲁士时期社会福利保险立法称赞为“一切历史上的社会改革之花”。

随着德国“俾斯麦模式”的建立，欧洲范围内保护工人社会福利的立法逐渐扩展到英国、法国、意大利、丹麦、瑞典等其他欧洲国家。当第二次世界大战陷入水深火热的时候，英国福利国家的理论建构者之一威廉·贝弗里奇（William Beveridge，1879—1963）于 1942 年发表了《社会保险报告书》（Report on Social Insurance）[2]，史称“贝弗里奇报告”（Beveridge Report）。在

---

[1] 黄家镇：《福利社会的第一次构想——以俾斯麦社会福利立法为中心》，载《中国图书评论》2013 年第 5 期；赵立人：《各国社会保险与福利》，四川人民出版社 1991 年版，第 245—246 页。

[2] “贝弗里奇报告”全称为 The Report of the Inter-Departmental Committee on Social Insurance and Allied Services, William Beveridge, The Beveridge Report, His Majesty's Government, London, 1942.

该报告中，贝弗里奇提出建立“社会权利”新制度，包括失业及无生活能力之公民权、退休金、教育及健康保障等理念。显然由于战争的冲击和影响，“贝弗里奇报告”虽然激发了英国国内的公共讨论，但它所设计的社会福利理想远远没有成为一个现实。第二次世界大战结束后，战场上的伤残军人和受到战争破坏性影响的平民生活窘迫，恢复经济建设和治愈战争创伤成为国家的迫切任务。贝弗里奇在战后的两个主要报告——《自由社会中的充分就业》(Full Employment in a Free Society)[1] 和《志愿行为》(Voluntary Action)[2] 中，完整地描绘了他所设想的现代英国的福利组织体系，即使用国家权力来使主要的非国家部门之一——资本主义经济——通过其劳动力市场和消费者市场来产生和分配福利。[3] 虽然主张通过渐进温和的改良主义方式来走向社会主义的英国费边主义（Fabianism）[4] 者法比安·比阿特丽斯和西德尼·韦伯曾经对福利国家提出了质疑：“病人和失业者有权利得到金钱收入，而没有相应的康复和保持健康，以及寻求和保持就业的义务，在我们看来，这样的事实可能会鼓励游手好闲和不愿为了谋生而工作。”但是，事实证明，“二战”后英国迅速建立起了一个自由福利国家体制，时至 1948 年英国工党首相艾德礼（Clement Richard Attlee，1883—1967）宣布英国建成了西方世界的第一个福利国家。[5]

---

[1] William Beveridge, Full Employment in A Free Society, 1945.

[2] William Beveridge & Nicholas Deakinm, Voluntary Action, London: Allen & Unwin, 1948.

[3] [英] 莫里斯·罗奇:《重新思考公民身份：现代社会中的福利、意识形态和变迁》，郭忠华等译，吉林出版集团有限责任公司 2010 年版，第 24—25 页。

[4] 费边主义（Fabianism），又称为费边社会主义（Fabian Socialism），为英国费边社所倡导的一种民主社会主义学派。1884 年成立于伦敦的费边社，系由少数具有社会理想的青年知识分子所组成，重要的代表人物有：韦伯夫妇（Sidney and Beatrice Webb，1859—1947）、萧伯纳（1856—1950）、格雷厄姆·华莱斯（Graham Wallas）、H. G. 威尔斯（1866—1946）与克莱门特·艾德礼（1883—1967）。他们以对抗汉尼拔的古罗马名将费边作为学社名称的来源，意即师法费边有名的渐进求胜的策略。费边社的传统重在务实的社会建设，倡导建立互助互爱的社会服务，主张通过渐进温和的改良主义方式来走向社会主义，而非透过列宁主义所主张的阶级革命，并强调通过教育的途径让权力回到知识精英的手中。

[5] 参见 [英] 莫里斯·罗奇:《重新思考公民身份：现代社会中的福利、意识形态和变迁》，郭忠华等译，吉林出版集团有限责任公司 2010 年版，第 24—25 页。

三、类型特征

在西方福利国家的研究中，布里格斯（Asa Briggs）对福利国家的经典定义就是“组织权力通过政治和行政专用于调适市场各方力量竞争（play of market forces）的国家组织形式”[1]。如果要将社会福利国家进行学理上的类型化，那么传统理论一般认为社会福利（保障）模式主要有两类：一类是选择性社会福利（保障）模式，另一类是普遍社会（保障）模式。前者主要是通过对家庭调查或群体甄别，对诸如老人、孤儿、残疾人等最需要帮助的人或社会群体发放福利，后者则面向所有社会成员提供同等水平的社会福利。[2] 对比德国和英国的社会福利模式，我们可以发现两种不同的进路：第一种可以被称为“俾斯麦进路”或“欧陆模式”（Bismarck Approach/Continental Model），这种模式下的社会保险制度定位于社会群体中的适格主体，通常是以雇佣工人为代表的工人群体，社会保险金来源于雇佣者的工作收入和雇主的贡献。第二种模式可以被称为“贝弗里奇进路”或“大西洋模式”（Beveridge Approach/Atlantic Model），在这种模式下，社会保险制度定位于社会中的所有成员，社会保险金按照统一比例固定并由国家通过税收财政的形式支持。我们也需要注意到与“欧陆模式”和“大西洋模式”都有所不同的所谓的“北欧模式”（Nordic/Scandinavian Approach）。例如，瑞典、挪威、丹麦、芬兰、冰岛五国发展出了一种所谓“从摇篮到坟墓”（Cradle-To-Grave Welfare）的普遍社会福利模式，这种模式可以被视为不同于德、法的“可控制的资本主义”和英、美“自由资本主义”的“第三条道路”。除此之外的苏联和其他社会主义国家中的社会福利模式早期则带有明显的意识形态倾向，现在的社会主义国家的社会福利模式则含有上述三种模式的混合因素。[3] 关于福利国家类型的分析框架，海内外学者大体上围绕着工业主义逻辑（Logic

[1] 参见冉昊：《福利国家的类型学分析：基于政府和市场》，载《北大政治学评论》2018 年第 2 期。

[2] [美] 罗伯特·索洛、格特路德·希梅尔法尔、安东尼·刘易斯等：《工作与福利》，陆云航、刘文忻、黄雪蒙译，中国社会科学出版社 2010 年版，第 1 页。

[3] Danny Pieters, Social Security: An Introduction to the Basic Principles, 2nd Ed, Kluwer Law International, 2006, pp.7-8.

of Industrialism)、新马克思的资本主义国家论(Neo-Marxist Theories of the Capitalist State)、文化决定论、民主政治模型、扩散模型(Diffusion Model)与世界政体观(World Polity)以及国家中心论七个主要模式来展开，以马歇尔(Marshall)等为代表的学者的分析框架总结如下表 3-2 所示。

表 3-2 福利国家类型学分析框架 [1]

分类判准	代表学者	所采用的概念框架				
福利意识形态	Marshall	市民公民权	政治公民权	社会公民权		
	George & Wilding	非集体主义	半集体主义	费边社会主义	马克思主义	
	Parker	放任主义	个人主义	社会主义		
	Pinker	古典经济理论	马克思主义	新重商主义		
	Habermas	新保守主义	社会国家主义	反生产主义		
	Zijderveld	道德思潮国家	非道德思潮国家	无道德思潮国家		
	Williams	非集体主义	非社会主义之福利集体主义	费边主义	激进社会行政	福利的政治经济学
	Esping-Andersen	个人主义	历史组合国家主义	社会民主主义		
	Mishra	个人主义	社会组合主义	社会民主观点	马克思主义	
	Ginsburg	社会民主政治	社会市场体制	组合市场经济	自由集体主义	

第二节 “社会国原则”的法理内涵

以德国为代表的大陆法系国家通过对“社会国”理念的梳理发展出了“社会国原则”的概念，并将该原则作为现代宪法的一个根本原则。从一般

[1] 王顺民:《福利国家理论导读：新兴社会运动与福利国家》，载《社区发展》1996 年第 75 期。关于福利国家的类型的研究另外可以参见冉昊:《福利国家的类型学分析：基于政府和市场》，载《北大政治学评论》2018 年第 2 期。

社会学意义上看，当代德国著名社会学家和政治学家奥夫（Claus Offe）指出："社会国原则"的理念在于控制资本的均衡以保持资本和劳动之间的适当结构，它意在一方面实现劳动者的"自治和自理"（Arbeiterselbstverwaltung），另一方面促进劳动者的"自我发展"。[1] 若将这种观点置于法学的考虑范围内，社会国原则作为具有法拘束力之客观宪法原则，旨在明确揭示追求社会正义与社会安全为国家目标及任务；并且为达此目标之实现，国家公权力负有积极作为之义务。[2] 但是也有德国学者认为，《德意志联邦共和国基本法》第20条所规定的"社会国原则"与其他法律原则一样，社会国家原则的规范性内涵很少，很难从中演绎出具体的法律后果。这也许就是为什么德国联邦宪法法院要转而将该原则与具体的基本权利，尤其是平等原则结合起来。而法治国原则的内容对社会国家原则也适用：每一项基本权利都比原则更具备明确性，并且通过其独特的规范性内涵约束着法律解释活动。[3] 一般说来，宪法学意义上或者人权法学意义上的"社会国原则"，要求国家确保所有的社会成员参与和分享经济和社会发展的成果。国家有责任对满足社会成员的最低生存条件并为之提供一系列诸如立法、行政和司法的保障。本书在此综合几种代表性的学说、观点和见解，并认为"社会国"的法理内涵基本上已经被限定在了德国公法学家所提出的"国家必须确保公民合于人性尊严的最低生活条件"（die Mindestvoraussetzungen für ein menschenwürdiges），至于何种标准可以被视为合于人性尊严的最低生活条件则未见统一而具有绝对说服力的观点，不过笔者将在后文论述德国宪法学说所谓的"最低生存标准"（Existenzminimum）、拉丁美洲国家发展出的"至关重要之最低要求"（Vital Minimum/Minimo Vital）以及联合国经济、社会、文化权利委员会（Committee on Economic, Social and Cultural Rights）所提出的"最低核心义务"（Minimum Cores）。

---

[1] Claus Offe, Zu einigen Widersprüchen des modernen Sozialstaates, in: ders., "Arbeitsgesellschaft". Strukturprobleme und Zukunfts perspektiven, Frankfurt a. M./New York, 1984, S. 328.

[2] 詹镇荣：《社会国原则责任主体、类型及界限》，载《月旦法学教室》2006年第42期。

[3] [德] V. 诺依曼：《社会国家原则与基本权利教条学》，载《比较法研究》2010年第1期。

一、以毛茨和杜里希为代表的德国学者的观点

当代德国著名宪法学家毛茨（T. Maunz）和杜里希（G. Dürig）以其经典的《基本法评论》（Grundgesetz-Kommentar）而受到德国学术界和实务界的欢迎。他们在解释关于《德意志联邦共和国基本法》（下文简称《德国基本法》）[1]第20条第1款[2]、第28条第1款[3]时，紧密结合了欧盟法的最新法理发展，因为《德国基本法》第23条规定了德意志联邦共和国和欧洲联盟之间的关系，最为重要的便是二者都是尊重"民主、法治和社会国"的原则。[4]毛茨和杜里希认为，一方面，"社会国原则"也体现在了《欧洲联盟条约》（Treaty on European Union，TEU）[5]的前言当中；另一方面，"社会国原则"在欧盟法的后来发展中也起了一定的作用，如《里斯本条约》（Lisbon

---

[1]《德意志联邦共和国基本法》（Grundgesetz für die Bundesrepublik Deutschland，GG），是德意志联邦共和国现行的根本大法，该法于1949年5月23日获得通过，次日即1949年5月24日生效，标志着德意志联邦共和国的成立。本书采最新修订版。除特别说明外，原文参看德国联邦议院（Der Deutsche Bundestag）的官方文本，中文翻译参考朱建民、陈冲、张桐锐、林子平、李震山、杨子慧等译:《德意志联邦共和国基本法》，2017年。

[2]《德意志联邦共和国基本法》第20条第1款规定："德意志联邦共和国（Bundesrepublik Deutschland）为民主、社会之联邦国家。"

[3]《德意志联邦共和国基本法》第28条第1款规定："各邦之宪法秩序应符合本基本法所定之共和、民主及社会法治国原则。"

[4]《德意志联邦共和国基本法》第23条第1款规定："为实现欧洲之联合，德意志联邦共和国参与欧洲联盟之发展，该欧洲联盟遵从民主、法治国、社会及联邦原则与补充性原则，且提供与本基本法相当之基本权利保障。为此目的，联邦得经联邦参议院之同意，依据法律将高权移转行使。欧洲联盟之成立及其基础条约与相关规定之修改，致基本法之内容应予修改或补充，或可能修改或补充者，准用第七十九条第二项及第三项之规定。"

[5] European Union，Treaty on European Union（Consolidated Version），Treaty of Maastricht，7 February 1992，Official Journal of the European Communities C 325/5；24 December 2002.

Treaty)[1]、《欧盟运行条约》(TFEU)[2]、《欧洲社会宪章》[3] 及其增订的附加议定书。《里斯本条约》第 2 条明确表明了欧盟旨在推进"社会市场经济"、"社会进步的完全参享"(Vollbeschäftigung und zum sozialen Fortschritt)、"社会正义和社会保障"、"欧盟成员国之间经济、社会和文化的连带关系"。《欧洲基本权利宪章》[4] 第 20 条、第 27 条也明确地包含了社会权利和社会政策目标。不过毛茨和杜里希也认为《德国基本法》第 20 条中的"社会国原则"应该被理解为一种"很大程度上开放的宪法原则设计"(als ein weitgehend gestaltungsoffenes Verfassungsprinzip)——国家承担社会安全保障义务的同时，应确保一个更加公平公正的社会秩序。[5] 除此之外，毛茨和杜里希借助了德国宪法法院的判例来佐证其上述观点。德国宪法法院在新近的"里斯本案判决"(Lissabon-Urteil)中明确表示："社会国原则"使得国家承担一种确保社会公平秩序的义务，国家在这种原则下承担的义务是一种概括的义务，拥有广阔的裁量空间，国家只有在极其少有的个别宪法案件中承担一种具体的作为义务。国家必须确保公民合于人性尊严的最低生活条件(die Mindestvoraussetzungen für ein menschenwürdiges)，社会国原则宣示了一种国家确保上述任务的状态或目标，而没有详尽地说明该种任务或目标应该如何来达致。[6] 德国宪法法院继续解释道："社会国原则"要求国家提供一种最低意义上的"个人生计保障"(Existenzsicherung des Einzelnen)，而这种对"社会国原则"的解释必须结合《德国基本法》第 1 条第 1 款中关于"人性尊

---

[1] European Union, Treaty of Lisbon Amending the Treaty on European Union and the Treaty Establishing the European Community, 13 December 2007, 2007/C 306/01.

[2] European Union, Consolidated version of the Treaty on the Functioning of the European Union, 13 December 2007, 2008/C 115/01.

[3] Brian Bercusson, The European Community' s Charter of Fundamental Social Rights of Workers, The Modern Law Review Vol.53, No.5 (1990), pp.624—642; Council of Europe, European Social Charter (Revised), 3 May 1996, ETS 163.

[4] European Union: Council of the European Union, Charter of Fundamental Rights of the European Union (2007/C 303/01).

[5] Maunz/Dürig, Grundgesetz-Kommentar, GG Art.20, 69. Ergänzungslieferung 2013.

[6] Vgl. BVerfG, RIW 2009, 549.

严”的宪法规范来进行。[1] 我国学者赵宏[2]则总结了德国学术界对于“社会国”的多种阐释并采用了德国学者哈特穆特·毛雷尔（Hartmut Maurer）的观点，根据这种见解，社会国原则应当被视为一种“国家目标条款”（Staatsbestimmungen）[3]。又依据德国公法学家彼得·巴多哈（Peter Badura）的理解，“社会国原则”意味着国家应当对社会弱势群体承担“合于人性尊严”的生存照顾责任。[4]

二、相关学者的观点

我国大陆学者在“社会国原则”的研究上大多受到我国台湾地区学者的直接或间接影响，在对待“社会国原则”的法理内涵上，许多青年学者通过期刊论文或者专著阐发了源于德国的“社会国原则”。例如，我国大陆有学者认为，社会国原则所要求的主要内容包括社会保险制度、社会救助制度、社会补偿制度、劳动法、给付行政、促进劳工福利的诱因规定、劳动教育及进修权益保障、经由其他法规对社会经济弱者的优惠与特殊保障、国家对经济发展与稳定的责任、计划行政的措施、环境保护等。[5] 也有学者认为：“社会国原则所包含的内容主要涉及人之生存问题，尤其是一个国家或社会作为基本需要的物质生活条件，为此必须提供符合人性尊严的社会经济条件，同时对在社会经济上陷入困境者提供救助。就目标来说，社会国原则在于重建社会经济的公平正义与安定。”[6] 也有学者区分作为理念的“社会国”和作为宪

---

[1] Vgl. BVerfG，RIW 2009，549.

[2] 赵宏：《社会国与公民的社会基本权——基本权利在社会国下的拓展与限定》，载《比较法学研究》2010 年第 5 期。

[3] Hartmut Maurer，Staatsrechl Verlag C. H. Beck Muenchen，2003，S.174.

[4] Badura，Peter，Staatsrecht，C. H. Beck，Muenchen，1996，S. 77.

[5] 陈慈阳：《宪法学》，元照出版公司 2004 年版，第 255—257 页；葛先园：《社会国原则的理论基础》，载《苏州大学学报》（哲学社会科学版）2010 年第 3 期。

[6] 龙晟：《社会国的宪法意义》，载《环球法律评论》2010 年第 3 期；葛先园：《社会国原则研究》，苏州大学 2012 年博士学位论文。

法原则的“社会国”，认为在前宪法的社会里面，“社会国”还停留在观念的阶段。在这种范式下，社会国观念的社会安全范畴的唯一目的就是在整体主义逻辑下防治社会动荡，维护社会安全稳定。前宪法意义上的社会国观念与“社会国原则”的连接点在于“社会安全”。“社会国原则”所要求的“公民经济安全”与“社会经济正义”应该有一个更高层级的“基本价值决定”——“合乎人性尊严之基本生存条件”。“社会国原则”所要求的这种基本生存条件，并非一个完全可以量化的、恒定的标准，毋宁它是一个随着经济发展水平而不断变化的标准，这种标准大概需要结合具体的情景和具体的个案才能完全定型。[1]

第三节 “社会国原则”与“法治国原则”的融合与互动

“社会国原则”是晚近立宪主义国家超越经典自由放任主义国家的范式所形成的，它旨在促进一个更加公平和更加理想的社会。但无论是“社会国”的建立，还是社会福利体制的法律化甚至是政策化，都必须处理这种“构建努力”与“法治”的关系。这也牵涉到下述问题：第一，究竟何为“法治”？英美法系下的“法治”与欧陆法系下“法治国”的关系究竟如何？第二，究竟“社会国原则”能否与“法治国原则”共融和共生（Symbiose）？换言之，“法治国原则”如果是“社会国原则”的一个上位“原则”，那么如何确保“社会国原则”被纳入“法治国原则”的范畴内？若“法治国原则”和“社会国原则”是相互并列和平行的宪法原则，那么这两个原则如何相互融洽？

一、“法治原则”与“法治国原则”

在比较法学的讨论领域中，学者普遍认为“法治原则”是来源于英美法系（普通法）的一个概念，这种表述已经广泛被国际社会所接受，当今

[1] 葛先园：《社会国原则研究》，苏州大学2012年博士学位论文。

天的人在谈论法治的时候，似乎已经在潜意识里消解了这个原则的普通法背景。而相应地，“法治国原则”（Rechtsstaat）则是以德国为代表的大陆法系传统中的一个基本原则，即使对于使用大陆法或者生活在大陆法系国家的人们而言，这个概念和语词都可能是陌生的，这部分地是由于语言的阻隔而导致的不熟悉，也部分地归咎于“法治原则”（Rule of Law）这一概念在全球的传播、推广、移植、接受和认可。但是笔者相信这种现状并不妨碍学人从两大法系差异和融合的角度来看待他们在学理上的应有含义。众所周知，源于英国的普通法系在传统上强调法律与现实生活的结合，人们往往从生活实际或者文化传统脉络（并非根据成文法典）发掘法律的真谛。在普通法的背景下，案例法成为当然的“法源”并且具有拘束力，普通法更着眼于“透过法院程序来落实人权保障”。而欧陆法传统认为法律应该是一个一般的、抽象的客观规范，从而强调法律“作为一般性客观规则”的面向。欧陆法更着重于“以国会所制定的法律来与君主统治相抗衡，借以落实人权保障”。[1]对于何为“法治”、何为“法治国”，本书在此不可能也无意于依靠翔实、系统的资料形成一个体系化的阐发，为了论证之便利和与本书主题之紧扣，笔者仅从“结构性特征”（Structural Characteristics）的角度给予一个综合评述。

（一）英美法系下的“法治原则”

若要用极为通俗的话语解释英美法系下的法治原则，斯卡利亚（Antonin Gregory Scalia）大法官提供了一个特别简短的版本，即法治就是规则之治（The Rule of Law as A Law of Rules）。[2]一般而言，“法治”与“人治”（Rule of Man）相对应，根据《牛津英语大词典》的通俗解释，法治是指社会中的法律权威和影响被普遍视为约束个人或者集体行为的一项原则，根据该项原则，社会中的任何主体（包括个人和政府）都必须在公开的、明文的法律文

[1] 黄舒芃：《变迁社会中的法学方法》，元照出版有限公司2009年版，第284页、第287页。

[2] Antonin Scalia, The Rule of Law as a Law of Rules, The University of Chicago. Law Review, Vol.56, No.4, pp.1175-1188.

本和法律活动中被视为平等的。《布莱克法律辞典》则解释道:“法治是由最高权威认可颁布的并且通常以准则或逻辑命题形式表现出来的、具有普遍适用性的法律原则。”古代社会里,亚里士多德(Aristotle)的法治定义是最为经典的,他说道:“法治应包含两重意义:已成立的法律获得普遍的服从,而大家所服从的法律又应该本身是制定得良好的法律。”[1] 近代意义上的法治起源于英国的普通法传统[2],阿尔伯特·戴雪(A.V. Dicey,1835—1922)在其著作《英宪精义》中具体指出法治包含了三个基本元素:第一,人民非依法定程序,并由普通法院证明其违法,否则不能遭受财产或人身方面的不利处罚。第二,法律面前人人平等。第三,法庭的决定是维护个人权利的最后防线。[3]1977 年,政治理论家约瑟夫·拉兹(Joseph Raz)确定了几个法治原则:(1)新制定的法律不应该有回溯性;(2)法律应该是稳定的,不应该改变过于频繁;(3)制定法律应该要有明确的规则和程序;(4)司法权威必须得到尊重和保证;(5)自然正义原则(principles of natural justice)应该得到遵守,特别是公正庭审的权利;(6)法院应有违宪审查的终审权;(7)每个人都可以拥有法院审判的权利;(8)执法和预防犯罪的机构不应允许枉法。[4] 保罗·克雷格(Paul Craig)教授认为法治至少存在两个主要概念:狭义的(formal)形式法治认为法治本身并不包含“公正”,但为人提供一个寻求公正的法律框

[1] [古希腊]亚里士多德:《政治学》,吴寿彭译,商务印书馆 1981 年版,第 167 页。

[2] Martin Krygier, Rule of Law (and Rechtsstaat), International Encyclopedia of the Behavioral Sciences, 2013.

[3] A.V. Dicey, Introduction to the Study of the Law of the Constitution, 1885;[英]戴雪:《英宪精义》,雷宾南译,中国法制出版社 2017 年版,第 4 页、第 232—244 页。戴雪理解的“法律主治”(Rule of Law)实质同于“法律的至尊性”(Supremacy of Law)或“法律的优势”(Predominance of Law)。参见[英]戴雪:《英宪精义》,雷宾南译,中国法制出版社 2017 年版,第 4 页、第 231 页。

[4] Joseph Raz, The Rule of Law and its Virtue, Law Quarterly Review, Vol.93, 1977, p. 195; Joseph Raz, The Authority of Law: Essays on Law and Morality, Clarendon Press, 1979, pp.214-219; 另外,美国法学家富勒(Lon Fuller,1902—1978)也有“法治八原则”的详细论述,择其精要如下:(1)一般性;(2)法律需公布;(3)不溯及既往;(4)法律需明确;(5)不矛盾;(6)法律不要求不可能之事;(7)稳定性和连续性;(8)官方行为与法律的一致性。参见:[美]富勒:《法律的道德性》,郑戈译,商务印书馆 2007 年版,第 55—107 页。

架和程序，依据法律治理事情；广义的（substantive）实质法治扩展了狭义的概念，内涵包括保障人权及各种自由等基于法治的个人实质权利。[1] 法治究竟是否仅仅指实证法下面的规则之治理还是应该超越实证法包含规则之正当性等实体价值呢？这也是形式法治论者和实质法治论者的主要分歧所在。更值得一提的是国际社会最近发展出了所谓的“国际法治”（International Rule of Law）的概念[2]，联合国大会自1992年以来将法治作为一个议程项目进行审议，自2006年以来重新予以关注，并在最近三届会议上通过决议。[3] 联合国安全理事会举行了若干次关于法治的专题辩论并通过了决议，强调这些问题在妇女[4]、和平与安全[5]、武装冲突中的儿童[6]、保护武装冲突中的平民[7]等背景下的重要性。[8] 不过究竟何为“法治”、法治与民主、法治与人权保障、法治与跨国关系、法治与国际治理、中国的法治与法制[9] 都是值得当代人深刻检讨的重大问题。

---

[1] Paul P. Craig, Formal and Substantive Conceptions of the Rule of Law: An Analytical Framework, Public Law, Vol.3, 1997, p.467; Alison Young, The Rule of Law in the United Kingdom: Formal or Substantive?' International Constitutional Law, Vol. 6, 2012, p.259.

[2] Simon Chesterman, An international rule of law? American Journal of Comparative Law, Vol.56, No.2, (2008). pp.331-362; Karen J Alter, Establishing the supremacy of European law: The Making of an International Rule of Law in Europe, Oxford University Press, 2001.

[3] UN. Doc. A/RES/61/39; UN. Doc. A/RES/62/70; UN. Doc. A/RES/63/128.

[4] UN Doc. S/RES/1325 (2000).

[5] UN Doc. S/RES/1820 (2008).

[6] UN Doc. S/RES/1612 (2005).

[7] UN Doc. S/RES/1674 (2006).

[8] 参见 http://www.un.org/zh/ruleoflaw/，最后访问时间：2013年12月28日。

[9] 关于法制与法治的区别，李步云教授将它概括为三条：首先，法制是法律制度的简称，法律制度是相对于一个国家的经济、政治、文化、军事等制度来说的，而法治从来都是相对于人治来说的，没有人治就无所谓法治，相反亦然。其次，法律制度包括民法、刑法等一套法律规则以及这些规则怎么指定、怎样执行和遵守等制度；法治与人治则是两种对立的治国理念和原则，即国家的长治久安不应寄希望于一两个圣主贤君，而关键在是否有一个良好的法律和制度，这些良好的法律还应得到切实的遵守。最后，任何一个国家的任何一个时期，都有自己的法律制度，但不一定是实行法治。参见李步云:《二十年改一字，从刀“制”到水“治”》，载《南方都市报》2008年4月1日。

（二）大陆法系下的“法治国原则”

德语中的“法治国”（Rechtsstaat）[1]是一个与“专制国”（Obrigkeitsstaat）相互对应的概念，这个概念可以类比于英美法系的“法治”，“法治国”意味着一个“宪制国家”在行使政府权力时必须受到法律的制约，但是与传统普通法下的“法治”相比，“法治国”还强调一种所谓正当性的含义。德国学者一般认为推动“法治国”概念的运动始于哲学家康德。康德的方法是基于一个国家的成文宪法至高性，这种宪法的至高无上性，必须建立在这样一个信念上：一个长久安宁的生活是人民幸福和他们繁荣的基本条件。或者说，法律的存在不是为了管理国家，而是为了人民长久的福祉。康德的学说是完全建立在立宪主义和法治国家基础上的。康德指出了宪制的主要问题：“一个国家的宪法最终建立在其公民的道德上，而公民的道德则反过来又取决于这个宪法的好坏。”“法治国”要求国家在行使统治权时，必须受到宪法及法律之约束。宪法和法律，作为国家权力的运作划出法的界线，可以使国家公权力无法恣意而为，而能致力追求正义，进而形塑公平正义的社会。综观东亚社会对德国“法治国原则”的继受和移植，日本、中国在其法理实践中直接或间接运用了“法治国原则”的思维。

二、“法治国原则”的两种样式[2]

在哲学的探讨上，形式与实质、外观与内容或价值是一对重要观念。这在法学上也有其对应的表现。在法秩序的建构上，于不同的层次都可以发现形式与实质之对应或相辅相成的存在关系。在国家的层次，有形式意义与实质意义之法治国原则；在法源层次，则有“正法”（Recht）与“实证法”

---

[1] 其英文翻译可以是：“legal state”“state of law”“state of justice”“state of rights”“state based on justice and integrity”。

[2] 我国学者高鸿钧也认为现代西方法治国家可以分为“民主形式法治国”与“民主实质法治国”两种类型，从实践顺序上看，民主形式法治国是现代西方法治发展的第一阶段，它适应于自由放任的市场经济，对应于政治国家与市民社会的二元划分，符合以工具理性为基础的价值观。参见高鸿钧：《现代法治的出路》，清华大学出版社2003年版，第240页。

（Gesetz）之区别。[1] 纯粹法学派的开创者凯尔森也是通过“形式的”与“实质的”二元观点来看待法律。在他看来，形式意义的法治就是指国家机关的行为都来源于法律的授权而无论法律的内容如何；实质意义的法治除了有形式意义法治的外观之外还强调立法的正当性、司法的独立和行政的高效。[2] 本书试图在此以“法律的二元观”来看待形式意义上的法治国和实质意义上的法治国。

（一）“形式法治国”（Formeller Rechtsstaat）

形式意义的法律观侧重于从权力分工体制下法律的制定程序来看待法律本身、注重法律的形式特征。这些形式特征包括制定主体的合法性、依法行政、信赖保护、溯及既往法律之禁止、法律的明确性要求、合比例性原则、禁止过度原则。“形式法治国”的建立就是建立在这些原则的基础之上的一种形式法治。在“形式法治国”下，法治仅仅是法律的统治被严格实现在社会生活中，判断一个社会是否是法治社会的标准就是纯粹的法律标准而非意识形态或者人权标准。[3] 最早阐述形式法治国要件构成的是自由派学者魏克尔（C. T. Welcker，1790—1869），他认为在法治国里，人民与国家的关系由法律来界定，这种法律是实证的法律，他称之为客观理性法。按照陈新民教授的总结，这种法律包括二种形式要素：（1）它具有对所有公民的普遍适用性，以及外在上的可识别性；（2）法律的制定权与道德律无涉，所以是人民外在自由的行为准则；（3）作为限制个人自由滥用的手段，法律应具有实在的强制力。在此，魏克尔比较完整地论述了一个基于法律实证主义的形式法治国的概念。[4] 之后诸如史塔尔、贝尔、格赖斯特、毛鲁斯等学者也大加推崇这种注重法律形式特征的法治模型。形式法治国的特征可以归纳如下。

---

[1] 台湾地区法学家黄茂荣教授后来也将 Recht 翻译为“法”、将 Gezetz 翻译为“律”。参见黄茂荣：《法学方法与现代税法》，北京大学出版社 2011 年版，第 58 页；黄茂荣：《法学方法与现代民法》（第 5 版），法律出版社 2007 年版，第 517 页。

[2] Hans Kelsen，Nachdruck durch die Österreichische Staatsdruckerei，Wien，1993，S. 91.

[3] 侯健：《实质法治、形式法治与中国的选择》，载《湖南社会科学》2004 年第 2 期。

[4] 陈新民：《德国公法学基础理论》（上），山东人民出版社 2001 年版，第 9—10 页。

（1）在以“法治国”对抗君主专制的方面，“形式法治国”强调任何国家权力的行使都必须来源于法律，立法机关独占法律的制定权，法律必须是指立法机关所正式颁布的明文规则。

（2）在权力的划分方面，“形式法治国”的建构的基础是由洛克首先提出并由孟德斯鸠所完善的理论体系。在形式意义上，该理论体系强调国家权力不可肆意逾越自身的边界、侵害人民的权利。

（3）在法律的形式特征方面，“形式法治国”强调人人在法律面前一律平等，社会中不允许任何一个人的权力可以超越法律，同时法律在实施过程中必须确保统一和连贯。

（4）在立法权的民主基础方面，“形式法治国”强调人民有权参与立法过程，法律的主旨必须经由人民的同意，法律一旦经过公正、透明的程序颁布，任何人都不得有借口来违背，即使他/她所不愿意的法律。

（5）在“法律保留”方面，“形式法治国”强调人民所服从的不是“命令”而是“法律”，狭义的“法律”仅仅指国会所通过的法律。一方面，行政机关所制定之命令非但不得抵触法律，且须有法律之依据；另一方面，国家生活中某些重要之事项应由法律加以规范，不得径行以命令为之。

（二）“实质法治国”（Materieller Rechtsstaat）

在经历了第二次世界大战之后，人们开始严肃地反思希特勒纳粹时期的法律的正当性。“纽伦堡审判”（Nuremberg Trials/Nürnberger Prozesse）[1]“告密者案件”[2]等都显示了一个巨大的法理困境：“人们是否有法律义务服从希特勒时期德国议会所颁布的法律？”正如“告密者案件”中的省思一样，面对邪恶的法律，一个人有没有权利告密？那个接受告密的法官，到底是在

[1] 纽伦堡审判系欧洲国际军事法庭于1945年11月21日至1946年10月1日，由第二次世界大战战胜国对欧洲轴心国的军事、政治和经济领袖进行数十次军事审判。由于审判主要在德国纽伦堡进行，故被总称为纽伦堡审判。

[2] Criminal Law. In General. German Citizen Who Pursuant to Nazi Statute Informed on Husband for Expressing Anti-Nazi Sentiments Convicted under Another German Statute in Effect at Time of Act, Harvard Law Review, Vol. 64, No. 6（1951）, pp. 1005-1007.

犯罪还是在实施法律？[1] 面对这些传统“形式法治国”下难以解决的法理难题，人们开始将思考的方向再度由“实证法”转向“自然法”。在这种思考范式下，人们认识到“法治国”所遵守的“法”不仅应该满足一系列的形式要件，还需要满足一些“超实证法”的“实质要件”。易言之，“法治国”的“法”还需要有一个品质的保证。德国著名新自然主义法学派代表人物古斯塔夫·拉德布鲁赫（Gustav Radbruch，1878—1949）1946年在《南德意志法律家报》（Sueddeutsche Juristen-Zeitung）上发表《法律的不法与超法律的法》（Gesetzliches Unrecht und übergesetzliches Recht）一文对“实质法治国”影响颇为深远。[2] 拉氏相信：“实证主义由于相信‘法律就是法律’已使德国法律界毫无自卫能力，来抵抗具有专横、犯罪内容的法律。”[3] 我国也有学者提出“实质立宪主义”的说法来证明实质法治国。在合宪性判断依据被解释为一系列价值的语境下，宪法判断所衍生之结论属于实质合宪之范畴——在词源上，“实质”一词有本质、精神、宗旨等意涵；据此，“实质合宪”即合乎宪法之本质、精神或宗旨之谓；由实质合宪论所主导的制度可称为深度立宪主义。[4] 德国联邦宪法法院的司法判决将“法治国”理解为一种“基本决定”[5] 或“指导原则”[6]，其中除了法律的可预见性、安定性、实质的正确性或者说是正义性这些命令之外，不再有任何被明确规范到细节的宪法层级的命令或禁止的存在了，而且这一原则“只有当客观事实情形需要时才会被具体化”。[7] 从德国联邦宪法法院的实务见解中我们可

[1] 柯岚：《告密、良心自由与现代合法性的困境——法哲学视野中的告密者难题》，载《法律科学》2009年第6期。

[2] [德]古斯塔夫·拉德布鲁赫：《法律智慧警句集》，舒国滢译，中国法制出版社2001年版，第161—177页。

[3] [德]古斯塔夫·拉德布鲁赫：《法律智慧警句集》，舒国滢译，中国法制出版社2001年版，第27页。

[4] 江国华：《实质合宪论：中国宪法三十年演化路径的检视》，载《中国法学》2013年第4期；Gustavsson Sverker, Thick and Thin Constitutionalism, Statsvetenskaplig tidskrift, 112（1），2010，pp. 37-40.

[5] BVerfGE 6，32（41）.

[6] BVerfGE 6，55（72）；20，323（331）.

[7] [德]康拉德·黑塞：《联邦德国宪法纲要》，李辉译，商务印书馆2007年版，第148—149页。

以看出，“实质法治国”的观念已经被司法实务明确吸收，而且“实质法治国”的内涵会随着新的宪法个案的出现而不断得到充实和丰富。实质法治国的特征可以归纳如图 3-1 所示。

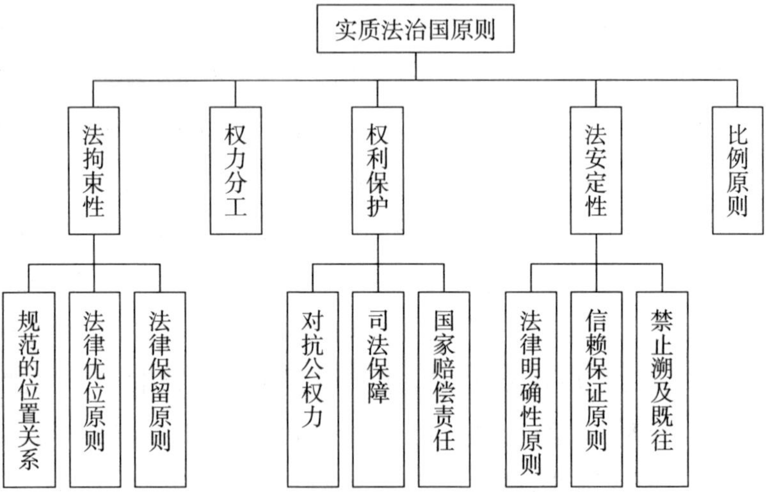

图 3-1　实质法治国原则及其要素

三、“社会国原则”对“法治国原则”的调适

早期学者诸如厄斯特·福斯多夫（Ernst Forsthoff，1902—1974）认为“社会国”并非一个法律概念，且社会国与法治国在宪法上无法相互融合。这种担忧在早期“形式法治国”居于主导地位之时不可谓没有道理，因为社会国（福利国）极有可能是从民主的“特洛伊木马”（Trojan Horse）中套盾出来的庞大的利维坦（Leviathan）。[1] 但是随着“法治国”由“形式法治国”向“实质法治国”的转变，公民的福利诉求也逐渐在一个民主和法治的框架下被现代宪法所吸纳。在社会国原则下，国家也由单纯的秩序维护者转变为生存照顾的给付主体（Leistungstrager），并应保障人民能够维持合乎人性尊严之基本生活需求。*Hans-Hermann Hartwich* 以为，德国基本法在此问题关联中，提供了两种发展的可能性：（1）在社会现存之经济

[1] 刘丽：《论西方福利法治国的成因》，载《法律科学》（西北政法大学学报）2011 年第 3 期。

占有与身份关系下，对于社会的所有次领域，皆进行社会政策的修正与均衡不同利益的干预介入；（2）另一种选择，则是借由民主国家所容许的合法手段，亦即行使宪法所保障之基本权，去改变原有的占有与身份关系，促成社会的变迁，这也就是哈特维奇（Hartwich）所说的“社会现状的改变”（Veränderung des gesellschaftlichen status quo）。[1]就笔者而言，哈特维奇提供的两种方式中，第一种方式侧重于通过“德国基本法”所宣示的“社会国原则”赋予社会政策的制定者通过政策工具和财富资源的再分配迅速改善社会弱势群体的生存面貌，这种方式无异于一场“社会变革”；第二种方式则是将社会弱势群体的生存境遇放置在一个权利诉求的模式下，通过“德国基本法”中的“法治国原则”渐进地实现社会资源和财富的公平化分配。比较两种方式在现实世界的施行效果，第一种方式虽然借由政策的力量能够通过行政权力之运作加速实现“社会国”的愿望，但仍然需要强大的民主推动力量，亦即通过社会政策工具而实施的旨在贯彻宪法精神的社会变革必须防止“民主倒退”，相比而言，第二种方式虽然在实践效果上可能不如第一种方式那样明显，却具有极高的稳定性和民主正当性。

德国著名宪法学家康拉德·黑塞（Konrad Hesse，1919—2005）指出：“德国基本法”所构建的国家类型可以通过“社会国原则”和“法治国原则”的互动而实现。这意味着“德国基本法”不仅需要对一些无法回避的既有现实的被迫承认，而且保护、维持与偶尔干预这些行为已经远远不能够穷尽国家任务的内涵了。“德国基本法”所要构建的国家是一个计划的、调控的、给付的、分配的、能够使个人与社会生活两者同时共存并行的国家，但是，要完成上述任务，“社会国”必须在“法治国”的范围之内实现。国家权力形成与保障的功效也都必须“具备一定的形式”，任何一种国家权力都必须受到法的约束，不存在毫无限制的、不受约束的、缺乏固定形式的福利保障的领域。国家权力形成与保障的功效首先应该致力

---

[1] 林佳和：《社会权与社会发展——从理论与实践观察大法官的社会理念》，载《第五届海峡两岸公法学论坛论文集》，第184页。

于保障人能有尊严的生活这一目标，并旨在保障公正的社会分配意义上的平等。它还致力于保障自由，当今时代与 19 世纪充满社会动荡与通货膨胀的自由放任主义世界的时代的区别在于，自由在今天已经不再仅仅停留在对于国家非法侵犯的防御上，而是变成了同时要求国家在更广泛的领域中充分发挥其功效的一个问题了，只有在这个意义上，自由才能得以实现。[1]

“社会国原则”和“法治国原则”同样是“德国基本法”所确立的两大基本宪法原则，诸如黑塞等德国宪法学家则使用“社会法治国”的概念将两者统和。二者的互动体现在多个方面：首先，社会国原则强调市场竞争的前提是立足点的平等，因此必须以国家公权力对私有财产加以某种程度的制约，从而，财产权就担负起了社会义务。其次，国家有义务维持竞争秩序的自由与公平，如反托拉斯法和不正当竞争法在现代市场经济中应运而生。又如，为阻止契约自由的滥用，民法或者消费者保护法要求制定类型化契约条款，对合同自由加以调整。还有很多国家对宏观经济进行调控。凡此种种，都是社会法治国要求对传统自由法治国以“形式法治”为特征的法律体系的调整。

第四节 “社会国原则”在宪法上的规范效力探讨

“社会国”理念入宪最早可追溯至法国 1793 年的《雅各布宾宪法》，该法第 21 条规定：“每个社会都有给予其人民工作的义务，人民不能工作时，也有给予其生活之资的义务。”[2] 诚如公法学家克劳斯·施德恩（Klaus Stern）正确地指出，国家的经济责任实际上是“社会国原则”下的产物。[3]《魏玛宪

---

[1] [德]康拉德·黑塞：《联邦德国宪法纲要》，李辉译，商务印书馆 2007 年版，第 168—169 页。

[2] 龙晟：《社会国的宪法意义》，载《环球法律评论》2010 年第 3 期。

[3] Klaus Stern, Verwaltungslehre, Notwendigkeit und Aufgabe im heutigen Sozialstaat, in: Gedächtnisschrift für H. Peters, Berlin usw. 1967, S. 219-247.

法》(Weimarer Verfassung)[1]第151条规定:“经济生活之组织,应与公平之原则及人类生存维持之目的相适应。”[2]事实上魏玛时期正是德国在“一战”后的经济领域苦苦挣扎的一个时段,在对经济领域的国家保障和自由放任之间的选择都有可能直接或者间接地影响战后德国社会的整合,事实上德国在“法治国”原则的指引下并没有采取国家对经济严格管控(如通过经济指令、强制缔约、价格管制)。相反,正是在德国《魏玛宪法》之下,德国在经济领域发展出了一种所谓的“社会市场经济”,这种经济模式一方面弥补了自由放任市场的财富分配悬殊的缺陷,另一方面又在遵守法治原则的前提下没有类似于苏俄那样的经济管控。[1]关于“社会国”原则在宪法上的效力,综合以德国为代表的大陆法系国家学者的著述,本书在此总结如下观点并提出自己的见解。

一、国家目标规定说

所谓国家目标(Staatsziele)或国家目标规定(Staatszielbestimmungen),依据德国学者 Karl-Peter Sommermann 的见解,它是指具有法拘束效力之宪法规范,它预先规定国家应持续注意或履行之任务。[4]以德国基本法为例,该法对于国家目标规定的限制较少,除了已经达到目标之德国统一的要求以外,本来只有欧洲统一之实现与和平之任务。1969年德国通过宪法修改规定了国家预算执行时应该考虑总体经济平衡要求之义务。1992年到1994年,德国

---

[1]《魏玛宪法》全称与俾斯麦帝国时期的宪法名称相同,即都为《德意志帝国宪法》(Die Verfassung des Deutschen Reichs),该宪法在1919年至1933年魏玛共和国时期有效。在“德意志第三帝国”(纳粹德国)时期,“魏玛宪法”事实上被废止。现行德国基本法修正和反思了《魏玛宪法》被频繁修改的而导致法西斯专政的惨痛命运,不过,历史学家和法学家普遍认为1949年“联邦德国”基本法继承了《魏玛宪法》的很多遗产,其中之一便是将《魏玛宪法》中的经济、社会和文化规范吸纳进了“社会国原则”之下。

[2] 翻译参见姜士林:《世界宪法全书》,青岛出版社1998年版,第821页。

[1] Hans F. Zache, Social Policy in the Federal Republic of Germany: The Constitution of the Social, Springer, 2012, p.42.

[4] Karl-Peter Sommermann, Staatsziele und Staatszielbestimmungen, Mohr Siebeck, 1997, S.89.

又通过修宪将男女实质平等地位之促进义务以及人民自然生存基础保障列为了国家的目标规定。由于德国在中央和地方的关系上采联邦制，德国许多邦的宪法关于国家目标的规定更为丰富，这些规定集中在一连串社会内容的国家目标规定之中，如劳工权利保障、适当住宅保障、青年教育促进等。总而观之，国家目标规定的功能大致有三：第一，国家宣示和确定宪法上有拘束力的国家目标规定，如德国基本法第 23 条第 1 款关于欧洲整合的实现规定；第二，国家必须采取和确立与社会国原则要求相适应的措施，但它并没有给予个人主观公权利的基础，也就是说，公民原则上不能通过该原则向国家提出住房、医疗、工作机会等给付；第三，对宪法所保障之权利，特别是无限制的基本权，规定所为限制之国家目标，如依据德国基本法第 5 条第 3 项限制研究自由之保护规定。[1]

二、宪法基本决定说

我国台湾地区公法学家陈爱娥教授认为“社会国原则”是现代宪法的基本价值决定，这种根本意义的宪法判断在于形成一种公平合理的社会秩序和社会物质财富分配关系，其思想基础就是法国大革命时期的“自由、平等、博爱”的理念。[2] 我国台湾地区公法学家陈春生教授也认为德国宪法上的基本决定，主要是社会国原则，但还有民主国原则与法治国原则，因此社会国原则不只是德国基本法上的一个孤立和静态的宪法原则，相反，它应该被理解为国家在一定的经济和社会条件下持续地实现社会国原则的诸项要求。我国台湾地区公法学者认为，宪法基本决定说与国家目标规定说的区别在于二者对于德国基本法存立重要性的不同。宪法基本决定对于德国基本法的存立、联邦德国的构造（die Struktur）与本质（das Wesen）具有根本重要性，而国

---

[1] 参见陈春生:《论法治国之权利保护与违宪审查》，新学林出版股份有限公司 2007 年版，第 12 页。《德意志联邦共和国基本法》第 5 条第 3 款规定:“艺术与学术、研究及讲学均属自由。讲学自由不得免除对宪法之忠诚。”

[2] 陈爱娥:《自由—平等—博爱：社会国与法治国原则的交互作用》，载《台大法学论丛》1996 年第 26 卷第 2 期，第 126—135 页。

家目标规定则不具有这种性质。换言之，宪法基本决定被撤销时，联邦德国及德国基本法就不复存在，而即使宪法中一个或多个国家目标规定被撤销时，联邦德国及德国基本法还仍然存在。

三、宪法委托说

宪法委托又被称为立法委托，它乃是宪法课以立法者在特定的领域制定法律或者实施细则的法律义务。[1] 从宪法规范之对象而言，有宪法义务者，为国家，以及组成政府（以代表国家）的宪制机关。宪法在条文中已经明白地规定诸如“应依法律为之”“得以法律为之”“得依法律向国家请求赔偿”，等等。这些宪法规范都指向另外的宪法外规范，应该在学理上被妥当地视为一种宪法对立法者的“委托”，立法者可以根据这种委托关系而订立相关的法律确保宪法规范不被落空。当立法者根据上述“委托”完成制定相应的法律规范后，在相关的立法领域，立法者与人民的宪法关系就应该有所调整。关于“社会国原则”的宪法规范，许多学者认为无论其规范本身的立宪原意如何，它都应该被视为一种宪法对立法者概括的“委托”，概因为只有立法者完成这种委托后，人民才可能真正享有特定的权利。学理上比较棘手的问题还包括：立法者是否可以从宪法规范中获得一种积极的立法义务？反之，立法者是否可以因其立法上的怠慢或者不作为而承担“社会国原则”下的违宪责任？不论是立法者的积极立法或者立法不作为，当立法机关有违宪嫌疑并侵犯公民权利的时候，是否可能牵涉到国家赔偿？

四、本书见解——宪法基本决定说

毫无疑问“社会国原则”，就如其名称所显示的那样，是一个具有宪法上拘束效力的宪法原则。它与“法治国原则”“民主国原则”“和平原则”等

---

[1] E. Forsthoff:《社会法治国家之概念与本质》，翁岳生译，载《宪政思潮》1968 年第 2 期；翁岳生：《法治国家之行政法与司法》（初版），月旦出版有限公司 1994 年版。

一道构成了德国基本法宪法原则的体系。通过对“国家目标规定说”“宪法基本决定说”“宪法委托说”三种学说的梳理、对比，笔者认为“宪法基本决定说”较为可取。一方面，国家目标规定说虽然很好地将“社会国”的宪法地位提升到一个目标、方针设计的位置，国家也在此目标、方针下承担相应的宪法义务，但同时国家目标规定在限制立法者的立法形成空间上面存在巨大的裁量空间，相比“社会国原则”下经济、社会、文化权利的保障则有过于恣意的嫌疑。另一方面，宪法委托说虽然试图解释“社会国原则”、立法者和公民三者之间的委托代理关系，但是却忽视了“社会国原则”本质上与“民主国原则”“法治国原则”一样的宪法位阶。事实上德国联邦宪法法院在近年来的判例中将“社会国原则”与“人性尊严”条款的联立适用正好说明它是宪法上的一项基本决定。例如，德国联邦宪法法院（Bundesverfassungsgericht）在2010年指出，《基本法》第1条第1款（人性尊严条款）结合第20条第1款，构成了德国基本法上的“最低生存保障权”（Grundrecht auf Gewährleistung eines menschenwürdigen Existenzminimums）[1]，该法院于2012年在涉及适用《难民申请福利法》（Asylbewerberleistungsgesetz，AsylbLG）的判决中再次指出：“最低生存保障权”由基本法第1条第1款和第20条第1款所共同保障。[2]

第五节　本章小结

起源于德国普鲁士时期的社会保险立法开启了人类近代意义上构建社会福利国家的新篇章。“社会国原则”成为以德国为代表的大陆法系国家宪法努力构建和现实的一个基本原则，该原则与“法治国原则”又形成了良好的互动，共同推动宪法将共同体生活转化为一个福利型和权利保障型的模式，由此，“社会国原则”也成为国家保障公民经济、社会、文化权利的

[1] BVerfG vom 9.2.2010 – 1 BvL 1/09, 1 BvL 3/09, 1 BvL 4/09.

[2] Bundesverfassungsgericht, Urteil vom 18 Juli 2012-1 BvL 10/10, BVerfG, 1 BvL 10/10 vom 18.7.2012, Absatz-Nr.（1-140）, Bundesverfassungsgericht, 18 July 2012.

宪法基石。诚如德国宪法学家康拉德·黑塞所言，社会法治国家的原则更多的是为彼此差异的社会与经济势力创造出一种可能性，使得它们对于政治意志形成过程的合宪性参与，能够作为社会国家秩序形成的评判标准而发挥功效。[1]

[1] [德]康拉德·黑塞：《联邦德国宪法纲要》，李辉译，商务印书馆2007年版，第170页。

语言是存在之寓所。语言破碎处，无物之有。
——马丁·海德格尔（Martin Heidegger）[1]

当我们理解某一个文本的时候，
文本中的意义对我们的吸引恰如美对我们的吸引一样。
在我们能够清醒过来并检验文本向我们提出的要求之前，
文本的意义就已经自己在发挥作用，并自身就已经有一种吸引作用。
——汉斯-格奥尔格·伽达默尔（Hans-Georg Gadamer）[2]

第四章　经济、社会、文化权利的阐释框架与基本内涵

第一节　基本权利的阐释框架：以基本权利的体系化与语境化为背景

一、基本权利阐释的传统范式及其类型化

德国公法学家康拉德·黑塞有言：宪法关于基本权利的条款是一种规范国家、社会与人民间关系的基础规定（Grund Normen）。[3] 其实，黑塞所谓的基础规定也组成了宪法作为一种“根本法”（*lex fundamentalis*）主要的特征之一[4]。

---

[1] 德语原文为“Die Sprache ist das Haus des Seins”“Kein Ding ist，wo das Wort fehlt”两句，笔者在此连续引用，特此说明。See Martin Heidegger，über den Humanismus. Frankfurt a.M.：Klostermann，1949. S. 5.

[2] ［德］汉斯-格奥尔格·伽达默尔：《真理与方法：哲学诠释学的基本特征》，洪汉鼎译，上海译文出版社2005年版，第634页。

[3] Konrad Hesse，Grundzüge des Verfassungsrechts der Bundesrepublik Deutschland，Hüthig Jehle Rehm，1999，S.277.

[4] Heinz Mohnhaupt & Dieter Grimm，eds.Verfassung：zur Geschichte des Begriffs von der Antike bis zur Gegenwart：zwei Studien.Vol. 47. Duncker & Humblot，1995；Heinz Mohnhaupt，Die Lehre von der “Lex Fundamentalis” und die Hausgesetzgebung europ? ischer Dynastien. 1982.

关于对基本权利根本特性的探讨，德国联邦宪法法院在 1958 年的“吕特案”（*Lüth-Urteil*）中确立了基本权利的双重性质（ein doppelter Charakter）。该案是一宗涉及 1950 年时任汉堡媒体俱乐部主席吕特（Lüth）在“德国电影周”开幕典礼上，向影片发行与制作商呼吁联合抵制著名的反犹太导演哈兰（Harlan）的新作——《不朽的爱人》（Unsterbliche Geliebte）。哈兰及其电影制作公司遂以吕特违背善良风俗造成损失为由向汉堡地方法院提出针对吕特的诉讼。1951 年 11 月 22 日，汉堡地方法院根据《德国民法典》第 826 条之规定，认定吕特的行为违背善良风俗并且造成了对哈兰导演及其电影制作公司的损失，构成侵权，判决对吕特施加禁令。吕特不服，依据《德国基本法》第 5 条第 1 款所保障的言论自由条款向德国联邦宪法法院提起宪法诉愿，请求撤销汉堡地方法院对其施加的禁令。[1] 德国联邦宪法法院第一庭（Ersten Senats）于 1958 年 1 月 15 日下达终审判决书，推翻了汉堡地方法院的判决，撤销了对吕特施加的禁止令。[2] 德国联邦宪法法院在吕特案的判决意见中指出：“基本权利主要在于确保公民个人的自由领域免于遭受公权力的干预……同时，《基本法》中的基本权利规范还在于建立一种客观之价值秩序，于此正彰显出对基本权规范作用的原则性强化。”[3]

1958 年的吕特案涉及《德国民法典》（BGB）第 826 条所规定的“以违反善良风俗之方法对他人故意施加损害之人，对受害人负有赔偿损害之义务”，同时该案还涉及《德国基本法》（GG）第 5 条第 1 款所规定的“人人有以语言、文字及图画自由表示及传布其意见之权利，并有自一般公开之来源接受信息而不受阻碍之权利。出版自由及广播与电影之报道自由应保障之。事前检查制度不得设置”。联邦宪法法院面对的一个法律争议问题就是如何处理《德国基本法》所保障的言论自由权与《德国民法典》所规定的“善良风俗”（*boni mores*）条款之间的权衡，基本权利条款是否可以适用于私主体之间的民事法律关系。作为《德国基本法》的最终守护者和释宪者，德国联邦

[1] 中文翻译版案情参见张红：《吕特案》，载张翔主编：《德国宪法案例选释（第 1 辑：基本权利总论）》，法律出版社 2012 年版，第 20—21 页。

[2] BVerfGE 7，198 ff.；ECLI：DE：BVerfG：1951：rs19580115.1bvr040051.

[3] BVerfGE 7，198（204f.）.

宪法法院的推理和论证的基础就是分析基本权利的功能体系。联邦宪法法院认为，首先，基本权利是一种主观公权利（ein subjektives öffentliches Recht），其功能就是赋予公民针对国家的一种防御权（sie sind Abwehrrechte des Bürgers gegen den Staat）。其次，基本权利还是一种客观意义上的有效规范——法律（Gesetz），是一种由基本权利的体系构成的“客观价值秩序”（eine objektive Wertordnung）。基本权利的客观价值秩序以人性尊严在社会共同体中的发展为中心，应该有效适用于各个法律领域，自然也会影响到民事法律，没有任何民事法律可以抵触基本法所保障的基本权利。[1]

德国联邦宪法法院对基本权利双重属性的裁判见解还在之后的一系列关于基本权利的诉讼中被进一步强化和扩展。同时，联邦宪法法院将“从基本权利衍生之对抗国家干预之防御权”与“从基本权利客观法秩序意涵而导出之国家保护义务”一并呈现。在 1994 年的“第二船旗国登记案”（*Zweitregister*）中，法院强调：“自由权……不但反之国家公权力干预个人所享有的自由领域，同时它也课以国家保护这些自由领域免受侵犯之义务，基本权利的客观法价值意涵即可在这种保障义务中呈现出来。”[2]在“青少年教科书案”（*Jugendgefährdende Schriften*）中，德国联邦宪法法院则指出：“基本法第 5 条第 3 款第 1 句宣示学术、研究及讲学自由，据此，基本权利不仅为学术领域揭示了一种客观之基本原则规范……更为其揭示了一种防御权，它意在确保每一个学术工作者免受国家之肆意限制。”[3]

二、防御权功能

在早期德国联邦宪法法院关于基本权利的一些判决中，基本权利的防御权功能（Funktion der Grundrechte als Abwehrrechte）是被频繁提及的一个概念。例如，法院认为：“基本权利首先是作为保障公民个人自由免于受到国

---

[1] 中文翻译版案情参见张红：《吕特案》，载张翔主编：《德国宪法案例选释（第 1 辑：基本权利总论）》，法律出版社 2012 年版，第 24—25 页。

[2] BVerfGE 92，26（46）.

[3] BverfGE90，1（11）.

家公权力之侵害，在这种认知体系下，基本权利就是公民对抗国家公权力肆意介入的防御权。”[1] 这种见解在“吕特案”（*Lüth-Urteil*）和“参与决议案”（*Mitbestimmungs-Urteil*）[2] 中被强调。于是，基本权利的防御权功能可以被定义如下：防御权功能是公民基本权利的一项权能，指公民得要求国家不侵犯基本权利所保障的利益，当国家侵犯该利益时，公民得直接依据基本权利的规定请求停止侵害。防御权功能又可被称为“国家不作为请求权”功能或“侵害停止请求权”功能。对于这一定义，我们可以将其分解为以下几个方面分别考察。[3]

1. 基本权利的防御权功能是从静态角度考察权利的功能结构所形成的一般特征，该特征指向于功能。我国学者则在基本权利功能体系的研究中，将“防御权”视为基本权利的一项“权能”。笔者赞同将之作为基本权利的一项权能，而不赞同将之视为一项具体的权利。所谓权能者，指权利的作用。[4]

2. 基本权利的防御权功能主要在于防止国家公权力之肆意与滥用，它产生了国家对公民自由领域的“消极不作为”义务，公民在排除和抵御国家公权力的不正当干涉时候的请求权基础就在于此，请求的内容则是“国家不得干涉”“国家停止侵害”“国家对不法侵害之填补”。该不作为义务来源于公民自由权的界限，可以分为纯正的不作为义务和不纯正的不作为义务。前者指国家在宪法规范的作用下保持克制和自制，允许公民自由意志和自由行为的开展；后者指国家基于其不法侵害的事实立即停止或者对不法侵害进行公法

---

[1] BVerfGE 7，198（204f.）.

[2] BVerfGE 50，290.

[3] 吴庚:《基本权的三重性质》，载《释“宪”五十周年纪念论文集》，司法周刊杂志社 2001 年印行，第 36 页；张翔:《论基本权利的防御权功能》，载《法学家》2005 年第 2 期。

[4] 民法上权利的作用，一般常与权利混淆。一个实体权利必须经由程序上的作用以后，方能实现其实体上的效果。例如，一债权（实体权利）衍生出请求权（权利的作用），经由债权人请求后，满足其债权。常见的权能有请求权和撤销权，它们虽然名为权，但并非权利，唯日常生活中，用语混淆已不可免，仅需注意即可。例如，我国有学者对所有权的权能加以研究认为，所有权的权能包括两方面：积极权能与消极权能。所有权的积极权能指占有、使用、收益和处分四项。所有权的消极权能是指所有人的妨害排除力，即排除他人干涉的权能。参见伊文嘉:《经济法概论》，首都师范大学出版社 2008 年版；欧锦雄:《所有权权能结构理论研究》，载《河北法学》2000 年第 6 期。

上的填补。

3. 基本权利的防御权功能还可以界定公民权利行使时的合理界限和领域。依据社会契约论的思想，"自由可因自由之故而被限制""法律是自由意志的定在"。故基本权利在抵御国家公权力的不法侵害危险时，也同时设定了基本权利被合理限制的可能，只是这种限制还受到德国公法上所谓"限制的限制"[1]的约束。[2]这种对"基本权利限制"的限制具体体现在宪法规范中则是"得依法律限制之"（Prescribed by Law）[3]，它在公法学理论上则受到"法律保留原则""合比例原则""最小侵害原则"等约束，以防止"作为其基本精神的基本权利被立法者所破坏和掏空"[4]。

三、受益权功能

在迈克·克里波尔（Michael Kilpper）所称"人民之自由非有国家无以为之"（Freiheit nicht ohne den Staat）[5]的理念下，基本权利的功能逐渐从传统的倚重"防御权"的体系框架下扩及"国家之积极作为义务"（positive Handeln）为诉求目标的"给付权利"（Leistungsgrundrechte）。德国宪法评论家汉斯·贾拉斯（Hans D. Jarass）和波渡·皮尔特（Bodo Pieroth）称之为基本权利的"给付功能"（Leistungsfunktion），[6]我国台湾地区学者多称之为"基本权利的受益权功能"[7]。我国大陆学者也认为基本权利的受益权功能指涉基

---

[1] 赵宏:《限制的限制：德国基本权利限制模式的内在机理》，载《法学家》2011 年第 2 期。

[2] 在此可参考由以色列学者伊利雅胡·高德拉特在管理哲学领域所发展出来的限制理论（Theory of Constraints, TOC）。

[3] 饶传平:《"得依法律限制之":〈临时约法〉基本权利条款源流考》，载《中外法学》2013 年第 4 期。

[4] Reinhold Zippelius, Allgemeine Staatslehre, 15.Auflage, Verlag C.H.Beck, 2007, S.257.

[5] Michael Kilpper, Freiheit ohne Staat?: Eine Kritik des libertären Ordnungsentwurfes einer reinen Privateigentumsgesellschaft, Lucius & Lucius; Auflage: 1.Aufalge., 2009.

[6] Hans D. Jarass & Bodo Pieroth, Grundgesetz für die Bundesrepublik Deutschland, C.H.Beck; Auflage: 12, 2012. S.401.

[7] 许宗力:《基本权的功能与司法审查》，载《人文及社会科学研究汇刊》1996 年第 6 卷第 1 期。

本权利所具有的以请求国家积极作为为内容的功能，这种基本权利的功能使得公民享受一定的利益。与基本权利的防御功能不同，基本权利的受益功能所针对的是国家的积极作为义务，也就是国家要以积极的作为，为公民基本权利的实现提供一定的服务或者给付，所给付的内容可以是保障权利实现的法律程序和服务，也可以是对公民在物质上、经济上的资助。在这种意义上，基本权利的受益功能又可以称为“给付功能”，或者“分享功能”，相应地，基本权利的受益功能所对应的国家义务则是一种“国家给付义务”。[1]

最能体现基本权利受益权功能特征的无疑就是宪法中的经济、社会、文化权利条款，这些条款的共同特征即公民要求国家给予一定物质利益，具体包括：劳动权、社会保障权、生存权、文化教育权以及婚姻、家庭等受保障的权利。[2] 黑塞认为当这些权利“被形成、被尊重、被保护时，它们并不会因此便可以成为现实，因为它们所包含的社会性内容，需要国家作为方能得以实现，这样就不仅要求立法者，而且要求行政机关要有规律地、积极地作为”[3]。我国学者则认为，社会权（经济、社会、文化权利）和基本权利的受益权功能之间有着密切联系：(1) 基本权利的受益权功能来源于社会权并自社会权导出；(2) 受益权功能只是社会权的一项权能，除此之外，社会权也具有防御权能；(3) 受益权功能是社会权的主要功能，但非唯一功能；(4) 受益权功能不是由社会权所独占，其他权利也在不同程度上具有受益权功能。[4] 台湾地区学者李建良将基本权利的受益权功能的内涵划分为“程序性”“物质性”“咨询性”三个大类。[5]

---

[1] 张翔：《基本权利的受益权功能与国家的给付义务——从基本权利分析框架的革新开始》，载《中国法学》2006 年第 1 期。

[2] 任喜荣：《“社会宪法”及其制度性保障功能》，载《法学评论》2013 年第 1 期；莫纪宏：《论对社会权的宪法保护》，载《河南省政法管理干部学院学报》2008 年第 3 期。

[3] Konrad Hesse, Grundzüge des Verfassungsrechts der Bundesrepublik Deutschland, Hüthig Jehle Rehm, 1999；[德]康拉德·黑塞：《联邦德国宪法纲要》，李辉译，商务印书馆 2007 年版，第 162 页。

[4] 张翔：《基本权利的受益权功能与国家的给付义务——从基本权利分析框架的革新开始》，载《中国法学》2006 年第 1 期。

[5] 李建良：《基本权利理论体系之构成及其思考层次》，载《宪法理论与实践》(一)，学林文化实业有限公司 1999 年版，第 63—67 页。

第一，“程序性”的给付或服务。该项内容主要包含：（1）“诉讼权”，亦即“权利保护”（Rechtsschutz）途径的权利，这些权利都是典型的程序性权利。按照哥廷根大学施塔克（Christian Stack）教授的见解，该项内容国家除了应该开放诉讼、诉愿等救济途径以外，还应该确保如审判独立、公开审判、言辞辩论、武器平等、审检分立等符合现代法治国原则的程序内涵。（2）“诉愿权”，即国家机关应受理人民之陈情，并给予处理、答复。（3）“程序权”（Verfahrensrecht），除了前述“诉讼权”“诉愿权”以外，国家应该为使人民得以实现其基本权利，而提供其他各种可能的组织和程序，例如确保人民得参与国家各项行政程序的权利。

第二，“物质性”的给付或服务。该项内容主要包含：（1）人民可以使用国家资助或建造的公共设施，如大学、图书馆、音乐厅等；（2）人民可以请求国家为一定内容之给付或补助，例如私立大学或企业请求在一定情况下提供一定经济上的补助，生活陷于困境者可以请求国家给予物质帮助等。

第三，“咨询性”的给付或服务。国家必须为人民提供一定的咨询，借以确保人民能够平等地接近国家咨询和媒体。严格地说，“咨询性给付或服务”可以被列入前面的“程序性”或“物质性”给付之中，但是因为“咨询公开”是现代社会中备受关注的一项权利，所以可以将这项内容单独列出以强调其重要性。

四、客观法功能

德国联邦宪法法院在堕胎案判决中还发展出了基本权利的客观法秩序功能的面向。法院判决意见指出：“基本权利规范不仅仅是公民对抗国家的一种主观防御权，同时，它在更广泛的意义上还形成了一个约束宪法基本决定的客观法秩序，这种客观法秩序为立法机关、行政机关和司法机关提供了一种指示和指南。”[1]在具体用语上，德国联邦宪法法院大量地适用了“客观的”

[1] BVerfGE39，1（41）.

这一形容词，如法院称“客观的基本原则规范”（objektive Gundsatznorm）、“客观的规范”（objektive Norm）、“客观的内涵”（objektiver Gehalt）、“客观的基本决定”（objektive Grundentscheidung）、“客观的价值决定”（objektive Wertenscheidung）、“客观的意涵”（objektive Bedeutung）、“客观的秩序”（objektive Ordnung），至于形容词“客观法上的”（objektiv-rechtlich）一词，法院则很少适用，这点与联邦宪法法院向来避免以“主观权利上”指称传统基本权利内涵的做法相互呼应。法院通常称以“对抗国家干预之主观防御权”“主观之防御权”“防御权”或保护“个人受保障之自由领域免于国家权力干涉”。[1] 至 20 世纪 70 年代后期，德国联邦宪法法院常常用“客观法内容”或“客观法功能”来代替价值秩序的称谓。[2]

我国学者也指出，基本权利的“客观法秩序功能”直接体现在《德国基本法》第 1 条第 3 款的规定：“以下基本权利拘束立法、行政及司法而为直接有效之权利。”按照这一规定，基本权利就是可以直接约束公权力运行的规则，也就是公权力主体要时刻以维护保障基本权利作为自己的基本考虑。[3] 而且，德国联邦宪法法院在具体的个案中指出，《德国基本法》第 1 条第 1 项第 2 句有关人性尊严的基本权利也具有双重属性。《德国基本法》第 2 条第 1 项之一般行为自由也缊含了“客观法上之规范”（objektive-rechtliche Vorgaben）。《德国基本法》第 2 条第 2 项第 1 句和第 1 条第 1 项关于一般人格权的规定并非仅仅在于保护人的尊严免受“直接的国家干预”，尚且还表现出一种“客观之规范”。《德国基本法》第 2 条第 2 项第 1 句之生命及身体完整性之权利，除具有防御权功能外，并蕴含有价值决定之基本原则规范。《德国基本法》第 2 条第 2 项第 2 句之人身自由权作为基本原则规范，构成一项

[1] Vgl. Hans D. Jarass, Die Grundrechte: Abwehr und objektive Grundsatznormen, in Festschrift 50 Jahre Bundesverfassungsgericht, Zweiter Band, 2001, S. 39 f. 本论文之翻译，参考李建良：《基本权利：防御权与客观之基本原则规范客观之基本权利内涵，尤其保护义务及形成私法之效力》，载苏永钦等译著：《德国联邦宪法法院五十周年纪念论文集》（下册），联经出版公司 2010 年版，第 43 页以下。

[2] BVerfGE 53, 30（57）; BverfGE NJW 1981, 1655（1656）; BverfGE EuGRZ 1987, 353.

[3] 张翔：《基本权利的规范构建》，高等教育出版社 2008 年版，第 107 页。

客观之价值决定。信仰自由含有一种个人之防御权，并在客观意义上，保障积极从事信仰活动之空间。在言论自由领域，"客观法原则"构筑了包括出版自由、广播电视自由和艺术自由等含有价值决定的宪法规范。在婚姻家庭领域，《德国基本法》第6条第1项之婚姻及家庭基本权中包含了价值决定的基本原则规范。《德国基本法》第6条第2项之父母亲权不仅保障了父母的自由决定权，而且它对于国家而言，也构成一种保护义务，亦即国家"促进并协助父母在一定的条件下"照顾其子女。《德国基本法》第7条第4项之讲学自由包含有"在防御性质之外请求国家补助之权利"。《德国基本法》第8条之集会自由和第9条之结社自由都含有客观价值决定的内涵，类似的条款还包括《德国基本法》第10条规定的通信及通信秘密权利，第12条规定的职业自由权，第13条所保障之住宅不受侵犯的权利。[1]我国台湾学者李建良教授认为基本权利的客观法功能包括以下几个方面。

第一，基本权利的客观法功能产生国家对于公民基本权利的享有和实现应负有提供保护的义务，这也就是基本权利的保护义务（Schutzpflicht）。人民可以根据基本权利向国家公权力机关请求保护其基本权利所保障的法益，以免受他人的非法侵害。[2]在公法领域，如《德国基本法》第5条第1款[3]使用了"保护"一词，德国联邦宪法法院在"第一次堕胎判决"中指出："保护义务要求国家必须保护基本权利，特别是使公民的基本权利免于受到第三人的侵害。"类似地，我们也可以通过在私法领域的债权保护义务来进行理解，如德国民法典第241条规定了"债之关系中的义务"（Pflichten aus dem Schuldverhältnis），该

[1] Vgl. Hans D. Jarass, Die Grundrechte: Abwehr und objektive Grundsatznormen, in Festschrift 50 Jahre Bundesverfassungsgericht, Zweiter Band, 2001, S. 39 f. 本论文之翻译，参考李建良：《基本权利：防御权与客观之基本原则规范客观之基本权利内涵，尤其保护义务及形成私法之效力》，载苏永钦等译著：《德国联邦宪法法院五十周年纪念论文集》（下册），联经出版公司2010年版，第43页以下。

[2] 张嘉尹：《基本权理论、基本权功能与基本权客观面向》，载《当代公法新论》（上），元照出版有限公司2002年版，第51页。

[3]《德国基本法》第5条第1款规定："人人有以语言、文字及图画自由表示及传布其意见之权利，并有自一般公开之来源接受信息而不受阻碍之权利。出版自由及广播与电影之报道自由应保障之。事前检查制度不得设置。"

条第 2 款也明定债权的保护义务。[1] 哥廷根大学著名公法学家施塔克教授则认为:“保护义务之表现形态，乃至联邦及各邦之立法者负有制定规范之任务，行政权负有执行保护性法律（包行使裁量权）之义务，宪法法院以保护义务为标准，审查立法者及行政权之相关作为及不作为，普通法院以保护义务为标准，审理民事案件，并做成裁判。”[2] 在此一“保护义务”的要求下，国家的立法机关、行政机关和司法机关都担负着相应的人权救济义务。

第二，基本权利的客观法功能还可以透过基本权利的“扩散作用”（Ausstrahlungswirkung），使得基本权利的效力及于整个法律秩序之中。在民事私法领域，基本权利的这一扩散作用被称之为“基本权利之第三人效力”（Drittwirkung von Grundrechten）。基本权利并非类似民法上的物权、债权等具体的权利可以在公民之间形成一种水平的权利义务关系，也就是说，基本权利并非在私人主体之间设定了一种类似“合同”那样可以直接诉诸法院救济的权利义务关系，民事主体间尚不能依据“基本权利条款”来直接请求某种法益的实现或者诉诸法院的救济。但是，基本权利却可以通过一种所谓的扩散作用或者涟漪效应来“参与”到民事权利的救济中。施塔克教授认为这是平等主体之间发生了基本人权上的侵害时，基本权利效力作用于私法关系上的一种效力。[3] 张嘉尹教授则认为，法院在审判中解释概括条款和不确定法律概念时，必须依据相关的基本权利的精神为之，这也就是基本权利在人民与人民交往之间发生的一种“间接效力”。[4]

第三，基本权利的客观法功能还要求国家设定相关的组织和程序以确保公民基本权利的实现。公法学说上通常将之称为“基本权利的组织和程序保

---

[1] Joachim Gernhuber, ed. Das Schuldverhältnis: Begründung und Änderung, Pflichten und Strukturen, Drittwirkungen. Vol. 8. Mohr Siebeck, 1989.

[2] Christian Stack:《基本权利之保护义务》，李建良译，载《法学、宪法法院裁判权与基本权利》，元照出版有限公司 2006 年版，第 411 页以下。

[3] Christian Stack:《基本权利之保护义务》，李建良译，载《法学、宪法法院裁判权与基本权利》，元照出版有限公司 2006 年版，第 411 页以下。

[4] 张嘉尹:《违宪审查中之基本权客观功能》，载《月旦法学杂志》2010 年第 185 期。

障功能”或者“制度性保障”（institutionelle Garantie）[1]。其法理的用意在于：通过组织和方法保护基本权利的实现，这是因为受制于权力结构的基本权利其实与国家公权力机关在组织和程序上的设计密切相关。德国学者施塔克将基本权利的组织与程序保障的意涵分为五种情况：（1）基本权利依赖特定的组织与程序保障；（2）基本权利于程序法上发生影响作用；（3）组织与程序作为实现基本权利的工具；（4）组织与程序保障规范作为调和法益冲突的手段；（5）从基本权利规定导出建构组织程序或参与程序的特别要求。例如，《魏玛宪法》第 119 条第 1 款规定“婚姻，作为家庭生活与民族维系及增长之基础，受宪法之特别保护”，可以被视为制度性保障的宪法依据。我国学者大多认为，为落实基本权利制度，立法机关所须建立的受到特别保护的制度包括：财产权制度、婚姻家庭制度、劳动保障制度、新闻传媒制度、大学自治制度等。[2]

---

[1] 制度性保障是大陆法系宪法学上的概念，原来是由法国宪法学者毛利思·奥里乌（Maurice Hauriou，1856—1929）等人发展出来的，其后再由德国威玛共和时期宪法学者卡尔·施密特（Carl Schmitt，1888—1985）将其概念进行体系化，因此而常被误以为是卡尔·施密特所创。卡尔·施密特提出了“制度性保障理论”，主张“制度”和“基本权利”二分，认为“某些既存或为宪法所肯认的制度须受宪法直接保护，立法者不得以法律任意变更其核心价值内涵”。施密特在《宪法学说》一书中说：“透过宪法法规……可以为某些特定的制度提供一种特殊的保护……”我国台湾地区“释字第 368 号”认为：就狭义而言，系指婚姻、财产、文官体系、地方自治团体等社会生活既存之事实而由各种复杂之法规加以规范，形成一种法制上之保障（Gewahrleistungen von Rechtsinstituten）用以与基本权利保障有所区别，参见 Carl Schmitt，Verfassungslehre，1928.Nachdruck 1993. S. 170ff.；derselbe，Verfassungsrechtlich-e Aufsaetze aus den Jahren 1924-1954，2. Aufl.，1973. S.140ff. bzw. 181ff。

[2] 李建良：《论基本权利之程序功能与程序基本权——德国理论的借鉴与反思》，载《“宪政”时代》2004 年第 29 卷第 4 期；李建良：《“制度性保障理论”探源——寻索卡尔·史密特学说的大义与微言》，载吴庚法官荣退论文集编辑委员会：《公法学与政治理论》，元照出版有限公司 2004 年版，第 222 页。我国台湾学者近年来也有反思“制度性保障”和“基本权利组织和程序保障功能”的见解，参见陈爱娥：《基本权作为客观法规范——以“组织与程序保障功能”为例检讨其衍生的问题》，载《宪法解释之理论与实务》（第二辑），第 252—257 页；杨智杰：《制度性保障说理模式对社会改革阻碍》（上）（下），载《台湾本土法学杂志》2004 年第 60 期、第 61 期；吴煜宗：《制度性保障》，载《月旦法学教室》2003 年第 10 期。我国大陆学者的研究参见张翔：《基本权利的规范构建》，高等教育出版社 2008 年版，第 114 页；欧爱民：《德国宪法制度性保障的二元结构及其对中国的启示》，载《法学评论》2008 年第 2 期；谭倩、袁立：《基本权利的“制度性保障”及其问题》，载《法制与社会发展》2013 年第 4 期。

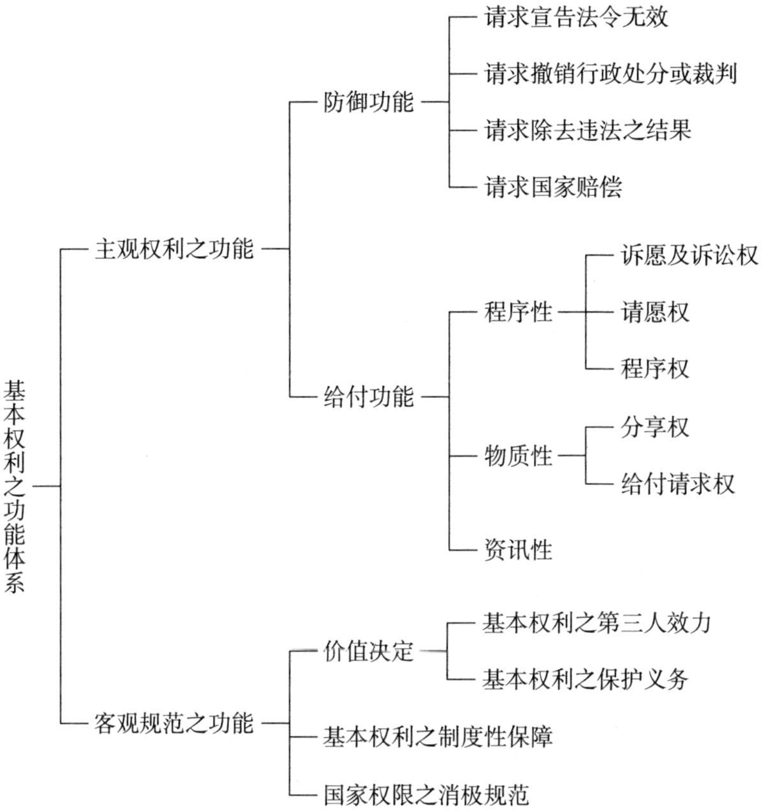

图 4-1　基本权利的功能体系 [1]

第二节　基本权利传统阐释框架的当代检讨

关于公民基本权利的分类问题，学术界有不同的做法。很多学者都把基本权利分为三类，但各不相同。第一种三分法是：（1）消极的基本权利，包括人身自由、言论自由等；（2）积极的基本权利，包括受教育权、接受国家救济权等；（3）参政权，包括选举权、罢免权等。[2] 第二种三分法是：（1）人身人格权利，包括人身自由、人格尊严权等；（2）政治权利与自由，包括选

---

[1] 李建良：《基本权利理论体系之构成及其思考层次》，载《人文及社会科学集刊》1997 年第 9 卷第 1 期；另参见张翔：《基本权利的体系思维》，载《清华法学》2012 年第 4 期。

[2] 王世杰、钱端升：《比较宪法》，中国政法大学出版社 1997 年版，第 61 页。

举权、出版自由等；（3）经济、社会和文化权利，包括工作权、最低生活保障权、受教育权等。[1] 第三种三分法是：（1）政治生活的基本权利；（2）社会生活的基本权利；（3）个人生活的基本权利。[2] 关于权利的探讨，英国著名社会学家马歇尔明确认识到："必须从权利和体现权利的制度事境（institutional context）来理解公民权，与权利是天赋的观点相比，用人权（human rights）概念来表达对公民权的理解这种思想，是一种真正的改进。"[3] 巴巴利特（J.M.Barbalet）也说道："研究权利只有在特定的制度化事境中才有意义，因而也只有在特定的物质条件下才能实现。"[4]

一、结构—功能主义的检讨

结构功能主义（Structural functionalism）又被称作功能主义（Functionalism）或功能学派（Functional school），其基本观点是将社会看成一个具有一定结构和组织化手段的系统，各社会组织有序的关联并对社会整体发挥有效功能。英国结构主义理论家安东尼·吉登斯（Anthony Giddens）在 1984 年《社会的构成》一书中这样描述了"功能主义"：

自孔德（Comte，1798—1857）以来的社会学家将生命科学看作社会科学最近似和最兼容的一个模型。生命科学被视为构建所有社会系统功能和结构、分析社会进化机制的一个典范……功能主义强调的是社会系统作为一个整体对其组成个体的优先性。[5]

美国著名社会学家帕森斯（Talcott Parsons，1902—1979）提出一个所谓的"AGIL 图式"来解释社会系统的运行，该理论也被视为系统功能学派阐

---

[1] 李步云：《宪法比较研究》，法律出版社 1998 年版，第 443 页。

[2] 李龙、周叶中：《宪法学基本范畴简论》，载《中国法学》1996 年第 6 期。

[3] 陈鹏：《公民权社会学的先声——读 T.H. 马歇尔〈公民权与社会阶级〉》，载《社会学研究》2008 年第 4 期。

[4] 巴巴利特：《公民资格》，谈谷铮译，桂冠图书股份公司 1991 年版，第 7 页；另参见拉尔夫·达伦多夫：《现代社会冲突》，林荣远译，中国社会科学出版社 2000 年版。

[5] Anthony Giddens, The Constitution of Society, MacMillan Press, 1984, p.88.

释力最强的理论之一。“AGIL 图式”中每个英文字母代表一个词语，每个词语都有丰富的内涵。其中 A 代表“适应”（Adaption），它是指一个系统必须适应环境，并从环境中获得可支配的资源，以求得自身的生存和发展；G 代表“目标实现”（Goal-attainment），指系统必须确立自身的目标，以及达到目标的手段；I 代表“整合”（Integration），指系统必须协调内部各部分的关系，以维持一定的和谐；L 代表“维模”功能，即潜在的模式维持功能（Latent pattern-maintenance），指系统必须使各部分具有动力和动机，并按一定的规范和秩序参与系统内部的过程，以维护和复制原有模式。[1] 帕森斯将社会系统适应、目标达成、整合、潜在模式维系的四种功能看作可以保持社会系统稳定的主要要素。美国社会学家罗伯特·金·默顿（Robert King Merton，1910—2003）发展了帕森斯的结构功能主义学说，提出了外显功能、潜在功能的理论。默顿把功能主义的主要观点概括为：（1）一个社会是由相互关联的各个部分组成的系统；（2）这样的社会自然会趋向一种动态平衡的状态，一旦出现不平衡，各种趋于稳定的力量将会出现；（3）一个社会的各种重复活动具有维持社会稳定的作用；（4）一个社会中至少有一些规范和重复的行动有着满足该系统关键需求的功能，否则此系统无法生存。

如果用结构功能主义（Structural functionalism）的观点来检讨今天学界关于“基本权利功能体系”的建构努力，基本权利的三重功能（防御权功能、受益权功能和客观法功能）的发掘至少在某种程度上体现为一种“整体观”视野下对基本权利本身的“解构”（De-construction）与“重组”（Re-organization）。无论是德国公法上所构建的一个金瓯无缺的完整体系的基本权利学说，还是日本和我国继受的基本权利体系化的思维，论者都无一例外地主张对基本权利“元概念”（meta-concept）的研究，即从知识论和本体论的角度俯视那些不同类型的具有丰富内涵的基本权利。笔者认为在功能结构主义的学理关照下，基本权利的传统功能体系构建仍然需要打通功能内外之间

[1] Talcott Parsons & Neil J. Smelser，Economy and Society. London：Routledge & Kegan Paul，1956. 中文翻译参考郑杭生：《社会学概论新修》（第 3 版），中国人民大学出版社 2003 年版，第 544—545 页；邱比力、赵泽洪：《结构功能主义视角下重庆“后打黑时期”黑恶组织现状分析及其长效治理》，载《犯罪研究》2011 年第 3 期。

的鸿沟和区隔，防止以静态的“权利观”来寻求权利保障在真实世界的“阐释力”不足的问题。具体说来有以下几个方面。

第一，基本权利的“权源”在于人民的意志，换做人权法上的说法，人权之根本权威来源在于人类对于主宰自己命运和行为的自我决定和自我展开。我们关于基本权利的观念大多来源于宪法的实在规定，并通过宪法权利的“阐释学”和“教义学”认为基本权利是宪法授予或恩赐人民的。笔者认为这种观点其实存在“权源”认识上的本末倒置，我们不禁要问——宪法的目的为何？宪法的终极目的为何？一言以蔽之，宪法的根本目的在于保护人民。即使“二战”后《德国基本法》吸取了《魏玛宪法》倚重庞大的基本权利条款而使之吞噬了“国家权力结构”的规范空间的惨痛教训，现行德国基本法第 1 条还是构建了一个以“人性尊严”为核心体系的宪法结构。以美国宪法为例，宪法制定之初，国父们就是否需要一个“权力清单”而争执不下，最终美国宪法的正文以精巧的国家结构设置的姿态展现出来，然而旋即，美国国父们还是发现：“人权法案”对于一个自由世界的存立必不可少。诸如纽约州和宾夕法尼亚州等州宪法无一例外将“人权法案”置于宪法之首。以言论自由（Free Speech）为例，人类的良心自由和言论自由是比宪法更古老的权利，近世立宪主义出现后，只不过是由宪法确认（confirm）了该项古老的权利。

第二，基本权利的功能体系是一个相互关联的各个部分组成的系统。对基本权利的类型化需要以系统的“差异”作为区分（Unterscheidung）标准。无论帕森斯（Talcott Parsons）所谓的系统的“整合（Integration）功能”（指系统必须协调内部各部分的关系，以维持一定的和谐）还是默顿（Robert King Merton）所说的“一个社会是由相互关联的各个部分组成的系统”，结构功能主义均强调系统之内部各个组成要素的互动和融合关系。基本权利的防御权功能、受益权功能和客观法功能三者在整个体系中是相互结合和相互促进的。例如，曾经试图区隔基本权利的“防御权”功能和“受益权”功能的观点在系统功能理论下失去了有效性，“权利一体化”理论才能够解释“自由权的受益权功能”和“社会权的防御权功能”。同时，由于基本权利保障人民生活的各个领域，人们对基本权利类型化的区分需要以人民生活领域之

“差异”作为区分标准。卢曼的系统（差异）理论最重要的一点即在于提供观察者一个绝佳的观察角度：正视社会差异。特别是在现代社会的演化之下，社会演化不断地制造分殊性与多元性的发展，社会即成为可能。由于宪法规范的保障领域可以涵盖人民生活的各个领域，所以区分社会各个次系统，并且探讨次系统应有的功能，并将之作为基本权利保障及衡量的基准，应具有正面的意义。[1]

二、权利对话中的制度主义的进路

英国公法学家杰夫·金（Jeff King）在研究宪法中的基本权利时首先从宏观的角度界定了权利对话中的“政治前提条件”，杰夫·金先生的研究素材选取的是具有浓厚普通法系传统的“英联邦国家”[2]。在他看来，权利理论与一个国家的政治、经济和文化制度紧密结合，对于具有“受益权”功能的经济、社会和文化权利，杰夫·金认为实施这些权利的核心政治前提条件如下：（1）在权力分立体制下，法院的裁判活动不受影响。（2）立法机关由公民通过普遍和定期的选举来产生。立法机关的立法活动建立在政治的合法性之上。（3）在社会国或福利国中，国家除了具有审判独立品质的法院之外还可能提供非司法性质的社会福利纠纷解决机构，如行政监察专员（Obudsmen）和行政诉愿。（4）宪法宣示或者保障公民的经济、社会和文化权利。（5）政治和经济资源或权力的分配在社会的富裕或贫困阶级存在非对

[1] 程项华:《“系统理论”作为宪法基本权利的解释方法——以“受教权”与“学术自由”之区分为例》，载 http：//www2.nsysu.edu.tw/sis/discuss/1A-2.pdf，最后访问时间：2020 年 3 月 24 日。

[2] 英联邦（Commonwealth of Nations）是一个国际组织，由 53 个主权国家（包括属地）所组成，成员大多为前英国殖民地或者保护国。英联邦元首为伊丽莎白二世女王，同时身兼包括英国在内的 16 个英联邦王国的国家元首，此 16 国构成了一个现代版的共主邦联。基于其历史渊源，虽然其正式名称直译是“国家联邦”，汉语中一般仍称为“英联邦”（中国内地、港澳地区）、“共和联邦”（马来西亚、新加坡）或“大英国协”（中国台湾地区）。英语里，一般通称为“the Commonwealth”（“联邦”），此外在非英联邦国家亦被称为“British Commonwealth”（“不列颠联邦”），用以区分世界其他联邦或邦联。参见 http：//zh.wikipedia.org/w/index.php?title= %E8%8B%B1%E8%81%94%E9%82%A6&oldid=30727711，最后访问时间：2020 年 3 月 24 日。

称性。[1]与基本权利的“阐释学”进路不同，杰夫·金采取了一种“制度主义”（institutionalism）的进路来研究基本权利的保障。与阐释学进路关注“是什么”（What）不同，制度主义进路关注“怎么办”（How）。笔者认为厘清基本权利的功能体系和基本内涵是权利研究的基础，但是权利的研究不能止步于“认识权利”，更要前行至“保障权利”。即使我们在思考基本权利条款的保障范围时，无法避免的问题是：“侵害”来自哪里？观察传统人民权利所面临的侵害来源，主要是来自国家。因此，宪法发展出保护人民的方法——强调政府组织方面的权力约束与制衡，其手段是以相互制衡的政府部门，达到避免对人民权利的侵害。[2]

（一）制度主义

所谓制度（Institutionalism）又可以被称为建制主义，是指通过制度规则的制定和制度设施的建立来规范个体行动、促进社会价值实现的一种社会科学思想。从广义而言，政治、经济、法律活动都可以在规范或者事实层面形成一个自成体系的制度。社会科学领域的制度主义有所谓古典制度主义、新制度主义、规范性制度主义、理性选择制度主义、历史制度主义等不同的流派。在众多关于制度主义的研究中，豪尔（Peter A. Hall）和泰勒（Roseary C. R. Taylor）的“三分法”具有较大的影响力和阐释力，这两位学者在1996年英国的《政治学研究》上共同发表了《政治科学与三个新制度学派》的文章，他们提出新制度主义可以被划分为历史制度主义、理性选择制度主义和社会学制度主义三个大的流派。[3]新制度主义影响最为巨大，其特征主要有：（1）人民过去对制度的理解，只限于以组织作为分析单位，新制度主义则以规则作为建制的分析骨干，强调建章立制的重要性，不限于以组织为单位来进行分析；（2）重视非形式的因素，以往分析制度，只局限于实质上的运作

[1] Jeff King, Judging Social Rights, Cambridge University Press, 2012, p.11.

[2] 程项华：《“系统理论”作为宪法基本权利的解释方法——以“受教权”与“学术自由”之区分为例》，http：//www2.nsysu.edu.tw/sis/discuss/1A-2.pdf，最后访问时间：2020年3月24日。

[3] 彼得·豪尔、罗斯玛丽·泰勒：《政治科学与三个新制度主义流派》，载何俊志、任军锋、朱德米：《新制度主义政治学译文精选》，天津人民出版社2007年版，第6页。

程序与规则，新制度主义则更注重建制内非形式因素对个体的影响，如某组织内群众对领袖的崇拜，便是非形式因素之一；（3）强调制度之间的差异性；（4）以往带有价值判断，新制度主义则强调对建制内价值的批判；（5）以往认为制度是独立运作，新制度主义则认为制度间是唇齿相依，例如国家如何增减一个政府部门，便受到担当议会角色的建制所监察。借鉴了社会科学中的“制度主义”思想，新立宪主义者在批判和改造传统法治理论的基础上提出了“制度设计者”观点。它关注实现宪制目标的制度性手段，亦即制度的实践理性层面、立宪实践层面，这些都深刻反映了美国宪制从纯粹自由放任主义向制度主义的转变。[1]

（二）人权保障的制度主义分析法的兴起

在法律领域，学者们关注从法律制度和法律设施本身来保障权利的思潮起始于“二战”后的哈佛法律学派，领先的学者包括 Henry Hart、Albert Sacks 以及 Lon Fuller。他们发展出三种权利保障的制度因素：（1）法院是理性论辩的场所；（2）理性论证在所有的决策过程中的统一性和连贯性；（3）公民通过合理的“制度性解决”遵守法律义务。该法学领域的制度学派发展到桑斯坦（Cass Sunstein）和维穆纳（Adrian Vermeule）时，两人则提出了所谓的法律阐释领域的“制度转向”（Institutional Turn）。[2] 德国公法学界也发展出布莱克蔓（Albert Bleckmann）与沃夫林（Thomas Wülfing）所称的“制度性的基本权理解”（institutionelles Grundrechtsverständnis），亦即将基本权视之为现实上的生活关系，将基本权作为特定制度的基础，而非“制度作为基本权的基础”。

杰夫·金认为人权保障领域制度主义的核心关注在于认识到“制度设施在宪法结构下的角色界限”（The Limits of The Institutional Role in the Constitutional Framework）。制度主义的人权保障进路的核心特征可以总结

[1] 郑祝君：《现代美国宪政理论的发展——从纯粹自由主义向制度主义的转变》，载《法商研究》2006 年第 5 期。

[2] C. R. Sunstein & A. Vermeule, Interpretation and institutions, 101 Michigan Law Review 885-951（2003）.

如下。[1]

第一，人权的制度保障意味着承担不同人权保护义务的国家机关之间对“不确定性”的接受。亦即立法机构、行政机构和司法机构可能基于其宪法设计下的角色功能定位的不同而对宪法规范的效力有着不同的理解。至于这种不同理解在多大程度上影响司法机关的最终的权利救济，制度论者的观点似乎不能达成一致。但杰夫·金倾向于赞同杰勒夫·沃顿（Jeremy Waldron）所谓的“合理分歧”（Reasonable Disagreement）需要考虑到司法机关的独立判断和代议机关的政治决定。

第二，人权的制度保障意味着对权利救济效果的关注和该种救济对社会整体的促进作用。由于前述的国家机关之间的“合理分歧”的存在，制度论者的关注点就在于权利救济对社会的效果。借用桑斯坦（Cass Sunstein）的“未完全理论化协议”（Incompletely Theorized Agreement）理论，宪法条款或行政法规标准中常常存在一些未完全具体化的原则或者规范，对于这些规范，尽管人们不明确它意味着什么的时候，社会大众也可能在一般原理和特定案例两个方面都存在分歧，但是人们最终可能在某个中等意义的原则上可以取得一致，在这个意义上，这种未完全理论化协议有助于建立一定程度上的社会稳定和社会团结。[2]

第三，人权的制度保障意味着制度设施之间的合作和协力（Inter-institutional collaboration）。就人权救济而言，承担国家义务的立法、行政和司法机关之间在“制度主义”的进路下是相互协力的关系，这种机关间的协作最终在于兑现宪法中的权利承诺进而增进社会的公平、正义和公共福利。杰夫·金进一步认为人权救济的任务分担是多重机构的，而非传统的“形式合理性”的立宪主义模式下的单一机构。立法机关、行政机关和司法机关三者都协力承担着人权救济的使命。正如宾汉（Bingham）勋爵在 Regina v. Lichniak 判决中所言，制定法所呈现出来的民主议会的已决意愿并非法院径

[1] Jeff King, Judging Social Rights, Cambridge University Press, 2012, pp.136-140.

[2] C. R. Sunstein, Incompletely theorized agreements. 108 Harvard Law Review, 1733, 1739-1740.（1995）.

行判决的唯一理由，民主选举机构所孕育的如何将社会问题更好解决的方案也会使得法院判决接纳。[1] 事实上，现代宪制下的权力分工制度已经超越了传统“形式主义”模式下的互相制约和平衡，在很多时候，行政机关、立法机关和司法机关协力保障人权的趋势已经很明显了。

第三节 基本权利的分析实证主义进路——以积极自由和消极自由的关联为例

一、两种自由的概念——以赛亚·伯林为核心的探讨

英国社会和政治理论家以赛亚·伯林于1958年10月31日在牛津大学做了“两种自由的概念”（Two Concepts of Liberty）的著名演讲，该演讲稿随后以57页纸的单行本出版，又被收录于其在1969年出版的《自由四论》（Four Essays on Liberty）一书。因为任何关于社会科学问题的哲学、政治学抑或法学的探讨都仰仗于用语言所负荷的概念，而语言的表面之下具有隐蔽的逻辑结构，因为人们常常忽视了这种隐蔽的逻辑结构才导致语言和概念的误用与混淆。不同于营造系统理论的康德、黑格尔、罗尔斯、哈贝马斯，以赛亚·伯林英美分析哲学（Analytical Philosophy）的思路重新诠释了“何为自由”这样一个宏大的社会科学问题。他的主张中透露的往往是批判性的（Critical）而不是论断性的（Dogmatic），他旨在指出限制而不是堆砌希望，目的在于警醒而不在于鼓吹。[2]

正如以赛亚·伯林在论文开篇的导言中所申明的那样：积极自由（Positive Liberty）是一个普遍有效的目标（A Valid Universal Goal），一个民主的自治政府乃是人类本性使然。无论这种自由与消极自由（Negative Liberty）或者其他任何的目标相冲突，这种自由都是具有其内在正当性价值的。无

[1] Regina v. Lichniak, [2002] UKHL 47, para 14; also see Brown v. Stott [2001] 2 WLR 817 pp.834-835, p.842; R.(Mahmood) v. Secretary of State for the Home Department [2001] 1 WLR pp.840, 854-855, para.33, p.856, para.38.

[2] 钱永祥:《纪念柏林之死》，载《二十一世纪》1997年第44期。

论两者间具有任何共同的根基或者他们本身招致了任何严重的误用，以赛亚·伯林所要阐明的就在于：积极自由和消极自由是两种不同的概念。[1] 与很多后来的误读误解者所不同的是，以赛亚·伯林在论文的开篇就明确了其所要阐释的目的和重心在于积极自由，而非消极自由。

由于政治理论是道德哲学的一支，而道德哲学的起点，是在政治关系的领域里发现或应用的道德观念（Douglas Cloe）。那么关于政治理论领域“服从与强制”的问题，最核心的道德哲学问题存在着以赛亚·伯林所谓的“消极”意义和“积极”意义两个方面。就“消极”意义而言，核心的问题是：“在何种限度以内，某一主体（一个人或一群人），可以或应当被容许做他/她所能做的事，或成为他/她所能成为的角色，而不受到别人的干涉？”就“积极”意义而言，核心的问题是：“什么东西或什么人有权控制或干涉从而决定某人应该去做某件事情或成为某种人，而不应该去做另一件事或者成为另一种人？”这两个问题的答案，虽然可能有重叠之处，但显然是不同的问题。[2]

二、“消极自由”的问题

关于自由，一般我们所谈论的起点都是所谓的“消极自由”。以赛亚·伯

---

[1] Isaiah Berlin, Two Concepts of Liberty (1958), In Isaiah Berlin, Four Essays on Liberty, Oxford: Oxford University Press, 1969, p.118; Isaiah Berlin, Two Concepts of Liberty, in Michael Rosen, Jonathan Wolff & Catriona McKinnon, Political Thought, Oxford University Press, 1999, pp.124-128. 本书中文翻译时参考了陈晓林译本，［英］以赛亚·伯林:《自由的两种概念》，载《自由四论》，陈晓林译，联经出版社 1986 年版，第 37—42 页。

[2] Isaiah Berlin, Two Concepts of Liberty (1958), In Isaiah Berlin, Four Essays on Liberty, Oxford: Oxford University Press, 1969, pp.118-172; Isaiah Berlin, Two Concepts of Liberty, in Michael Rosen, Jonathan Wolff & Catriona McKinnon, Political Thought, Oxford University Press, 1999, pp.124-128. 以赛亚·伯林的原文表述如下: The first, shall call the “negative” sense, is involved in the answer to the question “What is the area within which the subject-a person or group of persons-is or should be left to do or be what he is able to do or be, without interference by other persons?” The second, which I shall call the “positive” sense, is involved in the answer to the question “What, or who, is the source of control or interference that can determine someone to do, or be, this rather than that? ”

林所谓的“消极自由”是“指一个人能够不受别人阻扰而径自行动的范围”，自由在这个意义上可以表述为“免于……干涉 / 阻止的自由”（Freedom from interference or hindrance）。如果将这种自由放在一个具有正当性强制力的国家结构里面，公民的自由就是公民能够按照自己的自由意志自由地思考或从事他们意欲从事的任何事情而应该免于政府恣意或者不能够在法律制度下正当化的干涉。对于一个充分保障公民言论和行为自由的国家，公民也可能产生一种所谓的“不能”或者“无力”。例如，现代人也常用的两个用语“经济自由”（Economic Freedom）及与此相对的“经济奴役”（Economic Slavery），阐明了一种“穷人”或者“能力不足者”不能够购买面包、环游世界等情形，那么这些人是否被剥夺了自由呢？以赛亚·伯林的回答是否定的，因为在他看来法律并没有禁止一个人去购买面包、环游世界等事情，只是因为部分人的“能力不足”而不能够实现而已。以赛亚·伯林引用卢梭的话证明“事物的本性不会使我们疯狂，唯有不良的企图，才会使我们如此”[1]。

（一）消极自由的限制和可能范围

以赛亚·伯林接下来结合英国古典自由放任主义理论探讨了“自由”的范围与限制问题。在自由的范围问题上，一方面，自由并非漫无边际的我行我素。绝对的自然自由（Natural Freedom）会导致社会的混乱，在这种混乱中，人类的最低限度之需求都无法获得满足，且弱者的自由会被强者剥夺。就如托尼（R. H. Tawney）所比喻的那样“梭子鱼的自由就是鲤鱼的末日”（Freedom for the Pike is Death for the Minnows）。基于此，自由可以因自由之故而受到法律的限制，目的在于创造一个人们认为可欲的（Desirable）人际联合（Social Association）。以赛亚·伯林在这一点上赞同英国的洛克（Locke）与密尔（Mill）、法国的康斯坦（Constant）和托克维尔（Tocqueville）等思想家的观点：个人自由应该有一个无论如何都不可侵犯的最低范围。但是这个最低范围小到什么地步就是另外一个问题——我们应当在“私人生活领域”（Area of private life）和“公共权威领域”（Area of public authority）划定一道

[1] Emile, book 2: p. 320 in Oeuvres completes, ed. Bernard Gagnebin and others (Paris, 1959), vol. 4.

界限。至于这个界限的划分，在以赛亚·伯林看来，“个人拥有的最低限度的自由”这一理念在于：如果我们抛弃它，我们就违逆了人性本质。所以，那些人性赖以存立的基本自由就是公民可以绝对行使自由的范围。根据自然法、自然权利，或边沁的功利原则，或某种康德所谓的定言令式（Categorical Imperative），或社会契约的神圣不可侵犯性，或人类用来厘清并支持他们的信念的其他任何概念，自由都是“免于……的自由”（Liberty from……）；亦即这种自由在变动不居的但永远可以辨认出来的界限以内，不受任何干扰。如伟大的思想家杰弗逊（Jefferson）、柏克（Burke）、潘恩（Paine）、密尔（Mill）所认为的：至少言论自由、思想和良心的自由、财产权应该在任何时候都得到尊重和保障。这样一来，国家的作用呢？在一个建构法律体系的政治结构中，国家就成为拉萨尔（Lassalle）所认为的“守夜者”（night-watchman）或“交通警察”（Traffic Policeman）。[1]

（二）消极自由和自由实现的条件

以赛亚·伯林进一步区分了“自由”和“自由的条件”（Conditions of Liberties）。他认为若没有充分的条件去行使那些所欲的自由，那么自由的意义究竟何在呢？他引证陀思妥耶夫斯基（Dostoevsky）的观点说道：“鞋子比普希金更重要”（Boots are superior to Pushkin）。以赛亚·伯林以“一个牛津大学院长的自由和一个埃及农夫的自由”举例，认为对那些吃不饱、穿不暖、生了病、不识字的人，说要给他们政治权利，而且不让政府来干涉他们，等于在嘲弄他们的落魄；因为他们必须先获得医疗上的帮助，必须先接受教育，然后才能够了解他们所能享有的自由，再进一步去运用这种自由。[2]

也正是基于这种对自由所实现的条件的关注，以赛亚·伯林认为埃及农

[1] Isaiah Berlin, Two Concepts of Liberty (1958), In Isaiah Berlin, Four Essays on Liberty, Oxford: Oxford University Press, 1969, p.118; Isaiah Berlin, Two Concepts of Liberty, in Michael Rosen, Jonathan Wolff & Catriona McKinnon, Political Thought, Oxford University Press, 1999, pp.124-128.

[2] Isaiah Berlin, Two Concepts of Liberty (1958), In Isaiah Berlin, Four Essays on Liberty, Oxford: Oxford University Press, 1969, p.118; Isaiah Berlin, Two Concepts of Liberty, in Michael Rosen, Jonathan Wolff & Catriona McKinnon, Political Thought, Oxford University Press, 1999, pp.124-128.

夫在享有个人自由之前，必须先获得衣物与医药，同时他对后者的需要也更甚于前者。在这个方面，有两个作家的观点值得我们进一步反思。其中一个是俄罗斯作家别林斯基（Vissarion Belinsky）所说：“如果别人的自由被剥夺，如果我的同胞兄弟仍然生活于穷困污秽之中，如果他们还生活在脚镣手梏之中，那么，我也不要自由，我用双手拒绝这些自由，我宁愿和我的同胞兄弟，同甘共苦。”另一个是美国工会领袖德布斯（Eugene Victor Debs）所说：“只要还存在下层阶级，我就是他们的一员。”基于此，以赛亚·伯林认为自由并不仅仅意味着不受任何挫折——如果以此为自由的意义，则“自由”这个词的意义终必膨胀——最后它所代表的意义，要不是太多，就是太少。

以赛亚·伯林认为：如果我的自由、我所处的阶级或者我所在的国家的自由是建立在人类其他部分的不幸或者遭遇之上的，那么一个推动或者促进这种自由的体制就是一个不正当的和不道德的制度。如果我牺牲或者减少我的自由以期降低这种不平等的程度，但是却没能够在实质上增加他人的自由，那么一种“绝对自由流失”（Absolute loss of liberty）的情况就会发生。基于这种考虑，人类社会生活中的一些人的自由必须做出牺牲来满足其他人的自由。

（三）密尔的自由观及以赛亚·伯林的反思

密尔（John Stuart Mill，1806—1873）认为，社会的和谐或者进步与这样一种观念是相容的——社会应该接纳一片广大的私领域空间（A large area for private life），在这个空间内，国家或者任何其他的权威都不容许僭越。[1] 霍布斯（Hobbes）赞同了密尔的观点并进一步认为：为了阻止人和人之间相互摧残或者使得人类的生活进入一个“人人相食”（*bellum omnium contra omnes*）的“丛林”状态，一种更强的安全机制应该被建立起来。霍布斯主张通过建立一个中央集权的国家机器来达到确保个人自由和安全的制度。

针对密尔的自由观，以赛亚·伯林进行了三方面的反思和评述。首先，密尔混淆了两种不同的概念。一方面，任何形式的强制，即使是为了阻止他人

[1] J. S. Mill，On Liberty，chapter i：p. 226 in Collected Works of John Stuart Mill，ed. J. M. Robson（Toronto/London，1981），vol. 18.

或者更大的恶来干涉一个人的自由意志，都是不好的。这是“自由”在其“消极”意义上的一种典型的形式。另一方面，人类需要去获得真理——批判性的、原发的、想象的、独立的和与众不同的新知，这种知识的获得只能在自由的条件下才可能。这两个方面并非混同的，两者的联系至少是经验的（empirical）。但是，人类的历史告诉我们真理的获得或者自由放任主义的生长常常是在严格的具有高度纪律性的共同体当中，如苏格兰或者新英格兰的加尔文清教徒。以严格的功利主义观点来看，密尔如果坚持其不加区分的观点将会造成一种困境。其次，密尔的自由观仅仅是自由的一个现代版本。正如孔多赛（Condorcet）的研究所表明的，极度的个人主义的观念在古罗马和古希腊的法律概念体系中是付之阙如的，这个研究结果似乎对于犹太人、中国人和其他古老的文明同样适用。最后，密尔的自由观确实对于自由政治来说尤为必要，但是这种自由观主要集中关注在国家管制或者强制的领域，并未注意其来源。事实上，民主就意味着剥夺了许多自由个体的很多自由。[1]

即使自治政府相比其他任何形式的政府都较好地保障了自由，自由的概念在很多经典自由放任主义者那里并没有必然地和民主或者自治政府相联系起来。在以赛亚·柏林看来，个人自由并不在逻辑上必然与民主体制相互联系，要回答这个问题，需要在逻辑上区分两种不同的问题——“谁统治我？”或“政府在多大程度上可以合法地干涉我？”也正是在这个意义上，消极自由和积极自由两组概念之间的区别也得以彰显。积极自由要处理的问题不是“我可以自由地成为什么，或自由地做哪些事？”而是“谁统治我？”“谁有权决定我是什么人，不是什么人？应该怎么样，做什么事？”[2]

---

[1] Isaiah Berlin, Two Concepts of Liberty (1958), In Isaiah Berlin, Four Essays on Liberty, Oxford: Oxford University Press, 1969, p.118; Isaiah Berlin, Two Concepts of Liberty, in Michael Rosen, Jonathan Wolff & Catriona McKinnon, Political Thought, Oxford University Press, 1999, pp.124-128.

[2] Isaiah Berlin, Two Concepts of Liberty (1958), In Isaiah Berlin, Four Essays on Liberty, Oxford: Oxford University Press, 1969, p.118; Isaiah Berlin, Two Concepts of Liberty, in Michael Rosen, Jonathan Wolff & Catriona McKinnon, Political Thought, Oxford University Press, 1999, pp.124-128.

三、“积极自由”的问题

为了阐发“积极自由”的观念，以赛亚·伯林首先从“自由”一词的本来含义出发，他指出：所谓的“自由”与“自主”（Self-Mastery）一词有着深刻的关联，即每个人生活在这个世界上都本能地会希望自己可以决定一个真实的自我存在，自由意志的展开不受到外在的强制力的束缚，类似于这样一种表述：“我是自己的主人”“我不是任何人的奴隶”。基于这种自由意志的自我决定和自我展开，每个人都能够成为主宰自己命运的“行为者”（Doer）。但是以赛亚·柏林也指出：

以做自己主人为要旨的自由，和不让别人妨碍我的选择为要旨的自由，表面上来看，似乎没有什么重大的逻辑差距，只不过是同一件事的“消极”与“积极”描述方式而已。但是，在历史上，“积极”与“消极”的自由观，却朝着不同的方向发展，而且不一定依照逻辑常理，终至演变成直接的冲突。[1]

（一）两个“自我”

以赛亚·伯林随后提醒道：在“自我”的解放过程中，人类不是曾经一面知觉到那个在主宰事物的“自我”（Self），另一面又知觉到在他们内心里，有某些东西也被驯服了吗？随后以赛亚·伯林区分了两种形式的“真实”的自我：一种是纯粹不与任何社群发生任何联系的原子化的“自我”，这个“自我”是我们每一个人所真真实实感受到并存在着的“自我”；另一种“自我”被人类看成理智，看成“更高层次的本性”，看成那个计算并争取终能使它满足之物的自我，看成“真实的”“理想的”“自主的”自我，或看成“表现得最好时候”的自我。这样，一个“整体”于是被看成“真正的”（True）自我，它将集体的、“有机的”（Organic）、独一无二的意志，强加在顽抗的

---

[1] Isaiah Berlin, Two Concepts of Liberty (1958), In Isaiah Berlin, Four Essays on Liberty, Oxford: Oxford University Press, 1969, p.118; Isaiah Berlin, Two Concepts of Liberty, in Michael Rosen, Jonathan Wolff & Catriona McKinnon, Political Thought, Oxford University Press, 1999, pp.124-128.

"成员"身上，从而获得它自己的"更高层次"的自由。[1]

以赛亚·伯林对两个"自我"的阐发揭开了作为"经验界的"自我（Empirica1 Self）以及"被他人或别种律则支配的"（Heteronomous Self）自我之间的细微差别。人们在通过自己的自由意志行使自己的自由权的时候，通常的情况是，"经验界的"自我（Empirica1 Self）总是会被看作一个更高的自我的一个实现途径，用以赛亚·伯林的话来讲，两种自我，还被一条更大的鸿沟隔开：那个真实的自我，还可以被看成某种比个人（一般意义下的个人）更广泛的东西，它可以看成个人只是其中一个因素或一个层面的社会整体。通过这种分析，以赛亚·伯林也解释了为什么集体的意志可以通过一个更高的"自我"来凌驾于经验世界中的"自我"，随之，在政治哲学的实践中，就会有人强制他人，要将他们提升到"更高"的自由水平。以赛亚·伯林进一步解释道：只要是人类的真正目标，诸如幸福、责任之履行、智慧、公正的社会或自我完成等存在，它便一定能和他们的自由相吻合，而这自由是：自由地选择他"真正的"、但经埋没而未得表明的"自我"。

（二）积极自由中应该区分的问题

以赛亚·伯林认为应该区分政治理论中个体自由意志的真正意思和政治共同体为了个人自由实现而做出的真正意思。 用他的原话表述就是：把X实际上追求、并选择的东西和假如X是另一种人，或X还未发展成的那一种人，可能会去选择的东西之间画上等号，是一种可怕的作为，是一切主张"自我实现"（self-relization）的政治理论的核心。为了说明这个观点以赛亚·伯林举了两个例子，并区分了这两个例子。

例子1：I know what is good for X ，while he himself does not；and even to

[1] Isaiah Berlin，Two Concepts of Liberty（1958），In Isaiah Berlin，Four Essays on Liberty，Oxford：Oxford University Press，1969，p.118；Isaiah Berlin，Two Concepts of Liberty，in Michael Rosen，Jonathan Wolff & Catriona McKinnon，Political Thought，Oxford University Press，1999，pp.124-128.

ignore his wishes for its – and his – sake.[1]

我知道什么对X君有好处，而他本人并不知道，甚或说，我为了X本人好，才忽视他的愿望。[2]

例子2：He has *eo ipso* chosen it，not indeed consciously，not as he seems in everyday life，but in his role as a rational self which his empirical self may not know–the ‘real’ self which discerns the good，and cannot help choosing it once it is revealed.[3]

他自己选择了那些事情，虽不是有意识地，不是日常生活里他所做的选择，而是那个“经验自我”所不知道的“理性自我”做出的选择，也就是那个能体察何者为善，且当善一经揭露，就经不住要选择“善”的“真实”自我所做的选择。[4]

正如以赛亚·伯林认为的那样，自由在积极意义上所要处理的核心问题是：“什么东西或什么人有权控制或干涉从而决定某人应该去做某件事情或成为某种人，而不应该去做另一件事或者成为另一种人？”基于上述两个例子的启示，以赛亚·伯林认为，如果一个人基于一个个体“理性不足”而看不到某种好处就施加强制力，容易扩大“自我”的范畴。

四、本书见解——重新发掘和理解“两种自由观”

正如威廉·詹姆士（William James）曾经很公正地以此来嘲弄黑格尔学派的人物那样，对“消极自由”的概念，人们无疑也可以轻易施展魔术般的

[1] Isaiah Berlin，Two Concepts of Liberty（1958），In Isaiah Berlin，Four Essays on Liberty，Oxford：Oxford University Press，1969，p.118；Isaiah Berlin，Two Concepts of Liberty，in Michael Rosen，Jonathan Wolff & Catriona McKinnon，Political Thought，Oxford University Press，1999，pp.124-128.

[2] 中文翻译参考陈晓林译本，进一步参见［英］以赛亚·伯林：《自由的两种概念》，载《自由四论》，陈晓林译，联经出版社1986年版，第37—42页。

[3] Isaiah Berlin，Two Concepts of Liberty（1958），In Isaiah Berlin，Four Essays on Liberty，Oxford：Oxford University Press，1969，p.118；Isaiah Berlin，Two Concepts of Liberty，in Michael Rosen，Jonathan Wolff & Catriona McKinnon，Political Thought，Oxford University Press，1999，pp.124-128.

[4] 中文翻译参考陈晓林译本，进一步参见［英］以赛亚·伯林：《自由的两种概念》，载《自由四论》，陈晓林译，联经出版社1986年版，第37—42页。

转化或“戏法”。在转化后的情况下，“不准别人干涉的自我”，已经不是一般人心目中拥有一些实际希望与需求的个人，而是内在的“真”人：这个内在的“真”人，在追求某些“经验自我”所无法想象到的理想目的。同时，就像“积极”自由的自我一样，这个东西还可以膨胀成某种“超个人的”（super-personal）东西，如国家、阶级、民族、历史的迈进等。这些东西都被认为是比“经验自我”更能代表某些特征的、更“真实”的主体。

“积极自由”的观念，认为自由即“自主”（self-mastery），实际上已经暗示了自我分裂交战之意，在历史上、学理上以及实践上，已经轻易地助成了人格的剖分为二；其一是先验的、支配的控制者，其二则是需要加以纪律、加以约束的一堆经验界的欲望与激情。以赛亚·伯林写作《两种自由的概念》的目的就在于戳穿启蒙思想躲在各种“消极自由”背后的整体一元论倾向。其所谓的一元论泛指一种极为普遍的根本信念，无论是世界万有、我们的知识或是人类所追求的目标和价值，本质上都构成了融贯、和谐和统一的整体，借着科学研究、宗教启示、个人修为或形而上学的思考，最后总可以发现这些体系的整合原则与终极目的，韦伯称之为“宇宙—伦理的理性主义”。[1] 以赛亚·伯林深信：人类所追求的目标和价值不仅杂多而且相互冲突，这些价值无法形成一个高下各有定位的层级体系，也缺乏一个可以丈量从而判断先后次序的尺度，价值冲突不仅存在于团体之间与个人之间，也存在于不同人类活动领域之间，甚至在个人的内心深处也会不时爆发。[2]

海内外学者大多根据主观臆测和笼统地推理就认为消极自由是公民排除政府干涉的权利，而积极自由则是要求政府主动履行作为义务的权利。经过上述分析，笔者认为通行的观点是对以赛亚·伯林“两种自由观”的误读和误判，经不起在分析实证法哲学下的严格检讨与反思。

美国法理学家和宪法学家史蒂芬·霍尔姆斯、凯斯·R. 桑斯坦认为：消极权利禁止政府，并把它拒之门外；积极权利需要并盛情邀请政府。前者需要公职人员“蹒跚而行”，而后者需要公职人员“雷厉风行”。消极权利的特点是保护自由，积极权利的特点是促进平等。前者辟出一个私人领域，而后

[1] 钱永祥：《纪念柏林之死》，载《二十一世纪》1997 年第 44 期。

[2] 钱永祥：《纪念柏林之死》，载《二十一世纪》1997 年第 44 期。

者要再分配税款。前者是剥夺与阻碍，后者是慈爱与奉献。[1] 正如奠定近代立宪主义哲学基础的思想家约翰·洛克（John Locke）所言："问题不在于是否需要一种政治权力，而在于这种政治权力被赋予了谁。"

第四节　经济、社会、文化权利的用语分歧与详细概念的厘定与统一

一、用语分歧

海内外学术和实务界在经济、社会、文化权利的用法和称谓上存在很大的差异，即使在实证法层面，立法者似乎都结合了语境和习惯上的差别而采用了不同的术语。这些学术语言和法律语言在使用上的不同，形成了一系列具有某种共同语用功能特征的相似概念，这些相似概念的适用部分是因语言互译而生，部分是由于法律传统和法律思维的不同造成的。面对这些用语分歧和相似概念，论者大多倾向于一种法律概念构建的类型化努力，一方面满足这种法律术语的运用易于统摄和涵盖所有相关的下位权利概念，另一方面将这种法律术语融入法律概念的历史性结构并取向于其规范功能。这些努力最明显的例证便是以德国为代表的大陆法系"概念法学派"和"价值法学派"的进路——前者系借着抽象程度较低的概念涵摄于"较高等"之下，最后可以将大量的法律素材归结到少数"最高"概念上；后者则力求使法律概念负荷一定的价值标准和功能特征使得逻辑严密的"概念之塔"转变为一种所谓的"规范功能的"概念体系。[2] 在经济、社会、文化权利的用语分歧上，国际和国内法学界在用法和称谓上总体可分为以下几类：其一，取向于宪法概念抽象化和一般化的"社会基本权"、"宪法社会

---

[1] [美] 史蒂芬·霍尔姆斯、凯斯·R. 桑斯坦：《权利的成本——为什么自由依赖于税》，毕竞悦译，北京大学出版社 2004 年版，第 23 页。

[2] [德] 卡尔·拉伦茨：《法学方法论》，陈爱娥译，商务印书馆 2005 年版，第 317 页。

权”（基本社会权）、“受益权”（基本受益权）、“生存权”。[1] 其二，取向于法律概念的功能和目的特征并将规范功能具体化的“社会—经济权利”（经济和社会权利）、“经济—社会权利”（经济性和社会性权利）、“社会权利”（社会性权利），经济、社会、文化权利和社会福利权利。[2] 其三，取向于国际公法和国际人权法中以“世代”观点观察和理解人权的“经济、社会、文化权利”“经济—社会人权”“社会福利人权”。国内宪法学界将经济、社会、文化权利类似具有国家积极给付义务内涵的积极权利称为“受益权”的说法，大多继受了德国帝国时期公法学者耶利内克的身份理论。耶利内克从公民的消极地位（status subjectionis）、积极地位（status liberates）、主动地位

[1] 就一般意义而言，围绕“宪法上的权利”，各国宪法学有不同的用语。一般而言，英美学者倾向于将之称为“人权”（Human Rights），而德国学者则习惯于“基本权利”或“基本权”（Grundrechte）的称谓，该词英译为“Basic Rights”，其中涵盖 Menschenrechte 与 Burgerrechten，前者相当于“人权”，而后者仅指对德国国民予以保护的权利，相当于公民权，德国现行基本法上所采用的“基本权”用语，即包括两者的广义的概念；不少日本学者似乎取其平衡，采用“基本人权”的说法，这一概念在其他国家也有使用，英文表达为 Fundamental Human Rights。参见韩大元、林来梵、郑贤君:《宪法学专题研究》（第 2 版），中国人民大学出版社 2008 年版，第 285 页。关于人本学者用法参见［日］小林直树:《宪法学》（新版）（上），东京大学出版社 1980 年版，第 237 页。

[2] 在我国大陆，许崇德、韩大元、林来梵、郑贤君、董和平、李树忠等学者采用的是“社会经济权利”的称谓并认为这个宪法阐释学上的复合术语是指宪法所保障的有关经济活动或经济利益的自由权利。参见韩大元、林来梵、郑贤君:《宪法学专题研究》（第 2 版），中国人民大学出版社 2008 年版，第 396 页。郑贤君教授在 2010 年出版的《基本权利原理》中使用“社会权利”这一概念并认为“社会权利”包括三类权利：经济权利、狭义的社会权利和文化权利。龚向和使用“社会权”这一称谓并认为社会权是公民要求国家对其物质和文化生活积极促成以及提供相应服务的权利。参见龚向和:《作为人权的社会权》，人民出版社 2007 年版，第 8—15 页。黄金荣使用的是“经济和社会权利”的用法。参见黄金荣:《司法保障人权的限度：经济和社会权利可诉性问题研究》，科学社会文献出版社 2009 年版，第 18—25 页。胡敏洁女士亦使用社会权的用法并且把“福利权”作为社会权的一个下位概念。参见胡敏洁:《一种富有争议的权利：论福利权的法律性质》，载《河北法学》2007 年第 10 期；胡敏洁:《福利权研究》，法律出版社 2008 年版。谢瑞智、林纪东等我国台湾地区学者则使用的是“受益权”的表述并指涉那些要求国家行使统治权积极予以保障的特定权利。参见谢瑞智:《宪法大辞典》，千华出版社 1993 年版，第 245 页；林纪东:《比较宪法》，台湾五南图书出版公司 1980 年版，第 247—257 页。（我国台湾地区学者所使用“受益权”一词深受王世杰先生《比较宪法》的影响，而王世杰先生早年留学欧洲曾受到耶利内克的“身份理论”的强烈影响。）日本学者和一部分中国大陆学者则采用“生存权”（the right to subsistence）的语词，参见［日］大须贺明:《生存权论》，林浩译，法律出版社 2001 年版。

（status civitatis）和被动地位（status positivus）[1] 发展出了人民的“受益权”概念，这种理论由我国著名比较宪法学家王世杰先生在民国期间引入并得到了近代宪法学说的普遍接受。随着时代的发展和权利内涵的丰富，在国际人权法学界，大多数学者遵照 1966 年《经济、社会、文化权利国际公约》的称谓和用法将公约所指涉的诸如工作权（劳动权）、受教育权、社会保障权、适足生活水准权、健康权、住房权、文化活动权统称为“经济、社会、文化权利”（Economic, Social and Cultural Rights），简称为“经社文权利”（ESCRs），[2] 也有的学者称之为“经济和社会权利”（Economic and Social Rights）、“社会—经济人权”（Social-Economic Human Rights）或者“社会权”（Social Rights）。[3] 近年来，由于经济、社会权利在国际上的普遍接受，学术界也出现新增英文

---

[1] G. Jellinek, *System der subjektiven öffentlichen rechte*. 2nd edn.（Tübingen, 1905）86 f. 耶利内克的“身份理论”所对应的公民权利可以简要罗列如下表：

公民在宪法上的地位	公民与国家的关系	公民的基本权利和义务
消极地位	对抗国家的干预	自由权
积极地位	请求国家实现	经济、社会、文化权利
主动地位	参与国家的管理	政治权利
被动地位	服膺国家的管理	义务

[2] 参见柳华文:《论国家在〈经济、社会和文化权利国际公约〉下义务的不对称性》，北京大学出版社 2005 年版；柳华文:《经济、社会和文化权利可诉性研究》，中国社会科学出版社 2008 年版；扬松才:《经济、社会和文化权利国际公约若干问题研究》，湖南人民出版社 2009 年版；Stephen P. Marks, “The Past and Future of the Separation of Human Rights into Categories”, 24 Md. J. Int ‘l L. 209; Kitty Arambulo, “Drafting an Optional Protocol to the International Covenant on Economic, Social and Cultural Rights: Can an Ideal Become Reality? ” 2 U.C. Davis J. Int’ l L. & Pol’ y 111.

[3] Malcolm Langford (ed.), *Social Rights Jurisprudence: Emerging Trends in International and Comparative Law*,（Cambridge University Press, 2009）; Asbjørn Eide, Catarina Krause and Allan Rosas（eds.）, *Economic, Social and Cultural Rights: A Textbook*, 2nd revised Edition,（The Hague: Martinus Nijhoff Publisher, 2001）; Asbjørn Eide, “Realization of Social and Economic Rights and the Minimum Threshold Approach,” 10 Human Rights Law Journal（1989）（No.1-2）, 35.

词汇“Socioeconomic rights”专门指代“经济社会权利”。[1]

二、相似概念的厘定与统一

本书基于权利术语的规范性和严格性采“经济、社会、文化权利”的用语，它指称的是我国宪法第42条至第49条所规定的诸如劳动权、受教育权、获得物质帮助权、社会保障权、文化活动权等具有共通性特征的一组“权利群”。经济、社会、文化权利作为一组“权利群”存在一些共性和相似的法律特征。之所以把诸如受教育权、适足生活水准权、健康权、适当住房权、文化活动权等归为一个“权利群”，是相对于那些不具有经济、社会、文化面向的“公民权利和政治权利”而言的。从权利的要求上看，经济、社会、文化权利是侧重于要求国家承担“作为义务”的“权利群”，公民权利和政治权利则是侧重于要求国家承担“不作为”义务的“权利群”。这种差别体现在权利属性的重心不同。[2] 在宪法规范的层面，两组“权利群”一般规定在一国宪法的“基本权利”或者“权利法案”之中，二者并无明显的隔离和区分。然而，在国际人权法的层面，两组“权利群”却存在着归属的不同。这些差别体现在国际公约上就是《经济、社会、文化权利国际公约》和《公民权利和政治权利国际公约》分别集中规定了上述两

---

[1] Rosalind Dixon，Creating Dialogue About Socio Economic Rights：Strong-form versus Weak-form Judicial Review，5 Int’ l J. Constitutional Law 418，(2007)，p. 391；The Usefulness of Rights Talk in Alleviating Social Hardship Revisited，Human Rights Quarterly，Vol. 29，No.3 (2007)，pp.796-822；C. Rodriguez-Garavito，Beyond the Courtroom：The Impact of Judicial Activism on Socioeconomic Rights in Latin America，89 Tex. L. Rev. 1669，2011；M. Zeller，From Preservative to Transformative：Squaring Socioeconomic Rights with Liberty and the American Constitutional Framework，88 Wash. U. L. Rev. 735，2011；N. Bruhn，Litigating Against an Epidemic：HIV/AIDS and the Promise of Socioeconomic Rights in South. Africa，17 Mich. J. Race & L. 181，2011；Deborah N. Archer & Kele S. Williams，Making America the Land of Second Chances：Restoring Socioeconomic Rights for Ex-Offenders，NYU Rev. L. & Soc. Change 30 (2005)，p.527.

[2] 以国家的“作为义务”和“不作为义务”来区分两组“权利群”并非绝对，只是二者重心不同，明显的一个反证是经济、社会、文化“权利群”中的权利也有需要国家“不干涉”的方面，而公民、政治“权利群”中的权利也有要求国家“积极作为”的因素。

组“权利群”。[1]

为了通过比较宪法的方法论阐释经济、社会、文化权利的内容和结构，本书选取1982年《中华人民共和国宪法》、1996年《南非共和国宪法》[2]与《经济、社会、文化权利国际公约》[3]进行比对然后得出初步的结论。

表4–1 经济、社会、文化权利之规范对比

比较	南非共和国宪法	中华人民共和国宪法	经济、社会、文化权利国际公约
工作权（劳动权）	第22条 职业自由权 第23条 公会、结社自由，罢工权，公会自主权，公会集体谈判权	第42条 劳动权 第43条 劳动者的休息权	Art.6 Right to work；Art.7 Right to remuneration, Right to fair and equal wage, Right to working conditions, Right to rest；Art.8 Right to trade union, Right to strike
社会保障权	第27条 社会保障权	第45条 弱者获得社会帮助权 第44条 退休人员权利 第14条（4） 社会保障制度	Art.9 Right to social security
家庭权利	第28条 儿童权利（一系列）	第49条 婚姻家庭权利 第48条 妇女权利妇女平等权妇女权益特别保护	Art.10 Right to family, Right to mothers, Right to children

[1] 关于为何要用两个国际公约来分别规定两组“权利群”，参见 Office of the High Commissioner for Human Rights in Cooperation with the International Bar Association，*Human Rights in the Administration of Justice*：*A Manual on Human Rights for Judges*，*Prosecutors and Lawyers*，Chapter 14，United Nations，New York and Geneva，2003。

[2] Constitution of the Republic of South Africa，1996 South African Government Information，http：//www. info.gov.za/documents/constitution/1996/index.htm.ConstitutionalCourt of South Africa，http：//www.constitutional court.org.za/site/constitution/english-web/index.html.

[3] International Covenant on Economic，Social and Cultural Rights，G.A. Res. 2200A（X XI），21 U.N.GAOR Supp.（No. 16）at 49，U.N. Doc. A/6316（1966），993 U.N.T.S. 3，entered into force Jan. 3，1976.

续表

比较	南非共和国宪法	中华人民共和国宪法	经济、社会、文化权利国际公约
适足生活水准权	第 26 条　住房权，适足住房权，免于驱逐权 第 27 条　食物权，饮水权		Art.11 Right to adequate standard of living, Right to food, Right to clothing, Right to housing, Right to water
健康权	第 27 条　健康权 第 24 条　环境权	第 21 条　医疗、卫生、体育事业	Art.12 Right to health, right to sanitation
受教育权	第 29 条　受教育权，普遍基础教育权，母语教育权，创办教育机构权	第 46 条　受教育权， 第 19 条　教育事业宪法制度义务教育 教育设施创设	Art.13 and 14 Right to education, Universal primary education, Access for all to education, Equality and non-discrimination, freedom to choose
文化权	第 30 条　语言权利文化活动权 第 31 条　文化、宗教、语言共同体参与权利 第 32 条　信息获得权	第 47 条　文化活动权 第 20 条　科技事业 第 22 条　文化事业 第 23 条　知识分子 第 24 条　精神文明	Art.15 Right to culture, Right to participate, Right to enjoy, Right to benefit, Right to freedom of cultural activities

对于经济、社会、文化权利这一组权利的总体概括（称谓上的凝练）和具体内容的类型化，无论是西方学者还是国内学人都难以达成一个高度的统一。在总体概括上，以德国为代表的大陆法系国家学者倾向于称之为“社会基本权”，这一称谓被我国以陈新民、郑贤君为代表的学者采纳；普通法系国家学者倾向于称之为“社会—经济权利”（Socio-Economic Rights）或直接采用国际人权公约的术语称之为“经济、社会、文化权利”（简称“经社文权利”），这一称谓被我国以柳华文、黄金荣为代表的学者采纳。本书认为“社会权”（或“社会基本权”）的称谓虽然具有概念上的高度凝练和简洁，但不足以涵盖类似“受教育权”“文化权”等内容，为此，本书采用《经济、社会、文化权利国际公约》所直接体现出来的法定术语。

表 4-2　全球视野下的经济、社会、文化权利"权利群"[1]

Economic Rights 经济性权利	Social Rights 社会性权利	Cultural Rights 文化性权利
Right to establish a business 商业活动创制权 Protection from expropriation 免受剥削权 Right to competitive marketplace 商业竞争权 Right to choose one's occupation 职业选择权 Right to own property 财产权 Right to transfer property 财产转移权	Right of the elderly 老年人权利 Right of the unemployed 失业者权利 Right of the disabled 残疾人权利 Right of children 儿童权利 Right to health care 医疗健康权 Right to join trade union 公会权 Right to strike 罢工权 Right to rest and leisure 休息权 Right to work/state duty to provide work 工作权 Right to equal pay for work 公平薪酬权 Right to safe work environment 劳动安全权 Right to shelter 居住权 Right to social security 社会保障权 Right to reasonable standard of living 适当生活水准权	Equal access to higher education 高等教育公平权 Compulsory education 义务教育 Right to participate in the cultural life 文化参与权 Right to benefit in the cultural life 文化成果共享权 Right to benefit of cultural activities 文化利益保障权 Right to cultural self-determination 文化自决权 Right to cultural heritage 文化遗产权利 Right to benefit of intellectual property 知识产权利益保障权 Right to language 语言权利

古维亚（Jorge Bacelar Gouveia）博士认为基本权利的类型化努力恰巧就是"基本权利自受规范时起，便透过一种分类技巧正式落实到宪法文本中"[2]。本书认为，古维亚博士的类型化思考对于经济、社会、文化权利研

[1] 本图表制作所搜集材料借鉴了谷歌（Google）公司的"比较宪法工程"（Comparative Constitutions Project）的相关成果，参见 https://www.constituteproject.org，最后访问时间：2014 年 4 月 20 日。

[2] Jorge Bacelar Gouveia, The Importance of the Fundamental Rights in the Contemporary Constitutional State, http: //www.dsaj.gov.mo/macaolaw/pt/data/prespectiva/issued12/p0.pdf，最后访问时间：2014 年 4 月 20 日。

究在宪法文本上的归类具有重要的启示意义。借助此一类型化方法，学界产生了不同的关于经济、社会、文化权利具体内容的类型化分类，荷兰学者范得文（van der Ven）将其分为五大类:（1）工作权;（2）经济参决权;（3）生活保障权;（4）社会保健权;（5）社会文化发展权。[1] 德国学者 G. Brunner 和奥地利学者 T. Tomandl 则采用比较简洁的三分法:（1）工作权;（2）社会安全（保障）权;（3）文化教育权。[2] 由此可见，经济、社会、文化权利是一个包括工作权、社会保障权、家庭权利、适足生活水准权、健康权、受教育权、文化活动权等涉及公民生活、身体、知识发展的"权利群"。它是一种宪法加以确认的公民要求国家采取必要措施实现其在经济、社会、文化诸方面合法诉求的请求权，国家则负有积极履行若干职责助其实现的义务。

第五节 经济、社会、文化权利于宪法上之属性与定位

经济、社会、文化权利在性质上有别于传统以防御国家干预为主要诉求之自由权的个别基本权利类型，在分析主轴上摈除"透过传统自由权之功能展开而来的社会权面向"的讨论。[3] 对于宪法中的经济、社会、文化权利条款，自德国魏玛宪法以后，各国曾有"方针规定说"（经济、社会、文化权利条款本质为国家政治目标和政策的规定）、"客观权利说"（经济、社会、文

---

[1] 参见陈新民:《德国公法学基础理论》（增订新版・下卷），法律出版社 2010 年版，第 435—436 页。原文见 Franciscus Josephus Henricus Maria van der Ven & Johann Ludwig Stassen, Soziale Grundrechte, Bachem, 1963, SS.59. 79。另参见 Wolfgang Martens, Peter Häberle, Otto Bachof & Winfried Brohm, Grundrechte im Leistungsstaat. Die Dogmatik des Verwaltungsrechts vor den Gegenwartsaufgaben der Verwaltung, Walter de Gruyter, 1972。

[2] Georg Brunner, Die Problematik Der Sozialen Grundrechte, Mohr Siebeck, 1971, S. FN5; Theodor Tomandl, Der Einbau sozialer Grundrechte in das positive Recht, Mohr Siebeck, 1967, S.7. 转引自陈新民:《德国公法学基础理论》（增订新版・下卷），法律出版社 2010 年版，第 436 页。另外参见 Robert Alexy, A Theory of Constitutional Rights, Oxford University Press, 2009, pp.337-348。

[3] 黄舒芃:《社会权在我国宪法中的保障》，载《中原财经法学》2006 年第 16 期。

化权利是一种客观权利[1]）和“主观权利说”（经济、社会、文化权利是主观权利[2]）三类主要的学说。从晚近德国宪法法院释法的解释上看，大陆法系国家都有肯定“主观权利说”的趋势。然而，采取“主观权利说”并不意味着公民可以直接依据宪法请求国家生活保障的给付，这是因为经济、社会、文化权利的保障路径不同，其权利实现的途径也不同。本书所探讨的经济、社会、文化权利是指宪法为了确保个人生活合乎人性尊严所赋予公民诸如工作权、社会保障权、健康权、受教育权、文化活动权等主观权利。为了深入探讨经济、社会、文化权利的规范内涵，本书在此结合我国学者研究成果对经济、社会、文化权利的宪法属性与定位做一个简单的梳理。

一、国家目标条款

所谓国家目标（Staatsziele）或国家目标规定（Staatszielbestimmungen），依据德国学者 Karl-Peter Sommermann 的见解，它是指具有法拘束效力之宪法规范，它预先规定国家应持续注意或履行之任务。[3] 学界也有将经济、社会、文化权利视为国家目标条款的，持此意见的学者认为宪法中关于人民有获得物质帮助的权利只是在原则上为国家指明了一个阶段内的努力方向，国家对于这种目标应该履行其积极的义务，否则就构成一种宪法上的懈怠。如本书在论述“社会国原则”的规范效力时所述，国家目标规定的功能大体有三：第一，国家宣示和确定宪法上有拘束力的国家目标规定；第二，国家必须采取和确立与社会国原则要求相适应的措施，但它并没有给予个人主观公

[1] 根据维基百科（wikipedia）的解释，客观权利（objektive Recht）在德国法上指的是宪法和法律所形成的全部法律规定的整体，也即宪法、法律和法规中的规定。公民并不能直接从这种客观权利中产生一个请求权基础。（Das objektive Recht ist die Gesamtheit aller Rechtsvorschriften einer staatlichen Rechtsordnung，also die Bestimmungen in der Verfassung，in den Gesetzen und Verordnungen.）参见 http：//de.wikipedia.org/wiki/Objektives_Recht，最后访问时间：2013 年 12 月 30 日。另外，德国法学家耶林把权利的本质归结为法律所保护的客观利益，参见 Rodulf von Jhring，*Law as a Means to an End*，translated by Isaac Husik，New York：The Macmillan Campany，1924，p.1。

[2] 主观权利会使得公民产生一个直接的请求权基础（Anspruchsgrundlage）。

[3] Karl-Peter Sommermann，Staatsziele und Staatszielbestimmungen，Mohr Siebeck，1997，S.89.

权利的基础，也就是说，公民原则上不能通过该原则向国家提出住房、医疗、工作机会等给付；第三，宪法保障了因基本权利受到限制而形成的国家目标，如依据德国基本法第 5 条第 3 项限制研究自由之动物保护规定。[1]

二、方针政策条款

所谓方针政策（Programmsatz）是指宪法的相关规定是给予国家公权力（尤其是立法者）的一种日后行为的方针指示，这些方针指示的政治及道德意义大过法律意义。[2] 德国魏玛时期的著名公法学家葛哈・安舒茨（Gerhard Anschütz）将方针政策条款视为一种对立法者无拘束力的建议，这些条款虽然树立了国家的价值观，但鉴于其并无规范拘束力，因此对于一个与之相违背的立法并不能发生矫正效用。[3] 将经济、社会、文化权利视为宪法上的方针政策条款，则意味着诸如社会保障权、文化活动权、住房权、医疗健康权等权利并无宪法上的强制执行效力，也不因为立法机关的立法活动背离这些条款的要求而产生所谓的违宪责任。正如德国法院的见解，在此种情况下，人民尚不得提起“立法不作为”之宪法诉讼。也有学者认为这种方针政策条款可以被视为一种“纲领性权利”，如日本学者大须贺明认为：“纲领性权利，即将生存权条款解释为仅仅是对立法权的单纯的政治道德性规范，或者把其解释为只有借助法律的实施才能得以具体化的‘法的权利’。”[4] 日本的释宪实务似乎也在很大程度上印证了大须贺明的观点。《日本国宪法》第 25 条规定：“全体国民都享有最低限度的健康与文化生活的权利。国家应于生活的一切方面努力提高和增进社会福利、社会保障以及公共卫生。”在“朝日诉讼”中，日本最高法院承认了宪法第 25 条生存权规范对于《生活保护法》的立法指引作用，《生活保护法》也贯彻了日本宪法关于日本国民社会福利方面的生活保障要求，但是患有严重的肺结核疾病的朝日茂作为原告尚不能直接

[1] 陈春生：《论法治国之权利保护与违宪审查》，新学林出版股份有限公司 2007 年版，第 12 页。

[2] 陈新民：《德国公法学基础理论》（新增修订版・下卷），法律出版社 2010 年版，第 442 页。

[3] 陈新民：《德国公法学基础理论》（新增修订版・下卷），法律出版社 2010 年版，第 442 页。

[4]［日］大须贺明：《生存权论》，林浩译，元照出版有限公司 2001 年版，第 49 页。

根据宪法的规定提起生活给付的请求，因为保障日本公民“最低限度的健康生活”是生存权规范给予立法者的立法指示，而日本宪法第25条的规定应该被视为一种“方针政策条款”，因而，日本最高法院拒绝通过该条款径行裁判。

三、宪法委托条款

由于任何国家的宪法对于其所规定的事项都不可能在文本范围内毫无保留地、巨细靡遗地全部覆盖，宪法通常赋予立法机关制定相关法律的权力来达成之，这种由立宪者在宪法内，规定由立法者有所作为的指示可以称为宪法委托（Verfassungsauftrag）。[1] 根据陈新民教授的研究，德国魏玛时期，以葛哈·安舒茨、卡尔·施密特为代表的大多数宪法学者将宪法委托视为一种方针政策条款。例如，将《魏玛宪法》第155条的住房权规定认定为一种设定国家未来目标的方针指示；到了德国基本法时期，以依甫生（Hans Peter Ipsen）、雷尔歇（Peter Lerche）、温厚兹（Ekkehard Wienholtz）为代表的学者将宪法委托视为一种拘束宪法与立法者之间关系的宪法训令（Verfassungsdirektive），即立法者必须根据宪法相关规范的意涵通过具体的立法活动贯彻条文的规范内涵。在此种情况下，宪法委托并不是一个单纯的对立法者的政治或伦理的呼吁（politisch-ethischer Appell），而是一个有强制性的、法拘束力性的义务。在将宪法中的经济、社会、文化权利条款当作宪法委托之后，立法者虽然在经济、社会、文化权利具体化立法方面享有一定的自由形成空间，但立法者的立法活动若懈怠或者伤害到基本权利的核心本质时便会产生违宪的后果。依据《德国基本法》第93条和《联邦宪法法院法》第90条之规定，人民因为立法机关不作为而侵犯到基本权利时，可以依据宪法诉愿程序，请求联邦宪法法院提供司法救济。[2]

---

[1] 陈新民：《德国公法学基础理论》（新增修订版·下卷），法律出版社2010年版，第187页。

[2] 龚向和：《社会权的可诉性及其程度研究》，法律出版社2012年版，第38页。

四、制度保障

制度保障（Institusgarantie）与制度性保障（Institutionelle Garantie）是一对相似的学理概念，它首先由法国宪法学者毛利思·欧里乌（Maurice Hauriou，1856—1929）等人发展出来，其后再由德国魏玛共和时期宪法学者卡尔·施密特（Carl Schmitt，1888—1985）将其进行体系化。将经济、社会、文化权利视为宪法上的制度保障意味着宪法保障社会基本权利如同宪法所特别保障的政党、人民私有财产制度、宗教自由制度及公务员制度等。[1] 制度保障理论主张"制度"和"基本权利"二分，认为"某些既存或为宪法所肯认的制度须受宪法直接保护，立法者不得以法律任意变更其核心价值内涵"，经济、社会、文化权利的保障应由立法机关制定相关的组织法与诉讼程序法等有关法律始能够实现。在这种见解下，立法机关仍然拥有相当广泛的立法裁量空间。托曼德（T.Tomandl）认为社会基本权（经济、社会、文化权利）具有积极性，要符合社会生活发展而演变，而制度保障则是保守的、防卫性的，目的在保障既有制度的传统内容。[2] 针对这种看法，科林内克兹（K. Korinekze）则提出反驳和异议，在他看来，所谓的制度保障并非终结式的保障，它理应配合时代进步而异其制度之内容，所以，社会基本权（经济、社会、文化权利）应该是一种进取式的制度保障。[3]

五、本书见解——主观权利说

传统大陆法系公法学说区分了主观权利和客观权利，依据著名德国行政法学家哈特穆特·毛雷尔（Hartmut Maurer）的见解，主观权利是一个一般法理概念，是指法律规范赋予主体的权能，即为了实现个人利益，要求他人为或不为一定的行为、容忍或者不作为的权利，而客观权利是全部法律规范的

---

[1] 陈新民：《德国公法学基础理论》（新增修订版·下卷），法律出版社 2010 年版，第 443 页。

[2] 参见陈新民：《德国公法学基础理论》（新增修订版·下卷），法律出版社 2010 年版，第 443 页注释 3。

[3] 陈新民：《德国公法学基础理论》（新增修订版·下卷），法律出版社 2010 年版，第 443 页注释 3。

总和，是法律义务及其相应的主观权利的根据。[1] 经济、社会、文化权利作为一种基本权利不仅具有客观法的功能，最为关键的是它还具有主观权利功能。正如康拉德·黑塞在论述基本权利的主观权利功能时指出的那样："基本权利作为一种主观的、设定权利地位的权利，是指个体作为一个人或一个公民，在实证宪法意义上拥有的权利。"[2] 经济、社会、文化权利也设定了公民在实证宪法意义上的地位和权能。总而言之，将经济、社会、文化权利视为主观权利之后，公民则在实证宪法上产生一个请求权，该请求权直接指向国家公权力机关的积极作为义务。在此意义上，经济社会文化权利是一种直接的、具有强行效力的、可司法的权利。

台湾地区学者雷文玫指出，一方面，法律学者不惮其烦地说明社会权包含什么，国家应该保障何种权力，仿佛这些保障是一种客观的存在，可是另一方面，在现实社会中面对人民具体的生存需求时，宪法上的社会权却无法提供给人民具体的保障。[3] 郭明政教授则针对雷文玫的评论指出，之所以会出现如此消极悲观的结论，还是将社会基本权定位为人民得以享有的给付请求权或为国家义务的错误定位，因此产生过度期待的虚脱。[4]

国际学术界在经济、社会、文化权利是否可以被定位为具体的、强制性的、可司法性的权利方面一度产生激烈的争论，尤其是学界以南非宪法法院格鲁特布姆案（2000 年）为契机的探讨使得经济、社会、文化权利的可司法性问题一度主导了其宪法定位的探讨。论辩的焦点主要集中在五个方面：（1）积极权利的可诉性；（2）资源依赖性；（3）权利规范的模糊性；（4）国家权力分工体制下的民主正当性；（5）司法机关的制度能力。[5] 我国学者夏正林区分了社会权规范的两种样态：规则意义上的社会权规范是具有确定效力的

[1] [德]哈特穆勒·毛雷尔：《行政法学总论》，高家伟译，法律出版社 2000 年版，第 152—153 页。

[2] [德]康拉德·黑塞：《联邦德国宪法纲要》，李辉译，商务印书馆 2009 年版，第 231 页。

[3] 雷文玫：《再访社会权——1990 年代中东欧国家宪法社会权入宪之研究》，载《当代公法新论》（下），第 571—599 页。

[4] 郭明政：《社会宪法——社会安全制度的宪法规范》，载苏永钦等：《部门宪法》，元照出版有限公司 2005 年版，第 345 页注释 82。

[5] 参见秦前红、涂云新：《经济、社会、文化权利的可司法性研究——从比较宪法的视角介入》，载《法学评论》2012 年第 4 期。

宪法权利，是能够主张的主观权利；原则意义上的社会权规范只具有初步的（*prima facie*）效力的宪法权利，它不能够被直接主张。[1] 本书持肯定立场，即基于“权利一体化”理论认为宪法总纲中涉及经济、社会、文化权利的规范可以被视为一种原则意义的宪法要求，而宪法正文中的经济、社会、文化权利的规范则必须被视为一种规则意义上的权利诉求。

第六节　经济、社会、文化权利的基本内涵——霍菲尔德分析进路

“权利”是一个庞大的主题，也是一个令人生畏的主题。一代又一代的法律和道德哲学家为此付出辛劳，相关文献已浩如烟海。[2] 在众多关于权利理论的探索中，霍菲尔德（Wesley Newcomb Hohfeld，1879—1918）的权利理论成为法理学发展的一个里程碑。霍菲尔德认为，人们在用权利（right）这一概念时总是将特权 / 优先（privilege）、权力（power）、豁免 / 免除（immunity）的含义也包括进来，而不是使用严格意义上的权利（right）的含义。既然权利一词已在很大程度上被滥用了，那么在法律话语中如何限制这一词语的使用，并给予其确定的含义呢？霍菲尔德采用确定权利（right）的相关概念义务（duty）的内涵来确定权利（right）内涵的办法。他认为义务是指一个人应当做什么，或不应当做什么。例如，在 X 与 Y 之间的法律关系中，Y 具有离开土地的义务，那么，与此相关的就是，X 具有要求 Y 离开其土地的权利。霍菲尔德在英语中寻找了一个近义词来说明严格意义上的权利（right），这就是 claim，即主张和请求的意思。可见霍菲尔德的权利概念与大陆法系中的请求权（Anspruch）概念比较相似。以下是霍菲尔德在《法推理中应用的基本法律概念》[3] 中的论述。他认为研究基本法律概念的方法最好是对相互“关联”（correlative）和相互“对立”（opposite）的概念进行逻辑

[1] 夏正林：《社会权规范研究》，山东人民出版社 2007 年版，第 151 页。

[2] ［英］雷蒙德・瓦克斯：《读懂法理学》，杨天江译，广西师范大学出版社 2016 年版，第 394 页。

[3] Wesley Newcomb Hohfeld, *Fundamental Legal Cconceptions as Applied in Judicial Reasoning*, New Haven: Yale University Press, 1920.

分析。从字面上讲，“关联”的概念是指两个相辅相成、缺一不可的概念；对立的概念则是指两个相互冲突和矛盾的概念。就广义的权利—义务概念而论，它分别包括了以下几对相互关联的概念和相互对立的概念，如图 4-2 所示。

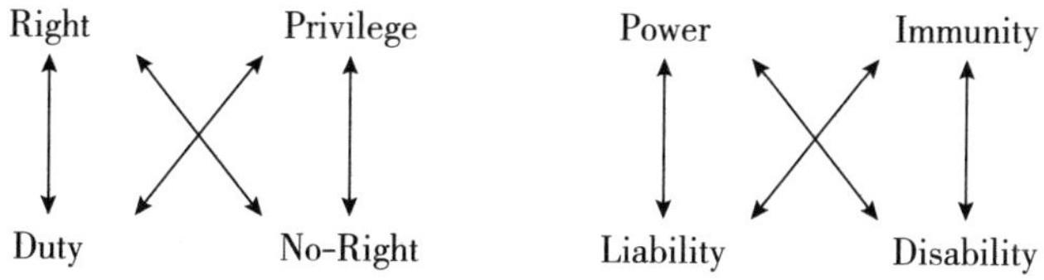

图 4–2　霍菲尔德权利理论中的八个概念 [1]

在以上霍菲尔德权利理论的图示中，垂直的箭头代表关联法律概念（jural correlatives），其法律地位互为阐释；对角线箭头代表对立法律概念（jural opposites），其法律地位互为否定。

霍菲尔德认为，这八个概念是“法律的最低公分母”，通过这些概念，人们就可以容易地对法律关系进行比较，并发现其中的相似性。[2]

霍菲尔德区分了两个序列的法律关系，如表 4-3 所示。

表 4–3　霍菲尔德两个序列的法律关系

第一序列的法律关系（一般）	第二序列的法律关系（一般）
A 对于为一定行为 γ 的自由 = A 没有为一定行为 γ 的义务	A 对于 B 为一定行为 η 的能力 = B 得承担让 A 对于他 / 她为一定行为 η 的责任
A 对于为一定行为 δ 的义务 = A 缺乏不为一定行为 δ 的自由	A 承担让 B 对于他 / 她为一定行为 θ 的责任 = B 对于 A 为一定行为 θ 的权力
A 对于为一定行为 ε 的权利 = B 不得干涉 A 为一定行为 ε 的义务	A 对于 B 对于他 / 她为一定行为 ι 的免除 = B 对于 A 为一定行为 ι 的无权力
A 对于为一定行为 ζ 的无权利 = B 得有干涉 A 为一定行为 ζ 的自由	A 对于 B 无为一定行为 κ 的责任 = B 享有 A 对于他 / 她为一定行为 κ 的免除

[1] Williams, Glanville, *The Concept of Legal Liberty*, 56 Columbia Law Review 1129, 1135（1956）, Andrew Halpin, A Halpin, *Rights and Law Analysis and Theory*: *Analysis and Theory*, Hart Publishing（UK）, 1997, p.30.

[2] 沈宗灵:《对霍菲尔德法律概念学说的比较研究》，载《中国社会科学》1990 年第 1 期。

笔者在此基础上试图对经济、社会、文化权利进行一个霍菲尔德式的解剖。将霍菲尔德两个序列的法律关系运用到公民权利、政治权利和经济、社会、文化权利上进行分析，我们可以得出以下的结论。

第一，对于政治公民[1]的公民身份而言，公民的政治权利包含两个方面的关系。

（1）权利—义务关系

公民的政治权利附带着公民行使该政治权利的附随义务。国家对于公民政治权利的基础和主体部分不得干涉和妨碍。对于公民政治权利所附随的义务，国家只能基于宪法和法律予以“合乎比例”的限制。

（2）权力—责任关系

国家作为公权力的持有者[2]在行使国家权力的时候必定附随着该权力所附加的责任。对于国家权力的行使而言，政府只能在该权力赋予的范围内行使公权力，国家也必须基于宪法和法律承担与这些公权力“比例适当”的责任。具体如表 4-4 所示。

表 4-4　公民权利和政治权利中的法律关系

公民 A 作为政治公民享有公民权利和政治权利	公民 A 作为政治公民使得国家成为公民权利和政治权利的相对人
A 对于为一定行为享有政治自由 = A 没有为一定公民行为的义务	A 对于国家为一定权利行为的能力 = 国家得承担让 A 对于它为一定权利行为的责任
A 对于为一定公民行为承担的义务 = A 缺乏不为一定公民行为的自由	A 承担让国家对于他 / 她为一定权力行为的责任 = 国家对于 A 为一定权力行为的权力
A 对于为一定公民行为的权利 = 国家不得干涉 A 为一定公民行为的义务	A 对于国家对于他 / 她为一定权力行为的免除 = 国家对于 A 为一定权力行为的无权力
A 对于为一定公民行为的无权利 = 国家得有干涉 A 为一定公民行为的自由	A 对于国家无为一定权利行为的责任 = 国家享有 A 对于它为一定权利行为的免除

[1] 政治公民身份对应“公民权利和政治权利”主导范式下的公民在宪法上的地位。

[2] 注意这里国家并非权力的拥有者，因为按照人民主权原则，国家的一切权利属于人民，只有人民才是权力的主权者，即所谓主权在民。这一点，举我国宪法为例，《中华人民共和国宪法》第 2 条第 1 款规定：“中华人民共和国的一切权力属于人民”，学界通常认为这是关于我国政体的合法性依据，在此依据上才得以建立“人民代表大会制度”。

第二，对于社会公民[1]的公民身份而言，公民的经济、社会、文化权利包含两个方面的关系。

（1）权利—义务关系

社会公民享有宪法法定化模式下的经济、社会、文化权利并附带着公民行使该种权利的附随义务。政府对于公民承担提供经济、社会、文化权利方面保障的义务并附带享有对上述义务进行合法限制的“剩余权力”[2]。

国家对于公民经济、社会、文化权利的限制总和不得大于公民所享有的经济、社会、文化权利，否则可能会出现公民经济、社会、文化权利为零或为负的情况，而这种情况是和宪法对公民经济、社会、文化权利法定化的“法律事实”不符合的。

国家对于公民经济、社会、文化权利的限制必须符合严格的“合乎比例”的原则，从法理学上看，这种限制遭到来自目的和手段两个方面的制约：首先，限制公民经济、社会、文化权利的手段必须是为了达到经济、社会、文化权利的总体保障的目的。其次，限制公民经济、社会、文化权利的手段与所要到达的总体保障的目的构成逻辑上的必需和必要。

（2）权力—责任关系

国家作为公权力的持有者在行使国家权力的时候必定附随着该权力所附加的责任。这是现代宪法架构下“责任政府”的根本性原则。

为了保障公民的经济、社会、文化权利，国家权力得在必要和必需的时候从“公民权利和政治权利”主导范式下适当地扩张，这种扩张首先是符合“合宪性原则”，其次是符合“多数民主”原则，最后是符合保障“少数人权利”的人权原则。

国家也必须基于宪法和法律承担与这些公权力“比例适当”的责任，国家责任的增减也不是任意的，国家责任的大小取决于宪法要求国家保障社会公民经济、社会、文化权利的“宪法必要”。具体如表4-5所示。

[1] 社会公民对应“经济、社会、文化权利”主导范式下公民在宪法上的地位。

[2] 剩余权力 = 公民经济、社会、文化权利—公民经济、社会、文化权利的限制。

表 4-5 经济、社会、文化权利中的法律关系

第一序列的法律关系（一般）	第二序列的法律关系（一般）
A 对于为一定行为 γ 的自由 = A 没有为一定行为 γ 的义务	A 对于 B 为一定行为 η 的能力 = B 得承担让 A 对于他 / 她为一定行为 η 的责任
A 对于为一定行为 δ 的义务 = A 缺乏不为一定行为 δ 的自由	A 承担让 B 对于他 / 她为一定行为 θ 的责任 = B 对于 A 为一定行为 θ 的权力
A 对于为一定行为 ε 的权利 = B 不得干涉 A 为一定行为 ε 的义务	A 对于 B 对于他 / 她为一定行为 ι 的免除 = B 对于 A 为一定行为 ι 的无权力
A 对于为一定行为 ζ 的无权利 = B 得有干涉 A 为一定行为 ζ 的自由	A 对于 B 无为一定行为 κ 的责任 = B 享有 A 对于他 / 她为一定行为 κ 的免除

第七节 本章小结

借助结构功能主义的方法，在基本权利的三重分析框架下，首先，经济、社会、文化权利集中体现了基本权利的受益权功能，即国家对于公民在“程序性”“物质性”“咨询性”三个方面的积极给付义务。其次，作为基本权利的经济、社会、文化权利还具有防御权功能，它对应的是国家消极不干预的国家义务。最后，经济、社会、文化权利还具有客观法价值功能，它在更广泛的意义上还形成了一个约束宪法基本决定的客观法秩序，这种客观法秩序为立法机关、行政机关和司法机关提供了一种指示和指南。基本权利的传统分析框架并非完美无缺，新制度主义分析进路从权利和体现权利的制度事境（institutional context）角度探究权利的内涵和保障方式极具启发意义。基于这种分析，国家的立法机关、司法机关和行政机关需要协力完成保障公民经济、社会、文化权利的宪法使命。

青蓝文萃

第二编

制度篇

“每个人都应该自求多福”是过去的信条。今日的社会，
人民不再依赖传统的基本人权，而是依赖分享权。
这个新兴的分享权唯有依赖公权力的计入，方可实现其功能。[1]
——厄斯特·福斯多夫（Ernst Forsthoff）

第五章 经济、社会、文化权利的保障模式和路径选择[2]

经济、社会、文化权利的保障关涉到一个符合正义的社会秩序的建立以及保障个人能够充分分享此秩序。[3]在“立法国家”（Gesetzesstaat）时代，国家重心乃置于立法之上，即所谓的“立法重心主义”主导了学理上关于权利保障的探讨，然而随着现代行政国家的崛起，政治利益越来越多地受到行政问题的影响，一个符合正义的社会秩序的重要问题在很多情况下，需要行政来解决。在此情况下，法院作为法治社会的拱心石始终捍卫和守护着宪法的尊严和权威，在更多情况下，法院是权利救济的最后一线希望，司法救济人权的意义也就不言而喻。本章将从立法机关为核心的立法裁量模式、行政机关为核心的给付行政模式和司法机关为核心的司法救济模式三个方面来探讨经济、社会、文化权利保障的路径选择问题。

第一节 立法裁量模式之概览及其反思

立法裁量是指立法者关于法律内容（立法内容之裁量）具有决定权或关于是否立法的决定权（立法制定之裁量）。前者系指立法作为之内容是否安适的问题，学说称为狭义的立法裁量；后者系指立法不作为之决定是否安适的

[1] 陈新民:《公法学札记》，法律出版社 2010 年版，第 39 页。

[2] 本章主要文字和观点已经发表，本书写作中又结合论题主旨有所增减。参见秦前红、涂云新：《经济、社会、文化权利的保障路径及其选择——在立法裁量与司法救济之间》，载《交大法学》2013 年第 1 期。

[3] 陈新民:《公法学札记》，法律出版社 2010 年版，第 49 页。

问题。若前者与后者合并，学说称为广义的立法裁量。[1]

一、立法裁量的作用领域

（一）宪法授权性条款

宪法为一国的根本法，宪法规范直接设定了国家权力配置的根本原则和基本方法。从这个意义上讲，立法机关的权限必须由宪法赋予，而这种赋予的过程和结果必然决定了立法裁量的作用领域。换言之，立法裁量即将宪法规范的具体化权限委任给立法机关，从而赋予立法权一定的价值选择、制度设计等的裁量空间。立法机关因此而取得专属的立法权（Parlamentarisches Rechtsetzungsmonopol），这一点可以由德国基本法第 77 条得到印证。[2]

我国《宪法》第 62 条第 3 项和第 67 条第 2 项实质上规定了我国全国人大及其常委会专属的立法权，而《立法法》第 7 条则进一步确认了“全国人民代表大会和全国人民代表大会常务委员会行使国家立法权”。如果将我国宪法第 62 条第 3 项和第 67 条第 2 项在各自的条文内和两个条文间做一个体系化的阐释和理解，我们发现宪法不但赋予了我国立法机构的专属立法权，而且赋予了立法机关相当广泛的立法裁量空间。这种立法裁量的空间集中体现在以下的法律用语中：“应当由全国人民代表大会制定的法律”“除应当由全国人民代表大会制定的法律外的法律”“其他基本法律”。

[1] 李惠宗：《立法裁量类型化试论》，载《“宪政”时代》1990 年第 1 期。关于立法裁量的含义还可以参考 A.Hamann，Die Ermessensfreiheit der Gesetzgebung，8 NJW 969（1955）；黄昭元：《立法裁量与司法审查：以审查标准为中心》，载《宪政时代》2000 年第 2 期；汤德宗：《立法裁量之司法审查的宪法依据：违宪审查正当性理论初探》，载《宪政时代》2000 年第 2 期；苏永钦：《立法裁量与司法审查》，载苏永钦：《走入新世纪的宪政主义》，元照出版有限公司 2002 年版；黄国益：《立法裁量与违宪审查》，台湾政治大学 1998 年硕士学位论文。

[2] Hasso Hofmann，Verfassungsrechtliche Perspektiven：Aufsätze aus den Jahren 1980-1994，Mohr Siebeck，1995，S.129.《德国联邦基本法》第 77 条规定了“通过法律的决议，联邦参议院的参与”事项。

（二）基本国策条款

基本国策是国家一切政策所应遵循之基本政策，它是国家赖以生存发展的基本原则和保障。[1] 宪法学意义上的基本国策是指国家为谋整体经济与社会发展，依据宪法相关规定而制定出的总体性与长期性经济社会政策。[2] 现代国家宪法中规定基本国策条款的并不罕见，我国的基本国策有以下七项：计划生育（《宪法》第 25 条）；保护环境（《宪法》第 26 条）；对外开放，节约资源（《宪法》第 9 条第 2 款）；十分珍惜、合理利用土地和切实保护耕地（《宪法》第 10 条第 5 款）；男女平等（《宪法》第 33 条、第 48 条）；水土保持。[3] 关于基本国策条款的效力，公法学界主要有“方针条款说”“宪法委托说”“直接效力说”等几种 [4]。本书认为从立法裁量的角度来看待基本国策条款，把基本国策仅仅视为方针条款（Programmsätze）漠视了这些宪法规范在法规范学上的效力，而把基本国策视为具有直接请求权依据的条款又忽视了这些条款本身的效力范围，使之与具有直接拘束力的宪法条款混为一谈。基于此，本书认为基本国策条款可以被恰当地视为宪法委托（Der Verfassunsauftrag）。

（三）法律保留事项

法律保留原则乃是 19 世纪德国“法治国”（Rechtsstaat）思想下的产物，是法治国“透过国会法律来对抗并限制彼时君主王权”之理念的具体实践。[5] 为了说明保留理论，德国学者克吕普夫（Kloepfer）将之区分为法条保

[1] 政策是指一定阶级、政党、国家或者其他社会主体，为达一定目的，依据自己的长远目标并结合当前情况或历史条件，所制定的实际行动准则。基本国策（或简称国策），是其他政策的基础，并在宪法中反映出来。参见刘东亮、郑春燕：《宪法基本国策研究》，载《西南政法大学学报》2000 年第 1 期。

[2] 谢荣堂：《社会救助之宪法保障与实践》，载《社区发展季刊》2009 年第 124 期。

[3] 苏杨、杨文庄：《对我国基本国策若干基本问题的分析和建议》，载《经济研究参考》2009 年第 15 期；苏杨、尹德挺：《我国基本国策的实施机制：面临问题及政策建议》，载《改革》2008 年第 2 期。

[4] 参见张义清：《基本国策的宪法效力研究》，载《社会主义研究》2008 年第 6 期。

[5] 黄舒芃：《法律保留原则在德国法秩序下的意涵特征》，载《中原财经法学》2004 年第 13 期。

留（Rechtssatz-vorbehalt）[1]与国会保留（Parlamentsvorbehalt）。他认为，法条保留之意旨不仅在于排除恣意的特权或歧视以确保正义，而且在于使削减自由、侵害平等的措施，随其对外效力而强制适用于一般人，特别是平等适用于社会上或政治上有权势的族群……而国会保留的意旨在于确保国会在宪法规定之权力区分架构中的决议权限所具有之民主机能。[2]

1. 国会保留事项

国会保留，亦可称为议会保留或立法保留，其意涵系指国会对于国家“重要事项”享有不受行政权干涉、司法权审查的固有权限之谓，并借由法律制定、议决等方式予以规范。其典型的譬如以下的事项：代议机关决议之作出、国家预算的通过以及军事战争事宜。在这里必须提及的是国会自律（Parlamentsautonomie）的问题亦属于国会保留的应有之义。

从德国联邦宪法法院的裁判来看，有关社会保险中鳏夫年金之给付条件，联邦宪法法院未作出违宪与否之裁决，而要求立法机关本于宪法意旨，寻求解决方案；[3]有关营业税法的案件中，决定在立法机关已开始进行的修法程序未完成之前，不作出违宪宣告。[4]这些都体现了国会保留原则的具体宪法实践。

2. 法条保留事项

法条保留抑或称为狭义的法律保留，最典型的体现在于刑法中的罪刑法定主义，这个原则来源于古老的罗马法罪刑法定的原则，具体包括法无明文规定不为罪、溯及既往之法律的禁止、法律需合理并且确定、禁止类推适用。罪刑法定主义之所以能够最为完整地呈现“法条保留”，其缘由就在于刑罚权是国家公权力对人民基本权利最为深刻的介入，其运用的恰当与否直接关系人民最基本的生命权与自由权。在宪法的层面上，法条保留原则为德国基本法第七章所肯认。在我国，法条保留原则体现在《立法法》中，根据该法第

[1] Rechtssatz-vorbehalt 其完整的德文应为“Vorbehalt des Gesetzes”其范围在此处比 Gesetzesvorbehalt（法律保留）要小。

[2] Michael Kloepfer, Der Vorbehalt des Gesetzes im Wandel, in: JZ 1984, S. 685 ff.

[3] BVerfGE 39, 169.

[4] BVerfGE 21, 12.

8条，有十类事项只能制定法律，这其实是用明确的法条规定了“法律保留”的事项。

二、经济、社会、文化权利的立法保障

（一）宪法规范具体化

宪法规范具有原则性和概括性为国内公法学界所肯认和共识。[1]然而舍弃这种对国家和公民生活中法律问题之概括与涵摄（die Subsumtion），要将宪法所意欲背负的价值凝成国家的基本法又难免挂一漏万、顾此失彼，不能够关照到公民基本权利的具体保障，故宪法规范的具体化遂成为近代立宪国家构建以来宪法实施的重要通道。

宪法规范的具体化最为直接和有力的途径当数立法机关根据宪法条文的规定和宪法原则的指引进行立法。举例言之，我国《宪法》第41条第3款规定：“由于国家机关和国家工作人员侵犯公民权利而受到损失的人，有依照法律规定取得赔偿的权利。”该条款实际上是《国家赔偿法》的宪法依据。《国家赔偿法》第2条规定：“国家机关和国家机关工作人员行使职权，有本法规定的侵犯公民、法人和其他组织合法权益的情形，造成损害的，受害人有依照本法取得国家赔偿的权利”，则是宪法第41条第3款的进一步具体化和落实。

经济、社会、文化权利的立法保障，有赖于立法机关根据宪法规范在宪法精神和宪法价值的指引下逐级、逐步地予以实现（progressive realization）。以劳动权为例[2]，公民基本权利的保障路径之一便是通过国家保护义务使其具

---

[1] 许崇德主编：《中国宪法》（修订本），中国人民大学出版社1996年版，第31—33页；朱福惠主编：《宪法学原理》，中信出版社2005年版，第7—8页；魏定仁主编：《宪法学》，北京大学出版社1989年版，第18—20页；吴杰主编：《宪法学教程》，法律出版社1987年版，第10—14页。

[2] 有学者认为劳动权兼具自由权与社会权双重性格，参见周婧：《论宪法劳动权的双重性格》，载《南京农业学报》（社会科学版）2006年2卷第2期；王旭：《劳动、政治承认与国家伦理——对我国〈宪法〉劳动权规范的一种阐释》，载《中国法学》2010年第3期。此处本书是从基本权利的受益权功能和国家给付义务上面来考察劳动权的社会权属性。另参见张翔：《基本权利的规范建构》，高等教育出版社2008年版，第78页。

体化，即立法机关通过对基本权利的具体化立法和阐释来积极地实施基本权利。我国《宪法》第 42 条和第 43 条分别规定了公民的劳动权和休息权，但是为了确保国家对基本权利的保护义务，立法者还需要借由立法机关的具体化立法来实现。我国对于劳动权的立法措施包括了全国人大常委会制定的《劳动法》《劳动合同法》《就业促进法》，这三部法律从保障劳动者的合法权益、完善劳动合同制度、促进就业三个方面落实了宪法所确认的作为经济、社会、文化权利重要组成部分的劳动权。

（二）社会保障法体系和民生立法

社会保障体系已经是现代福利国家中普遍存在的制度构建，其目的则在于对国民生活生、老、病、死各个方面的关照。我国社会保障制度构建的必要性已经得到宪法的认同。2004 年宪法修正案规定，“国家建立健全同经济发展水平相适应的社会保障制度”。该条款是经济、社会、文化权利保障的一个制度性约束的条款。2010 年《社会保险法》可以视为落实 2004 年宪法修正案关于建立社会保障制度的立法实践。该法第 2 条明确规定：“国家建立基本养老保险、基本医疗保险、工伤保险、失业保险、生育保险等社会保险制度，保障公民在年老、疾病、工伤、失业、生育等情况下依法从国家和社会获得物质帮助的权利。”社会保障体系的构建是一个从宪法规范走向具体部门法立法的系统过程，在这个过程中民生方面的立法也发挥着极为重要的作用。教育乃民生之基、就业乃民生之本、分配乃民生之源、社保乃民生之依、稳定乃民生之盾已成为社会之共识。[1] 民生立法主要可以分为以下七大类：（1）教育、文化、体育类立法；（2）公共卫生类立法；（3）公共服务类立法；（4）社会保障类立法；（5）劳动保障类立法；（6）人口综合管理类立法；（7）特殊群体保护类立法。[2] 以地方民生立法为例，根据《宪法》和《立法法》的规定，地方民生立法可以从以下三个方面展开：一是对宪法、法律和行政法规中有关民生的事务做出细化规定，使之便于具体执行。二是不可能

---

[1] 盛清才：《法治视野下的民生建设研究》，载《前沿》2011 年第 3 期。

[2] 刘平、王松林、韩冰、王天品：《民生立法的性质与范围》，载《上海人大月刊》2011 年第 1 期。

由中央立法来规定的纯地方性事务，如地方自主管理的涉及民生的经济、社会事务和民族事务等。三是属于中央立法职权之外，但国家又尚未制定法律、行政法规的民生事项，地方可以先行立法。[1] 在社会保障体系逐步构建下，在那些关系国民生活琐碎细节而又渗透国家公权力的领域，民生立法可以起到补充的作用。经济、社会、文化权利保障所要求的民生立法还依赖于立法机关的立法工作展开或者立法机关授权行政机关制定行政法规。

三、经济、社会、文化权利立法保障的掣肘

经济、社会、文化权利保障在路径选择上固然可以在相当的程度上依赖于立法机关功能的发挥。借由此，行政机关在其行政活动中必然受到民生立法的拘束和指引从而做到依法行政，同时司法机关可根据立法机关之具体化立法做到依法裁判。然而，在纯粹立法裁量主义模式下，公民经济、社会、文化权利的保障也必然会受到该模式本身的掣肘而不能达到比较圆满的状态。这些掣肘主要体现在以下方面。

（一）立法机关的经验、技术不足

在立法过程中，立法机关在很大程度上是依靠它本身的经验、技术来将那些它认为必要的事项进行规范化。这个过程在现代法治国家实际上是一个非常系统而庞大的过程。立法机关在其以往的立法经验上实际上积累了一整套有关立法预测、立法调查、立法规划、立法决策、立法协调、立法表达、立法监督等技术性知识。不过再高明的立法者也存在“理性有限”（Bounded rationality）[2] 的制约。由此可见，立法活动在很大程度上是立法者根据当时的情景对亟须规范的法律事项所做的最优化的一个选择。

经济、社会、文化权利的立法保障也毫无例外地会受到立法机关经验、技

---

[1] 龚向和、左权：《地方民生立法审思》，载《河南省政法管理干部学院学报》2011 年第 2 期。

[2] Herbert Simon，“Bounded Rationality and Organizational Learning”，2 Organization Science（1991），125-134；G. Gigerenzer，R. Selten（eds.），*Bounded Rationality：The Adaptive Toolbox*，（MIT Press，2002），p.13.

术局限的阻碍。这种障碍不仅指那些一般的立法经验、技术的局限，比如，立法者在技术上的疏忽或者在细节上的不及。这种障碍也表现为经济、社会、文化情势的变更往往使立法者难以静态地通过一部立法而一劳永逸地解决问题。

（二）立法滞后的可能

立法程序的启动往往是在立法机关认为社会有强烈需求时才得以进行，且立法过程的长短又取决于民主决议的过程。漫长的立法过程不仅可能造成人民经济、社会、文化权利保障的空白，而且最终出台的立法可能无法面对全新的社会情势。照此逻辑，立法者可能一直处于一个疲于追赶而永远不能达致人民权利保障的状态。因此在现实的立法过程中，立法者绝不能停留在它起先所能认识的高度，而是应该动态地达到人民所期望的高度。

（三）立法漏洞

立法漏洞是一种难以避免的现象。无论立法者运用多么高明的立法技术，法律规范的不及或者过及都可以产生漏洞。立法漏洞有时可能是立法者的疏忽大意所造成，有时可能是由于逻辑的不圆满造成。这些都是立法裁量模式所不可避免的缺陷，制约着立法裁量模式的理想运作。

经济、社会、文化权利的立法保障中立法者思考的不周全或者情况的变更，都可能导致权利保障的空白或权利保障的程度不足。

在我国当下的经济、社会、文化权利保障中，立法漏洞的情形既表现为法律规范本身可能含有的漏洞，也表现为相关法律体系之下更大的立法缺位或者立法不作为。

第二节　司法救济模式之概览及其反思

司法救济，又被称为司法机关的救济或者诉讼救济，指的是人民法院在权利人权利受到侵害而依法提起诉讼后，依其职权按照一定的程序对权利人的权利进行补救。与司法救济概念相关的一个概念为司法审查（Judicial Review），从严格意义上讲，司法审查指的就是我国公法学界通常所适用的合宪性审查。根据美国乔治城大学法学院教授刘易斯·迈克尔·塞德曼（Louis Michael Seidman）的观点，司法审查指的是相对独立的国家机构基于宪法规范使得其他国家机构的行为归于无效的一种权力，这个定义使得司法审查成为主义立宪主义得以实现的一个方式而非立宪主义本身。[1] 本书认为，司法救济有广义和狭义之分，广义的司法救济包括合宪性审查、宪法诉愿（Verfassungsbeschwerde）等制度，本书是在广义的一般意义上谈论司法救济对经济、社会、文化权利的保障。

经济、社会、文化权利的司法救济意味着司法机关在权利请求人的相关权利遭到侵犯或者威胁时，依照其职权为权利请求人的权利进行补救。在宪法上承认了经济、社会、文化权利，但在现实中却无法实现或不能完全兑现，是否会破坏宪法的尊严？在宪法中规定的社会权是表达一种期望（aspiration），还是庄严的承诺（pre-commitment）？这个问题的核心便在于宪法社会权的司法救济。[2]

一、一个前提的交代：可司法性问题

可司法性（justiciability）的概念通常被理解成关于司法限度的划分问题。[3] 英国宪法学家杰弗里·马歇尔（Geoffrey Marshall）从事实陈述（fact-stating）和规范指向（prescriptive）两个维度来澄清和解释关于“可司法性”的意涵。[4] 他认为从事实陈述的层面上看，一个诉求可能在程序上不能得到满足和实现则表明这个问题不具有可司法性，例如在英国宪法实践中，即使有人对议会决策的过程提出了很多诉讼，而英国法院都拒绝通过司法程序对之加以审查。从规范指向的层面上看，可司法性意味着一个问题适合于司法解决的法

[1] See Louis Michael Seidman, “A Contextual Judicial Review”, 32 Cardozo L. Rev.(2011-2012), 1143, 1157.

[2] 聂鑫:《宪法社会权及其司法救济：比较法的视角》，载《法律科学》2009 年第 4 期。

[3] Jeff King, *Judging Social Rights*, (Cambridge University Press, 2012), p.129.

[4] Geoffrey Marshall, “Justiciability”, in A.G.Guest (ed.), *Oxford Essays in Jurisprudence*, (Oxford University Press, 1961), pp.265-268.

律属性。而从规范指向的角度看待可司法性问题，很多的公法学家又进一步推进了杰弗里·马歇尔的认识。其中，罗恩·索辛（Lorne Sossin）将规范指向层面的可司法性又分解成了制度能力（institutional capacity）和制度正当性（institutional legitimacy）两个方面，前者指争议问题得以司法解决的限度和标准，后者指司法机构作为争端解决机构的职权的正当性。[1]

经济、社会、文化权利的可司法性问题支配和主导了关于这些权利本身的辩论。[2] 故从学理上探讨经济、社会、文化权利的司法救济首先要解决的问题便是这些权利的可司法性问题。传统宪法理论认为，公民的经济、社会、文化权利是不可以付诸司法救济的，其理由在于：(1）司法机构不能够裁决社会经济政策问题；(2）司法机构不能够救济积极权利；(3）司法机构救济经济、社会、文化权利违背权力分工的原则；(4）经济、社会、文化权利具有模糊性；(5）经济、社会、文化权利与政治权利、公民权利冲突。[3] 随着经济、社会、文化权利被越来越多的国家承认为基本权利，《经济、社会、文化权利国际公约》被越来越多的国家批准，经济、社会、文化权利的可司法性逐渐在学理上获得了认可和支持。经济、社会、文化权利作为司法保障的必要性在于法院对于基本权利所受的损害予以补救和恢复是一种司法救济义务，国家履行此项义务的方式是对基本权利案件进行审判。如果国家不承担此项义务，拒绝对公民基本权利案件进行审判，公民基本权利的实现就缺乏一个有效的保障。[4] 经济、社会、文化权利的可司法性得以证立的理由在于：(1）对于任何形式的人权而言，国家的义务都包含尊重义务（the obligation to respect）、保护义务（the obligation to protect）、实现义务（the obligation to fulfill）三个层次，国家不可把经济、社会、文化权利与公民权利、政治权利

[1] Lorne Sossin, *Boundaries of Judicial Review: The Law of Justiciability in Canada*, (Toronto: Carswell, 1999), p.233.

[2] Herry J.Steiner & Philip Alston, *International Human Rights in Context: Law, Politics, Morals*, (Oxford and New York: Oxford University Press), p.298. 转引自黄金荣：《司法保障人权的限度：经济和社会权利可诉性问题研究》，科学社会文献出版社 2009 年版，第 7 页。

[3] Jeff King, Judging Social Rights, Cambridge University Press, 2012, pp.4-5.

[4] 张翔：《基本权利的规范结构》，高等教育出版社 2008 年版，第 84—86 页。

截然二分;（2）经济、社会、文化权利从规范指向的层面保障人民最低生活水准的生存权，并非完全的社会经济政策的问题;（3）经济、社会、文化权利的司法救济是法院救济人权义务的一种体现，司法机构与立法、行政机构协力保障宪法中的基本权利并不违背权力分工的宪法原则，而是法院解释宪法中的基本权利有利于宪法中核心理念的实证化;（4）经济、社会、文化权利的模糊性并非该种权利的独占属性，法律的明确性追求总是在司法经验累积的基础上逐步达到的，且经济、社会、文化权利的模糊性并不能否认该种权利“最低限度核心”[1]（minimum core）内容的存在;（5）经济、社会、文化权利的保障分享了公民权利、政治权利等传统自由权的实现机理，两种类型的权利保障可以借由业已建立的法律原则、竞合规则加以协调。

二、经济、社会、文化权利的司法救济路径

接下来的问题便是：诸如劳动权、受教育权、住房权、社会保障权、文化活动权等经济、社会、文化权利的侵权是否属于司法救济的作用领域呢?答案显然是肯定的。经济、社会、文化权利的法定化（进入实证法）意味着，这些实定化了的经济、社会、文化条款一方面是约束国家行政机关的依法行政，另一方面在遭受可能侵权时可以成为司法机关依法裁判的依据和准则。从这个意义上讲，实定化了的经济、社会、文化权利条款事实上既是行为规范（Verhaltensnormen），又是裁判规范（Entscheidungsnormen），还是请求权基础（Anspruchsgrundlage）。

（一）经济、社会、文化权利救济的案例探讨

1. 案情简介

本书选取的王泽隆案[2]是涉及公民社会保障权的一个典型的案例。该案

[1] Young, Katharine, “The Minimum Core of Economic and Social Rights: A Concept in Search of Content”, 33Yale Journal of International Law, 113, (2008).

[2] 四川省泸州市中级人民法院（2003）泸民终字4月23日判决书。

中，原告王泽隆是一名在青海因公致残的退伍军人，经本人申请和组织批准，王泽隆退休回到了原籍四川省合江县生活，并由合江县民政局接收管理。从2000年起，王泽隆要求合江县民政局按“人退发〔1993〕1号文件”[1]的规定提高护理费，并按“人退发〔1993〕3号文件”[2]中“各地调整护理费标准的时候，统一为每年的七月。对符合规定条件的因公致残人员，根据省、自治区、直辖市人事厅（局）的通知，从调整当月按新的标准发给护理费。社会平均工资出现负增长时，护理费标准不作调整”的规定对其护理费标准每年进行调整，而合江县民政局认为王泽隆未按规定评定伤残等级，不符合享受一级伤残人员护理费的条件而不予办理。王泽隆不服，向合江县人民法院提起诉讼。法院最终判决被告四川合江县民政局以原告王泽隆不属于革命伤残人员，没有按规定评定的伤残等级，享受“人退发〔1993〕1号文件”提高护理费标准的理由不能成立。原告属异地安置的退休干部，由被告接管并对其提供抚恤金是其法定职责。

2. 案件评析

该案中的法律问题争议点在于：第一，因公致残的劳动者是否可以请求劳动社会保障部门为其提供因公致残人员抚恤金。第二，国家劳动社会保障部门是否有积极的法定义务为王泽隆发放因公致残抚恤金。

对于第一个问题，笔者认为因公致残的劳动者是可以请求劳动社会保障部门为其提供抚恤金以保障这类劳动者的经济、社会、文化权利。其原因在于劳动者在因公致残的情况下获得了一个相对于国家的积极请求权即请求国家为其提供物质帮助。我国《宪法》第45条第2款规定：“国家和社会保障残废军人的生活，抚恤烈士家属，优待军人家属。”这是残疾军人受到宪法保障的“获得物质帮助权”，而《军人抚恤优待条例》[3]是《宪法》第45条所保障的经济、社会、文化权利的细化和具体化。法院可以根据法律的明确规定

[1]《人事部、财政部关于调整国家机关、事业单位因公致残人员护理费标准的通知》。

[2]《人事部、财政部、国家统计局关于国家机关、事业单位因公致残人员护理费问题的补充通知》。

[3] 1988年《军人抚恤优待条例》于1988年6月28日经国务院第十一次常务会议通过，自1988年8月1日起施行。1988年法规已被2004年《军人抚恤优待条例》（发布日期：2004年8月1日，实施日期：2004年10月1日）废止。

和当事人的请求权基础径行作出裁判。

对于第二个问题，公民的社会保障权如果没有国家的积极作为义务，那么这种权利本身的核心内容就会被国家的消极作为掏空，从而构成了对宪法基本权利规范的违反。究其原因，在相关的基本权利规范被立法机关具体化之后，经济、社会、文化权利的未保障状态实际上是由于国家行政机关的消极不作为所致。公民既然享有法律上的经济、社会、文化权利的请求权，那么人民法院就可以根据原告的诉由决定是否对可能遭受的权利侵犯提供司法救济。在本案中，法院在针对特殊的优抚主体上，重点放在了经济、社会、文化权利的相对人即国家行政机关的法定职责之上，尤其是国家机关履行登记和办理证件的职责，这其实是国家机关承担的积极义务，对这种积极义务的违反无疑是侵犯了公民的经济、社会、文化权利。

（二）国家政策接受司法审查的可能性

经济、社会、文化权利的保障有时被明白宣示在一国的宪法之中，这种宣示有时带有很强的国家政策倾向。此处所讨论的问题在于能够经由类似合宪性审查的方法来实现经济、社会、文化权利的保障。例如，我国《宪法》第 19 条第 2 款关于教育的规定："国家举办各种学校，普及初等义务教育，发展中等教育、职业教育和高等教育，并且发展学前教育。"又如，《日本宪法》第 25 条规定"全体国民享有健康且有最低限度文化之生活之权利""国家必须致力于提升及增进所有生活层面之社会福祉、社会保障及公共卫生"。德国公法学家赫穆特·卡尔科布伦纳（Helmut Kalkbrenner）认为宪法中的基本国策条款从严格意义上不能够被法院直接予以适用，它属于立法裁量的领域，若法院要适用这些极具政策性的条款裁断个案尚须等到立法机关的立法具体化成果结束之后。[1] 国家政策条款属于一种"宪法委托"，构成国家对于人民的一种宪法承诺，而这些政策条款的落实和实施首先是立法机构的任务。司法机构是否就可以因此而漠视基本国策条款的宪法效力了呢？其实不然，在建立违宪审查的大陆法系国家或地区，宪法中的政策条款又可以被引为违

[1] Helmut Kalkbrenner，Verfassungsauftrag und Verpflichtung des Gesetzgebers，DÖV 1963，S. 41-51.

宪审查主体据以断定下位法或行政机关抽象行政行为是否与宪法抵触的依据。

（三）司法解释和法律漏洞之填充

从绝对意义上看，任何法律都需经过解释而适用。在法解释学上，法律解释可以是针对具体个案而为之，也可以脱离个案针对法律规范本身而为之。法律解释需要考虑文义因素、体系因素、目的因素及合宪性因素等[1]，其目的都在于探寻法律的意旨，满足人民在法律生活中的种种客观需求。法律解释可以徘徊于规范条文应有的含义和可能的含义之间，然当法律解释突破了法律规范的可能的含义时，此种解释活动旋即可能改变了其原本的性质而转为法律补充，从学理的角度来讲这种由于法律漏洞而导致法律解释之不及必须经由一个填充的过程。司法机关的法律解释活动和法律漏洞的填充，在性质上虽然主体合一、过程连续，实则是两种不同性质的活动。其中法院的后一种填充活动可以称为造法活动。

在我国，法律解释权属于全国人民代表大会常务委员会。法律有以下情况之一的，由全国人民代表大会常务委员会解释：（1）法律的规定需要进一步明确具体含义的；（2）法律制定后出现新的情况，需要明确适用法律依据的。这属于我们通常意义上所讲的立法解释。除此之外，还有司法解释。根据《全国人民代表大会常务委员会关于加强法律解释工作的决议》第 2 条规定，最高人民法院和最高人民检察院可以在具体法律适用活动中解释法律。

综观实践，最高人民法院的司法解释虽然有针对个案而做出的，如“齐玉苓案”批复[2]，然而这些司法解释总体而言已然超越了对个案进行指导的意义，它主要是为了保证全国在成千上万的审判活动中达到同案同判、司法统一的效果。故我国的司法解释兼具法律解释和法律漏洞填充两方面的功能。在经济、社会、文化权利的司法保障中，由于相关的法律规范还处于零星破碎的状态，司法解释活动或者可能的法律漏洞的填充活动必定会起着举足轻

[1] 参见黄茂荣：《法学方法论与现代民法》，法律出版社 2007 年版，第 333 页。

[2] 最高人民法院《关于以侵犯姓名权的手段侵犯宪法保护的公民受教育的基本权利是否应承担民事责任的批复》，法释〔2001〕25 号。该批复已被最高人民法院 2008 年 12 月 8 日通过的《关于废止 2007 年底以前发布的有关司法解释（第七批）的决定》废止。

重的人权保障作用。

三、对司法救济模式的反思

（一）司法直接分配经济、社会、文化资源的合理性不足

因为社会福利问题可以说是广义上的社会问题之一，而法院也不是公民个人争取社会权的理想场所，因而也有观点认为社会权不应通过司法救济方式实现。在美国，联邦最高法院在案例法中宣示了其非常保守的观点：公共福利政策所带来的棘手的经济、社会甚至是理念问题并非本法院的职责。[1] 而一旦我们釜底抽薪，排除了直接司法救济的可能，不把其作为宪法社会权成立的必要条件，也就不能因司法强制手段的缺乏而否定宪法社会权的正当性。通过司法的克制与妥协，我们实际上解放了宪法社会权。通过政治而非司法手段，由立法和行政机关根据实际情况将宪法关于社会权的规定具体予以实现，才能真正地使其成为令广大人民受益的“强权利”。这也是有着“强司法审查”倾向的德国联邦宪法法院在社会权保障问题上如此克制的原因所在。然而，另外，宪法性文件（基本法）规定如此笼统，宪法审查又如此克制的德国，实际上却是世界上提供社会福利最多的国家之一，这是值得我们深思的。[2]

（二）司法机关本身的能力和限度

司法机关在救济经济、社会、文化权利时，还受制于司法本身的限度。在政策中心主义（polycentricity）的领域内，法院并不能够去解决政策上的争端来直接达到保障宪法上经济、社会、文化权利的目的。[3] 权利请求人

[1] Dandridge v.Williams，397 U.S. 471，484（1970）.

[2] 聂鑫：《宪法社会权及其司法救济：比较法的视角》，载《法律科学》2009 年第 4 期。

[3] Jeff King，Judging Social Rights，Cambridge University Press，2012，p.189.

在“苏布拉姆案”[1]（*Soobramoney case*）中败诉，南非宪法法院的裁判理由在于：当政治决策机构诚实善意地进行理性决策时，法院由于没有相应的信息、技术、资源，而不能够去单纯基于一个抽象的原则“二度揣测”（Second Guessing）那些政治决策的合理性。[2]南非宪法法院的判例也表明了司法在保障经济、社会、文化权利上也面临着诸多自身能力的限制。这些限制包括：（1）法院缺乏处理和裁决经济、社会、文化权利的信息资源；（2）司法机构缺乏相应的专家、技术或者相关的经验去衡量在何种程度上保障经济、社会、文化权利；（3）法院本身不能直接解决资源分配不平等的问题；（4）法院缺乏强制性力量去有效地保障经济、社会、文化权利。[3]

第三节 给付行政模式之概览及其反思

一、给付行政产生及其任务

自德国学者厄斯特·福斯多夫（Ernst Forsthoff，1902—1974）提出服务行政（Leistungsverwaltung）和生存照顾（Daseinsvorsorge）以来，“干预行政”理论逐渐让位于法治国基础上的“给付行政”理论。基本人权系历史的产物，依法行政仍可视为当前行政的适用原则，也就是完成现代行政法学中一个有建设性的原则，然其意义必须在“干预行政”的基础上加以修正。由

[1] 上诉人苏布拉姆是41岁的失业男性，他是一个患有心肌缺氧和脑血栓的糖尿病患者。1996年他的肾脏功能也出了问题，更加糟糕的是他的身体状况已不可恢复，正处在慢性肾脏病的晚期。苏布拉姆尝试通过位于夸祖鲁-纳塔尔省德班市的阿廷顿医院来获得肾脏透析治疗。但是，这家医院只能对非常有限的患者提供这种治疗，最终医院拒绝了苏布拉姆的治疗请求。苏布拉姆认为根据南非1996年宪法，阿廷顿医院无权拒绝对他的治疗，于是他于1997年7月向高等法院德班分院提出紧急的申请，要求法院发布一个命令使阿廷顿医院接受对他的治疗。高等法院驳回了苏布拉姆的请求后，苏布拉姆上诉至南非宪法法院。

[2] *Soobramoney v. Minister of Health*（Kwazulu-Natal）（CCT32/97）[1997] ZACC 17；1998（1）SA 765（CC）；1997（12）BCLR 1696（27 November 1997），para. 29.

[3] 秦前红、涂云新：《经济、社会、文化权利的可司法性研究——从比较宪法的视角介入》，载《法学评论》2012年第4期。

于政治权力的拥有者在现代条件下负有满足人民生存照顾之义务，亦即所谓之“政治的生存负责”，因此这个制度能否发挥功能，便有赖于能否将下述三个方面予以妥善地、系统化之解决：第一，劳资关系的和谐维持，使得人民的工作权建立在适当的薪酬之上；第二，生产之供需与分配之指导；第三，在现代社会之大规模人口的生存方式下，人们生存所依赖的公共服务之提供等。上述三个方面唯有第三点可称为生存照顾，现代行政也是在这个范畴内才产生最重要的意义，因为现代人并非只能靠自身所拥有的生活之资生存下去。[1]

二、给付行政模式的构成及其反思

在给付行政模式下，国家对于公民的生存照顾已经演变为行政机关的一种法定义务，行政机关每天都会面临大量涉及与行政相对人自身利益密切相关的服务事项。因此，学理上有必要对给付行政的构成进行一番研究和反思。陈新民教授认为构成生存照顾之要件有二：第一，服务关系之双方性；第二，个人对此等服务关系存在之依赖性。由此，给付行政有别于人民单方面地受到国家之救助（如接受津贴救济）。这种双方性，可以说是具备了相当的对价关系。[2]

与立法裁量模式和司法救济模式相比，给付行政有赖于行政机关凭借其自身所掌握的资源来满足适格的权利请求人的行政需求。其优势是比较明显的：第一，行政机关掌握有大量的资源自不必赘述，就信息的占有来说，行政机关也比立法机关和司法机关有更多优势。第二，行政机关拥有专业人才和相关的技术。现代服务行政往往涉及水、电、网络、教育资源、社会保险供给等事项，相比立法机关和司法机关而言，行政机关拥有大量具有专业背景人才的优势。第三，行政机关在现代服务行政中往往能够高效地满足行政相对人的需求。由于立法过程的程序化和各种政治见解的不同，立法保障公

[1] 陈新民:《公法学札记》，法律出版社 2010 年版，第 45 页。

[2] 陈新民:《公法学札记》，法律出版社 2010 年版，第 71 页。

民经济、社会、文化权利往往需要经历漫长的过程，而司法机关又具有“不告不理”的被动性，这样一来，行政机关的服务提供就显得十分高效。当然，以给付行政为中心的模式来保障公民的经济、社会、文化权利也并非完美无缺。一方面，行政机关的自由裁量权很容易在不受制约的情况下被滥用；另一方面，由于部门利益的纠纷，行政机关的官僚化和层级化的结构也给权利请求人的救济带来诸多不便。

第四节　立法裁量模式、司法救济模式与给付行政模式的相互关系

一、保障范围与保障程度

保障范围（Schutzbereich）是德国宪法理论中关于基本权利保障的一个理论。[1] 在具体案件的情境中基本权利的保障范围是否被涉及，这也是一个案件在联邦宪法法院是否具有可接受性的前提问题。保障范围一般又分为主体范围（Persönlicher Schutzbereich）和实体范围（Sachlicher Schutzbereich）。主体范围解决基本权利保障对何者适用的问题，如对于德国公民、法人等。实体范围解决基本权利保障中那些实体上触及公民基本权利的事项。[2] 与保障范围相关的另一概念为保障程度（Schutzebene），若保障范围为从横向上谈权利保护，那么保障程度则是从纵向上言之。在美国，也有学者主张区分基本

[1] Friedhelm Hufen，Staatsrecht II：Grundrechte，Verlag C. H. Beck，München，2007，在这本教科书中 Friedhelm Hufen 也使用了诸如 Schutzgehalt（保障内容）、Grundrechtstatbestand（基本权利法律事实）和 Gewährleistungsbereich（保障领域）三个类似的法律概念。

[2] 例如，德国基本法第 8 条第 1 款规定：所有德国人均享有不携带武器进行和平集会的权利。其中“不携带武器集会”还涉及他人生命权的保障的潜在问题，这就涉及基本法第 2 条第 1 款规定（人人享有个性自由发展的权利，但不得侵害他人权利，不得违反宪法秩序或道德规范）是否适用所引起的诸多争议，而联邦宪法法院给予了肯定的回答。

权利的涵盖范围和保护程度。[1]保障范围（涵盖范围）相当于权利保障的宽度，保障程度（保护程度）实际上相当于权利保障的深度，二者的区分必要即在于以更加精准的视角探知基本权利的保障模式选择。

经济、社会、文化权利保障路径的选择，实际上就是在保障宽度和深度两个维度上展开的。权利的要旨在于保障其实现，而权利的实现又不得不受制于政治经济结构下的有限资源。[2]因此应当承认在特定时空条件下权利的保障水平相对恒定的社会现实，与人民生活密切相关的经济、社会、文化权利也应该放在一定时空条件下的权利保障水平中来进行考察。本书基于此认为：立法裁量模式与司法救济模式在权利的保障范围和保障程度上存在此消彼长的关系。以立法和司法两种路径保障经济、社会、文化权利，其直观的关系体现为：在立法保障越稠密的民生领域，司法救济需要主动介入的领域就越稀少。在立法保障介入越深刻的民生制度构建中，司法救济中法官自由裁量的余地就越为限缩。

二、三种保障模式的关系

经济、社会、权利保障模式在立法裁量和司法救济之间的关系是相互关

[1] Frederick Schauer, "The Boundaries of the First Amendment: A Preliminary Exploration of Constitutional Salience", 117 Harv. L. Rev.（2004）, 1765, 1769. The philosophical and jurisprudential literature on rules refers to the conditions of a rule' s application in various ways. See, e.g., Gidon Gottlieb, The Logic of Choice: an investigation of the concepts of rule and rationality（Allen and Unwin, 1968）, p. 39, pp. 43-47（protasis of a rule）; Neil MacCormick, *Legal Reasoning and Legal Theory*（Clarendon Press, 1978）, pp. 43, 45（operative facts）; Frederick Schauer, *Playing by the Rules: A Philosophical Examination of Rule-Based Decision-Making in Law and in Life*（Clarendon Press, 1991）, pp. 23-24（factual predicate）; William Twining & David Miers, *How To Do Things with Rules*（2d ed.）（Weidenfeld & Nicholson, 1982）, pp.137-140.（"Any rule ...can be analyzed and restated as a compound conditional statement......"）我国学者论述请参考杜强强：《基本权利的规范领域和保障程度：对我国宪法第 35 条和第 41 条的规范比较》，载《法学研究》2011 年第 1 期。

[2] 正如卡尔·马克思在《哥达纲领批判》中指出的那样："权利永远不能超出社会的经济结构以及由经济结构所制约的社会的文化发展。"参见《马克思恩格斯全集》第 19 卷，人民出版社 1963 年版，第 22 页。

联却又此消彼长的。首先是在保障范围上展开的，其次是在保障深度上进行的。一方面，立法裁量和司法救济的共同作用才是现实法律生活的运行之道，这一点可以从人们的直观生活经验上加以佐证。宪法中的经济、社会、文化权利若不借助立法加以保障则会使得宪法变得苍白无力，同时这些权利若不付诸司法机关的实践也将成为一纸空文。另一方面，立法保障的水平又会反作用于司法保障的宽度、深度。两种保障模式其实是在一个交互往复的过程中使得宪法所负载的价值追求实现在公民的民生生活领域。须指出的是，两种路径其实并非彼此割裂，而是为了竞相达到权利保障的“理想状态”。

如果把单纯的立法裁量保障模式推向极端，那么经济、社会、文化权利的各个方面和各个角落必然已经有了详尽的法律规定，这种立法的详尽程度已经达到司法机关不需要释法、造法等活动就能达到圆满保障的境界，即“法官是自动售货机，投进去的是诉状和诉讼费，吐出来的是判决和从法典上抄下来的理由”[1]。法官根本无自由裁量可言。显而易见，这是一种极为理想的模式，在现实生活中，没有任何一个国家的立法体制可以做到这一点。

如果把纯粹的司法救济模式推向极端，那么经济、社会、文化权利的保障仅有宪法条文的规范做指南，而没有任何具体化的法律作为裁判的依据。要使得经济、社会、文化权利真正得以保障，司法机关别无选择，仅能适用宪法，那么法官的释法和造法活动将会代替立法裁量的所有功能，经济、社会、文化权利保障仅仅依靠一部宪法就足够了。再反观各国司法体制，这种孤立的司法救济模式即使在纯粹的判例法国家也无法找到它的踪影，而且即使在一个司法能动完全主导的国家，司法救济也不可能代替国会的立法裁量。

三、三种保障模式的选择

联合国教科文组织前法律顾问卡雷尔·瓦萨克（Karel Vasak）提出三代人

---

[1] [德] 马克思·韦伯:《论经济与社会中的法律》，张乃根译，中国大百科全书出版社 1998 年版，第 6 页。

权理论（Three Generation of Human Rights），其中经济、社会、文化权利被认为是“第二代人权”。[1] 追溯到国际人权法的发展，人权的理念和实践已经深深塑造和影响了现代法治社会的价值定位和制度构建，[2] 1945 年《联合国宪章》和 1948 年《世界人权宣言》首次在国际法体系中确认了人权及基本自由的理念。[3]《联合国宪章》第 1 条开宗明义规定：“增进并激励对于全体人类之人权及基本自由之尊重”为联合国宗旨之一。[4] 不仅如此，人权还得到了各国宪法的确认并成为现代宪制的核心价值和终极目标。综观国际社会关于人权的辩论，海外学术界关于经济、社会、文化权利与公民权利、政治权利的辩论始终主导了国际人权话语体系的发展，其争锋的焦点之一便是：经济、社会、文化权利是否是一种可以得到司法保障的权利？[5]

毫无疑问，经济、社会、文化权利是人权法和基本权利研究领域最为重

---

[1] “代际人权理论”由捷克法学家卡雷尔·瓦萨科于 1979 年在法国斯特拉斯堡（Strasbourg）的国际人权研究所（International Institute of Human Rights）提出，他指出“第一代人权”是以“自由权和政治参与权”为重心的，这些权利主要是指诸如言论自由权、选举权、宗教自由权等公民权利和政治权利。“第二代人权”是以平等权、社会权为重心的，这些权利主要指经济、社会、文化权利。“第三代人权”超越了公民权利、政治权利和经济、社会、文化权利，它可以指那些诸如发展权、自决权等国际法上正在逐渐形成的权利，它可以是一种集体人权。K. Vasak，Human Rights：A Thirty-Year Struggle：the Sustained Efforts to give Force of law to the Universal Declaration of Human Rights，UNESCO Courier30：11，1977.

[2] Antonio Cassese，*International Law*，2nd Ed，Oxford University Press，2005，p.375；Paul Sieghart，*The International Law of Human Rights*，Oxford University Press，1984，Preface.

[3] Universal Declaration of Human Rights（UDHR），G.A. Res. 217A（III），U.N. Doc A/810 at 71（1948）.

[4] Art.1（3），Charter of the United Nations，June 26，1945，59 Stat. 1031，T.S. 993，3 Bevans 1153，entered into force Oct. 24，1945.

[5] During 1950s there were hot debates on the inclusion of Economic，Social and Cultural Rights in Human Rights Charter. See further：Office of the High Commissioner for Human Rights in Cooperation with the International Bar Association，Human Rights in the Administration of Justice：A Manual on Human Rights for Judges，Prosecutors and Lawyers，Chapter 14，United Nations，New York & Geneva，2003.

要的组成部分之一。《经济、社会、文化权利国际公约》[1]作为最重要的国际人权文书之一，与《世界人权宣言》和《公民权利和政治权利国际公约》[2]一起并称为“国际人权宪章”（International Bill of Human Rights）。《经济、社会、文化权利国际公约》于1966年12月16日由第21届联合国大会通过，1976年1月3日生效。《经济、社会、文化权利国际公约》第一次以法律形式对经济、社会及文化权利加以确认，突破了以往片面强调公民和政治权利的传统人权观的局限。该公约一方面是源于发展中国家谋求新的国际经济秩序的诉求，另一方面也反映了国际社会成员国宪制发展的基本要求。

经济、社会、文化权利在宪法和国际法两个层面的凸显可以追溯到20世纪以来一种全新的社会发展模式的兴起——社会福利国家（Wohlfahrtsstaat，Welfare state，Folkhemmet）。作为一种新兴的社会管理和国家治理的理念和模式，社会福利国家从很大程度上改变了传统的“夜警国家”（Night Watchman State）基于经典自由放任主义理念的国家治理模式。与传统基于自由放任主义的“夜警国家”相比，社会福利国家更加强调国家和政府积极性地为公民提供一种最低生活保障的服务和社会福利，以满足那些最需要关注和帮助的个人和群体的生存和发展的需求，向社会的全体成员普遍地提供一种最低生活保障的服务。在各国的宪制安排上，德国在1919年的《魏玛宪法》中规定了广泛的经济、社会、文化权利，具体反映在该宪法第二编第二章“共同生活”与第五章“经济生活”的相关条款之中。随后，

[1] International Covenant on Economic，Social and Cultural Rights（ICESCR），G.A. Res. 2200 A（XXI），21 U.N.GAOR Supp.（No. 16）at 49，U.N. Doc. A/6316（1966），993 U.N.T.S. 3，entered into force Jan. 3，1976. 截至2004年11月26日，即经济、社会和文化权利委员会第三十三届会议闭幕之日，已有151个国家批准或加入《经济、社会、文化权利国际公约》，公约是大会在1966年12月16日第2200A（XXI）号决议中通过的，于1966年12月19日在纽约开放供签署和批准。根据《公约》第27条的规定，《公约》于1976年1月3日生效。参见：http：//www.un.org/chinese/hr/issue/tcesc.htm，联合国人权事务中文官方网站。

[2] International Covenant on Civil and Political Rights（ICCPR），G.A. Res. 2200A（XXI），21 U.N. GAOR Supp.（No. 16）at 52，U.N. Doc. A/6316（1966），999 U.N.T.S. 171，entered into force Mar. 23，1976.

这一趋势也反映在了印度、日本、加拿大、爱尔兰、南非、芬兰、智利、哥伦比亚等国家的宪制安排中。从宪法学基本理论的角度看，经济、社会、文化权利进入宪法并在整个公法制度中运行就会产生以下两个比较根本的理论问题。

第一，经济、社会、文化权利是国家人权法和各国宪法所规定的人人得享有的一种基本权利。根据“无救济就无权利”的法理，第二代人权理论下的经济、社会、文化权利必须得到有效的保障和救济。随着社会福利国（Social Welfare State）的兴起，各国不但承担着他们在《经济、社会、文化权利国际公约》下的国家义务，而且趋向于构建一种稳定的保障机制来使得经济、社会、文化权利从“纸面权利”（Paper Rights）变成一种实证化的权利。在这种法理发展的趋势下，国家应该如何根据法治的原则为那些“社会弱势群体”提供一种基本的物质生活保障呢？

第二，由于经济、社会、文化权利本身的属性和特质，对这种新型的“积极权利”如何使之在一国基于社会福利模式的宪制的框架内“进入”法院并进行可度量、可执行的司法裁判？相比传统的政治自由和权利，诸如社会保障权、教育权、健康权、工作权、适当生活水准权这类“积极权利”本身的边界，以及法院判决的可操作性和可执行性都十分难以把握和定量。然而另一方面，经济、社会、文化权利的保障在世界各国哪怕是那些发达国家都关系每个公民日常生活的方方面面。根据联合国人权机构的统计，没有任何一个国家在经济、社会、文化权利的保障上是没有瑕疵和缺漏的。[1] 对发展中国家而言，经济、社会、文化权利的司法保障制度就尤为重要。

针对第一个理论问题，基于现代法治国家的权力分工体制，经济、社会、文化权利的保障机制主要有以下三种，如表 5-1 所示。

[1] 经济、社会、文化权利委员会（UN Committee on Economic，Social and Cultural Rights，CESCR）在关于奥地利履行公约的评论中指出：奥地利在声明它已经完全履行公约义务方面是错误的，发达国家仍然负有达致更大目标的义务。See CESCR CO on Austria（1988），para. 3.

表 5–1 经济、社会、文化权利的保障机制概览

机构	立法机关	司法机关	行政机关
权力	制定经济、社会、文化权利保障所需的相关立法	裁判相关案件，提供司法救济	给付行政 (Lebensleistung)
功能	立法院的政治辩论	法官的司法裁量、司法解释	行政政策之倾斜
机制	立法保障机制	司法保障机制	行政保障机制

通过这种整理，我们可以看到经济、社会、文化权利的保障主要通过三种机制来实现——立法保障机制、司法保障机制和行政保障机制。笔者认为这三种保障机制显示出它们与一个国家的宪法体制、法治传统存在不可分割的联系。由于司法被认为是正义的最后一道防线，而通过司法机关的法律适用、司法解释来完成经济、社会、文化权利的保障是各个国家能够找到共性的地方。正是基于这种问题意识，本书试图在当今具有代表性法系的司法实践中并结合中国这样一个法治后发性国家的基本国情对经济、社会、文化权利的司法救济途径做一番尝试性的探讨，在理论上攻克经济、社会、文化权利在我国宪法体制下的司法保障问题。笔者相信这种理论探讨和尝试会对中国的人权保障理论有所裨益，尤其是在制度上扫除国际人权公约在中国的履行和执行的法律障碍，同时这也可以推动转型时期中国法律制度的健全和发展。

哈佛大学马克·图什纳特（Mark Tushnet）教授认为，世界范围内宪法的实践正在促使美国的宪法学者重新审视宪法中经济、社会、文化权利，现代宪法以三种方式认可了这类基本权利：首先是不具可司法性或者宣告性权利（nonjusticiable or declaratory rights）；其次是弱实体权利（weak substantive rights）；最后是强实体权利（strong substantive rights）。[1] 与此相对应，经济、社会、文化权利的保障方式可以大致划分为三种类型：第一，宣告型保障模式，在这种模式下，经济、社会、文化权利因为不具有可司法性而不能

[1] Mark Tushnet, "Social Welfare Rights and the Forms of Judicial Review", 82 TEX. L. REV.（2003）, pp.1898-1908.

付诸司法救济。例如，爱尔兰最高法院在 *T.D. v. Minister for Education* 一案中，当事人主张爱尔兰教育行政部门没有积极为精神病儿童提供充足的教育，违反了爱尔兰宪法第 42 条关于儿童权利保障条款。爱尔兰最高法院最终驳回了当事人的请求，认为司法机关无权对该事项进行裁判。[1] 第二，立法裁量主导型的模式，在这种模式下宪法认可经济、社会、文化权利但给立法机关提供了广阔的空间去保障这类权利。例如，在 *San Antonio Independent School District v. Rodriguez* 一案中，联邦最高法院在处理得克萨斯财政支持公共教育事业是否违反宪法第十四修正案平等保护条款时，法院认为“美国宪法仅仅要求立法机关的选择满足最低限度的合理性（a standard of minimum rationality）”。[2] 第三，司法救济主导模式，在 *Grootboom* 案中，南非宪法法院审查了政府的住房政策是否违反了南非宪法第 26 条所保障的适足住房权，最终法院认为南非政府的住房政策不符合合理性标准。南非政府采取的住房政策只是关注了中期和长期的住房需求，在这个范围内可以说是合理的，但是它没有关照到那些“处于最不利地位的弱势群体”的“极度需要”的住房需求。从这个角度看，政府并没有在其资源可利用范围内，帮助和保障那些开普敦市区没有土地、没有住房且生活极其贫困的公民。故南非的住房政策违反了宪法第 26 条第 2 款之规定。[3]

笔者认为，经济、社会、文化权利保障模式的选择，从世界宪法发展的趋势看将会摈弃那种宣告式保障的模式，接下来的问题就是在立法裁量主导的模式和司法救济主导的模式间进行选择。事实上，经济、社会、文化权利的保障路径选择，应该是在立法裁量和司法救济两种模式之间选择合适的平衡点。司法救济模式的作用方式会随着立法裁量保障范围和保障程度的变化而发生相应的变化。立法裁量模式对经济、社会、文化权利保障发挥作用的速度要小于司法救济发生作用的速度。亦即经济、社会、文化权利的保障对公民生活最为直接的影响并非抽象地体现在立法裁量模式主导下的立法推动，

---

[1] T.D. v. Minister for Education［2001］4 I.R. 259（Ir. S.C.）.

[2] San Antonio Independent School District v. Rodriguez，411 U.S. 1（1973）.

[3] Government of the Republic of South Africa and Others v. Grootboom and Others，（CCT11/00）［2000］ZACC 19；2001（1）SA 46；2000（11）BCLR 1169；（2000）.

而是十分具体地体现在司法救济模式主导下大面积的司法裁判中。当立法裁量和司法救济达到理想的“平衡状态”时，两者在经济、社会、文化权利的保障上相得益彰。换言之，当立法裁量的作用范围在“司法不作为和平衡状态”之间时，要达到经济、社会、文化权利的有效和等效保护，立法机关需要更加积极的作为。当司法救济的作用范围在“平衡状态和立法不作为”之间时，司法机关需要更加积极的作为。立法机关越是消极，那么司法机关越是需要积极作为。同时，司法救济越是积极，立法机关仍然需要积极作为，只不过这种积极作为的速率比前者小一些而已，但是这并不意味着立法机关可以放缓或者放弃其积极作为的义务。

第五节　本章小结

经济、社会、文化权利的保障路径实际上是在立法裁量、给付行政和司法救济的多方互动的过程中臻于圆满的。一方面，宪法法定化了经济、社会、文化权利，但人民原则上尚无法仅依据这些宪法规定直接向国家请求具体的给付，须待国家制定相关法令、设定受益条件与给付内容之后，人民方能依照该法令产生具体的权利而对国家提出请求；另一方面，无论经济、社会、文化权利的规范多么完美至善，行政机关的服务行政和司法机关的救济都具有不可替代的功能。一方面，给付行政对于贯彻法律的规定具有最直接的影响；另一方面，司法救济人权的本质要求司法机关在经济、社会、文化权利侵权案件中，不仅依法裁判，而且在宪法价值的指引下保障当事人经济、社会、文化方面的合法权益。

我国经济、社会、文化权利保障在回应民生问题法治化需求的道路上任重道远。在立法裁量领域，虽然已有劳动法、教育法、社会保险法等法治成果，但是体系化、精确化、具体化的基本权利立法还远未完全贯彻宪法第 42 条至第 49 条所指引的经济、社会、文化权利必须保障的应然要求。在司法救济领域，经济、社会、文化权利的保障既未充分利用已有之法律资源，又未发展出类似刑法、民法那样较为全面的司法解释。法院实际上是作为一个整体的司法适用机关在我国法律实施和发展中扮演重要的角色，如果法院拒绝受理经济、社会、文化权利的有关司法案件，那么人民会在民生领域寻求党政机关的法外救济，一旦政治机关的个案处理或抽象性政策规定归于无效时，人民对遭受的经济、社会、文化权利方面的侵权就只能听之任之，久而久之，经济、社会、文化权利的宪法实施期待只能化为泡影。

经济、社会、文化权利的保障在立法裁量、给付行政和司法救济三个路径上实际上殊途同归，在三者间的权衡取舍并不意味着立法机关“不立法”或司法机关裁判“不救济”，而是意味着，当司法救济不济时，立法机关自然需要延伸其保障范围和保障深度；反之，在立法裁量不及时抑或不作为的情况下，司法机关也需在保障范围和保障深度上渐渐推进。也是基于这种现实的考虑，有学者指出未来的制度变革应更多地重视司法机关自生自发的制度变革经验，采取一种司法机关改革试验先行、立法机关将成熟的改革经验上升为法律的法律发展模式。[1] 同时，给付行政模式也可以克服立法裁量和司法救济模式下的诸多弱点，从而更加高效地保障公民的经济、社会、文化权利。

[1] 陈瑞华:《制度变革中的立法推动主义：以律师法实施问题为范例的分析》，载《政法论坛》2010年第1期。

财政乃庶政之母。

——亚当·斯密（Adam Smith）

天下国家之大务莫大于恤民；而恤民之实在省赋，省赋之实在治军；若夫制军省赋以为恤民之本，则由在夫人君正其心术以立纲纪而已矣。

——朱熹

权利永远不能超出社会的经济结构以及由经济结构所制约的社会的文化发展。

——卡尔·马克思（Karl Marx）

第六章　经济、社会、文化权利保障的财政税收分析[1]

近现代国家普遍通过宪法和普通立法确立了国家必须承担对其管辖范围内的公民进行"生存照顾"的义务。"二战"之后，社会福利国家的兴起使得基本权利的保障已经突破了传统意义"防御权"的范畴，扩展到了"受益权"的领域。人民拥有了请求国家对其进行生存照顾的权利。围绕作为第二代人权的经济、社会、文化权利的争议，不仅包括了积极权利和消极权利的冲突、积极权利的法律定性问题，更扩展到了这些权利与国家经济财政资源的负担能力之间的关系问题。人类社会千百年来的发展历史均表明，权利的实现离不开权利所赖以存在的经济和社会条件。阿马蒂亚·森（Amartya Sen）从福利经济学的角度提出：自由不仅是发展的首要目的，也是发展的主要手段。[2]自由的实现不仅仅在于免于国家公共权力的关涉，更关键的是应当将自由作为实现个人发展和人格完善的手段。马克思在《哥达纲领批判》中一针见血

[1] 本章关于财政税收方面的文字和观点已经发表，本书写作中又结合论题主旨有所增减。参见涂云新：《中央与地方财政划分的宪法治理难题》，载《法学评论》2017 年第 6 期；涂云新：《经济、社会、文化权利的财政法保障进路及其体系构建——国际比较与中国经验》，载《人权》2020 年第 2 期。

[2] ［印］阿马蒂亚·森：《以自由看待发展》，任赜、于真译，中国人民大学出版社 2012 年版，第 7 页。

地指出："权利永远不能超出社会的经济结构以及由经济结构所制约的社会的文化发展。"我国也有学者提出"权利的资源决定性"观点，进一步认为权利是社会可供资源与人类本能需求之间的一种契合。[1]

在探讨经济、社会、文化权利的保障方面，经济财政资源的有限性和局限性长期以来都是困扰理论界和实务界的一个焦点问题。学术界近年来转向以权利保障不力或者权利配置不足作为民生问题的生成根源，而不再停留在物质资源供给不足或者更确切地说是财政投入不足的形式层面。[2] 经济、社会、文化权利委员会于 1990 年通过了第 3 号一般性意见（General Comments），该意见的目的在于澄清在《经济、社会、文化权利国际公约》之下缔约国义务的法律性质。其核心要旨首先是肯定了经济、社会、文化权利因资源有限而产生的局限问题，其次阐明了缔约国在公约之下所承担的两类义务，即"渐进实现"的义务和"即刻实现"的义务。[3] 无论是"渐进实现"的义务，还是"即刻实现"的义务，以社会保障权为例，经济、社会、文化权利的保障只有在财政资源获得确保的前提下，才有可能发展成为一个较为成熟的现实制度。[4]

确如许多宪法学家和人权法学家敏锐地意识到，经济、社会、文化权利的保障必然涉及关系权利救济有效性和强制性的经济基础——财政和税收问题。同时，财税法学界也强烈认识到，财税法在不同的国家形态下具有不同的价值和功能定位，而财税法的变革又往往成为国家发展和社会进步的先声与推手。[5] 本章将论述的主轴置于财政在宪法权利保障的功能设计之中，尝

---

[1] 社会可供资源是一个变量，意味着社会承载能力在不同时期是变化的，人类的需求作为源于社会逐渐累积的经验探索的人类意识的一部分，反映着社会客观条件的变化，在社会资源变化时也会变化。权利是上述两个变量之中的一个函数。参见何志鹏：《权利基本理论：反思与构建》，北京大学出版社 2012 年版，第 117 页。

[2] 陈治：《民生财政权利进路之争鸣、反思与重构》，载《法学论坛》2013 年第 2 期；郑磊：《民生问题的宪法权利之维》，载《浙江大学学报》2008 年第 6 期。

[3] Committee on Economic, Social and Cultural Rights, General Comment 3, The nature of States parties' obligations (Fifth session, 1990), U.N. Doc. E/1991/23, annex III at 86 (1991).

[4] 蔡茂寅：《社会保障的财政法思考》，载《交大法学》2014 年第 1 期。

[5] 刘剑文、侯卓：《财税法在国家治理现代化中的担当》，载《法学》2014 年第 2 期。

试从功能—结构主义（Functional-Structuralism）法哲学的视角，剖析现代财政国家在经济、社会、文化权利保障中永远无法回避的宪法难题。为此本章将首要澄清的问题在于权利保障与财政收支矛盾的制度根源为何？缘何权利的获得或者实现需要仰仗国家财政和税收？更进一步地说，为什么经济、社会、文化权利的保障被深深嵌入了现代财税国家的经济结构之中？国家的财政税收法制在何种程度上需要适时调整以合于人民对于经济、社会、文化权利的宪法期待？

第一节　一个前提性的问题——经济、社会、文化权利保障的财政之维

传统经济、社会、文化权利保障路径的选择建基于一种学术上所谓的“规范违反”进路（Normative Violation Approach），亦即通过权利的规范基础来推导出国家公权力在何种意义上违反了公民的基本权利，抑或国家公权力在何种意义上背离了其国家保护义务。随着学术界对经济、社会、文化权利保障机制研究的深入，越来越多的学者开始反思传统进路之缺陷与不足，转向了一种权利保障的制度主义进路（Institutional Approach），也就是说，通过权利的监督和履行机制来从整体的制度设计角度去研究权利实现的体系性障碍。事实上，无论是公民权利、政治权利还是经济、社会、文化权利的保障，都不是在一个制度的真空中仰仗法律本身的运行而自动实现的。两类权利都需要一定的经济社会资源来作为其物质基础，同时也都必须依赖一定的制度来实现。由此，在基本权利的保障机制研究方面，学术界出现了权利进路和制度进路的两种方式并存的现象。

在基本权利的保障方面，由国家提供“物质性”给付或服务必定在宪法层面上涉及国家财政之支出与分配（Finazielle Afuwendungen）问题，学者们敏感地意识到了这一问题，因此，学术界关于经济、社会、文化权利保障的探讨逐渐转向了所谓的“财政宪法”下的权利保障。许多学者在讨论基本权利的给付功能时，通常在概念上区分“分享权”（Teilhaberecht）与“给付请求权”（Leistungsrechte）两种。其中，“分享权”指人民请求使用国家现有公

共资源或设备的权利；“给付请求权”是指人民基于特定的事由请求国家应为积极创设性的给付。对于“分享权”，多数学者承认人民享有合理使用国家公共设施之请求权，但对于人民是否拥有请求国家创设一定的设施或者给予一定的物质补助，诸如 Jarass、Alexy、Starck 等学者认为这项权能关涉国家财政能力、国家资源的分配和社会整体利益之调整（sozialen Ausgleich）等多种因素，故除非是属于人民之生存“最低限度保障”，否则对于如何提供给付就属于立法者的政治决定和立法自由裁量的空间。[1] 德国著名宪法学家康拉德·黑塞指出，“社会国原则”需要构建出一个“计划的、调控的、给付的、分配的、能够使个人与社会生活两者同时共存与并行的国家”[2]。黑塞的这种观点也被我国台湾地区财政税法学者葛克昌教授所认同，葛克昌进一步认为“社会国原则”下的给付国家的建构需要国家有财政经济上的调整和适应。为了保障全体国民“合于人性尊严的最低生存权需要”，当代“社会国”实际上综合了“干预性租税国家”“计划性社会国家”“保障性给付国家”“经济自由受到限制的法治国家”的各种要素和特征。国家通过租税政策的调整、财政的再次分配一方面保障国民经济的活力，使得国民经济有能力因应当代国家日益增长的财政支出；另一方面这种国家财政的累积也需要保障对公民的基本生存权照顾。[3] 陈慈阳教授也认为：“社会国原则内容之实践不是宪法或法律规定即可，而是完全取决于国家之给付能力，因此，社会国原则之实现依各国国家财政能力，而有程度上之差异性。”[4]

恰如我国台湾地区学者蔡茂寅揭示的那样，社会保障所对应的危险事故虽然多种多样，但究其实，最后均可归结到“所得不足”“钱不够用”的因素……只要有足够所得均可对应，之所以需要社会保障制度，究其实均不脱

---

[1] Vgl. Hans D. Jarass, Grundrecht als Wertenscheidung bzw. Objektiverechtliche Prinzipie in der Rechtsprechung des Bundesverfassungsrichts, AöR20/1985.S.389; Robert Alexy, Theorie der Grundrechte, 2. Aufl., Frankfurt a.M., 1994, Suhrkamp, S.466; Christian Starck, Staatliche Organisation und staatliche Finanzierung als Hilfen zu Grundrechtsverwirklichungen?, in: FG-BVerfG, Bd. II, S. 516 ff.

[2] [德]康拉德·黑塞:《联邦德国宪法纲要》，李辉译，商务印书馆 2007 年版，第 167 页。

[3] 葛克昌:《国家学与国家法》，月旦出版股份有限公司 1996 年版，第 55—57 页。

[4] 陈慈阳:《宪法学》，元照出版有限公司 2004 年版，第 245 页。

所得不足因素……职是之故，社会保障在其根底，无疑乃是国家以其公权力进行所得重新分配，并决定其负担与给付方式的制度。[1] 社会福利资源是实现经济、社会、文化权利保障的物质基础，无论是学术界还是实务界在探讨这一问题时，首先关注的必然是社会资源的有限性问题，在财税法上的表现就是国家在一定时期和一定阶段的财政资源并非可以无限度地运用于社会保障领域。事实上，若从更为宏观的意义上看，经济、社会、文化权利保障和国家财税资源有限性矛盾的解决需要考虑五个层面的宪法和法律问题。第一个层面是“财源论”意义上的“财政收入之来源”的问题，该问题与国家的经济和社会发展、社会劳动和财富积累密切相关。第二个层面是国家的财政规模与公民的税赋能力公平匹配的问题，这个问题是一个公法上的税赋正义和公平负担的问题。第三个层面是财政支出的结构和划分的问题，也就是说，这是一个国家的财政支出应该如何在不同的领域进行分配的横向问题，也是一个涉及中央和地方的财政应当如何划分的纵向问题。第四个层面是社会保障支出在一定的财政模式下所占比重的问题，该问题直接关系经济、社会、文化权利保障的物质基础。故海内外学术界均将社会保障支出占一个国家 GDP 的比重作为衡量一个国家社会保障水平的重要指标，而国际人权的监督机制也是采取该方法来进行经济、社会、文化权利保障的量化分析。第五个层面是社会保障支出的实施，尤其是给付行政中的公平分配问题，该问题涉及平等原则、比例原则、权利救济原则等的适用。

第二节　现代国家的“财政宪法”及其结构

一、财政对近代立宪主义的重要性

财政（finance）在词源上可以追溯到拉丁文“finis”，意指结算支付。我

[1] 蔡茂寅:《社会保障的财政法思考》，载《交大法学》2014 年第 1 期；蔡茂寅:《社会保障的财政问题》，载许志雄教授六秩华诞祝寿论文集编辑委员会:《立宪国家之课题与挑战》，元照出版公司 2013 年版，第 595 页。

国古代曾使用“国用”“国计”“国库”“公帑”等词语，近代以来，伴随着“西法东渐”，我国从日本引进了“财政”一词。[1] 财政乃庶政之母。自 1215 年英国《大宪章》(The Magna Carta)以来的近代“立宪主义”就发轫于议会与国王围绕着以征税权为核心的财政问题而进行的法律斗争。[2] 从征税问题开始，关于“统治者需要取得被统治者的同意”的理念，逐渐发展成为一种一切法律问题上的主张。[3]“西法东渐”之后，中国传统的政经结构迎来了“三千年未有之大变局”，在此“大变局”的宏观背景下，晚清时期的中国就开始尝试“以清理财政为预备立宪第一要政”，自清廷于 1910 年第一次编制国家预算以来的一个世纪，民主化与法治化的财政制度构建成为近代财税法学在“宪法设计”(Constitutional Design)层面的不懈追求。[4] 再从“有政必有财，财为政之资”的观点审视现代国家之运转，国人不难发现：几乎所有政治权力的运行都离不开财政资源，财政权力的配置遂成为一个现代法治国家最重要和最复杂的宪法问题之一。[5] 财政资源和财政权力的划分有所谓横向和纵向配置两个维度，结合财政在近代立宪主义中的基础性作用来看，在财政划分的宪法难题中，由于国家预算首要解决国家税收如何在中央和地方政府之间分配，国家行政经费如何在中央和地方各级政府之间划拨的问题，故，财政资源和财政权力在中央和地方之间纵向分配问题揭橥了宪法和法理探讨之必要。

德国宪法学者伊森西(J. Isensee)曾经深刻地指出，传统的宪法学说往往

[1] 刘剑文:《理财治国观——财税法的历史担当》，法律出版社 2016 年版，第 78 页；王曙光、周丽俭、李维新:《公共财政学》，经济科学出版社 2008 年版，第 4 页。

[2] 胡伟，程亚萍:《财政权之法理探究》，载《现代法学》2011 年第 1 期。

[3] 参见[美]达尔:《民主理论的前言》，顾昕等译，商务印书馆 1999 年版，第 25 页；陈治:《民生财政权利进路之争鸣、反思与重构》，载《法学论坛》2013 年第 2 期。

[4] 1909 年 1 月 11 日，清廷发布上谕，公布了由度支部负责制定，宪政编查馆予以增订的《清理财政章程》。该章程共分 8 章 35 条，它提议在度支部下设立清理财政处，在各省设立清理财政局，负责具体办理全国财政清理、编制预决算事宜。该章程开启了中国近代第一次财政预算编制工作。参见杨大春:《中国近代财税法学史研究》，北京大学出版社 2010 年版，第 39—40 页、第 83 页。

[5] 欧树军:《“看得见的宪政”：理解中国宪法的财政权力配置视角》，载《中外法学》2012 年第 5 期。

忽视财政制度之重要价值，未能从这一“统治工具”深入剖析“财政国家”并经由类型化分析而对此展开细致、深入之研究。[1] 近年来，我国法学界对国家财政体制的关注和研究逐步取得了相当程度的共识，因为这种学术共识一方面来自财税法学界对财政结构的宪法问题的关注越来越多，另一方面我国宪法学界也逐步意识到财税制度对于宪法实施的重要性。

二、国家财政结构与财政划分之概览

关于财政问题的探讨，在制度层面必须从结构出发，国家财政之结构性问题存在于三个方面：首先为“财政规模”，其次为中央与地方政府之“财政比重”，最后为地方政府间之“财政均衡”。[2] 国家财政结构在这三个层次上的意涵如表 6-1 所示。

表 6-1　国家财政之结构性问题 [3]

国家财政结构	法律关系	法律问题	财政工具	学说和理论
财政规模	财政资源在国家和人民之间的分配	“税捐国家原则”(Steuerstaats-prinzip[1])	税捐客体的选择和税率之确定	“最适财政规模理论”

[1] 葛克昌:《国家学与国家法》，月旦出版股份有限公司 1996 年版，第 141—142 页。

[2] 黄茂荣:《法学方法与现代税法》，北京大学出版社 2011 年版，第 26—28 页。

[3] 黄茂荣:《法学方法与现代税法》，北京大学出版社 2011 年版，第 26—28 页。

[1] 中文中有“税收国家原则”“租税国家原则”等不同的翻译，德语法学界有时也用 Prinzip des Steuerstaates 来替换 Steuerstaatsprinzip，二者并无实质区别。德国维尔茨堡大学 Ralf Brinktrine 教授认为“税捐国家”至少在三种意义上被使用着：作为一种经验结果的税捐国家（Steuerstaat als empirischer Befund）；作为一种规范原则的税捐国家（Steuerstaat als normatives Prinzip）；作为一种侮辱称谓的税捐国家（„Steuerstaat “als Schimpfwort）。关于税收本身的必要性，霍姆斯大法官认为:“税收是人民为文明社会所付出的代价，而罚款则是为了预防法律所惩罚之事而设立的。” Taxes are what we pay for civilized society, including the chance to insure. A penalty. on the other hand. is intended altogether to prevent the thing punished. See Compania General De Tabacos De Filipinas v. Collector of Internal Revenue, 275 U.S. 87, 100, dissenting; opinion（21 November 1927）.

续表

国家财政结构	法律关系	法律问题	财政工具	学说和理论
财政比重	财政资源在中央和地方之间的分配	地方自治法治化	中央和地方税收划分；中央转移支付	“中央与地方之事权划分理论”
财政均衡	财政资源在地方和地方之间的分配[1]	区域均衡发展的法治化	中央与地方统筹分配税款；地方“府际转移支付”	“财政调整理论”

（一）财政规模

一个国家财政规模所要解决的主要问题是财税资源在国家和人民之间划分的问题。现代国家莫不肯认国家基于公共服务之需要可以对人民进行征税，税收被认为是法治现代化国家居于首位的财政收入来源。近代财税法治过程中又产生了以“量能课税原则”（应能负担原则）、“税捐法定主义”（税收法定主义）[2] 以及“稽征经济原则”为核心的税捐国家。国家往往通过税捐客体的选择和税率确定来调整一国的财政规模，而什么样的财政规模既能因应公共服务之需要又可以合理保障人民之财产权呢？学理上以“最适财政规模”理论为通常看法，然究竟何为“最适”？ 在许多国家，税收立法缺乏兼具民主性和科学性的手段来确定“立法事实”（Legislative Facts），导致了“最适财政规模”流于形式和浮于表面。严格说来，根据“功能最适”的原

[1] 在地区间财政关系方面，财政法应该保证最低限度的财政均衡。例如，除了中央政府通过转移支付增加财政困难地区的财政供给能力以外，还可以设计一种地区间横向财政均衡的模式，由富裕地区按照一定的标准向贫困地区进行财政援助。目前，我国虽然在实践中存在一种地区间对口支持机制，但是，这种做法缺乏制度保障，完全靠中央政府的权威在推动，也没有明确的标准和程序，因此其效果难以得到持续的保障。参见熊伟:《财政法基本问题》，北京大学出版社 2012 年版，第 51 页。

[2] 租税的税赋和征收，须根据法律，就是租税之适法原则（Grundsatz der Gesetzmaesigkeit），以法律决定租税就是要使人民参与租税立法。换言之，应课何种税，应课至何种程度，就非以法律来决定不行。

则，财政规模在国家和人民之间的分配应当根据地方的人口、经济特征及实力、历史背景等因素，再配合不同事物的不同需求、综合考量达到“尽可能正确”的境地的结论。[1] 根据量能课税原则（应能负担原则）[2]，把作为现代宪法立法意图的应能负担原则仅仅理解为构成形式上的课税物品在量方面的负税能力，将是不充分和片面的，它还应该被理解为以课税物品在质方面的税负能力来构筑的一项原则。[3] 也正如日本财税法学家北野弘久所坚持的观点，对财产进行课税时，国家还需要根据生存权性质的财产（一定的住宅用地和住宅、农业用地和农用工具、一定的中小企业业主的经营用地和经营场所、一定的小公司的股份等）、资本性财产（大企业的经营用地等）以及投机性财产（作为商品的土地、企业的土地、别墅土地等）在宪法上的价值作不同的税负分担，因为这些财产在宪法上有不同的价值，所以税负能力也不同。[4]

（二）财政比重

财政比重就是本书所要探讨的财政资源在中央和地方之间的分配问题，这是中央和地方关系法治化在财政领域最为重大和最为复杂的问题。从国家财政结构的宏观视角鸟瞰国家的财政划分，国家一般通过税款在中央和地方上的划分、中央对地方的财政转移支付等财政工具分配财政资源，以求中央和地方“各取所需”进而维护国家机器的正常运转。这个过程从法律的角度

[1] 许宗力:《宪法与法治行政》，台湾元照出版有限公司 1999 年版，第 295 页。

[2] 另外，我们也可以将量能课税与税收公平结合起来。亚当·斯密 1776 年在《国富论》（The Nature and Causes of the Wealth of Nations）一书中所提到的四个基本原则（合比例性、透明性、便利性、有效性）的第一个就是公平原则：每个人应当去支持他们的政府，根据他们各自的能力，也就是根据他们在受到政府保护的情况下所获得的收入来负担。（Smith postulated four “maxims” of taxation：proportionality，transparency，convenience，and efficiency.）Adam Smith，The Nature and Causes of the Wealth of Nations. Book V，Vol. 4. O. Zeller，1963；Thomas C. Atkeson：“Tax Equity And New Revenue Act”，The Accounting Review，Vol. 31，No. 2（Apr.，1956），pp. 194-203.

[3] ［日］北野弘久:《财税法原论》，陈刚、杨建广等译，中国检察出版社 2000 年版，第 97 页。

[4] 参见［日］北野弘久:《财税法原论》，陈刚、杨建广等译，中国检察出版社 2000 年版，第 108—109 页。

审视又牵涉到中央与地方税收立法权划分（中央与地方财政划分之法源）、中央与地方统筹分配税款等地方自治法治化的问题。学界一般以“中央与地方之事权划分”理论来建构中央与地方财政划分之标准、原则与体系。中央与地方财政划分之原因在于：“财政国家”之立宪制度体系，从纵向而言，除非人数为几万以下、面积极为狭小的城市国家或者岛屿国家，囿于财政管理上信息成本和执行成本，全国性政府必然不能对所有公共事务予以直接处理。由此，财政层级之设置、财政收支职能之划分乃势所必然，此中又必然衍生出“财政收支划分制度”等重大课题，并以“集权国”“分权国”为两“极”而衍生不同的宪法类型。[1]

财政资源在中央和地方的划分还牵涉到财政权力配置的国家结构问题。这个问题不论在单一制国家如法国、英国、日本、中国还是联邦制国家如美国、德国、瑞士、巴西都会存在。为此，有必要阐明财政权在宪法上的含义。财政权[2]是一个总括的概念，它与国家的行政权实际上为一体。一般来说，行政权的对象侧重于“事”，而财政权的对象侧重于“财”。不过，“事”的完成必须依赖相应的“财”。[3]在这个意义上，今日学界和实务界所谈及的财政问题实际上有两个方面的意涵：一方面，财政问题体现为以货币为核心的财政资源配置；另一方面，财政问题经过法律（尤其是实定法 Positive Law）的检测和评价之后形成了所谓的“财政权力”配置。由于财政问题兼具了资源（钱）和权力（权）的双重属性，那么国家在通过财政工具对权力以及权力背后的资源进行分配的时候，必然需要依据一定的标准、原则或者法则，这也形成了制度构建上必须严肃对待的问题。

---

[1] 周刚志：《论“财政国家”的宪法类型及其中国模式》，载《法学评论》2012 年第 1 期。

[2] 财政权可以从不同角度进行分类。就一般学理而言，财政权可以分为财政收入权、财政支出权、财政管理权。财政收入权是国家基于宪法和法律授权而获得财政收入的权力，如课税、收费、发行国债、获得投资回报等。财政支出权是指国家将财政资金用于宪法和法律规定项目的权力，如兴建工程、购买服务、进行转移支付等。而财政管理权是指国家对国库资金以及国有资产进行管理的权力。但需要注意的是财政收入、财政支出和财政管理的区分是相对的，它属于政府内部的权力分工，实践中可能集中于同一部门。参见熊伟：《财政法基本问题》，北京大学出版社 2012 年版，第 73 页。

[3] 参见熊伟：《财政法基本问题》，北京大学出版社 2012 年版，第 72—73 页。

财政划分必须以事务为基础，而学理上关于事务之划分又通常采德国法上“事务本质理论”[1](die Natur der Sache)。进一步追问何为事务之本质？根据德国联邦宪法在判例中的解释，它意指存在于事务本身的法则。[2]对于中央和地方的权限归属应直接探求事务的逻辑结构，并分析具体事务在法律上的重要特征，从而判断其是否有全国统一或因地制宜的属性。这些具体的标准如下:(1) 依利益所及的范围。若涉及全国或中央的则属于中央事务，如关税、外贸、银行、交易制度等；若仅涉及某地区人民权益的则为地方事务，如地方市政建设和维护等。(2) 依所需地域范围。以全国为实施范围的属于中央事务，如铁路、国道、航空等；以地方为实施范围的属于地方事务，如市政道路交通、农村基础水利设施等。(3) 依事务性质的划一性。凡事务性质上需要整齐划一、全国一致的，如度量衡等，归中央办理；如事务性质上可个别发展的，如农林水利等，应划归地方办理。(4) 依所需能力。如事务的兴办需要大量人力、财力或高度技术、特殊人才的，如国际机场、核能电厂等，应归中央办理；反之，如可以就地筹措，也不需要特殊技术的，如合作社、公共汽车等，则由地方办理。[3]通过对事务性质的判断来确定事权划分，再合比例地将相应财权配合，其作用在于，使各级政府之施政计划容易做事务层次之比较、整合，然后以之为基础判断各级政府之财政需要，以划分财政收入、编列预算、监督各该预算之执行情形，确保基础建设之兴建、维护，保障各地区最低平均公共行政服务水平之提供及促进其均衡发展。[4]

(三) 财政均衡

国家财政结构还涉及所谓的区域发展中的财政均衡问题。换言之，“财政

---

[1] “事务之本质”原属于法哲学上的一个概念。德国法学大儒拉德布鲁赫曾经说过，“事物本质”是“生活关系的意义”，这种“意义”是“在实然中现实化了的应然，在现实中所显现的价值”。See G. Radbruch，Die Natur der Sache als juristische Denkform，in Festschrift zur Ehren von Rudolf laun，Hamburg，1948，S. 81，88. 转引自李忠夏:《作为社会整合的宪法解释——以宪法变迁为切入点》，载《法制与社会发展》2013 年第 2 期。本书此处将从较为实证的角度来初步分析它。

[2] vgl. BVerfGE 7，155，170.

[3] 薄庆玖:《地方政府与自治》，华视文化事业公司 1998 年版，第 137—138 页。

[4] 黄茂荣:《法学方法与现代税法》，北京大学出版社 2011 年版，第 26 页。

国家”还必须处理好财政资源在地方与地方之间相对均衡的分配关系。区域之不均衡发展在人类文明史上和各国的近现代化进程中都曾经或者正在成为一个亟须正视的问题，不均衡的财政资源配置会恶化区域之间的均衡发展和国民经济的整体质量。这些问题似乎全都落入了政治决策考量的范围，丝毫未有法学探讨的空间，然而仔细观察，我们也不难发现，区域不均衡发展虽然有开发历史、资源禀赋、生活习性等方面的客观原因，但是其外在的政经结构和法律制度事实上极有可能固化甚至强化这种发展不均衡的现状。所以财政资源在地区与地区之间的分配可以导致所谓的“区域均衡发展法治化”的问题，国家往往通过中央财政对各个地方的财力性转移支付的配比（包括一般性转移支付、民族地区转移支付、资源枯竭型城市转移支付等）和专项转移支付配比（包括科、教、文、卫、农田水利等专项支付）来达到均衡发展的目标，同时地方政府之间还会存在“府际转移支付”（Inergovernmental Transfer），其功能在于克服所谓的垂直财政失衡与水平财政失衡。垂直财政失衡是指上级政府与下级政府之间的权与钱分配不平衡，以至于上级政府有必要以自己的财源透过一般补助款或是特定补助款来辅助下级政府；或是上级政府从财源较佳的下级政府获取协助金。水平财政失衡是指同一层级的各个不同政府之间，因为其所处的地理位置与人文环境不同，因此导致的财政能力的不平衡或者迥异。[1] 实务上，处理财政失衡的财政手段是中央与地方统筹分配税款，当然国家也可以借助行政区域重新划分等行政手段。总之，财政调整是国家实现财政均衡的一种财政工具。理论上关于地区与地区之间财政资源分配概言之采所谓的“财政调整原则”，但真正的法理探讨还离制度构建的需要有相当的差距，不能不说这也是今后财政制度探讨的重点之一。

第三节 经济、社会、文化权利保障财政税收分析的理论模式

在宪法上，国家拥有财政权是一个不言自明的问题。在承认宪法的基础

---

[1] 马骏:《中央与地方政府的财政关系》，载《财税研究》1998 年第 29 卷第 4 期；黄锦堂等:《地方立法权》，五南图书出办公司 2005 年版，第 212—213 页。

上言及国家拥有作为统治权一环的财政权，没有从法理上加以多方论证的必要。这意味着国家的财政权在法律上具有实定宪法上的功能。同理，财政税收的分配也能按上述的明确说明来解释，这也是一个实定宪法上的权能分析的问题。

一、经济、社会、文化权利保障中的三项整体性国家义务

关于经济、社会、文化权利保障中所对应的国家义务体系，学术界的研究成果已经相当可观。在现有成果的基础上，我国学者总结了“二分法”“三分法”“四分法”“五分法”等几种不同的观点。在“二分法”之下，国家义务可以分为消极义务与积极义务、行为义务与结果义务、即刻义务与渐进义务、尊重义务与保障义务、实体义务与程序义务、一般义务与核心义务、确认义务与保障义务等。[1] 在“三分法”之下，亨利·舒（Henry Shue）教授认为对于任何一种基本权利，国家均承担“避免剥夺的义务”“保护个人不受剥夺的义务”“帮助被剥夺者的义务”。[2] 著名人权法学者艾德（Asbjørn Eide）提出了国家在基本权利之下承担“尊重的义务”“保护的义务”“实现的义务”。我国学者龚向和提出社会权之下的国家义务三层次分别为“尊重义务”“保护义务”“给付义务”。[3] 我国学者张翔从宪法释义学角度提出了国家在基本权利的功能体系之下承担“消极不干涉义务”“积极给付义务”“国家保护义务”。[4] 在“四分法”之下，荷兰人权研究所在题为“食物权：从弱法到强法”的研讨会上，提出了国家义务分为“尊重的义务”（obligation to respect）、“保护的义务”（obligation to protect）、“实现的义务”（obligation to

[1] 参见龚向和：《社会权的可诉性及其程度研究》，法律出版社 2012 年版，第 70—73 页。

[2] Henry Shue, Basic Rights: Subsistence, Affluence, and U.S. Foreign Policy, 2nd Ed., Princeton University Press, 1996, pp.52-53.

[3] 参见龚向和：《社会权的可诉性及其程度研究》，法律出版社 2012 年版，第 78—84 页。

[4] 参见张翔：《基本权利的规范建构》，高等教育出版社 2008 年版，第 43—63 页；张翔：《宪法释义学：原理·技术·实践》，法律出版社 2013 年版，138 页。

fulfill）和“促进的义务”（obligation to promote）。[1] 在“五分法”之下，人权法学者亨利·史坦纳（Henry J. Steiner）和菲利普·奥斯通（Philip G. Alston）提出了国家义务包括五类，分别为尊重他人权利、为实现权利建立必要的机制、预防权利侵害、为满足权利提供商品和服务、促进权利实现的义务。[2] 我国学者黄金荣将国家义务界定为一般法律义务、具体法律义务、国际义务、核心义务以及优先义务。[3] 在以上的理论研究成果中，挪威奥斯陆大学著名的人权法学者艾德（Asbjørn Eide）的国家义务三层次理论影响较为广泛，“马斯特里赫特原则”[4] 以及经济、社会、文化权利委员会在若干官方文件中都强调尊重、保护和实现的三种国家义务。

笔者认为经济、社会、文化权利保障中所对应的国家义务体系采取“尊重—保护—实现”（Obligation to Respect，Protect and Fulfill）的三层次义务理论具有较强的说服力，尊重义务对应于基本权利作为防御权的功能，保护义务对应于基本权利的“第三人效力”的功能，实现义务对应于基本权利的积极给付权能，如表 6-2 所示。

表 6-2　经济、社会、文化权利保障中所对应的国家义务体系

义务层次	义务内容	义务承担者	针对之对象
尊重义务	（1）承认公民享有的包括经济、社会、文化权利在内的基本权利的宪法和法律地位；（2）预防和排除国家公共权力对经济、社会、文化权利保障的干涉、侵害	国家（立法、行政、司法、监察机关等）	（1）经济、社会、文化权利的漠视或否认；（2）国家公共权力的干预和侵害

[1] 柳华文：《论国家在〈经济、社会和文化权利国际公约〉下义务的不对称性》，北京大学出版社 2005 年版，第 17 页。

[2] Henry J. Steiner & Philip G. Alston（Author）International Human Rights in Context：Law，Politics，Morals：Text and Materials，Oxford University Press，2000，p.182.

[3] 黄金荣：《司法保障人权的限度：经济和社会权利可诉性问题研究》，社会科学文献出版社 2009 年版，第 232—237 页。

[4] Masstricht Guidelines on Violations of Economic，Social and Cultural Rights，Maastricht，January 22-26，1997.

续表

义务层次	义务内容	义务承担者	针对之对象
保护义务	国家积极地保护公民的基本权利不受到任何来自私主体的侵犯	国家（立法、行政、司法、监察机关等）	私主体对经济、社会、文化权利的侵害
实现义务	国家通过民主和法治原则为公民提供合于最低人性尊严要求的物质给付	国家（立法、行政、司法、监察机关等）	国家在物质资源分配上的不公平和不作为

经济、社会、文化权利保障所对应的国家义务体系的建构仅仅是从“解释论”的角度明晰了权利之属性、权利之结构的问题，但是如何从财税资源分配的角度落实国家义务体系则是需要另外检讨的一个问题。为此笔者认为需要实现一个从“解释论”到“实践论”的认知范式的转换，其最主要的方式就是将“解释论”意义上的国家义务转化为“实践论”意义上的三项整体性的国家义务，如表 6-3 所示。

表 6–3 经济、社会、文化权利保障中所对应的三项整体性国家义务

义务类别	义务内容	义务承担者	核心要素
“渐进实现”的国家义务	在资源限定的范围内，政府必须承担起一种与其国家能力相匹配的、能够通过循序渐进方式达致基本权利完全实现的一种国家义务	国家（立法、行政、司法、监察机关等）	(1) 采取步骤。(2)“适当方法”。(3) 逐步实现
“非倒退性”的国家义务	在资源限定范围内，政府必须承担一种与不得低于现阶段权利保障水准的国家义务	国家（立法、行政、司法、监察机关等）	(1)非倒退原则。(2)经济危机时，国家义务减损必须遵循的法律原则
“尽其资源能力所及”的国家义务	在资源限定范围内，政府必须在其可用的资源限度内，穷尽最大的可能性来促使权利的实现	国家（立法、行政、司法、监察机关等）	(1) 财税资源分配之主体。(2) 政府是否采取措施。(3) 政府措施的合理性

（一）“渐进实现”的国家义务

“渐进实现”的国家义务（Progressive Realization）意指国家在保障公民的经济、社会、文化权利时，承担一种与其国家能力相匹配的、能够通过循序渐进方式达致基本权利完全实现的一种国家义务。[1] 在此义务下，国家能力的维度是多面向的，既包括了国家的统治和治理能力，又包含了国家的人权建设能力。从实然的角度看，国家能力受到经济和社会发展水平的制约，故国家承担一种能够与其能力相匹配的义务。但是，“渐进实现义务”要求国家必须借助其现有的经济和社会资源，采取步骤，在最大限度上逐渐实现其人权保障的义务。围绕“渐进实现义务”，理论界和实务界纷纷关注国家在何种意义上、多大程度上承担了其义务。为了澄清这一问题，我们可以借助经济、社会、文化权利的法理来做进一步的分析。

《经济、社会、文化权利国际公约》第 2 条第 1 款明文规定：[2]

每一缔约国家承担尽最大能力个别采取步骤或经由国际援助和合作，特别是经济和技术方面的援助和合作，采取步骤，以便用一切适当方法，尤其包括用立法方法，逐渐达到本公约中所承认权利的充分实现。

第一，经济、社会、文化权利委员会（Committee on Economic, Social and Cultural Rights）在“第三号一般性意见”（General Comment No.3）中对“采取步骤”进行了解释，认为第 2 条第 1 款中“采取步骤”的义务，其本身不受其他问题的限定或限制。委员会也注意到其他一些不同的文本，借以了解这句话的完全含义：在英文本中，这一义务是“采取步骤”（take steps）；在法文本中是“S’ engage à agir”；在西班牙文中是“a adoptar medidas”。因此，虽然可以逐步争取完全实现有关的权利，但是，在《经济、社会、文化权利国际公约》中对有关缔约国生效之后的合理较短时间之内就必须采取争

[1] O’ Connell, et al., Applying an International Human Rights Framework to State Budget Allocations: Rights and Resources, New York: Routledge, 2014, p.67.

[2] 根据联合国条约系统中的原始 PDF 文本汇编。See International Covenant on Economic, Social and Cultural Rights [ICESCR], G.A. Res. 2200 A (XXI), 21 U.N.GAOR Supp. (No. 16) at 49, U.N. Doc. A/6316 (1966), 993 U.N.T.S. 3, entered into force Jan. 3, 1976.

取这一目标的步骤。此类步骤应当周密、具体、以尽可能明确地履行《公约》义务为目标。[1]

第二，经济、社会、文化权利委员会在“第三号一般性意见”中对“适当方法”（appropriate means）进行了解释。委员会认为，在许多情况之下经济、社会、文化权利保障的国家立法是特别需要的，在有些情况下可能甚至是必不可少的。[2] 也就是说国家的立法义务是委员会特别强调，这对于公约内容的实现是至关重要的。除了立法之外，可被认为是适当的措施中还包括司法、行政、财务、教育和社会方面等措施。“适当方法”所涵盖的范围极为广泛，应然的要求和实然的现状可能存在较大的差距。委员会强调，就政治和经济制度而言，经济、社会、文化权利的保障所彰显的各类原则，不能被误认为是出于社会主义或资本主义制度的需要，或出于中央计划经济或自由市场经济或两者兼而有之的经济需要，也不能把它归于任何其他特定的属性。在这方面，委员会重申经济、社会、文化权利可在各种经济和政治制度下加以实现，只要所涉的制度承认和体现《经济、社会、文化权利国际公约》序言申明的两组人权之间的相互依存和不可分割性质。委员会还在这方面注意到其他人权的相关性，特别是发展权利。[3]

第三，经济、社会、文化权利委员会在“第三号一般性意见”中对“逐步……实现”进行了解释。委员会认为：逐步实现的概念等于承认，在短时期内一般无法充分实现所有的经济、社会和文化权利。从这个意义上讲，这一义务与《公民权利和政治权利国际公约》第 2 条的义务有重大区别，该条中具有立即尊重和确保一切有关权利的义务。然而，不应把本《经济、社会、文化权利国际公约》中长期实现或逐步实现误解为解除了有其充分含义的义务。一方面这是一种有必要灵活性的安排，反映了当今世界的现实和任何国家争取充分实现经济、社会和文化权利面临的困难；另一方面必须结合《经济、社会、文化权利国际公约》的总目标，即其存在的理由来理解这句话，

---

[1] U.N. Doc. E/1991/23, annex III at 86（1990）.

[2] U.N. Doc. E/1991/23, annex III at 86（1990）.

[3] U.N. Doc. E/1991/23, annex III at 86（1990）.

这一目标就是为缔约国确立充分实现所涉各种权利的明确义务。因而它确立了尽可能迅速和有效地争取目标的义务。而且，在这方面的任何后退的措施都需要最为慎重的考虑，必须有充分的理由，顾及《经济、社会、文化权利国际公约》规定权利的完整性，并以充分利用了所有可能的资源为条件。[1]

（二）非倒退性的国家义务

非倒退性的国家义务（Non-retrogression）意指国家在保障公民的经济、社会、文化权利时承担一种与不得低于现阶段权利保障水准的国家义务。从某种意义上，“非倒退性的国家义务”与“渐进实现的国家义务”在语义上是一致的，因为无论从法理上，还是从对词语的惯常的理解来看，“渐进”就意味着“非倒退”。但从两种国家义务的逻辑关系来看，“渐进实现的国家义务”是一种正向的、积极的义务类型，而“非倒退性的国家义务”则是从逆向的、消极的角度来制止国家肆意减损权利保障的水准。

非倒退性的国家义务事实上赋予了国家一定的自由“裁量余地”（Margin of Appreciation），也就是说，国家可以基于正当化的事由在特定的历史时期减损其国家义务的履行。自 1976 年“Handyside v. United Kingdom”[2] 以来，欧洲人权法发展出的“裁量余地”理论承认了国家之间的差异、在一定程度上尊重了各国立法机关的自由形成空间，事实上为缔约国创造了“减损”公约“规定的义务”的有限权利。[3]“裁量余地”理论借由欧洲人权法院一系列重大的判决在之后的法理发展中向一般人权法领域扩展，其间伴随着极大的理

---

[1] U.N. Doc. E/1991/23，annex III at 86（1990）.

[2] Handyside v. The United Kingdom，5493/72，Council of Europe：European Court of Human Rights，4 November 1976.

[3] “裁量余地”在法语中是 marge d ‘appréciation，在德语中是 Ermessensspielraum，在公法学（尤其是行政法学）意义上，法国最高行政法院（Conseil d'état）和德国联邦行政法院（Bundesverwaltungsgericht）在判例中肯定了行政机关对于不确定法律概念在合理限度内享有不受司法审查的自由判断空间。另参见 S. Greer，The Margin of Appreciation：Interpretation and Discretion under the European Convention on Human Rights，Council of Europe，2000，p. 5；George Letsas. Two Concepts of the Margin of Appreciation，Oxford Journal of Legal Studies，vol. 26，no. 4，2006，pp. 705-732。

论争议。[1]

毛里求斯共和国（Republic of Mauritiu）首席大法官、“经济、社会、文化权利委员会”前主席阿里兰加·皮雷（Ariranga Pillay）在澄清国家在保障经济、社会、文化权利的非倒退性的义务时指出，国家在特定的时期可能由于国家的经济和社会发展状况而受到减少其国家义务，但是必须遵循以下四个法律要求。

第一，国家采取的倒退性措施必须是临时性的，换言之，国家基于其资源的有限性而没有完全保障公民的经济、社会、文化权利，必须是在特定的经济危机的情况下才能够实施，且该种倒退性措施必须被限定在一个特定的阶段。

第二，国家采取的倒退性措施必须满足必要性原则和比例原则。国家基于其资源的有限性而没有完全保障公民的经济、社会、文化权利必须是必要的（Necessary），且国家所采取的措施和其所实现的公共政策的目标之间必须合比例（Proportional）。

第三，国家采取的倒退性措施必须符合平等原则和非歧视原则。国家基于其资源的有限性而采取的倒退性措施必须平等地适用于相关主体。国家必须在此资源限制之下，穷尽包括税收在内的一切可能的措施确保弱势群体的经济、社会、文化权利不受到歧视性的影响。

第四，国家采取措施必须达到经济、社会、文化权利保障所要求的最低核心义务（Minimum Core）。[2] 最低核心义务是经济、社会、文化权利委员会在“第三号一般性意见”中所阐发的一项国家必须遵守的“即刻性义务”。经济、社会、文化权利委员会以本身及其前身十多年来审议缔约国报告所积累的大量经验为基础，认为每个缔约国均有责任承担最低限度的核心义务，确保至少使每种权利的实现达到一个最基本的水平。因此，如果在一缔约国内有任一较大数目的个人被剥夺了粮食、基本初级保健、基本住房或最基本的

[1] Janneke Gerards, Margin of Appreciation and Incrementalism in the Case Law of the European Court of Human Rights, Human Rights Law Review, Volume 18, Issue 3,（2018）pp.495-515.

[2] Audrey Chapman, and Sage Russell, Core Obligations: Developing a Framework for Economic, Social and Cultural Rights, Antwerp: Intersentia, 2002.

教育形式，该缔约国就等于没有履行《经济、社会、文化权利国际公约》下的义务。如果不把《经济、社会、文化权利国际公约》看作确定了此种最起码的核心义务，就等于使其基础上失去了存在的理由。同样，必须指出，关于一缔约国是否履行了最起码的核心义务的任何评估都必须考虑到该国内的资源局限。第 2 条第 1 款规定每一缔约国的义务是，“尽最大能力”采取必要步骤。一缔约国如要将未履行最低核心义务归因于缺乏资源，它就必须表明已经尽了一切努力、利用可得的一切资源作为优先事项履行最起码的义务。[1]同时，“经济、社会、文化权利违反中的马斯特里赫特原则”（Maastricht Guidelines on Violations of Economic，Social and Cultural Rights）明确提出了国家的“最低核心义务”。“最低核心义务”意味着国家承担不可减损的即时履行的义务。

（三）“尽其资源能力所及”的国家义务

“尽其资源能力所及”的国家义务（Obligation to the Maximum Available Resources）意指国家在保障公民的经济、社会、文化权利时必须在其可用的资源限度内穷尽最大的可能性来促使权利的实现。在此义务下，国家的财税收入和财税开支必须确保能够满足公民经济、社会、文化权利的最低限度的需求。在判断国家是否“尽其资源能力所及”之时，首先面对的难题是最低核心国家义务基准的确定；其次是判断国家是否穷尽了一切可能措施达到了“尽其资源能力所及”的宪法要求。由以上的问题所衍生出来的问题还包括，谁是判断一国财政税收资源分配的最佳主体，国家财政税收资源应当如何在不同的社会领域进行分配，国家财税资源分配的合理性应当如何认定。从逻辑推理的一般常识来说，一个国家在特定的时间段内的财政税收资源是有限的。在此前提下，国家所占有的资源有可能超过经济、社会、文化权利保障所要求的资源限度，也可能低于经济、社会、文化权利保障所要求的资源限度。若是国家所占有的资源超过了经济、社会、文化权利保障所要求的资源限度，则接下来的问题就是财政资源如何在不同的社会公共需求领域公平划

[1] U.N. Doc. E/1991/23，annex III at 86（1990）.

分，同时如何落实经济、社会、文化权利保障的问题；若国家所占有的资源低于经济、社会、文化权利保障所要求的资源限度，则国家将会面临如何“尽其资源能力所及”的迫切问题，这也是一个摆在经济、社会、文化权利保障面前的最为棘手的难题。

经济、社会、文化权利委员会在“第三号一般性意见”中对“尽其资源能力所及”进行了解释。委员会强调，甚至在明显缺乏可得资源的情况下，缔约国仍有义务努力争取保证在这种条件下尽可能广泛地享有有关的权利。另外，监测实现或特别是未实现经济、社会和文化权利的义务以及制订促进权利的战略和方案的义务绝不能因为资源局限而有任何减损。[1] 南非宪法法院在 2009 年 *Mazibuko and Others v. City of Johannesburg and Others* 案中首次澄清了在《南非共和国宪法》第 27 条第 2 款（人人有权获得充分的食物和水）[2] 之下的国家义务。法院对政府所采取措施的审查集中在三个问题：（1）政府是否采取措施来落实这些权利；（2）政府所采取的措施是否合理；（3）政府是否违反了“渐进实现”的国家义务。在涉及政府应当采取何种措施来逐步实现经济、社会、文化权利的问题时，南非宪法法院判定，通常来说，法院并非判断资源如何分配的适当机关。[3] 虽然司法并非决定一个国家资源分配的最佳适当机关，但无可否认的是，作为肩负基本权利保障的国家机关，司法应当而且可以判断政府所采取的措施在法律上是否合理。香港特

[1] U.N. Doc. E/1991/23, annex III at 86（1990）.

[2] 1996 年《南非共和国宪法》第 27 条规定：关于医疗卫生、食物、水和社会保障（1）任何人都有权获得（a）医疗卫生服务，包括生殖医疗保健；（b）充分的食物和水；（c）社会保障，包括适当的社会救济，若他们不能养活自身及抚养其家属。（2）国家必须在其可利用的资源范围内采取合理的立法和其他措施以逐渐达到上述每一项权利的实现。（3）任何人都不得被拒绝进行紧急医疗救治。

[3] Ordinarily it is institutionally inappropriate for a court to determine precisely what the achievement of any particular social and economic right entails and what steps government should take to ensure the progressive realisation of the right. See Para.60, Mazibuko and Others v. City of Johannesburg and Others（CCT 39/09）[2009] ZACC 28; 2010（3）BCLR 239（CC）; 2010（4）SA 1（CC）（8 October 2009）.

别行政区终审法院在“孔允明诉社会福利署案”[1]“游文辉诉社会福利署案”[2]中的判决的法理则走得更远，在这两个案件中，法院深度审查了香港的综援计划下受益人口增长的情况、“单程通行证计划”（OWP）与“综援计划下的七年居港规定”的关系和现行综援计划的财政开支等因素，试图对特区政府是否承担了“尽其资源能力所及”进行司法上的判断。香港特别行政区终审法院认为，政府为确保社会福利采取的措施必须接受司法审查。法院判定政府出台的政策或具体措施应符合“有理可据验证标准”（the justification test）：第一，差别对待是否存在正当目的；第二，该差别对待与政策目标的实现之间是否可以建立起合理关联；第三，这一差别对待对所欲达成的目标而言是必需的（no further than necessary），也就是说不存在更优的可替代性方案。[3]李义大法官（Robert Ribeiro）认为，法院不是社会资源分配最理想的履行者。但同时，若被审查的立法或行政方案，没有办法满足宪法所保障的香港居民的基本需要时，法庭不能袖手旁观。[4]包致金大法官（Kemal Bokhary）指出，经济、社会和文化权利委员会《一般性意见》要求缔约方制定倒退、减损性的福利政策时，须谨慎考虑，符合公约“尽其资源能力所及”原则（full use of the maximum available resources）。尤其当倒退政策涉及特定弱势群体赖以生存的基本需要，并且缩减政策的实施会对相关人士产生显著的负面影响时，法院应当对政府提出更高的举证责任要求，证明倒退政策的合理性。[5]

二、经济、社会、文化权利保障的三类财政税收分析的进路

在《联邦论》(《联邦党人文集》）中，美国制宪之父亚历山大·汉密尔顿

[1] Kong Yunming v. The Director of Social Welfare，FACV2/2013（17 December 2013）.

[2] Yao Man Fai George v. The Director of Social Welfare，FACV2/2013.

[3] 秦静：《突破与保守：香港终审法院涉福利权案的审理思路及其新进展》，载《比较法研究》2015年第6期。

[4] 秦静：《突破与保守：香港终审法院涉福利权案的审理思路及其新进展》，载《比较法研究》2015年第6期。

[5] 秦静：《突破与保守：香港终审法院涉福利权案的审理思路及其新进展》，载《比较法研究》2015年第6期。

（1755—1804）曾运用七章篇幅（第 30—36 篇）论证了联邦和各邦政府应当享有的独立的征税权。在《联邦论》第 30 篇中，汉密尔顿指出：

钱，是政治实体当之无愧的生命线。作为生命线，钱给政府注入生机、活力，使政府有能力履行各项基本职能。因此，只要社会资源许可，完备的权力，需要源源不断的、足够的钱注入；钱，可视为每个政治机构不可或缺的组成部分。钱的问题，如果出现亏空，必然产生两种罪过中的一种：要么，无法通过正常方式，提供各项公务所需，只要持续不断地去偷去抢；否则，政府就会致命萎缩，迅速死亡。[1]

“有财必有政、有政必有资”，财政是确保现代政府有效运行的生命线。正如另外一名当代的财政学家汉密尔顿在 1980 年指出的那样：“确保议会对政府进行有效监督的工具中，掌握财政预算的权力被认为是最完善和最有效的武器，任何宪法利用这种武器，就能把人民的直接代表武装起来，纠正一切偏差，实行一切正当有益的措施。”[2] 权利的保障仰赖于一定的政府财政资源，故经济、社会、文化权利保障必须被置于一个国家的财政税收的框架中进行深刻的检讨。对于经济、社会、文化权利保障的财政税收分析，国际上的通说发展出了三种不同进路的理论框架：首先是财源论意义上的分析进路（revenue-focused analysis），分析财税资源之来源问题；其次是财政分配意义上的分析进路（budget allocation analysis），分析已有财税资源的分配正义问题；最后是财政开支意义上的分析进路（budget expenditure analysis），分析政府应当遵循何种原则进行财政开支的问题。[3] 兹略分述如下。

[1] [美]汉密尔顿、杰伊、麦迪逊：《联邦论：美国宪法评注》，尹宣译，译林出版社 2010 年版，第 195 页。

[2] 刘剑文：《预算治理中的人大、政府与公民》，载《武汉大学学报》（哲学社会科学版）2015 年第 3 期。

[3] Megan Manion，Robert Ralston，Thandi Matthews &Ian Allen，Budget Analysis as a Tool to Monitor Economic and Social Rights：Where the Rubber of International Commitment Meets the Road of Government Policy，Journal of Human Rights Practice，Volume 9，Issue 1，February 2017，pp.146-158.

（一）财源论

财源论，就其最核心的含义而言，是所谓的“财政收入之来源”。申言之，对人权之保障进行财源论意义上的分析意味着需要解剖和透析政府是如何通过财政手段来充实国库的。现代政府在财源上的统筹措施有多种，在社会保障的财源筹措领域，其基本的方式无外乎两种：以租税为财源而为给付的税收方式，以及以社会保险费为财源而为给付的保险方式。[1] 财源是经济、社会、文化权利保障的物质基础，一个有效的经济、社会、文化权利保障机构的构建离不开源源不断的财政税收收入，正所谓“大河有水小河满，大河无水小河干”。社会一般民众对于经济、社会、文化权利保障的关切就在于财源的充足与否问题，否则一般公民将视经济、社会、文化权利保障为奢谈。从学理意义上分析，以“财源论”为进路来分析经济、社会、文化权利保障有以下问题值得进一步澄清和检讨。

第一，国家财政收入之多寡在终极意义上取决于一国经济和社会的发展水准。通常来说，经济和社会的发展水准越高，人民在财政税收上的承受能力则越高，政府的岁入和国库就越为充实。换言之，以科技革命为核心之生产力水平之进步是解决所谓“大河有水”的问题。

第二，国家财政收入之来源还涉及“总体性财政负担的公平问题”，亦即财政系借用国家公共权力通过预算、税法等治理工具无偿占有了公民和社会的物质财富，其目的是出于公共利益，但其手段则有可能极大地限缩公民赖以生存和发展的物质资料，也就是说，过重的财政负担可能减损公民的生存权之保障。由此，现代国家普遍需要通过议会民主程序考察财政负担是否在一般意义上能够为社会一般大众所接受，即所谓的“税收立宪”问题。[2] 财政收入的形成虽不必以个别公民的经济痛苦感受作为调整依据，但国家必须以民主程序中代议机关多数人之决议为限度。在财税法上，这种财政负担的公

---

[1] 蔡茂寅：《社会保障的财政法思考》，载《交大法学》2014 年第 1 期。

[2] 刘剑文：《关于我国税收立宪的建议》，载《法学杂志》2004 年第 1 期。

平问题可以借助“量能课税”原则（支付能力原则）[1] 加以考察。

第三，国家财政收入之来源关系税收公平原则（Principle of Tax Equity）。税收公平原则具有多个维度，而且与前述“量能课税”原则密切相关。此处所言之税收公平侧重于分析一定的税收负担在不同课税对象上的平等问题，也就是涉及宪法所保障的“平等权”问题。根据我国学者的研究，税收公平至少应体现在四个方面：一是分税公平，即体制性公平，指政府间的税收分配公平；二是定税公平，即制度性公平，指课税制度设计上的公平，包括传统理论所说的横向公平和纵向公平；三是征税公平，即管理性公平，指税收征收管理上的公平；四是用税公平，即权益性公平，指纳税人在税款使用中的监督权利与平等受益。[2] 我国学者指出衡量税收公平原则的标准有两个，即受益原则和能力原则：（1）受益原则。根据纳税人从政府提供的公共物品中受益的多少，判定其应纳税的多少和税负是否公平，受益多者应多纳税，反之则相反。（2）能力原则。根据纳税人的纳税能力来判断其应纳税额的多少和税负是否公平，纳税能力强者即应多纳税，反之则相反。[3]

第四，国家财政收入之来源关系到在基本权利保障中“尽其资源能力所及”的国家义务的程度问题。“尽其资源能力所及”的国家义务要求国家在经济、社会、文化权利保障中尽其最大的努力运用可得的资源，甚至在明显缺乏可得资源的情况下，国家仍然有义务努力争取保证在这种条件下尽可能广泛地享有有关的权利。在这个意义上说，充足的财源需要国家在税收法定主义原则下，通过科学合理的税收制度设计来减少和规制逃税（tax evasion）等有可能减损财源的现象出现。

---

[1] 量能课税原则要求个人的税捐负担，应按照税捐义务人可以给付税捐的能力，加以衡量。根据纳税人的纳税能力，判定其纳多少税或其税收负担多大成为现代税法建制的一个基本原则。其中所得乃是把握其客观净额所得，并减除个人及家庭基本生活费后之可支配所得，作为课税所得。而财产乃是把握纳税人之可能的应有收益作为课税对象，如无应有收益，则不应课税，以免过度侵害人民财产权。陈清秀：《量能课税与实质课税原则》（上），载《月旦法学杂志》2001 年第 8 期。

[2] 林晓：《税收公平的四种体现与重塑我国税收公平机制》，载《税务研究》2002 年第 4 期。

[3] 参见刘剑文、熊伟：《税法基础理论》，北京大学出版社 2004 年版，第 129 页；刘剑文、陈立诚：《财税法总论论纲》，载《当代法学》2015 年第 3 期。

（二）财政分配

财政分配的核心问题是政府的财政资源应当如何在不同社会领域进行划分的问题。国家可以利用财税法的分配性价值，促进分配正义的价值目标的实现。[1] 我国学者指出，财税法的功能属性有二：首先，财税法具有收入分配的功能，即通过财税的手段介入国民收入分配过程，在国家、企业和居民之间进行分配；其次，财税法具有保障分配秩序的功能，即通过财政法定的形式来确保国民收入分配程序的公正性和分配结果的公平性。[2] 从实现国家财税的功能价值的角度来看，国家财政资源的分配一方面需要维持立法、行政、监察、司法、国防、外交等机构或部门的财力需要；另一方面更重要的是提供社会的公共服务。 在政府的财政治理中，社会保障所能够分配到的财政资源的比重是衡量一个国家经济、社会、文化权利保障水平高低的重要参考指标。兹有以下两点需要说。

首先，财政分配的最终目的是实现国家的公共管理职能。国家实现其职能手段和方式是将财政资源配置到社会公共领域。政府应该考虑的因素是向全体社会成员提供公共安全、秩序、公民基本权利保障和经济发展的社会条件等方面的需要。

其次，财政分配在不同社会领域的比重问题深刻影响基本权利的保障。财政分配的领域和作用对象十分广泛，究竟需要分配多少财政资源维持政府的日常开支、提供社会的公共服务、确保公民的基本权利，体现了政府在财政安排上的目标价值导向。故此，学术界多采用横向比对的方式，来分析政府在社会秩序维持、公共设施维护、科教文卫体、外交、国防等领域的财政资源的配置。为此，政府在不同年度都存在财政资源配置的优先领域（priority）。在财政税收的意义上，如何评价和衡量政府是否履行了其保障公民基本权利的国家义务，就转换成了政府是否投入了一定的财政资源进入基本权利所需的那些社会领域。这一点对于经济、社会、文化权利的保障尤为重要。

---

[1] 参见徐孟洲等:《财税法律制度改革与完善》，法律出版社 2009 年版，第 33 页。

[2] 参见刘剑文:《收入分配改革与财税法制创新》，载《中国法学》2011 年第 5 期。

（三）财政开支

财政开支（Public finance expenditure）是国家按照事先的预算将国家的财政资金运用和作用于社会各个领域的一种财政活动。有时，国家的财政支出超过预算的范畴则会产生财政赤字的问题；有时财政支出少于预算的范围，国家就有了一定的财政盈余。财政开支处于财政过程的末端，是国家财税制度的重要组成部分，财税法发展出了一系列的原则和制度来规范国家的财政支出活动。现代财税法努力的方向之一就是构建一个能够制约和约束财政权的民主财政规则体系，从而为一国制定财政宪法（基本法）或者税收宪法（基本法）提供了理论依据。[1]我国学者指出，在预算层面，公共财产的支配应法治规范、公开透明，并渐进实现财政民主；在税制层面，公共财产的取得应严格法定，并合理承担妥适的经济社会功能；在政府间财政关系层面，公共财产的权属应按照“财权与事权相匹配，事权与支出责任相适应”的原则厘清，并适时推动财政收支划分立法。[2]

如前所述，经济、社会、文化权利保障涉及该权利赖以实现的物质基础，在现代国家，社会保障资金被认为是经济、社会、文化权利保障最重要的财源保障。关于社会保障的财政事项，是指对于社会保障所需资金之调度与管理并以其目的所进行的资金使用，核心在于对财政资金以“保障给付”的适用，其最重要的在于财源的确保，其以“给付”为中心并附带支应营运所需管理的费用。[3]在一个“政府花钱、议会审议”的现代财政体系中，社会保障的财政支出受制于国家的民主审议程序和政治运行的实际过程。社会保障支出的不足必然会影响到经济、社会、文化权利保障所要求的国家义务的落实。其原因众多，例如政治审议过程中的优先议题并不在社会保障方面，政

[1] [澳]布伦南、[美]布坎南：《宪政经济学》，冯克利、秋风、王代、魏志梅译，中国社会科学出版社2005年版，第3页。

[2] 刘剑文：《论财税体制改革的正当性——公共财产法语境下的治理逻辑》，载《清华法学》2014年第5期。

[3] 廖钦福：《社会保障财政法之概念与原则构建——以长期照顾服务之财源论为中心》，载《财税研究》第44卷第5期。另参见蔡茂寅：《社会保障的财政问题》，载许志雄教授六秩华诞祝寿论文集编辑委员会：《立宪国家之课题与挑战》，元照出版有限公司2013年版，第595页。

治家和立法者可能认为社会秩序和安全等议题的紧迫性更高。又如，预算的监督和执行不力导致社会保障的支出不能落实到位，国家经济形势的变化、政府货币政策的调整、预算外的开支的增加等。

三、经济、社会、文化权利财政税收分析的局限性反思

在国家和人民的关系处理方面，基本权利的保障是政府的首要职责之一，政府存立的目的就是提供这种保障。财政税收分析为经济、社会、文化权利保障提供了一个不同于“规范论”“权利论”的理论框架，属于一种制度主义的思路。财政税收分析将经济、社会、文化权利保障放在了一个财政资源收入和开支的结构之中，通过国家义务来反推财政资源的分配结构，从而意在破解权利保障的“资源依赖性问题”。财政反映了国家施政的重点和方向，透过财政资源的分配，人们可以清楚政府在何种事项上投入了何种资源。[1] 在国际人权的实践中，非洲人权与民族权委员会（African Commission on Human and Peoples' Rights）采取了一种与《非洲人权与民族权宪章之下经济、社会、文化权利的原则和指引》[2] 类似的观点，即《非洲人权与民族权宪章》[3] 第 29 条第 6 款之下个人的纳税义务意味着国家应该确保一种公平和有效的财政体系来确保经济、社会、文化权利的实现。[4] 例如，在 2017 年“非洲人权与民族权委员会诉肯尼亚共和国案”[5] 中，非洲人

[1] See Maria Socorro I. Diokno, A Rights-Based Approach towards Budget Analysis, International Human Rights Internship Program, 1999.

[2] Guidelines and Principles on Economic, Social and Cultural Rights in the African Charter on Human and Peoples' Rights（adopted on 24 October 2011）, para 15.

[3]《非洲人权和民族权宪章》又称“班珠尔人权和民族权宪章”，1981 年 6 月 28 日非洲统一组织通过。1986 年 10 月 21 日生效。Organization of African Unity（OAU）, African Charter on Human and Peoples' Rights（"Banjul Charter"）, 27 June 1981, CAB/LEG/67/3 rev. 5, 21 I.L.M. 58（1982）.

[4] Ben Saul, David Kinley & Jaqueline Mowbray, The International Covenant on Economic, Social and Cultural Rights: Commentary, Cases, and Materials, Oxford University Press, 2014, p.145.

[5] African Commission on Human and Peoples' Rights v. Republic of Kenya, ACtHPR, Application No. 006/2012（2017）.

权与民族权利法院审理了自建院以来最大规模的一次公益诉讼。在此案中，委员会代表 35,000 个申诉者向法院提起了八大类的权利侵犯的请求。非洲人权与民族权利法院明确了在原住民（indigenous people）的土地权利、财产权利、文化权利、自然资源的权利保护方面，肯尼亚政府因为违背了其基本权利保障的国家义务而需要承担财产上的赔偿责任。肯尼亚政府在判决的执行方面，正是通过其宪法程序及财政资源的再次分配来履行其国际人权保障的责任和义务。

经济、社会、文化权利的财政税收分析并非完美无瑕，运用财政手段来促使国家履行其基本权利的保障义务也值得理论界和实务界深刻检讨。

第一，经济、社会、文化权利保障的财政税收分析的理论假设建基于一个较为完美的财政资源和经济、社会、文化权利保障水平的正相关的基础之上。事实上，影响经济、社会、文化权利保障水平的因素众多，财政资源仅仅是保障基本权利诸多资源的一种，只不过，财政资源的重要性突出，所以对影响经济、社会、文化权利保障的监督和监测最为倚重财政分析。

第二，经济、社会、文化权利保障的财政税收分析不仅需要关注财政资源在宏观结构上的配置，还需关注财政资源是如何落实在社会保障领域的。换言之，经济、社会、文化权利保障是一个民主法治秩序中的现实过程，这个过程的实现还有诸多现实的因素。这些现实的因素主要是财源论上的争论，还包括社会保障财政的监督问题、中央和地方社会保障财政的分配问题。

第三，经济、社会、文化权利保障的财政税收分析往往关注社会保障资金占到全部财政资源的比重问题。事实上，一定时期内财政资源是按照立法者的政治协商过程被政府配置到社会各个不同领域中的。在社会保障领域，财政资源的总体配置并不意味着社会保障的对象可以公平地享有其受到宪法所保障的权利。质言之，即使社会保障资金占到全部财政资源的比重已经极大地提升，也不能当然地认为经济、社会、文化权利的保障水平也随之而提升。事实上，经济、社会、文化权利保障的关键不是社会保障资金总量的扩大，而是在一个财政资源分配的过程中衡量财政开支是如何影响不同群体的公民实际享有经济、社会、文化权利的状况。

第四节　经济、社会、文化权利财税法保障体系的构造

近年来，海外学术界在经济、社会、文化权利保障的研究中越来越侧重从财政税收分析的角度展开，如诺兰（Aoife Nolan）、康纳尔（Rory O' Connell）和合维（Colin Harvey）致力于研究公共财政如何深刻影响经济、社会、文化权利的保障。[1]我国台湾学者许志雄、蔡茂寅、廖钦福等则是从社会保障财政的角度来探讨财政税收如何作用于合于最低人性尊严的公民生存权之保障问题。大陆法系和普通法系虽然对于经济、社会、文化权利的称谓用语不同，但其所指相同。各国在财税法的构造上并不存在一项关于经济、社会、文化权利保障的财政开支，而多以社会保障开支作为落实此项基本权利的物质基础。基于以上的缘由，以社会保障财政为核心来构建一个经济、社会、文化权利保障的制度和体系框架就显得尤为必要。 社会保障制度最初是以贫民为对象的救济法，然后逐渐扩展到了以特定职业领域为重点的社会保险，最终形成了以公民为对象的"国民皆保险"的制度。[2]我国的社会保障制度是一个涵盖社会保险、社会救济、社会福利、优抚安置、社会互助内容的综合体系，在这个体系中，社会保险居于最为重要的核心地位。依据《中华人民共和国社会保险法》第2条之规定，国家建立基本养老保险、基本医疗保险、工伤保险、失业保险、生育保险等社会保险制度，保障公民在年老、疾病、工伤、失业、生育等情况下依法从国家和社会获得物质帮助的权利。

---

[1] See Aoife Nolan, Rory O 'Connell & Colin Harvey, Human Rights and Public Finance: Budgets and the Promotion of Economic and Social Rights, Hart Publishing, 2013; Aoife Nolan ed., Economic nd Social Rights After The Global Financial Crisis, Cambridge University Press, 2014; Rory O' Connell, Aoife Nolan, Colin Harvey, Mira Dutschke & Eoin Rooney, Applying an International Human Rights Framework to State Budget Allocations, Routledge, 2016; Aoife Nolan, Economic and Social Rights, Budgets and the Convention on the Rights of the Child, The International Journal of Children' s Rights, 2013, 21 (2): 248-277.

[2] 蔡茂寅:《社会保障的财政法思考》，载《交大法学》2014年第1期；蔡茂寅:《社会保障的财政问题》，载许志雄教授六秩华诞祝寿论文集编辑委员会:《立宪国家之课题与挑战》，元照出版有限公司2013年版，第595页。

表 6-4 中国的社会保障制度的构成

	类别	主要内容
社会保障	社会保险	基本养老保险、基本医疗保险、工伤保险、失业保险、生育保险
	社会救济	城市和农村的最低生活保障制度
	社会福利	针对农村特定村民、老年人、孤儿和残疾人的特殊福利制度
	优抚安置	针对军人及其家属进行物质照顾和精神抚慰的制度
	社会互助	基于社会成员自愿组织和参与扶弱济困的制度

一、横向体系之构建

以经济、社会、文化权利保障为目的的财税法体系的构造首先要解决的问题是财政的横向划分问题。所谓财政的横向划分，在一般理论意义上，指的是财政权力在国家机构之间的横向分配问题。若将财政权力的横向划分与国家的横向分权进行一个对比，财政的横向划分的脉络就逐渐浮现。早在古希腊城邦时代，亚里士多德（Aristotle，384—322 B.C.）就提出城邦的“三种机能”（议事机能、行政机能、审判机能）。我国学者指出财政事权的配置大体可以被分为财政立法权、财政执行权与财政司法权。关于财政司法权的问题，我国理论界认识不一。正如汉密尔顿在《联邦论》第 78 篇中就司法部门的权力进一步澄清：“议会不仅控制钱袋，而且制定每个公民都要遵循的义务和权利的规则，反之，法官既不能影响剑和钱袋，也不能指挥社会的武力和财富，也不能对任何事情作出主动决定。可以真实地说，司法部门既无兵力又无意志，它只能判断；最终还要依靠行政部门伸手协助，才能使法庭的判决生效。”[1]在立法、行政与司法三种国家权力当中，司法权力只能依靠推理和判断来定分止争，提供“最后一道防线”（last resort）意义上的权利救济，加之，狭义上的司法权具有某种被动性，故由司法机关不掌握财政权和预算权。我国

[1] [美]汉密尔顿、杰伊、麦迪逊:《联邦论：美国宪法评注》，尹宣译，译林出版社 2010 年版，第 535 页。

也有学者借鉴了德国权力制衡模式下的政府间财政关系并提及了德国联邦最高财政法院（Bundesfinanzhof /BFH）[1] 的功能。财政司法权的主要任务在于：（1）监督财政税收行政权；（2）审核财政税收行政权力的行使是否符合宪法的规定，立法机关是否在宪法许可的范围内行使权力。[2]

我国理论界关于财政权力的横向配置模式方面的探讨主要集中在“议会主导财政权”与“行政主导财政权”的对立上。在法理上，议会主导财政权是历史逻辑和宪法逻辑之必然，但是在现实的财政资源的分配上，行政部门往往享有财政预算案的编制权、提案权及财政的执行权，这也造成了国家财政权力横向配置中的“行政主导模式”问题。[3]

近现代意义上的国家财税权的宪法配置问题可以追溯到 1215 年的《自由大宪章》（Magna Carta）所确立的“非经议会同意不得征税”的原则。[4]1295 年《无承诺不课税法》，其中明确规定了“非经王国大主教、主教、伯爵、男爵、武士、市民及其他自由民之自愿承诺，则英国君主或其嗣王，均不得向彼等课征租税，或摊派捐税”。这便从法律上承认了平民阶层在征税问题上的参与权，并使该阶层及其代表参与到议会中“共商税事”且成为英国议会制度的一种常态。[5]1340 年，爱德华三世颁布了法令：“不经过全国的教士、

[1] 德国联邦最高财政法院系根据《基本法》第 95 条于 1950 年设立于慕尼黑。事实上，德国的财政法院（die Finanzgerichte）分为联邦财政法院和州财政法院两级，主要是审理纳税人对征税不服，状告国家财政税务局的案件。偷税漏税案件涉及数额的由财政法院审查决定，但如果触犯刑法的，由普通法院管辖，如对管辖权发生争议，则由联邦法院联合委员会进行协调。

[2] 参见许闲：《德国权力制衡模式下的政府间财政关系》，载《经济社会体制比较》2011 年第 5 期。

[3] 朱大旗、何遐祥：《议会至上与行政主导：预算权力配置的理想与现实》，载《中国人民大学学报》2009 年第 4 期。

[4]《自由大宪章》第 12 条规定：除下列三项税金外，设无全国公意许可，将不征收任何免役税与贡金。即赎回余等身体时之赎金〔指被俘时〕；册封余等之长子为武士时之费用；余等之长女出嫁时之费用——但以一次为限，且为此三项目的征收之贡金亦务求适当。关于伦敦城之贡金，按同样规定办理。《自由大宪章》第 14 条规定：凡在上述征收范围之外，余等如欲征收贡金与免役税，应用加盖印信之诏书致送各大主教、住持、伯爵与男爵指明时间与地点召集会议，以期获得全国公意。此项诏书之送达，至少应在开会以前四十日。此外，余等仍应通过执行吏与管家吏普遍召集凡直接领有余等之土地者。召集之缘由应于诏书内载明。召集之后，前项事件应在指定日期依出席者之公意进行，不以缺席人数阻延之。

[5] 王冬、廖勇：《英美近代治税思想之殊异考辨》，载《河北法学》2013 年第 7 期。

伯爵、男爵和其他贵族、下议员在议会给予的一致同意”，国王不能征收任何直接税。[1] 非经国会同意不得征税的古老的宪法原则在1628年的《权利请愿书》、1689年的《权利法案》中得到继承和发展，议会逐渐享有了财政支出的同意权、收支状况逐年审议的权限。征税必须得到人民或其代表的同意，逐渐成为新兴势力的共识。[2] 美国大革命时期，1750年乔纳森·梅耶（Jonathan Mayhew，1720—1766）提出了著名的“无代表不纳税”（No Taxation without R epresentation）的口号，议会主导模式的财政权力配置扩展到了美国，在更大范围内实现了财政的民主性。美国学者约瑟夫·哈里斯将议会的财政权具体划分为五类：（1）征收各种赋税的权力；（2）借款及发行国债的权力；（3）发行货币及调整币值的权力；（4）通过法律对所有的政府支出（包括社会福利转移支付款项）进行专门拨款的权力；（5）对公共账目进行审计的权力。[3] 我国台湾学者葛克昌将立法机关的财政权总结为以下几类：（1）税收立法权。税收是一种国家强制性要求公民进行无对价的一种给付，唯有国家通过立法程序遵守“法律保留原则”“法律优位原则”“构成要件明确性原则”“禁止类推原则”“非溯及既往原则”才能向不特定的公民群体征收。（2）规费立法权。一般说来，规费是指政府机关在为特定人履行了一定行为，或者在特定人要求使用公有物时，依法向其征收的行政手续费。规费在本质上是个人因享有国家所提供之特定给付，而应支的特别报偿。在宪法原理上，规费也是一种公民应当承担的公法上金钱给付义务，这种公法义务的设定必须有一定的法律基础，现代国家一般通过立法机关的规费立法权来加以实现。（3）公债发行立法权。公债是国家依据财政经济的需要，以政府信用为基础，采取证券发行的方式，与人民或其他经济主体缔结的负债契约。[4] 为了确保和控制公债发行的程序，现代国家一般也是通过立法机关的权力的行使等形式来规制公债发行权。

在财政权的横向配置中，与“议会主导财政权”相对应的模式是“行政

---

[1] 王冬、廖勇：《英美近代治税思想之殊异考辨》，载《河北法学》2013年第7期。

[2] 刘剑文：《理财治国观——财税法的历史担当》，法律出版社2016年版，第123页。

[3] 参见葛克昌：《税法基本问题（财政宪法篇）》，北京大学出版社2004年版，第70页。

[4] 参见刘剑文：《民主视野下的财政法治》，北京大学出版社2006年版，第112页。

主导模式”。尽管在理论上和形式上，国家的财政权力必须纳入一个以“议会”为中心的法治化框架下，这也是所谓“无代表不纳税”的必然要求，但是在实务操作中，国家的财政政策和各种财政资源的分配却必须由政府来落实，更为重要的是，政府（尤其是财政部门）掌握了向代议机关提起财政预算方案的“发球权”，而代议机关的预算方案也最终是由政府来执行的。议会的无上地位与行政的实际主导似乎同时为人们所接受，财政权力的中心在不知不觉中已经实现了从议会向行政的转移。[1] 对于英国而言，从 1867 年英国第二次议会改革之后，预算控制权逐步从议会手中转向了政府，英国政府的内阁和财政部门实际上发挥着预算编制的主导作用；对于美国而言，从 1921 年《预算与会计法案》(The Budget and Accounting Act of 1921 [2]) 实施以来，国会与总统的预算权博弈日益变得微妙，行政部门（总统）牢牢掌握了预算编制发起的权力，议会则保留预算通过的同意权。[3] 这一趋势的出现实际上与现代政府的规模膨胀密切相关，从自有资本主义进入垄断资本主义以后，国家不断干预经济，尤其是那些突如其来的经济危机客观上需要国家在财政政策上作出迅速的反应和调整，为了维持经济增长和社会稳定，行政权力的扩张使得政府常常扮演“救市者”的角色。对于现代国家的财政权力的配置而言，政府的财政权力主要表现为：(1) 财政执行权。代议机关通过民主政治程序通过了预算之后，政府则必须将年度的预算视为一种“法律”加以执行。(2) 财政收入权。政府的财政收入必须基于财政法治原则，在法律的框架下以合法和合理的方式取得一定的财政收入，这些财政收入主要包括税收收入、规费收入、公债收入。(3) 财政支出权。在有关公共财政的法律和政策的约束下，政府还享有“花钱”的权力，政府的财政支出权主要体现为政府为了维持自身运转的一般公共服务支出、政府干预和调节经济活动的宏观调控支出、政府保障人民生活水准的社会保障支出等。(4) 财政管理

[1] 朱大旗、何遐祥：《议会至上与行政主导：预算权力配置的理想与现实》，载《中国人民大学学报》2009 年第 4 期。

[2] Pub.L. 67-13, 42 Stat. 20, enacted June 10, 1921.

[3] 参见朱大旗、何遐祥：《议会至上与行政主导：预算权力配置的理想与现实》，载《中国人民大学学报》2009 年第 4 期。

权。政府对财政资金的管理运营也享有法定的权限，政府必须按照经济规律来对国库资金的管理、国有资产的管理、政府采购、税款分配等享有管理权。

财政的横向划分问题一直以来都是衡量一个国家财政法治化水准的重要参考依据，现代财税法也是以“财政法定原则”意图构建起一个与国家的宪法秩序相融合的财政制度。我国财税法学者曾正确地指出，构建我国的财政法定的法治体系关键是要在人大主导的模式下做实全国人大的财政决定权和监督权，推动财政权力从行政主导走向立法主导。[1]

经济、社会、文化权利保障所仰赖的财政资源的分配问题必须被置于一个财税法的体系之下进行探讨。现代财税法提供了一个落实宪法、财税基本法、财税骨干法律的制度体系，从某种意义上讲，落实宪法中关于经济、社会、文化权利保障的规定就势必要严格落实现代财税法所捍卫和维护的核心理念、价值、原则和规则。

（一）财源方式之选择

在现代国家的治理中，社会保障财源的筹措方式无外乎有两种，一种是以税收为重心的财源筹措方式，另一种是以社会保险费为重心的财源筹措方式。其中，税收作为财源的方式是以国家的征税权作为强制保障力而实施的，也就是说税收只要经过人民的同意，国家就可以通过合法的手段强制公民向国家履行一定的给付。近代的社会保险制度是由19世纪时期被称为“铁血宰相”（Eiserne Kanzler）的奥托·冯·俾斯麦（Otto Eduard Leopold von Bismarck，1815—1898）在德国创立的。自俾斯麦以后，社会保险基金的筹措方式向政府统筹和市场自治两个不同的方向发展。在大陆法系国家或地区，很多国家的社会保险基金是由政府统筹的；在普通法系国家或地区，很多国家的社会保险基金部分是由政府统筹的，部分是由市场提供的，且有的普通法系国家或地区还将商业保险作为社会保险制度的重要组成部分来看待。例如，在美国，奥巴马的“医改法案”就引发了广泛的合宪性争议，联邦最高

[1] 参见刘剑文:《民主视野下的财政法治》，北京大学出版社2006年版，第137页。

法院在“全国独立企业联盟诉西贝利厄斯案”中以 5 : 4 的微弱多数判决认定“个人强制医疗保险”条款合乎宪法第 1 条第 8 款第 1 项赋予国会的税收权力，从而支持了《保护病患及可支付的医疗保健法案》(Patient Protection and Affordable Care Act/ACA) 的大部分条款的合宪性。[1]

自现代以来，税收制度和社会保险制度均具备了一定的强制性，分别受到税法和社会保险法之调整。税收作为社会保障财源的筹措方式实际上构建了一种政府和人民之间在公法上的金钱给付义务关系，且必须在行政法治的理念之下，坚持“税捐法定主义”“量能课税原则”“税收征缴经济原则”。社会保险作为一种人民参享式的社会保障基金的来源实际上构建了一种政府和人民之前的保险契约关系。当下，社会保险法治方面的理论研究远不及税收法治那样发达，社会保险法治体系的构建在很大程度上既借鉴了财税法上的理论范式，又融合了私法上的一切基本概念，在很多情况下，社会保险的政策研究都领先于社会保险法治的研究水准。

一国到底应该采取以税收为主体的财源筹措方式还是以社会保险费为主体的财源筹措方式，抑或采取一种混合并重的方式，取决于一国的政治理念、宪制要求、经济发展水平和现实的政策目标设定等多个方面的因素。可以肯定的是，目前世界上各国还很难找到单一方式的社会保障的财源筹措方式。税收的法律建制较为成熟，以税收为主的财源筹措方式的优点非常明显，这种财源筹措方式较为稳定而且有预期，这是因为法治具有一般性、公开性、明确性、安定性、非溯及既往、可接受司法审查等特点。社会福利日益沉重的开支使得现代各国政府客观上需要面对懒人“搭便车”的现象，克服有劳动能力的公民寄生于社会福利之上的现象。为了避免经济活力的下降，以社会保险方式作为财源筹措的方式在世界各国非常常见，其优点也非常明显：(1) 国家为享受社会保障的个人设定了一定水平或金额的负担量。社会保险费的计算采用定额负担、附上限的所得比例负担，或是附上限的量能负担与应益负担之混合负担等种种形态，但均要有一定水平或金额之负担量的功能。(2) 保险方式的收入安定性较好，保险费的征

[1] National Federation of Independent Business v. Sebelius, 567 U.S. 519 (2012) .

收受经济景气变动较小。（3）保险方式的负担增减容易获得国民的认同和合意。（4）保险方式的费用意识较为容易发挥。（5）保险方式受给付的权利性较强。[1]

（二）财政开支模式的确立

厘定了财政的横向划分问题且确立了社会保障的财源筹措方式之后，接下来国家和社会就应当考虑财政开支分配模式问题。质言之，为了确保社会保障目的的实现，国家和社会都必须检讨财政开支的总体状况，确保社会保障的支出占国家全部财政支出维持在一定的比例，进一步而言，需要确保社会保障的支出占国家 GDP 保持在一定的比例。这种直观的数据，也是各国在经济、社会、文化权利保障水平方面进行横向比较的主要依据。

就我国总体性的国家财政支出的统计而言，国家的支出主要由以下组成：国家财政一般公共服务支出、国家财政外交支出、国家财政对外援助支出、国家财政公共安全支出、国家财政武装警察支出、国家财政教育支出、国家财政科学技术支出、国家财政文化体育与传媒支出、国家财政社会保障和就业支出、国家财政医疗卫生支出、国家财政环境保护支出、国家财政城乡社区事务支出、国家财政农林水事务支出、国家财政交通运输支出、国家财政车辆购置税支出、国家财政地震灾后恢复重建支出、国家财政其他支出。为了研究之便利，我们将一般公共服务支出、外交支出、公共安全支出与社会保障和就业支出进行一个对比便会发现，近十年来我国的社会保障和就业支出呈逐年增长的趋势，一般公共服务支出占国家财政支出的比重逐年下降，且自 2013 年以后，社会保障和就业支出的比重开始高于一般公共服务支出。

[1] 廖钦福：《社会保障财政法之概念与原则构建——以长期照顾服务之财源论为中心》，载《财税研究》第 44 卷第 5 期。另参见蔡茂寅：《社会保障的财政问题》，载许志雄教授六秩华诞祝寿论文集编辑委员会：《立宪国家之课题与挑战》，元照出版有限公司 2013 年版，第 595 页。

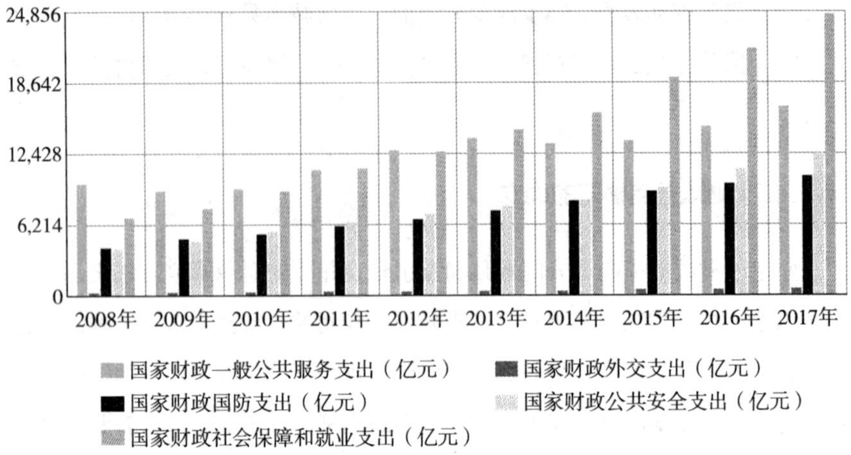

图 6–1　近十年来国家财政支出部分项目对比图

1995 年国务院发布了《关于深化企业职工养老保险制度改革的通知》[1]，开启了建立全国统一的基本养老保险制度的历程。1997 年，国务院发布了《关于建立统一的企业职工基本养老保障制度的决定》[2] 成为正式确立中国目前养老保障制度框架的纲领性文件。2000 年 8 月，我国成立了全国社会保障基金，同时设立了全国社会保障基金理事会（National Council for Social Security Fund，PRC，SSF），该理事会按照《全国社会保障基金理事会章程》运行并定期向社会公布收支、管理和投资运营的情况。2005 年，国务院发布了《关于完善企业职工基本养老保险制度的决定》[3]，完善了个人和社会统筹相结合的社会保险制度，该制度的特点是企业职工与企业共同缴纳基本养老保险费。2010 年，我国颁布了《中华人民共和国社会保险法》，建立起了一个由基本养老保险、基本医疗保险、工伤保险、失业保险、生育保险构成的社会保险体系。目前，我国社会保险基金是由五个部分构成的，包括：城镇职工基本养老保险基金、失业保险基金、医疗保险基金、工伤保险基金、生

[1] 国发［1995］6 号。

[2] 国发［1997］26 号。

[3] 国发［2005］38 号。

育保险基金。2017 年，我国社会保障基金的收入达到了 67,154 亿元，支出金额为 57,145 亿元，结余 10,009 亿元。就我国目前社会保险基金的支出部分而言，城镇职工基本养老保险基金支出所占的比例最高，其次是医疗保险基金支出。

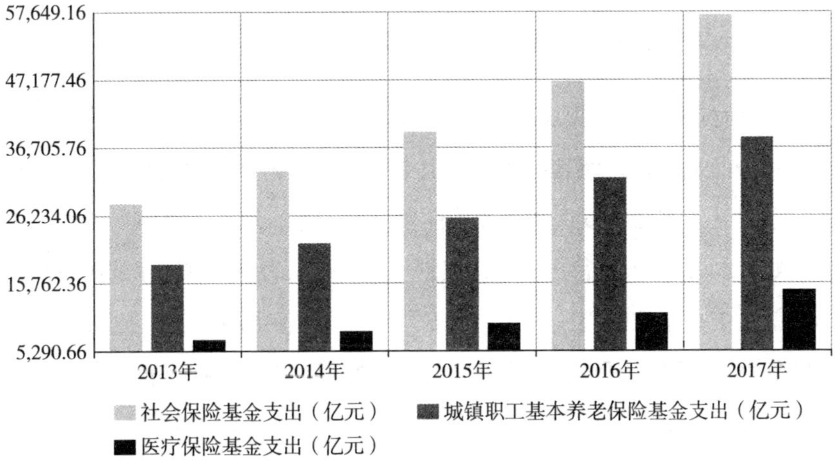

图 6–2 近十年来中国的社会保险基金支出情况统计图

二、纵向体系之构建

财政的横向划分是财税法体系建构中的另外一个重要问题，其实质是中央与地方财政划分，它也是检验一个国家地方治理能否收到良好效果的“试金石”。经济、社会、文化权利的保障要求国家切实承担起“尽其资源能力所及”（to the Maximum Available Resources）的积极义务。由于特定的财政资源是在一个国家的中央和地方政府之间进行分配的，所以我们必须从理论与实务上厘定中央政府和地方政府财政资源供给的比例分担问题。

英国财政学家希克士（Ursula K. Hicks）早在 1951 年就根据地方财政与中央财政的关系将财政划分的模式分为了三种：联邦国模式、单一国模式和折中型模式。[1] 综观中央与地方财政划分在具有代表性的国家的情况，也可以将财政分权的模式总结为以下三种：中央本位的集权模式（Centralization）、地方本位的分权模式（Decentralization）和盎格鲁——斯堪的纳维亚折中模式。[2] 本书在借鉴前有研究成果的基础上在此不揣浅陋重新厘清以下三种模式的具体内容。

（一）以中央为本位的财政开支模式

一般而言，单一制国家的全国性政府在制定财政分权规则等方面具有更为强势的地位，故而其财政制度上中央集权的属性更为明显。[3] 但是在地方自治受到宪法高度保障与实施的单一制国家，地方的财政自主性非常高（如日本），故很难得出一个简单划一的结论认为单一制国家的财政分权模式就是中央本位的集权模式。但就严密的单一制国家而言，这类国家虽不以独裁为限度，但地方政府多缺乏独立性或自主性。地方首长虽由公选产生且在名义上具有相当程度的课税权，然而实际上却受制于中央政府或中央政府派驻于地方的机关，因而在税收的用途方面不能作有效的支配。法国与意大利即为代表性国家。[4] 在以中央为本位的财政开支模式下，中

---

[1] 另外也有学者认为：综观世界各国的财政权纵向限配置状况，大致可以归纳为两种模式，即对称型模式与非对称型模式，前者以美国和加拿大为代表，而后者以德国和日本为代表。在对称型模式下，财政收益权和财政立法权的划分相适应，享有一定的财政收益权就意味着享有一定的财政立法权；各级政府都享有财政征收权和财政预算权。在非对称型模式下，财政收益权和财政立法权不相适应，享有一定的财政收益权并不一定享有一定的财政立法权，由中央政府享有主要的财政立法权；各级政府一般也都享有财政征收权和财政预算权。参见［意］萨尔瓦托雷·斯基亚沃、［意］坎波、丹尼尔·托马西：《公共支出管理》，张通译，中国财政经济出版社 2001 年版，第 175 页；转引自魏建国：《我国财政权限配置的不足与改进》，载《河北法学》2007 年第 9 期。

[2] 我国有学者认为，在税权的纵向分配关系方面，存在集权模式和分权模式，主要涉及中央与地方的关系。参见张守文：《税法原理》（第 6 版），北京大学出版社 2012 年版，第 67 页；崔皓旭：《宪政视野下的税收研究》，知识产权出版社 2009 年版，第 113 页。

[3] 周刚志：《论"财政国家"的宪法类型及其中国模式》，载《法学评论》2012 年第 1 期。

[4] ［英］Ursula K. 希克士：《英国地方税》，倪成彬译，台湾"财政部"财税人员训练部编印 1972 年版，第 25—26 页。

央政府具有较大的财源的统筹和分配权限，故为了确保经济、社会、文化权利在最大限度内实现，中央政府必须尽其最大义务向社会保障领域分配财政资源。

（二）以地方为本位的财政开支模式

联邦制国家中的联邦成员与中央联邦分享国家权力，甚至有时会产生联邦权力与联邦成员权力的冲突对抗，必须视冲突事件在联邦宪法上的定性才能够判断何种权力优先。美国是最典型的“州权”十分强大的国家。一般而言，在联邦国家的财政分权规范之制定与形成过程中，联邦成员具有一定的参与权甚至主导权，故而其财政制度上地方分权的特征较为典型。这类国家其构成单位的各邦拥有广泛的权限，因而亦有充分的课税权，然而由于中央与地方都有课税权，故有重复课税的现象，以致引起许多竞争与混乱，加重了人民的负担，但在实务上，中央政府对课税决定权占有绝对优势。美国、德国为此类型的代表性国家。[1] 地方政府与中央政府同样承担着保护公民基本权利的国家义务，这一点从国际人权法的视角来看是毫无疑问的，因为国际人权公约规定了国际人权法下的国家义务“应扩展及联邦国家的所有部分，没有任何限制和例外”。[2] 换言之，一个国家负有确保“在其领土内并受其管辖的”（法语中为“se trouvant sur leur territoire et relevant de leur compétence”）所有人享有基本权利。[3] 但是在宪法原理上，若肯定联邦宪法是至高无上的，则联邦政府不能强迫一个州在其管辖权范围内按照国际法行事，如《奥地利联邦宪法》第 16 条、《德意志联邦共和国基本法》第 32 条以及《美国联邦宪法》第 6 条第 2 款都有类似的明确的至高权力条款。基于以上理由，学术界

[1] ［英］Ursula K. 希克士：《英国地方税》，倪成彬译，台湾“财政部”财税人员训练部编印 1972 年版，第 25—26 页。

[2] See Art. 2（1）& Art. 50，Art. 2（1）& Art. 50，International Covenant on Civil and Political Rights，G.A. res. 2200A（XXI），21 U.N. GAOR Supp.（No. 16）at 52，U.N. Doc. A/6316（1966），999 U.N.T.S. 171，entered into force Mar. 23，1976.

[3] ［奥］曼弗雷德·诺瓦克：《民权公约评注—联合国〈公民权利和政治权利国际公约〉》（上），毕小青、孙世彦等译，生活·读书·新知三联书店 2003 年版，第 43 页。

仍然有必要对中央和地方政府保护基本权利的权限范围进行更深层次的探讨。在有的联邦制国家，例如在南北战争结束后的美国，州政府对公民的基本权利的保障义务是透过美国联邦宪法第十四修正案中的“正当法律程序”条款，将最初仅对联邦有拘束力的权利法案内容“并入”（Incorporated）州政府当中的。[1] 在以地方为本位的财政开支模式下，地方政府按照其本身的宪制要求拥有财源的统筹和分配权限，地方政府也可透过民主政治程序向生活在其管辖区范围内的公民征税，由此确保社会保障资金的充足。

（三）盎格鲁—斯堪的纳维亚折中模式

全国性政府与地方政府之间在财政资源分配上孰轻孰重的标准并非决然对立的，若上述中央本位的集权模式或者地方本位的分权模式推向极致，不仅在制度构建上都会遭遇致命的失败，而且恐怕全世界都找不到一个对应的样本来做比照和研究。缘此，政治家和法律家还构建了一种介乎“集权”与“分权”模式之间的第三种类型：盎格鲁—斯堪的纳维亚折中模式（The Anglo Scandinavian Compromise）。采用此模式的国家，其最高权限虽掌握于中央政府，地方政府不能超越许可范围而活动，也不能课征未经特别授权的租税，但其中央与地方的权限，并未有严密的划分，地方政府仍享有相当程度的自治权，譬如英国即经常通过国会法案的手续扩大其权限范围。[2] 英国和北欧国家大致属于这种模式的典型。另外，孙中山在 1924 年《国民政府建

[1] 在美国联邦最高法院的早期实践中，权利法案仅仅适用于联邦政府，而不能适用于州政府，典型的案例是 1833 年的 *Barron v. Baltimore* 案、1873 年的“屠宰场案”（*The Slaughter-House Cases*）和 1876 年的 *United States v. Cruikshank* 案。从 20 世纪 40 年代开始，联邦最高法院开始运用“并入”理论将权利法案所保障的内容逐渐适用于州政府。典型的案例如下：在 *Adamson v. California* 案中，联邦最高法院通过“选择性并入”（Selective Incorporation）判定第五修正案的内容适用于州政府。在 *Duncan v. Louisiana* 案中，联邦最高法院通过“选择性并入”（Selective Incorporation）判定第六修正案的内容适用于州政府。在 *McDonald v. Chicago* 案中，联邦最高法院通过“选择性并入”（Selective Incorporation）判定第二修正案的内容适用于州政府。

[2] ［英］Ursula K. 希克士:《英国地方税》，倪成彬译，台湾“财政部”财税人员训练部编印 1972 年版，第 25—26 页。

国大纲》提出时就采用中央与地方的“均权思想”[1]——国家通过“事务之性质”不同而进行分权，从而克服纯粹中央本位或地方本位分权模式的弊端。在盎格鲁—斯堪的纳维亚折中模式下，中央政府和地方政府均拥有财政资源分配的权限，二者协力承担社会保障的国家义务。

从历史和经验来看，任何国家的政治治理不可能由单一层面的政府来完成，有关具体治理问题的解决不仅需要一般的、抽象的知识和原则，而且更需要大量具体的判断和地方性的知识，因此中央与地方的适度分权是客观必要的。[2]因此，有学者指出，无论单一制国家还是联邦制国家都在财政划分问题上采用的是财政联邦制（Financial Federalism）。[3]从本质来看，财政分权体现了地方政府对财税资源的掌控与可支配程度。财政分权又可进一步细分为财政收入分权与财政支出分权。其中，财政收入分权可以定义为在当地全部财税资源中归地方财政所有并由当地政府自由支配的比例。该比例越高，地方政府就控制了较多的财政收入，从而在财政支出过程中拥有较高的财政自主权。财政支出分权则是更加复杂，在考虑中央对地方财政返还的情况下，投入某一地区的中央财政资源实际上由两部分组成：一是中央政府对地方政府的税收返还和补贴；二是中央政府投放在该地区的本级财政支出。财政支出分权的比例越高，意味着中央政府会将绝大部分的中央财政收入返还给地方自主支配。[4]随着财政学中所谓“瓦格纳法则”（Wagner's Law）所揭示的地方财政仰赖和听命于中央的趋势逐渐增强，尤其是“二战”之后，随着

---

[1] 孙中山曾说：“中央与地方之权限，采取均权制度。凡事务有全国一致之性质者，划归中央；有因地制宜之性质者，划归地方，不偏于中央集权或地方分权。”参见《孙中山文集》，人民出版社1981年版，第603页。

[2] 秦前红：《论宪法上的税》，载《河南财经政法大学学报》2012年第3期。

[3] 中国的情况则比较特殊，自20世纪80年代经济体制改革以来，形成了一种独特的具有行为联邦制特征的中央与地方关系，郑永年教授称之为“行为联邦制”（de facto federalism）。他进一步解释道：从宪法上看，中国不是一个联邦制国家，既没有各级政府间的法律意义上的放权，也没有政府不同部门间的分权。但在改革开放之后，为了促进经济增长，中央政府下放部分权力到地方，参见郑永年：《中国的“行为联邦制”：中央—地方关系的变革与动力》，邱道隆译，东方出版社2013年版，序言。

[4] 张宇：《财政分权与政府财政支出结构偏异——中国政府为何偏好生产性支出》，载《南开经济研究》2013年第3期。

“州权”理论面临的挑战日益增多，中央政府权力逐渐有扩张的趋势，似乎以中央为本位的财政划分观念无论在理论上还是在实践中都具有相当大的市场。但是，无论如何在一个“财政国家”，集权与分权的程度，以法律秩序里中央规范与地方规范的多少与轻重的相对比例而定。全部的集权与全部的分权只是理想的两极，因为法律社会里有一个集权的最低程度与一个分权的最高限度，国家才不致有瓦解的危险。[1]

在我国，财政的纵向划分体系的构建与两个因素密切相关：其一是财政事权，它是一级政府应承担的运用财政资金提供基本公共服务的任务和职责；其二是支出责任，它是政府履行财政事权的支出义务和保障。为了应对我国自 1994 年开始实施的分税制带来的央地财权事权不匹配的问题，国务院于 2016 年印发了《关于推进中央与地方财政事权和支出责任划分改革的指导意见》，[2] 启动了新一轮的央地财政事权划分体制改革，改革的主要目标是适度加强中央的财政事权、建立财政事权划分动态调整机制。图 6-3 和图 6-4 展示了我国近十年来中央和地方财政收入与支出的变化趋势。

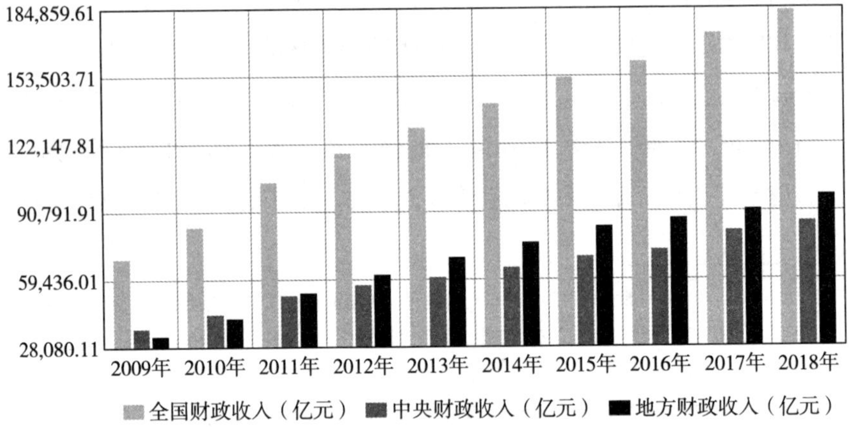

图 6-3　近十年来中国中央和地方财政收入对比图

[1] ［奥］凯尔森：《法律与国家》，雷崧生译，台湾正中书局 1976 年版，第 378 页。

[2] 国发〔2016〕49 号。

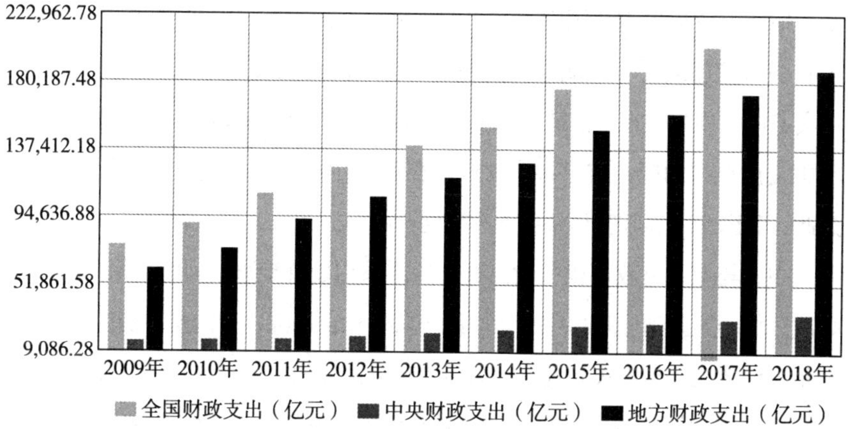

图 6–4 近十年来中国中央和地方财政支出对比图

经济、社会、文化权利的宪法保障要求国家整体性承担其“渐进实现”“非倒退性”“尽其资源能力所及”的国家义务。这些国家义务不仅及于中央政府，也适用于地方政府。质言之，中央和地方共同协力承担着经济、社会、文化权利保障的国家义务。经济、社会、文化权利财税法保障体系的构造不仅对中央政府提出了预算和财税资源分配的要求，也对地方政府提出了此种要求。经济、社会、文化权利财税法保障纵向体系的构建就是要建构这样一种法律机制，通过这种法律机制明确中央和地方在社会保障领域的财政事权和支出责任。

1993 年颁布并于 1994 年实施的《国务院关于实行分税制财政管理体制的决定》，基本上奠定了我国现行中央与地方财政划分的体制的总体框架。1994 年分税制改革的主要目的在于正确处理中央与地方的分配关系，调动两个积极性，促进国家财政收入合理增长。随着中国改革开放进程的深入，中央与地方财政事权和支出责任划分不合理的矛盾越来越凸显。2016 年，国务院出台了《关于推进中央与地方财政事权和支出责任划分改革的指导意见》，该指导意见要处理的一个核心问题就是推进中央与地方财政事权和支出责任划分改革。纵览我国近十年来中央和地方财政收入及财政支出的变化趋势，在财政收入方面，中央的财源在 20 世纪 90 年代分税制改革之后逐渐充足。从 2011 年以后，地方财政收入开始超过了中央财政收入，但地方财政收入占全国财政收入的比重逐年缓慢提升。在财政支出方面，近十年来的数据均显示，地方财政支出占全国财政支出的比例远远高于中央财政支出的比例。由于我国目前还缺乏一部能够规范和约束府际间财政关系的国家层面的立法，在实务中，中央与地方财政事权和支出责任错置的矛盾还没能得到有效解决。其中突出存在的问题就是很多财政事权属于中央，但是支出责任却在地方。为此，我国学术界呼吁尽快出台和制定一部中央和地方财政划分法。

中央与地方财政事权和支出责任的体系构建直接影响到社会保障领域的财政分权问题。到底是由中央集中统一负责社会保障领域的财政资源的分配，还是应该形成一个中央和地方协力负责社会保障领域的财政资源分配的体制，若是中央集中统一负责社会保障领域的财政资源分配，那么是否应当由中央财政来承担社会保障的支出责任？若是构建一个中央和地方协力负责社会保障领域的财政资源分配的体制，中央和地方的财政事权和支出责任应当如何进一步地划分？目前学术界的研究还远未能回应实务界的困惑。笔者认为，基于法治化的思维，应当按照“权力—责任—利益”相匹配的原则处理我国社会保障领域中央和地方的财政分权问题。基于我国在社会保障领域是由中央和地方协力负责的事实，加之地方财政支出在社会保障领域的支出比例较高，首先，我国目前需要处理的问题就变成了在法理上和现实上中央和地方的事权划分问题，根据这种事权的区分，划分出中央和地方在社会保障领域的支出责任。解决这个问题的法律工具就是由全国人大在汇聚各方意见和智慧的基础上逐步制定中央与地方收支划分法、财政转移支出法。其次，我国在社会保障领域建构中央和地方的财政划分体制，需要建立起具有宪法和法律约束力的权限争议的处理和裁决机制。由于我国当下还没有构建起一套府际间权限争议的处理和裁决机制，故中央和地方事权划分的处理和裁决机制的构建又必须仰赖于一般意义上的府际间权限争议的处理和裁决机制的构建。最后，我国在社会保障领域建构中央和地方的财政划分体制还需要建立起不同层级的财政事权和支出责任划分体系，亦即我国不仅在宏观层面上需要划分统一的中央政府和各地地方政府在社会保障领域的财政事权和支出责任划分体系，还需要在中观和微观层面上构建一个省级政府以下的财政事权和支出责任划分体系，这个体系需要精确到省与市（县）、市与市辖区、县与乡镇等若干层面的财政划分问题。

第五节　本章小结

任何权利都包括权利享有与权利实现两个层面，权利的享有是权利实现的前提，但从实证的角度看，权利享有主要关涉的是利益在不同主体之间的划分，权利的实现则是在权利享有的基础上把作为制度表达的权利形态具体落实到权利主体。[1] 国家在保障经济、社会、文化权利之时，承担三项整体性国家义务，首先是“渐进实现”的国家义务，国家在保障公民的经济、社会、文化权利时，承担一种与其国家能力相匹配的、能够通过循序渐进方式达致基本权利完全实现的一种国家义务。其次是“非倒退性”的国家义务，国家在保障公民的经济、社会、文化权利时，承担一种与不得低于现阶段权利保障水准的国家义务。最后是“尽其资源能力所及”的国家义务。国家在保障公民的经济、社会、文化权利时，必须在其可用的资源限度内穷尽最大的可能性来促使权利的实现。

经济、社会、文化权利保障亟须解决的问题是权利的资源依赖性问题。为了破解这个难题，我们有必要把权利保障的国家义务通过一定的途径转化为权利保障的财政义务。国家在社会保障领域的财源是确保经济、社会、文化权利实现的不可或缺的物质基础。财源论意义上的分析意味着需要解剖和透析政府是如何通过“开源”和“节流”来充实国库的。“尽其资源能力所及”的国家义务要求国家在经济、社会、文化权利保障中尽其最大的努力运用可得的资源，甚至在明显缺乏可得资源的情况下，国家仍然有义务努力争取保证在这种条件下尽可能广泛地享有有关的权利。

我国需要以社会保障财政为核心来构建一个经济、社会、文化权利保障的横向体系和纵向体系。就社会保障财政横向体系的构建而言，我国需要实现财政权力在国家权力配置上的法定化，其核心要旨是通过落实现代财税法所捍卫的核心理念、价值、原则和规则实现预算法定、税收法定。我国目前应该兼采以税收和社会保险费作为社会保障财源筹措的基本方式，确保社会

[1] 郑智航:《适当生活水准权研究》，中国政法大学出版社 2016 年版，第 32 页。

保障的支出占国家全部财政支出维持在一定的比例，以切实保障全体公民能够过上一种合于人性尊严和价值的生活。就社会保障财政的纵向体系而言，基于法治化的思维，我国应当按照“权力—责任—利益”相匹配的原则处理我国社会保障领域中央和地方的财政分权问题。中央和地方协力负责社会保障领域的财政资源分配的体制，财政比重意味着财政资源在中央和地方之间的分配。中央与地方的财政划分必须予以法治化，以解决地方政府财政自主性和中央政府财税统筹性方面法律不确定性的问题。我国的立法机关应当在时机成熟时及时出台中央与地方收支划分法、财政转移支出法，以及时克服中央与地方财政划分中的缺点和漏洞。为此，我国可以先建立起一个形式法治的标准，待财政国家慢慢成熟后，再构建起一个实质法治的标准。

第三编

保障篇

天下从事者，不可以无法仪；无法仪而其事能成者，无有也。
——《墨子·法仪》

唯有立法者的伟大的灵魂，才是足以证明自己使命的真正奇迹。
——让-雅克·卢梭（Jean-Jacques Rousseau）[1]

第七章 经济、社会、文化权利的立法保障：以立法活动为中心

在大陆法系和普通法系的传统中，经济、社会、文化权利的保障路径和模式选择有所不同。通常来说，在立法保障、行政保障和司法保障这三种主导性的模式中，立法保障占据着重要的地位。一方面，立法是最为集中体现了政经力量对比之后全社会的最大公约数的共识，借着民主程序之开展，立法能够凝结社会多数群体的意志。另一方面，立法本身通常在一个急剧变革的社会中往往可以形成强大的牵引力和指导力，无论行政权力的运行还是司法权力的行使，都无不深深受到立法的影响。就一般化的理论而言，立法对于基本权利的作用可以在多个维度展开，立法机关既能够廓清和界定基本权利的规范领域和保障范围，在自由形成空间的作用领域形塑基本权利的样态，也能够通过具体化的法案落实宪法中的基本权利条款，同时，立法也能够基于合理的和正当化的理由限制和规制基本权利的行使方式。就经济、社会、文化权利的立法保障而言，确保这种基本权利的立法活动主要集中在社会保障领域。由于一国的社会保障体制往往受制于经济财政资源的制约，立法机关在经济、社会、文化权利的保障方面就拥有了相对广泛的裁量余地。各国也往往是将经济财政资源的分配权限赋予了具有民主正当性的立法机关，期望政治家和立法者能够更好地处理资源局限性的问题。在国际人权法的视域下，国际人权条约以及国际人权监督机构也强调了立法之特殊重要地位。《经济、社会、文化权利国际公约》明确宣示了各国应通过立法手段保障经济、

[1] [法]卢梭:《社会契约论》，何兆武译，商务印书馆 2014 年版，第 54 页。

社会、文化权利的重要性，该公约第 2 条第 1 款订明如下：[1]

每一缔约国家承担尽最大能力个别采取步骤或经由国际援助和合作，特别是经济和技术方面的援助和合作，采取步骤，以便用一切适当方法，尤其包括用立法方法，逐渐达到本公约中所承认的权利的充分实现。

事实上，国际人权监督机构无法跨越主权国家的管辖权限，而径行通过强力的法律实施确保各国人民基本权利的落实，但国际人权法却发展出了“最低核心义务”为全球范围内的经济、社会、文化权利提供了指引。1990 年经济、社会、文化权利委员会的第 3 号一般性意见正是基于这样一种法理澄清了缔约国义务的性质，同时也肯定了缔约国拥有较为广泛的自由裁量余地。

经由立法保障经济、社会、文化权利的另一个重要方面就是较为清晰地界定立法权的作用领域和作用方式。作为一个政治和法律过程的立法在何种意义上事实影响着基本权利的保障，垂直层面上的中央和地方立法权限的分配如何影响到经济、社会、文化权利的保障，这些问题均是本章试图回答的。

第一节 立法保障人权的学理见解：一般化理论

一、巴霍夫关于立法对基本权利的作用的见解

德国学者巴霍夫（Otto Bachof，1914—2006）认为，依据立法对基本权利的作用方式不同，立法机关的立法活动可以分为三类：第一种类型是对基本人权的具体内容具有形成作用（Ausdetaltung）的法律[2]，例如根据《德国基本法》第 14 条，德国立法机关制定了对财产权内容加以具体保障的法律。第

[1] 根据联合国条约系统中的原始 PDF 文本汇编。See International Covenant on Economic，Social and Cultural Rights [ICESCR]，G.A. Res. 2200 A（XXI），21 U.N.GAOR Supp.（No. 16）at 49，U.N. Doc. A/6316（1966），993 U.N.T.S. 3，entered into force Jan. 3，1976.

[2] 基本权利形成（Grundrechtsausgestaltung）是指由立法者来确定基本权利的保护范围。参见王锴：《论立法在基本权利形成中的作用与限制——兼谈“公有制”的立法形成》，载《法治研究》2017 年第 1 期。

二种类型是将宪法上已经规定的基本权利予以具体化的法律，例如根据《德国基本法》第 4 条第 3 款指定的针对拒绝服兵役的立法以及根据同法第 5 条第 2 款指定的防止以言论自由、出版自由侵犯名誉权的立法。第三种类型是纯粹限制基本权利的立法，如刑法、警察法等。[1] 如何分辨上述三种“立法对人权作用方式”的不同呢？本书以立法对“财产权”的限制和形成作用为例进行分析。《德国基本法》第 19 条第 1 款[2] 与第 2 款[3] 在立法对基本权利的作用方式上完全不同，第 19 条第 1 款规定了基本权利受到限制的方式。例如，财产权是一项公认的基本人权，《德国基本法》第 14 条规定：“财产权及继承权应予保障，其内容与限制由法律规定之。”德国宪法法院认为第 19 条第 1 款所规定方式并不能决定哪些财产权或者财产权的哪些内容可以受到限制，而在符合第 19 条第 1 款的方式下，立法机构只能根据第 14 条之规定来决定财产权的界限。[4] 进一步观察《德国基本法》关于财产权宪法规范，第 14 条第 2 款还规定了“财产权负有义务。财产权之行使应同时有益于公共福利”。根据陈新民教授的见解，此款规定乃是赋予立法机关对财产权的基本内容再次加以形塑，所以规定财产权社会义务的法律可以被视为对基本权利具有形成作用的法律。关于财产权的社会义务（Sozialpflicht Eigentyums），德国公法学者 Bodo Pieroth 和 Bernhard Schlink 也认为这属于立法者对于财产权内容的形成，并非去限制财产权，而是使个人行使财产权成为可能。[5] 由于立法对基本权利的形成不受宪法法院的司法审查，故按照上述见解，财产权的社会义务立法也就免于违宪审查，不过张翔教授则引用了德国学者 Walter Leisner 的观点，表示了对“不受违宪审查的财产权社会义务立法”的警惕，认为“立法者设定财产权的社会义务不应该被认为是对财产权内容的规定，

[1] 陈新民：《德国公法学基础理论》（增订版）（上），法律出版社 2010 年版，第 399—400 页。

[2]《德意志联邦共和国基本法》第 19 条第 1 款规定：“凡基本权利依本基本法规定得以法律限制者，该法律应具有一般性，且不得仅适用于特定事件，除此该法律并应具体列举其条文指出其所限制之基本权利。”

[3]《德意志联邦共和国基本法》第 19 条第 2 款规定：“基本权利之实质内容绝不能受侵害。”

[4] BVerfGE 21，92（93）；BVerfGE 24，367（396）.

[5] Bodo Pieroth，Bernhard Schlink，Grundrechte. Staatsrecht Ⅱ，Heidelberg：C. F. Müller Verlag，25. Aufl，2009，S. 57.

而应该被看作对财产权的限制，从而应该接受违宪审查”。[1]

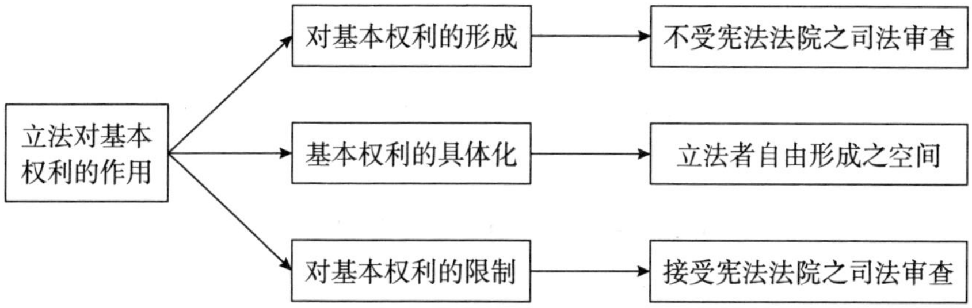

图 7-1　巴霍夫的观点图示

在立法对基本权利的作用方面，以巴霍夫为代表的学者的观点可以做以下总结：首先，立法可以对基本权利产生某种形成作用。换言之，立法机关可以在宪法的指引下通过立法活动来设定基本权利的规范领域（Schutzbereich）。其次，立法可以对基本权利进行具体化。由于宪法中的基本权利原则和抽象，在基本权利的保障中，立法机关可以通过较为广泛的立法自由形成空间，经由具体化的立法来对基本权利进行具体化的立法。最后，立法还可能干涉或者限制基本权利。立法对基本权利的限制有所谓的合宪的限制和不合宪的限制之分，这样就产生了司法对于立法的合宪性审查的问题。

在著名的“第一次法庭电视录制案”（1994 年）中，德国联邦宪法法院要处理的宪法争议是在德国的法院庭审之前和之后是否允许广播电视机构进行录音和录像？1992 年 11 月 12 日，柏林地方法院刑事庭审理了霍内克尔（Erich Honecker）等人的刑事案件。德国的广播电视机构试图通过录音和录像的形式报道此次刑事案件而遭到拒绝，最后广播电视机构基于《基本法》第 5 条第 2 句（信息传播自由条款）向联邦宪法法院提起了宪法诉愿。[2] 德国联邦宪法首先澄清了《基本法》第 5 条第 2 句（信息传播自由条款）的规范领域和保护范围，然后法院需要判断《司法组织法》（Gerichtsverfassungsgesetz/GVG）第 176 条（维护法庭秩序条款）到底属于对

[1] 张翔：《财产权的社会义务》，载《中国社会科学》2012 年第 9 期。

[2] BVerfGE 91，125-Fernsehaufnahmen im Gerichtssaal I.

《基本法》第5条第2句（信息传播自由条款）的具体化还是属于对它的限制问题。1994年7月14日，联邦宪法法院第一庭（Ersten Senats）最终判定维护法庭秩序条款必须被置于基本法的语境下进行理解和解释。在法院庭审之前和之后限制对广播电视机构的报道活动构成了对基本权利的限制。[1]

二、雷尔歇关于立法对基本权利的作用的见解

慕尼黑大学（LMU）著名宪法学教授雷尔歇（Peter Lerche）认为，涉及基本权利的法律大致可以分为五种：干预基本权利的规范（grundrechtseingreifen Normen）、明确基本权利的规范（Grundrechtsverdeutlichende Normen）、形成基本权利的规范（grundrechtsprägende Normen）、防止基本权利滥用的规范（mißbrauchswehrende Normen）、化解基本权利竞合的规范（konkurrenzlösende Normen）[2]。以言论自由为例，《德国基本法》第5条[3]虽然禁止事前检查制度，但是未明文规定事后审查制度，故规定言论自由事后审查制度的法律就属于“干预基本权利的规范”；立法机关为实施宪法而颁布的关于保障出版自由及广播与电影之报道自由的法律就属于“明确基本权利的规范”；规定艺术与学术、研究及讲学自由的法律则属于对《德国基本法》第5条所规定的言论自由的进一步形塑，当属于雷尔歇所说的“形成基本权利的规范”；根据《德国基本法》第5条第2款的规定，为保障公民的名誉权而限制言论自由的法律则属于“防止基本权利滥用的规范”；最后，根据《德国基本法》

---

[1] BVerfGE 91，125-Fernsehaufnahmen im Gerichtssaal I.

[2] Peter Lerche，übermaß und Verfassungsrecht，Köln，Berlin，München：Heymann，Bonn 1961，S.98ff.，106f.，107ff.，117.，125ff.，134ff.，137ff.，140ff.，151ff.，153ff. 另外参见其他德国学者的论述：Eberhard Grabitz，Freiheit und Verfassungsrecht：krit. Unters. zur Dogmatik u. Theorie d. Freiheitsrechte，Mohr Siebeck，1976，S.86；Otto Majewski，Auslegung der Grundrechte durch einfaches Gesetzesrecht?：Zur Problematik der sogenannten Gesetzm?ssigkeit der Verfassung，Duncker & Humblot，1971，S.87.

[3]《德意志联邦共和国基本法》第5条规定：“一、人人有以语言、文字及图画自由表示及传布其意见之权利，并有自一般公开之来源接受信息而不受阻碍之权利。出版自由及广播与电影之报道自由应保障之。事前检查制度不得设置。二、前项权利之界限在一般法律之规定、保护青少年之法律规定及个人名誉之权利。三、艺术与学术、研究及讲学均属自由。讲学自由不得免除对宪法之忠诚。”

第 18 条[1]的规定，言论自由之行使可能与民主秩序之维持有冲突，而这方面的立法则会产生所谓的“化解基本权利竞合的规范”。

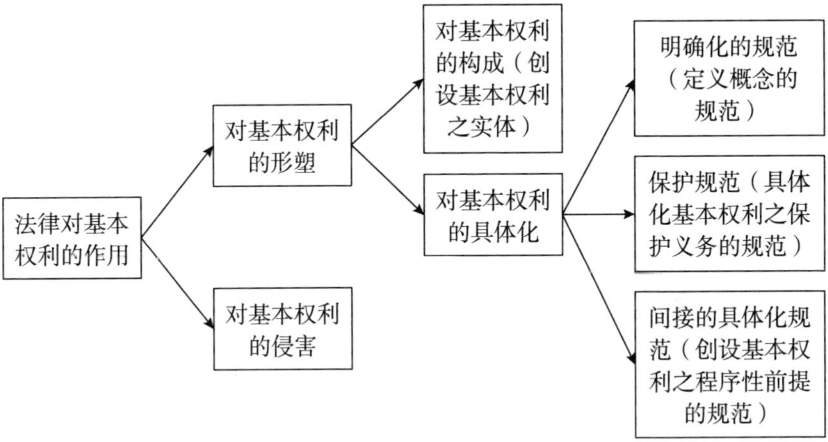

图 7–2 雷尔歇的观点图示[2]

在立法对基本权利的作用方面，以雷尔歇为代表的学者的观点相较于巴霍夫而言就显得更为精细。雷尔歇首先从合宪性的角度出发，区分了立法对基本权利的形塑和立法对基本权利的侵害，前者是合宪的，后者是违宪的。其次在合宪性控制之下，立法对基本权利的形塑作用可以再次进行类型化——立法可以创设基本权利之实体内容，立法也可以具体化基本权利。

在著名的“第二次法庭电视录制案”（2001 年）中，德国联邦宪法法院要处理的一个核心问题就是在德国的法院庭审中是否允许广播电视机构进行录音和录像？如果禁止广播电视机构在法院庭审中录音和录像的法律依据是《法官组织法》中的相关规定，那么《法院组织法》中的相关规定是否因为违反宪法中的信息传播自由条款而应该被判违宪？[3] 在本案中，德国联邦宪法法院首先需要解决的一个问题就是《基本法》第 5 条第 2 句（信息传播

[1]《德意志联邦共和国基本法》第 18 条规定：“凡滥用言论自由，尤其是出版自由（第五条第一项）、讲学自由（第五条第三项）、集会自由（第八条）、结社自由（第九条）、书信、邮件与电讯秘密（第十条）、财产权（第十四条）、或庇护权（第十六条之一），以攻击自由、民主之基本秩序者，应剥夺此等基本权利。此等权利之剥夺及其范围由联邦宪法法院宣告之。”

[2] 陈鹏：《立法机关的宪法解释功能比较研究》，清华大学 2013 年博士学位论文。

[3] BVerfGE 103，44-Fernsehaufnahmen im Gerichtssaal II.

自由条款）的保护范围，换言之，首先，法院需要解释某一项基本权利的规范领域（Schutzbereich）是什么。其次，德国联邦宪法法院需要判断相关的立法是否形成了对基本权利的干涉。最后，德国联邦宪法法院需要判断立法对基本权利的干涉是否合宪。[1]2001 年 1 月 24 日，德国联邦宪法法院第一庭（Ersten Senats）作出终审裁判，《法官组织法》第 169 条中关于禁止在庭审中录音和录像的相关规范符合《基本法》第 5 条第 2 句对信息传播自由的保护，进而维护了《法官组织法》第 169 条的合宪性。

三、黑塞和黑贝勒关于立法对基本权利的作用的见解

德国著名公法学家黑塞（Konrad Hesse，1919—2005）将立法对基本权利的作用方式大致分为立法对基本权利的形成与限制两种，其中关于立法对基本权利的形成作用，黑塞认为具体可以分为三种情形：第一，立法机关可以根据宪法规范的明文委托制定细化性的规范和法律；第二，立法机关可以订立使得基本权利具体化的法律，而该具体化的法律中包含了对基本权利内涵的拓展和形成；第三，立法机关可以指定具体实施宪法中基本权利规范的法律，但是这些法律仅仅使国民对基本权利行使成为一种现实的可能，并不一定包含对基本权利内容的拓展。[2] 至于立法机关对基本权利的限制问题，黑塞认为基本权利的形成不等于立法者因此便获得了限制基本权利的授权，形成的立法者也仍然受到基本权利规范的拘束。优势基本法自身也没有划分出形成与限制间的区别，例如它在基本法第 14 条第 1 项第 2 句中，要求立法者承担确定财产内容及限制的义务，或者它在基本法第 12 条第 1 项第 2 句中，授权立法者可以规范职业自由时，在这类规范保留的情形中，形成与限制彼此之间的界限是流动的。[3]

继黑塞之后，其弟子黑贝勒（Peter Häberle）则将立法对基本权利的形成

---

[1] BVerfGE 103，44-Fernsehaufnahmen im Gerichtssaal II.

[2] 陈鹏：《立法机关的宪法解释功能比较研究》，清华大学 2013 年博士学位论文。

[3] [德]康拉德·黑塞：《联邦德国宪法纲要》，李辉译，商务印书馆 2007 年版，第 249 页。

和限制统称为“基本权利的实行”（Ausfuhrung der Grundrechte）。[1] 黑贝勒认为不论法律对基本人权是介入（Eingriff）或者限制（Beschrankung），其实都可以被视为是立法机关对于基本权利的一种界限作用（Begrenzung）。由此，立法者肩负了双重使命：形成人权及界定人权。[2] 在黑贝勒看来，立法对人权的形成作用（Grundrechtsprüfung）和立法对人权的限定作用（Grundrechtseingriff）对于任何宪法中基本权利的实现都必不可少，但是这两个概念在宪法运行的实践中很难绝然分开，故应该把形成人权及界定人权理解成立法实施基本权利的一体两面。[3] 陈新民教授在总结黑塞和黑贝勒的观点时也将他们归并到一种“温和”和“果敢”的见解程度上的不同，事实上两人的观点可以在此一并论述。

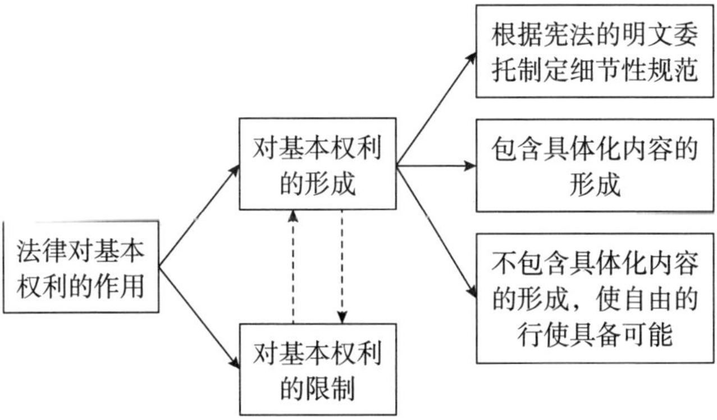

图 7–3　黑塞（Hesse）和黑贝勒（Haberler）的观点图示 1[4]

在立法对基本权利的作用方面，黑塞和黑贝勒这两位宪法学者的观点可以做如下总结：首先，立法对基本权利具有形成作用。其根本理由是立法可以拥有合理的自由裁量空间来对立法事实进行政治和法律判断，这种判断不

[1] 陈新民：《德国公法学基础理论》（上卷），法律出版社 2010 年版，第 402 页。

[2] 陈新民：《德国公法学基础理论》（上卷），法律出版社 2010 年版，第 401 页、第 402 页；陈鹏：《立法机关的宪法解释功能比较研究》，清华大学 2013 年博士学位论文。

[3] Peter Lerche, Grundrechtlicher Schutzbereich, Grundrechtsprägung und Grundrechtseingriff, in: HbStR, Bd. V, 1992, § 121; Herbert Bethge, Beatrice Weber-Dürler, Friedrich Schoch, Hans-Heinrich Trute, Der Grundrechtseingriff. Öffentlich-rechtliche Rahmenbedingungen einer Informationsordnung, Walter de Gruyter, 1998, S.28ff.

[4] 陈鹏：《立法机关的宪法解释功能比较研究》，清华大学 2013 年博士学位论文。

会受到合宪性审查机制的约束。其次，立法可能限制基本权利。立法限制基本权利则可进一步分为合宪的限制和违宪的限制。换言之，立法对基本权利的限制可以而且应该接受合宪性审查的约束。对限制基本权利的立法进行合宪性审查的时候，需要考虑的因素通常包括：第一，立法是否具有公益之目的；第二，法律保留原则的适用是否恰当；第三，立法对基本权利的限制是否遵守了宪法上的比例原则（Verhältnismäßigkeitsprinzip）。

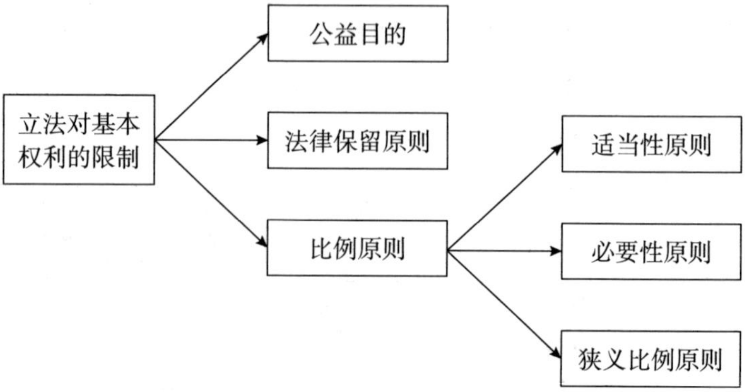

图 7–4　黑塞（Hesse）和黑贝勒（Haberler）的观点图示 2

四、皮罗特和施林克关于立法对基本权利的作用的见解

波多·皮罗特（Bodo Pieroth）和本哈德·施林克（Bernhard Schlink）两位学者是当今德语世界重量级的公法学家，他们合作撰写的《基本权利：国家法 II》[1] 已经于 2011 年达到了第 27 版刊发记录，尤其是施林克教授以 1995 年《生死朗读》（Der Vorleser）一书荣获纽约时报最畅销外文书籍之后，其学术观点亦得到了更加广泛的传播。在《基本权利：国家法 II》一书中，皮罗特和施林克将立法活动对基本权利的影响分为以下五类进行了论述。

第一类，立法对基本权利的介入（Eingriff）。[2] 与“介入”相关的术语还

---

[1] Bodo Pieroth & Bernhard Schlink, Grundrechte. Staatsrecht II, 27. Aufl., C. F. Müller, Heidelberg 2011.

[2] Bodo Pieroth & Bernhard Schlink, Grundrechte. Staatsrecht II, 27. Aufl., C. F. Müller, Heidelberg 2011, Rn 222, S.56ff.

包括阻碍（Schranke）、限制（Einschränkung）、制约（Beeinträchtigung）、限缩（verkürzung）、限定（Begrenzung）等。立法者可以通过民主的机制在立法活动中介入基本权利，此处所说的立法者一般指中央立法机关，至于地方立法者的立法活动是否能够介入基本权利的问题，一般而言，地方立法权受到“国会保留”和“法律保留”原则的约束不得染指，但就地方人民具有切近利益关系的事项，毫无疑问，基于“地方自治”和“住民自治”的理念，地方立法权可以介入。本书将在稍后以“自由权”和“社会权”保障领域及保障幅度的不同来论述地方立法权介入公民权利的不同途径和问题。

第二类，立法对基本权利的形塑（Ausgestaltung）和具体化（Konkretisierung）。[1]宪法中所规定的基本权利大多具有外观上的抽象性，但实质意义又极为重要。立法者通过其对宪法规范、制宪愿意、宪法实践和时代需要的理解，可以形成和塑造基本权利的丰富内涵或者可以通过制定除了宪法性法律以外的具体法律落实抽象的基本权利。确如我国学者所言，基本权利的原则与抽象属性赋予基本权利在整体法秩序中的凌驾地位，这就要求部门法予以贯彻，该过程包含了具体化。[2]

第三类，立法对基本权利的规制（Regelung）。[3]根据《德国基本法》相关基本权利条款的宪法意涵，如第 4 条第 3 款、第 12a 条第 2 款、第 38 条第 3 款、第 104 条第 2 款，立法机关可以指定细则，以规制基本权利的保障方式。不过，由于规制（Regelung）一词的用语，它与基本权利的形成和具体化方面显然可能存在重合。

第四类，立法保障基本权利核心领域侵犯之禁止（Antastung）。[4]例如，《德国基本法》第 1 条第 2 款规定了“德意志人民承认不可侵犯与不可让与之人权，为一切人类社会以及世界和平与正义之基础”、第 19 条第 2 款规定了

[1] Bodo Pieroth & Bernhard Schlink, Grundrechte. Staatsrecht II, 27. Aufl., C. F. Müller, Heidelberg 2011, Rn 225, S.56ff.

[2] 郑贤君:《基本权利具体化之辨伪》，载《北方法学》2012 年第 6 期。

[3] Bodo Pieroth & Bernhard Schlink, Grundrechte. Staatsrecht II, 27. Aufl., C. F. Müller, Heidelberg 2011, Rn 235, S.58ff.

[4] Bodo Pieroth & Bernhard Schlink, Grundrechte. Staatsrecht II, 27. Aufl., C. F. Müller, Heidelberg 2011, Rn 236, S.59ff.

“基本权利之实质内容绝不能受侵害”。基于这些宪法规范，立法机关还负有保障基本权利的实质内容或核心领域不受到侵犯的义务。

第五类，立法对基本权利的侵害（Verletzung）[1]。在第一类作用方式下，立法机关对基本权利的介入又可以分为正当化或不能被正当化的介入，由此可能产生国家机关对基本权利的正当化的侵害和不能被正当化的侵害。就宪法所保障的人民的自由权利而言，任何形态的国家干涉都可能导致公民的基本权利受到侵害。例如，禁止人民从事某种活动、命令人民必须为一定的行为，这种情况下的“侵害”就包括了处罚、禁止、管制等国家措施。但是国家也有可能在少数情况下基于公共利益、国家战时紧急状态、特大自然灾害等情况正当化地造成对人民基本权利的侵害。但是这种侵害需要宪法法理上所谓的“违宪阻却事由”并由国家公权力机关承担举证责任。

波多·皮罗特和本哈德·施林克两位宪法学者在分析立法对基本权利的作用之时，采用了一种平行类型化的进路。他们并未首先区分合宪的基本权利的限制和违宪的基本权利的限制，而是将立法对基本权利的作用细化为“介入”“形塑”“规制”“具体化”“侵害”等不同的类型，然后再针对各个不同的类型分别进行合宪性的分析。

五、盖勒曼关于立法对基本权利的作用的见解

奥斯纳布吕大学（Universität Osnabrück）公法学者马丁·盖勒曼（Martin Gellermann）则从立法对基本权利的形成和限制两个方面来理解立法之于人权保障的作用。盖勒曼将立法对基本权利的形成作用进行了三分：第一，通过立法对基本权利加以确定和构成（normative Konstituierung）。在这种作用模式下，立法为基本权利的形成和塑造提供了一个基本的规范框架。例如，财产权、婚姻家庭权利、合同自由、结社自由等权利都体现了基本权利规范对立法者的拘束。第二，通过立法对基本权利具体化（normative

[1] Bodo Pieroth & Bernhard Schlink，Grundrechte. Staatsrecht II，27. Aufl.，C. F. Müller，Heidelberg 2011，Rn 237，S.59ff.

Konkretisierung)。盖勒曼认为立法机关对基本权利的具体化对应的是国家对于基本权利的保护义务（包括狭义的给付义务和广义的给付义务）。一般而言，立法对基本权利的保护义务乃是防止第三人对基本权利的侵害，故宪法将国家为了达到其一般保护义务的手段、方式委托给了负有保护义务的立法者，立法者可以通过最适手段的选择来加以保障。至于立法者对于国家给付义务的履行，盖勒曼认为它并非要求国家保障各种基本权利主体在任何时候都可以以其希望的方式在现实世界行使其自由权，这种义务毋宁是看作对于基本权利所要求的有拘束力的国家目标或国家任务。第三，通过立法对基本权利勾画出基本轮廓（normative Konturierung)。盖勒曼认为立法者需要通过立法活动对基本权利的形成轮廓加以勾勒，这种基本权利的保障范围非通过法律而不能为之。[1]

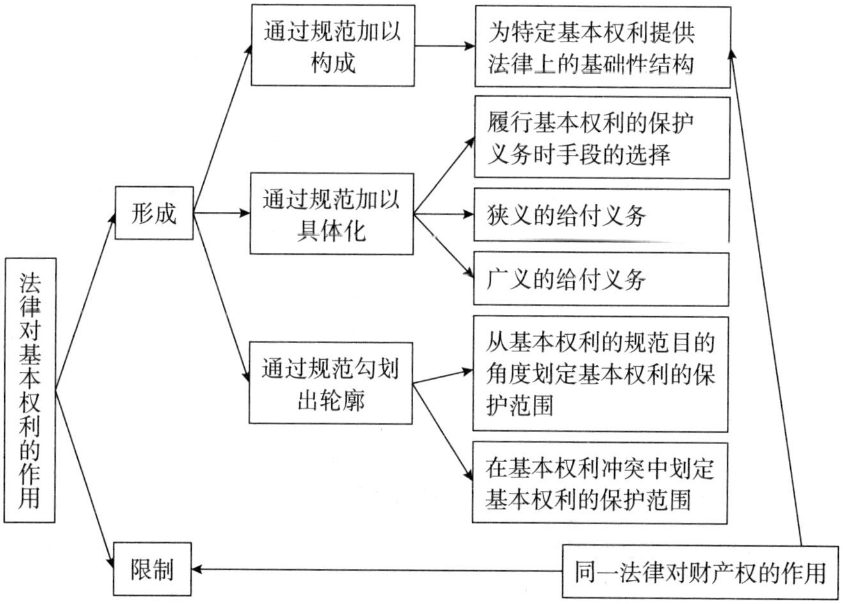

图 7–5　盖勒曼（Martin Gellermann）观点图示 [2]

---

[1] Martin Gellermann, Grundrechte in einfachgesetzlichem Gewande: Untersuchung zur normativen Ausgestaltung der Freiheitsrechte, Mohr Siebeck, 2000, S90ff., 177ff. 翻译参见陈鹏:《立法机关的宪法解释功能比较研究》，清华大学 2012 年博士学位论文。

[2] 参见陈鹏:《立法机关的宪法解释功能比较研究》，清华大学 2013 年博士学位论文。

在分析立法对基本权利的作用时，马丁·盖勒曼的观点与雷尔歇、黑塞、黑贝勒的方法比较类似，即首先区分立法对基本权利的形成作用和限制作用，然后分别针对形成作用和限制作用进行更进一步的分析。

无可否认的是，不论在大陆法系国家还是英美法系国家，为了使基本权利的功能最大限度的得以发挥，同时又让基本权利的保障领域涵盖到与人民生活切近的领域，立法对于基本权利的保障都是一个先决性的问题。英美法系国家并未像德国法那样发展出一套逻辑结构精巧的关于立法对基本权利作用的理论，但是英美法也对“基本权利的本身的界限”和“基本权利的限制”进行了区分，就如著名的美国哲学家约翰·罗尔斯区分了对基本自由的“限制”与“规导”两个概念，他说：“当这些基本自由只是受到规导时，它们的优先性并未受到侵犯，而为了将这些基本自由结合起来，以形成一种图式并适应于它们的长期实现所必需的某些社会条件，又必须对它们进行规导。”例如，对言论自由的发表进行“规导”与对言论自由的内容进行“限制”是有区别的。[1] 通常来说，任何基本权利的限制都只可以在特定的限制因素下（如国家安全、社会公安、社会秩序、公共卫生、公共道德或他人权利）才可作出。只有立法机关才能合法地限制基本权利，是否限制以及如何限制基本权利，在民主法治国家，应该由民选产生的议会来作出决定。即使特定的限制因素已存在，但限制所采用的方法也必须是民主法治社会所必需的。

在国际人权法的层面上，欧洲人权法院在“The Sunday Times v. United Kingdom”[2]“Barthold v. Germany”[3]“Slivenko v. Latvia”[4] 三个重要的判例中确立了这样一个基本原则，那就是，限制基本权利必须存在明确而具体的立法。在“Handyside v. the UK”[5] 中，欧洲人权法院判定限制基本权利的立法必须满足必要性要求，也就是说只有存在明显的迫切的公共利益的时候，才能由立法限制基本权利。由于欧洲人权法院是一个超越于缔约国的国际性的人权裁

[1] [美]约翰·罗尔斯：《政治自由主义》，万俊人译，译林出版社 2000 年版，第 313—314 页。

[2] ECtHR, Application no. 6538/74.

[3] ECtHR, Application no. 9300/07.

[4] ECtHR, Application no. 48321/99.

[5] ECtHR, Application no. 5493/72.

判机构，欧洲人权法院还在 *Handyside v. the UK* 一案中发展出了“国家裁量余地理论”（margin of appreciation）。也就是说，法院允许各个缔约国协调执行公约条款的实际差异，这种差异为缔约方创造了“减损”公约“规定的义务”的有限权利。

第二节　履行经济、社会、文化权利之给付义务的立法

从学者巴霍夫（Otto Bachof）到马丁·盖勒曼（Martin Gellermann）等德国当代公法学家无不将立法机关的功能和地位置于人权保障的重要位置，从某种意义上讲，上述六位代表性学者的观点差异主要在于立法对基本权利构造和限制上的类型化区分不同。例如，黑塞（Konrad Hesse）认为：“保障与维护基本权利的存在及其效力的努力，同基本权利对于基本法（宪法）合宪性秩序所具有的特殊意义之间是相符的。”[1] 从德国魏玛宪法到联邦德国基本法，虽然德国的宪法诉讼制度一直对于维系基本权利的生命力具有极其重大的意义，但是在履行经济、社会、文化权利之给付义务的国家义务上，立法活动确实起到了形成、构造、限定、限制等重大的意义。为了防内部空洞化之保护，针对由于滥用或者过度使用法律保留而引起的，使基本权利虽然形式上继续有效但无法履行其实质功能的情形，德国公法学界发展出“法律保留”原则（Gesetzesvorbehaltprinzip）。

依据德国大多数公法学者对《德国基本法》第 19 条第 2 项内容的理解，基本权本质内容保障（Wesensgehaltsgarantie）即使立法也不得减少损失。正如学者所认识到的，“作为实现立宪主义的重要工具，法律保留对于基本人权的保障、立法权与行政权之间良好宪法秩序的确立，具有重大意义”[2]。“限制自由的理由来自自由原则本身。”[3] 立法者基于社会政策考虑在保障人民生

[1] [德] 康拉德·黑塞:《联邦德国宪法纲要》，李辉译，商务印书馆 2007 年版，第 264 页。

[2] 秦前红、叶海波:《论立法在人权保障中的地位——基于“法律保留”的视角》，载《法学评论》2006 年第 2 期。

[3] [美] 约翰·罗尔斯:《正义论》，何怀宏等译，中国社会科学出版社 1988 年版，第 241 页。

存权时，需要遵循法律保留原则。法律保留原则的适用实际上是将立法对人权的保障加以法治化，通过这种法治化来确保立法活动不得侵犯公民的基本权利。为了确保法律保留原则的“人权保障”功能，其核心要求有二：第一，为了防止法律保留被滥用，宪法禁止立法机关制定限制基本权利的单项法规。根据《德国基本法》第 19 条第 2 项的规定，限制基本权利的法律必须明确指出受限制的基本权利在基本法中的具体条款。限制公民基本权利的立法只能作为某项法律的附随部分而非主体部分，否则立法活动构成对基本权利的侵犯。第二，应该防止过分限制基本权利而导致基本权利的核心内容受到侵害。这项要求就隐含了立法者不能通过其“立法裁量”活动侵入基本权利所保障的最核心的领域，例如在生存权和生存照顾方面，我们可以认为“合于人性的最低生存标准”可以被视为生存权保障的核心领域，即使立法活动也不能减损。该项要求还包含了禁止不合比例地限制基本权利，这也牵涉到宪法上的“合比例原则”[1] 的贯彻。

第三节　德国的经济、社会、文化权利保障立法

为了贯彻宪法中的“社会国原则”，德国的立法机关通过制定一系列的法律来确保公民享受经济、社会、文化权利。一系列的立法活动形成了我们今天所看到的德国社会保障体系，该体系包括四种社会福利制度，分别为：社会救助制度（Sozialhilfe）、社会保险制度（Sozialversicherung）、社会补偿制度（Sozialentschädigung）、社会促进制度（Sozialförderung）[2]。德国的社会保障立法可以通过表 7-1 做一个整体概览。

[1] 按照我国学者的总结，宪法上的“合比例原则”包括三个层次：一是合目的性原则，该原则又叫适合性原则，即要求手段是有助于目的的达成。二是必要性原则，又称为最小侵害原则，即要求穷尽其他手段。三是损害利益相当原则，或称为狭义的比例原则。其本质就是一个“个案平衡”的原则。参见杨道现：《立法责任研究》，重庆大学 2013 年博士学位论文，第 105 页。

[2] 喻文光：《德国社会救助法律制度及其启示——兼论我国行政法学研究领域的拓展》，载《行政法学研究》2013 年第 1 期。

表 7-1　德国的社会保障立法

立法时期	立法时间	法律名称	立法主旨
帝国时期	1842 年	《普鲁士穷人照顾法》	建立包括医疗保险（1883 年）、工伤事故保险（1884 年）、残疾和养老保险（1889 年）在内的社会保险制度
魏玛时期	1924 年	《帝国救济义务条例》、《关于公共救济前提、种类和范围的帝国基本原则》	建立和完善了德国的社会救助体系
基本法时期	1961 年	《联邦社会救助法》（BSHG）	社会救助
	1976 年	《社会法典》	综合性立法，囊括各种不同救助对象的社会保障
	2003 年	《社会法典》第十二编 [1]	综合的社会救助制度（Sozialhilfe）

一、社会救助制度立法

从历史上看，德国的社会救助法制是世界上最古老的社会福利立法，它起源于中世纪的教堂对穷人和病人的生活照顾。德国自工业革命以后，城市中的工人数量迅速增长，社会上也涌现了前所未有的大规模的贫困人口和无产阶级。德国首相奥托·冯·俾斯麦意识到，国家日益认识到对贫困人口的积极救助义务已经变成一项迫切的国家责任。否则，数以万计的贫困人口将对国家的稳定和发展形成一种类似"政治火药桶"（politischer Sprengstoff）的威胁。之后，越来越多的政治家关注到这样的问题并推动立法。在奥托·冯·俾斯麦的努力下，普鲁士帝国制定了 1842 年的《普鲁士穷人照顾法》。该法颁布的目的在于满足工人阶级最低要求的生活保障而将工人运动像"风帆出海"（der Wind aus den Segeln）一样化解。

到了魏玛共和国时期，德国在 1924 年通过的《帝国救济义务条例》和

[1] Sozialgesetzbuch（SGB）Zwölftes Buch（XII）- Sozialhilfe-（Artikel 1 des Gesetzes vom 27. Dezember 2003，BGBl. I S. 3022）.

《关于公共救济前提、种类和范围的帝国基本原则》，就意在贯彻《魏玛宪法》中的经济、社会和文化条款。这两部法律也使得魏玛共和国走向一种有控制的“资本主义”经济发展模式，德国魏玛宪法显示出一种强烈的“社会主义”特征。

德意志联邦共和国成立之后，在联邦行政法院（Bundesverwaltungsgericht）1954 年的一个判决[1]中，法官认定公民有权在物质匮乏的时候要求国家履行积极救助义务，国家义务的履行是为了符合《基本法》第 1 条关于保障人的尊严的宪法承诺。而《基本法》第 20 条所规定的“社会国原则”也使得法院在救济和保障人权方面扩展到了保障公民的社会福利的领域。

1961 年德国政府通过了《联邦社会救助法》（BSHG），该法继承了德国自“帝国时期”形成的社会福利制度的基本精神，并且深受“魏玛宪法”中关于公民经济、社会和文化权利保障的影响。到了 1976 年德国将《联邦社会救助法》（BSHG）又编入《社会法典》（Sozialgesetzbuches，SGB）的一部分。至 2003 年，德国政府引入了对老年人和残障人士的社会保障制度（Sozialhilfe），该制度被吸收进入德国《社会法典》（SGB）第十二编。该部分的规定旨在贯彻《基本法》（Grundgesetzes）第 20 条第 1 款中的“社会国原则”，确保全体公民合于人性尊严的最低社会文化生活标准。《社会法典》第十二编第一章前言宣示：“社会救助的功能是使受益者享受一种适合人的尊严的生活。”到了 2005 年，德国《社会法典》（SGB）又将失业救济（Arbeitslosenhilfe）和业已建立的社会救助制度合并，《联邦社会救助法》（Bundessozialhilfegesetz）停止适用。[2]

---

[1] BVerwGE 1，159.

[2]《社会法典》第十二编规定的对象即获得救助的人包括：（1）与有就业能力的贫困者一起生活的没有就业能力的家庭成员，主要是其 15 周岁以下的子女（15 周岁以上即视为有就业能力）；（2）老年人（65 周岁以上）和不具有就业能力或就业能力减损的 18 周岁至 65 周岁的人（患有疾病、残疾，每天工作少于三小时的人）；（3）处于特别的人生困境或其他生活境况的人（流浪者、刑满释放人员、需社会机构管教的行为异常的青少年等）。参见喻文光：《德国社会救助法律制度及其启示——兼论我国行政法学研究领域的拓展》，载《行政法学研究》2013 年第 1 期。

二、社会保险制度立法

德国也是世界上最早建立社会保险制度的国家。帝国时期德国首相奥托·冯·俾斯麦为此说道:“我的想法是为了赢得广大的工人阶级，国家作为一种社会制度的建制是为了工人阶级的福利和确保他们更好地生活。”[1]德国的社会保险制度的建立和完善过程是漫长的，德国政府于1883年初步建立了健康保险制度、1884 年建立意外保险制度、1889年法定养老保险（包括了残疾人和老年人的保险）、1927年推出失业保险制度、1953年推动养老金制度改革实行动态养老金保险、1983推出艺术家社会保险制度（Künstlersozialversicherung）、1995年建立长期照护保险（Pflegeversicherung）。起初来源于德国首相俾斯麦的社会保险制度的建立，并非来自增进劳动权利的博爱，而是基于对社会主义党人和工人运动带来的政治恐惧。经过漫长的发展，以社会保险为核心的社会政策，即所谓的俾斯麦社会安全模式不断通过立法实现了公民享受社会福利的“普世化”。时至今日，德国的社会保险制度已经构成了一个既涵盖德国普通公民又包含在德国的外国人的完整体系。概言之，德国的社会保险制度由下述专门的分支构成：健康保险、意外伤害保险、养老保险、失业保险、长期护理、长期照护保险。

从社会保险的法律关系来看，它与商业保险存在明显的区别。其一，由于社会保险具有强制性，属于公法上债之关系。社会保险制度中国家公权力的强制介入形成了与商业保险及商业年金计划以“缔约自由”为特征的不同。其二，社会保险具有风险分担的功能，这种功能的实现是以国家公权力的公信力作为强大后盾，在这一点上，社会保险不同于个人储蓄和存款对社会风险的抵御。其三，社会保险的财源来自国家和公民的保险费用投入，与公医制度、福利服务、社会津贴、社会促进等主要仰赖税收等不同。其四，社会保险的财务采行随收随付制（pay-as-you-go），与商业保险不同。其五，社会保险的目标在维持正常生活水平，与仅提供最低生活水平之社会救助不同。

[1] Otto von Bismarck, Gesammelte Werke (Friedrichsruher Ausgabe) 1924/1935, Band 9, S.195/196.

三、社会补偿制度立法

从国家承担对公民的给付义务的角度来看，德国的立法机关也通过了《社会补偿法》（Sozialen Entschädigungsrechts），这方面的法律可以追溯到德国在战争中的受害者，那些为了国家而参军并且在战争中身心健康受到损害的士兵和他们的子女及父母都为国家做出了特别牺牲，所以德国的社会补偿制度就在于履行国家对伤残军人及其家属的公法照顾义务。这些立法包括《军人养老金法》（Soldatenversorgungsgesetz，SVG）、《社会役法》（Zivildienstgesetz，ZDG）[1]、《传染病防治法》（Infektionsschutzgesetz，IfSG）、《受害人补偿法》（Opferentschädigungsgesetz，OEG）。《联邦生活救济法》[2]（Bundesversorgungsgesetz，BVG）为那些由于国家公权力机关的原因而导致健康或经济方面的损害的公民提供了法律保障。

四、社会促进制度

除了社会补偿制度之外，德国在“社会国”原则之下还发展出了“社会促进制度”，该制度的建立是为了培育德国公民在受教育权、就业权等方面的权利能力，它包括对失业者提供免费的就业培训机会、对德国青年公民提供的教育资助、对青少年身心发展提供的资金福利、对有子女家庭提供各种形式的社会补助福利等，这些制度其实是为了更好地关照公民身心健康能力的

---

[1] 社会役又称为“替代役”（Substitute Military Service、Alternative civilian service），该制度构想源自早期实行于欧洲国家的社会役，服替代役的役男不需进入军事单位，而在其他政府或公共机关（构）中服务。《德国基本法》第 12 条规定：“任何人基于良心理由而拒绝武装之战争勤务者，得服代替勤务。其期限不得逾兵役期限，其细则以法律定之，该法律不得有碍良心判断之自由，并应规定与军队及联邦边境防卫队无关之代替勤务之机会。”参见陈新民：《社会役制度》，扬智文化事业股份有限公司 2000 年版，第 14 页。

[2] Bundesversorgungsgesetz 的翻译参见王涌：《两种主张的较量与战后德国经济发展》，载《外国问题研究》2011 年 4 期。

发展前景，使得他们可以在将来的就业和生活方面更好地适应社会。[1]

第四节　立法对经济、社会、文化权利的介入和限制：以地方立法权为例

一、地方立法权的界限

地方立法权就其性质而言，属于创制性权力，其行使最与公民生活之日常实际相关。那么，地方立法权究竟可否介入或者剥夺人民的基本权利呢？

依据我国《立法法》第 8 条第 4 项、第 5 项、第 6 项之规定，涉及犯罪与刑罚、对公民政治权利剥夺、人身自由限制以及对非国有财产征收的事项只能由全国人大及其常委会通过的法律规定之。依据对“法律保留原则”的严格理解，地方立法权之行使其边界必须终止于对公民基本权利的限制和剥夺。

根据宪法和地方组织法规定，省、自治区、直辖市的人大及其常委会制定和批准地方性法规必须遵循“不抵触原则”，即不得同宪法、法律、行政法规相抵触。“不抵触原则”要求地方性法规不得侵犯全国人大及其常委会的专属立法权，不得同宪法、法律、行政法规的规定相违背，也不得同宪法、法律、行政法规的精神相违背。总结地方立法的经验，可以对地方性法规的权限范围作如下概括。

1. 法定事项。比如，行政处罚法第 13 条第 2 款规定，地方政府规章设定罚款的限额，由省、自治区、直辖市人大常委会规定。

2. 授权事项。比如，1981 年，全国人大常委会授权广东省、福建省人大及其常委会制定所属的经济特区各项单行经济法规。

3. 执行事项。中央已制定法律、行政法规，省、自治区、直辖市的人大及其常委会为保证该法律、行政法规在本行政区域内的遵守和执行，需要制定实施细则、具体规定的事项。

---

[1] 参见喻文光:《德国社会救助法律制度及其启示——兼论我国行政法学研究领域的拓展》，载《行政法学研究》2013 年第 1 期。

4. 剩余事项。全国人大及其常委会专属立法权限以外，国家尚未制定法律、行政法规，而根据本地方的具体情况需要先行制定地方性法规的事项。这些事项范围较广，教育、科学、文化、卫生、民政、资源与环境保护、市政建设等都可包括在内，也包括其他属于地方性事务需要制定地方性法规的事项。这里指的是纯地方性事务，不需要国家作统一规定的事项。[1]

综观我国地方立法条例，我们不难得出以下粗浅的结论，即在自治区的地方立法权限大于直辖市的立法权限，而直辖市的地方立法权限又大于各个普通省的地方立法权限。而这种结论仍只是从法律的文本规定入手得出的，还需要接受地方人大制度实际运行的进一步检验和佐证。由于中国仍然处于转型时期，在改革开放基本国策指引下的法治进程同样经受着转型考验。在此过程中，交织着“中央部署，地方施行”和“地方先行、全国推广”的两种地方人大制度建设的思路，这也暗含了邓小平“摸着石头过河”的总体战略思维设计。反映在地方立法实践中，地方的先行先试验，似乎已经成为“摸着石头”的一种不成文的“良性违宪”[2]实践，改革时代的宪法变迁实际上呈现出一种“制度突破—推行全国—党的理论（人民根本利益的代表）—宪法文本”的独特理路。[3]

我国的立法体制，从横向来看，是立法机关至上的模式，也就是说，立法机关的立法权高于行政机关；从纵向来看，是“集权—分权”模式，也就是说，中央的立法权高于地方，地方立法权只具有从属和补充的性质。[4]

---

[1]《符合中国国情和实际的立法体制——话说中国特色社会主义法律体系的形成》（六），载《中国人大》2011 年第 16 期。

[2] 所谓良性违宪，就是指国家机关的一些举措虽然违背当时宪法的个别条文，但有利于发展社会生产力，有利于维护国家和民族的根本利益，是有利于社会的行为。参见郝铁川:《论良性违宪》，载《法学研究》1996 年第 4 期；郝铁川:《社会变革与成文宪法的局限性》，载《法学研究》1996 年第 6 期；童之伟《良性违宪不宜肯定》，载《法学研究》1996 年第 6 期；韩大元《社会变革与宪法的适应性——评郝、童两先生关于良性违宪的争议》，载《法学》1997 年第 5 期。

[3] 常安:《“摸着石头过河”与“可改可不改的不改”——改革背景下的当代中国宪法变迁》，载《法律科学》2010 年第 2 期。

[4]《符合中国国情和实际的立法体制——话说中国特色社会主义法律体系的形成》（六），载《中国人大》2011 年第 16 期。

二、地方立法权对公民基本权利的介入

我国地方立法权介入公民基本权利的问题被《立法法》第 8 条所明文禁止。为什么地方立法权不得剥夺或者限制公民的基本权利？地方立法权是否一律不可能正当化地介入公民的基本权利呢？地方立法权是否与公民的基本权利毫无干系呢？由于公民不是抽象地存在于国家中央高权的控制和规制之下，而是生活在这个国家某一个具体的地域（Area）、部落（Tribe）或者社区（Community）之中的，从这个实际的层面上看，恰恰是地方的立法高权与公民的日常政治、经济和社会生活结合得最为紧密，那么地方立法权对公民基本权利的介入就不得不是一个时常发生而又被公民错误地或者惯常性地认为是国家或者中央立法高权对他们的生活发生着本质性或者实质性的影响。这些问题的解决还需要一个比较精细化、具体化和语境化的考察。公民的基本权利并非止于"刑罚""课税""财产征收""人身自由限制""政治权利剥夺"诸事项，依据《宪法》第 33 条至第 50 条，公民基本权利还包括劳动权、受教育权、特殊主体权利、社会保障权等方面。为了说明地方立法得否对公民基本权利之介入和影响，本书先将《宪法》第二章规定的基本权利类型化为公民的自由权（《宪法》第 33—41 条）和公民的社会权（《宪法》第 41—50 条）两个方面，然后再从地方性法规与这两类权利的关系角度阐明地方立法权对公民基本权利的影响。

1. 地方性法规与公民自由权

英国法学大家约翰·密尔（John Mill）在《论自由》中说："唯一实称其名的自由，乃是按照我们自己的道路去追求我们自己的好处的自由，只要我们不试图剥夺他人的这种自由，不试图阻碍他们取得这种自由的努力。"[1]从宪法学的角度看，公民基本权利首先的作用在于对抗公权力，防止公民的生命、自由与财产受到公权力的侵犯，从而维护个人免受国家恣意干涉的空间。这种意义上的基本权利被称作"防御权"（Abwehrrecht），基本权利的此种功能被称为"防御权功能"（Funktion der Gmndrechte als Abwehrrechte），该

[1] ［英］约翰·密尔：《论自由》，程崇华译，商务印书馆 1959 年版，第 20 页。

概念最早出现于德国联邦宪法法院 1958 年的“吕特案”（Luth Uteil）。[1] 同时，需提及的是基本权利也具有服务性、福利性或者耦合性（coupling），即国家协助义务的需求。[2] 德国基本法上规定的自由权利包括 12 种：“生命与人身不受伤害之权利”“人身自由”“迁徙自由”“住宅不受侵犯”“信件、邮件以及通讯秘密”“信仰自由，世界观与良知自由”“言论自由”“艺术与科学自由”“集会自由”“结社与联盟自由”“选择职业、工作职位与就学地点的自由”和“人格之自由发展”。[3] 根据我国《宪法》公民的自由权包括以下 9 类：“公民的平等权”“选举权和被选举权”“言论、出版、集会、结社、游行示威等政治权利”“宗教自由权”“人身自由权”“人格尊严权”“住宅不受侵犯权”“通信自由和秘密权”“监督检举权”。

本书提出的问题是我国地方立法权是否有可能影响到公民的基本自由权？这个问题的回答，一方面取决于地方立法权的行使边界，另一方面取决于基本权利的保障范围。对于第一个方面，地方立法权的行使边界，实际上已经有《立法法》第 8 条予以初步的解决。根据“罪刑法定主义”和“税收法定主义”原则，刑罚和税收是对公民生活的深刻介入，此种规范必须依据位阶较高的法律以明文规定方可符合上述两个原则，而地方人大及其常委会就其在国家立法体制中的位阶而言，不能制定严格意义上的法律，而只能制定地方性法规或者自治条例、单行条例。根据《立法法》第 8 条第 4 项（犯罪和刑罚）、第 5 项（政治权利剥夺和人身自由限制）、第 6 项（税收之课征）、第 7 项（对非国有财产的征收）等“法律保留”事项，地方人大及其常委会当然没有权力去剥夺或者限制公民的政治自由和权利。

综观中国各个省市地方人大及其常委会的立法实践，以地方性法规限制公民基本权利的行为却有可能发生。在信息网络领域，地方性法规是否可以通过地方立法禁止所谓的“人肉搜索”？[4] 2007 年 12 月 20 日广东省第十届

---

[1] 张翔：《论基本权利的防御权功能》，载《法学家》2005 年第 2 期。

[2] 于文豪：《自由权及其法律保护》，山东大学 2009 年硕士学位论文。

[3] [德] 康拉德 · 黑塞：《联邦德国宪法纲要》，李辉译，商务印书馆 2007 年版，第 292—335 页。

[4] 一种通过互联网为媒介，基于利用人工方式对搜索引擎所提供的信息逐个辨别真伪的方式搜索信息以查找人物或者事件真相的互动式搜索方式。

人民代表大会常务委员会第三十六次会议通过的自 2008 年 4 月 1 日起施行的《广东省计算机信息系统安全保护条例》第 26 条第 2 款规定：任何单位和个人不得利用计算机信息系统擅自向第三方公开他人电子邮箱地址和其他个人信息资料。如果“人肉搜索”这种网络搜索方式属于公民基本的“言论自由”，那么该地方性法规就涉嫌违反宪制性规定。

2. 地方性法规与公民社会权

公民的基本社会权包括工作权、社会保障权、家庭权利、适足生活水准权、健康权、受教育权、文化权等，它是指公民要求国家采取必要措施实现其经济、社会、文化权利的一种受益权和请求权。[1] 日本学者大须贺明认为：“生存权是一种法的具体性权利，而并非需要借助另行具体法律才能得以具体化的抽象性权利，更非仅仅规定国家立法指针的、作为纲领性规定的单纯的政治性权利。生存权是一种法的具体权利，国民对于国家享有采取必要相应措施以充分保障国民健康且文化性的最低限度生活的请求权，国家则负有对如此请求权的保障的法的义务。”再查《宪法》第二章，公民的社会权包括：劳动权（第 42 条）、劳动者的休息权（第 43 条）、退休人员社会保障权（第 44 条）、获得社会帮助权和社会保障权[2]（第 45 条）、受教育权（第 46 条）、文化活动权（第 47 条）、妇女权利受到特别保护[3]（第 48 条）、婚姻家庭权利[4]（第 49 条）。《日本国宪法》第 25 条规定：“全体国民都享有最低限度的健康与文化生活的权利。国家应于生活的一切方面努力提高和增进社会福利、社会保障以及公共卫生。”关于社会权作为一种基本权利，学界和司法实务界争议较大，主张国家财政资源不足而否定社会权得作为给付请求权者，在日本事务上虽亦有之，但是日本学者大须贺明对此主张提出批判，认为这种主张用财政和财源的制约来简单看待一切，存在两个问题：其一是它贯穿着“纲领性规定论”的思维方式，即以重视国家财政的观点为理由来否定生

[1] 秦前红、涂云新：《经济、社会、文化权利的保障路径及其选择——在立法裁量与司法救济之间》，载《交大法学》2013 年第 1 期。

[2] 宪法第 14 条第 4 款规定了社会保障制度。

[3] 妇女权利中既包含自由权又包括社会权。

[4] 含儿童权利，其中既保障儿童的自由权又保障其社会权。

存权的法的权利性；其二是将财源的制约当作立论的绝对根据，完全不考虑国民，尤其是作为残疾人的被控诉人的生活实际状态，即使是对于财源本身，也仅仅是一般抽象地重复财政财源的词句，而对财源数额的适当程度、财源分配的合理性等财源的实际状况及应有方式却不加任何分析。[1]

2010 年通过、2018 年修订的《中华人民共和国社会保险法》[2] 毫无疑问属于我国社会保险领域最为基本的法律文件。该法律奠定了我国现阶段的社会保险体制的基本法律框架。《社会保险法》在总则部分宣示了我国社会保险体制的基本内容，确认了国家保障公民在年老、疾病、工伤、失业、生育等情况下依法从国家和社会获得物质帮助的权利。同时，《社会保险法》也规定了中央和地方政府在社会保险领域的工作职责。《社会保险法》第 7 条规定："国务院社会保险行政部门负责全国的社会保险管理工作，国务院其他有关部门在各自的职责范围内负责有关的社会保险工作。县级以上地方人民政府社会保险行政部门负责本行政区域的社会保险管理工作，县级以上地方人民政府其他有关部门在各自的职责范围内负责有关的社会保险工作。"江苏省人大制定的《江苏省社会保险费征缴条例》[3] 第 6 条规定："县级以上地方人民政府劳动保障行政部门负责本行政区域内社会保险费征缴管理和监督检查工作。人力资源社会保障行政部门按照国务院规定设立的社会保险经办机构具体承办社会保险事务。"该条例第 4 条规定缴费单位和缴费个人应当依法参加社会保险，并按照法律、法规和国务院、省人民政府规定的费基、费率，以法

[1] [日]大贺须明:《生存权论》，林浩译，元照出版有限公司 2001 年版，第 338—339 页。

[2] 2010 年 10 月 28 日第十一届全国人民代表大会常务委员会第十七次会议通过，根据 2018 年 12 月 29 日第十三届全国人民代表大会常务委员会第七次会议《关于修改〈中华人民共和国社会保险法〉的决定》修正。

[3] 江苏省人民代表大会常务委员会公告第 31 号。2003 年 12 月 19 日江苏省第十届人民代表大会常务委员会第七次会议通过。根据 2010 年 9 月 29 日江苏省第十一届人民代表大会常务委员会第十七次会议《关于修改〈江苏省社会保险费征缴条例〉的决定》第一次修正。根据 2012 年 1 月 12 日江苏省第十一届人民代表大会常务委员会第二十六次会议《关于修改〈江苏省社会保险费征缴条例〉的决定》第二次修正。

定货币形式按时足额缴纳社会保险费。《上海市社会救助条例》[1] 第 2 条规定：“本市根据国家有关规定和经济社会发展状况，不断完善社会救助体系，推进城乡社会救助一体化建设，健全社会救助制度，逐步提高社会救助水平。”从国家层面的《社会保险法》和地方层面的立法实践来看，我国社会保险费的征缴实际上是中央和地方政府协力完成的。事实上，由于社会保险所涉及的事权性质既具有全国统一管理之必要，又需要各个地方政府加以具体落实，无论是中央政府还是地方政府都不可能单独承担保障公民社会权职责。质言之，就我国的社会保险体制来说，中央立法设定了全国层面社会保险的总体法律框架，地方立法则可以在“不抵触”中央立法的条件下，根据各地实际情况落实和执行中央立法的规定。

以城乡最低生活保障为例，我国已经在中央层面建立了最低生活保障的法定制度，但是在实际运行中，各个地方由于经济社会的发展水平不一，各地在落实城乡居民的最低生活保障水准方面也表现出极大的差异性。根据我国民政部门 2019 年 5 月 27 日发布的统计数据，截至 2019 年 3 月底，全国共有城乡低保对象 4470.4 万人，城市低保平均标准为每人每月 591 元，农村低保平均标准为每人每年 4953 元。[2]

表 7-2　中国分省城乡最低生活保障标准（2019 年）

地区	城市低保标准（元 / 月）	农村低保标准（元 / 年）
北京市	1,100.0	13,200.0
天津市	920.0	11,040.0
河北省	641.3	4,670.2
山西省	500.8	4,143.4
内蒙古自治区	593.3	5,461.5
辽宁省	507.8	4,660.9
吉林省	567.5	3,873.6

[1] 上海市人民代表大会常务委员会公告第 8 号;《上海市社会救助条例》已由上海市第十五届人民代表大会常务委员会第七次会议于 2018 年 11 月 22 日通过，自 2019 年 5 月 1 日起施行。

[2] 参见中华人民共和国民政部 2019 年 1 季度最低生活保障标准。

续表

地区	城市低保标准（元 / 月）	农村低保标准（元 / 年）
黑龙江省	1,070.0	3,978.9
上海市	686.0	12,840.0
江苏省	769.5	7,905.1
浙江省	571.6	9,121.6
安徽省	606.5	6,102.5
福建省	593.3	7,180.4
江西省	545.6	4,244.4
山东省	524.2	4,654.6
河南省	605.0	3,956.6
湖北省	469.4	5,275.5
湖南省	751.3	4,151.1
广东省	590.1	7,155.1
广西壮族自治区	525.2	3,812.3
海南省	546.0	4,627.2
重庆市	519.7	4,984.9
四川省	598.1	4,256.5
云南省	568.6	3,711.7
西藏自治区	817.2	4,014.0
陕西省	577.6	4,275.4
甘肃省	506.3	4,106.5
青海省	562.1	4,023.8
宁夏回族自治区	570.0	3,965.5
新疆维吾尔自治区	441.2	3,994.9

在我国，全国层面的社会保障制度提供了一个法治化的基本框架，地方层面负有落实中央法律的法定职责。然而现阶段，我国在社会保障制度方面所面临的不平衡的问题也是非常突出的。以民政部公布的分省城乡低保标准的统计数据来看，公民社会权的保障水平和标准仍然面临着两个“不平衡”的挑战：一是城乡居民之间的保障水平不均衡；二是各地区之间保障水平的不均衡。就城乡居民保障水准不平衡而言，城市的平均低保标准明显高于农

村的平均低保标准，这种以身份作为低保收益区分的做法在宪法和法理上引发了关于平等权的激烈讨论。然而，一个残酷的事实便是，造成这种现象的政治和经济原因的根源乃是中华人民共和国成立以后逐渐形成的城乡二元结构。随着法治中国的深入推进，我国应当适时面对这种平等权的挑战，逐渐趋向于建立一个不以身份为区分标准的低保制度。就地区之间保障水准不平衡的问题而言，东部地区的低保标准明显高于中部和西部地区。区域之间的不平等的一个主要原因是各地的经济发展水准不平衡，在法律上，各地主要是通过立法规制“社会保障对象”来维持同一个区域内的社会保障水准尽可能统一。以最低生活保障为例，地方立法实际上先是明确哪些人员可以纳入法律规制的范围，然后对“应保对象”规定了“认定标准”。认定标准是由多个因素决定的，既包括户籍因素，也包括经济状况等因素。

第五节　本章小结

从当代具有代表性的德国公法学家的学理见解中，我们可以看到通过立法的方式保障人权仍然是大陆法系国家宪法学理论探讨的重点。立法不仅可以形成和构造基本权利而且可以使基本权利所欲保护的法价值具体化，这一点对于经济、社会、文化权利的立法保障具有借鉴价值。从我国学者对传统大陆法系国家立法保障人权思想的继受来看，中国公法学者在对待基本权利的保障方面也都会将“立法保障”作为一种首要的制度设计的选择。值得学界探讨和注意的是，立法机关在一部法律中限制经济、社会、文化权利的适用范围或适用主体时，“法律保留原则”的适用将确保这些基本权利的本质和核心内核不被侵犯。

行政并非仅系国家实践法律与行政目的的手段，
而是应该作为国家福利目的之工具，来满足社会正义之需求。
——彼德·巴杜拉（Peter Badura）[1]

今后的法学者负有一个重要的任务，
便是将行政国家存在的事实当成是法治国家的一个模式，
并将其价值理念、原理原则解析及分析相关的宪法与行政法观点，
来导法治国之发展于正途。
——汉斯·彼德斯（Hans Peters）[2]

第八章　经济、社会、文化权利的行政保障：以给付行政为中心

第一节　一个前提性的交代——给付行政对于基本权利保障的影响

一、给付行政的出现及其宪法基础

现代的经济、社会、文化生活日趋复杂化和多元化，法学上的类型化方法无论怎样递进和更新似乎都很难将生活世界之林林总总划入法律所欲规制的领域。正是在这种大背景下，现代行政法学不但存在于极度纷繁复杂的生活世界当中，而且又必须研究行政机关为了适应世事发展而采取的各种不同的行政行为。现代世界中的行政事务之繁芜已经远远超越了个人所能想象的空间，国家在现代经济、社会、文化生活中的调控越来越深刻地介入那些公民私人自治的传统领域。最明显的表征便是国家“生活保障”（Daseinsvorsorge）的任务逐渐增加，且由国家提供社会保障与社会救济被越来越多地视为国家的任务。[3] 正如德国著名公法学家康拉德·黑塞指出：在

[1] 陈新民:《公法学札记》，法律出版社 2010 年版，第 81 页。

[2] 陈新民:《公法学札记》，法律出版社 2010 年版，第 18 页。

[3] [德]康拉德·黑塞:《联邦德国宪法纲要》，李辉译，商务印书馆 2007 年版，第 12 页。

这样的情形中，国家的意义越来越多地体现在其对经济与社会生活的影响之中，以及个人越来越多地受到这种影响而增加其对国家之依赖性的模式之中，国家将会被拉入为争取平等发展机会而引发的彼此冲突的经济集团之间的巨大斗争之中，并且将会因此而改变政治关系的本质。[1] 国家为全体人民抑或特定群体提供“生活保障”的给付，必定牵涉到民主法治秩序下由谁来具体执行和分配的问题，在这一系列的执行和分配的环节上，法治原则的贯彻应该如何实现都是颇为棘手的问题。早在德国魏玛时期，德国公法学家厄斯特·福斯多夫（Ernst Forsthoff，1902—1974）就认识到今后的行政法必须直面公民生活保障方面的基本权利诉求，他于 1938 年写成的《行政作为给付主体》（Die Verwaltung als Leistungstrager）一书创造了有别于传统行政法的“给付行政”这一概念，后世行政法学者起初沿用“给付行政”来描述如与公民生活密切相关的交通、水利、电力等生活领域的行政法现象，后来随着社会保障和救济、公民受教育权、住房权、医疗健康权等一系列新兴权利的兴起，“给付行政”的概念指涉范围也得到了极大的扩张，泛指一些涉及行政机关公共服务提供、福利给付方面的行政法现象。我国学者亦提出了与“给付行政”相关联的“民生行政”的概念，认为民生行政是由行政机关和法律法规授权组织管理民生事务、提供民生公共服务的活动，关键点在于民生行政职权的行使以及与此相应的公民民生权利的保护。[2]“民生”在当代中国基本被建构为弱势者的“类属”互动，成为迈向社会公平理想的感召符号。[3] 民生行政从各个方面来看都是一个具有中国特色的学术用语，提供了福利型政府依法行政的新型解释框架。“民生”这一具有极强政策概念的词语兑换为权利术语，从本质属性来看，就是经济、社会、文化权利。从“行政法是动态宪法”（古德诺语，Frank Johnson Goodnow）和“行政法是关于实现宪法价值的技术法”（盐野宏语，Hiroshi Shiono）的理念来分析，无论学术界还是理论界都必须致力于构建一个落实基本权利价值理念的行政法框架，本章试图从“给付

[1] ［德］康拉德·黑塞:《联邦德国宪法纲要》，李辉译，商务印书馆 2007 年版，第 12 页。

[2] 朱应平:《民生行政政策的适用及其规制》，法律出版社 2017 年版，第 7—8 页。

[3] 龚向和:《从民生改善到经济发展：社会权法律保障新视角研究》，法律出版社 2013 年版，第 56 页。

行政”的视角探讨经济、社会、文化权利行政保障的若干核心问题。

二、现代行政法的区分及其给付行政提出的实益

德国行政法学鼻祖奥拓·迈耶（Otto Mayer）[1]创立近代行政法体系以来，学界和实务界关于行政法学的概念之争始终贯穿在行政法学的发展之中。德国著名行政法学家厄斯特·福斯多夫在所著《行政法总论》中开宗明义：“行政只能描述（beschreiben），而无法予以定义。”基于此前提，福斯特霍夫认为，于现代国家中，设计生活秩序并未事前预作设定，故国家的首要任务便是建立并维持适当的社会秩序，而其最主要的手段就是行政。于此意义下，行政乃具有形成的功能（gestaltende Funktion），此种形成作用，并非以追求个案的合目的性与适当性为已足，尚需要分配正义及交换正义（justia distributive und commutative）之法的要求。[2]由于传统法学以“行为”为其研究重心，行政法学的研究在很大程度上也取向于对“行政行为”的研究。我国学界继受德国大陆法系的色彩比较浓厚，综观我国学者对于行政的区分可以大体总结如下。

依据行政行为所适用的法规性质不同，行政可以分为公权力行政（hoheitliche Gewalt）及私经济行政（Fiskalische Verwaltung）。前者以公法的方式从事行政活动，后者本于私法的规定遂行行政任务。而私经济行政又可以根据行政机关参与经济活动的程度不同分为行政私法行为（privatrechtsförmige Leistungsverwaltung）、行政辅助行为（privatrechliche Hilfsgeschäfte der Verwaltung）、行政营利行为（erwerbwirtschaftliche Betätigung der Verwalstung）、纯粹参与交易行为（transaktion）四种。依行政组织分类，

[1] 奥托·迈耶（Otto Mayer）“效仿私法概念法学方法，并参考和援用民法学的概念术语，从纷繁复杂的行政现象中归纳出行政法的一般原理、原则和概念群，并且根据抽象程度的不同，以一定的层次组合成一个上下贯通、逻辑一致的行政法总论体系”。参见高秦伟：《反思行政法学的教义立场与方法论学说——阅读德国公法史（1800—1914）：国家法学说和行政学之后》，载《政法论坛》2008年第2期。

[2] Val. E. Forsthoff, Lehrbuch des Verwaltungsrechts, Bd. I, Allegemeiner Teil, 10. Aufl., 1973, S.1. S.4.

行政可以分为内部行政和外部行政。前者指通常只有国家公务员知道或受拘束，对于人民不生法律效力的内部行为或决定；后者指直接对人民发生法律效力的行政措施与决定，人民须受外部行政行为拘束。依法律拘束程度区分，行政可以分为羁束行政和裁量行政。前者指法律规定行政机关在执行行政事务时，应于一定要件下做成特定行为或不得为特定行为，该行政机关原则上无自由形成之空间且须受法律拘束；后者指法律规定行政机关在执行行政事务时，在符合特定要件时，得视具体情况，决定是否发生法律效果或法律效果之发生方式。[1]

现代国家行政事务纷繁复杂，为了应对经济、社会、文化领域行政向人民生活纵深介入的趋势，行政法学者提出应该依据行政样态、内容和目标的不同，将行政分为干预行政、给付行政（leisende Verwaltung）与计划行政三种。干预行政又称干涉行政、规制行政、侵害行政，系国家机关会侵害人民权利、限制自由或财产、课予义务的行政行为，为典型的公权力行政，对此类行政行为的法律保留密度要求较严格。给付行政又称为服务行政、公益行政、福利行政，系政府提供人民给付、服务等生活上需求的照顾，赋予人民行政法上的请求权。于现代重视政府职能之国家，给付行政也趋于重要，种类广泛，如全民健康保险、劳工保险、社会救助、水、电、交通等公用事业、企业补助、行政指导等皆属之，但其内容应注意给付之公平性与合理分担，法律保留在给付行政的密度较低，基本上只要符合行政组织法规定之权限，且预算经国会通过即可执行。计划行政为行政机关就未来发展为特定计划，后依计划施行行政行为，以达成行政目的。学界通常认为，德国公法学家厄斯特·福斯多夫于 1938 年写成的《行政作为给付主体》（Die Verwaltung als Leistungstrager）一书奠定了给付行政最基本的理论框架与脉络，因此，福斯多夫本人也被称为“给付行政之父”。

[1] 翁岳生:《行政法》（上），中国法制出版社 2009 年版，第 23—37 页。

第二节 “社会国原则”与“给付行政”的关联和互动关系

一、“给付行政”发生的原因分析

现代福利国家又被定性为一种所谓的福利体制下的“行政国”。“行政国”这个名词出自一本由美国行政学者瓦尔多（Dwight Waldo，1913—2000）所著、1948 年出版之著作《行政国：美国行政学的政治理论研究》（The Administrative State：A Study of the Political Theory of American Public Administratlon）。其中“The Administrative State”被翻译为“行政国”：原词汇用意在于强调现代国家行政部门的成长现象，并可作为一门学术研究。1957 年，另一名学者莫斯坦·马可仕（Fritz Morstein Marx）出版了《行政国：科层体制概论》一书，对行政国这个概念也有另外的叙述。由于很多的政府功能大多不必以立法执行，可以行政命令为之，进而造成了必须实施“社会国”原则的给付行政的现象。

二、“给付行政”的样态

给付行政是行政机关对具有经济、社会、文化权利的公民的一种特殊的“公法上的债务”，与税制不同，这种公法上的债务的给付主体是国家而受益人是具有请求权基础的公民。具体而言，给付行政的样态大致可以作如下的分类。

第一，现金给付（Cash Payments）。现金给付是行政部门对符合条件的给付对象以金钱、货币形式给予的一种资助和支持。其典型的样态包括以下形式：残障人士、中低收入户、失业救济金、农渔损失补偿、国民住宅补贴等，对社会上一些弱势者进行现金给付，以达成从维持生命到促进经济活力等众多的社会经济目的。

第二，基础设施建设与维护（Construction and Maintenance of Infrastructures）。行政部门基于社会公共目的，对那些与公民生活密切相关的的基础设施进行建设和维护。机场、港口、高速公路、大众运输系统、污水下水道、废弃物处理厂、学校等公共使用或公共受益的有形兴建与养护。

第三，提供社会服务（Provision of Services）。行政部门为了实现社会公共目的而提供较为专业的公共服务。这些公共服务往往与公民日常生活的关系紧密。如公立学校教育工作、公立医疗系统、水电煤气服务、公共交通运输服务、校车通勤服务、电信服务等均属于此项工具之提供。

第四，社会行为的一般管制（Regulation of Behavior）。行政部门为了维护社会公共秩序而对个人或团体的行为进行一定的规范和管理。社会行为的一般管制在理论上与传统的干预行政似乎界限模糊，但是从社会公共服务的角度来看，行政部门为了达到社会公益目的，而通过对社会行为进行管理也存在一定的给付性质。例如，行政部门对食品安全的管理和规范、自然资源和规划部门对土地的分区规划等在某种程度上也存在一定的给付性质。

第五，增强管制能力（Capacity-building of Governance）。增强治理能力指的是行政部门通过组织、人事等方面的措施来增强自身的社会治理能力。例如，行政部门在财政税收方面的筹措、公共建筑物的维护、政府部门的沟通能力建设等方便的行为都可以被视为增强自身治理能力的表现。之所以这些措施具有给付行政的某些特质，乃是因为增强自身治理能力的目的在于提供更多的社会公共服务。

三、"社会国原则"与"给付行政"的互动关系

"社会国"与"行政国"有何关联呢？德国学者何意志先生认为："社会法治国家（der soziale Rechtsstaat）不仅关系不受国家干涉的自由，而且涉及能够通过国家获得的自由。"[1] 于是，给付行政大量出现。依据我国学者的定义，行政给付又称给付行政或称行政物质帮助，也有学者称为行政救助，但其内涵略有差异。行政物质帮助或称行政救助主要是指行政机

[1] [德] 何意志：《德国现代行政法学的奠基人奥托·迈耶与行政法学发展》，载奥托·迈耶：《德国行政法》，商务印书馆2002年版，第5页。

关对行政相对人在年老、疾病或丧失劳动力等情况下依照有关法律规范的规定，赋予其一定的物质权益或与物质有关的权益的具体行政行为。

在这一背景下，以德国联邦宪法法院为代表的大陆法系国家纷纷通过一系列的判决不断扩张法律保留原则的适用范围，将传统不属于法律保留范围的特别权力关系领域和给付行政领域都纳入法律保留原则的监督之下。而在德国联邦宪法法院看来，“哪些事务应有法律依据，均视其对基本权利的实现是否重要判断之”[1]。此即重要性标准，而以干预与给付的区分以及一般权力关系与特别权力关系的区分作为判断标准的传统见解则被扬弃。时至今日，尽管重要性理论面临标准不明确等批评，但事实上其已经成为德国实务界与理论界有关法律保留范围界定标准的通说。[2]

第三节 “给付行政”中的法律保留原则

一、“给付行政”中的法律保留原则的一般含义

学术界通常认为“给付行政”应该坚持法律保留原则，而法律保留原则的适用在这种情况下与“干预行政”有所不同。德国所称的给付行政（Leistungsverwaltung），泛指基于生存照顾（Daseinsvorsorge）的宪法要求，国家对人民所提供的各种直接或间接的给付。从满足食衣住行基本需要的民生行政（Vorsorgeverwaltung），延伸到社会保险、社会救助等方面的社福行政（Sozialverwaltung），及补贴属于社会重要基础但无法完全依赖市场机制的产业（如农业、文教）的补助行政（Förderungsverwaltung）。他们认为在这些无涉基本权限制的领域，仍需要宽松的法律基础，其程度也可能不一。比如社福行政的主要框架应该有法律或自治条例的直接规定，但如补助行政则甚至

[1] 许宗力:《法与国家权力》，月旦出版有限公司 1993 年版，第 159 页；孙展望:《法律保留与立法保留关系辨析——兼论立法法第 8 条可纳入法律保留范畴》，载《政法论坛》2011 年第 2 期。

[2] 陈新民:《法治国公法学原理与实践》(上)，中国政法大学出版社 2007 年版，第 143—144 页；孙展望:《法律保留与立法保留关系辨析——兼论立法法第 8 条可纳入法律保留范畴》，载《政法论坛》2011 年第 2 期。

只要有法定预算加上泛泛法定的机关权限即可。

法律保留原则又被称为“积极之依法行政”，它的通常含义是指任何行政行为或规定都必须有法律的明确规定或者授权，否则行政权的运行就可能侵犯到公民的基本权利。德国公法学家奥托·迈耶最早提出了“法律保留”（Gesetzesvorbehalt）的概念，他认为，在国家权力的配置中，行政权必须获得法律的授权之后，才能够合法地限制或者干涉公民的基本权利。[1] 以国家权力运行的法治化为指引，奥托·迈耶认为依法行政现代国家的准则，同时，依法行政包括三个子原则：第一，“法律规范创造力原则”，即只有法律才能创制和订立那些约束所有人权利与义务的法规。第二，“法律优越原则”（又被称为“消极的依法行政”），即行政行为的依据和内容不得违背法律，当行政命令、规则与法律相冲突之时，法律居于优先地位。第三，“法律保留原则”，即行政权的运行必须基于法律的规定或者授权，否则行政权不能限制公民的基本权利。在比较和借鉴德国公法学的基本理论的基础上，我国学者姜明安、应松年、周佑勇、黄学贤等教授认为法律保留原则属于行政法的基本原则之一，它的基本含义是指，凡属于国家生活或涉及人民基本权利的重要事项，只能由法律规定，或者必须在法律明确授权的情况下，行政机关才有权制定相关的规则。[2] 法律保留原则既能够适用于宪法领域，同时又可以成为行政法的基本原则之一。宪法上法律保留原则强调国家立法权对于行政权的总体性控制，国家正是通过“控权”来确保公民基本权利的享有和实现。行政法是一种“具体化”的宪法，它建构起了一套国家处理行政法律关系的规则体系。因此，行政法上的法律保留原则更加强调行政主体在行使行政权力的过程中做到“法无明文规定不可为”。基于对《立法法》第 8 条的解释，我国部分学者将宪法意义的法律保留和行政法意义的法律保留变成两个完全

[1] 参见［德］奥托·迈耶:《德国行政法》，刘飞译，商务印书馆 2002 年版，第 2 页、第 72 页。

[2] 姜明安:《行政法基本原则新探》，载《湖南社会科学》2005 年第 2 期；应松年:《依法行政论纲》，载《中国法学》1997 年第 1 期；周佑勇:《行政法基本原则研究》，武汉大学出版社 2005 年版，第 187—188 页；黄学贤:《行政法中的法律保留原则研究》，载《中国法学》2014 年第 5 期。

不同的事物，前者为“立法保留”，后者为“法律保留”。[1] 同时，我国也有学者认为，法律保留原则首先是宪法原则，其次才是行政法原则，而且行政法上的法律保留原则是对宪法原则的具体化。[2] 自学术界建构起了法律保留原则以来，学术界围绕着法律保留原则的范围展开很多的理论探讨。学者们提出了“侵害保留说”“全面保留说”“重要保留说”“国会保留说”等不同的解释范式，总体来看，法律保留原则的适用范围呈现出日渐扩大的趋势，近年来也扩展到了给付行政领域。[3]

我国台湾地区的行政法学者和司法实务的观点如下：给付行政措施，其受法律规范之密度，自较限制人民权益者宽松，倘涉公共利益之重大事项，应有法律或法律授权之命令为依据之必要。这就是“给付行政”中坚持法律保留的重要性理论，其含义有三：第一，涉及人民、国家公共利益重大的事情，必须以法律或法律授权的命令为依据，给付行政若涉及原则性问题，因而属于重要事项者，亦应有法律之依据，防止行政机关之措施出于恣意，并应尽可能使行政机关之决策具有预期性，干涉行政如此，给付行政亦应如此。第二，若涉及细节性、技术性事项，给付行政可以不以法律为依据。第三，对特定人之拒付就该人而言固属受益，实际上对他人而言，则系负担，而经济补助措施往往由多数之竞争者，行政机关之决定与机会均等之原则息息相关，凡此皆构成主张给付行政应有法律保留原则适用之理由。具体以医疗保险为例说明之，医疗保险为强制性之社会保险，攸关全体国民之福祉至巨，对于因保险所生之权利义务应有明确之规范，并有法律保留原则之适用。这种制度设计的用意：一方面，在于保证公平的经济、社会、文化权利不致受到来自行政机关的肆意侵害；另一方面，它也确保了行政机关在专业判断和自身行为上的自由性。唯有如此，行政机关才可能在法治的框架下保证其高效地应对当今社会日益繁杂的行政任务。

---

[1] 门中敬:《论宪法与行政法意义上的法律保留之区分——以我国行政保留理论的构建为取向》，载《法学杂志》2015 年第 12 期。

[2] 杨登峰:《行政法定原则及其法定范围》，载《中国法学》2014 年第 3 期。

[3] 参见喻少如:《论给付行政中法律保留原则的适用》，载《武汉大学学报》(哲学社会科学版) 2011 年第 2 期。

二、“给付行政”中的法律保留原则的案例分析

我国学术界以宪法上的物质帮助权作为依托，逐渐提出和丰富了“行政给付”的内涵。[1] 罗豪才教授认为，“行政给付又称行政物质帮助，它是指行政机关对公民在年老、疾病或丧失劳动能力或其他特殊情况下，依照有关法律、法规规定，赋予其一定的物质权益或与物质有关的权益之具体行政行为”。从我国公法学者的论述可以看出，给付行政不仅是一种区别于传统“干预行政”的一种新型的行政样态，也是一种可以借助行政法的具体规则进行法律规制的具体行政行为。我国学者胡敏洁进一步总结了给付行政的核心要素包括五个方面：（1）给付行政的目的应从生存照顾转向福祉提高；（2）给付行政的当下任务从促进经济发展转向了保障社会公平正义；（3）给付行政应以资源再分配为保障；（4）给付行政以共享权为核心；（5）给付行政的方式可以是公法或者私法。我国行政审判涉及大量的给付行政案件，本章选取两个典型案例，一个案例是 1994 年“吴某坤请求 D 市民政局颁发革命烈士证明书及抚恤金案”，另一个案例是 2017 年“蒋某诉四川省 M 县社会保险事业管理局社会保障行政给付案”。

（一）吴某坤请求 D 市民政局颁发革命烈士证明书及抚恤金案（1994 年）

1. 案情

吴某坤和吴某桐系兄弟两人，他们的父母先后于 1953 年和 1960 年去世。父母早亡后，弟弟吴某桐主要靠长兄吴某坤抚养长大。1963 年，弟弟吴某桐应征入伍。1965 年 6 月吴某桐在部队训练中不幸死亡。部队随后将《革命烈士证明书》发给吴某坤，当地民政部门亦按月发给吴某坤抚恤金。民政部门已将吴某坤作为抚养吴某桐烈士长大的其他亲属而又享受烈属待遇达 17 年之久，直到 1982 年才中断了吴某坤享受的烈属待遇。1983 年发新证时，D 市民政局对吴某坤作出不予换发《革命烈士证明书》的结论。

[1] 胡敏洁：《给付行政范畴的中国生成》，载《中国法学》2013 年第 2 期。

2. 诉讼经历

1992 年 9 月 17 日，吴某坤在乡、市有关单位多次上访未果后，向江苏省 D 市人民法院提起行政诉讼。

1993 年 8 月 20 日，江苏省 D 市人民法院作出一审判决，判决结果共四项：（1）被告 D 市民政局应履行法定职责，为原告吴某坤换发《革命烈士证明书》；（2）原告吴某坤应享受烈属抚恤待遇，从 1982 年度中断之日恢复享受；（3）被告 D 市民政局补偿给原告吴某坤经济损失 400 元；（4）责成被告 D 市民政局在本判决生效之日起 30 日内履行上述一、二、三项判决。

D 市民政局认为一审判决认定事实不清，证据不足，适用法律不当，请求二审法院撤销一审判决。

1994 年 8 月 17 日，江苏省苏州市中级人民法院作出二审判决，维持 D 市人民法院（1992）太行初字第 1 号行政判决第一项、第三项。撤销 D 市人民法院（1992）太行初字第 1 号行政判决第二项。

3. 简要分析

本案涉及一个典型的行政给付纠纷。从该纠纷所适用的规则来看，法院主要使用的不是全国人大及其常委会制定的法律，而是行政法规和行政规章。法院首先适用的是国务院 1980 年颁布的《革命烈士褒扬条例》[1]，其次法院适用的规则是《民政部关于贯彻执行〈革命烈士褒扬条例〉若干具体问题的解释》[2] 以及民政部《关于换发、补发〈革命烈士证明书〉工作的通知》[3]。这也就是说，在给付行政领域，行政机关可以根据法律之授权，订立法定权限范围内的给付规则。

我国学者黄锴将给付判决的适用要件归纳为层层递进的“三层次结构”，即“基础法律关系的成立—给付义务的存在—拒绝或者拖延履行义务”。基础法律关系是指行政相对人与行政机关之间所形成的实体法上的权利义务关系，在给付行政领域，这种基础法律关系表现为行政相对人的给付请求权，行政

[1] 国发〔1980〕152 号，已失效。

[2] 民发〔1980〕63 号。

[3] 民〔1982〕优 67 号，已失效。

主体的金钱给付义务。基于我国行政诉讼以主观诉讼为主的基本定位，公民能够通过诉讼请求行政机关履行的给付义务势必源于给付请求权。就此而言，对原、被告的基础法律关系进行审查是“被告依法负有给付义务”要件的题中之义。这里所称的原、被告基础法律关系应是公法上的法律关系，行政机关作为私法主体与公民形成的法律关系不属此列。[1]在“吴某坤请求D市民政局颁发革命烈士证明书及抚恤金案”中，法院认为，吴某坤与其弟吴某桐抚养关系的事实表明，吴某桐去世后，吴某坤符合国务院行政法规中的“军烈属”。从法理上看，吴某坤与D市民政局的基础法律关系就是一种公法上的金钱给付关系，D市民政局属于行政给付的义务主体，吴某坤属于给付行政的请求权人，若D市民政局在没有法律授权的情况下拒绝或者拖延履行义务就构成了行政法上的违法。

（二）蒋某诉四川省M县社会保险事业管理局社会保障行政给付案（2017年）

1. 案情

蒋某在Z矿业有限公司工作。Z矿业为蒋某参加了工伤保险，并于2012年5月至2013年9月为原告缴纳了工伤保险费。2015年7月1日，蒋某经L市疾病预防控制中心诊断为职业病矽肺二期。同年8月12日，L市人力资源和社会保障局认定蒋某所患职业病为工伤。2016年1月18日，L市劳动能力鉴定委员会对蒋某的伤情鉴定为伤残四级。四川M县社会保险事业管理局（以下简称M社保局）系工伤保险待遇核定、支付的经办机构。2016年4月13日，蒋某向M社保局申请工伤保险待遇。同年4月19日，M社保局就蒋某申请的工伤保险待遇作出并邮寄了编号：2016007《不予支付通知书》，以用人单位Z矿业从2013年10月至今欠缴蒋某的工伤保险费为由，对蒋某申请支付工伤保险待遇不予支持。

2. 诉讼经历

2016年12月20日，四川省L市市中区人民法院作出（2016）川1102行

[1] 黄锴：《行政诉讼给付判决的构造与功能》，载《法学研究》2020年第1期。

初159号行政判决：一、撤销被告M县社会保险事业管理局于2016年4月19日对原告蒋某作出的编号：2016007《不予支付通知书》；二、责令被告M县社会保险事业管理局于本判决生效后30日内就原告蒋某申请的工伤保险待遇依法予以核定。

一审宣判后，M社保局不服，向四川省L市中级人民法院提起上诉。2017年3月7日，四川省L市中级人民法院作出（2017）川11行终46号行政判决：驳回上诉，维持原判。

3. 简要分析

本案是一个涉及工伤保险领域给付行政的典型纠纷，案件的双方，一方是工伤保险的请求人，另一方是作为行政主体的四川省M县社会保险事业管理局。除了上述行政相对人和行政主体之外，本案还涉及第三人，即蒋某的工作单位——Z矿业。本案的核心法律问题是行政机关以用人单位欠缴工伤保险费为由拒绝支付患职业病职工工伤保险待遇的行政行为是否合法。本案所涉及的核心法律规范是《社会保险法》《工伤保险条例》《社会保险费申报缴纳管理规定》。

给付行政在公法上属于新型的行政样态，在行政法治原则的拘束下，法律保留原则也同样适用于行政给付行为。从我国《立法法》第8条的规定来看，立法机关保留了很多重大的立法事项，这些立法事项只能通过全国人大及其常委会以法律的形式加以规范，行政机关无权自行订立规则。《立法法》第9条规定："本法第八条规定的事项尚未制定法律的，全国人民代表大会及其常务委员会有权作出决定，授权国务院可以根据实际需要，对其中的部分事项先制定行政法规，但是有关犯罪和刑罚、对公民政治权利的剥夺和限制人身自由的强制措施和处罚、司法制度等事项除外。"从体系解释出发，我们可以作出如下推断：给付行政的相关事项并非宪法保留和绝对法律保留适用的领域。易言之，给付行政虽然接受法律保留原则的制约，但是它仅仅适用于层级相对较低的"相对法律保留"。从立法的实践来看，近年来全国人大及其常委会虽然制定了许多法律确立了相应的给付规则，如社会保障领域的《社会保险法》《老年人权益保障法》《残疾人保障法》《妇女权益保障法》《母婴保健法》《未成年人保护法》等，但是大量的给付性立法却是国务院及其部委的行政法规、规章及其行政规范性文件。[1]在“蒋某诉四川省M县社会保险事业管理局社会保障行政给付案”中，《社会保险法》第36条只是原则性地规定了“职工因工作原因受到事故伤害或者患职业病，且经工伤认定的，享受工伤保险待遇”，但是该法并未就工伤保险的给付义务机关、给付程序、给付裁量、给付驳回等具体事项进行明示，故法院必须通过《工伤保险条例》《社会保险费申报缴纳管理规定》来明确上述的给付义务机关和给付程序。在本案中，一审和二审法院都认定，法院工伤保险属于国家强制性保险，社会保险经办机构依法具有对用人单位缴纳工伤保险费的监管职责。M社保局属于行政法上的给付义务机关。接下来，法院需要审查的问题是，M社保局是否违反了其行政给付的法定义务。法院的回答是肯定的。法院认为，行政机关不能够因为用人单位欠缴工伤保险费就拒绝支付，相反，行政机关负有催促用人单位缴费的义务。也就是说，工伤保险费欠缴的原因不在蒋某。在行政诉讼的证据方面，法院认为，M社保局作为社会保险经办机构，虽然主张其曾多次催缴未果，却没能提供履行催缴和处理职责的相关证据材料。基于以上的法律分析，法院判决M社保局败诉。

在行政法上，给付行政的存在样态虽然多种多样，个案中的法律问题也是千差万别的，但无论如何，在行政给付领域必须建立起法治主义的约束机制，行政给付必须受到法律保留原则的支配。[2]通过对给付行政与法律保留原则关系的梳理和分析，我们认为给付行政受到相对法律保留原则的约束。从层级化的法律保留理论来看，法律保留可以分为宪法保留、绝对法律保留、相对法律保留和非属法律保留等不同的层次。由于法律所要规制的对象性质不同，法律规范的密度也相应不同。一般认为，宪法保留的领域是指那些涉及公民生命权和人身自由权保障的事项。绝对法律保留适用于一系列诸如犯罪、刑罚、税收、诉权保障的事项。相对法律保留领域允许法律通过明确而具体的授权，将某些规则订立事项委托给行政部门，这些事项涉及财产权、

[1] 参见喻少如：《论给付行政中法律保留原则的适用》，载《武汉大学学报》(哲学社会科学版)2011年第2期。

[2] 参见喻少如：《论给付行政中法律保留原则的适用》，载《武汉大学学报》(哲学社会科学版)2011年第2期。

劳动权、社会权、营业自由等。置于那些不涉及公民基本权利限制的技术性和细节性的事项，则不属于法律保留原则的适用范围。我国台湾地区的学者认为，宪法上之法律保留原则乃现代法治国原则之具体表现，不仅规范国家与人民之关系，亦涉及行政、立法两权之权限分配。[1]给付行政措施如未限制人民之自由权利，固尚难谓与宪法规定之限制基本权利之法律保留原则有违，唯如涉及公共利益或实现人民基本权利之保障等重大事项者，原则上仍应有法律或法律明确之授权为依据，主管机关始得据以订定法规命令。[2]

给付行政的良好运行断然离不开法律保留原则的科学设计。在任何涉及人民权益的给付行政实务中，若没有法律保留原则的束缚，那么行政机关极有可能僭越行政权的边界而事实上侵入立法权所保留的领域，这样立法和行政两权相互制衡的均衡状态就极容易被现代社会瞬息万变的实际生活所打乱，当行政机关的给付行为沦为一种恣意的时候，行政人员就极有可能为了一己私利而滥用裁量权限。在给付行政受到法律保留原则约束的同时，给付行政的实际运行还必须贯彻宪法上的平等权的要求，这是因为给付行政的相对人并非一人，不同群体的不同职业者都有可能在一段时间内需要得到生存照顾的考虑，当不同群体的不同职业者要求行政机关在认定其给付资格、依法给予生存照顾时，行政机关也有可能基于多种因素分别裁量，虽然行政机关每一次的裁量行为是合于行政法治、法律保留的要求，但就总体效果而言，给付行政的相对人可能在更大程度上遭受了“区别对待”。这些区别待遇中，有些是可以基于“不等者不等之”进行正当化的，有些则不能经受起“等者等之”的检测。

三、“给付行政”的合宪性审查案例分析——以“德国哈茨方案”为例

“给付行政”与政府所从事的大量的与社会经济文化生活密切相关的行

[1] 参见“释字”“第614号解释”。

[2] 参见“释字”“第614号解释”。

政活动，其实施往往涉及政治、经济资源在全体国民之间的分配，在“行政国家”兴起之后，公共福利的给付往往仰赖于行政部门基于其广阔自由裁量权的行政决策活动。从公法学的视角考察“给付行政”的实施，不仅要观测行政部门所采取的行政行为的法理基础是否坚实，是否符合“无法律、不行政”的基本要求，还涉及行政政策在更广义层面的合理性和国民的可接受性问题。在社会保障、就业、教育、住房等各个领域，随着公共政策的推行越来越深入影响到每一个公民的日常生活，一个以政府主导的“给付行政”措施的实施也往往引来全社会的高度关注，政府往往考虑的是政策工具是否能够合目的地强化其治理的正当性基础以及该种政策工具在实务上的有效性供给，社会往往集中关注一个以“公共利益”为名的政策措施在多大程度上可能影响国民既有的生活结构和生活方式。在一个多元利益格局形成、固化和发展的过程中，政治改革家、官僚机构和社会固然存在着关注重点之区分与不同，但最终衡量“给付行政”合法性的标尺就是合宪性审查，这一点在大陆法系国家的代表——德国得到了淋漓尽致的展示。

进入 21 世纪以后，作为欧盟火车头之称的德国，面临诸如就业、社会保障方面的一系列社会问题。为了应对变迁社会中的福利难题，德国政府推出了在社会保障领域极具革命性的哈茨方案（Hartz-Konzept）——它是德国在施罗德（Gerhard Schröder）政府时期于 2002—2005 年逐步推行的一系列的涉及失业人口救济调整、培训和促进再就业的综合性的社会改革方案。

哈茨方案也被称为“哈茨改革”“哈茨计划”，这个以改革社会保障体系为目标的举措是德国社会安全（福利）体系（Sozialsystem）改革与劳动市场改革的一大计划——《议程 2010》（Agenda 2010）[1] 的最重要的组成部分。方

[1] 德国施罗德政府之所以将这个改革命名为“2010 议程”，是借鉴了欧洲提出的里斯本战略（Lisbon Strategy），该战略提出要到 2010 年将欧盟建设成为世界上最具竞争力、最具活力的以知识为基础的经济区。与之相对应，施罗德提出的改革计划被命名为“2010 议程”。参见徐聪：《哈茨系列改革的内容解析》，载《经济研究导刊》2016 年第 3 期；王丽华、许春淑：《德国失业保险制度的改革及对我国的启示》，载《天津商学院学报》2007 年第 5 期。

案源于 2002 年 2 月 22 日施罗德政府鉴于经济萧条、大量失业、德国社会福利体系负担沉重，因此决心改造整个社会和就业体制，组成一个专案小组——劳动力市场现代服务委员会（Kommission für moderne Dienstleistungen am Arbeitsmarkt）。委员会的主席是社会民主党（SPD）党员兼德国总理施罗德的顾问彼得·哈茨（Peter Hartz），同时，哈茨先生也是德国大众汽车集团（Volkswagen AG）的董事，在德国及更广义的欧洲政治界和学术界有一定影响力，施罗德政府推动的这一计划以“哈茨方案”著称。

表 8–1 德国政府“哈茨方案”概览[1]

阶段	方案全称	国会通过时间	生效时间	要点
哈茨一（Hartz I）	劳动市场的现代化服务第一法案	2002 年 12 月 23 日	2003 年 1 月 1 日	（1）鼓励在职进修，给予进修期间的津贴； （2）扩大劳动派遣（Leiharbeit）的适用范围，使其不适用（由工会主导谈判得出的）正职员工待遇，尤其工资、工时等； （3）在联邦劳动署（Bundesanstalt für Arbeit）之下成立人力服务处（Personal-Service-Agentur，PSA），即政府的劳动派遣部门，主要业务是透过行政契约，在补助企业向政府借雇派遣人力的同时，科予企业改善被派遣人处境之义务，以辅导失业者先取得工作，能部分靠自己能力生活，再逐步迈向正职

[1] 资料来源同时参考徐聪：《哈茨系列改革的内容解析》，载《经济研究导刊》2016 年第 3 期；王丽华、许春淑：《德国失业保险制度的改革及对我国的启示》，载《天津商学院学报》2007 年第 5 期。

续表

阶段	方案全称	国会通过时间	生效时间	要点
哈茨二（Hartz II）	劳动市场的现代化服务第二法案	2002 年 12 月 23 日	2003 年 1 月 1 日	（1）鼓励和补贴一人公司（Ich-AGs）；（2）迷你工作（德语：Minijob）提高金额上限、扩大适用范围到家庭帮佣、提高社会保险费率的雇主负担
哈茨三（Hartz III）	劳动市场的现代化服务第三法案	2003 年 12 月 23 日	2004 年 1 月 1 日	改革联邦劳动署，提高处理失业补助和就业中介的效能，并改名为联邦劳动局（Bundesagentur für Arbeit）
哈茨四（Hartz IV）	劳动市场的现代化服务第四法案	2003 年 12 月 24 日	2005 年 1 月 1 日	（1）失业金一（Arbeitslosengeld I）定位仍为劳保给付，工作期间有缴失业保险的人，失业后才能领取；（2）失业者的失业救助金（Arbeitslosenhilfe）与给穷困不能维持生活者（尤其街友）的社会救助金（Sozialhilfe）合并为失业金二（Arbeitslosengeld II），定位为社会福利（也称社会安全、社会安定、社会保障，德语：Sozialsicherung），是属于救穷措施，失业金二的经费由国库支付；（3）失业金二（Arbeitslosengeld II）的受领者有接受“合理可期”（zumutbar）工作要约之义务，也有接受工作中心（Jobcenter）所安排职训之义务，无正当理由拒绝者会被处罚；（4）对于“哈茨四”核定金额或对处罚不服者，可以以 Jobcenter 为被告，向社会法院提起诉讼

旨在保障德国公民最低生存需求（Existenzminimum）的哈茨方案，是一

个由劳动市场的现代化服务第一法案（2002年）、劳动市场的现代化服务第二法案（2002年）、劳动市场的现代化服务第三法案（2003年）、劳动市场的现代化服务第四法案（2003年）共同组成的社会保障体系改革的系统性政治和法律的综合体。其核心的出发点是衡量社会保障和经济就业发展，其采取的方式是行政部门提议加议会立法。在"给付行政"的模式下，"哈茨方案"将社会福利的"给付对象""给付标的""给付标准""给付条件"进行了综合的调节，从而希望构建起一个既能够保障国民生活最低水准，又能够确保市场经济有效运行的具有世界竞争力的社会保障体系。自俾斯麦统一德国之后建立世界上第一个社会保险体系的现代国家以来，德国的社会保障体系在漫长的历史发展中逐渐走向"社会国"宪法原则之下的法治化的路径，"哈茨方案"的推出和实施在德国基本法和欧盟法层面上引发了德国社会长达数十年的法律争议。

2005年11月22日　欧洲法院（EuGH）的"Mangold判决"宣告"哈茨一"里面关于52岁以上劳工的解雇保护被松绑的部分，违反欧盟条约禁止歧视（因年龄）的规定。2007年12月20日德国联邦宪法法院（BVerfG）判决："哈茨四"里面将"就业中心"（Jobcenter）设为由联邦和地方行政区共同组织、经营，违反宪法上关于中央/地方分权的设计，并命3年内修法改善。2009年1月27日德国联邦社会法院（BSG）判决："哈茨四"里面关于与需救助之成人同住的未满14岁少年，计算"定期补助"（Regelleistung）的公式算出来金额普遍太低，有违宪之虞，而向德国联邦宪法法院声请释宪。2010年2月9日为回应联邦社会法院的宪法上诉，德国联邦宪法法院（BVerfG）判决："哈茨四"计算"定期补助"（Regelleistung）的公式算出来金额普遍太低，无法保障生存最低需求（Existenzminimum）。所谓生存最低需求，除了生理存活之外，尚包括社会生活、文化生活、政治生活的最低参与机会。这是由德国基本法第1条"人性尊严"和第20条"社会国原则"所导出的独立基本权，国家应配合时代改变，修改补助的内容，满足这个人类生存的最低需求——国会必须在2010年年底之前修法。2013年6月19日慕尼黑高等社会法院宣判（Bayern LSG，L 16 AS 847/12），"哈茨四"（Hartz IV）不只适用于德国国民，也应该适用于在德国境内寻找工作中而经济拮据的欧盟公民。

排除欧盟其他国家公民，是违反欧盟法的要求："欧盟公民在欧盟各国得自由通行，并受与本国国民相同之待遇。"

第四节　本章小结

奥托·迈耶所谓"宪法消逝、行政法长存"的理念诞生于夜警国家模式下的干涉行政发轫与兴起的时代，传统干涉行政下的行政法治理念和原则在福利国家兴起之后面临诸多挑战，行政法治的结构性改变业已将"社会国原则"纳入现代行政法构建的重要的努力方向。德国法学家厄斯特·福斯多夫认为现代行政法已经具备了传统干涉行政和新式服务行政的双重性格。随着现代法治国家的构造过程渐渐融入一种国家对其国民的"生存照顾"意义上的关怀，一个服务于全民的"服务国家"（Leistungsstaat）被认为是一个可欲而又可求的目标。在这个过程中，行政机关需要对人民提供这种广泛意义的生存照顾和给付，相应地，"给付行政"的产生也对当代行政法提出了更高和更新的要求，"给付行政"所要背负的使命就是要保障公民的经济、社会、文化权利，传统行政法中关于行政合法性控制的诸多理论仍然适用，但是这种适用过程必定伴随着传统行政法治诸原则与"社会国原则"的交融和互动。

日复一日，以不同的比例，
所有这些成分被投入法院的“锅炉”中，
酿造成各种奇怪的“化合物”。[1]
——卡多佐（Benjamin Nathan Cardozo）

解释法律是司法部门的管辖权限和职责。
——约翰·马歇尔（John Marshall）[2]

第九章 经济、社会、文化权利的司法保障：以司法审查为中心

第一节 经济、社会、文化权利的司法救济概览

国家对社会弱势群体的忽视和漠视，极有可能使得民生问题常常成为社会矛盾聚集和激化的核心，经济、社会、文化权利的宪法保障机制越来越受到现代法治国家的重视。在世界范围内，公民经济、社会、文化权利的司法保障都是一个重大的理论和实践难题。南非宪法法院判决的“格鲁特布姆案”激发了学界的热烈探讨，同时也促使学界反思经济、社会、文化权利司法保障的三种机制。以南非为代表的“强实体权利”保障机制倾向于由司法直接提供经济、社会、文化权利所需的物质救济；以美国为代表的“弱实体权利”保障机制倾向于通过“正当法律程序”保障公民的经济、社会、文化权利；以日本为代表的大陆法系国家则将经济、社会、文化权利条款视为一种“方针政策”规范，法院原则上受到方针政策的拘束，但是公民尚不能够根据宪法中的经济、社会、文化权利条款请求国家物质给付。

[1] ［美］卡多佐：《司法过程的性质》，苏力译，商务印书馆 1998 年版，第 2 页；刘作翔：《遵循先例、原则、规则和例外：卡多佐的司法哲学观》，载《判例与研究》2001 年第 1 期。

[2] Marbury v. Madison, 5 U.S.(1 Cranch) 137, 177 (1803).

一、经济、社会、文化权利的司法救济中的可司法性问题

如何论证或者解决经济、社会、文化权利的司法救济中的可司法性问题，北欧学者艾德（Asbjørn Eide）所著的《经济、社会和文化权利》是这个领域具有较大影响力的学术著作，在这本著作中以艾德为代表的学者从工作权、社会保障权、家庭、母亲和儿童受保护的权利、适足生活水准权、受教育权、文化权等各个方面阐释了经济、社会和文化权利的人权法内涵。该著作也被翻译成汉语，极大地影响着中国学者对这一问题的认识。在英美法系中，美国学者史蒂芬·霍尔姆斯、凯斯·R. 桑斯坦著有《权利的成本——为什么自由依赖于税收》，英国学者莫里斯·罗奇著有《重新思考公民身份：现代社会中的福利、意识形态和变迁》一书，从公民身份理论的角度探讨经济、社会和文化权利的保障。现在就职于英国诺丁汉大学的奥菲·诺兰（Aoife Nolan）长期致力于经济、社会和文化权利研究，她的著作《儿童的经济社会权利、民主及法院》（Children' s Socio-Economic Rights, Democracy and the Courts）一书是研究儿童的经济社会权利保护方面的最富有成效的研究成果，该书主要探讨了爱尔兰和英国在保障经济、社会和文化权利的司法实践中面临的问题。伦敦大学学院的杰夫金（Jeff King）教授 2012 年出版的《裁判社会权》（Judging Social Rights）[1] 一书主要从宪法与行政法学的角度探讨了普通法系国家社会权保障的一些难点和重点问题。在大陆法系中，日本学者大贺须明著有《生存权论》是比较有代表性的著作。美国的韦尔曼（Wellman）教授便认为经济、社会权利是一种需要国家积极保障的权利，例如社会保障权中的福利权（Welfare rights）是一种与公共福利制度（主要为社会保障制度）相关联的权利，是一种接受福利利益或援助的权利。关于它的定义是宽泛而动态的，可以伴随着一国公共福利制度的发展而不断丰富或变更其内涵。值得注意的是，经济、社会、文化权利保障机制研究近年来还朝着国家财政结构和财政体制方面前进，因为经济、社会、文化权利的保障往往需要现代法治国家调整一国的财政收支，确保公民最低生活水准的保障。在这方面最具

[1] 该书也可译为《社会权的司法适用》。

有代表性的研究成果是奥菲·诺兰（Aoife Nolan）与罗瑞·奥康纳（Rory O' Connel）、兰德·哈维（Land Colin Harvey）于2013年编著的《人权和公共财政：预算和经济、社会、文化权利的保障》（Human rights and Public Finance：Budgets and the Promotion of Economic and Social Rights）。此外，英国奥菲·诺兰教授、加拿大学者布鲁斯·波特（Bruce Porter）和北欧学者马尔凯姆·兰福德（Malcolm Langford）所撰写的论文《社会和经济权利可司法性》在经济、社会、文化权利的司法保障方面也具有较大的国际影响力。尤其是北欧学者马尔凯姆·兰福德（Malcolm Langford）于2008年出版了《社会权的法理》一书在国际上引起了很大的反响，他在此书中搜集了全世界各个法域2000多个案例，这可谓在经济、社会、文化权利研究中材料占有首屈一指的研究。南非学者桑德拉·利本伯格（Sandra Liebenberg）所撰写的《经济、社会、文化权利国际公约及其在南非的实施》一书是非洲在这一领域具有代表性的成果。在这个领域值得一提的学者还有Kitty Arambulo、P.Alston、Herry J.Steiner等南非教授，他们都在经济、社会、文化权利的研究方面做出了开创性的贡献。然而，经济、社会权利可司法性的命题并非在学界获得了一致的赞同。南非学者马瑞斯·皮特斯（Marius Pieterse）[1]认为，社会权由于如下理由不能很好地通过司法得以保障。首先是因为它的正当性，因为社会权是“敏感的选择”，它应当留待政治手段解决，而非法律抑或商谈手段。其次由于涉及分权、民主框架，通过司法来保障社会权似乎带有某种反民主的倾向。[2]总结学界关于经济、社会、文化可司法性问题争议，笔者持肯定理由：第一，“权利一体化”的认识论要求我们正视诸如工作权、医疗权等第二代人权，因为这些权利与我们的生存也是息息相关。第二，司法机关应该具有人权救济的功能。第三，经济、社会、文化权利的保障虽然与一国的经济资源的有限性相关，但无论如何权利之救济都可以在资源有限的条件下实现。

---

[1] Marius Pieterse holds the degrees B.L.C., LL.B., and LL.M. from the University of Pretoria, South Africa. He is an Associate Professor in the School of Law at the University of the Witwatersrand, Johannesburg, South Africa.

[2] Marius Pieterse, Possibilities and Pitfalls in the Domestic Enforcement of Social Rights: Contemplating the South African Experience, Human Rights Quarterly 26.4 (2004) pp.882-905.

第四，以南非为代表的涉及经济、社会、文化权利诉讼的国家，实践已经证明了这些权利的可司法性问题。[1]

二、经济、社会、文化权利的司法救济中的管辖权问题

一般而言，在社会转型时期会伴随着相应的法律变革，这种转型社会的法律重构在公法上的体现更为明显。相关的研究也验证了这点，即转型时期对社会权等权利的确认与关注。如英国学者 T. H. 马歇尔考察了在国家职能

---

[1] 经济、社会、文化权利是否具有的问题，可从两个方面来剖析：第一，司法机关是否可以基于其职能对经济、社会、文化权利作出司法判断。第二，经济、社会、文化权利基于其本身的法律属性的时候，可以被司法救济以及这种救济的限度和范围有多大。（1）以"消极权利"和"积极权利"的二分法（Dichotomy）来对应"公民权利、政治权利"和"经济、社会、文化权利"是对基本权利的误解和误读。任何形式的人权而言，义务都有以下三个层次：尊重的义务（The Obligation To Respect）、保护的义务（The Obligation To Protect）和实现的义务（The Obligation To Fulfill）。在这三个义务层次上，经济、社会、文化权利都具有"可司法性"。（2）权利的保障之重心应在于"救济"而非权利"成本"，任何权利要从"法定状态"变为"实然状态"都需要成本和资源。公民权利和政治权利的成本和经济、社会、文化权利的成本并非"质"上的区别，而是"度"上的区别。（3）宪法权利规范的"模糊"不构成基本权利"可司法性"的否定性理由。经济、社会、文化权利所要求的"逐渐达致"义务并不能决定其"不可司法性"，这只是一种不同于传统权利"静态保障"的"动态保障模式"。再者，宪法中基本权利规范也可以通过宪法施行法或者其他细化的部门法予以保障，司法机关得据此对经济、社会、文化权利提供人权救济。（4）经济、社会、文化权利为现代法治国家提供了一个新的"政治正当性"基准——那些最能有效保障公民福祉的政府具有最高的政治正当性。当政治机关或者行政机关从政治或者行政的角度作出社会资源和财政政策的分配的时候，这并不妨碍司法机关从法律的角度对这些行为进行审查并保障公民的经济、社会、文化权利。无论在奉行司法积极主义还是司法消极主义的国家，经济、社会、文化权利的司法保障都已经成为一个事实。（5）经济、社会、文化权利的可司法性在以下法律情境中发生：第一，当一国宪法权利具有可诉性并且宪法中规定了经济、社会、文化权利的时候。第二，当宪法中的经济、社会、文化权利被具体的宪法施行法或者其他部门法细化之后，经济、社会、文化权利的可司法性体现在相应部门法所设定的法律救济制度当中。第三，司法实践中，当法院穷尽部门法中所有的法律手段或救济措施，仍不能保障公民在宪法上的经济、社会、文化权利的时候，法院可以直接依据宪法中的基本权利规范予以保护。第四，当合宪性审查制度在一国建立的情况下，法院可以直接进行合宪性审查或者通过法院将宪法争议转至具有合宪性审查权的机关进行审查。具体参见秦前红、涂云新：《经济、社会、文化权利的可司法性研究——从比较宪法的视角介入》，载《法学评论》2012 年第 4 期。

及相应制度转变的过程中社会权的建构问题，他敏锐地捕捉到了战后英国社会的边际性确实是质的变化，为 20 世纪下半叶欧洲福利国家体制的建立奠定了社会权利为基础的理论框架。德国法院对于涉及经济、社会、文化权利的救济大多沿循给付行政方面的诉讼展开，而德国给付行政案件的管辖权可以大致分为以下几种：（1）宪法法院的管辖权：主管关于公民基本权利被剥夺、权利义务争议涉及基本法解释的宪法性质的争议案件。（2）普通法院的管辖权：主管关于为公共福祉而牺牲个人利益和因公法上管理所产生的财产请求权以及因违反公法契约以外的公法上义务所产生的损害赔偿请求权等方面的行政案件（ 主要是国家赔偿、补偿类案件）。（3）财政法院的管辖权：主管关于租、税事务方面的行政案件。（4）社会法院的管辖权：主管关于实施社会保险（疾病保险、劳工和雇用职员的退休金保险、意外伤害保险和矿工保险等）、提供就业机会和失业金等方面的行政案件。（5）普通行政法院的管辖权：主管其他未被联邦法律、联邦法律明文规定为其他法院管辖的行政案件。[1]

第二节　经济、社会、文化权利的司法救济案例分析

一、南非宪法法院的实践

（一）索伯拉马尼案[2]

1. 案情

上诉人索伯拉马尼是一个 41 岁的失业男性，他是一个患有心肌缺氧和脑血栓的糖尿病患者。1996 年他的肾脏功能也出现了问题，更加糟糕的是他的

---

[1] [印] M. P. 赛夫：《德国行政法———普通法的分析》，周伟译，山东人民出版社 2006 年版，第 290—296 页；黄先雄：《德国行政诉讼中司法权的边界及其成因》，载《比较法研究》2013 年第 2 期。

[2] 索伯拉马尼诉卫生部长案，*Soobramoney v. Minister of Health*（Kwazulu-Natal）（CCT32/97）[1997] ZACC 17；1998（1）SA 765（CC）；1997（12）BCLR 1696（27 November 1997）（hereinafter as Soobramoney case）.

身体状况已不可恢复，他正处在慢性肾脏病的晚期。然而，他的生命可以通过一种常规肾脏透析延缓下去。索伯拉马尼尝试通过位于夸祖鲁-纳塔尔省德班市的阿廷顿医院来获得肾脏透析治疗。但是，这家医院只能对非常有限的患者提供这种治疗。肾脏中心只有20台透析机器可以使用并且这些机器本身运行状况也不佳。每一个治疗都需要花4个小时和附加另外2个小时的时间对机器的提前清洗。[1]

医院拒绝了索伯拉马尼的治疗请求，理由是：（1）医院的医疗资源是有限和紧缺的。（2）根据医院的救助指南，只有对那些未患有“其他严重疾病”[2]的患者才可以提供这种治疗。（3）只有那些十分紧急的肾病患者才可以享受此项救助。而索伯拉马尼除患有肾病外还患有医院救助指南所列举的其他疾病，而且他的肾病是慢性而非紧急的。

索伯拉马尼认为根据1996年南非宪法阿廷顿医院无权拒绝对他的治疗，于是他于1997年7月向高等法院德班分院提出紧急的申请要求法院发布一个命令使阿廷顿医院接受对他的治疗。[3]高等法院驳回了索伯拉马尼的请求后[4]，索伯拉马尼上诉至南非宪法法院。

2. 相关法律

1996年《南非共和国宪法》第27条：

关于医疗卫生、食物、水和社会保障

（1）任何人都有权获得

（a）医疗卫生服务，包括生殖医疗保健；

（b）充分的食物和水；

---

[1] *Soobramoney v. Minister of Health*（Kwazulu-Natal）（CCT32/97）[1997] ZACC 17；1998（1）SA 765（CC）；1997（12）BCLR 1696（27 November 1997），para.1.

[2] 医院救助指南所列举的“其他严重疾病”包括心肌梗死、脑血栓、慢性肺病等。*Soobramoney v. Minister of Health*（Kwazulu-Natal）（CCT32/97）[1997] ZACC 17；1998（1）SA 765（CC）；1997（12）BCLR 1696（27 November 1997），para.4.

[3] *Soobramoney v. Minister of Health*（Kwazulu-Natal）（CCT32/97）[1997] ZACC 17；1998（1）SA 765（CC）；1997（12）BCLR 1696（27 November 1997），para.5.

[4] *Thiagraj Soobramoney v. Minister of Health*：Province of KwaZulu-Natal?D&CLD 5846/97，21 August 1997，unreported.

（c）社会保障，包括适当的社会救济，若他们不能养活自身及抚养其家属。

（2）国家必须在其可利用的资源范围内采取合理的立法和其他措施以逐渐达到上述每一项权利的实现。

（3）任何人都不得被拒绝进行紧急医疗救治。

宪法第 11 条：

任何人都有生命权

3. 法律问题点

（1）1996 年南非宪法中关于经济、社会、文化权利的相关规范的阐释方法和这些规范的效力应该如何确定？

（2）在“可获得资源范围内”如何审查国家是否“承允尽其资源能力所及”？进一步说，法院可否审查国家是否尽到其“逐渐达致”实现公民经济、社会、文化权利的义务？

（3）法院得否审查国家财政预算及其预算资金使用的合理性？或者更进一步说，法院得否审查医疗当局资源安排的优先顺序的合理性？

（4）如何解决公民丧失经济、社会、文化权利保障的时候“生命权”亦遭侵犯的问题？

4. 判决要旨

（1）我们国家的宪法是每一个公民基本权利的最高保障，借由此基本权利条款实际上是这个国家对它全体人民的一个承诺。这些承诺构成任何基本权利遭到违反时公民得向国家请求的基础。然而值得注意的是，基本权利保障并不解决这个国家和社会的所有问题，它只是解决那些在法律层面的问题。[1] 本院一贯坚持对我们国家的宪法持目的解释的方法，[2] 任何一个条款的解释又不得孤立地局限在那个条款之中，所以对宪法规范的系统解释是必要

[1] *Soobramoney v. Minister of Health*（Kwazulu-Natal）（CCT32/97）[1997] ZACC 17；1998（1）SA 765（CC）；1997（12）BCLR 1696（27 November 1997），para.42，43.

[2] *S v. Makwanyane and Another* [1995] ZACC 3；1995（3）SA 391（CC）；1995（4）BCLR 665（CC）at para 9.

的。正如印度最高法院所持有的观点，在一个福利国家中政府的首要职责便是保障人民的福祉。[1] 本案中，上诉人的宪法权利被侵犯，而国家的职责便是这个宪法问题的核心。[2]

（2）对于“可获得资源范围内”国家是否“承允尽其资源能力所及”的问题，在这一点上法院是有充分的资格进行审查的。因为我们国家的宪法第26条第2款和第27条第2款都提及“可获得资源范围内”的字眼，而本法院作为南非宪法的阐释者，当然有资格去审查国家是否尽到其“逐渐达致”实现公民经济、社会、文化权利的义务。本院认为此案的法律依据在于宪法第27条第1款和第2款的问题。

（3）夸祖鲁-纳塔尔省的行政部门不得不对现有可获得资源范围内的医疗资源和医疗资金以及这些医疗资金的使用情况做出决定。这些选择既涉及在政治层面上决定医疗预算的问题，也涉及在操作层面上确定医疗资源安排的优先顺序问题。在处理这种政治机关和医疗当局根据诚信善意原则做出理性决定问题的方面，法院并不是最佳机构去干预这个过程。[3] 正如英格兰法院在 *R v. Cambridge Health Authority* 一案的判决所认为的，“让法院来决定怎样运用稀缺的医疗资源是不可行的，这也不是法院应该做的事情”[4]。基于本案事实，宪法第27条第1款并未被违反。

（4）关于“生命权”的内涵，本院认为印度最高法院曾经作出过有启发性的阐释。“生命权”在保障公民基本物质生活条件方面也课以国家一种积极

---

[1] *Paschim Banga Khet Mazdoor Samity and others v State of West Bengal and another*,（1996）AIR SC 2426-2429.

[2] 南非宪法第39条规定了“权利法案”阐释的方法，其中包括：必须基于人权保障来阐释，必须考虑国际法，必须考虑域外法。

[3] *Soobramoney v. Minister of Health*（Kwazulu-Natal）（CCT32/97）[1997] ZACC 17；1998（1）SA 765（CC）；1997（12）BCLR 1696（27 November 1997）, para.29.

[4] *R v. Cambridge Health Authority*, *ex parte B*, [1995] EWCA Civ 49; [1995] 2 All ER 129（CA）at 137d–f.

的义务。[1] 但是本院认为，这里的宪法问题并不是我们国家的宪法第 11 条的问题，也不是宪法第 27 条第 3 款的问题。最终本院认为，上诉人的请求不能够被支持，被告并没有违反它根据南非宪法第 27 条所应该承担的义务。

5. 案件分析

索伯拉马尼案是南非 1996 年宪法实施以来第一个涉足经济、社会、文化权利保障的案件。在该案中，南非法院直面经济、社会、文化权利的效力问题并且基于南非宪法肯定了基本权利的法律效力和直接效力。[2] 索伯拉马尼案中南非宪法法院集中处理的问题是宪法第 27 条第 1 款和第 2 款规范的理解和适用的问题，最终南非宪法法院得出法院有资格去审查国家是否尽到其“逐渐达致”实现公民经济、社会、文化权利的义务。但是根据本案的事实，法院不能去干预政治机构和医疗当局根据善意和诚信原则做出医疗资源分配的理性决策。

南非宪法法院的推理既强调了国家在保障公民经济、社会、文化权利方面不可推卸的国家义务，又考虑到了南非特殊的资源有限性的国情。法院最终的结论似乎是基于一种“功利主义”的考虑，强调了这个国家资源的有限性和法院不得合理的善意的政治决策过程。虽然法院在否定上诉人请求的时候也是相当谨慎的，似乎法院的主导思想有着用“功利主义”去抵制“个人权利保障”的倾向。这也为以后的法院判决提供了一个很大的发展空间，即如何在“功利主义”和“绝对伦理”之间找到适当的平衡。

（二）格鲁特布姆案

1. 案情

格鲁特布姆案是一个泛称，它包括南非开普地区的高级法院的一审和南

[1] Basing itself on the right to life the Supreme Court of India has made orders requiring the state to provide medical treatment to those needing it, to provide legal aid to those who cannot afford it themselves, and to provide access between isolated areas and more developed areas. See generally in this regard VD Mahajan, *Constitutional Law of India* 7th Ed, Eastern Book Company, Lucknow 1991, pp.230-234; BL Hansaria, *Right to Life and Liberty under the Constitution: A Critical Analysis of Article 21*, NM Tripathi Private Ltd, Bombay, 1993, pp. 24-40.

[2] 南非宪法授权宪法法院就权利法案中任何权利的违反都可以提供适当的司法救济。

非宪法法院的上诉审两个阶段。本案情介绍重点是根据上诉审事实的叙述而得来，同时照顾到一审案件中地方法院的案情陈述。[1]

伊琳娜·格鲁特布姆（Irene Grootboom）和其他被告人住在西开普省开普敦市奥斯顿堡区（Oostenberg）中克莱芳登（Kraaifontein）一个叫作沃拉斯丁（Wallacedene）的地方。[2] 这些被告人包括 390 个成人和 510 个儿童。有充分证据表明在这个地方生活的这些被告人生活条件极其简陋。他们没有水，电力供应也相当不足。格鲁特布姆和她的丈夫、家人生活在一个不到 20 平方米的窝棚。1998 年 12 月，根据 1998 年的《防止非法驱逐和非法占用土地法案》，库斯河地方法庭（Kuilsriver Magistrate Court）根据"新荒地"的所有人和被告人达成的协议，命令所有的一审原告在 1999 年 5 月 15 日[3] 之前迁离"新荒地"，若到期未迁离，所有居住者的财物将被警察拆迁。一审原告未能全部搬离，他们的财物被强行地全部拆迁，并且原来的"新荒地"上已经被其他人占据。这样所有的一审原告就成了真正意义上的"无家可归者"，他们由于不可能回到原先的棚户区就不得不在沃拉斯丁的一个运动场上暂时逗留。[4] 1999 年 5 月 31 日，一审原告在开普敦高等法院提交了一个紧急的申请并表明他们不满于奥斯顿堡区政府的做法。1999 年 6 月 4 日，Josman AJ 法官发布决定要求沃拉斯丁迅速为申请人提供临时遮蔽。随之，一审原告在开普敦地区法院将奥斯顿堡区政府、开普都会委员会、西开普敦的省长、国家房屋委员会、南非共和国政府告上了开普敦高等法院。开普敦高等法院 1999 年 12 月 17 日作出判决[5]：（1）一审原告基于宪法第 26 条的请求予以驳回。（2）一审原告基于宪法第 28 条的请求予以支持，原告中的所有儿童均有权得

---

[1] 南非宪法法院在上诉审中以脚注的方式提及了开普敦高等法院的案情陈述。See *Government of the Republic of South Africa and Others v Grootboom and Others*（CCT11/00）[2000] ZACC 19; 2001（1）SA 46; 2000（11）BCLR 1169;（4 October 2000）, para.4, footnote 3.

[2] 该地通常被人们叫作"新荒地"（New Rust）。

[3] 注意此时南非正处于冬季。

[4] *Grootboom v. Oostenberg Municipality and Others*2000（3）BCLR 277（C）. *Government of the Republic of South Africa and Others v. Grootboom and Others*（CCT11/00）[2000] ZACC 19; 2001（1）SA 46; 2000（11）BCLR 1169;（4 October 2000）paras.4, 5, 6, 7, 8, 9, 10.

[5] *Grootboom v. Oostenberg Municipality and Others*2000（3）BCLR 277（C）.

到政府提供的适当的住所，这些儿童的父母有权陪同他们的孩子，国家相关的机关有义务为这些孩子和孩子的家长提供适当的住处。（3）五个被告有义务在判决作出的三个月内向本院提供一个执行判决第（2）项的报告。（4）一审原告得于被告提交报告的一个月后向本院提供一个评论。（5）被告得于原告提交评论之后的两个星期内向本院提交他们对评论的回应。（6）本院未指定诉讼费的缴纳。（7）本案推迟到上诉报告、评论、反馈程序完成之后另行开庭审理。（8）1999 年 6 月 4 日 Josman AJ 法官发布的决定直至本案终结前仍然有效。被告不服判决结果将这个案子上诉至南非宪法法院，四个上诉人分别为南非共和国政府、西开普敦省省长、开普都会委员会、奥斯顿堡区政府，被告为伊琳娜·格鲁特布姆和其他人。

2. 相关法律

1996 年《南非共和国宪法》第 26 条：

（1）每个人都有权获得足够的住房。

（2）国家必须在其可利用资源的范围内采取合理的立法和其他措施，以逐步推进这项权利的实现。

（3）在法院没有综合所有相关的情况作出判令之前，任何人都不得毁坏他人的住宅，任何法律都不得允许任意将人们从其住宅中驱逐。

宪法第 27 条[1]

宪法第 28 条第 1 款：

……

（b）每个儿童都有权获得家庭或父母的照顾，或在脱离家庭环境时有权得到其他恰当的照顾。

（c）有权享有基本的营养、住处、医疗保健服务和社会服务。

第 28 条第 2 款：

涉及儿童的每一件事务之中，儿童权利的最大保障是首要的。

第 28 条第 3 款：

本条所指的“儿童”系指年龄在 18 周岁以下的个人。

---

[1] 关于医疗卫生、食物、水和社会保障。

宪法第38条[1]

1997年住房法案[2]

1999年西开普省住房发展法案[3]

1995年发展促进法案[4]

1998年住房消费者保护措施法案[5]

1998年防止非法驱逐和非法占用土地法案[6]

1966年经济、社会、文化权利的国际公约第2条、第11条

1990年经济、社会、文化权利委员会一般性评论第3号

3. 法律问题点

（1）南非宪法中所规定的经济、社会、文化权利是否具有可司法性?

（2）南非宪法第26条的宪法解释和国家根据这一基本权利条款承担何种义务?

（3）“最低核心义务”是否可以适用? 它是否对国家课以了一种“最低核心”范围内的“即刻实现”的义务?

（4）法院如何审查国家是否根据“可获得资源范围内”承允尽其资源能力所及“逐渐达致”实现公民经济、社会、文化权利的义务? 如何判断国家是否“逐渐达致”经济、社会、文化权利?

（5）南非政府的住房政策是否符合“合理性标准”?

（6）如何理解和阐释儿童根据宪法第28条第一款c项之下所应该保障的儿童基本权利? 南非政府是否违背了根据权利法案保障儿童权利的义务?

（7）是否任何公民得根据权利法案中的经济、社会、文化规范向国家提出直接的“权利主张”?

4. 判决要旨

（1）本院支持上诉人的部分请求。

---

[1] 宪法授权宪法法院就权利法案中任何权利的违反都可以提供适当的司法救济。

[2] Housing Act, 107 of 1997.

[3] The West Cape Housing Development Act, 6 of 1999.

[4] The Development Facilitation Act, 67 of 1995.

[5] The Housing Consumers Protection Measures Act, 95 of 1998.

[6] The Prevention of Illegal Eviction from and Unlawful Occupation of Land Act, 19 of 1998.

（2）开普敦高等法院的判决应该被置于一边，以下的判决得代替之：

（a）宪法第 26 条第 2 款要求国家在其可利用的资源范围内，通过综合的、协调的政策或者措施逐渐实现公民的适足住房权。

（b）政府的住房政策或者措施必须把那些处于最不利地位的弱势群体包括进来，政府得向那些没有土地、没有住所（无屋顶的窝棚）以及那些处于不可忍受境地的公民提供救济。

（c）在本案中，开普都会委员会并没有履行其（b）段中所提及的义务，它没有向那些处于不堪忍受境地的公民提供任何救济。

（3）本院未指定诉讼费用的缴纳。

5. 案件分析

（1）经济、社会、文化权利是否具有可司法性的问题已经成为法理和政治争论的焦点之一。在南非，经济、社会、文化权利是否具有可司法性的问题已经由我们国家宪法的文本和本院在“宪法文本鉴定案”中予以肯定回答。所以这里的宪法问题不再是“经济、社会、文化权利是否具有可司法性？”而是“如何在一个给定的案件中去切实保障和实施经济、社会、文化权利？”[1]

（2）本院在宪法解释中得根据宪法第 39 条之解释方法进行，同时本院已经在一系列的判决中确认了下述宪法解释方法：必须根据宪法规范的文本含义进行符合宪法条文的解释；必须把宪法第二章的权利法案作为一个整体来看待，故解释基本权利规范的时候必须遵照系统解释的方法；必须根据宪法的社会和历史语境进行合目的的解释。[2] 我们国家的宪法既包括了公民权利、政治权利，也包括了经济、社会、文化权利，这些权利的保障和实现必须被一体化地看待。[3] 宪法第 26 条规定的“适足住房权”，第 26 条第 1 款规定了

[1] *Government of the Republic of South Africa and Others v. Grootboom and Others*（CCT11/00）[2000] ZACC 19；2001（1）SA 46；2000（11）BCLR 1169；（4 October 2000），para.20.

[2] *Government of the Republic of South Africa and Others v. Grootboom and Others*（CCT11/00）[2000] ZACC 19；2001（1）SA 46；2000（11）BCLR 1169；（4 October 2000），para.22.

[3] *Government of the Republic of South Africa and Others v. Grootboom and Others*（CCT11/00）[2000] ZACC 19；2001（1）SA 46；2000（11）BCLR 1169；（4 October 2000），para.20.

该权利的外延，第 2 款规定了国家的积极保障义务，第 3 款规定了国家的消极不侵犯义务。[1] 对于那些已有住房的公民，国家的义务主要是第 3 款规定的“禁止任意性的强制拆迁”；对于那些没有住房的公民，国家的主要义务是为他们提供适当的住房保障。[2] 国家根据第 26 条承担的义务取决于具体的语境，省与省不同，市与市不同。[3]

（3）“最低核心义务”系联合国经济、社会、文化权利委员会在 1990 年第 3 号一般性评论第 10 段所明确提出。参与诉讼的“法庭之友”（*amicus curiae*）依赖本意见引起本院的重视。[4] 按照宪法第 39 条，本院在司法决策中应该考虑到国际法。然而，问题是“最低核心义务”要求法院承担起什么是最低核心义务的解释责任，包括采集足够的关于经济、社会、文化权利实施的信息。经济、社会、文化委员会在其一般性评论中表明他们多年来收集了大量的信息来呼吁各国履行“最低核心义务”，但是本院没有与之相当的信息来决定南非政府的“最低核心义务”是什么，尤其是在住房权这个具体权利上。[5]

（4）法院可以审查国家是否根据“可获得资源范围内”承允尽其资源能力所及“逐渐达致”实现公民经济、社会、文化权利的义务。“逐渐达致”并不是一个“不去达致”的借口和托词。“逐渐达致”指的是权利的可得性是一个渐进实现并且障碍不断被清除的过程，它意味着法律、行政、财政等障碍在可能的时候在一定的时间内被减少或者清除。[6] 本院判断国家是否“逐渐

[1] *Government of the Republic of South Africa and Others v. Grootboom and Others*（CCT11/00）[2000] ZACC 19；2001（1）SA 46；2000（11）BCLR 1169;（4 October 2000）, para.34.

[2] *Government of the Republic of South Africa and Others v. Grootboom and Others*（CCT11/00）[2000] ZACC 19；2001（1）SA 46；2000（11）BCLR 1169;（4 October 2000）, para.36.

[3] *Government of the Republic of South Africa and Others v. Grootboom and Others*（CCT11/00）[2000] ZACC 19；2001（1）SA 46；2000（11）BCLR 1169;（4 October 2000）, para.37.

[4] *Government of the Republic of South Africa and Others v. Grootboom and Others*（CCT11/00）[2000] ZACC 19；2001（1）SA 46；2000（11）BCLR 1169;（4 October 2000）, para.29.

[5] *Government of the Republic of South Africa and Others v. Grootboom and Others*（CCT11/00）[2000] ZACC 19；2001（1）SA 46；2000（11）BCLR 1169;（4 October 2000）, para.32, 33.

[6] *Government of the Republic of South Africa and Others v. Grootboom and Others*（CCT11/00）[2000] ZACC 19；2001（1）SA 46；2000（11）BCLR 1169;（4 October 2000）, para.45.

达致”经济、社会、文化权利采取的是“合理性标准”[1]包括国家采取的措施是否是全面协调的；政策是否均衡和灵活以致达到它的短期、中期和长期目标；政策是否一直在促进而不是减少权利的实现；政策是否涵涉了社会的重要部分；政策是否包容了那些处于最不利地位的弱势群体。[2]

（5）南非政府的住房政策不符合“合理性标准”。南非政府采取的住房政策只是关注了中期和长期的住房需求，在这个范围内可以说是合理的，但是它没有关照到那些“处于最不利地位的弱势群体”的“极度需要”的住房需求。从这个角度看，政府并没有在其资源可利用范围内，帮助和保障那些开普敦市区没有土地、没有住房且生活极其贫困的公民。故南非的住房政策违反了宪法第 26 条第 2 款之规定。[3]

（6）在理解宪法第 28 条第 1 款 b 项之下所应该保障的儿童基本权利时，本院是把 b 项和 c 项做了系统解释。b 项首要的是对儿童的父母和家人施加了保障的义务，国家的保障义务只是父母或者家人保障义务的一个“替代”选择。在 b 项的语境下，本案中，国家并没有义务向这些儿童提供住房和遮蔽，故在一审中，开普敦高等法院在这一点上的判决是错误的。[4]但是这并不意味着，国家对于儿童不负担任何责任，相反，国家应该在法律上和政策上保障儿童在宪法第 28 条之下的任何权利不受侵犯，并且在儿童失去父母和家人的保护之时，国家的保障责任随之而到来。[5]

（7）公民在法律上和事实上都没有根据权利法案中的经济、社会、文化规范向国家提出直接的“权利主张”的请求权基础。因为不论是宪法第 26 条

---

[1] *Government of the Republic of South Africa and Others v. Grootboom and Others*（CCT11/00）[2000] ZACC 19；2001（1）SA 46；2000（11）BCLR 1169;（4 October 2000），para.41.

[2] *Government of the Republic of South Africa and Others v. Grootboom and Others*（CCT11/00）[2000] ZACC 19；2001（1）SA 46；2000（11）BCLR 1169;（4 October 2000），paras.43，44.

[3] *Government of the Republic of South Africa and Others v. Grootboom and Others*（CCT11/00）[2000] ZACC 19；2001（1）SA 46；2000（11）BCLR 1169;（4 October 2000），para.66.

[4] *Government of the Republic of South Africa and Others v. Grootboom and Others*（CCT11/00）[2000] ZACC 19；2001（1）SA 46；2000（11）BCLR 1169;（4 October 2000），para.79.

[5] *Government of the Republic of South Africa and Others v. Grootboom and Others*（CCT11/00）[2000] ZACC 19；2001（1）SA 46；2000（11）BCLR 1169;（4 October 2000），para.78.

还是宪法第28条，都没有明示说某某公民可以基于自己的特殊需求而向国家请求分配给他/她一套住房。[1]

二、美国联邦最高法院的实践

（一）歌德堡诉凯利案

1. 案情[2]

上诉人约翰·凯利（John Kelly）和其他一些人都是纽约市的居民，他们是联邦政府和纽约州专门针对孩子、儿童的救济项目福利津贴的受领人。根据一些相关信息，纽约市认为这些人已经不符合这个福利津贴的受领条件，在未经过通知和听证程序便终止了对凯利等人的津贴发放。

凯利认为纽约市的这种取消其受领资格的行为违反了美国宪法第十四修正案中的正当法律程序原则。歌德堡（Goldberg）代表纽约市政府参与了诉讼。一审当中，纽约州和纽约市又引入了听证和通知程序，然而凯利认为其权利仍然没有得到保障，最终案件一直上诉至联邦最高法院。

2. 相关法律

美国联邦宪法第十四修正案

N.Y.Social Welfare Law § § 157-165（1966）

Social Services Law § § 157-166

3. 法律问题点

（1）福利津贴是否是一种法定的权利或者资格，还是一种“特权”？

（2）行政机关对福利津贴的终止决定是否适用于“正当法律程序”？

（3）听证程序如何才能不侵害当事人的程序性权利？

4. 判决要旨

（1）福利津贴是以一种事关公民生活的成文法上的资格，具有这种资格

[1] *Government of the Republic of South Africa and Others v. Grootboom and Others*（CCT11/00）[2000] ZACC 19；2001（1）SA 46；2000（11）BCLR 1169；（4 October 2000），para.95.

[2] *Goldberg v. Kelly*，397 U.S. 254（1970）

的公民有权得到这种物质帮助，虽然关于这种津贴是权利还是特权的争论不能够完全回应宪法的挑战，但是政府的剥夺行为仍然可能侵犯到当事人程序上的一些权利。[1]

（2）适格受领人的利益与政府的利益存在冲突，受领人获得必要的食物、住房、医疗等服务的利益不能够被错误地剥夺，而且这种利益显然是高于政府避免任何财政或行政负担的利益。[2]

（3）事前听证为保障福利受领人之必要且正当程序。[3]

（a）这种听证不必是类似于司法或者准司法的，但是受领人必须给予足够的被告知的时间和机会。[4]

（b）在事前听证中，并非要求一定要有律师，但是受领人要求如此，则必须允许。[5]

（c）行政决策人不必完全给予受领人一个正式的基于法律和可实施的裁决意见，但是行政机关必须陈述其决定的原因和依据。[6]

（d）行政决策人必须是公正的，也包括必要回避制度。[7]

5. 案件分析

此案被认为是美国一个非常重要的关于福利权的转折。在经济、社会、文化权利的探讨中，尤其是在涉及国家利益的时候，这个案例的被引用率也是较高的。细观本案，其实第一个法律问题是比较关键的。联邦最高法院虽然表明它不能也不愿意去探讨“福利救济到底是一种权利还是一种救济”这样的问题，但是最高法院的大法官们（尤其是布伦南大法官代表的多

---

[1] *Goldberg v. Kelly*, 397 U.S. 261-263（1970）. 联邦最高法院在判决书第八个脚注中专门对这个“资格”（entitlement）做了解释，其中引用了 Reich 教授新财产论的观点。Reich, *Individual Rights and Social Welfare: The Emerging Legal Issues*, 74 Yale L.J. 1245, 1255（1965）. See also Reich, *The New Property*, 73 Yale L.J. 733（1964）.

[2] *Goldberg v. Kelly*, 397 U.S. 264—266（1970）.

[3] *Goldberg v. Kelly*, 397 U.S. 264, 266—271（1970）.

[4] *Goldberg v. Kelly*, 397 U.S. 256—270（1970）.

[5] *Goldberg v. Kelly*, 397 U.S. 270（1970）.

[6] *Goldberg v. Kelly*, 397 U.S. 271（1970）.

[7] *Goldberg v. Kelly*, 397 U.S. 271（1970）.

数派）显然受到了“新财产权”法哲学思潮的影响，这个影响表现在判决书第八个脚注之中。新财产权理论在当时首要的倡导者是哈佛大学的瑞奇教授（Reich），他在《新财产权》一书中阐明了自己对于救济金、养老金等带有福利性质“受益客体”的理论，他通过大量的论证认为这种“利益”可以转化为个人的一种权利，其本质是一种新型的财产权。

在处理完了第一个法律问题之后，最高法院开始处理当事人核心的诉讼争议点：福利津贴的终止或取消是否得适用于正当法律程序？最高法院的回答是肯定的。最终凯利等人胜诉了。但是整个当事人福利权利的保护是通过一个所谓的“程序性权利”来实现的。这也就推导出我对这个案子的一个重要结论：美国在当时对经济、社会、文化权利的保护是通过传统的公民权利和政治权利来实现的。[1]

（二）布朗诉教育委员会案[2]

1. 案情

布朗案（I）[3]是1951年在堪萨斯州首府托皮卡的美国堪萨斯地区法院发生的一场集团诉讼（class action）。在托皮卡的“全美黑人进步协会”（NAACP）的建议和组织下，原告为托皮卡的13位父母，代表他们的20个孩子，这个集团诉讼原告中使用了布朗先生的名字。这场集团诉讼的被告为堪萨斯托皮卡的教育委员会。该委员会根据1879年的堪萨斯法律一直实行着区分白人小学和黑人小学的政策。原告所要挑战的正是教育委员会基于肤色和种族的“校区隔离政策”。最后该案一直上诉至最高法院，最高法院正好遇到了类似的其他四个案子：Briggs v. Elliott（从南卡罗莱纳州上诉）、Davis v.

---

[1]《经济、社会、文化国际公约》当时已经签署，但未生效。美国直到本书写作时还没有成为该公约正式的缔约国。

[2] 布朗案（I）*Brown v. Board of Education of Topeka*, 347 U.S. 483（1954），布朗案（II）*Brown v. Board of Education of Topeka*, 349 U.S. 294（1955）. 张千帆教授翻译为“校区隔离第一案”和“校区隔离第二案”。参见张千帆:《宪法经典判例导读》，高等教育出版社2008年版，第174—176页。注意：本书引用全部参照这些案例的原版英文材料，系主要通过美国法律汇编（US Law Report）来收集。

[3] *Brown v. Board of Education of Topeka*, 347 U.S. 483（1954）.

County School Board of Prince Edward County（从弗吉尼亚州上诉）、Gebhart v. Belton（从达拉威尔州上诉）和 Bolling v. Sharpe（从华盛顿特区上诉），这四个案子也都是由“全美黑人进步协会”（NAACP）所推动的。[1] 联邦最高法院最终决定合并审理此案。

布朗案（II）[2] 于 1954 年美国联邦最高法院做出判决并使得“平等保护”适用于联邦政府。在“取消隔离”的判决下达之后，美国各地的反应不一，其中来自州政府和社会的压力十分巨大。鉴于困难，最高法院于 1955 年又下达了布朗案（II）的决定，根据这个决定，各个州和地方的行政部门可以根据当地的实情，逐步采取合理的措施来取消隔离政策。之后，法院还发明了“校车系统”来解决跨区学生的困难。

2. 相关法律

美国宪法第十四修正案

权利法案（美国宪法第五修正案）

28 U.S.C. § 1253.

Revised Rules of The Supreme Court of United States，Rule 42，（effective July 1，1954）.

3. 法律问题点

简言之，法院要求回答的问题是：校区隔离是否合宪？精确地讲，这里的宪法问题是：尽管物质条件和其他“有体”的（tangible）因素全是等同的，把儿童仅仅按照他们的种族进行区分然后使其进入不同类别的公立学校的“校区隔离”是否具有合宪性？

4. 判决要旨

（1）对于公共教育而言，美国宪法第十四修正案的历史意义并未终止和完结。[3]

（2）这个案件中的法律问题并不能在第十四修正案通过的当时的历史条

[1] *Brown v. Board of Education of Topeka*，347 U.S. 487，footnote 1.（1954）.

[2] *Brown v. Board of Education of Topeka*，349 U.S. 294（1955）.

[3] *Brown v. Board of Education of Topeka*，347 U.S. 489（1954）.

件下被决定，而是应该在公共教育对于当代美国全体国民中完全发展的语境下去理解。[1]

（3）当一个州致力于为公共学校提供教育机会之时，此种机会必须在平等的基础上对所有人开放。[2]

（4）即使物质条件和其他"有体"的因素完全等同，仅仅基于种族进行校区隔离的做法实际上剥夺了少数群体的儿童平等受教育的机会。[3]

（5）在 *Plessy v. Ferguson* 案[4]（车厢隔离案）中"隔离但平等"的原则在公共教育领域无立锥之地。[5]

5. 案件分析

布朗（I）案实际上是在解决一个受教育权的问题，公民的受教育权是经济、社会、文化权利的重要组成部分。美国联邦最高法院在本案的审理当中始终围绕的问题是基于种族的"校区隔离"是否违反宪法第十四修正案的平等保护条款。法院不得不回应在 1896 年的"车厢隔离案"中，布朗法官（J.Brown）所发展的"隔离但平等"的原则。在布朗案中，沃伦大法官在审查"校区隔离"政策的时候始终抓住的问题关键是"即使有体的因素完全等同，这是否意味着那些无体的因素也自然而然达致平等了呢？"这实际上是对"隔离政策"进行深度的剖析和进行最为严格的审查。最终"沃伦法院"得出"校区隔离"违宪的结论。在这里，"沃伦法院"采用的审查实际上可以表述为：对待种族问题一定要"严格审查"（strict scrutiny）。对于此案本书初始的结论是：美国联邦最高法院是通过保障传统的公民权利的方式来保障新兴的经济、社会、文化权利。

布朗案（II）则更加发人深省，"沃伦法院"迫于现实政治和社会舆论的压力，下达决定让各个地区政府自行逐步取消"隔离"，其决定的理由是十分现实的：不同校区的基本情况不同，学校才是解释和衡量这些问题的主体，

[1] *Brown v. Board of Education of Topeka*, 347 U.S. 492—493 (1954).

[2] *Brown v. Board of Education of Topeka*, 347 U.S. 493 (1954).

[3] *Brown v. Board of Education of Topeka*, 347 U.S. 493—494 (1954).

[4] *Plessy v. Ferguson*, 163 U.S. 537 (1896).

[5] *Brown v. Board of Education of Topeka*, 347 U.S. 495 (1954).

学校本身在取消“隔离”上的态度和能力并不相同。

这里的问题从经济、社会、文化权利的角度看就是本书所提出的那些阻碍经济、社会、文化权利“即刻实现”的因素。这样看来，似乎“沃伦法院”在布朗（I）案中的决定是错误的，至少是草率的。然而，“沃伦法院”竟然发明了“校车系统”（school bus system）来缓解执行的难题，在清除执行阻碍的时候美国竟然用军队来辅助。这种做法无疑是把“司法能动主义”发挥到“无出其右”的境界。反思这个现象，其实从另一个角度看也比较容易解释，那就是当司法保障经济、社会、文化权利的时候，政府部门有绝对的义务去为权利的实现和司法的执行提供一些必要的协助。

三、日本最高法院的实践

（一）朝日诉讼

1. 案情[1]

原告朝日茂因患有严重的肺结核住在国立冈山的疗养院。根据当时的社会救助法，他可以享受每月 600 日元的日常开支救助金。1956 年 7 月宫崎市社会福利办事处（日语为“福祉事务所”）找到了和被告在“二战”中长期失去联系的哥哥并要求原告的哥哥每月支付他 1500 日元。在得到原告哥哥的同意后，福利办事处以原告能够支付之前国家承担的每月 600 日元救助费为由变更了对原告的保障条件，即从原告哥哥每日给他的 1500 日元中，按照生活补助标准每月给原告 600 日元，其余 900 日元作为每月医疗费由福利办事处代收。

对于福利办事处的变更决定，朝日茂认为 600 日元根本不能满足其日用所需，另外疗养院的伙食也不能保障其充足的健康，因此，他希望从他哥哥每月寄来的 1500 日元中留下 1000 日元自己使用，其余 500 日元作为自己的医疗费负担，并要求行政部门取消之前的变更决定，但被驳回。原告继续申

[1] 判例 S42.05.24　大法廷・判决　昭和 39（行ツ）14　生活保护法による保护に关する不服の申立に对する裁决取消请求（民集第 21 卷 5 号 1043 页）。

诉，也没有得到支持。于是，朝日茂于 1957 年以国家（具体机关为“厚生大臣”）为被告向东京地方法院提起诉讼，宣称自己之前的申诉应该得到支持并认为每月 600 日元的过低救助标准不符合日本国宪法第 25 条的规定。

2. 相关法律

《日本国宪法》第 25 条：

全体国民都享有最低限度的健康与文化生活的权利。

国家应于生活的一切方面努力提高和增进社会福利、社会保障以及公共卫生。

《生活保护法》第 59 条

3. 法律问题点

（1）宪法第 25 条所规定之生存权可否成为公民要求国家予以直接保障的请求权基础？宪法第 25 条之规定是公民的主观权利呢，还是宪法中的方针政策规定？国民生存权的保障是否需要具体法律上的权利予以保障？

（2）有司法机关判决并保障“健康上、文化上最低限度的生活”是否适当？行政机关行政行为受到司法审查的限度如何确立？

4. 判决要旨

第一审：东京地方法院一审判决支持原告并认为每月 600 日元的救助金是非法的。[1]

控诉审：东京地方法院二审认为《生活保护法》是宪法第 25 条的具体化，生存权系抽象规定，其具体内容还需由厚生大臣予以定夺。由此，二审判决驳回了原告的诉讼请求。[2]

上告审：最高法院在审理原告的上诉案件过程中，原告去世，诉讼终止。但是最高法院仍在裁定中做出一定的意见：宪法第 25 条确实课以国家保障国民健康的义务，这是宪法对所有国民赋予的权利但不是针对具体的个人，保障“健康上、文化上最低限度的生活”是行政机关的任务，法院并非最佳裁

[1] 东京地方裁判所昭和 35 年 10 月 19 日判决行集 11 卷 10 号 2921 页。

[2] 东京高等裁判所昭和 38 年 11 月 4 日判决行集 14 卷 11 号 1963 页。

决机关。[1]

5. 案件分析

日本最高法院在此案中的判决具有决定性的作用。第一，肯定了宪法第 25 条规定的生存权并认为生存权具有基本权利的性质。第二，最高法院认为宪法第 25 条生存权规范是课以国家保障“健康上、文化上最低限度的生活”的根据。第三，最高法院认为宪法第 25 条生存权规范是一种抽象的、概括的权利，其内容随着经济、社会的变迁而有所变动，这一规范赋予了所有国民基本权利但并不能适用于某一个具体的个人。第四，宪法第 25 条生存权规范是一个方针性的规定，即日本最高法院采用的是“方针规定说”，认为经济、社会、文化权利的宪法规范本质上是一种方针规定，并不产生主观权利。第五，对于在何种程度和标准上保障国民宪法第 25 条规定的“健康上、文化上最低限度的生活”，行政机关比司法机关更适合做出判断，除非行政机关依据具体法律如《生活保护法》的自由裁量显然未达到宪法第 25 条规定之目的。

（二）堀木诉讼

1. 案情[2]

1970 年，原告堀木氏是一个双目失明的女性，依照当时的《国民年金法》，她可以受领残疾人福利保障金。因为她离婚后一个人独立抚养子女，所以依照《儿童抚养津贴法》，原告请求认定她可以领取儿童抚养津贴。但是由于原告已经在受领残疾人福利保障金，依照《儿童抚养津贴法》第 4 条第 3 款第 3 项的禁止性规定，如果已经领取了其他社会保障金，则公民丧失受领本法规定的儿童抚养津贴的资格。基于法律规定，堀木氏的请求和诉讼主张被驳回。原告认为《儿童抚养津贴法》第 4 条第 3 款第 3 项的禁止性规定与日本国宪法第 13 条、第 14 条、第 25 条的规定冲突而无效，向法院请求给予其儿童抚养津贴的受领资格。

[1] 判例 S42.05.24 大法廷・判决　昭和 39（行ツ）14 生活保护法による保护に关する不服の申立に対する裁决取消请求（民集第 21 卷 5 号 1043 页）。

[2] 判例 S57.07.07 大法廷・判决　昭和 51（行ツ）30 行政处分取消等（民集第 36 卷 7 号 1235 页）。

2. 相关法律

《日本国宪法》[1] 第 13 条：

全体国民作为个人受到尊重。国民对于生命、自由以及追求幸福的权利，只要不违反公共福利，需在立法及其他国政上予以最大尊重。

宪法第 14 条：

全体国民在法律之下平等。不因人种、信仰、性别、社会身份以及门第而在政治、经济以及社会的关系中有所差别。

宪法第 25 条：

全体国民都享有最低限度的健康与文化生活的权利。

国家应于生活的一切方面努力提高和增进社会福利、社会保障以及公共卫生。

《国民年金法》

《儿童抚养津贴法》第 4 条第 3 款第 3 项 [2]

尽管有第 1 款之规定，该津贴若是为了母亲的利益，则应该支付给母亲，若是为了父亲的利益，则应该支付给父亲，若是为了被照顾者的利益，应该被支付给被照顾者。被照顾者应该在日本居住，否则不予支付。

3. 法律问题点

（1）宪法第 25 条所规定之生存权可否成为公民要求国家予以直接保障的规范效力？宪法第 25 条之规定是否对立法者课以了具体的义务？

（2）是否存在《儿童抚养津贴法》与宪法第 25 条矛盾冲突的情形？如果二者冲突，是否应该认为立法者颁布的具体法律违宪？

（3）司法机关在保障国民经济、社会、文化权利时的职能是什么？司法机关审查立法机关行为的标准是什么？

---

[1] 日本国宪法原本，国立公文书馆，The Constitution of Japan，English Full Text from the Japanese Cabinet。

[2]《児童扶養手当法》（昭和 48 年法律第 93 号による改正前のもの）第 4 条第 3 項第 3 号：第一項の規定にかかわらず、手当は、母に対する手当にあつては当該母が、父に対する手当にあつては当該父が、養育者に対する手当にあつては当該養育者が、日本国内に住所を有しないときは、支給しない。

4. 判决要旨

第一审：神户地方法院判决:《儿童抚养津贴法》第 4 条第 3 款第 3 项违反了宪法第 14 条第 1 款而定，应属于违宪无效。[1]

控诉审：宪法第 25 条下具体法律关于赋予国民福利和社会保障的规定属于立法裁量事项。宪法第 25 条为国家促进公民福祉的方针和宣示，并不具有裁判机能。宪法第 25 条第 1 款和第 2 款保障基准不同，只有当国家依照第 2 款采取措施仍不能维持国民最低生活标准时，国家始得履行宪法第 25 条第 1 款所规定的“健康及文化之最低限度生活”这样的绝对义务基准。儿童抚养津贴与残疾保障金均属于宪法第 25 条第 2 款所设定的防贫措施，故《儿童抚养津贴法》第 4 条第 3 款第 3 项的禁止性规定并不存在违反宪法第 25 条第 1 款规定的问题，而且没有违背宪法第 25 条。[2]

上告审：宪法第 25 条是国家权力的方针（纲领）性规定，并非赋予公民具体的权利。除明显滥用时，立法者有广泛的裁量余地，《儿童抚养津贴法》并未违反宪法第 25 条规定。[3]

5. 案件分析

日本最高法院在此案中的判决沿袭了它在朝日诉讼和“违反食粮管理法案”判决中的法理。针对诉讼中的第一个法律问题，法院认为，宪法第 25 条为国家设立了一定的目的即所谓的福利国家的理念，但是它并非课以国家具体义务措施的规定而是国家努力的方针性宣示规定。最高法院采纳了上告审当中大阪高等法院关于宪法第 25 条第 1 款和第 2 款分离的观点，认为只有当立法者判断或者裁量明显不当时才构成司法审查的对象。此案中不存在《儿童抚养津贴法》与宪法第 25 条矛盾冲突的情形，故不存在《儿童抚养津贴法》是否违宪的问题。此案中日本最高法院实际上对于立法机构的立法行为采取的是一种宽松的审查标准。

[1] 神戸地方裁判所昭和 47 年 9 月 20 日判决判时 678 号 19 页。

[2] 大阪高等裁判所昭和 50 年 11 月 10 日判决行集 26 卷 10=11 号 1268 页。

[3] 最高裁判所昭和 57 年 7 月 7 日大法廷判决最高裁判所民事判例集 36 卷 7 号 1235 页。

四、中国法院的实践

（一）邓秀霞案

1. 案情[1]

2002年7月，原告邓秀霞在北京老马家牛肉面餐饮有限责任公司（以下简称老马家餐饮公司）试用工期间，双方均未签订劳动合同，该餐饮公司也未给原告办理劳动保险。同月15日，原告在老马家餐饮公司做早点时，突然发生爆炸，将原告烧伤，经北京积水潭医院诊断为："面部、后背、左前臂、右上肢、双足背、双小腿热烧伤26%。"2002年10月，原告向被告即海淀区劳动和社会保障局口头提出工伤认定申请。同月15日，被告对原告作出工伤认定。2002年11月25日，原告的评残结果为七级，2003年重新评残后仍为七级。[2]2003年8月，被告为原告核定应享受一次性伤残补助金18,092元。后原告要求与老马家餐饮公司解除劳动关系，并由单位支付一次性就业补助金30,153元，并向海淀区劳动争议仲裁委员会申请仲裁。因双方存在争议，海淀区劳动争议仲裁委员会裁定就业补助金待遇待核定后另案处理。为此，原告认为被告未履行对原告核定一次性就业补助金的法定职责，于2003年11月12日向法院提起行政诉讼。

2. 相关法律

《中华人民共和国劳动法》[3]第70条：

国家发展社会保险事业，建立社会保险制度，设立社会保险基金，使劳动者在年老、患病、工伤、失业、生育等情况下获得帮助和补偿。

---

[1] 北京市海淀区人民法院（2003）海行初字第269号。

[2]（海）劳工伤认（2002）226号工伤认定结论通知书，（2002）鉴定伤第336号职工劳动鉴定表，（2003）鉴定伤第146号职工劳动鉴定表。

[3] 这里指的是"1994年劳动法"。《中华人民共和国劳动法》已由中华人民共和国第八届全国人民代表大会常务委员会第八次会议于1994年7月5日通过，自1995年1月1日起施行。本法规已被《全国人民代表大会常务委员会关于修改部分法律的决定》（发布日期：2009年8月27日，实施日期：2009年8月27日）修改。

《中华人民共和国劳动法》第73条：

劳动者在下列情形下，依法享受社会保险待遇：

（一）退休；

（二）患病、负伤；

（三）因工伤残或者患职业病；

（四）失业；

（五）生育。

劳动者死亡后，其遗属依法享受遗属津贴。

劳动者享受社会保险待遇的条件和标准由法律、法规规定。

劳动者享受的社会保险金必须按时足额支付。

《工伤保险条例》[1]

3. 法律问题点

（1）劳动法第70条的法律效力如何？

（2）海淀区劳动和社会保障局根据劳动法第70条和第73条之规定应当承担何种法律责任？

（3）海淀区劳动和社会保障局依法核准一次性伤残就业补偿金标准的法定职责其程序如何？该程序的合法性依据是什么？地方性法规可否作为海淀区劳动和社会保障局依法核准一次性伤残就业补偿金标准的法定职责的依据？

（4）一次性伤残就业补偿金标准适格的申请人在提出具体权利请求时是否得依法履行法律程序？该法律程序应该如何确定？

4. 判决要旨

北京市海淀区人民法院依照最高人民法院《关于执行〈中华人民共和国行政诉讼法〉若干问题的解释》第56条第1项的规定，判决如下：驳回原告邓秀霞的诉讼请求。[2]

---

[1]《工伤保险条例》已于2003年4月16日国务院第5次常务会议讨论通过，自2004年1月1日起施行。本法规已被《国务院关于修改〈工伤保险条例〉的决定》（发布日期：2010年12月20日，实施日期：2011年1月1日）修订。

[2] 北京市海淀区人民法院（2003）海行初字第269号。

5. 案件分析

（1）法院判决理由是 2002 年 11 月，原告在向被告申请核定一次性伤残补偿金标准时只提交了工伤认定结论通知书、职工劳动鉴定表，未提交老马家餐饮公司已解除事实劳动关系的证明，被告尚无法依照上述法规的规定启动对原告一次性伤残就业补偿金标准的核定程序。据此，原告认为被告不履行法定职责的理由不能成立，本院不予支持。[1]

（2）从宪法学的角度看，劳动法第 70 条是《中华人民共和国宪法》第 45 条的具体化。承认劳动法第 70 条之法律效力实际上也就是承认了宪法第 45 条的法律约束力。

（3）海淀区劳动和社会保障局根据劳动法第 70 条和第 73 条之规定应当承担为符合第 73 条规定的适格的伤残就业补偿金请求人提供物质帮助的义务。2003 年 8 月，被告为原告核定应享受一次性伤残补助金 18,092 元。这表明海淀区劳动和社会保障局履行了其根据劳动法规定的积极义务。

（4）社会保障部门在依法核准一次性伤残就业补偿金和给予请求人物质帮助的时候必须严格依照法定程序。在本案中，海淀区劳动和社会保障局依据的法律程序来源于《北京市企业劳动者工伤保险待遇给付办法》。由法院判决可以看出，地方性法规可以作为地方社会保障部门在履行其社会保障职责时的程序性依据。

（5）社会保障的适格的申请人在提出具体权利请求时必须依法律程序而为之。这些程序性要求包括请求人向社会保障机关提供证明其符合领取社会保障金的材料和证据。本案中，原告没有提交其本人要求自谋职业的申请书和企业同意终止劳动关系的证明，基于此，法院驳回了原告的诉讼请求。

---

[1] 2000 年 4 月 1 日起施行的京劳社工发（2000）47 号《北京市企业劳动者工伤保险待遇给付办法》第 3 条第 2 款规定："区、县劳动和社会保障局按属地管理的原则，负责辖区内企业职工及其工伤保险待遇审核、管理日常工作。"第 8 条规定："企业或工伤职工到劳动和社会保障行政部门核准伤残抚恤金、护理费、一次性伤残补助金标准时，应当提交下列证明：1.《企业职工工伤待遇审批表》；2.《企业职工工伤认定申请表》；3.《工伤证》；4.《劳动鉴定表》；5. 工伤职工本人负伤前十二个月的平均工资收入（以本人缴纳养老保险费的工资收入为准）证明。核准一次性伤残就业补偿金标准的，除提交上述证明外，必须提交工伤职工本人要求自谋职业的申请书和企业同意终止劳动关系的证明。"

（6）公民在其经济、社会、文化权利遭到侵犯时可以依据现行法律法规向人民法院提起诉讼，人民法院得根据原告的诉由决定是否对可能遭受的权利侵犯提供司法救济。这个案例中，原告虽然败诉并服从法院的判决，但是人民法院在保障公民经济、社会、文化权利的方面实际上是发挥了积极作用的。

（二）王泽隆案[1]

1. 案情[2]

王泽隆于 1951 年参军，1958 年转业到青海省劳改工作管理局工作，1971 年 5 月因工致残，双目失明，不能继续工作。经本人申请，组织批准退休回原籍四川省合江县生活，并由合江县民政局接收管理。1979 年 4 月，青海省劳改工作管理局向合江县民政局发去青劳政字〔79〕64 号《关于给王泽隆同志提高退休费比例及给予护理费的通知》，通知根据国务院〔78〕104 号文件规定，确定王泽隆自 1978 年 6 月起享受因工残废护理费每月 30 元。合江县民政局即开始向王泽隆发放因工残废护理费。后经调整，王泽隆的护理费至 1999 年 1 月已提高到每月 100 元。1999 年 11 月 25 日，合江县人事局、民政局、财政局联合发文合民优〔1999〕32 号《关于退休干部王泽隆同志增发护理费的通知》，通知载明："王泽隆同志因工残废（未评定伤残等级），经合江县人民医院鉴定符合 1 级残废标准，按因公一等革命伤残人员护理费每人每月 204 元发给。从 1999 年元月执行，其经费仍由原渠道解决。" 2000 年起，王泽隆要求合江县民政局按人退发〔1993〕1 号文件规定提高护理费，并按人退发〔1993〕3 号文件"各地调整护理费标准的时候，统一为每年的七月份。对符合规定条件的因公致残人员，根据省、自治区、直辖市人事厅（局）的通知，从调整当月按新的标准发给护理费。

[1] 全称为"王泽隆请求合江县民政局发放抚恤金案"，最高人民法院中国应用法学研究所：《人民法院案例选·2004 年行政·国家赔偿专辑总第 50 辑》，人民法院出版社 2004 年版，第 376—379 页。关于该案的介绍和评述，参见秦前红、涂云新：《经济、社会、文化权利的保障路径及其选择——在立法裁量与司法救济之间》，载《交大法学》2013 年第 1 期。

[2] 四川省泸州市中级人民法院（2003）泸民终字 4 月 23 日判决书。

社会平均工资出现负增长时，护理费标准不作调整”的规定对其护理费标准每年进行调整，合江县民政局认为王泽隆未按规定评定伤残等级，不符合享受一级伤残人员护理费的条件而不予办理，王泽隆不服，向合江县人民法院提起诉讼。

2. 相关法律

《中华人民共和国行政诉讼法》[1]第54条、第61条

《人事部、财政部、国家统计局关于国家机关、事业单位因公致残人员护理费问题的补充通知》[2]

《人事部、财政部关于调整国家机关、事业单位因公致残人员护理费标准的通知》[3]

3. 法律问题点

（1）因公致残的劳动者是否可以请求劳动社会保障部门为其提供因公致残人员抚恤金?

（2）四川省合江县民政局是不是为王泽隆发放因公致残抚恤金的适当行政主体?

（3）未按规定评定伤残等级的因工致残人员是否应当享受伤残护理费的提高标准?

（4）四川省合江县民政局是否有积极义务为王泽隆办理《革命伤残人员证》?

4. 判决要旨

原告王泽隆因公致残，所在单位出具伤残证明，按干部管理权限，县人事部门出文认可。根据人退发〔1993〕1号和人退发〔1993〕3号通知之规

[1]《中华人民共和国行政诉讼法》已由中华人民共和国第七届全国人民代表大会第二次会议于1989年4月4日通过，自1990年10月1日起施行。根据2014年11月1日第十二届全国人民代表大会常务委员会第十一次会议《关于修改〈中华人民共和国行政诉讼法〉的决定》第一次修正。根据2017年6月27日第十二届全国人民代表大会常务委员会第二十八次会议《关于修改〈中华人民共和国民事诉讼法〉和〈中华人民共和国行政诉讼法〉的决定》第二次修正。

[2] 人退发〔1993〕3号。

[3] 人退发〔1993〕1号。

定，其符合享受护理费的对象。尽管上诉人自受伤至今未按法定程序评定伤残等级，但此责任在被告，如果被告有证据能够证明原告不属于革命伤残人员，应作出明确的处理。故原告王泽隆现符合人退发〔1993〕1号通知所规定的享受护理费的对象。被告应当对原告的护理费标准在每年规定的时间内进行调整。被告以原告不属于革命伤残人员，没有按规定评定的伤残等级，享受人退发〔1993〕1号提高护理费标准的理由不能成立。原告属异地安置的退休干部，由被告接管并一直对其管理，原告是本案的适格主体。[1]

5. 案件分析

本案是因为行政机关没有依法发放抚恤金而引起的行政争议。其争议的主要问题是：原告是否应当享受伤残护理费的提高标准。根据我国行政诉讼法第11条第6项[2]的规定，"认为行政机关没有依法发给抚恤金的"属于人民法院的受案范围。此条规定以法律的形式明确了行政机关没有发放抚恤金的行政争议是可以由司法提供救济的。

（1）因公致残的劳动者是可以请求劳动社会保障部门为其提供抚恤金以保障这类劳动者的经济、社会、文化权利。《中华人民共和国宪法》第45条第2款规定："国家和社会保障残废军人的生活，抚恤烈士家属，优待军人家属。"这是残疾军人受到宪法保障的"获得物质帮助权"，而《军人抚恤优待条例》[3]是宪法第45条所保障的经济、社会、文化权利的细化和具体化。

（2）四川省合江县民政局是为王泽隆发放因公致残抚恤金的适当行政主体，因为原告王泽隆已经被批准返回原籍四川省合江县生活。四川省合江县民政局作为王泽隆原籍所在地的社会保障机关应该承担王泽隆的抚恤金发放责任。

（3）可以享受宪法第45条第2款和《军人抚恤优待条例》所规定的抚恤

[1] 四川省泸州市中级人民法院（2003）泸民终字4月23日判决书。

[2] 现为行政诉讼法第12条第10项。

[3] 1988年《军人抚恤优待条例》于1988年6月28日国务院第十一次常务会议通过，自1988年8月1日起施行。1988年法规已被2004年《军人抚恤优待条例》（发布日期：2004年8月1日　实施日期：2004年10月1日）废止。

金的主体为以下几种人员：一是因革命战争致残人员；二是现役军人中因病致残人员；三是因公致残人员；四是因见义勇为致残人员。王泽隆于1951年参军，1958年转业到青海省劳改工作管理局工作。原告符合上述的主体条件，故王泽隆享有抚恤金的请求权，而四川省合江县民政局是该请求权的相对人，负有发放抚恤金的义务和职责。

（4）原告王泽隆本身属于法定的优抚对象，他没有取得《革命伤残人员证》不是因为原告自身不符合条件，而是因为四川省合江县民政局的行政不作为导致原告没有取得《革命伤残人员证》。四川省合江县民政局应该负有积极义务为王泽隆办理《革命伤残人员证》，这样才能保障王泽隆的"获得物质帮助权"。由四川省泸州市中级人民法院的判决可知，四川省合江县民政局是负有为王泽隆办理《革命伤残人员证》的积极义务。

（5）公民在其经济、社会、文化权利没有得到国家行政机关的保障，这种权利的未保障状态实际上是由于国家行政机关的消极不作为所致。公民既然享有法律上的经济、社会、文化权利的请求权，那么人民法院得根据原告的诉由决定是否对可能遭受的权利侵犯提供司法救济。法院在审查行政机关的法定义务时实际上是采取的严格审查的标准。在本案中，法院在针对特殊的优抚主体上，重点放在了经济、社会、文化权利的相对人即国家行政机关的法定职责之上，尤其是国家机关履行登记和办理证件的职责，这其实是国家机关承担的积极义务，对这种积极义务的违犯无疑是侵犯了公民的经济、社会、文化权利的。

第三节　类型化研究

通过对经济、社会、文化权利司法保障模式的研究，哈佛大学马克·图示纳特（Mark Tushnet）教授认为，世界范围内已经或者正在形成三种对这类基本权利的保障类型：第一种类型的国家将经济、社会、文化权利当作一种不具可司法性或者宣告性权利（nonjusticiable or declaratory rights）来对待；第二种类型的国家将经济、社会、文化权利当作一种弱实体权利（weak substantive rights）来救济；第三种类型的国家将经济、社会、文化权利当作一种强实体权利（strong substantive rights）来保护。[1] 根据本书对南非宪法法院、美国联邦最高法院、日本最高法院和中国法院的比较研究，我们可以将经济、社会、文化权利的司法保障模式进行一个初步的类型化，如表 9-1 所示。

表 9-1　经济、社会、文化权利司法保障之类型

经济、社会、文化权利	宣告性权利	弱实体权利	强实体权利
是否具有裁判规范性	否（于经济、社会、文化权利物质给付请求权层面）	是（有经济、社会、文化权利相关立法时）	是
得否提起不作为违宪确认诉讼	否	否	是
得否直接依宪法请求物质给付	否	否	论者主张不一
代表性国家	日本、中国	美国	南非

经济、社会、文化权利作为一种强实体权利的司法保障机制当数以南非为代表的国家。在格鲁特布姆案中，南非宪法法院首先就否认了经济、社会、文化权利作为一种弱实体权利的法理，正如法院所秉持的判决所显示的，争议问题永远不是"经济、社会、文化权利是否是一种值得保障的权利"，真正的问题在于"如何保障经济、社会、文化权利更好地得到实现"。虽然在索伯拉马尼案中，上诉人在南非宪法法院败诉了，但即使在这个败诉的案件中，法院也明晰了经济、社会、文化权利必须得到保障的法理。南非的实践表明，经济、社会、文化权利是一种强实体权利，任何公民都可以将这种权利作为一种具有可司法性、可以请求国家给付的规范，当政府的政策、措施没有考虑到那些最贫困群体的最迫切的需求的时候，适格当事人可以在法院针对政府提起不作为的违宪确认诉讼。世界范围内的观察家和评论家对于格

[1] Mark Tushnet，Social Welfare Rights and the Forms of Judicial Review，82 TEX. L. REV. 2003，pp.1898-1908.

鲁特布姆案中当事人“得否直接依宪法请求物质给付”这一个问题有着非常不同的理解：最为宽松的理解认为，南非宪法法院并没有给格鲁特布姆等当事人任何明确的物质给付救济，任何夸大南非宪法法院历史功绩的评论都是对判决书的一种误读；最为激进的解释则显示，南非宪法法院事实上是通过对政府住房保障政策的违宪宣告来间接地为格鲁特布姆等当事人提供了庇护场所和最基本的物质需要。笔者认为论者应该结合南非宪法法院 2008 年的 *Occupiers of 51 Olivia Road, Berea Township and 197 Main Street Johannesburg v. City of Johannesburg and Others* [1] 一案中的法理发展来历史地看待南非宪法法院的实践，在 2008 年的“*Olivia Road case*”中，南非宪法法院实际上改变了格鲁特布姆案中强势的司法保障路径，从而支持了更加具有民主正当性的“商谈”径路——法院指示政府必须与经济、社会、文化权利未得到保障的当事人商谈（The administration must develop processes for engagement with citizens affected）。对比南非宪法法院在 2000 年和 2008 年的判决，我们也可以看到南非宪法法院在格鲁特布姆案中事实上确实强势地介入了资源的分配。

美国联邦最高法院的司法实践表明，经济、社会、文化权利仅仅是作为一种弱实体权利来被法院对待的。显然无论是歌德堡诉凯利案还是布朗诉教育委员会案，经济、社会、文化权利被法院认为是一种裁判规范，即使没有相关的具体化的立法，法院也可以推翻或者部分推翻历史上的“先例”来裁定相关的案件。但是当公民的经济、社会、文化权利没有得到保障的时候，相关当事人是否可以由此而提出对政府的违宪确认诉讼甚至直接请求政府的物质给付呢？美国联邦最高法院倾向于否定性的回答，除非这种诉求是基于政府明显的程序性错误。图示纳特（M. Tushnet）和桑斯坦（Sunstein）等教授就认为法院不应该介入经济、社会、文化权利保障所赖以实现的“资源分

[1] *Occupiers of 51 Olivia Road, Berea Township and 197 Main Street Johannesburg v City of Johannesburg and Others*（24/07）[2008] ZACC 1；2008（3）SA 208（CC）；2008（5）BCLR 475（CC）（19 February 2008）.

配漩涡”之中，法院更不应该以此而减弱自己的民主正当性。[1]

日本最高法院的实践则表明日本是将经济、社会、文化权利的宪法规范（如日本宪法第 25 条）当作一种方针政策规定，亦即经济、社会、文化权利条款并不能作为法院裁判之规范，也不能作为公民提起物质给付的请求权基础。正如日本最高法院在“堀木诉讼”中认为，宪法第 25 条为国家设立了一定的目的，也就是所谓的福利国家的理念，它并非课以国家具体义务措施的规定而是国家努力的方针性宣示规定。至于中国法院的实践，我们可以看到，无论是邓秀霞案还是王泽隆案都并非严格意义上的“宪法案例”。《宪法》第 42 条至第 47 条都明确规定了公民应该享有的经济、社会、文化权利，法院在这两个案件中都适用了具体的法律和行政法规，因而可以恰当地认为，在中国，经济、社会、文化权利的相关宪法条款尚不具有裁判规范性，公民也不能够依据这些宪法规范提起针对国家的“违宪确认诉讼”，更进一步而言，公民也不能根据这些宪法规范向国家提起物质给付请求。但是不可否认的是，无论在日本还是中国，国家都承认了经济、社会、文化权利是一种基本的宪法性权利，只不过对这些权利的保障是通过“基本权利之具体化”来实现的。

根据美国佛罗里达州立大学 David Landau 对美国、拉丁美洲、非洲等国家司法实践的实证研究，不同类型的经济、社会、文化权利的司法保障径路其实会产生不同的司法保障之实际效果。其研究结果如表 9-2 所示。

表 9-2　经济、社会、文化权利司法保障之效果 [2]

进路	正当性 / 制度能力	变更实践之效果	可能受益者	国家实践
个体化保障（Individualized enforcement）	低	几乎不能改变现行权利保障现状	中上收入群体	巴西、哥伦比亚

[1] Mark Tushnet, Weak Courts, Strong Rights: Judicial Review and Social Welfare Rights in Comparative Constitutional Law 227, 264（2008）; Cass Sunstein, Designing Democracy: What Constitutions Do 221（2001）.

[2] D. Landau, The Reality of Social Rights Enforcement, 53 Harv. Int' l. L.J. 189, 2012.

续表

进路	正当性/制度能力	变更实践之效果	可能受益者	国家实践
禁止性禁令（Negative injunctions）	中等	司法审查、推翻立法	中上收入群体	匈牙利、哥伦比亚
弱形式保障（Weak-form enforcement）	介于低和高之间	无变化	无受益者	美国
结构化保障（Structural enforcement）	高	能够改变现行权利保障现状	中低收入群体	南非、印度

经济、社会、文化权利司法保障不仅牵涉到司法机构本身的制度能力（Institutional Capacity）、民主正当性（Democratic Legitimacy）方面的问题，还会涉及一个所谓的保障实效的问题。在个体化保障中，由于法院直接介入经济、社会、文化权利所赖以存在的财政资源，侵入了议会"立法裁量"的领域，此种权利保障进路的民主正当性较低，而且对于社会弱势群体的权利保障实效并不理想。在通过禁止性禁令（Negative injunctions）保障经济、社会、文化权利的国家，法院通过违宪审查权的行使来使得相关的立法变得无效。在那些将经济、社会、文化权利视为弱实体权利的国家，由于法院的保障范围仍然为程序性的事项，司法判决对于经济、社会、文化权利的保障实效并不明显。经济、社会、文化权利保障进路中最为有效的方式便是所谓的结构化保障（Structural enforcement），在这种进路之下，司法机关与立法机关、行政机关形成了一种良性互动的对话关系，法院并没有直接介入那些棘手的社会资源重新分配和整合的具体事项上，相反，法院通过个案推动立法机关和行政机关与权利请求人进行"商谈"，然后行政机关根据法院的指示向当事人提供权利救济。通过以上对经济、社会、文化权利司法保障的类型化研究，我们可以看到法院在经济、社会、文化权利保障方面其实面临着很多的选择；司法既可以强势地介入涉及经济、社会、文化权利保障的个案（如南非的格鲁特布姆案）中；司法也可以等待具体化的立法成熟后再介入人权的救济之中（如中国的邓秀霞案和王泽隆案，日本的"堀木诉讼"和"朝日诉讼"）；在具体化立法还不够成熟的时候，司法也可以借助程序性权利的保

护来捍卫人权（如美国的歌德堡诉凯利案）。

第四节 本章小结

从国际人权法和比较宪法的视角来看，经济、社会、文化权利无论在大陆法系国家还是在英美法系国家都构成了基本权利体系不可或缺的组成部分。经济、社会、文化权利救济制度的完善在很大程度上牵引着现代宪法对基本权利保障范围和保障程度的拓展和深入。一方面，司法作为一个国家正义的最后一道防线必须回应公民的权利保障诉求，从这个意义上讲，通过司法来保障经济、社会、文化权利是所有现代法治国家共同所面对的问题。另一方面，经济、社会、文化权利的司法保障虽然尤为重要，但是其具体的司法保障机制还与一个国家的司法体制、宪法制度安排密切相关。

以南非为代表的国家倾向于将经济、社会、文化权利视为一种法律上有效的、可予以执行的请求权，而将该种权利的义务客体定位为国家针对公民基本权利诉求必须予以保障的义务。通过格鲁特布姆案等影响深远的案件，南非宪法法院在经济、社会、文化权利司法保障方面树立了一个世界范围内的典范，经济、社会、文化权利不但是司法机关在保护弱势群体方面裁判的规范依据，公民也可以以行政机关为对象提出政府不作为时的违宪确认诉讼。南非宪法法院还发展出了更为有效地保障公民经济、社会、文化权利的机制——由法院根据个案的案情指示行政机关和权利请求人进行商谈，最终由行政机关按照法院的指示提供相应的物质给付来满足权利请求人的诉求。以美国为代表的国家主要是通过“正当法律程序”的手段来保障公民应该享有的经济、社会、文化权利。通过歌德堡诉凯利案、布朗诉教育委员会案等代表性的案件，美国联邦最高法院事实上将经济、社会、文化权利视为一种图示纳特教授所谓的“弱实体权利”，公民原则上不能够根据其所享有的经济、社会、文化权利提出对政府不作为情况下的违宪确认诉讼和物质给付请求，只有当政府部门在社会福利的分配中违反了“正当法律程序”的时候，法院才可以明确地提供对相关当事人的救济。以日本为代表的国家，宪法中的经济、社会、文化权利条款并非一种裁判规范，也不能被视为一种具有请求权的基础规范。在具体个案中，法院原则上不能够作出政府不作为时的违宪确认诉讼，公民也不能够请求国家提供物质给付。这一点上，中国深受日本等大陆法系国家基本权利保障理论的影响，经济、社会、文化权利的相关宪法规范在很大程度上被当作一种“方针政策”条款，在这个意义上，经济、社会、文化权利的司法保障虽然不如南非、美国等国那样直接和明显，但是它也具备了一种“客观法秩序”的塑造功能，这意味着经济、社会、文化权利的规范意旨受到国家宪法的保障，国家职能的展开便是为了维护经济、社会、文化权利所塑造的“客观法秩序”——政府必须对社会弱势群体提供基本的生活和物质关照。

第四编

关联篇

“人人有权自由参加社会的文化生活，
享受艺术，
并分享科学进步及其产生的福利。
人人对由于他所创作的任何科学、
文学或美术作品而产生的精神的和物质的利益，
有享受保护的权利。
——《世界人权宣言》[1]

第十章　经济、社会、文化权利保障中的特别问题：文化权利专论[2]

文化是民族的血脉，是人民的精神家园。同时，文化权利在人权的谱系中被视为一项人人都想享有的基本权利。文化权利是我国近年来日渐兴起的一项基本人权研究，随着中国共产党十七届六中全会关于文化体制改革的决定，无论是法学理论界还是法律实务界，如何从法学视角探析文化权利（文化基本权/基本书化权）的基本构造就成了文化权利保护的重中之重，这不仅可以为国家文化政策的制定和实施提供规范的依据，更重要的是这种学理工作还可以为人民的文化生活繁荣和发展提供法律机制上的保障。

我国于1998年签署了《经济、社会、文化权利国际公约》，虽然我国目前并未有类似《经济、社会、文化权利国际公约施行法》的人大立法来完全对接该人权公约，但是鉴于中国积极推动该公约实施的努力已有20多年的时间，除了我国宪法明确确认了文化权利之外，我国也存在一系列诸如《电影产业促进法》《出版管理条例》《音像制品管理条例》《广播电视管理条例》《传统工艺美术保护条例》《文化事业建设费使用管理办法》等涉及文化产业和文化事业

[1]《世界人权宣言》，第27条；Art.27，Universal Declaration of Human Rights，G.A. Res. 217 A（III），U.N. Doc. A/810，71（1948）.

[2] 本章曾发表在《复旦大学法律评论》（第二辑），法律出版社2015年版。原题目为《文化权利的规范建构——人权公约与实证宪法的法理交错适用》，收录本书时，已经过编辑部许可，特致谢忱。

的法律和行政法规。综观近年来学界关于文化权利的探讨，法学圈逐渐浮现出对这个领域从国际人权法、宪法、法律之三角互动关系的法理发展态势。

本章旨在探讨文化权利的规范内涵，尝试从人权公约和比较宪法的角度探寻文化权利在法 源论上的依据，然后透析文化权利在主体、内容、与其他权利的关联性等方面的权利要素，接着将致力于构建“文化权利”的规范功能，并佐以具有代表性的案例法实践，最后发掘出文化权利的“规范结构”。同时，本章还将提出文化法治国下文化建制的基本法律原则，在这个原则的指引下，笔者希望通过此种规范法学的分析为文化权利在当下“文化体制改革”大背景下的具体落实提供一种理论上的论证和诠释。

第一节 文化的概念与范畴限定

文化权利是被国际人权法和国内宪法所保障的基本权利，同时也是法学中最为孱弱和陌生的权利类型，造成这种现象的原因一方面在于作为文化权利基础概念的文化本身极其复杂，另一方面在于法学上对文化权利的观察和检讨很难落实在一个规范分析的框架之内。就文化作为文化权利的基础概念而言，在对文化的诠释过程中，中外学者提出了数百种定义，这似乎让人们对文化一词做出一个恰当的定义显得无所适从，但是人们在选材与整理的过程中，若要为文化找一个基本立足点，必须从人的特征着手。依据维科（Giambattista Vico）的见解，文化是人的产物，他在《新科学》（The New Science）一书中将人类的研究从对自然的观察转为对人的创造物的探索，并认为人所能了解的事物就是文化。[1] 文化有极其广义上的内涵即“大写的文化”（Culture with a capital “C”），也有非常狭义上的内涵即“小写的文化”（Culture with a small “c”），更有介乎于广义和狭义层面上所谓中义的内涵。[2] 英国人类学家泰勒（E.B.Tylor）是第一个为文化下定义的学者，他

[1] 林立树：《历史中的文化课题：对西方“文化”概念的省思》，载《哲学与文化》2003 年第 30 卷第 7 期。

[2] H. H. Stern, Fundamental Concepts of Language Teaching: Historical and Interdisciplinary Perspectives on Applied Linguistic Research, Oxford University Press, 1983, p.251.

在《原始文化》一书中从狭义的角度界定文化的概念：文化是包括知识、艺术、道德、法律、习俗，以及其他由社会成员所习得的能力与习惯所构成的复合体。[1] 该定义也是在中西学术界被广为引用的一个定义。从广义的角度来看，汤恩比（A. J. Toynbee）认为文化是人类生活的总体；史宾格勒（O. Spengler）认为文化是世界历史的总体，文化是歌德式活生生的自然，而不是牛顿式死沉沉的自然。英国学者汤恩比（A. J. Toynbee）的《历史研究》（A Study of History）和德国学者史宾格勒（O. Spengler）的《西方的没落》（Der Untergang des Abendlandes）显然是从非常广义的角度展现了英、德两国在传统上对文化的认知，同时也刻画了两种文化的面面观。[2] 当代哲学大家罗纳根（Bernard J. F. Lonergan）则认为文化是共同体中关于人们生活方式的一整套意义和价值体系，这些意义和价值被嵌入在诸如传统、习俗、故事、艺术等文化符号中。[3]

传统中国并不存在类似于西方学者关于"文化"的定义，更没有中国文化、外国文化的区别，而只有华夷之辨，将"Culture"一词翻译为文化乃是从日本学者开始的。追溯中国历史，文化在汉语中实际是"人文教化"的简称，关于文化的理解同时也存在于中国的历史典籍之中。《周易·贲卦·彖传》云："贲亨，柔来而文刚，故亨。分刚上而文柔，故小利有攸往，天文也。文明以止，人文也。观乎天文，以察时变。观乎人文，以化成天下。"在这里，"人文"与"化成天下"紧密相关，"以文化教"的思想已经十分明确。[4] 正如有学者指出的那样，中国古代主要是以人文来界定文化，用文化来表示人类社会在发展中得到开化、教化而形成文明的成果，其中包括社会物质文化与精神文化的发展。[5] 近人梁启超在《什么是文化》中称，"文化

---

[1] E.B.Tylor，Primitive Culture：Researches into the Development of Mythology，Philosophy，Religion，Art and Custom，Gloucester，MA：Smith，1958（first published in 1871），p.1.

[2] 邬昆如：《文化哲学的意含》，载《哲学与文化》2001 年第 28 卷第 5 期。

[3] Bernard J. F. Lonergan，"Revolution in Catholic Theology"，in A Second Collection，ed. by William F. J. Ryan and Bernard J. Tyrrell（Toronto：University of Toronto Press，1996），p.232.

[4] 张岱年、方克立：《中国文化概论》（修订版），北京师范大学出版社 2004 年版，第 2 页。

[5] 陈荣照：《儒家政治文明理念的透视》，载《纪念孔子诞生 2555 周年国际学术研讨会论文集》，2004 年，纪念孔子诞生 2555 周年国际学术研讨会。

者，人类心能所开释出来之有价值的共业也”，“共业”包括众多领域，诸如认识的（语言、哲学、科学、教育）、规范的（道德、法律、信仰）、艺术的（文学、美学、音乐、舞蹈、戏剧）、器用的（生产工具、日用器皿以及制造它们的技术）、社会的（制度、组织、风俗习惯）等。[1] 由此可见，梁氏认定的文化是一个非常广义上的概念，可以类似于西学中“大写的文化”。同时，与文化（Culture）密切相关的另一个概念是文明（Civilization）。在人类学和考古学中，文明可以指有人居住，有一定的经济文化的地区，如西方的两河文明、中国的黄河文明。文明也可以指文化类似的人群，如基督教文明、儒家文明。钱穆先生指出：文明（Civilization）与文化（Culture）皆指人类群体生活，而其区分多遭国人混用，文明偏在外，属物质层面；文化偏在内，属精神层面；前者可以向外传播与接收，后者则必须由其群体内部精神累积而产生。[2] 从较为狭义的角度理解文化一词的内涵，笔者赞同将文化与文明相对区分的观点，这是因为文化是意志的产物，无论如何，文化都必须立足于人的特征，文化有别于无生命的物理世界的活动。显而易见，文化一词难有一个确切和为所有人所接收的定义，关于文化一词在概念上的争论转而成为一个“人们在何种意义上适用它”的问题。本书所要探讨的是文化权利，其中不可回避的问题就是当文化成为一种权利的客体和指涉对象时，如何从法理上界定这种权利的内涵和外延。结合上述关于文化一词概念上的概览，笔者从中义的角度将本书所探讨的文化限定为一种包括人们在文学、艺术、信仰、族群生活等精神层面成就的总和，且认为文化具有多样性这一最为显著的特征，而这种界定也符合联合国教科文组织 2001 年通过的《世界文化多样性宣言》和 2007 年《弗里堡文化权利宣言》，前者指出：“文化应该被视为某个社会群体特有的精神与物质，智力与情感方面的不同特点之总和；除了文学和艺术外，文化还包括生活方式、共处的方式、价值观体系、传统和信

[1] 张岱年、方克立：《中国文化概论》（修订版），北京师范大学出版 2004 年版，第 3 页。

[2] 钱穆：《中国文化史导论》（修订本），商务印书馆 1994 年版，第 1 页；另参见邵台新：《中国文化史》，大中国图书公司 1997 年版。

仰。”[1] 后者指出：“文化包含了诸如价值、信仰、语言、知识、艺术、传统、制度以及个体或者群体表达其人文需求和赋予其本身存在、发展的生活方式和意义。”[2]

第二节 法律意义上的文化权利

法律制度本来是凝结在文化和法律所赖以生长的传统之中的，而文化权或文化权利的产生和法理发展却是将法律从文化之中抽离出来，并从实证法的角度俯瞰文化现象本身且试图对文化加以规范和保护。这一方面是由于文化对于国家意识形态的构建具有基础性的价值和意义，另一方面是由于在一个日益多元的法治社会中文化关涉到个体或者集体的自我决定、自我发展和自我实现。自此，学界延伸出了文化作为一种权利的法理思考，对文化生活及文化成果的参享成为法律上不得不正视的问题，更有理论界和实务界主张文化不但可以被作为一种权利来对待，更可以上升为一种基本权利（宪法权利），在更为广阔的思考维度上，文化权利被视为一种具有根本重要性的人权。[3] 至于文化权利在人权体系中之地位，2004 年于西班牙巴塞罗那召开的“文化权利与人权发展世界大会”（Congress on Cultural Rights and Human Development）在其最终报告（Final Reports）中指出，文化权利是人权之必要组成部分，任何文化政策都不得侵犯文化权利，同时文化权利需与其他人权形成整体，任何其他的人权形态和样式都具有文化维度（Cultural Dimensions）。[4]

正如孟德斯鸠所言：“法律的用语，对每个人要能唤起同样的观念。”从

[1] Preamble Para.4, UNESCO Universal Declaration on Cultural Diversity, Nov. 2, 2001, UNESCO Doc. 31C/Res 25, Annex 1（2001）.

[2] Art.2, Fribourg Declaration of Cultural Rights, 2007, Fribourg.

[3] 龙应台：《文化权不是有钱人的特权 是民众的基本人权》，http://www.taihainet.com/news/twnews/twsh/2012-05-18/853318.html，最后访问时间：2020 年 3 月 30 日。

[4] The Final Report, Congress on Cultural Rights and Human Development, Barcelona, 23—27 August 2004.

超越法律的角度探讨文化的概念在于明晰文化权利中“文化”一词的指涉范畴，而所有关于文化权利的讨论又不得不回归法律和法理，即通过对文化权利法律依据的探寻，我们就可以在实证法的脉络下探究文化权利应然的规范领域和保障程度。就国际层面而言，1948 年《世界人权宣言》宣明文化权利为普遍性的天赋人权，任何人得享有该项不可剥夺的权利。[1] 国际人权法意义上的文化权利意在确保个人的自我发展和自我实现，文化权利是一种“天赋的权利”，国家责无旁贷地负担着保障文化权利的国际义务。就宪法层面而言，文化权利（The Right to Culture/das Recht auf Kultur）的议题着重于人民与国家之间的权利义务关系，以及人民基于宪法将如何形塑彼此之间的生活模式。德国的宪法学界更是将这一议题置于“文化国”（Kulturstaat）和“文化宪法”（Kulturverfassung）的框架下进行文化基本权利（Kulturelle Grundrechte）的研究。介于传统国际法和国内宪法的超国家组织的宪法性文件《欧洲联盟运作条约》第 167 条第 1 款提及“成员国的文化”并明示欧盟应当尊敬文化多样性保护共同文化传统。[2]

一、国际人权公约下的文化权利

在国际层面，文化权利得到了世界范围内的普遍认可和承认，许多国际人权公约都将文化权利载入其中并且明文规定了其内容。1948 年《世界人权宣言》第 27 条规定：“人人有权自由参加社会的文化生活，享受艺术，并分享科学进步及其产生的福利。人人对由于他所创作的任何科学、文学或美术作品而产生的精神的和物质的利益，有享受保护的权利。”1966 年《经济、社会、文化权利国际公约》第 15 条第 1 款明文规定：“本公约缔约各国

[1] Art.27, Universal Declaration of Human Rights, G.A. Res. 217A（III）, U.N. Doc A/810 at 71（1948）.

[2] Ress/Ukrow, EU-Arbeitsweisevertrag Art. 167 Beitrag der Union unter Wahrung und Förderung der Kulturvielfalt in Grabitz/Hilf/Nettesheim, Das Recht der Europäischen Union 49. Ergänzungslieferung 2012, S.85-89.《欧洲联盟条约》（TEU）第 167 条明定政府各部门政策之制定，应考虑文化层面，从国民文化权益保障、文化保存与永续发展等向度思考，寻求文化与开发政策共存共荣的机制，优先考虑文化的特殊需要。

承认人人有权:(甲)参加文化生活;(乙)享受科学进步及其应用所产生的利益;(丙)对其本人的任何科学、文学或艺术作品所产生的精神上和物质上的利益，享受被保护之利。”[1] 2001 年《世界文化多样性宣言》第 4 条规定:“捍卫文化多样性是伦理方面的迫切需要，与尊重人的尊严是密不可分的。它要求人们必须尊重人权和基本自由，特别是尊重少数人群体和土著人民的各种权利。任何人不得以文化多样性为由，损害受国际法保护的人权或限制其范围。”[2] 2005 年《保护和促进文化表现形式多样性公约》第 2 条第 1 款宣示:“只有确保人权，以及表达、信息和交流等基本自由，并确保个人可以选择文化表现形式，才能保护和促进文化多样性。”[3]

二、宪法意义上的文化权利

最早将文化权利作为基本权利来规定的法律是 1919 年德国的《魏玛宪法》。该宪法第 118 条规定:“德国人民，在法律限制的范围内，有用语言、文字、印刷、图书或其他方法，自由发表其意见之权，并不得因劳动或雇佣关系，剥夺此种权利。”《瑞士联邦宪法》第 27 条也规定了较为宽泛的文化权利。[4] 我国现行宪法第 47 条规定:“中华人民共和国公民有进行科学研究、文学艺术创作和其他文化活动的自由。国家对于从事教育、科学、技术、文学、艺术和其他文化事业的公民的有益于人民的创造性工作，给以鼓励和帮助。”

---

[1] Art.15, International Covenant on Economic, Social and Cultural Rights, G.A. Res. 2200A (XXI), 21 U.N.GAOR Supp. (No. 16) at 49, U.N. Doc. A/6316 (1966), 993 U.N.T.S. 3, entered into force Jan. 3, 1976.

[2] Art.4, UNESCO Universal Declaration on Cultural Diversity, Nov. 2, 2001, UNESCO Doc. 31C/Res 25, Annex 1 (2001).

[3] UNESCO, Convention on the Protection and Promotion of the Diversity of Cultural Expressions, UNESCO Doc.33C/ Res 41 (20 October 2005). 该公约简称《文化多样性公约》，是联合国教育、科学及文化组织于 2005 年 10 月 21 日于巴黎召开的第三十三届组织大会会议中通过的公约。公约于 2007 年 3 月 18 日满足了 30 个成员方批准的要求而成为一个正式具有国际法拘束力的法律文件。截至 2020 年 1 月,《文化多样性公约》已经有 148 个缔约方。

[4] 莫纪宏:《论文化权利的宪法保护》，载《法学论坛》2012 年第 1 期。

南非共和国宪法在第 30 条（权利法案）规定了语言和文化权利条款：“每个人都有权使用其语言并参与他们自己选择的文化生活……” 同法第 31 条（权利法案）第 1 款规定：“任何属于一个文化、宗教或者语言共同体的人，与共同体的其他成员一道，都不得被剥夺以下权利：a. 享受其文化，从事其宗教生活并使用其语言；b. 组织、参加或者维系其文化、宗教、语言上的团体以及其他公民社会的组织。”

德国学者所使用的文化权利概念大体上是沿循着文化国（Kulturstaat）的脉络而指涉狭义的文化领域，即人类精神活动中的教育（Bildung）、科学（Wissenschaft）及艺术（Kunst）领域。[1] 台湾地区宪法学者许育典在 2006 年出版的《文化宪法与文化国》则沿循德国法的传统，认为文化权利多以德国基本法上明文规定的教育、学术、艺术或宗教相关基本权为核心，而对焦于这些核心基本权的自我实现则产生诸多的保护法益，辐射到文化领域中最大可能的宪法保护范畴，也就是说，德国宪法上对文化领域的保障，是将教育、科学、艺术或宗教等基本权概括地称为文化基本权，经由这些文化基本权作为客观价值决定的宪法保障，建立了所谓的文化国，保障人民的文化自我实现。[2] 莫纪宏教授认为公民所享有的文化权利的共同特征在于它们都是为了满足公民个人的精神需求，是一种精神性的权利。它通常包括公民个人的表现自由、创作自由、发表意见的自由、追求美感和精神愉悦的自由、从事科学研究的自由、充分发挥个人精神人格力量的自由、宗教信仰自由、语言文字自由、文化娱乐的自由，等等。[3] 基于对我国宪法第 47 条的理解，周伟教授认为文化权利是指包括科学研究（学术自由）、文学艺术创作和参加文化生活的权利。个人、群体、民族和人类都是文化权利的主体，但这些不同主体所享有的文化权利的内容和范围不尽相同。[4] 韩大元、胡锦光教授则认为公民的文化权利包括三个方面的内容，即从事科学研究的权利、文艺创作的权利与从事其他文化活动的权利。其范围主要是欣赏文化艺术珍品、欣赏文艺

---

[1] Steiner, Kulturauftrag im staatlichen Gemeinwesen, VVDStRL 42, 1984, S.9.

[2] 许育典：《文化宪法与文化国》，元照出版有限公司 2006 年版，第 16—17 页。

[3] 莫纪宏：《论文化权利的宪法保护》，载《法学论坛》2012 年第 1 期。

[4] 周伟：《宪法基本权利：原理 · 规范 · 应用》，法律出版社 2006 年版，第 364—365 页。

作品、利用图书馆、文化馆、出版社从事文化娱乐活动等。为了实现公民的文化权利，国家应该积极创造条件，提供必要的设施与物质保障。[1] 我国亦有学者指出公民基本文化权利是公民普遍、平等享有的以文化为客体的基本人权，其权能内容主要包括文化参与权、文化成果共享权、文化利益保障权和文化选择权等方面，它既是消极自由，又是积极权利。

第三节　文化权利的规范要素

法学上关于文化权利的规范内容和关联概念的探讨都致力于构建一个关于文化人权或者文化基本权的实证法框架。无论借助国际人权公约还是实证宪法的规定，学者们关于文化权利内容的争论始终都没有完成较有说服力的论证，个中缘由大致在于这些论证都缺乏坚实的法理基础和体系性的分析框架。笔者以前述文化的超实证法和实证法概念为背景，以文化权利的规范意旨为法哲学基础，试图打通人权公约和实证宪法的法理隔阂，从而构建起一个关于文化权利的规范框架。

不可否认，无论是国际法学界还是宪法学界，学者们关于包含文化权利在内的所有基本权利的研究大多受到“代际人权理论”[2]（Three generations of human rights）的深刻影响，而这种代际人权理论可以将文化权利置于一个关于权利递进和发展的历史阶梯上去讨论。郑先君教授认为基本权利由三部分组成，即自我保存和肯定意义上的古典自然权利、自我表现意义上的公民政治权利及自我实现和发展意义上的社会经济权利。[3] 文化权利是基本权利的一个组成部分，他与其他权利不可分割，相互依存构成基本权利的整体，文化权利与经济权利和社会权利都属于第二代基本权利。[4]

---

[1] 胡锦光、韩大元:《中国宪法》(第 2 版)，法律出版社 2007 年版，第 306、309 页。

[2] Karel Vasak, Human Rights: A Thirty-Year Struggle: the Sustained Efforts to give Force of law to the Universal Declaration of Human Rights, UNESCO Courier30: 11, Paris: United Nations Educational, Scientific and Cultural Organization, November 1977.

[3] 郑贤君:《基本权利的宪法构成及其实证化》，载《法学研究》2002 年第 2 期。

[4] 周伟:《宪法基本权利：原理・规范・应用》，法律出版社 2006 年版，第 365 页。

虽然国际人权公约以直接明了的条款宣示了文化权利必须受到保障，但关于究竟何为国际人权法上的文化权利，法理上似乎并不明晰，学者亦各持己见。其中涉及的诸多问题包括但不限于以下方面：公民言论自由、宗教自由是否属于一种文化权利？知识产权是否属于文化权利？《公民权利和政治权利国际公约》第 27 条所规定的少数民族权利和土著人权利是否纳入文化权利的范畴？文化权利究竟指的是一种个体权利还是一种集体权利，民族或者国家得否主张文化权利？综观各家观点，笔者总结为三种。第一种持文本解读的方法认为：作为人权的文化权利"大体相当"于《经济、社会、文化权利国际公约》第 15 条所陈述的权利内容，即人人享有参加文化生活、享受科学进步及其应用所产生的利益以及对其本人的任何科学、文学或艺术作品所产生的精神上和物质上的利益享受得到保护的权利。[1] 第二种从规范诠释（Normative Hermeneutics）的进路认为文化权利不仅指《经济、社会、文化权利国际公约》第 15 条所列的内容而且涉及甚至推及诸如知识产权、少数人（土著人、少数民族）的权利保障。以文化权利与知识产权的关联为例，联合国经济、社会和文化权利委员会认为，必须同时兼顾参加文化生活的权利、享受科学进步及其应用所产生的利益的权利和知识产权；所有公民文化、经济、政治及社会权利以及发展权都与知识产权制度相关，为了与尊重国际人权的义务相一致，知识产权制度必须促进和保护所有人权包括受到《公约》保障的各项权利。[2] 第三种持关联与区分并存的方法认为文化权利外围的其他人权与文化权利的核心内容应有不同，同时文化权利兼具积极与消极、个体与集体的二元属性。

在宪法法理上，为了阐明文化权利的规范要素（主体、客体和内容），我们可以从公民和国家的法律地位入手来分析。德国杰出的宪法学家耶利内克（Georg Jellinek）基于人民和国家的"法律地位"（legal status）理论，将基本权利进行了分类。她类型化了四种"法律地位"：消极地位（status

[1] 黄金荣:《〈经济、社会、文化权利国际公约〉国内实施读本》，北京大学出版社 2011 年版；何锦前:《公民基本文化权利的规范分析》，载《湖南工业大学学报》（社会科学版）2012 年第 4 期。

[2] 万鄂湘、毛俊响:《文化权利内涵刍议》，载《法学杂志》2009 年第 8 期。

subjectionis）、积极地位（status liberates）、主动地位（status civitatis）和被动地位（status positivus）。[1] 虽然耶利内克认为"法律地位"理论所欲强调的是公民的身份和地位，而非公民的权利，[2] 但是这却是一项基础性的工作，因为我们可以用"公民的法律地位"来推导出文化权利的诸项规范要素。基于耶利内克"法律地位"的理论，参照国内外学术界关于公民与基本权利的探讨[3]，基本权利可以做如下类型化，如表 10-1 所示。

表 10-1 基本权利的传统分析框架

公民在宪法上的地位	公民与国家的关系	公民的基本权利和义务
消极地位	对抗国家的干预	自由权
积极地位	请求国家实现	经济、社会、文化权利
主动地位	参与国家的管理	政治权利
被动地位	服膺国家的管理	义务

由此可见，文化权利在传统的宪法学理论中被视为一种公民请求国家实现的积极权利。然而，随着近代宪法学的发展，文化权利不仅被赋予其给付请求权的积极面向而且被赋予防御权的消极面向，这是由人权本质上的一体和不可分割所决定的。基于 1993 年《维也纳宣言》中所宣称的"所有人权都是普遍、不可分割、相互依存并且相互联系的"人权哲学，文化权利亦不例外，文化权利所特有的文化维度促使其与包括相关经济、社会权利和公民与政治权利在内的其他人权紧密联系，但各项人权同时具有各自的独立性和独特性，涉及人类生活的特定方面。[4] 所以，文化权利可以在公民基本权利的类型方面做进一步的框架更新，如表 10-2 所示。

[1] G. Jellinek，*System der subjektiven öffentlichen rechte*. 2nd edn.（Tübingen，1905）86 f.

[2] Ibid，84.f.

[3] Kelly，Duncan，*Revisiting the Rights of Man*：*Georg Jellinek on Rights and the State*，Law and History Review，22.3（2004）para.66.http：//www.historycooperative.org/journals/lhr/22.3/kelly.html，last visit 2013-4-24.

[4] 黄晓燕：《国际人权法视野下文化权利的考虑与辨析》，载《政法论坛》2013 年第 3 期。

表 10-2 基本权利的现代分析框架

公民在宪法上的地位	公民与国家的关系	公民的基本权利和义务
消极地位	对抗国家的干预	自由权 + 经济、社会、文化权利
积极地位	请求国家实现	经济、社会、文化权利 + 自由权
主动地位	参与国家的管理	政治权利 + 文化权利
被动地位	服膺国家的管理	公民的服从义务 + 政府的保护性义务

故此，文化权利的主体、客体和规范内容已经在上述新的分析框架下逐渐清晰——就文化权利的主体而言，个人和集体都可以成为文化权利的享有者。就文化权利的客体而言，文化权利关涉到公民或者集体在技术和器物层面的文化（如科技文化）、制度和上层建筑方面的文化（例如习惯法和民间法文化）、观念或者宗教意义上的文化（如道教文化、基督教文化）。就文化权利的内容而言，它不仅包括了公民或者团体请求国家为一定给付的积极权利也包括了公民或者团体预防国家干涉、维系其自由开展和实现的消极权利。举例而言，对于公民 x 的某项文化权利，它实际上包括两个方面的内容：第一个方面，公民在宪法上处于一种积极地位，转化为法律关系而言，对于公民 x，必定对应着国家承认公民 x 的相关法律权利并且：（1）赋予公民 x 要求国家给付的请求权；（2）国家采取必要的法律措施助其实现其相应的请求权。第二个方面，公民在宪法上处于一种消极地位，转化为法律关系而言，对于公民 x，必定对应国家不得肆意干涉或者限制公民文化自我选择、自我开展的自由，同时，国家即使有权力颁布禁令去限制 x 的文化自由，该种限制只能是在一个民主多元的社会中所必需的且该种限制必须符合比例性原则。究其实质，公民在第二个层面上的文化权利其实是一种公民对抗国家的防御权（Abwehrrechte / Freedom from interfering）。总结上述论证，公民文化权利的内在构造可以归纳如图 10-1 所示。

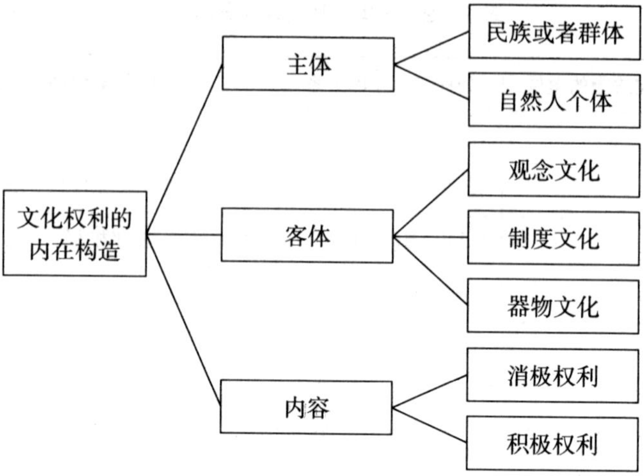

图 10–1　文化权利之内在构造 [1]

以图 10-1 中文化权利的规范要素做基础，我们可以继对文化权利加以类型化，其基本模式如下。

以文化权利的主体类型化标准划分，文化权利包括个体文化权利（Individual Cultural Rights）和集体文化权利（Collective Cultural Rights）两种类型。文化权利作为个体权利的规范内容包括：（1）参与文化活动和文化生活的自由；（2）分享文化利益的权利；（3）文学、艺术和科学创造的自由；（4）对任何科学、文学或艺术作品所产生的精神上和物质上的利益，享受被保护之利；（5）文化权利涉及宗教信仰自由和宗教活动自由。同时，文化权利作为集体权利的规范内容包括：（1）人民的文化自决权；（2）文化资产和遗产受到保护的权利；（2）土著人 / 少数民族的群体文化权利；（4）文化教育权。

以文化权利内容的积极和消极面向作为区分标准，文化权利包括积极文化权利（Positive Cultural Rights）和消极文化权利（Negative Cultural Rights）两种类型。其中，积极文化权利包括：（1）请求国家为一定给付义务的请求权；（2）平等、多元文化制度的创设权；（3）请求国家排除第三方（私主体）

[1] 江国华：《文化权利及其法律保障》，载《中州学刊》2013 年第 7 期。

文化干涉和侵犯的请求权。消极文化权利包括：（1）公民或团体享有文学、艺术和科学创造的自由，国家不得肆意干涉和限制；（2）国家尊重公民或团体的文化自我决定和自我实现。

第四节　文化权利的规范属性与建构

一、文化权利之消极属性与积极属性

文化权利兼具“消极权利”和“积极权利”的双重属性，那种基于“积极权利”和“消极权利”二分法（Dichotomy）的权利哲学割裂了文化权利内在全能的统一性和完整性，违背了《世界人权宣言》和《维也纳行动纲领》关于人权“普遍、不可分割、相互依存”的法理。在“权利一体化”范式[1]下，文化权利的消极面向对应的是一种国家消极的不干涉的义务，积极面向对应的是一种国家积极的作为义务。笔者在此处提出一个一般分析框架，如表 10-3 所示。

表 10-3　文化权利中的法律关系

A 对于 B 的文化权利（例如，人人享有文化艺术创作的自由）	
A 享有某项文化权利 B （消极属性上的）	国家必须尊重 A 对于 B 文化权利的享有和占有 （国家的不干涉义务）
A 享有某项文化权利 B （积极属性上的）	国家必须提供 A 对于 B 文化权利享有和占有的客观条件 （国家的给付义务）

由此可见，文化权利不仅包含了经典意义上属于消极权利的防御功能，

[1] 范式一词来源于希腊语“παράδειγμα”，一般指“模型、样本、范例”，范式一词的现代含义由科学哲学家托马斯库恩在《科学革命的结构》一书中奠定并被广为流传。他指出经由科学革命从一个范式到另一个范式的相继性转换是成熟的科学法发展模式。范式是在某一指定时间内一系列限定某一个科学学科的活动。See Kuhn，Thomas S.*The Structure of Scientific Revolutions*，3rd Ed. Chicago and London：University of Chicago Press，1996，p.12.

同时也包含了属于现代意义上积极权利的给付功能。正如美国著名学者亨利·舒（Henry Shue）所指出的那样，人身自由权或者生存权都不能简单地被划分为“消极权利”和“积极权利”两种，有时政治权利比文化权利更加“积极”，而有时文化权利比公民权利和政治权利更加“消极”。[1]亨利·舒由此提出“义务层次理论”来说明任何一种权利对应的义务都包括以下三类：[2]

（1）避免剥夺的义务；

（2）保护个人不受剥夺的义务；

（3）帮助被剥夺者的义务。

著名人权法学家菲利普·阿尔斯通和佐恩·艾德发展了亨利·舒的义务层次理论并认为对于任何形式的人权而言，义务都有以下三个层次：[3]

（1）尊重的义务（The Obligation to Respect）；

（2）保护的义务（The Obligation to Protect）；

（3）实现的义务（The Obligation to Fulfill）。

对于文化权利而言，国家 / 政府的义务有以下几个层次：

（1）国家不得肆意干涉公民的文化自主选择权；

（2）国家阻止 / 禁止文化团体之间的文化歧视；

（3）国家保障有效和健全的法律体系实现公民文化权利的平等对待。

由此，文化权利的积极面向和消极面向是一体的，两种面向在法律关系上有着共通性和不可分割性。

---

[1] Henry Shue, *Basic Rights: Subsistence, Affluence and U.S. Foreign Policy*, 2nd Ed, Princeton University Press, 1996, p.37.

[2] Henry Shue, *Basic Rights: Subsistence, Affluence and U.S. Foreign Policy*, 2nd Ed, Princeton University Press, 1996, pp.52-53. 黄金荣:《司法保障人权的限度：经济和社会权利可诉性问题研究》，科学社会文献出版社 2009 年版，第 143 页。

[3] Asbjorn, Eide et al. (eds.) *Food as a Human Right*, Tokyo: The United Nations University, 1984, p.154, 172; Kitty Arambulo, *Strengthening the Supervision of the International Covenant on Economic Social and Cultural Rights: Theoretical and Procedural Aspects*, Intersentia, 1999, p.121.

二、文化权利之个体属性与集体属性

根据国际人权和宪法法理，我们不难发现文化权利属于一种“自我实现”意义上的基本权利。许育典教授的研究表明：自我实现（Selbstverwirklichung）意指自我人格的“自由”展开，自我实现包含了两个基本要素：一个是“自我展开”；另一个是“自由”的自我展开，也就是个体或者集体对于“是否以及如何自我展开”问题的一种自我决定。而作为法律制度构建的文化权利则是为了确保和促进人自我实现的法秩序。[1] 自我实现不仅指经典的个体意义上法益的自决和展开，也包含在社群（集体）意义上的法益的自决和展开。强调多元文化的社群主义支持者 Tamir 强调，实现真正具有意义的自由，必须拥有得以依文化自我意识（Kulturelles Selbstverstandnis）而形塑独特生活方式的行动自由权才可能实现。也正如 Neil MacCormick 所指出的那样：康德理念中对人的尊重暗含……一种我们每个人的义务，即尊重他者所赖以形成“文化共同体”的身份归属。[2]Will Kymlicka 认为集体提供了个人行为选择的文化结构（Cultural Structure），而集体在于促成每一个个体的福祉。[3] 从宪法法理上讲，个体权利的易受侵犯性产生了个体人权的需求，集体权利的脆弱性（尤其是文化权利）又催生了集体人权的需求。为了体系化的回应人权的需求，法律需要保障个体和集体两个维度的权利。[4] 本书在此试图从比较法的角度对个体文化权利和集体文化权利分别作出说明和解释。

（一）文化权利之个体属性

人权就其传统和经典意义而言主要指涉的是个体权利（Individual

[1] 许育典:《文化宪法与文化国》，元照出版有限公司 2006 年版，第 3—4 页。亦可参见 Friedhelm Hufen: Kulturauftrag als Selbstverwaltungsgarantie-Legitimationszusammenhänge kommunaler Kulturpolitik，NVwZ 1983，516。

[2] Neil MacCormick，Legal Rights and Social Democracy：Essays in Legal and Political Philosophy Clarendon Press，1982，p.261.

[3] Will Kymlicka，Liberalism，Community，and Culture，Clarendon Press，1989，p.167.

[4] Siegfried Wiessner，The Cultural Rights of Indigenous Peoples：Achievements and Continuing Challenges，Eur.J.Int’l.L. 2011，22（1），pp.128-129.

Rights），故作为自由权意义上公民的文化权利首先属于一种个体人权。在这个方面，欧洲人权法院关于公民个体意义上的文化权利的法理发展引人注目。1950 年 11 月 4 日在欧洲理事会主持下于罗马签署并于 1953 年 9 月 3 日生效的《欧洲人权公约》（European Convention of Human Rights）[1] 是第一个区域性国际人权条约，它规定集体保障和施行《世界人权宣言》中所规定的某些权利及基本自由。其中，《欧洲人权公约》第 10 条被广泛理解为保护公民个人文化权利的最为重要的条款。欧洲人权法院（European Court of Human Rights）作为使用该公约的机构对于文化权利的法理发展起着主导性的作用，该法院强调了在公约第 10 条的语境下保障公民个人艺术表达自由的重要性；实际上，欧洲人权法院在涉及小说、诗歌、绘画等艺术表达的案件中适用了一种较高的保护标准，该法院认为艺术活动和创作的自由触及公民生活中文化信息、思想理念的交流，这对于一个民主社会尤为必要。在穆勒诉瑞士案（Müller and Others v. Switzerland）[2] 中，穆勒（Müller）等 10 个上诉人是一群在瑞士的艺术家。在一次公开的画展活动上，穆勒画了一幅包含有同性恋、性爱的裸露作品，事实上，穆勒所参加的画展是一个公开的活动，该活动组织方没有事先告知画展的参加者和参观者任何关于同性恋的警告，但是穆勒的作品却被活动主办方没收了并且瑞士当局启动了对穆勒等人的刑事控告。穆勒等 10 个艺术家不服瑞士当局的处罚和判决，遂在瑞士提起诉讼，在用尽当地救济之后，穆勒等将案件上诉至欧洲人权法院，请求欧洲人权法院判决瑞士违反了《欧洲人权公约》第 10 条的规定。虽然欧洲人权法院最终判决瑞士胜诉，但是法院同时肯定了在艺术创作和活动自由的领域，《欧洲人权公约》第 10 条所保障的言论自由可以覆盖到艺术表达上来，因而对艺术创作活动的限制必须符合两个条件：（1）必须有明确的法律所规定；（2）该限制符合民主社会所必需的程序、条件、限制或者是惩罚的约束。相反地，在帕迪雷诉法国案（*Paturel v. France*）[3] 中，有人利用公共资金进行私人反宗教运

---

[1] Council of Europe, European Convention for the Protection of Human Rights and Fundamental Freedoms, as amended by Protocols Nos. 11 and 14, 4 November 1950.

[2] Müller and Others v. Switzerland ECtHR, Appl. Nr. 10737/84, 1988.

[3] Paturel v. France, ECtHR, Appl. 54968/00, 2005.

动（anti-sect movement）受到某出版物的攻击，法国将该出版行为入罪，欧洲人权法院认为法国的行为违反了《欧洲人权公约》第10条的规定。在艾里那克诉土耳其案（*Alınak v. Turkey*）[1]中，土耳其人艾里那克因为出版了一部以土耳其东南部舍尔纳克省（土耳其语：Şırnak）村民被酷刑对待的小说（土耳其语：*Şiro' nun Ateşi*）而被土耳其当局没收了出版物并禁止该出版物的发行；欧洲人权法院认为上诉人所出版的书籍的确含有一些可以与真实语境相映照的章节，这些章节或许可以在当地村民阅读之后产生一些仇恨、对抗甚至是暴力行为，但是必须注意的是上诉人是以"小说"这种艺术创作的方式来对公众进行传播的，这不同于通过大众媒体的传播（mass media），应该正确地将上诉人的出版物视为一种文学艺术创作而属于公民的文化权利范畴，土耳其当局对该文学艺术作品的禁止和处罚没有达到《欧洲人权公约》第10条所要求的限制条件，土耳其对其公民文化权利的干涉没有与其所意欲追求的目的成比例，也不是民主社会所必需的。[2]类似地，在我国的司法实践中，也有关于公民文学艺术创作由于模拟现实而被诉至法院的"《人殃》侵权事件"，在这起事件中核心的法律问题也在于涂怀章的作品《人殃》是否属于文学艺术创作的自由范围。[3]

（二）文化权利之集体属性

内生于文化权利的"文化自我实现和自我开展"不仅指经典的个体意义上法益的自决和展开，还可能包含在社群（集体）意义上的法益的自决和展开。如果否定文化权利的集体维度，那么基于文化多元的建制则会在现代国家演变为优势文化对弱势文化的吞噬。例如，土著民族文化在以国家权力和政策干预的方式、通过强势文化非暴力的有意或无意的融合下，即在国家意向下的融合中消失。土著民族作为承载这种文化的人很难说还能作为一种有民族特性的人们共同体存在。这种民族社会和文化的消亡又导致民族

[1] Alınak v.Turkey，ECtHR，Appl. Nr. 40287/98，2005.

[2] Alınak v.Turkey，ECtHR，Appl. Nr. 40287/98，2005，para.47.

[3] 胡锦光、韩大元:《中国宪法》(第2版)，法律出版社2007年版，第308—309页。周伟:《宪法基本权利：原理·规范·应用》，法律出版社2006年版，第374页注释第24。

本身的消亡的现象被认为是在人类学意义上的民族消亡和文化消亡，在国际人权法意义上则被称为“种族文化灭绝”（Ethnocide）。[1] 因此，当代人权法和宪法法理的发展都认可了特定的集体或者民族得享有普遍性的文化权利。国际劳工组织于 1957 年制定了《原住民及部族人口公约》（Indigenous and Tribal Populations Convention，C107/ 第 107 号公约）[2]，之后又于 1991 年通过了《独立国家土著和部落居民公约》（第 169 号公约）[3]，2007 年《联合国土著人民权利宣言》（UNDRIP）[4] 可以视为少数民族权利保护的最新法理发展。联合国防止歧视和保护少数人小组委员会也任命了一个土著居民问题工作组，审查各国对土著人权利保护进展，制定有关土著人权利的国际标准。[5] 欧洲理事会在 1994 年所制定，于 1998 年生效之《保障少数民族架构公约》（Framework Convention for the Protection of National Minorities）[6]，为欧洲第一份关于文化权保障且具拘束力之多边法律文件。在该架构公约中将保障少数民族之文化多样性视为其宗旨之一，其规定缔约国应在文化生活领域，采取促进少数民族平等性之适当措施（第 4 条第 2 项）；缔约国应维持与发展少数民族之文化，并保存其文化资产（第 5 条第 1 项）；缔约国允诺对于因为文化身份而受歧视之行为或威胁之个人，采取适当保护措施（第 6 条第 2 项）；

---

[1] 廖敏文：《〈联合国土著民族权利宣言〉研究》，中央民族大学 2009 年博士学位论文。

[2] International Labour Organization（ILO），Indigenous and Tribal Populations Convention，C107，26 June 1957，C107.

[3] Convention concerning Indigenous and Tribal Peoples in Independent Countries（ILO No. 169），72 ILO Official Bull. 59，entered into force Sept. 5，1991.

[4] Declaration on the Rights of Indigenous Peoples，G.A. Res. 61/295，U.N. Doc. A/RES/47/1（2007）.《联合国土著人民权利宣言》于 2007 年 9 月 13 日第 61 届联合国大会通过，联大投票结果为 143 票支持、4 票反对、11 票弃权。其中，澳大利亚、加拿大、新西兰和美国投反对票，中国投赞成票。具体参见 UN Sixty-first General Assembly Plenary 107th & 108th Meetings（AM & PM）。

[5] UN Doc. E/CN.4/Sub.2/1986/7 and Add. 1-4. The conclusions and recommendations of the study，in Addendum 4，are also available as a United Nations sales publication（U.N. Sales No. E.86.XIV.3）. The study was launched in 1972 and was completed in 1986，thus making it the most voluminous study of its kind，based on 37 monographs.

[6] Framework Convention for the Protection of National Minorities，（ETS No. 157），entered into force on January 2，1998.

缔约国并应在教育与研究领域采取必要措施，促进少数民族对其文化之认识（第 12 条）；缔约国亦应创造必要条件，使少数民族能参与文化生活（第 15 条）；缔约国不应干预少数民族之个人与其他具共享文化身份或文化资产。[1]

就宪法上少数民族所享有的文化权利而言，诸如南非、新西兰、澳大利亚等国家的宪法都承认了少数民族应该享有保持和延续其文化发展的权利，而这项权利又和国际法上的“自决权”（Right of Self-determination）紧密相连。就集体文化权利的主体而言，如何界定作为集体的少数民族或者土著民的文化权利呢？首要的问题就在于“何为少数民族 / 土著民”。在人类学等非法学意义上看，英文中有“Nation”“Nationality”“Ethnic”“Ethnic Group”“Race”“People”“Population”“Indigenous People”“Minority People” 等多个词语都可以表达民族或者少数民族的意思，同时与这些西方词语相对应的中文翻译遂成为民族研究或者文化研究的一个语言学上的难题。[2] 本书认为法学意义上的“少数民族文化权利”研究有必要在借鉴上述人类学、语言学的研究成果的基础上，寻找作为“文化权利”主体之一的“少数民族”的法学含义。《公民权利和政治权利国际公约》第 27 条明文规定：“在那些存在着人种的、宗教的或语言的少数人的国家中，不得否认这种少数人同他们的集团中的其他成员共同享有自己的文化、信奉和实行自己的宗教或使用自己的语言的权利。”[3] 该条文成为少数民族权利研究最为重要的法律渊源（Legal Sources）。《经济、社会、文化权利国际公约》第 15 条保障个人享有人类文明的发展或进步成果的权利，而联合国经济、社会、文化权利委员会认为每个人因为创作而拥有了知识产权，但是纵使个人享有也必须同时保障全体人类也能享有科学、文化进步带来的好处，个人权利的享有不能成为全体人类享

[1] 徐挥彦：《从欧盟文化政策之发展与实践论文化权之保障：以文化多样性为中心》，载《欧美研究》2008 年第 38 卷第 4 期。

[2] 日本著名人类学家清水昭俊先生认为英文中的 indigenous peoples 在汉语和日语中找不到很恰当的对应词，他建议用“先住民”这个翻译来对译 indigenous peoples。参见［日］清水昭俊：《论国际法中的 Indigenous Peoples》，载《云南民族大学学报》（哲学社会科学版）2012 年第 2 期。

[3] Art.27，International Covenant on Civil and Political Rights，G.A. Res. 2200A（XXI），21 U.N. GAOR Supp.（No. 16）at 52，U.N. Doc. A/6316（1966），999 U.N.T.S. 171，entered into force Mar. 23，1976.

有科学文化成果的阻碍。比较人权两公约，《公民权利和政治权利国际公约》第 27 条侧重于族群文化的维度，即少数民族或原住民的文化权利；《经济、社会、文化权利国际公约》第 15 条侧重从文化权利的本质内容上保障所有主体的文化权利。

在日本，尽管原住民族权利的恢复与保护已经是国际社会的共识，但在前一个世纪里，政府始终漠视日本国内唯一的原住民族——阿伊努民族的各种固有权利。这个状况一直到二风谷判决（1997 年）出现之后才出现重大的转变。札幌地方法院在此判决中，首度承认了阿伊努族确实是原住民族，并以此引申出：日本政府应该遵从日本宪法以及两大国际人权公约的规定，恢复并积极保障阿伊努民族的各项权利。札幌地方法院在判决书中接受了原告证人相内俊一（北海道教育大学岩见泽分校教授）所叙述的“原住民族”的定义，并承认该定义符合国际原住民族定义。 所谓原住民族，乃是在近代国家统治之前，当地已经存在与国家主流多数民族相异的文化和认同之少数民族，且其后虽受多数民族统治，仍未失去其具有历史连续性的独特的文化与认同之社会集团。在土著人法律定义的研究上，在人权法学界影响最大的是联合国防止歧视和保护少数委员会土著居民问题工作组的特别报告员（Special Rapporteur of the Sub-Commission on Prevention of Discrimination and Protection of Minorities）——何赛·马丁内斯·科博先生（Jose R. Martinez Cobo），他以 20 世纪 80 年代出版的《土著居民歧视问题》而著称。科博先生对少数民族 / 土著居民的定义为：在社会中居于非主导地位的团体或居民，他们致力于以他们自己的文化模式、社会制度和法律体系向其后代人保护、发展和延续他们长期形成的文化传统、民族认同。[1]

界定了少数民族的定义后，我们大致可以认为少数民族文化权利是少数民族人权最基本的内容之一，是自然的、不可让渡的权利。少数民族的文化权利包括文学艺术权利、语言文字权利、饮食和服饰权利、节日权利、少数民族用品权利、少数民族建筑风格权利、历史遗址和文化的权利、传统体育权利、

[1] Jose R. Martinez Cobo, Study of the problem of discrimination against indigenous populations, New York: United Nations, 1987, paras. 379-382.

新闻出版权利、其他权利等。[1] 下面以我国关于民间文化艺术作品的典型案例——《乌苏里船歌》侵权案[2] 来说明少数民族文化权利保护中的法律问题。

1. 案情[3]

赫哲族是一个世代生息繁衍在东北地区、历史上以捕鱼狩猎为生的少数民族。《想情郎》是一首世代流传在乌苏里江流域赫哲族中的民间曲调，已无法考证该曲调的最初形成时间和创作人。该曲调在 20 世纪 50 年代末第一次被记录下来。在同一时期，还首次收集记录了与上述曲调基本相同的赫哲族歌曲《狩猎的哥哥回来了》。

1962 年，郭颂、汪云才、胡小石到乌苏里江流域的赫哲族聚居区进行采风，收集到了包括《想情郎》等在内的赫哲族民间曲调。在此基础上，郭颂、汪云才、胡小石共同创作完成了音乐作品《乌苏里船歌》。1963 年，该音乐作品首次在中央人民广播电台进行了录制。在中央人民广播电台的录制记录上载明：

录制：1963 年 12 月 28 日；名称：《乌苏里船歌》；时间：3 分 20 秒；作者：东北赫哲族民歌；演播：黑龙江歌舞团郭颂；伴奏：武汉歌舞剧院乐队。

1964 年 10 月，百花文艺出版社出版的《红色的歌》第 6 期刊载了歌曲《乌苏里船歌》，在署名时注明为赫哲族民歌，汪云才、郭颂编曲。

1999 年 11 月 12 日，中央电视台与南宁市人民政府共同主办了“99 南宁国际民歌艺术节”开幕式晚会。在郭颂演唱完《乌苏里船歌》后，中央电视台节目主持人说：“刚才郭颂老师演唱的《乌苏里船歌》明明是一首创作歌曲，但我们一直以为它是赫哲族人的传统民歌。”南宁国际民歌艺术节组委会将此次开幕式晚会录制成 VCD 光盘，中央电视台认可共复制 8000 套作为礼

[1] 翟东堂：《略论中国少数民族文化权利的保护》，载《华北水利水电学院学报》2005 年第 4 期。

[2] 黑龙江省饶河县四排赫哲族乡人民政府诉郭颂等侵犯民间文学艺术作品著作权案，北京市高级人民法院，（2003）高民终字第 246 号。另参见黑龙江省饶河县四排赫哲族乡人民政府诉郭颂等侵犯民间文学艺术作品著作权案，北京市第二中级人民法院，（2001）二中知初字第 223 号。

[3] 黑龙江省饶河县四排赫哲族乡人民政府诉郭颂等侵犯民间文学艺术作品著作权案，载《中华人民共和国最高人民法院公报》2004 年第 7 期。另参见石谷：《〈乌苏里船歌〉著作权纠纷案评析》，载《中国法律》2004 年第 2 期。本书采用该案终审判决认定的事实。

品赠送。同时，赫哲族乡人民政府没有证据证明主办者进行了商业销售。

案件一审原告黑龙江省饶河县四排赫哲族乡人民政府（以下称赫哲族乡人民政府）认为:《乌苏里船歌》是赫哲族人民在长期劳动和生活中逐渐产生的反映赫哲族民族特点、精神风貌和文化特征的民歌。该首歌曲属于《著作权法》规定的“民间文学艺术作品”，应当受到我国著作权法的保护，赫哲族人民依法享有署名权等精神权利和获得报酬权等经济权利。因此，赫哲族乡人民政府将郭颂、中央电视台（歌曲传播方）、北辰购物中心（音像销售方）作为共同被告诉至北京市第二中级人民法院，要求法院判决被告停止侵权并赔偿其精神和经济损失共计50万元。在初审法院支持赫哲族乡人民政府除经济和精神赔偿外其他诉讼请求的情况下，案件一审共同被告人将赫哲族乡人民政府上诉至北京市高级人民法院。

案件上诉人郭颂坚持认为《乌苏里船歌》是其创作的歌曲，另一上诉人中央电视台坚持认为，有关音乐作品《乌苏里船歌》的署名是经多方查阅资料而得出的结论，迄今未发现与该署名相抵触的权威性资料。

另外，在案件审理过程中，双方当事人一致同意由中国音乐著作权协会作为鉴定机构。中国音乐著作权协会接受法院委托，从双方当事人认可的10名候选人中，确定了3位专家作为鉴定人进行了鉴定。中国音乐著作权协会的鉴定结论为:“1.《乌苏里船歌》的主部即中部主题曲调与《想情郎》《狩猎的哥哥回来了》的曲调基本相同,《乌苏里船歌》的引子及尾声为创作;2.《乌苏里船歌》是在《想情郎》《狩猎的哥哥回来了》原主题曲调的基础上改编完成的，应属改编或编曲，而不是作曲。”

2. 争议焦点

系争法律问题一：民族自治地方的地方国家机关是否能以自己的名义对民间音乐作品的保护提起诉讼?

系争法律问题二：以传统民间音乐曲调为基础创作出的音乐作品是否属于改编作品？改编作品的著作权由谁享有?

3. 判决结论

郭颂、中央电视台以任何方式再使用音乐作品《乌苏里船歌》时，应当注明“根据赫哲族民间曲调改编”；郭颂、中央电视台于本判决生效之日起

30日内在《法制日报》上发表音乐作品《乌苏里船歌》系根据赫哲族民间曲调改编的声明；北京北辰购物中心立即停止销售任何刊载未注明改编出处的音乐作品《乌苏里船歌》的出版物；驳回黑龙江省饶河县四排赫哲族乡人民政府的其他关于经济和精神赔偿的诉讼请求。

4. 案例要旨

就第一个法律争议问题，北京市高级人民法院认为：赫哲族民族乡人民政府既是赫哲族部分群体的政治代表，也是赫哲族部分群体公共利益的代表。在赫哲族民间文学艺术可能受到侵害时，鉴于权利主体状态的特殊性，为维护本区域内的赫哲族公众的权益，民族自治地方的地方国家机关是可以以自己的名义对民间音乐作品的保护提起诉讼的。

就第二个法律争议问题，北京市高级人民法院认为:《著作权法》上的改编，是指在原有作品的基础上，通过改变作品的表现形式或者用途，创作出具有独创性的新作品。在《乌苏里船歌》的乐曲中部系改编而成、中部又构成整首乐曲主部的情况下,《乌苏里船歌》的整首乐曲应为改编作品，而非原创作品。

《乌苏里船歌》侵权案是我国在民间文学艺术保护领域内的一起典型案例，无论从初审、上诉法院的推理论证还是从同一时期以来学术界的热烈探讨来看，实务和理论界关于少数民族文学艺术作品保护的主轴线都置于知识产权法之上，主张建立健全民间文学艺术作品的知识产权保护制度。[1] 随着近年来民间文学艺术作品保障需求的提升，我国也有学者主张从公法的角度推动民间文学艺术进行专门制度保护，根据民间文学艺术的性质和法律特征来构建特别权利保护体系，主要从以下几个方面做出规定：1）明确其保护的政策目标为“承认价值与增进尊重、有利于保持文化的多样性、促进文化的交流与创新”。2）确认其权利主体的多元性与群体性，允许“群体”所有权的存在。3）保护权利人的精神权利与经济利益，规定以营利为目的使用

[1] 石谷:《〈乌苏里船歌〉著作权纠纷案评析》，载《中国法律》2004年第2期；张革新:《〈乌苏里船歌〉案若干法律问题评析》，载《法学杂志》2004年第3期；吴海珍:《从乌苏里船歌案看民间文学艺术的保护》，载《电子知识产权》2003年第12期；邵明艳:《让“乌苏里船歌”的歌声更悠扬——民间文学艺术作品法律保护的探讨》，载《电子知识产权》2005年第9期。

民间文学艺术应取得权利人的许可并在获得经济利益后向权利人支付使用费。4）基于私权保护与公共利益的平衡对民间文学艺术权利人的权利进行一定限制，规定族群内部成员基于习惯法或实践的使用、为创作原创作品的使用以及为公共利益目的的使用可以不用取得权利人的许可，也不必支付使用费，但应当指明民间文学艺术的来源。5）民间文学艺术的保护期不受限制。6）民间文学艺术专有权不得转让。7）国务院及地方各级文化行政管理部门依法对民间文学艺术进行行政保护，并采取相关措施保存、传承与弘扬民间文学艺术。[1]

进一步而言，笔者也从中提炼出少数民族文化权利保护的问题，首要的问题之一便是界定该权利的属性。由于少数民族文化就整体而言也类似于民间文学艺术那样，它是某一区域内的群体在长期生产、生活中，直接创作并广泛流传的、反映该区域群体的历史渊源、生活习俗、生产方式、心理特征、宗教信仰且不断演绎的民间文化表现形式的总称。[2] 在权利的逻辑上必须认可少数民族是这种文化权利的主体，然后才能开始在这个逻辑主线上向下游去探寻少数民族特定文化样式具体的代表者或者执行者。故检讨之前理论和学术界关于民间文化艺术的探讨，虽然司法审判面临着十分迫切的技术难题，知识产权日新月异的发展也需要从著作权等角度详细加以审视，但是，少数民族应该享有文化权利并且应该成为集体性文化权利的主体，必须得到重视和承认。

第五节　文化权利的规范功能

一、文化权利规范之属性

相较于其他较为古老和成熟的权利形态，文化权利规范一般而言都比较模糊，法院判例的累积还不足，学术探讨的深入程度仍有待于发掘。不仅国际人权公约的条约机构和人权法院仍然将文化权利视为正在发展中的权利，而且各国宪法法理的植入似乎仍然不能应对现实的需求。借用大陆法系国家

[1] 黄玉烨:《我国民间文学艺术的特别权利保护模式》，载《法学》2009 年第 8 期。

[2] 石谷:《〈乌苏里船歌〉著作权纠纷案评析》，载《中国法律》2004 年第 2 期。

法学体系化思维的特征，笔者认为文化权利规范的属性是我国学术界探讨的当务之急。

通过对世界上具有代表性法系传统的宪法进行观察，我们不难发现，在成文宪法国家，文化权利规范在一国宪法中出现位置不外有三处：序言中的文化权利、总纲中的文化权利和基本权利部分（权利法案）的文化权利。爰此，学理上有三种见解可以用来定性文化权利：（1）文化权利规范是一种方针政策条款（Programmsätze）；（2）文化权利是一种抽象性的权利；（3）文化权利是一种具体的权利。其定性如表 10-4 所示。

表 10-4　文化权利规范之法律属性（学说与见解）[1]

	方针规定说	抽象权利说	具体权利说
规定性质	政治方针规定	抽象权利规定	具体权利规定
国家义务	政治、道德义务	抽象法义务	具体法的义务
是否具裁判规范性	否 （于请求权层面）	是 （有文化保障立法时）	是
得否提起不作为违宪确认诉讼	否	否	是
得否直接依宪法请求文化设施给付	否	否	论者主张不一

第一种观点认为，许多成文宪法国家中并不存在明确的文化权利条款，而在宪法序言中，文化一词被提及。从严格意义上讲，文化权利并非一种真正可司法性的权利，对于文化权利的侵犯，国家或个人均没有实际的救济手段。故应该将文化权利视为一种“国策”或者国家发展的指针（Richtlinien der Staatsgestaltung）抑或国家目标条款（Staatszielebestimmungen）。

第二种观点认为，文化权利条款既然没有被规定在权利法案中，又不能够通过明列的权利法案推导出来，那么这种权利只能是一种宪法委托（Der Verfassunsauftrag）意义上的抽象权利或者是宪法的授权性条款。从这个意义

[1] 本书在此借鉴日本关于“最低生存权规定之法律性质”的三种学说来说明文化权利的法律属性，参见周宗宪：《宪法上人民最低生存权的性质与司法保障》，台湾辅仁大学 2003 年硕士学位论文。

上讲，只有立法者关于文化权利的内容（立法内容之裁量）才具有决定权或关于是否立法的决定权（立法制定之裁量）。[1] 亦即文化权利的实现或救济与否在于立法者将抽象性的文化权利以具体法律形式加以实施。

第三种观点认为，文化权利是权利法案所名列的权利，这种罗列表明立宪者将文化权利与其他任何古老的、成熟的权利并列并希望文化权利能够是一项真正的、可以实施的权利。持这种观点的人认为，文化权利是具体的、可司法的、可救济的。

本书认为，关于文化权利属性的探讨，关涉到宪法中为什么要规定“文化权利”的问题。宪法之所以要将文化权利规定下来，不是想要增加一些政治诗歌或一些纲领式的条文目录，而是要积极地反其道而行，宪法是很严肃与真诚地规定下来，必须将这些价值决定完全满足后，宪法才会完全地显示出它的光芒来指引每个国民及整个国家一条应走的大道。一个实行法治国家的宪法，不是一个宣誓式的宪法（eine deklaratorische Verfassung），而是一个要实践的宪法（eine zu verwirklichende Verfassung）。本书认为，从方针政策的角度来看待文化权利条款，从而把文化权利仅仅视为方针条款（Programmsätze）漠视了这些宪法规范在法规范学上的效力；而把文化权利视为宪法委托（Der Verfassunsauftrag），等待立法机关通过普通立法将基本权利具体化的认知又忽视了这些文化权利条款本身具有直接拘束力的宪法事实。基于此，文化权利可以被恰当地视为一种具体的、可司法的、可救济的权利。

二、文化权利规范之结构

借鉴基本权利的一般规范建构的原理，文化权利也具有所谓的主观权利功能和客观权利功能。如果说在一个国家宪法体制中，基本权利处于一个“主观权利”（Subjektives Recht）的地位，那么公民相对于国家可以产生一个直接的请求权。如图 10-2 所示，如果直线和圆圈代表主观权利，那么权利的持有

---

[1] 秦前红、涂云新:《经济、社会、文化权利的保障路径及其选择——在立法裁量与司法救济之间》，载《交大法学》2013 年第 1 期。

者 T 对的相对人 A 则产生一个直接的请求权。作为主观权利的基本权利还兼具防御权功能和受益权功能，分别对应国家的消极不干预和积极给付义务。

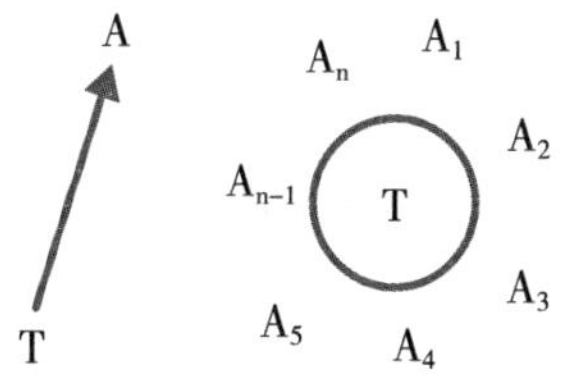

图 10–2 文化权利的防御权和受益权功能 [1]

如果说在一个国家宪法中，经济、社会、文化权利处于一个“客观权利”(objektives Recht) 的地位，那么公民相对于国家并不产生一个直接的请求权。相反，基本权利作为“客观权利”的时候只保障宪法中的客观法秩序。德国公法学者发掘出基本权利还在总体上具有法拘束力的特征，而且整体的国家权力都负有义务去遵守。与此同时，德国学者还发展出基本权利的扩散作用理论，基本权利不仅影响实体法，也影响组织法和程序法，立法者以及法律适用者在制度、解释以及适用法律规范时，都必须考虑到基本权利的影响，就此而言，基本权利的效力扩散到国家与社会的整体法秩序。[2]

关于文化基本权利在一般意义上的规范结构，如图 10-3 所示。

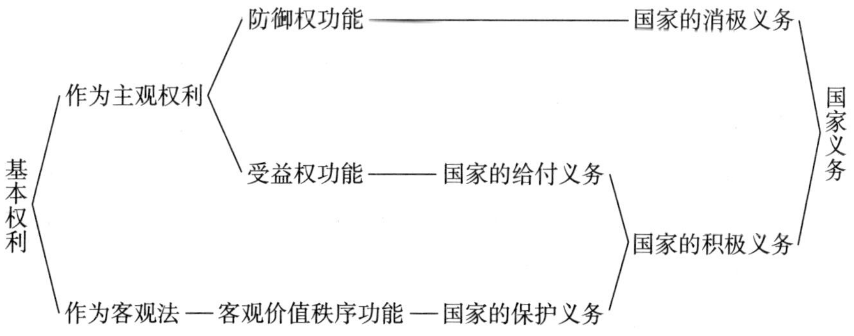

图 10–3 文化基本权利的规范结构 [3]

---

[1] http：//de.wikipedia.org/wiki/Subjektives_Recht，last visit 2020-3-30.

[2] 许育典:《文化宪法与文化国》，元照出版有限公司 2006 年版，第 20—23 页。

[3] 参见张翔:《基本权利的受益权功能与国家的给付义务——从基本权利分析框架的革新开始》，载《中国法学》2006 年第 1 期。

转而言文化权利，文化权利作为基本权利的一种重要类型，也同时具有主观权利和客观法的双重面向。细言之，我们可以从以下三个方面展开对文化权的规范剖析。

第一，文化权利作为主观权利。文化权利作为主观权利的作用，主要是传统的防御权功能，保障个人文化自由的最大可能自我决定，在此范围内个人可以通过权利救济排除国家干涉。事实上，人格的自由开展正是人的自我实现的主要内涵，也是文化权利建构的核心概念。[1] 文化权利可以是公民个人可司法的权利，这项权利不仅包括人民对于国家的一种请求权还包括文化权利的水平适用（horizontal application）。借鉴德国公法学有关基本权利的法理，文化权利规范在私主体之间发生效力就是文化权利的第三人效力（Drittwirkung von Grundrechteny），即文化权利对私主体也产生了一定的法拘束效力。例如，公民和公民之间的文化侵权也可以被文化权利的主观诉求功能涵摄。同时，随着第二代人权理论的发展，当今社会的身份认同和文化认同问题虽然由社会自主形成，但国家亦有促进和介入的必要，如此一来，国家对人民生活的照顾义务，已经从物质生活（社会国）扩张到了精神生活（文化国）。[2]

第二，文化权利作为客观权利。文化权利不但可以具有主观诉求功能，还可以产生一种所谓的“客观法价值秩序”，这种客观法价值秩序，约束国家机关、公民个人、社会团体。最明显的理论是“制度性保障理论”，例如德国法上的“大学自治”条款被视为“制度性保障”，其核心功能不得被国家、私主体肆意侵犯。文化权利的客观权利功能也延伸出文化权利具有一定的组织和程序保障功能，即文化权利是影响组织法和程序法的一项基本权利，这是和文化权利作为基本权利的扩散作用紧密相连的。

第三，文化权利的国家保护义务。既然文化权利有主观权利和客观权利功能，那么如何保障文化权利不被减损、侵犯就成为现代民主国家的一个国家法上的难题。文化权利的国家保护义务应运而生。结合国际宪法和人

[1] 许育典:《文化宪法与文化国》，元照出版有限公司 2006 年版，第 18 页。

[2] 参见许育典:《文化宪法与文化国》，元照出版有限公司 2006 年版，第 19 页。

权法的大潮流，国家保护义务又可以分为尊重（obligation to respect）、保障（obligation to protect）和实现（obligation to realize）三个层面。国家在文化上的保护义务不仅包括公民个体文化权利还包括对群体文化权利的保障义务等重要的内容。以少数民族文化权利的国家保护义务为例，在多民族文化传统的国家，国家对少数民族文化权利的保护负有积极保护的义务。这些义务大旨体现在：其一，采取措施保护少数民族文化权利不被侵犯。其二，尊重少数民族的生活习惯。其三，保护少数民族的文化遗产。[1]

第六节　文化权利所要求之多元文化建制

联合国教科文组织早在1966年的《国际文化合作原则宣言》就明文确认了文化权利保障之必要性，该宣言第1条明文宣示：每一种文化都拥有被尊重和保护尊严和价值，每一个民族拥有发展其文化的权利和义务，本于其丰富和多元之特性以及它们之间的交互影响，任何文化都得形成“属于全人类共同遗产”（the common heritage belonging to all mankind）。[2] 而这种文化权利之理念宣示也契合了《世界文化多样性宣言》第1条之含义：文化之多样性作为人类共同遗产应该基于当代人和后代人之利益而被认可和确证。[3] 国际法首先肯定了文化多元在世界范围内的法律事实，然后以国际公约的形式对这种法律事实加以保障。举例言之，《非洲人权宪章》第17条保障了个体得享有参享共同体文化生活的权利，同时，集体亦得享有该种延续其文化价值和传统的权利，国家在两个方面都有义务予以尊重和保护。[4] 若将这种文化权利之多元与开放之秉性放置在宪法法理的考问下，则诞生了一种作为

[1] 周伟:《宪法基本权利：原理·规范·应用》，法律出版社2006年版，第366—367页。

[2] Art.1, Declaration of the Principles of International Cultural Co-operation, adopted by the UNESCO General Conference at its fourteenth session, Paris, 4 november 1966, UNESCO' s Standard-Setting Instruments, IV.C.(1994).

[3] Art.1, UNESCO Universal Declaration on Cultural Diversity, Nov. 2, 2001, UNESCO Doc. 31C/Res 25, Annex 1(2001).

[4] Art.17, African Charter on Human and Peoples' Rights, adopted 27 June 1981, OAU Doc. CAB/LEG/67/3/Rev.5, reprinted in 21 ILM 58(1981), entered into force 21 Oct. 1986.

“部门宪法”的“文化宪法”之研究。[1]如何在一个多元文化并存的宪法国家（Constitutional State）之内确保各种文化形式和样态的永续存在遂成为现代法治国家不得不直面的指导性宪法原则。由于人民拥有了人权意义上对文化发展和存续的自我决定和自我实现之权利，故只要人民在各项法律所限定的范围内实施上述基本权利，国家就不能侵犯人民的文化自由。这一点可以称作文化基本权利的消极内涵。它同样意味着，一个人民的文化自由不能受到另一人民的文化自由的限制，因为国家负有在文化国中保障所有的团体都享有实践文化自由的职责，这成为人民文化基本权利的积极内涵。[2]无论从国际法还是从比较宪法的角度来看，文化权利对各国都产生了巨大的法理上的指示效应，国家一方面不得肆意干涉和侵犯到公民文化权利所要求的消极核心，另一方面又不得漠视弱势文化在一个文化融合日趋多元的世界中走向消亡。整体而言，国家的中立性（Die staatliche Neutralität）意味着，国家在自由多元而开放的社会中，对其多元存在且互为竞争性之各样文化事务的开展、接受或支持（Parteinahme），应自我节制。在此意义下，国家必须作为“所有国民的国家”（als“Heimstatt aller Burger”/“home of all citizens”），不受特定文化社群（尤其是多数族群的主流文化）的影响，而促进多元文化的最大可能自由开展。[3]更有学者提出，既然国家必须尊重即成的文化强弱对比的事实，那么何不以“一元为主，多元为辅”作为其文化政策呢？笔者认为将这种观点置于文化法治国的探讨框架下仍然需要加以堤防和警醒。因为法治必须恪守应然（Das Sollen）与实然（Das Sein）的区分，在应然状态上，国家必须坚持“国家中立”之基本原则。为了贯彻国家基于文化多元上的“中立原则”，首先，国家应该平等地推动各类文化发展，应提供国民平等参与的机会，不

[1] 所谓“部门宪法”，乃是与传统“国家宪法”而言，其具体形态有如“经济宪法”“劳动宪法”“社会宪法”“教育宪法”“文化宪法”“宗教宪法”“环境宪法”“科技宪法”等。此种宪法的学理研究进路，在我国台湾地区有葛克昌教授、陈新民教授分别展开财政宪法、军事宪法之研究而开其先声，尔后有苏永钦教授作系统论述并组织大批教授分别撰写各部门宪法的专题研究论文，遂得呈现方兴未艾之势。参见苏永钦：《部门宪法》，元照出版有限公司2005年版；周刚志：《部门宪法释义学刍议》，载《法学评论》2010年第3期。

[2] 许育典：《文化宪法与文化国》，元照出版有限公司2006年版，第159页。

[3] 许育典：《文化宪法与文化国》，元照出版有限公司2006年版，第209页。

得因种族、族裔、性别、年龄、信仰或社会阶级、地域有所差异。其次，政府拟定文化政策，应尊重文化艺术多样性，考虑文化差异并尊重当地风土民情。再次，政府应编列合理之文化预算，保障专款专用并合理分配与运用，对偏远及特殊地区之文化发展，应优先补助。 最后，国家必须急迫地将文化权利的视野放宽拉远，实践文化权利的文化政策既是人权政策的贯彻，也是让文化和自然结合的政策，同时也是建置各族群互相依赖且信赖关系之政策。

第七节　本章小结

陈独秀在 1916 年 2 月 15 日“青年杂志”1 卷 6 号发表了《吾人最后之觉悟》一文，在该文中他将中西文化的碰撞交融分列为七个时期，第七个时期为:“吾人拜赐于执政，可谓没齿不忘者矣。然自今以往，共和国体果能巩固无虞乎？立宪政治果能施行无阻乎？以予观之，此等政治根本解决问题，犹待吾人最后之觉悟。此谓之第七期民国宪法实行时代。”作为深深嵌入文化之中的法律制度以文化权利的规范构造来建设一个“文化法治国”，这个构建的过程无论如何也脱离不了文化交融和文化多元的理念，在一个民主和多元的社会中，各种文化都为了延续或者发展而处于一个竞争的状态，在这种状态中，以文化的“自我决定”和“自我开展”为核心的权利体系必须构建起来。一方面，这可以为国家在一个阶段内制定合理和正当的文化政策提供向导和指南；另一方面，人民才可以在繁荣的文化生活中和润地服务着他们所热爱的土地。

我联合国人民同兹决心
欲免后世再遭今代人类两度身历惨不堪言之战祸，
重申基本人权，人格尊严与价值，以及男女与大小各国平等权利之信念，
创造适当环境，俾克维持正义，尊重由条约与国际法其他渊源而起之义务，
久而弗懈，促成大自由中之社会进步及较善之民生……
——《联合国宪章》序言[1]

一个经济、社会、文化权利完全得到尊重
和实现的世界仍然是我们这个时代最大的挑战之一。
——本书作者

第十一章　经济、社会、文化权利保障的国际法和国内法互动[2]

第一节　国际法与国内法关系之一般法理

溯源于罗马法时代的Jus Gentium（万民法）到了欧洲启蒙时期广泛地被哲学家和法学家用来研究国家相互关系上的行为规则，[3]特别是荷兰著名法学家格劳秀斯（Hugo Grotius，1583—1645）在其经典著作《战争与和平法》（*De jure belli ac pacis*）中使用Jus Gentium来指代国家之间的法律规则之后，国际法（Law of Nations/International Law）在四个多世纪以来人类

[1] Charter of the United Nations，24 October 1945，1 U.N.T.S. 16，Preamble.

[2] 本章主要文字和观点已经发表，本书写作中又结合论题主旨有所增减。参见涂云新:《论国际人权条约监督机制的规范结构及其法律挑战——以“条约机构”为核心的考察》，载《人权》2019年第4期；涂云新:《经济、社会、文化权利保障的国际法和国内法之互动关系》，载《楚天法学》2017年第2期。

[3] M. Shaw，International Law，Cambridge University Press，6th Ed，2008，p.17；周鲠生:《国际法》（上），武汉大学出版社2007年版，第1页。

社会制度构建中的实证化程度越来越高。构成国际共同体的国家之间的法律关系在很大程度上建立在“平等者无统治权 / 管辖权”（*par in parem non habet imperium /par in parem non habet jurisdictionem*）的基础原则之上。正如 1912 年德国学者特里佩尔（Teriepel，1868—1946）形象的比喻：“国际法就像是战地元帅（Field Marshal），其命令只有通过将军才能到达士兵。”[1]一方面，由于缺乏类似国内法意义上复杂的中央权威机构，国际法还处于一种高度分权的横向权力结构（highly horizontal and decentralized structure）之中；另一方面，国际法规则通常必须转化为国内立法后才能约束具体生活在一片国土上的人民。[2]时至今日，我们可以观察到：人权法的发展在很大程度上使得现代国际法律价值越过了所谓的主权平等者之间的横向权力结构，逐渐嵌入和形塑着任何一片土地上生活的国民。其最明显的例证便是面对“国际人权宪章”时代的来临，各国的宪法无不肯认人权对于一国国民的重要性，乃至国家统治的合法性都交由了一把以人权为刻度的标尺。在以格劳秀斯模式（Grotian）的国际法框架下，国家比邻而居、互不干涉的图景似乎已经逐渐转向康德模式（Kantian）下国家纷纷拥抱世界主义的情状。[3]国际法和国内法的关系，尤其国际法在广义法律秩序中的效力位阶始终是各国法学家争相探讨和辩论的话题之一，这些已有的学理探索大体分为两类：法律一元论（Monism）和法律二元论（Dualism），其中法律一元论又分化出“国际法优先说”和“国内法优先说”两个类别。兹分别简

[1] A. Cassese, International Law, 2nd Ed, Oxford University Press, 2005, pp.5, 9.

[2] A. Cassese, International Law, 2nd Ed, Oxford University Press, 2005, p.9.

[3] H. Bull, Society and Anarchy in International Relations, in H. Butterfield & M. Wight (eds) Diplomatic Investigations, London: Allen and Unwin, 1966, pp. 35-50; M. Wight, Western Values in International Relations, in H. Butterfield and M. Wight (eds) Diplomatic Investigations, London: Allen and Unwin, 1966, pp. 89-131; A. Cassese, International Law, 2nd Ed, Oxford University Press, 2005, p.21.

要论述之。[1]

一、一元论

（一）国内法优先说

以德国早期学者 J. J. Moster（1701—1785）、耶利内克（Georg Jellinek，1851—1911）、A.Zorn（1850—1928）、M.Wenzel 等为代表的传统德国公法学说倾向于从国家理论的角度把国际法看作国内法在国际社会的延伸，而国际法被视为一种所谓的对外公法（äußeres Staatsrecht/External State Law），该理论的法哲学基础在于黑格尔的法哲学："国际法中自在自为的东西保存着应然的形式，它的现实性是以享有主权的各个不同意志为依据的。"[2] 但是黑格尔

---

[1] A. Cassese，International Law，2nd Ed，Oxford University Press，2005，p.213；[英] 劳特帕特修订：《奥本海国际法》（上卷，第一分册），王铁崖、陈体强译，商务印书馆 1981 年版，第 24—25 页；[奥] 凯尔森：《国际法原理》，王铁崖译，华夏出版社 1989 年版，第 253 页；[英] 奥斯特：《现代条约法与实践》，江国青译，中国人民大学出版社 2005 年版，第 47 页；周鲠生：《国际法》（上），武汉大学出版社 2007 年版，第 14 页；梁西：《国际法》（第二版），武汉大学出版社 2003 年版，第 12 页。除此之外，对国际法和国内法关系的理论还形成了"自然协调论"和"法律规范协调论"两种理论，参见万鄂湘：《国际法与国内法关系研究》，北京大学出版社 2011 年版，第一章。另外参见论文 Vladlen S.Vereshchetin，New Constitutions and The Old Problem of The Relationship Between International Law And National Law，Eur. J. Int '1 L. 7（1996）：29；Anne-Marie Slaughter，S.Tulumello Andrew & Stepan Wood，International Law and International Relations Theory：A New Generation of Interdisciplinary Scholarship，Am. J. Int' l L.92.3（1998）：367-397；Anne-Marie Slaughter，International Law And International Relations Theory：A Dual Agenda，Am. J. Int' l L.87（1993）：205；陶凯元：《国际法与国内法关系的再认识——凯尔森国际法学思想评述》，载《暨南学报》（哲学社会科学版）1999 年第 1 期；李龙、汪习根：《国际法与国内法关系的法理学思考——兼论亚洲国家关于这一问题的观点》，载《现代法学》2001 年第 1 期；罗国强：《论国际条约的国内适用问题》，载《兰州学刊》2010 年第 6 期；沈子华：《我国条约批准的运作机制——以〈宪法〉和〈缔结条约程序法〉的规定为依据》，载《国家行政学院学报》2012 年第 3 期；贾少学：《全球化时代的国际法与国内法关系研究》，吉林大学 2008 年博士学位论文；刘筱萌：《联合国制裁措施的国内执行研究》，武汉大学 2012 年博士学位论文。

[2] 黑格尔：《法哲学原理》（《法哲学原理或自然法和国家学纲要》），范扬、张企泰译，商务印书馆 2010 年版，第 346 页。黑格尔认为国际法是从独立国家间的关系中产生出来的，因此国际法中自在自为的东西保存着应然的形式，因为它的实现是以享有主权的各个不同意志为依据的。

也承认，条约作为国家彼此间义务的根据，应予遵守（笔者注：此即国际法的一个基本原则条约必得遵守 *pacta sunt servanda*）。但是因为国家间的关系以主权为原则，所以在相互交往中，国家处于自然状态，它们的权利不是由被组成为超国家权力的普遍意志来实现，而是由它们特殊意志来实现的。[1]

（二）国际法优先说

以纯粹法学派创始人汉斯·凯尔森（Hans Kelsen，1881—1973）为代表的学者从法律规范的概念"金字塔"拾级而上看待国际法，认为实定法律秩序之外还存在着"规范的规范"即他所谓的"基础规范"（Grundnorm/ Basic Norm），这个"基础规范"并非宪法（Verfassung/constitution）或其他任何实在的法律，它是一个康德意义上的"先验逻辑假定"（Transzendentallogik Voraussetzung），用凯尔森自己的话来说，基础规范是使得一切实在法律秩序或道德得以有效的理由或依据。[2] 在"基础规范"之下，国际法和国内法都被纳入一个在效力上（Geltung）有层级体系的法秩序"金字塔"内，国际法居于这一结构的顶端，与国际法违背的国内法的规则是无效的或非法的。这里我们已经明显地看到国际法优先说的法律一元论受到了康德在《永久和平论》（Zum ewigen Frieden）中世界主义法哲学观的强烈影响。

二、二元论

以德国公法学家特里佩（Teriepel，1868—1946）、奥本海默（Oppenheim，1858—1919）、意大利法学家安其洛蒂（Anzillotti，1869—1950）为代表的学者认为国际法和国内法是两种不同领域内的规则体系，各自平行地适用于其所欲规制的领域。这一理论建立的基础在于国际法和国内法在主体、效力渊源、规制内容等方面的不同。（1）主体方面，国内法的主体是个人以及由个

---

[1] 黑格尔:《法哲学原理》(《法哲学原理或自然法和国家学纲要》)，范扬、张企泰译，商务印书馆 2010 年版，第 348 页。

[2] Hans Kelsen，Allgemeine Theorie der Normen，1979，S. 206 f.

人所组成的团体，而国际法的主体是国家和国际组织。（2）渊源方面，国内法的法源是议会立法或者法官造法所形成的先例，而国际法的渊源主要是条约与国际习惯。（3）规制内容方面，国内法调整国家的内部运行机制以及国家和个人之间的法律关系，而国际法主要调整主权国家之间、国际组织之间以及国家与国际组织之间的法律关系。国际法不能直接作用于个人，除非经过各个主权国家已经将这些规则转化为了国内法。诚如 1928 年安其洛蒂所言："国际法规则只有在可以依赖于国内法规则的范围内才是可能的。此外，国际法规则不能修改或废除国内立法，同样地，国内法也不能创设、修改或废除国际法规则。"[1]

表 11–1　法律二元论下国际法与国内法的区别[2]

	国际法	国内法
法律主体	国家、国际组织、民族独立运动组织、其他政治实体（个人）	自然人、法人、非法人组织
立法方式	国际协议或双边条约	代议机关（国会）制定和通过
实施方式	主要依靠国际法主体的自身行动、联合国安理会	依靠法院、警察、监狱、军队等强制机关
承担责任	国家代表侵害人承担法律责任	侵害人自身直接承担法律责任

在国际法和国内法的关系上，严格的一元论和严格的二元论似乎都将各自的法理推至了极端，为此，德国法学家鲁道夫（Rudolf）在严格的二元论的基础上提出了"缓和的二元论"，据此，国际法和国内法虽分别归属于不

[1] A. Cassese, International Law, 2nd Ed, Oxford University Press, 2005, pp.214-215. 中文翻译参考［意］安东尼奥·卡塞斯:《国际法》，蔡从燕等译，法律出版社 2009 年版，第 285—286 页。

[2] See M. Shaw, International Law, Cambridge University Press, 6th Ed, 2008, pp.131-133; I. Brownlie, Principles of Public International Law, 7th Ed, Oxford University Press, 2008；李伯军:《简明国际法实用教程》，武汉大学出版社 2010 年版，第 4 页。

同的法律秩序框架，但各国的国内法应该配合国际法而制定，亦应朝向符合国际法的方向解释；同时，德国法学家维多斯（Alfred Verdross）在严格的一元论基础上提出了“缓和的一元论”，据此，国际法优先国内法，但国内法并未直接明确“凡与国际法相抵触的国内法应属无效”，因此，国内法为有效，但国际法应委托国内法自行设置机制来变更或废止相关的国内法规定。[1]

除上述国际法和国内法关系的一元论和二元论的传统区分外，学界还存在所谓国际法和国内法关系的“联系论”或“协调论”来化解学说纷争，避免各家学说的偏颇和片面。[2]

三、国际法的国内实施

法律与规则无论制定得多么完美都需要实施，否则它仅仅徒具法律的面孔实则为废纸。这一点不仅对于国内法来说尤为关键，对于国际法来说，其实施机制的建立和完善更是近代国际法所要处理的核心问题。在国际法和国内法的关系框架下，国际法若要想将其所欲规制的内容变为现实世界的法律关系，则条约和公约的国内履行是首要问题。在对待这一问题上，国际法学界通常将“条约必得遵守”（*pacta sunt servanda*/Agreements Must Be Kept）视为文明世界中的一项基本法律原则，国内法至少在某种程度上需要承担这种国际条约遵守和履行的道德义务（Moral Obligation），待国际法有了一个较为坚定的制裁机制后，条约的遵守和履行就会转变为一种法律义务（Legal Obligations）。试想，如果一个国家通过官方行为加入了一个公约或明文宣示了其承担国际义务的意愿，那么在国家间就相关国际义务产生纷争之时，国家能否以其国内法的规定而对抗其所应当承担的国际义务呢？在这个问题

[1] 参见黄异:《国际法在国内法领域的效力》，元照出版有限公司 2006 年版，第 14—15 页。

[2] 参见张乃根:《正确处理国际法与国内法关系》，载《中国社会科学报》2011 年第 175 期。

上，除非系争法律问题落入了本质上属于“主权”管辖的范畴，[1] 国际法在很多时候都给予了否定的回答。早在1872年的“阿拉巴马仲裁案”（*Alabama Claims Arbitration*）中，由英、美、瑞士籍法学家所组成的特别仲裁庭就判定英国不能根据其本国法规定对抗它所应承担的国际义务。[2] 常设国际法院（PCIJ）在“但泽利伯维尔波兰国民咨询案”（*Polish Nationals in Danzig advisory opinion*）中有力地强调“国家不能援引国内法上所创设的法律制度

---

[1] 例如，《联合国宪章》第2条第7款规定：“本宪章不得认为授权联合国干涉在本质上属于任何国家国内管辖之事件，且并不要求会员国将该项事件依本宪章提请解决；但此项原则不妨碍第七章内执行办法之适用。” See Charter of the United Nations, 24 October 1945, 1 U.N.T.S. 16, Art. 2（7）；国际法院（ICJ）克里斯托弗·格林纳达（Christopher Greenwood）法官认为“主权”一词在国内法和国际法上不同，国内法上的“主权”（Internal Concept of Sovereignty）主要在处理国家机关之间的关系以及在政治统治合法性上主权的代表机关应该是谁的问题；国际法上的“主权”（International Concept of Sovereignty）就是指国家在处理相互关系时候的自主权利，因此国际法并不主要关注一个国家或一定领土范围内国家机构之间的权限分配问题。这种区分的实益体现在国际常设法院（PCIJ）主席Max Huber法官以“仲裁员”的身份处理的“帕尔马斯岛仲裁案”（*Island of Palmmas case, 2 U.N. Rep. Intl. Arb. Awards 829*）和19世纪70年代英国和美国之间的“阿拉巴马号仲裁案”（*Alabama Claims Arbitration, 1 Moore Intl Arbitrations 495*）中，“帕尔马斯岛仲裁案”处理的是美国和荷兰两个国家对岛屿的主权争端，美、荷两国政府都声称他们对帕尔马斯岛拥有国内统治权意义上的主权，但是仲裁庭却判定当国际社会主权并立时，应该以国际法上的主权概念来解决纠纷；“阿拉巴马号仲裁案”处理的是美国独立战争期间英国是否违背国际法上战争中立义务的问题，仲裁庭发现，英国政府没有阻止用于攻击联邦的商船“阿拉巴马号”在英国领土上的建造并放任了该船在美国内战中对联邦船只的攻击行为，即使根据英国法（English Law）在“议会主权”之下英国政府无权阻止“阿拉巴马号”的建造行为和远航行为，英国政府也不得以其国内法上的规定来对抗其国际义务。克里斯托弗·格林纳达（Christopher Greenwood）法官最后认为国际法和国内法上的“主权”概念不同，国际法上至少有三个成熟的法律原则可以适用于处理二者的关系：第一，国际法可以决定国家在何种领土上、由何种人民所从事的何种行为具有管辖权；第二，国家权力应该在国家机关之间如何分配、人民主权应该如何行使的问题并非国际法的主要关照，国际法只是原则上将国家视为一个法律意义上的主体，无论任何一个国家机关的行为是联邦行为还是地方行为、是司法行为还是政治行为；第三，国家不得依赖其国内法律秩序上的人民主权的行使方式的不同来对抗国家在国际上的法律义务。See Christopher Greenwood, Sovereignty: A View from the International Bench, in Richard Rawlings, Peter Leyland & Alison Young（eds.）Sovereignty and the Law: Domestic, European and International Perspectives, Oxford University Press, 2013, pp.252-254; 266.

[2] Alabama Claims Arbitration（1872）1 Moore Intl Arbitrations 495.

来作为其不遵守国际法规则的理由”[1]，在该咨询意见中法院否定了波兰政府基于其宪法和法律制度来对抗其条约义务的论证。该案的法理又在“希腊族和土耳其族人员交换咨询案”（*Exchange Of Greek And Turkish Population Advisory Opinion*）中得到进一步的强化和推进，法院认为：“国家不但不能以国内法规定作为其国际义务不履行的借口，而且国家还负有通过立法或法律修改使得其国内法符合国际法上规则的一般性义务。”[2] 如今“国际法必须遵守”的规则已经被编纂到《维也纳条约法公约》[3] 第 26 条和第 27 条中，该项规则也获得全世界 113 个国家（截至 2013 年 1 月）的批准和认可。在肯定了条约在国内法实施上的必要性后，国际法在一国法律制度内部的适用立刻就牵连出所谓的宪法问题——宪法所设定的国际法转化机制在多大程度上以何种方式允许国际社会普遍承认的规则约束其国民?

（一）“宪法 > 国际法≥普通法律”模式

享有制宪权的人民制定的宪法因为民主正当性上高于国际法（国际条约或国际习惯法），故许多国家纷纷在宪法正文或宪法解释中宣示“宪法至上”（Supremacy）。在这种情况下，一国宪法的效力一般高于该国所加入的国际公约，同时，转化为该国国内法的国际条约的规范效力又高于或者相当于其国会所颁布的普通法律。美国宪法第 6 条第 2 款[4] 将宪法和依据合众国之权力所缔结的国际条约的法律地位表述为“国家的最高法律”。从文本规定来

---

[1] Treatment of Polish Nationals and Other Persons of Polish Origin or Speech in Danzig Territory, Advisory Opinion, 1932 P.C.I.J.(ser. A/B) No. 44 (Feb. 4), para.62.

[2] Exchange of Greek and Turkish Populations, Advisory Opinion, 1925 P.C.I.J.(ser. B) No. 10 (Feb. 21), para.52.

[3] United Nations, Vienna Convention on the Law of Treaties, 23 May 1969, United Nations, Treaty Series, Vol. 1155, p. 331, Arts. 26, 27.

[4]《美利坚合众国宪法》第 6 条第 2 款规定：“本宪法与依据本宪法所制定之美国法律，及以美国之权力所缔结或将缔结之条约，均为全国之最高法律，纵与任何州之宪法或法律有所抵触，各州法院之法官，均应遵守而受其约束。”中文版参见傅昆成等:《美国宪法逐条释义》，三民书局 1991 年版，傅昆成译本；孙谦、韩大元:《世界各国宪法》（美洲大洋洲卷），中国检察出版社 2012 年版，第 615 页。

看，美国似乎采用宪法与国际法平行效力的做法，美国政府所适当缔结的国际条约也是美国的最高法律。但是仔细的研究却表明：美国联邦最高法院的判例实践中却对国际法进行了进一步的区分。在对待国际习惯法（Customary International Law）上，美国联邦最高法院在 1900 年涉及美西战争中美国捕获西班牙渔船的 *Paquete Habana* 案中宣示国际法是美国法律的一部分，当对于争议问题没有可以适用的条约、行政协定、国会立法或判例规则的时候，联邦最高法院认为文明国家的国际习惯和惯例（the customs and usages of civilized nations）必须被本院采纳和适用。[1] 联邦第二巡回法院在对待习惯国际法的态度中强化了 *Paquete Habana* 案中的规则，在法院处理 20 世纪 80 年代涉及"外国人侵权法"（Alien Tort Claims Act）的 *Filártiga v. Peña-Irala* 案中，法官认为习惯国际法和所谓的国际强行法规则（*jus cogens*）属于美国法的一部分，酷刑违背了国际法，正如海盗和奴役一样，都是对人类良知的罪行。[2]

在对待国际条约法上，美国法院区分了所谓的"自动执行条约"（Self-Executive Treaties）和"非自动执行条约"（None-Self-Executive Treaties）。美国法院认为"自动执行条约"指代那些无须通过国会立法的转化就能生效并约束人民的条约，它自然地成为美国法的一部分。而"非自动执行条约"需要进一步的国会立法批准方可约束人民。1829 年美国著名的马歇尔大法官（Justice Marshall）在 *Foster v.Neilson* 案中明确主张："我们的宪法规定了条约属于合众国法律，因此，它在法院中被认为相当于国会的立法，它无须通过任何立法性的规定即可自行实施，但是如果条约条款引入了一种契约性的规定，且各缔约方均保证从事某种特定的行为，则该条约本身针对的是政治机关而非司法机关，因而，该合同在成为法院可以据以裁判的规则之前必须先由立法部门予以执行。"[3] 在之后 1952 年的 *Sei Fujii v.California* 案中，加利福尼亚州最高法院指出：《联合国宪章》中关于人权的第 55 条和第 56 条对于合

[1] The Paquete Habana，175 U.S. 677（1900）.

[2] Filártiga v. Peña-Irala，630 F.2d 876（2d Cir. 1980）.

[3] Foster & Elam v. Neilson，27 U.S. 2 Pet. 253（1829）.

众国来说属于非自动执行条约条款，除非州立法机关制定相关的法律，法院不得适用。[1]*Sei Fujii v.California* 案解释了美国法院在适用国际法的时候如何区分“自动执行条约”和“非自动执行条约”，这个标准就在于条约条款本身的清晰度和明确度，若条约条款足够清晰、明确以至于无须立法机关的任何行动就可以实施，那么这些条约条款就是“自动执行条约”，否则便是“非自动执行条约”。

对于国会立法和条约法相互冲突的情况，美国联邦最高法院在早期的 *Edye v. Robertson* 案中表示：美国宪法第 6 条第 2 款规定了条约法和国会立法都是美国的法律，但是宪法却无意将任何条约法都看作高于国会立法的法律渊源，故美国所批准的条约法可以在之后新的国会立法中被废止和修正。[2]进一步，在 1937 年的 *United States v. Belmont* 案中，美国联邦最高法院认定：除了国会之外的任何政府部门都无权废止一个已经转化为美国内法的国际条约。[3]

与美国区分自动执行条约和非自动执行条约做法不同的是法国，法国直接明了地采用了“宪法 > 国际法 > 普通法律”模式。1958 年《法兰西共和国宪法》第 55 条规定：“依法批准并通过的条约与协定一经公布即具有高于法律的权威，但对于每一条约或协定，均以缔约对方的执行与否作为保留条件。”所以，我们可以推出：在法国，条约具有高于“一般”立法的地位，其显著的后果便是，在条约法与普通法律发生冲突的情况下，条约法优先。至于条约法与法国宪法的关系，最高行政法院在 *Sarran*、*Levacher et al* 案以及最高法院全体会议在 *Pauline Fraisse* 案中都指出，国际条约不得优先于宪法性规定。正是由于这一原因，在宪法法院 1999 年作出一项判决后，国民议会晚近做出了一个决定，为了实施《国际刑事法院规约》及该“规约”中与法国宪法相抵触的那些规定，有必要通过一部宪法性的法律来处理这个问题。于是，法国在《法兰西共和国宪法》第 53 条之后新增一款，该款规定，法国

[1] Sei Fujii v. State of California，38 Cal.2d 718.

[2] Edye v. Robertson，112 U.S. 580（1884）.

[3] United States v. Belmont，301 U.S. 324（1937）.

的法律秩序应该遵守《国际刑事法院规约》（ICC Stature/Rome Statute），据此《国际刑事法院规约》在法国的法律秩序中获得了宪法性的位阶，或者至少获得了宪法性保障。[1]

虽然宪法规范得益于其比国际法更高的民主正当性而在一国法律体系中享有“至上性”，但是当宪法规范由于体系之不完备、规范不及甚至规范冲突而产生国内法上的漏洞时，国际法可以作为一种辅助型的法律渊源来对上述漏洞进行“填充”。这就是说，宪法的解释活动可以在某些时候借助国际法所锁定的法价值进行解释。这方面最明显的例证之一便是葡萄牙宪法的规定。《葡萄牙共和国宪法》（1976）第16条规定：“一、宪法奉为神圣的基本权利，不排除任何其他适用的国际法法规与规则之连续性内容。二、关于基本权利的法律规定和宪法规定，应以符合《世界人权宣言》的方式解释或填补其漏洞。”

（二）“国际法 > 宪法 > 普通法律”模式

确如著名的国际法学家马尔科姆·N. 肖所指出的那样，全球化时代法律秩序的重构和融合已经使得国际法规范对于国内法律秩序的渗透越来越明显，国内法院也需要处理越来越多的具有国际因素的司法案件。[2] 同时，人权时代的到来迫使各国必须考虑政府应该如何对待本国国民、实施正义。[3] 特别是在人类经历惨不堪言的两次世界大战之后，国际共同体痛定思痛，深刻反思德国、日本法西斯主义的罪行而将对于人类的民主、法治具有根本重要性的法价值和法理念锁定在国际规则中，国际法也因此背负起超越传统“格劳秀斯模式”和传统政治哲学范式的使命。选择在国内法律制度中实施国际法规则的机制是对国家在多大程度上接受“国际主义”价值的一种测试，但在法律事实上，虽然全面采取国际主义观点的国家还极为罕见，但是三个国家

---

[1] A. Cassese，International Law，2nd Ed，Oxford University Press，2005，pp.227-229. 中文翻译参考［意］安东尼奥·卡塞斯：《国际法》，蔡从燕等译，法律出版社2009年版，第304—305页。

[2] M. Shaw，International Law，Cambridge University Press，6th Ed，2008，p.138.

[3] A. Cassese，International Law，2nd Ed，Oxford University Press，2005，p.375.

特别突出：希腊、荷兰及西班牙。它们都采取了自动、长期的纳入制度。[1] 在希腊，正如其 1975 年宪法第 28 条规定所揭示的，习惯国际法和条约法规则均优先于国内立法。[2] 荷兰宪法第 90 条明定荷兰政府必须促进国际法法律秩序的发展，根据第 91 条第 3 款的规定，国际法在有些情况优先于宪法。[3] 根据荷兰宪法第 94 条之规定，"王国的现行法令法规，如果与具有普遍约束力的条约规定，或国际机构决定相抵触，不得施行"。加之，荷兰在国际实践中对国际法维护的贡献良多，荷兰被认为是"国际主义"的典型国家之一。在西班牙，宪法不仅规定国际条约优先于国内立法，而且规定国内当局有义务根据国际法律文件解释有关人权的国内立法。[4] 我国亦有学者通过对亚洲国家宪法和国际法关系的研究，认为很多亚洲国家宪法的相关规定尽管在内容和措辞上存在较大差异，但其背后蕴含着明显的共性和趋势：大多数国家明确承诺遵守国际法，同时赋予国际法特别是其中的国际人权法以优先效力。[5]

在此值得一提的是德国和日本的情况。1949 年德国基本法与 1946 年日本国宪法在"战后"国内法律秩序重建的语境中被称为"外造宪法"

---

[1] [意]安东尼奥·卡塞斯:《国际法》，蔡从燕等译，法律出版社 2009 年版，第 312 页。

[2] The Constitution of Greece, 1975 (Revised 2008) Article 28 (1): "The generally recognised rules of international law, as well as international conventions as of the time they are ratified by statute and become operative according to their respective conditions, shall be an integral part of domestic Greek law and shall prevail over any contrary provision of the law. The rules of international law and of international conventions shall be applicable to aliens only under the condition of reciprocity."

[3] The Constitution of the Kingdom of the Netherlands, 1815 (Revised 2008) Article 91 (3): "Any provisions of a treaty that conflict with the Constitution or which lead to conflicts with it may be approved by the Houses of the States General only if at least two-thirds of the votes cast are in favor."

[4] The Spanish Constitution, 1978 (Revised 2011) Article 63 (2): "It is incumbent upon the King to express the State's assent to international commitments through treaties, in conformity with the Constitution and the laws." 但是需要注意的是，根据《西班牙宪法》第 94 条之规定，西班牙议会也被要求实质介入以平衡国际主义的立场。无论如何临时性适用条约通常不需要获得议会的授权。参见[意]安东尼奥·卡塞斯:《国际法》，蔡从燕等译，法律出版社 2009 年版，第 312—313 页。

[5] 戴瑞君:《认真对待国际法——基于对亚洲各国宪法文本的考察》，载《国际法研究》2016 年第 4 期。

（Externally Imposed Constitution/aufgezwungene Verfassung）[1]，两部宪法中都蕴含了相当多的国际法的因素。不过据此，很难判断德国和日本是否严格地实行“国际法 > 宪法 > 普通法律”模式。具体而言，《德国基本法》第25条明文规定：“国际法之一般规则构成联邦法律之一部分。此等规定之效力在法律上，并对联邦领土内居民直接发生权利义务。”根据文本解释，“构成联邦法律之一部分”显示出德国仍然需要基于民主法治国的原则将国际条约“转化”为国内法，否则很难说所有的国际法规则直接对德国公民发生法律上的拘束力。根据德国学者对《德国基本法》的学理见解和德国联邦宪法法院

[1] 基于德日在第二次世界大战中所犯的严重危害人类和平与安全的罪行，以同盟国为代表的国际社会强烈介入了德日战后宪法的制定过程，从这个意义上讲，无论是德国基本法还是日本国宪法都可以被称为“外造宪法”。另外，前南斯拉夫、东帝汶、阿富汗、伊拉克等国的宪法均属此类，参考 Andrew Arato，Constitution Making Under Occupation：The Politics of Imposed Revolution in Iraq，1st Ed.，Columbia University Press，2009；柳飒、涂云新：《宪法修改的限制理论与宪法核心之保障》，载《政治与法律》2013年第8期。然而学界对于“外造宪法”的观点和看法却不尽一致。曾经是伊拉克临时政府《过渡行政法》（Transitional Administrative Law，TAL）起草委员会法律顾问之一的纽约大学法学院 Noah Feldman 教授认为“外造宪制主义”（imposed constitutionalism）在早期德日制宪中曾经发挥了积极的作用，而在晚近诸如东帝汶、阿富汗、伊拉克等国的制宪过程中面临“人民自决权”（self-determination）的强烈影响。See Noah Feldman，Imposed Constitutionalism，37 Conn. L. Rev. 857；Simon Chesterman，Imposed Constitutions，Imposed constitutionalism，and Qwnership，37 Conn. L. Rev. 947；Mark W. Janis，Human Rights and Imposed Constitutions，37 Conn. L. Rev. 955. 在德国，英文中的“外造宪法”有两种对译，一为本书正文中所使用的 aufgezwungene Verfassung，一为 oktroyierte Verfassung（亦可直译为“占领宪法”）。See Jörg Berlin，Bürgerfreiheit statt Ratsregiment：Das Manifest der bürgerlichen Freiheit und der Kampf für Demokratie in Hamburg um 1700，2. Auflage，2012，S.216；日本宪法颁布六十余载以来，日本学界一直存在对“外造宪法”（中日学术界也有学者借助日文中的汉字翻译为“强加宪法”）合法性的种种挑战，这在日本被称为“强加性宪法论”（押し付け宪法论），参见佐藤功，「押しつけ宪法论」论议の再燃，世界第221号，岩波书店，1964；[日]芦部信喜：《宪法》（第三版），林来梵等译，北京大学出版社2006年版，第22—23页；包霞琴：《90年代后日本修宪论及其特点分析》，载《日本研究》2004年第2期；宪法改正はなぜ达成されなかったか—戦后日本の宪法改正运动の变迁から，http：//www.hmt.u-toyama.ac.jp/ir/sotsuken/ 2004/ final/ shimizu-final-rev.pdf，最后访问时间：2013年6月3日。

的宪法解释，德国应该被视为采取二元论的立场。[1]《日本国宪法》第 98 条[2]第 2 款规定："日本国缔结的条约及已确立的国际法规，必须诚实遵守之。"日本宪法学家美浓部达吉在解释第 98 条时认为应该结合第 98 条的第 1 款和第 2 款共同看待日本宪法与国际法的关系。日本宪法第 98 条第 1 款和美国宪法第 6 条第 2 款的规范意旨相同，宣示宪法作为"国家最高法律"的效力。日本宪法第 98 条第 2 款显示了日本对国际法的尊重，不过是言明当然之事；但自九一八事变以来，日本破坏条约及国际法，大受世界上的责难，为了将来不再犯这个错误，日本宪法特设此规定，用以自誓，并向世界申明。[3]根据这种学理见解，日本在处理国际法和国内法的关系上也应该被视为采取二元论的立场。

（三）宪法与欧洲共同体 / 欧洲联盟法的关系

1957 年 3 月 25 日，由比利时、法国、意大利、卢森堡、荷兰及西德签署通过了《罗马条约》(Treaty Establishing the European Economic Community，TEEC)，它标志着欧洲经济共同体（EEC）的建立，经过近半个世纪的演化，侧重于经济一体化和单一市场整合的欧洲经济共同体逐渐发展成为以政治整合为目标的欧洲共同体（EC）。1991 年 12 月 9 日至 10 日，在荷兰的马斯特里赫特举行的第 46 届欧洲共同体首脑会议上，欧共体成员国通过了《欧洲联盟条约》(Treaty on European Union，TEU)，该条约是对《罗马条约》的重大修改和发展，它整合了之前的包括欧洲煤钢联营、欧洲原子能共同体在内的欧洲各共同体（European Communities），由此欧盟正式于 1993 年 11 月 1 日《马斯特里赫特条约》生效时诞生。很大程度上得益于欧洲法院（ECJ）的"司法积极主义"(Judicial Activism)，在 1963 年 *Van Gend en Loos*

---

[1] ThomasBeurgenthal/Daniel Thürer，Menschenrechte，2009，S. 348-354.

[2]《日本国宪法》(昭和二十一年十一月三日宪法）第 98 条："(1) この宪法は、国の最高法规であつて、その条规に反する法律、命令、诏勅及び国务に关するその他の行为の全部又は一部は、その効力を有しない。(2) 日本国が缔结した条约及び确立された国际法规は、これを诚实に遵守することを必要とする。"

[3] 美浓部达吉：《日本新宪法释义》，陈固亭译，台湾正中书局 1951 年版，第 131—132 页。

v. Nederlandse Administratie der Belastingen 案中，欧洲法院宣布了欧洲经济共同体条约（EEC）在任何欧洲经济共同体成员国都具有直接效力（Direct Effect）。[1] 在 1964 年的 *Costa v. ENEL* 案中，欧洲法院（ECJ）判定了欧洲经济共同体法律对于各成员国法律的优先地位。[2] 由此，欧共体法 / 欧盟法的最高性（Supremacy）得以确立。由于欧洲共同体法 / 欧盟法既不同于传统国际法又不同于通常意义上的宪法，论者大多认为它是一种特殊且自成一体的法律（*sui generis*）。纽约大学欧盟法学者约瑟夫·威勒（Joseph Weiler）则认为，对于欧洲而言，在欧共体或者欧盟的"法律空间"（Legal Space）中，出现了直接有效的、在本质上属于"高级法"的欧共体法或者欧盟法，并且这种最高效力与保障基本人权在欧盟法律文件不断增长的范围内正在逐步取代国内立法。毋庸置疑，这种法律就是宪法，它不仅在正式意义上是一种高级法，它还是一种构成性法律（Constitutive Law），是一种正在构建某种东西的法律，或者至少它在改变着人民。[3]

在宪法与欧洲共同体法 / 欧洲联盟法紧密互动的格局下，学理和实务上探讨二者之间的关系就显得尤为及时和必要。以《德国基本法》第 23 条第 1 款为例，联邦宪法法院在数个判例中确认了"当欧洲共同体法 / 欧盟法没有破坏德国现行宪法的基建设性础和根本结构时，德国基本法赋予了它优先的效力并承认它对于德国法的直接拘束力"[4]。德国宪法学家康拉德·黑塞在评论宪法与欧盟法的关系时指出：为调整国际法与宪法之间的关系而发展出来的基本原则并不适用于宪法与欧盟法之间的关系，无论是欧盟法的初级法源（Primary Law，如 Treaties Establishing the European Union）还是次级法源（Secondary Law，如 Regulations & Directives）都对成员国具有直接的拘束力，因此欧共体或欧盟的法律与被转化为德国国内法组成部分的国际法是不同的，

[1] Van Gend en Loos v Nederlandse Administratie der Belastingen (1963) Case 26/62; ECLI:EU:C:1963:1.

[2] Flaminio Costa v ENEL (1964) Case 6/64; ECLI:EU:C:1964:66.

[3] Joseph Weiler, The Constitution of Europe: 'Do the New Clothes Have an Emperor?' and Other Essays on European Integration, Cambridge University Press, 1999, pp.10-15.

[4] BverfGE 37, 271（279 f.）; BverfGE 58, 1（40）; 73; 339（375 f.）. 案例转引自［德］康拉德·黑塞：《联邦德国宪法纲要》，李辉译，商务印书馆 2007 年版，第 84 页。

它是一个独具特色的、独立的法律整体，它的效力来源于欧洲共同体或欧盟所具有的公共权力，并且它已经直接进入民族国家的法律框架之中。[1] 笔者认为，德国联邦宪法法院在涉及马斯特里赫特条约的判例中运用了民主原则对欧盟法与德国基本法所承载的结构原则是否一致进行审查，该判决所揭示的法理表明：欧盟越来越具有扩张性的权限应该与其民主正当性同步推进，同时，欧盟法与宪法的关系将由此变得越来越复杂，直到欧盟本身发展出一个能够约束欧盟与欧洲公民之间的根本规范。

（四）中国法律与国际法的互动关系

国际法与国内法的互动关系及其适用性问题，始终是法治实践无法回避的现实性话题。[2] 国际条约在国内直接适用的范围和程度取决于两大条件：一是主权国家基于利益考虑的自主决定；二是条约本身设定的适用范围。[3] 在全面推进依法治国的进程中，合理地处理国际法和国内法的互动关系问题是法治中国建设实践中的重大理论问题。[4] 关于中国法与国际法的关系，我国学界可以分为“国际法优先说”与“中国宪法优先说”两种理论倾向。就“国际法优先说”而言，论者多数主张“条约必须遵守”是一个负责任的大国所必须坚守的准则，在法律层面上，我国于 1986 年 4 月 12 日第六届全国人民代表大会第四次会议通过《中华人民共和国民法通则》第 142 条第 3 款明文规定：“中华人民共和国法律和中华人民共和国缔结或者参加的国际条约没有规定的，可以适用国际惯例。”2010 年 10 月 28 日，第十一届全国人民代表大会常务委员会第十七次会议通过了《中华人民共和国涉外民事关系法律适用法》，为涉外民商事纠纷的解决提供了立法上的依据。最高人民法院在《关于适用〈中华人民共和国涉外民事关系法律适用法〉若干问题的解释

[1] [德]康拉德・黑塞：《联邦德国宪法纲要》，李辉译，商务印书馆 2007 年版，第 81—82 页。

[2] 张建：《国际法在国内法治体系中的地位和作用——基于若干国家非宪法性法律的样本考察》，载《中山大学法律评论》2016 年第 2 期。

[3] 万鄂湘、余晓汉：《国际条约适用于国内无涉外因素的民事关系探析》，载《中国法学》2018 年第 5 期。

[4] 古祖雪：《治国之法中的国际法：中国主张和制度实践》，载《中国社会科学》2015 年第 10 期。

(一)》[1]和《关于审理信用证纠纷案件若干问题的规定》[2]这两个司法解释中表明了：人民法院在审理涉外民商事纠纷的案件中，可以适用国际条约和惯例。在“阿卜杜勒·瓦希德诉中国东方航空股份有限公司航空旅客运输合同纠纷案”中，上海市第一中级人民法院根据《中华人民共和国民法通则》第142条之规定，判定《经1955年海牙议定书修订的1929年华沙统一国际航空运输一些规则的公约》和《统一非立约承运人所作国际航空运输的某些规则以补充华沙公约的公约》两个国际公约均适用于案情。[3]我国学者认为国际条约和习惯是我国法律渊源（法源）的重要组成部分，在不同的法源冲突中，很多学者指出，在民商事领域，国际法的效力优先于中国法律的相关规定。[4]在《中华人民共和国民法总则》的制定过程中，学者梁慧星建议保留《民法通则》第142条第2款适用国际条约的规定和第3款适用国际惯例的规定，并指出：“关于国际条约、国际惯例的适用，我国已经采取由国内法专设条文明确规定中国法院可以适用国际条约和国际惯例的模式，中国法院适用国际条约和国际惯例的法律依据是民法通则第142条第2款、第3款的规定，这种模式已经执行达30年之久，为国内外所熟知。”[5]学术界有理由相信我国也定会以立法的形式澄清诸多理论和实务上的重大争议。在处理国际法和国内法的关系方面，我国学者也提出了一种“类型化”的思考方式，一方面，各国民商法往往规定国际条约的优先适用性与国际习惯的补缺适用性；另一方面，宪法、行政法领域更多体现为直接适用模式，而刑法中体现为转化适用模式，且受制于罪刑法定原理的制约，刑法中往往不将习惯国际法视为正式

[1] 法释〔2012〕24号。

[2] 法释〔2005〕13号。

[3] “阿卜杜勒·瓦希德诉中国东方航空股份有限公司航空旅客运输合同纠纷案”，参见《最高人民法院关于发布第十批指导性案例的通知》，法〔2015〕85号，2015年5月15日。

[4] 姚辉、梁展欣：《民法总则中的法源及其类型》，载《法律适用》2016年第7期；徐锦堂：《关于国际条约国内适用的几个问题》，载《国际法研究》2014年第3期。

[5] 梁慧星：《对民法总则草案（三次审议稿）的修改建议》，载http：//www.aisixiang.com/data/102702.html，最后访问日期：2018年3月15日。

法律渊源。[1]

就“中国宪法优先说”而言，多数论者都是在不否定“条约必须遵守”这一国际社会普遍承认的原则的前提下，认为我国宪法提供了一个法律等级秩序的最高规范，宪法之效力高于普通法律，经过我国最高立法机关批准的国际条约的效力基本是与我国的普通法律平齐的，在宪法秩序与特定的国际条约相互冲突的领域，宪法的最高性必须得到维护。亦有论者指出，即使我国的民商事立法承认了国际条约和习惯在民商事领域的“法源”地位，在适用这些“法源”的时候，也必须确保：（1）中国法律对涉外民事关系有强制性规定的，直接适用该强制性规定；（2）若涉外法的适用将损害中国社会公共利益的，应该适用中国法律。我国学者倾向于将国际条约等同于全国人大常委会制定的法律，其效力位阶低于基本法律，涉外协定的效力大致与国务院制定的行政法规的效力平齐。我国现行宪法与国际法，尤其是宪法与国际人权法关系的研究尚处于对欧美流行学说的理论引介阶段，并未形成一个相对权威的理论流派，在涉及国际条约、对外关系相关问题处理中，我国现行宪法的规范依据主要见诸第67条第15项[2]、第81条[3]、第89条第9项[4]。这些宪法规范均以最高法和根本法的形式表明：就国际法的国内效力而言，经由全国人大批准的国际法规则已经转化为国内的法律，具有“法源”地位，对全国产生法律上的约束力。但就宪法与国际法的整体性关系而言，宪法的至上性是不容否定的。

[1] 张建：《国际法在国内法治体系中的地位和作用——基于若干国家非宪法性法律的样本考察》，载《中山大学法律评论》2016年第2期。

[2] 全国人民代表大会常务委员会行使下列职权：……（十五）决定同外国缔结的条约和重要协定的批准和废除。

[3] 中华人民共和国主席代表中华人民共和国，进行国事活动，接受外国使节；根据全国人民代表大会常务委员会的决定，派遣和召回驻外全权代表，批准和废除同外国缔结的条约和重要协定。

[4] 国务院行使下列职权：……（九）管理对外事务，同外国缔结条约和协定。

第二节 国际人权公约的实施机制及其结构

古罗马法谚道“*Pacta sunt servanda*”（契约 / 协议必须被遵守），条约之实施及建基于此种理念之上的监督机制的完善是“二战”以来国际人权法实践的核心问题之一。围绕着国际人权条约的实施的一般法理和国家实践，法学界展开了多个维度的学术争鸣和探讨，其中备受关注的问题是条约监督机制的运行结构及其面临的挑战。为了限定论域，本书论证的前提和基础是划分和切割既相互关联又相对独立的三组法律问题：首先是需要划分和切割国际人权的国际法实施问题和国际人权的国内法实施问题，前者是基于国际人权条约的履行而生成的条约法问题，后者是基于一国宪制安排而形成的基本权利保障问题。其次是需要划分和切割国际人权条约实施的广义问题和人权条约本身创设的监督机制问题，前者是在条约法意义上探讨国际人权公约的缔结、效力、解释、适用和国家实践等问题，而后者是在国际人权公约所设定的法律程序中探讨监督机构的依据、权限、运行规则、工作方法、步骤和措施等问题。最后是需要划分和切割国际人权的广义保障问题和国际人权的准司法救济问题，权利的保障在法哲学上意味着任何一项权利都必须在一个法律的赋权结构中得到尊重和实现。权利的保障就是指权利的不受侵犯和破坏，权利的保障包括了权利实现时的无阻却性保障和权利实现出现障碍时的司法救济性保障。[1] 相对于权利的保障而言，权利的救济一般指的是权利受到侵害后才出现的补救性措施，即第一性权利（未受到侵害的权利）无法正常实现后所产生的第二性权利，权利救济通常是指司法救济或者准司法救济。[2] 由于国际社会尚未构建起一个处理人权争端的集中统一的司法机构，国际人权条约监督机制中的“程序”应当被定位为一种介乎于政治监督和司法监督的准司法程序（quasi-judicial procedure）。[3]

---

[1] 杨春福：《权利法哲学导论》，南京大学出版社 2000 年版，第 162 页。

[2] 王方玉：《人权视野下的经济权利研究》，北京大学出版社 2015 年版，第 127 页。

[3] 万鄂湘、陈建德：《论国际人权条约的准司法监督机制》，载《武汉大学学报》（哲学社会科学版）1997 年第 6 期。

《联合国宪章》第1条开宗明义规定："增进并激励对于全体人类之人权及基本自由之尊重"为联合国宗旨之一。[1]《世界人权宣言》开篇即昭示：对人类家庭所有成员的固有尊严及其平等的和不移的权利的承认，乃是世界自由、正义与和平的基础。[2] 由此，国际社会开启了一个"人权的时代"，《世界人权宣言》和1966年"人权两公约"共同形成了《国际人权宪章》(International Bill of Human Rights)。[3] 自1965年12月21日，联合国大会第2106(XX)号决议通过《消除一切形式种族歧视国际公约》[4] 首次设立"条约机构"——消除种族歧视委员会(CERD)以来，目前负责监督国际人权条约实施的"条约机构"已经有十个之多，观察和总结十个"条约机构"在近半个世纪的发展历程，我们可以看到在国际人权条约监督机制中已经逐渐形成了以"缔约国强制报告程序""国家间指控程序""个人申诉程序""调查程序"为核心的四重程序，它们共同担负着监督国际人权条约履行的使命。

本书以国际人权条约监督机制中的四重程序为论述的核心对象，试图总结和凝练九大核心人权条约在监督机构运行方面的共通性结构特征，重点分析"条约机构"下的四重程序在的法律基础、机构建制、委员会权限、启动

---

[1] Art.1 (3), Charter of the United Nations, June 26, 1945, 59 Stat. 1031, T.S. 993, 3 Bevans 1153, entered into force Oct. 24, 1945.

[2] Preamble, Universal Declaration of Human Rights, G.A. Res. 217 A (III), U.N. Doc. A/810, 71 (1948)；序言，《世界人权宣言》，联合国大会217 A (III)号决议，联合国文件编号A/RES/217。(本书所采用中文译本为联合国官方出版物1970年译本。除另外说明外，本文中公约、法律文本、政府报告均以官方出版物原文为准，为避免引起异议、分歧，均以"作者文本"为主，以"传译文本"为辅。)另外，联合国文件都有文号，这是每一文件独特的标识符号。每一文号都由字母和数字组成，标示提交文件的机构或印发文件的机构。例如，安全理事会决议的文号格式如下：S/RES/［序号］/［年度］。

[3] International Covenant on Economic, Social and Cultural Rights (ICESCR), G.A. Res. 2200 A (XXI), 21 U.N.GAOR Supp.(No. 16) at 49, U.N. Doc. A/6316 (1966), 993 U.N.T.S. 3, entered into force Jan. 3, 1976; International Covenant on Civil and Political Rights (ICCPR), G.A. Res. 2200A (XXI), 21 U.N. GAOR Supp.(No. 16) at 52, U.N. Doc. A/6316 (1966), 999 U.N.T.S. 171, entered into force Mar. 23, 1976.

[4] International Convention on the Elimination of All Forms of Racial Discrimination, G.A. res. 2106 (XX), Annex, 20 U.N. GAOR Supp.(No. 14) at 47, U.N. Doc. A/6014 (1966), 660 U.N.T.S. 195, entered into force Jan. 4, 1969.

程序和工作方法，以期能较为系统性厘定国际人权条约监督机构面临的挑战，从而促进对相关问题的深入研究。

一、一个前提性交代——两种国际人权监督机构

国际人权法的理论界和实务界通常认为，国际人权法领域目前已经形成了九部核心人权公约（Core Human Rights Instruments）。[1] 为了保障国际人权法在得到切实有效的遵守，核心人权公约建立了独立专家委员会作为负责监督相关缔约国实施条约的机构。人权公约的监督机构与联合国的分支机构在产生和法律基础上有所不同，人权条约机构（Treaty Bodies）是根据人权公约设立的一种监督公约履行的机构，该种机构是由独立的专家成员（independent experts）所组成，负责审议各国履行国际公约的国别报告、个人申诉或者来文。宪章机构（Charter Bodies）是根据《联合国宪章》（UN Charter）设立的一种政府间的常设机构，该种机构通常是由各国的代表组成且根据多数决（Majority voting）的原则形成一系列代表联合国的官方决议。

作为国际人权监督机构的一种类型，宪章机构（Charter Bodies）主要指的是依据《联合国宪章》而建立的人权理事会（前身为人权委员会）及其相关的机构。人类社会进入 21 世纪以来，人权理事会已取代了之前的人权委员会，并于 2006 年 6 月 19 日举行了首次会议。[2] 作为国际人权领域最重要的政府间机构，人权理事会每年在日内瓦进行为期 10 周的会议，它由

---

[1] 九大“核心国际人权条约”通常指以下公约:（1）International Convention on the Elimination of All Forms of Racial Discrimination;（2）International Covenant on Civil and Political Rights;（3）International Covenant on Economic, Social and Cultural Rights;（4）Convention on the Elimination of All Forms of Discrimination against Women;（5）Convention against Torture and Other Cruel, Inhuman or Degrading Treatment or Punishment;（6）Convention on the Rights of the Child;（7）International Convention on the Protection of the Rights of All Migrant Workers and Members of Their Families;（8）International Convention for the Protection of All Persons from Enforced Disappearance;（9）Convention on the Rights of Persons with Disabilities.

[2] UN/Doc. A/RES/60/251（2006）.

47个推选出来的联合国成员国组成，成员国首届任期为三年，连任不得超过两届。[1]在人权理事会之下，联合国建立了普遍定期审议（UPR）、人权理事会咨询委员会和人权理事会特别程序。普遍定期审议是根据联合国大会2006年第60/251号决议第5（e）段所设，是一个由人权理事会主持并由国家主导的程序，旨在确保一视同仁地评估每个国家的人权状况并由人权理事会进行审议。[2]人权理事会咨询委员会（The Human Rights Council Advisory Committee）是根据人权理事会第5/1号决议第65段至第84段规定所设，是一个由18名独立专家组成的咨询机构，其设立是为了行使人权理事会智囊团的职能，并在理事会的指导下开展工作。[3]人权理事会特别程序是旨在从专题角度（thematic mandate）或具体国别角度（Country mandates）对人权问题提供建议和报告的独立人权专家机制，由人权理事会确认，特别程序既可以是个人（特别报告员或独立专家），也可以是一个工作组。他们均为知名的独立专家，由人权理事会任命，自愿开展工作。[4]

人权条约机构是一种与宪章机构产生方式和法律基础不同的监督和实

[1] 理事会由四十七个会员国组成，每个成员由大会通过无记名投票，以会员国过半数直接选举产生；成员构成应以公平地域分配为基础，席位在各个区域集团之间分配如下：非洲国家集团，十三个；亚洲国家集团，十三个；东欧国家集团，六个；拉丁美洲和加勒比国家集团，八个；西欧和其他国家集团，七个；理事会成员任期为三年，在连续两任后没有资格立即再次当选。UN/Doc.A/RES/60/251（2006），para 7.

[2] UN Doc.A/RES/60/251（2006），para.5. 在普遍定期审议机制下，每轮审议周期为四年半，在此期间所有联合国会员国的人权记录都要接受审议。工作组每年召开三次为期两周的会议，即在整轮审议周期内共召开14次会议。截至2019年，人权理事会已经和正在进行三轮审议，分别为第一轮审议（2008年至2011年）、第二轮审议（2012年至2016年）、第三轮审议（2017年至2021年）。

[3] UN Doc.A/HRC/RES/5/1，para65-84. 委员会由来自不同专业背景的18位独立专家组成，他们代表着世界各大地区（非洲和亚洲国家各五名、东欧国家两名、拉丁美洲和加勒比国家三名、西欧和其他国家三名）。专家由各国政府提名，由理事会选举产生。例如，现有部分成员包括刘昕生（中国，2019年）；阿贾伊·马尔霍特拉（印度，2020年）；小畑郁（日本，2019年），括号内年份为任期届满年份。自1984年以来，中国的顾以信、田进、范国祥、陈士球、张义山先后担任该机构专家。中国专家刘昕生于2016年9月当选为咨询委员会成员，任期至2019年9月。

[4] 截至2017年8月1日，人权理事会特别程序共包含44个专题任务（Thematic mandates）和12个国家任务（Country mandates）。

施国际人权法的重要机构，目前，在国际层面上有十个人权条约机构负责监督核心国际人权条约：人权事务委员会（CCPR），经济、社会和文化权利委员会（CESCR），消除种族歧视委员会（CERD），消除对妇女歧视委员会（CEDAW），禁止酷刑委员会（CAT），防范酷刑小组委员会（SPT），儿童权利委员会（CRC），移徙工人委员会（CMW），残疾人权利委员会（CRPD），强迫失踪问题委员会（CED）。在国际人权法领域，人权条约机构主要负担的使命是监督各项人权的落实，其主要工作是审议缔约国定期提交的履约报告，提出结论性意见（Concluding Observations）；发表对公约条款内容的一般性评论（General Comments）或者处理个人申诉（Individual Complaints）。

除以上的宪章机构和条约机构外，联合国人权事务高级专员办事处（以下简称人权高专办）（OHCHR）是致力于执行 1993 年 6 月 14 日至 25 日在维也纳举行的世界人权会议所通过的《维也纳宣言和行动纲领》，通过整合联合国人权机制而设立的类似行政执行的一个机构。联合国人权事务高级专员（High Commissioner for Human Rights）是联合国系统内负责人权事务的最高行政长官，副秘书长级。[1] 其目的和宗旨是保护和保障世界各国人权，总部在瑞士日内瓦联合国日内瓦办事处威尔逊宫，并在纽约设有一个联络处。[2]

---

[1] UN Doc. A/RES/48/141（1993）.

[2] 1997 年 10 月，第 52 届联大通过联合国秘书长科菲·安南（Kofi Atta Annan，1938—2018）提出的对联合国人权秘书处进行改组的方案，将原联合国人权中心并入联合国人权高专办，合称为“联合国人权事务高级专员办公室”，负责处理联合国人权事务。其总部设在日内瓦，并在纽约联合国总部设有办事处。联合国人权事务高级专员（UN High Commissioner）由联合国秘书长任命，经联合国大会核准产生。人权高专任期 4 年，可连任一次。第一任人权高专是何塞·阿亚拉·拉索（Jose Ayala Lasso，厄瓜多尔籍），自 2014 年到 2018 年第六任人权高专为扎伊德·侯赛因（Zeid Ra’ad Zeid Al-Hussein，约旦籍）。2018 年 9 月 1 日，智利前总统米歇尔·巴切莱特（Verónica Michelle Bachelet Jeria）正式就任第七任人权高专，任期至 2022 年 8 月 31 日。

表 11-2 宪章机构和条约机构列表

机构种类	机构名称	设立依据
宪章机构 Charter-based bodies	联合国人权理事会 Human Rights Council （1）人权理事会普遍定期审查工作小组（Universal Periodic Review Working Group） （2）人权理事会咨询委员会（Human Rights Council Advisory Committee） （3）人权理事会特别程序（Human Rights Council Special Procedures）	联合国人权理事会前身为“联合国人权委员会”Commission on Human Rights (1946—2006) 《联合国宪章》第 55 条、第 56 条、第 68 条之授权
条约机构 Treaty-based bodies	人权事务委员会（HRC）（Human Rights Committee）	《公民权利和政治权利国际公约》第 28 条
条约机构 Treaty-based bodies	经济、社会和文化权利委员会（CESCR）（Committee on Economic, Social and Cultural Rights）	联合国经济社会理事会第 1985/17 号决议（UN Doc. E/RES/1985/17）
条约机构 Treaty-based bodies	消除种族歧视委员会（CERD）Committee on the Elimination of Racial Discrimination	《消除一切形式种族歧视国际公约》第 8 条
条约机构 Treaty-based bodies	消除对妇女歧视委员会（CEDAW）Committee on the Elimination of Discrimination against Women	《消除对妇女一切形式歧视公约》第 17 条
条约机构 Treaty-based bodies	禁止酷刑委员会（CAT）Committee against Torture	《禁止酷刑和其他残忍、不人道或有辱人格的待遇或处罚公约》第 17 条
条约机构 Treaty-based bodies	防范酷刑小组委员会（SPT）Subcommittee on Prevention of Torture	《禁止酷刑和其他残忍、不人道或有辱人格的待遇或处罚公约任择议定书》

续表

机构种类	机构名称	设立依据
条约机构 Treaty-based bodies	儿童权利委员会（CRC） Committee on the Rights of the Child	《儿童权利公约》第43条
条约机构 Treaty-based bodies	移徙工人委员会（CMW） Committee on the Protection of the Rights of All Migrant Workers and Members of Their Families	《保护所有移徙工人及其家庭成员权利国际公约》第72条
条约机构 Treaty-based bodies	残疾人权利委员会（CRPD） Committee on the Rights of Persons with Disabilities	《残疾人权利公约》第34条
条约机构 Treaty-based bodies	强迫失踪问题委员会（CED） Committee on Enforced Disappearances	《保护所有人免遭强迫失踪国际公约》第26条

“二战”后，国际人权法为了克服条约的实施及履行的难题发展出了以“宪章机构”和“条约机构”为主要特征的条约监督机制。虽然这两种条约监督机制在落实国际人权法的使命和功能方面存在着“相互合作、相互不同”的关系，[1] 但二者在法律基础方面的不同决定了二者的性质差异，“宪章机构”是以《联合国宪章》为基础的兼具政治功能和法律功能的联合国系统的必要组成部分。“条约机构”则是以核心人权条约为基础的通过专家委员会监督条约履行的“准司法机构”。值得说明的有两点：其一，经济、社会和文化权利委员会与其他核心人权条约机构的产生基础略有不同，它的职权来自联合国经社理事会而非《经济、社会、文化权利国际公约》本身。我国学者认为，经济、社会和文化权利委员会这种产生机制的不同也使得它对公约的监督缺乏像其他条约机构那样的有效性。[2] 其二，人权条约机构本身的独立性问题。

[1] 参见孙萌：《论联合国人权机制的整合》，载《世界经济与政治》2017年第7期。

[2] 黄金荣主编：《〈经济、社会、文化权利国家公约〉国内实施读本》，北京大学出版社2011年版，第176页；曾令良：《国际人权公约的实施及中国的实践》，武汉大学出版社2015年版，第141页。

为了确保条约机构的独立性，各条约机构的主席们在2012年6月于亚的斯亚贝巴召开的第二十四次主席会议上，讨论和认可了条约机构成员独立性和公正性准则［“亚的斯亚贝巴准则”（the Addis Ababa guidelines）］，即条约机构成员在相关条约下庄严宣誓时承诺遵循独立性和公正性原则（the principles of independence and impartiality）。[1] 独立性原则要求各人权机构的成员在任职期间除有关条约规定外不可被罢免，各成员只对自己的良知和相关条约机构负责，而不对他们的国家或任何其他国家负责。[2] 人权条约机构成员不得由于下列因素被视为有实际或感知的利益冲突：种族、民族、宗教、性别、残疾、肤色、血统或核心国际人权条约所界定的任何其他歧视依据。[3]

二、缔约国强制性报告程序及其结构

由于国际社会呈现出的是平行的国家或者国际组织实体所构成的互不隶属的结构，同时也缺乏一个类似于主权国家的执法机构来确保缔约国的实际履约。职是之故，如何监督条约的履行和实施成为国际人权法长期以来的一个难题。缔约国强制报告程序的建立是国际人权发展历史上的一个极为重要的履约机制，它使得人权条约的监督和履行机制走向了一个程序上的规范过程，报告程序也是一国持续不断承诺致力于尊重、保护和落实其加入的条约所规定的各项权利过程中的一项关键内容。[4]

（一）缔约国强制性报告程序的法律基础

所谓的缔约国强制性报告程序系指人权条约的缔约国必须按照其所批准的公约之规定，向人权条约相应的条约机构提交定期报告，用以说明缔约国为了落实人权公约所采取的包括立法、司法、行政等方面的措施，争取

[1] UN.Doc. A/66/860（2012）.

[2] UN.Doc. A/66/860（2012）.

[3] UN.Doc. A/66/860（2012）.

[4] See UN Doc. HRI/GEN/2/Rev.6（2009）.

人权条约所确认的权利得到切实享有。[1] 无论是以《经济、社会、文化权利国际公约》(ICESCR/A 公约)、《公民权利和政治权利国际公约》(ICCPR/B 公约)为代表的“1966 年人权两公约”还是其他七项核心国际人权公约，缔约国的报告义务和报告程序都是唯一的强制性法律机制，亦即，缔约国不得以各自之喜好而漠视该法律程序，否则承担破坏条约的国际责任。[2] 例如,《消除一切形式种族歧视国际公约》第 9 条第 1 款规定，各缔约国承诺于本公约对其本国生效后一年内，并于其后每两年，如经委员会要求，就其所采用的实施本公约各项规定的立法、司法、行政或其他措施，向联合国秘书长提出报告，供委员会审议。[3]《经济、社会、文化权利国际公约》第 16 条第 1 款规定：本盟约缔约国承允依照本盟约本编规定，各就其促进遵守本盟约所确认各种权利而采取之措施及所获之进展，提具报告书。[4]《公民权利和政治权利国际公约》第 40 条第 1 款规定：本公约各缔约国承担在(甲)本公约对有关缔约国生效后的一年内及(乙)此后每逢委员会要求

[1] See UN Doc. HRI/GEN/2/Rev.6(2009).

[2] 参见曾令良:《国际人权公约的实施及中国的实践》，武汉大学出版社 2015 年版，第 142 页。

[3] See UN Doc. CERD/C/2007/1(2008);《消除一切形式种族歧视国际公约》第 9 条规定:(1)缔约国承诺于(子)本公约对其本国开始生效后一年内，及(丑)其后每两年，并凡遇委员会请求时，就其所采用的实施本公约各项规定的立法、司法、行政或其他措施，向联合国秘书长提出报告，供委员会审议。委员会得请缔约国递送进一步的情报。(2)委员会应按年将工作报告送请秘书长转送联合国大会，并得根据审查缔约国所送报告及情报的结果，拟具意见与一般建议。此项意见与一般建议应连同缔约国核具的意见，一并提送大会。International Convention on the Elimination of All Forms of Racial Discrimination, G.A. res. 2106(XX), Annex, 20 U.N. GAOR Supp.(No. 14) at 47, U.N. Doc. A/6014(1966), 660 U.N.T.S. 195, entered into force Jan. 4, 1969.

[4]《经济、社会、文化权利国际公约》第 16 条第 2 款规定:(甲)所有报告书应提交联合国秘书长，秘书长应将副本送由经济暨社会理事会依据本盟约规定审议;(乙)如本盟约缔约国亦为专门机关会员国，其所递报告书或其中任何部分涉及之事项，依据各该专门机关之组织法系属其责任范围者，联合国秘书长亦应将报告书副本或其中任何有关部分，转送各送各该专门机关。第 17 条规定：一、本盟约缔约国应按经济暨社会理事会于本盟约生效后一年内与缔约国及各有关专门机关商洽订定之办法，分期提出报告书。二、报告书中得说明由于何种因素或困难以致影响本盟约所规定各种义务履行之程度。三、倘有关之情报前经本盟约缔约国提送联合国或任何专门机关在案，该国得仅明确注明该项情报已见何处，不必重行提送。

这样做的时候，提出关于它们已经采取而使本公约所承认的各项权利得以实施的措施和关于在享受这些权利方面所作出的进展的报告。[1]表11-3是主要的人权公约之下，缔约国强制报告义务之依据及受理缔约国报告的条约机构情况[2]。

表 11–3 人权公约下缔约国强制报告义务

人权条约的依据	缔约国报告对象
《经济、社会、文化权利国际公约》第16条、第17条	经济、社会、文化权利委员会
《公民权利和政治权利国际公约》第40条	人权事务委员会
《消除一切形式种族歧视国际公约》第9条	消除种族歧视委员会
《消除对妇女一切形式歧视公约》第18条	消除对妇女歧视委员会
《禁止酷刑和其他残忍、不人道和有辱人格的待遇或处罚公约》第19条	禁止酷刑委员会
《儿童权利公约》第44条	儿童权利委员会
《保护所有移徙工人及其家庭成员权利国际公约》第73条	移徙工人委员会
《残疾人权利国际公约》第34条	残疾人权利委员会

（二）缔约国强制性报告程序的法律要素

1. 缔约国强制报告之程序要求

缔约国强制报告制度的目的在于在国际层面上提供一个统一的法律框架，

[1]《公民权利和政治权利国际公约》第40条第2款至第5款规定：二、所有的报告应送交联合国秘书长转交委员会审议。报告中应指出影响实现本公约的因素和困难，如果存在着这种因素和困难的话。三、联合国秘书长在同委员会磋商之后，可以把报告中属于专门机构职司范围的部分的副本转交有关的专门机构。四、委员会应研究本公约各缔约国提出的报告，并应把它自己的报告以及它可能认为适当的一般建议送交各缔约国。委员会也可以把这些意见同它从本公约各缔约国收到的报告的副本一起转交经济及社会理事会。五、本公约各缔约国得就按照本条第4款所可能作出的意见，向委员会提出意见。

[2] See UN Doc. HRI/GEN/2/Rev.6（2009）.

以便缔约国在这个框架内按照一套协调精简的程序完成其加入的所有国际人权条约规定的报告义务。[1] 报告程序一般分为缔约国搭建报告编写机构框架、缔约国自行采集数据、缔约国起草和拟定报告、缔约国向条约机构报告。缔约国的报告起草和撰写的过程被视为一个国家行为，同时这种国家行为必须在各国宪制框架内确保其既能够代表国家一级的官方态度，又能够吸纳和融合民意机关、民间社会的观点和诉求。一般来说，缔约国在其所批准的人权公约之下均会提交初次报告，然后再按照相关条约的规定定期提交报告介绍该国为了履行条约所采取的立法、行政、司法等一系列的措施。缔约国的强制报告的时间因条约而异，各缔约国开展初次报告和后续的定期报告，应该按照条约的要求和条约机构的指示而进行。

2. 缔约国报告之方式要求

缔约国的报告，一般而言，应该本着“简明扼要、条理清晰”（concise and structured）的精神，在条约机构限定的文本幅度内以联合国的一种正式官方语言（阿拉伯文、中文、英文、法文、俄文或西班牙文）向条约机构正式提交。根据目前联合国人权高专办文件所显示的要求，各缔约国在共同核心文件如有可能不应超过 60—80 页；初次条约专要文件不应超过 60 页，其后的定期文件则应限于 40 页之内。每页格式应按 A4 号纸页面尺寸、1.5 倍行距、12 号 Times New Roman 字体编排。报告应以电子形式（即软盘、光盘或电子邮件）提交，并附一份打印本。[2]

3. 缔约国报告之内容要求

缔约国报告的内容包括“共同核心文件”（Common Core Document）和“条约专要文件”（Treaty Specific Document）两个必要的组成部分。所谓的“共同核心文件”是指载有一般性和事实性的资料汇总，这些资料介绍报告国履行其加入条约的情况，这种资料有可能与所有或几个条约机构相关。[3] 所谓的“条约专要文件”是指用以说明缔约国履行特定人权条约以及相关人

[1] See UN Doc. HRI/GEN/2/Rev.6（2009）.

[2] See UN Doc. HRI/GEN/2/Rev.6（2009）.

[3] See UN Doc. HRI/GEN/2/Rev.6（2009）.

权条约委员会负责监测的条约的执行情况。具体而言，条约专要文件应包含影响该条约所规定之权利的享受的法律和实践的最近动态以及——除条约专要初次文件外——对委员会结论性意见或一般性意见中提出的问题的答复。[1]

如上所述，缔约国向每一个条约机构提供的报告都必须包括“共同核心文件”和“条约专要文件”两个部分。目前，缔约国报告中的“共同核心文件”应该包括：（1）介绍报告国一般情况的资料（A. 报告国的人口、经济、社会和文化特色；B. 报告国的宪法、政治、法律结构）。（2）保护和增进人权的一般框架（C. 接受国际人权标准的情况；D. 在国家一级保护人权的法律框架；E. 在国家一级增进人权的法律框架；F. 国家一级报告程序；G. 其他有关的人权资料）。（3）关于非歧视与平等和有效补救措施的资料。缔约国报告中的“条约专要文件”不得与“共同核心文件”重复，而是应该参照人权条约机构的一般性意见，载入具体资料介绍相关公约条款在法律上（*de jure*）和事实上（*de facto*）的执行情况，并列入资料说明近期有哪些法律和实践的发展演变影响《公约》确认的权利的充分实现。它还应列出资料说明为达到该目标采取的具体措施以及取得的进展。除初次提交的条约专要文件外，还应列入资料说明已采取哪些步骤，解决委员会在关于缔约国前一次报告的结论性意见或在一般性意见中提出的问题。

（三）缔约国强制性报告程序面临的法律挑战

在国际人权条约监督机制的四重程序中，缔约国的强制义务虽然是唯一一个强制性的法律程序，但是人权条约机构在这一机制中却面临着自身能力建设、审议周期、后续执行能力诸多挑战。就人权条约机构的自身能力和工作机制而言，目前的条约机构受制于专家人数之限制和财政资源的不足，尚不足以应对繁重的工作负担。以条约机制为例，截至 2011 年，条约机构的专家总数为 172 人，其与目前国际人权公约及其议定书的缔约国总量相比大概为 1 : 10。如此规模的缔约国，如果都按照预定的报告周期提交国家报告，那么条约机构则需要每年平均审查 320 份国家报告，如果再加上条约机构所

[1] See UN Doc. HRI/GEN/2/Rev.6 (2009).

承担的对个人和国家来文的审查工作以及调查任务，条约机制的运行负荷早已过载。[1] 就审议周期而言，受制于一年中固定的会期，人权条约机构很难在每年两次左右的短暂会期内对大量的缔约国报告进行系统而细致的审议，由此，部分人权条约机构的工作负荷沉重，面对大量的缔约国报告的积压，不得不延长对缔约国的审议周期，原本 4—5 年的审议周期有时被延长为 8—10 年，乃至更久。就后续执行能力而言，人权条约机构在针对缔约国报告做出结论性意见后一般是通过“建议”的方式来督促缔约国履行其条约义务。一方面，结论性意见由于所涵盖和涉及的领域非常宽泛，意见本身也较为宏观和抽象，结论性意见本身不具有严格的法律执行效力。另一方面，结论性意见的后续执行严重依赖于缔约国的配合，不能从根本意义上解决缔约国违约且不配合的情况。

三、国家间指控程序及其结构

（一）国家间指控程序的法律基础

国家间指控程序（Inter-state Complaint）[2]，也被称为国家间投诉程序，它是国际人权公约的一种国际实施机制，是指依据公约的规定，缔约国有权向公约机构（或者委员会）提出其他缔约国未履行公约义务的投诉或者指控。[3]

---

[1] 参见孙萌：《论联合国人权机制的整合》，载《世界经济与政治》2017 年第 7 期。

[2] 指控（控告）和来文在本书中交叉使用，理由有二：其一，一般来说，依照联合国人权高专办的官方文件的指引，向某个委员会提出的申诉或者控告也称“来文”或“请愿”；其二，在英文原文中，Inter-State Communication 和 Inter-State Complaint 两个词语也在联合国的官方文件中交替使用。理论和实务界在中文翻译方面也将“来文”和指控（控告）两个中文词语交替使用。值得说明的是，International Covenant on Civil and Political Rights 中的英文原文使用的是“Communication”一词，《公民权利和政治权利国际公约》的官方中文翻译文本使用了“指控”一词。

[3] 参见古祖雪、柳磊：《影响人权条约国家间指控机制实施效果的因素》，载《太平洋学报》2008 年第 11 期；参见曾令良：《国际人权公约的实施及中国的实践》，武汉大学出版社 2015 年版，第 142 页；See Scott Leckie, The Inter-State Complaint Procedure in International Human Rights Law: Hopeful Prospects or Wishful Thinking?, Human Rights Quarterly, Vol. 10, No. 2, 1988, pp. 249-303.

表 11-4　人权公约下国家间指控程序

法律基础	机构建制
《经济、社会、文化权利国际公约任择议定书》第 10 条	经济、社会、文化权利委员会
《公民权利和政治权利国际公约》第 41 条至第 43 条	特设调解委员会
《消除一切形式种族歧视国际公约》第 11 条至第 13 条	特设调解委员会
《消除对妇女一切形式歧视公约任择议定书》第 8 条	消除对妇女歧视委员会
《禁止酷刑和其他残忍、不人道和有辱人格的待遇或处罚公约》第20 条	禁止酷刑委员会
《儿童权利公约有关来文程序的任择议定书》第 12 条	儿童权利委员会
《保护所有移徙工人及其家庭成员权利国际公约》第 74 条	移徙工人委员会
《保护所有人免遭强迫失踪国际公约》第 32 条	强迫失踪问题委员会
《残疾人权利公约任择议定书》第 6 条	残疾人权利委员会

资料来源：联合国人权高专办，2018 年

（二）国家间指控程序的法律要素

国际人权公约凝结了国家的共同意志，对国际人权公约的违反就是对这种共同的国家之间的“同意”的违反，在这一点上，国际人权公约与其他条约别无二致。就国家间指控程序对于推动国家人权条约的履行而言，国家间指控程序确立了缔约国在人权公约之下相互监督落实公约的一种具有对抗性的机制。

与缔约国的强制性报告程序不同的是，国家间指控程序在多数情况之下是一种“任择性程序”（Optional Procedure），也就是说人权公约的某一个缔约国认为其他缔约国存在严重违反公约原则和条文的另一个缔约国的指控；进一步而言，取决于相关缔约国接受条约机构（或相关委员会）在此方面的能力，缔约国也可以选择性地启动国家间指控程序。国家间指控程序的有效运行关键在于相关人权公约所设定的条约机构（或相关委员会）在管辖权（Jurisdiction）上面的正当性和合法性。若发生争议的两个缔约国均以法定的程序明确宣示或者声明接受条约机构（或相关委员会）的管辖权，则国家间

指控的程序才可以进入真正的对抗阶段，也唯有此，相关的条约机构（或者有关的委员会）才可以基于国家间的同意而进行调查、形成报告或者审查指控本身是否能够成立。

在国家间指控程序正式启动之后，条约机构（或相关委员会）就拥有了对国家间围绕相关人权条约争议的处置权限，争议相关的缔约国也就必须承担配合条约机构调查和审查的义务。一般而言，条约机构（或相关委员会）可以在缔约国意见和其获得的其他相关信息的基础上，决定指派一名或多名委员开展调查并向委员会进行紧急报告。若获得相关缔约国的同意或批准，调查可能包括对该国领土的访问。

（三）国家间指控程序面临的法律挑战

自国家间指控程序被载入诸多人权公约之后的国际实践来看，人权公约所引发的缔约国之间争议所牵涉的范围不仅是法律方面的，也可能是一种包含有广义国际关系意涵的政治争议。就人权公约的解释方面，国家虽然基于一种主权意义上的“同意”（consent）而与他国订立了公约且在其宪制程序内批准了公约，但是围绕着某些公约条款履行中的法律解释问题的争议，可能是一个更为重大的法律难题。就广义的国际政治而言，现实中大多数国家都不会主动适用这种投诉程序，许多人权公约中存在的国家间指控程序也从未被启动，其原因在很大意义上是这种指控程序极容易被“政治化”，严重影响国家之间的经贸往来和其他方面的友好关系，各国政府也一贯警惕这个被各缔约国试图回避的“潘多拉盒子”。[1]

人权公约缔结之后所产生的缔约国之间的争议，就其应有之义而言，属于法律纠纷，即便这种纠纷的政治性始终相伴。国际人权法在建制的历程中，终未放弃建立一种争端解决机制。理论界始终回响着关于“世界人权法院”（World Human Rights Court）是否应当被建立的讨论声。虽然人类社会一直在朝着这种“世界人权法院”的方向努力，但是，现实现世的实践难题

---

[1] See UN Doc. E/C.12/GC/20/CRP.2/Add.1（1996）；参见曾令良：《国际人权公约的实施及中国的实践》，武汉大学出版社 2015 年版，第 152—153 页。

也必须回归到一个可操作的制度化的途径加以解决。基于此，通过建立一种国际人权法之下有关国家间对公约的解读或应用的争端解决机制必须借助国际社会已有的“制度设施”，这些“制度设施”包括谈判、仲裁和提交“国际法院”诉讼等多种方式。例如，《消除一切形式种族歧视国际公约》第 22 条、《消除对妇女一切形式歧视公约》第 29 条、《禁止酷刑和其他残忍、不人道或有辱人格的待遇或处罚公约》第 30 条、《保护所有移徙工人及其家庭成员权利国际公约》第 92 条和《保护所有人免遭强迫失踪国际公约》第 42 条规定均允许缔约国首先通过谈判解决有关对公约解读或应用方面的争端，在谈判失败后可采用仲裁手段。卷入争端的一国可在双方未就仲裁条款达成一致的六个月内将争端提交至国际法院。缔约国可在批准或加入条约时通过发表声明的方式将自身排除在该程序之外，在这种情况下，根据对等原则，它们也无权对其他缔约国提出投诉。[1]

四、个人申诉程序及其结构

（一）个人申诉程序的法律基础

个人申诉程序（Individual Complaint）[2] 也被称为个人投诉程序或者个人来文程序（Individual Communication），它是指人权公约规定的权利受到侵害的个人或者个人群体向国际人权组织和机构提请审议的一种制度。[3] 个人申诉程序的建立是对近现代国际法的一大贡献和发展，它使得个人或者集体在

---

[1] 参见联合国人权高专办网站 https://www.ohchr.org/CH/HRBodies/TBPetitions/Pages/HRTBPetitions.aspx，最后访问时间：2020 年 4 月 4 日。

[2] 申诉和来文在本书中交叉使用，理由有二：其一，一般来说，依照联合国人权高专办的官方文件的指引，向某个委员会提出的申诉或者控告也称“来文”或“请愿”；其二，在英文原文中，Individual Communication 和 Individual Complaint 两个词语也在联合国的官方文件中交替使用。理论和实务界在中文翻译方面也将“来文”和申诉两个中文词语交替使用。值得说明的是，Optional Protocol to the International Covenant on Civil and Political Rights 中的英文原文使用的是“Communication”一词，《公民权利和政治权利国际公约议定书》（第一议定书）的官方中文翻译文本使用了“来文”一词。

[3] 参见曾令良：《国际人权公约的实施及中国的实践》，武汉大学出版社 2015 年版，第 153 页。

某种特定的条件成就的情况下也被视为国际法的主体。人权法的发展引领着国际法主体理论的突破，国际法律制度突破了传统以主权国家或者国际组织一统天下的局面，国际人权法犹如一把利剑在以“主权岩石”所垒砌的传统法律秩序之下开拓了新的疆域——主权国家必须对其领土管辖区上生活的人民的权利保障尽到最低限度的国际义务。

在个人申诉程序之下，核心人权公约所建立的条约机构（人权事务委员会，消除种族歧视委员会，禁止酷刑委员会，消除对妇女歧视委员会，残疾人权利委员会，强迫失踪问题委员会，移徙工人委员会，经济、社会和文化权利委员会及儿童权利委员会）可在一定条件下审议个人投诉或来文。目前，七个人权条约机构（人权事务委员会，消除种族歧视委员会，禁止酷刑委员会，消除对妇女歧视委员会，残疾人权利委员会，强迫失踪问题委员会及经济、社会和文化权利委员会）可在一定情况下接受和审议个人投诉或来文，而另外两个条约机构（移徙工人委员会和儿童权利委员会）的个人申诉机制尚未生效。[1] 我们有理由相信，随着人权法向着纵深发展，越来越多的国家会申明加入一系列的人权公约，国家对人权条约的保留范围也将日趋减少，所有的人权条约机构的个人申诉程序都会在不远的将来全部生效。

表 11-5　人权公约下的个人申诉程序

法律基础	机构建制
《经济、社会及文化权利国际公约任择议定书》	经济、社会、文化权利委员会
《公民权利和政治权利国际公约第一任择议定书》	人权事务委员会
《消除一切形式种族歧视国际公约》第 14 条	种族委员会
《消除对妇女一切形式歧视公约任择议定书》	消除对妇女歧视委员会
《禁止酷刑和其他残忍、不人道和有辱人格的待遇或处罚公约》第 22 条	禁止酷刑委员会
《儿童权利公约有关来文程序的任择议定书》	儿童权利委员会

[1] 参见孙世彦:《〈经济、社会、文化权利国际公约任择议定书〉生效五年之观察》，载《国际法研究》2018 年第 6 期。

续表

法律基础	机构建制
《保护所有移徙工人及其家庭成员权利国际公约》第 77 条	移徙工人委员会
《保护所有人免遭强迫失踪国际公约》第 31 条	强迫失踪问题委员会
《残疾人权利公约任择议定书》	残疾人权利委员会

资料来源：联合国人权高专办，2018 年

（二）个人申诉程序的法律要素

1. 个人申诉程序的当事人资格（*Locus Standi*）

在国际人权法中，基于人权公约的个人申诉程序的启动必须符合较为严格的条件。任何人在满足了一定的条件之后，均可以依据公约之规定向条约机构提请个人申诉程序。个人申诉程序是个人（或者组织）针对缔约国政府的一种申诉，这种申诉程序是一种准法律程序（Quasi-judicial），具有一定的对抗性。[1] 人权条约机构若能够处理该个人申诉程序，必须仔细审查当事人的资格（*Locus Standi*）。

任何一个个人（或者组织）根据九大核心人权公约中某一条约对一个缔约国提起的投诉能够证明其所受到国际人权公约所保护的权利受到了侵害，这种侵害来源于缔约国对公约义务的违反。同时，个人申诉程序的启动必须满足两个条件：第一，缔约国要件。个人申诉程序的对象必须是相关人权条约的缔约国（party to the treaty in question），缔约国可以是通过批准（ratification）或加入（accession）相关人权条约而承担人权公约之下的义务，缔约国在该程序中被指侵犯了相关人权条约所承认或者保障的权利。第二，条约机构本身的缔约国必须认可监测条约执行情况的相关委员会具备接收和

[1] 联合国人权高专办在其关于个人申诉程序的指南中指出："任何人都能向委员会对满足以上两个条件的国家（是条约的缔约方，并已认可委员会审查个人投诉的能力）提起投诉，指出他或她在相应条约下的权利受到侵犯。投诉不一定需要找律师代理，不过法律意见能够提高提交文件的质量。但是，请注意，本程序不提供法律援助。也可以代表他人提出投诉，不过需要获得本人的书面同意（对于具体格式没有要求）。在特定案件中，可以在没有同意书的情况下提起投诉，如该人在监狱中，无法与外界取得联系，或他是强迫失踪的受害者。在这些案件中，投诉的撰写人须澄清无法提供同意书的原因。"

审议个人投诉的能力（Competence）。

个人申诉程序的启动必须是个人（或组织），以书面形式提交，或以能够将其内容转交缔约国的其他易读形式向相关的条约机构提出。当事人以书面形式提出个人申诉程序还必须符合相关条约机构秘书处的工作语言。例如，根据《残疾人权利公约任择议定书》向残疾人权利委员会提交来文的程序秘书处的工作语文为英文、法文、俄文和西班牙文，因此残疾人权利委员会要求所有个人来文（Communications）都应以其中一种语文提交。[1] 目前人权条约机构正在致力于将所有的联合国官方语言都运用于个人申诉程序中，随着条约机构制度能力（Institutional Capacity）的进一步建设，更多的语言都会被准许运用于个人申诉程序中。使用和运用本国语言向条约机构提出申请和诉愿本身就是一种值得受到国际人权法承认和保障的权利，试想一个缔约国的个人在公约权利遭到严重侵犯而该缔约国的官方语言并非联合国的官方语言或者条约与机构秘书处的工作语言时，即使可以理论上通过翻译解决障碍，而该个体由于语言的隔阂在实际享有公约权利方面的便利性和可能性都大大降低了。故此，享有和运用特定语言的权利（The Right to Language）也是一种国际人权法所肯定的根本权利。

2. 个人申诉程序中的可受理性问题（The admissibility of the complaint）

国际人权法之下的各类法律程序和准法律程序的成功启动都需要满足严格的管辖权要件和争议的可受理性条件。管辖权问题（The issue of jurisdiction）与可受理性问题（The issue of admissibility）是两个相互关联但互不相同的问题。管辖权问题（The issue of jurisdiction）侧重于一个争端处理机构能够行使其权限的正当性依据，亦即争端处理机构在满足什么条件下可以正当地处理一个争议。可受理性问题（The issue of admissibility）侧重于在处理由谁、在何时、是否穷尽当地救济、是否提供了可靠的证据资料、在不滥用国际争端解决程序的情况下能够使得相关的国际争端解决机构处理一个争议。

个人申诉程序若不设计较为严格的可受理性条件，则可能导致个人规避

[1] UN Doc. CRPD/C/5/2/Rev.1（2012）.

国内宪法机制的程序而将数量惊人的争议提交国际性争端解决机构来处理，国际争端解决机构也会因此而存在着成为国内宪法机构的上诉机构的危险，而这种危险会极大地降低国际争端解决机构的合法性和正当性，从较为实际的角度来看，国际争端解决机构也会因为无法应对数以千万计的争议而无法正常运转。个人（或组织）若必须严格恪守人权条约的精神和原则向人权条约机构提起个人申诉程序，一般而言，个人申诉必须满足以下的可受理性条件（The admissibility requirements）。

第一，申诉方必须具有受害者地位（Victim Status）。[1] 一般来说，申诉方须为受害者，亦即申诉方是因为缔约国违反公约而遭受损害的个体或者组织。申诉方必须证明被指受害者本人受到构成该投诉客体的缔约国法律、政策、做法、行为或疏忽的直接影响。在一定的情况下，申诉方若合法地成为受害者的代表或者这种申诉经过了受害者的授权，那么条约机构也可以受理该申诉。较为有争议的情况是所谓的“公益之诉”（actio popularis）的问题，目前就大多数的全球层面的个人申诉机制而言，若当事人只是抽象地质疑特定法律、缔约国政策或做法而没有证明被指受害者个人如何被影响则一般不能满足可受理性条件。在理论和实务上，“公益之诉”的问题频繁被提上议事日程，目前也有区域性的人权保障机制承认和认可了“公益之诉”，如《非洲人权和民族权利宪章》（1981 年）（班珠尔宪章）[2] 之下的非洲人权保障机制在 *Institute for Human Rights and Development in Africa v. Angolav* 一案 [3] 中承认了所谓“公益之诉”。

第二，申诉方必须穷尽当地救济（Exhaustion of Domestic Remedies）。穷尽当地救济作为一个通行的国际人权法的法律原则意味着申诉人必须完全穷尽在缔约国内的一切法律上的救济手段，才能够将争议提交人权条约机构来裁决。一般而言，穷尽当地救济是指申诉人穷尽了本国所有的宪制程序后，

[1] See lias Bantekas & Lutz Oette，International Human Rights Law and Practice，2nd ed.，Cambridge University Press，2016，p.536.

[2] African Charter on Human and People' s Rights（Banjul Charter），opened for signature 27 June 1981，1520 UNTS 217，entered into force 21 October 1986.

[3] Institute for Human Rights and Development in Africa v. Angolav，Communication No. 292/04（2008）.

其所受到人权公约所保障的权利仍然不能得到救济，此时国际人权法赋予了申诉人进一步向国际机构申诉的法律渠道和途径。由于在国内和国际的法治主义之下，司法都被认为具有某种“终局性”，穷尽当地救济通常是指穷尽一国终审法院的救济，这种终审法院有的时候指一个国家的最高法院，有的时候指的是宪法法院，关于“何为穷尽当地救济”必须被置于一个国家的宪制架构的语境来观察。

规则总是伴随着一些特定的例外化情况，这些例外化情况是可以被正当化（justified）的。穷尽当地救济的例外情况意味着，在缔约国的宪制程序中，国家层面的诉讼被不合理地延长，法律救济遥遥无期、毫无指望或毫无效力（futile）之时，申诉人可以直接向人权条约机构提起申诉，在此种情况下，申诉方承担举证责任。近年来比较著名的例子是法国禁止在公共场所“蒙面禁令”（Burqa Ban）引发的人权诉讼，在S.A.S诉法国一案中[1]，法国参议院于2010年9月14日通过“禁止任何人在公共场所蒙面”的法案，引发了一名穆斯林女性在欧洲人权法院挑战法国“蒙面禁令”的合法性，由于法国的“蒙面禁令”在生效之前已经经过了法国宪法委员会（Conseil Constitutionnel）的合宪性审查，申诉人直接将关于平等权和宗教自由权的争议提交到了欧洲人权法院，欧洲人权法院基于穷尽当地救济的例外情况受理了该案件。

第三，申诉必须在合理的期限内提出（Reasonable Time）。迟来的正义并非正义（Justice delayed is justice denied），法律意义上的争端解决一般都有期限的要求。个人申诉程序亦必须遵循较为严格的时限要求，有的人权条约机构规定申诉必须在穷尽当地救济的6个月内提出，如《消除一切形式种族歧视国际公约》第14条第5款规定“遇未能从依本条第2款所设立或指定的机关取得补偿时，申诉人有权于6个月内将此事通知委员会”；有的人权条约机构规定了超过6个月的申诉期限，如《经济、社会及文化权利国际公约任择议定书》第3条第5款规定“来文有下列情形之一的，委员会应当宣布为不可受理：（a）未在用尽国内补救办法后一年之内提交，但来文人能证明在此时限内无法提交来文的情况除外”。

---

[1] S.A.S v. France, Application no. 43835/11；ECHR 191（2014）01.07.2014.

人权机构对缔约国的回应也设定了一定的时限要求，多数委员会规定缔约国在被通知投诉案件后的 6 个月之内提供意见。缔约国可在该期限的前两个月通过提出观点的方式质疑投诉的可受理性。投诉者在特定时间范围内保有对缔约国的意见予以置评的权利。

第四，申诉不得被视为不可受理的属事（*ratione materiae*）。个人申诉程序要求缔约国被指侵犯行为必须与条约保护的某一权利相关。例如，申诉人在《公民权利和政治权利国际公约任择议定书》下进行投诉，他 / 她不能声称财产权利被侵犯，因为这个特定的任择议定书公约并不保护该权利。委员会有权审议可能侵犯相关条约保护权利的行为，但是无权接受涉及国家法院和法庭的上诉申请。因此，委员会原则上不能审议有关个人行政、民事和刑事责任方面的决定，也不能审议有罪无罪问题。

第五，申诉人必须排除证据明显不足的情况（Manifestly Ill-Founded）。申诉人必须能够展示一定的初步证据（*prima facie* Evidence），用事实证明缔约国违反公约的观点。也就是说申诉人所提交申诉材料必须足够翔实（sufficiently substantiated）。通常情况下，这些证据材料不能仅仅是基于当事人的主观臆测或者媒体的报道，在申诉证据不够翔实的某些情况下，委员会不会基于一个没有证实的指控而受理个人申诉。 由于个人申诉程序存在被滥用的危险，条约机构对于申诉投诉琐屑之事、无理取闹或采取不当投诉程序、重复申诉的情况一般都拒绝受理。在实务中，申诉人或其聘请的律师必须能够证明其所欲裁决的申诉不是建立在证据明显不足（Manifestly Ill-Founded）的基础上的。

3. 个人申诉机制中的“临时措施”（Interim Measures）

部分委员会可在审议案件前的任何阶段要求缔约国采取“临时措施”，以避免特定案件对来文人或被指受害者造成不可挽回的伤害。这种要求通常为了阻止之后无法撤销影响的行动，如执行死刑或将面临酷刑危险的个人递解离境。决定发布“临时措施”的要求并不意味着来文的可受理性和价值已确定，但得出指称受害者可能遭受不可挽回的伤害的结论意味着案件极有可能具有审议价值。如果投诉者希望委员会发出“临时措施”的要求，应明确提出并详细解释其必要性。委员会需要几个工作日处理关于临时措施的请求。

因此，这类请求应在需要避免的行为发生之前尽早提交秘书处。如果从缔约国和投诉来文人处得到的消息表明不再需要采取临时措施，委员会可以撤销相关请求。

4. 条约机构对个人申诉中实体问题（The Merits）的审查

通观10个条约机构的运行情况，多数的人权条约机构是由10—23个独立专家组成的小组，每年召开若干次会议——在其管辖范围内接收有关侵犯公约规定的权利的案件的审理。例如，《残疾人权利公约任择议定书》成员国承认残疾人权利委员会对个人申诉的处理权限，残疾人权利委员会由18位独立专家组成，每年召开两次会议，以接受其管辖权内受害者指控《残疾人权利公约》成员国侵犯行为的申诉案件。

条约机构对个人申诉的审查通常采取“书面审”的方式，也就是各委员会目前是基于申诉人和被申诉的缔约国提交的书面文件进行审查，委员会的审查程序是一种准司法程序，在大多数情况下，委员会不接受相关方的口头提交或音频或视频证据，委员会也不能参照除相关方外他人提供的信息以确保独立核实事实。目前随着个人申诉机制的日趋成熟，部分委员会（如禁止酷刑委员会与消除种族歧视委员会）在个人申诉程序中有口头辩论的规定，值得欣喜的是，联合国人权事务委员会在第120届会议上通过了《关于就来文进行口头评论的准则》[1]。根据该准则，人权事务委员会在重大的涉及公约解释和适用的法律和事实争议中邀请当事方提供口头评论意见（inviting the parties to provide their comments orally before the Committee）。例如，在人权事务委员会第121届会议上，委员会首次就“Miller和Carroll诉新西兰案”[2]举行了听证会，提交人的代理律师亲自出席，缔约国代表通过视频会议参加。根据“关于就来文进行口头评论的准则”（CCPR/C/159），当事方作口头评论的会议为非公开会议。[3]在个人申诉中发展出口头评论（oral comments）且允许当事方聘请律师出席审议，这也从一个侧面反映了国际人权法的争端解

[1] UN Doc. CCPR/C/159（2017）.

[2] UN Doc. CCPR/ C/121/D/2502/2014.

[3] UN Doc. A/73/40（2018）.

决在朝着书面方式和口头并进的方向发展，这一趋势有利于增进个人申诉程序的辩论和对抗。

（三）个人申诉程序面临的法律挑战

个人申诉程序的建立可谓“普遍人权体系的历史中的一座里程碑”[1]，它试图通过准司法个案的方式累计一种具有一致性和连贯性的判例法规则来推动国际人权法的发展。人权条约机构目前面临的挑战则在于能否发展出一套令缔约国信服的、有关公约权利的判例理论（jurisprudence），而这种“判例理论”的发展受制于两个因素：一是人权条约机构本身在解释公约权利方面的权限边界问题；二是人权条约机构在处理个人来文方面的自身能力问题。一般而言，条约机构对个人申诉的审查一般会同时审议申诉的可受理性问题和实质问题。在此情况下，只有在来文被接收登记并转移至相关缔约国，并在一定时间范围内给予其评论的机会后，上述的一般程序才得以适用。然后投诉人有机会对缔约国的意见给予评论，此后该案件的可受理性问题和实质问题可由委员会进行审议。但是，在有的情况下委员会会决定首先审议其可受理性。在这种情况下，如果委员会声明此投诉是可受理的话，缔约国会被要求提交案件的实质。投诉人在任何案件中都有机会对缔约国提交的实质进行评论。条约机构（各个委员会）对案件依据自己的独立判断做出一种准司法的决定，每个委员都拥有效力相等的一票表决权。但是，人权条约机构如果在个人申诉程序过分扩张自己的权力，提出为缔约国所无法接受的解释和意见，则不仅会影响委员会本身的效能和权威，而且会对人权公约目的和宗旨的实现及其所规定之权利的实现产生消极影响。[2]

人权条约机构在处理个人申诉/来文方面的自身能力受制于人力资源、财政支持的限制，如何处理来自不同缔约国的数量巨大的个人申诉和来文是人权条约机构面临的现实挑战。以《公民权利和政治权利国际公约第一任择

---

[1] 参见孙世彦:《〈经济、社会、文化权利国际公约任择议定书〉生效五年之观察》，载《国际法研究》2018年第6期。

[2] 参见孙世彦:《〈经济、社会、文化权利国际公约任择议定书〉生效五年之观察》，载《国际法研究》2018年第6期。

议定书》[1]之下的个人申诉来文情况来统计，2018 年 4 月 6 日人权事务委员会第 122 届会议结束时，人权事务委员会发布了报告，该报告总结了自 1977 年到 2017 年的 40 年间人权事务委员会处理个人申诉 / 来文的情况，根据 2018 年 4 月人权事务委员会的官方报告，人权事务委员会 40 年来共登记 3162 份来文，供委员会审议，这些来文涉及 92 个缔约国，包括本报告所涉期内登记的来文222份，所登记的3162份来文目前的处理情况如下[2]：根据《公民权利和政治权利国际公约第一任择议定书》第 5 条第 4 款，在审议后通过《意见》的来文 1325 份，其中裁定存在违反《公约》情况的有 1061 份；宣布不予受理的有 697 份；停止审议或撤回的有 437 份；尚未结案的有 703 份。人权事务委员会第 122 届会议报告还进一步统计了该委员会在近 7 年的历程中审查个人申诉来文的情况，如表 11-6 所示。

表 11-6　人权事务委员会近年处理来文的情况（2011—2017）[3]

年份	新登记案件（件）	已结案件（件）[1]	截至 12 月 31 日待审案件（件）
2017 年	167	131	635
2016 年	211	113	599
2015 年	196	101	532
2014 年	191	124	456
2013 年	93	72	379
2012 年	102	99	355
2011 年	106	188	352

资料来源：联合国人权事务委员会的报告，2018 年

[1] 截至 2018 年 4 月，《公民权利和政治权利国际公约》有 170 个缔约国；《公约第一项任择议定书》有 116 个缔约国。两项文书均自 1976 年 3 月 23 日生效。旨在废除死刑的《公约第二项任择议定书》于 1991 年 7 月 11 日生效。截至 2018 年 4 月 6 日，该议定书有 85 个缔约国。

[2] UN Doc. A/73/40（2018）.

[3] UN Doc. A/73/40（2018）.

[1] 作出裁决的案件总数（通过《意见》、作出不予受理和停止审议决定）。

通过对《公民权利和政治权利国际公约第一任择议定书》之下个人申诉案件的统计分析，我们可以清晰地看到在《公民权利和政治权利国际公约第一项任择议定书》的实施过程中，116 个缔约国中有 92 个缔约国参与到了人权事务委员会审理的关于个人申诉的案件中，委员会的“案件负累”在逐年累增。随着口头评论工作方式的引进，除非秘书处大幅增加处理个人来文的人力，否则委员会在处理积压工作方面的能力将继续受到严重影响。[1]

五、调查程序及其结构

（一）调查程序的法律基础

所谓的调查程序（Inquiry Procedure）指的是人权条约机构在符合一定的条件下，根据可靠资料，显示某一缔约国严重或有系统地侵犯人权公约规定的任何权利时，可以决定指派一名或多名委员对缔约国开展调查。例如，《消除对妇女一切形式歧视公约任择议定书》第 8 条规定，如果委员会收到可靠资料表明缔约国严重地或系统地侵犯《消除对妇女一切形式歧视公约》所规定的权利，委员会应邀请该缔约国合作审查这些资料，并为此目的就有关资料提出意见。根据《经济、社会、文化权利国际公约任择议定书》第 11 条和第 12 条之规定，在调查程序中，经济、社会和文化权利委员会若收到可靠信息表明缔约国正系统地侵犯委员会所监督的《经济、社会、文化权利国际公约公约》包含的权利，便可启动调查程序，委员会可以在缔约国意见和其获得的其他相关信息的基础上，决定指派一名或多名委员开展调查并向委员会进行紧急报告。若获得相关缔约国的同意或批准，调查可能包括对该国领土的访问。

[1] UN Doc. A/73/40（2018）.

表 11–7 人权公约下的调查程序

法律基础	机构建制
《经济、社会、文化权利国际公约任择议定书》第 11 条	经济、社会、文化权利委员会
《消除对妇女一切形式歧视公约任择议定书》第 8 条	消除对妇女歧视委员会
《禁止酷刑和其他残忍、不人道或有辱人格的待遇或处罚公约》第 20 条	禁止酷刑委员会
《保护所有人免遭强迫失踪国际公约》第 33 条	强迫失踪问题委员会
《儿童权利公约关于设定来文程序的任择议定书》第 13 条	儿童权利委员会
《残疾人权利公约任择议定书》第 6 条	残疾人权利委员会

资料来源：联合国人权高专办，2018 年

（二）调查程序的法律要素

调查程序启动的前提性要求是缔约国通过明示或者默示的方式接受公约有关调查程序的条款，亦即，条约机构在调查程序之前就必须明确哪些国家可以受到调查。如果条约机构收到可靠信息表明其所监督的公约所载权利被缔约国广泛侵犯时，则可以启动该程序。通常情况下，条约机构会邀请缔约国通过提交意见，与之合作调查信息。条约机构可以根据缔约国的意见及获得的其他相关信息，委任一名或多名成员开展调查并及时向委员会报告。在有关缔约国授权和同意的情况下，调查可能包括访问该国领土。条约机构的调查结果将由委员会审议并附评论与建议转交至缔约国。缔约国被要求在特定时间内（通常为 6 个月）就委员会的调查结果、评论与建议提交自己的意见，在委员会的邀请下，向委员会提供有关调查结果的应对措施。通常而言，调查程序是保密的，为了确保调查程序的顺利进行，公约一般也要求缔约国与条约机构的合作应该贯穿程序的各个阶段。目前学术界的研究表明，国际人权法中的调查程序是一种准司法程序，具有相对的独立性和辅助性、启动的主动性、保密性、所针对的人权侵犯情形的严重性、要求被调查国的高度

配合等特征。[1]例如，斯里兰卡于1994年1月3日加入《禁止酷刑和其他残忍、不人道或有辱人格的待遇或处罚公约》，1998年7月21日，以伦敦为基地的5个非政府组织，即英国难民理事会、治疗酷刑受害者医疗基金、难民法律中心、移民法从业人协会，以及难民法律小组，向禁止酷刑委员会提交了有关斯里兰卡系统性地施行酷刑的控告的资料。禁止酷刑委员会首先处理的问题是斯里兰卡缔约国义务的问题，委员会证实斯里兰卡在加入该公约时并没有声明它不承认第20条规定的委员会的职权，据此，委员会认定公约第20条所规定的"调查程序"适用于斯里兰卡。接下来，委员会对相关资料进行了初步审核，委员会得出结论认为资料是可靠的，从而启动了调查程序。在经过斯里兰卡政府同意后，委员会于2000年8月19日至9月1日对斯里兰卡首都科伦坡进行了访问，委员会得出了调查结果和结论，认定斯里兰卡为防止所采取的与酷刑作为斗争的法律、行政和其他措施缺乏实际效力。[2]

（三）调查程序面临的法律挑战

调查程序为国际人权公约的实施提供了有别于缔约国强制报告程序、国家间投诉程序、个人申诉程序之外的第四种准司法程序，改变了委员会此前类似实践缺乏明确法律基础的局面，并且将调查程序的适用范围从缔约国报告的后续行动扩展到更为广阔的空间。[3]但是，就国际人权机构监督机制的实施现状来看，调查程序面临的挑战可能更为巨大。第一，调查程序在核心国际人权公约中的覆盖面和适用率不足。在所有的九大核心国际人权公约中，仅有六项公约或其任择议定书规定了调查程序，相比缔约国强制报告程序、国家间投诉程序、个人申诉程序而言，调查程序的适用率最低。论者可能指出，调查程序仅仅适用于严重或大规模的连续性人权侵犯的情形故而适用率最低，但论者混淆了调查程序在核心国际人权公约中的适用率问题和在某一项核心国际人权公约下的适用率问题，问题的症结和核心在于任何核心国际

---

[1] 郭曰君:《论国际人权法中的调查程序》，载《人权》2016年第3期。

[2] See UN Doc. A/57/44（SUPP）(2002).

[3] 郭曰君:《〈经济、社会和文化权利国际公约任择议定书〉中的调查程序》，载《北方法学》2015年第5期。

人权公约都可能面临被严重或大规模侵犯的可能性。第二，作为一种任择性程序的调查程序在启动方面的“选择性”问题降低了该准司法程序的公信力和正当性。与缔约国强制报告程序相比，调查程序是一种任择性程序，缔约国可以在人权条约签署、批准、加入、实施的各个阶段声明其是否接受人权条约机构的调查职权。与国家间投诉程序、个人申诉等程序相比，调查程序之启动是人权条约机构根据其自身的判断自主决定的；换言之，对于是否启动调查程序，人权条约机构拥有法律上的“自由裁量权”。问题的核心在于人权条约机构在何种“标准”或者“准则”意义上可以决定其是否启动该程序，面对“严重或大规模的连续性人权侵犯的情形”，人权条约机构极有可能受制于政治、经济、外交或国际关系等考虑选择性“启动”该程序。在没有关于“严重或大规模的连续性人权侵犯的情形”的认定标准的情况下，调查程序的启动若仅仅依赖于人权条约机构的几乎不受限制的“自由裁量”，则这种准司法程序的公信力和合法性都会遭受弱小国家的质疑。第三，调查程序的实施严重依赖于缔约国的准许和配合。面对人权侵犯情形最严重或规模最大的情形，人权条约机构在信息的获取方面，不但依赖于非政府组织的报告，而且极有可能需要进行实地调查。实地调查是否能够顺利开展最终取决于缔约国是否准许和配合，这就使得缔约国极有可能基于主权的抗辩而拒绝配合人权条约机构的调查，“严重或大规模的连续性人权侵犯的情形”就逃脱了调查程序的制约。

第三节 《经济、社会、文化权利国际公约》的实施机制

《经济、社会、文化权利国际公约》系经由联合国大会 1966 年 12 月 16 日第 2200A（XXI）号决议获得通过，1966 年 12 月 19 日在纽约开放供签署和批准。[1] 根据《经济、社会、文化权利国际公约》第 27 条的规定，该公约

---

[1] International Covenant on Economic，Social and Cultural Rights，G.A. res. 2200A（XXI），21 U.N.GAOR Supp.（No. 16）at 49，U.N. Doc. A/6316（1966），993 U.N.T.S. 3，entered into force Jan. 3，1976.

应自第35份批准书或加入书送交联合国秘书长存放之日起3个月后发生效力，在满足这一条件后，《经济、社会、文化权利国际公约》于1976年1月3日正式生效。《经济、社会、文化权利国际公约任择议定书》经联合国大会2008年12月10日第63/117号决议获得通过，2009年9月24日在纽约开放供签署和批准。《经济、社会、文化权利国际公约任择议定书》自第10份批准书交存联合国秘书长之日起三个月后，即2013年5月5日生效。[1]截至2020年6月，全世界共有171个国家签署并批准了《经济、社会、文化权利国际公约》，4个国家签署但未批准该公约，22个国家既未签署也未批准该公约。 截止到2018年年底，全世界共有24个国家签署并批准了《经济、社会、文化权利国际公约择议定书》，25个国家签署但未批准该公约议定书，149个国家未签署也未批准该公约的议定书。

本章从以下几个方面阐述《经济、社会、文化权利国际公约》的实施机制：第一，经济、社会和文化权利委员会的设立；第二，缔约国强制性报告程序；第三，国家间来文程序；第四，个人来文程序；第五，调查程序；第六，一般性意见。兹约略述之。

一、作为人权监督机构的经济、社会和文化权利委员会

经济、社会和文化权利委员会是监督缔约国落实《经济、社会、文化权利国际公约》情况的独立专家机构。经济、社会和文化权利委员会根据1985年5月28日通过的经济及社会理事会第1985/17号决议成立，以发挥公约第四部分规定的经济及社会理事会的监控职能。[2]

与《公民权利和政治权利国际公约》的条约监督机构不同，《经济、社会、文化权利国际公约》在订立之初并没有依据公约设立一个专门委员会，它只是规定各缔约国承担向联合国经济及社会理事会提交报告的机制。[3]直

[1] UN Doc. E/2018/22（2018）；UN Doc. E/C.12/2017/3（2017）.

[2] UN Doc. E/RES/1985/17.

[3] 参见曾令良：《国际人权公约的实施及中国的实践》，武汉大学出版社2015年版，第153页。

到 1985 年，一个由 18 名独立专家组成的条约机构——经济、社会和文化权利委员会才得以建立。从监督机构与公约的关系来看，经济、社会和文化权利委员会不是根据《经济、社会、文化权利国际公约》直接设立的，而是根据联合国经济和社会理事会（United Nations Economic and Social Council/ECOSOC/CESNU）的决议产生。[1]

表 11–8 经济、社会和文化权利委员会的委员构成（2018 年）[2]

姓名	国籍	12 月 31 日任期届满的年份
阿斯兰・阿巴希泽	俄罗斯联邦	2018 年
穆罕默德・阿卜杜勒 – 穆奈姆（副主席）	埃及	2020 年
克莱门特・阿坦加纳	喀麦隆	2018 年
玛丽亚・比西尼娅・布拉斯・戈麦斯（主席）	葡萄牙	2018 年
陈士球	中国	2020 年
劳拉・玛丽亚・克勒丘内安 – 塔图	罗马尼亚	2020 年
琴德拉谢卡尔・达斯古普塔	印度	2018 年
奥利维尔・德舒特	比利时	2018 年
兹吉斯拉夫・凯吉亚（副主席）	波兰	2020 年
阿祖兹・凯尔杜恩	阿尔及利亚	2018 年
桑德拉・利本伯格	南非	2020 年
迈克尔・曼西西多・德拉富恩特	西班牙	2020 年
莉迪娅・拉文伯格（报告员）	苏里南	2020 年
瓦利德・萨迪	约旦	2020 年
申海洙（副主席）	大韩民国	2018 年
罗德里戈・乌普日姆尼	哥伦比亚	2018 年
米夏埃尔・温德富尔	德国	2020 年
雷纳托・泽尔比尼・里贝罗・莱昂	巴西	2018 年

资料来源：经济、社会及文化权利委员会第六十二届会议报告，2017 年

[1] 参见曾令良：《国际人权公约的实施及中国的实践》，武汉大学出版社 2015 年版，第 153 页。

[2] UN Doc. E/2018/22（2018）.

二、经济、社会和文化权利委员会下的缔约国的强制报告程序

在国际人权法领域,《经济、社会、文化权利国际公约》的履行和落实问题是一个较其他核心人权公约而言更为负责和更具有争议性的一个话题。传统观点认为,《经济、社会、文化权利国际公约》之下，缔约国承担着“渐进实现”的义务(Obligations of Progressive Realization),而缔约国在《公民权利和政治权利国际公约》之下承担的是“即可履行的义务”(Obligations of Immediate Compliance)。二者的根本区别在于《经济、社会、文化权利国际公约》第2条第1款明文规定:“本盟约缔约国承允尽其资源能力所及，各自并借国际协助与合作，特别在经济与技术方面之协助与合作，采取种种步骤，务期以所有适当方法，尤其包括通过立法措施，逐渐使本盟约所确认之各种权利完全实现。”为了推动和促进《经济、社会、文化权利国际公约》(以下简称《公约》)的履行，理论界发展出了“最低核心义务说”(Minimum Core Doctrine)[1]。在实务界，经济、社会及文化权利委员会为了澄清缔约国的义务，从语言学的角度指出：在英文本中，这一义务是“采取步骤”(to take steps);在法文本中是“s' engage à agir”;在西班牙文中是“a adoptar medidas”。委员会认为虽然可以逐步争取完全实现有关的权利，但是，在《公约》对有关缔约国生效之后的合理较短时间之内就必须采取争取这一目标的步骤。此类步骤应当周密、具体、以尽可能明确地履行《公约》义务为目标。[2]在关于缔约国义务的性质的第3号一般性意见中，经济、社会及文化权利委员会明确指出：

第2条对于充分理解《公约》来说具有特殊重要意义，必须把它看作与《公约》所有其他条款有着密切的关系。这一条说明了《公约》缔约国承担的一般法律义务的性质。这些义务既包括可称为行为义务的内容(依照国际法

---

[1] K. G. Young, The Minimum Core of Economic and Social Rights: A Concept in Search of Content, Vol.33, Yale J. Int' l L., 2008; John Tasioulas, Minimum Core Obligations : Human Rights In the Here and Now, Washington, D.C. : World Bank Group, 2017.

[2] Committee on Economic, Social and Cultural Rights, General Comment 3, The nature of States parties' obligations(Fifth session, 1990), U.N. Doc. E/1991/23, annex III at 86(1991).

委员会的工作），也包括结果义务。有时人们特别注重这一条所使用的形式与《公民权利和政治权利国际公约》的第 2 条形式之间的区别，但同时并不一向认为这两者之间也有着重大的相同之处。具体而言，《公约》规定逐步实现权利并确认因资源有限而产生的局限，但它同时也规定了立刻生效的各种义务，其中有两项对于理解缔约国义务的准确性质特别重要。其中之一已在另一项一般性意见中作了处理，即"保障""在无歧视的条件下行使"有关权利。[1]

《经济、社会、文化权利国际公约》之下的缔约国强制性报告程序系指缔约国必须按照其所批准的公约之规定，向经济、社会及文化权利委员会提交定期报告，用以说明缔约国为了落实经济、社会、文化权利所采取的包括立法、司法、行政等方面的措施。其法律依据在于:《经济、社会、文化权利国际公约》第 16 条第 1 款规定：本盟约缔约国承允依照本盟约本编规定，各就其促进遵守本盟约所确认各种权利而采取之措施及所获之进展，提具报告书。[2] 缔约国根据《经济、社会、文化权利国际公约》第 16 和 17 条之规定必须定期向经济、社会及文化权利委员会提交书面报告。缔约国报告可以分为"共同核心文件"和"条约专要文件"两个部分。缔约国向经济、社会及文化权利委员会提交的"共同核心文件"应根据协调准则的规定，列入关于报告国的一般性资料、保护和增进人权的一般性框架以及关于不歧视和平等及有效补救措施的一般性资料。

根据《缔约国根据〈经济、社会、文化权利国际公约〉第 16 和 17 条提

---

[1] Committee on Economic, Social and Cultural Rights, General Comment 3, The nature of States parties' obligations（Fifth session, 1990）, U.N. Doc. E/1991/23, annex III at 86（1991）.

[2]《经济、社会、文化权利国际公约》第 16 条规定：一、本公约缔约各国承担依照本公约这一部分提出关于在遵行本公约所承认的权利方面所采取的措施和所取得的进展的报告。二、（甲）所有的报告应提交给联合国秘书长；联合国秘书长应将报告副本转交经济及社会理事会按照本公约的规定审议……《经济、社会、文化权利国际公约》第 17 条规定：一、本公约缔约各国应按照经济及社会理事会在同本公约缔约各国和有关的专门机构进行咨商后，于本公约生效后一年内，所制定的计划，分期提供报告。二、报告得指出影响履行本公约义务程度的因素和困难。三、凡有关的材料业经本公约任一缔约国提供给联合国或某一专门机构时，即不需要复制该项材料，而只需确切指明所提供的材料的所在地即可。

交条约专要文件的准则》[1]，缔约国向经济、社会及文化权利委员会（CESCR）提交的“条约专要文件”不应重复“共同核心文件”所列的资料，或单纯列出或说明缔约国通过的立法。缔约国的履约报告应该参照委员会的一般性意见（General Comments），载入具体资料介绍《经济、社会、文化权利国际公约》第1条至第15条在法律和事实上的执行情况，并列入资料说明近期有哪些法律和实践的发展演变影响《公约》确认的权利的充分实现。它还应列出资料说明为达到该目标采取的具体措施以及取得的进展。除初次提交的条约专要文件外，还应列入资料说明已采取哪些步骤，解决委员会在关于缔约国前一次报告的结论性意见或在一般性意见中提出的问题。缔约国在条约专要文件中应提供以下几个方面的说明。[2]

1. 缔约国是否为落实《公约》每项权利而通过了框架性国家法律、政策和战略，查明为达此目的可用的资源以及这类资源成本效益最大的利用方式；

2. 任何监测全面落实公约权利进展情况的现有机制，除按照协调报告准则附录3提供的资料外，还要参照人权事务高级专员办事处（人权高专办）列出的说明性指标框架和清单（HRI/MC/2008/3），逐一确定与《公约》每项权利相关的指标和相关国家基准；

3. 现有哪些机制，确保缔约国作为国际组织和国际金融机构成员国采取行动以及谈判和批准国际协定时，充分考虑到它对《公约》承担的义务，以便确保各项经济、社会、文化权利免受损害，特别是处境最为不利和最为边缘化的群体的这种权利免受损害；

4. 国内法律秩序纳入和直接适用《公约》每项权利的情况，提供相关判例法的具体实例；

5. 现有哪些司法和其他相关补救措施，帮助其《公约》权利受到侵犯的受害人获得补偿；

---

[1] 参见《缔约国根据〈经济、社会、文化权利国际公约〉第16和17条提交条约专要文件的准则》，UN Doc. HRI/GEN/2/Rev.5；UN Doc. E/C.12/2008/2（2009）。

[2] 参见《缔约国根据〈经济、社会、文化权利国际公约〉第16和17条提交条约专要文件的准则》，UN Doc. HRI/GEN/2/Rev.5；UN Doc. E/C.12/2008/2（2009）。

6. 缔约方无法控制的因素造成的阻碍充分实现《公约》权利的结构性障碍或其他重大障碍；

7. 过去五年间《公约》每项权利享有情况的逐年比较的统计数据，按年龄、性别、族裔血统、城镇/农村居民和其他相关状况分列。

在《经济、社会、文化权利国际公约》之下，缔约国的报告义务呈现出以下的特点：首先，缔约国的报告必须严格遵守国际人权条约提交报告的协调准则（HRI/GEN/2/Rev.5）、《缔约国根据〈经济、社会、文化权利国际公约〉第16和17条提交条约专要文件的准则》（E/C.12/2008/2）以及参照人权高专办列出的说明性指标框架和清单（HRI/MC/2008/3），这说明了《经济、社会、文化权利国际公约》下的缔约国强制报告程序建立了更加严密的报告规则。其次，缔约国报告必须逐一确定与《公约》每项权利相关的指标和相关国家基准，《缔约国根据〈经济、社会、文化权利国际公约〉第16和17条提交条约专要文件的准则》（E/C.12/2008/2）分别罗列了《经济、社会、文化权利国际公约》第1条至第15条的报告要素。最后，《经济、社会、文化权利国际公约》之下，缔约国的强制报告义务更加影响或阻碍充分经济、社会、文化权利的结构性障碍或其他重大障碍，为此，缔约国的经济社会发展水平是一项重要的报告内容。

三、经济、社会和文化权利委员会下的国家间来文程序

关于经济、社会和文化权利委员会的国家来文程序（Inter-State Communications），2008年12月10日，联合国大会第63/117号决议通过了《经济、社会、文化权利国际公约任择议定书》（Optional Protocol to the International Covenant on Economic, Social and Cultural Rights/OP-ICESCR）[1]。在前述的缔约国强制报告程序之外，任择议定书创设了国家来文程序（Inter-State Communications）、个人来文程序（Individual Communications）、调查程序（Inquiry Procedure）三位一体的准司法性权利救济程序。该议定书已经于2013

[1] UN Doc. A/RES/63/117（2008）.

年 5 月 5 日正式生效，生效后的《经济、社会、文化权利国际公约任择议定书》对缔约国提出更高的制度性要求，缔约国在《经济、社会、文化权利国际公约》（以下简称《公约》）下的国家义务已经不仅限于之前的强制报告义务，还扩及接受经济、社会及文化权利委员会审查和处理国家间、个人间指控等一系列具有对抗性的准司法程序。我国有学者指出《经济、社会、文化权利国际公约任择议定书》的通过可谓人权保障领域的重大突破[1]。但是也有学者通过对任择议定书的批准和实施情况进行了检讨，例如张雪莲博士认为，《经济、社会、文化权利国际公约任择议定书》第 8 条第 4 款所涉及的“合理性”标准和缔约国的“自由判断余地”问题，集中反映了国际监督与缔约国主权之间的紧张关系。[2] 孙世彦研究员则认为经济、社会和文化权利委员会在审议个人来文的实践中，一方面要澄清和确定公约所规定的权利以及相应义务的内容和范围；另一方面要保持其作为监督机构的性质和地位，不能扩张自己的权力至缔约国不能接受的程度。[3]《经济、社会、文化权利国际公约任择议定书》规定委员会有权接受并审议个人关于指控其公约所规定权利被侵犯的来文 / 投诉。委员会也可以在特定情况下对公约所规定经济、社会及文化权利的严重或系统的侵犯行为进行调查并审议国家间投诉。经济、社会和文化权利委员会在日内瓦召开会议，通常每年举行两次会议，每次会议包括为期三周的全体会议和为期一周的会前工作组。

《经济、社会、文化权利国际公约任择议定书》第 10 条第 1 款明文规定：“本议定书缔约国可以在任何时候根据本条作出声明，承认委员会有权接受和审议涉及一缔约国声称另一缔约国未履行《公约》所规定义务的来文。根据本条规定提交来文的缔约国须已声明本国承认委员会有此权限，委员会方可接受和审议此种来文。来文涉及尚未作出这种声明的缔约国的，委员会不得予以接受。”

---

[1] 万鄂湘、毛俊响：《经济、社会和文化权利保护领域的重大突破》，载《法律适用》2008 年第 11 期。

[2] 张雪莲：《“合理性”标准：〈经济、社会和文化权利国际公约任择议定书〉第 8（4）条述评》，载《西部法学评论》2016 年第 3 期。

[3] 孙世彦：《〈经济、社会、文化权利国际公约任择议定书〉生效五年之观察》，载《国际法研究》2018 年第 6 期。

1. 经济、社会及文化权利委员会处理国家间来文的权限

经济、社会及文化权利委员会并非一个凌驾于主权国家司法管辖权的上诉性机构，而是一个基于公约和任择议定书建立的条约监督机构。这种法律定性决定了经济、社会及文化权利委员会若要处理国家间来文必须具备一定的条件：首先，《公约》缔约国必须承认委员会有权根据本议定书条款的规定接受和审议来文。其次，委员会不得接受涉及非本议定书缔约方的《公约》缔约国的来文。

2. 经济、社会及文化权利委员会处理国家间来文的程序

在经济、社会及文化权利委员会拥有正当的权限处理某个具体的国家间来文后，它还必须遵循《经济、社会、文化权利国际公约任择议定书》第10条第1款所明示的程序。具体来说：(1)一缔约国如果认为另一缔约国未履行《公约》规定的义务，可以用书面函件提请该缔约国注意此事，也可以将此事通知委员会。收函国在收到函件后3个月内，应当以书面形式向发函国作出解释或其他陈述，澄清此事，其中应当尽可能和具体地提及已经对此事，即将对此事或可以对此事采取的国内程序和补救办法。(2)如果在收函国收到最初函件后6个月内，有关事项尚未达成有关缔约国双方满意的解决，任何一方均有权以通知委员会和另一方的方式将此事提交委员会。(3)对于提交委员会的事项，委员会只有在确定已经就该事援用并用尽一切可用的国内补救办法后，方可予以处理。如果补救办法的应用被不合理地拖延，本规则不予适用。(4)在不违反本款前项规定的情况下，委员会应当向有关缔约国提供斡旋，以期在尊重《公约》规定的义务的基础上友好地解决有关事项。(5)委员会应当举行非公开会议审查根据本条提交的来文。(6)委员会可以要求有关缔约国提供任何相关资料。(7)委员会审议有关事项时，有关缔约国有权派代表出席并提出口头或书面意见。(8)委员会应当尽可能适当地权宜行事，作出报告。(9)委员会的报告应当送交有关缔约国。[1]

---

[1] See UN Doc.A/RES/63/117(2008).

四、经济、社会和文化权利委员会下的个人来文程序

个人来文程序一般是指在个人或组织穷尽当地救济之后，其所受到公约所保障的权利仍未得到救济的情况下，该个体或者组织可以根据公约所设定的程序向条约机构提出申诉的一种程序。《经济、社会、文化权利国际公约》之下的个人来文程序是一种准司法程序（Quasi-judicial procedure），处理个人来文程序的经济、社会和文化权利委员会也可以在此时被适当地视为一种准司法机构（Quasi-judicial body）。

如前所述，《经济、社会、文化权利国际公约任择议定书》构建了个人来文制度。这里的来文（Communication）具有某种指控（Complaint）的法律意涵。根据《经济、社会、文化权利国际公约任择议定书》第 2 条之规定，来文可以由声称因一缔约国侵犯《公约》所规定的任何经济、社会和文化权利而受到伤害的该缔约国管辖下的个人自行或联名提交或以其名义提交。代表个人或联名个人提交来文，应当征得当事人的同意，除非来文人能说明未经当事人同意而代为提交的正当理由。

1. 经济、社会及文化权利委员会处理个人来文的权限

经济、社会及文化权利委员会若要处理个人来文必须具备一定的条件：首先，《公约》缔约国必须承认委员会有权根据本议定书条款的规定接受和审议来文。其次，委员会不得接受涉及非本议定书缔约方的《公约》缔约国的来文。

2. 经济、社会及文化权利委员会处理个人来文的可受理性问题（Admissibility）

第一，委员会必须确定提出来文的个人或者组织必须穷尽当地救济（Exhaustion of Domestic Remedies）。亦即，在个人来文中，一切可用的国内补救办法均已用尽，否则委员会不得审议来文。如果补救办法的应用被不合理地拖延（unreasonably prolonged）或者缔约国的宪制程序毫无指望或毫无效力（futile）之时，本规则不予适用。来文申请人可以直接向委员会提出来文。

第二，时限条件必须成就。根据《经济、社会、文化权利国际公约任择议定书》第 3 条之规定，委员会必须确定来文的提出是当事人在穷尽当地救济的一年之内提交。若超过了这个时限条件，也就是说来文未在用尽国内补

救办法后一年之内提交，委员会就不能受理该来文。时限条件的例外情况是，若来文人能证明在一年内无法提交来文，而这种不能来源于缔约国毫无理由的拖延，或者缔约国内部的宪制救济程序遥遥无期。当然，这种情况下，来文若想要成功获得委员会的受理，来文人必须负担举证责任。

第三，若来文所述事实发生在《经济、社会、文化权利国际公约任择议定书》对有关缔约国生效之前，则委员会没有权限根据后来生效的任择议定书处理该项来文，除非这些事实存续至生效之日后。

第四，遵循一事不再理原则。若来文所指的同一事项业经委员会审查或已由或正由另一国际调查或解决程序审查，则委员会应当宣布为不可受理的事项。

第五，来文不得被视为不可受理的属事（*ratione materiae*）。个人来文要求缔约国被指侵犯行为必须与条约保护的某一权利相关。例如，来文人在《经济、社会、文化权利国际公约任择议定书》下进行投诉，他 / 她不能声称其所享有的免于酷刑的权利受到侵犯，因为《经济、社会、文化权利国际公约》并不直接保护该权利。委员会有权审议可能侵犯相关条约保护权利的行为，但是无权接受涉及国家法院和法庭的上诉申请。因此，委员会原则上不能审议有关个人行政、民事和刑事责任方面的决定，也不能审议有罪无罪问题。

第六，来文人必须排除证据明显不足的情况（Manifestly Ill-Founded）。根据《经济、社会、文化权利国际公约任择议定书》第 3 条之规定，委员会应当不可受理下列来文：明显没有根据或缺乏充分证据，或仅以大众媒体传播的报道为根据的；滥用提交来文的权利的；采用匿名形式或未以书面形式提交的。

3. 经济、社会及文化权利委员会处理个人来文中的“临时措施”（Interim Measures）

委员会收到来文后，在对实质问题作出裁断前，可以随时向有关缔约国发出请求，请该国从速考虑根据特殊情况采取必要的临时措施，以避免对声称权利被侵犯的受害人造成可能不可弥补的损害。如果从缔约国和投诉来文人处得到的消息表明不再需要采取临时措施，委员会可以撤销相关请求。需要注意的是，委员会根据《经济、社会、文化权利国际公约任择议定书》第 5 条第 1 款行使酌处权，并不意味对来文的可受理性或实质问题作出裁断。

4. 经济、社会及文化权利委员会对个人来文的审查

委员会应当根据提交委员会的全部文件资料审查根据本议定书第 2 条收到的来文，但这些文件资料应当送交有关当事方。委员会应当通过非公开会议审查根据本议定书提交的来文。委员会在审查根据本议定书提交的来文时，可以酌情查阅其他联合国机构、专门机构、基金、方案和机制及包括区域人权系统在内的其他国际组织的相关文件资料，以及有关缔约国的任何意见或评论。委员会在审查根据本议定书提交的来文时，应当审议缔约国依照《公约》第二部分规定采取的步骤的合理性。在这方面，委员会应当注意到缔约国可以为落实《公约》规定的权利而可能采取的多种政策措施。[1]

2017 年 9 月 18 日至 10 月 6 日，经济、社会及文化权利委员会第六十二届会议报告通过之际，委员会目前已经登记了 22 份自任择议定书生效以来根据议定书提交的来文。目前，已登记来文的情况如下。

（1）已根据任择议定书第 9 条第 1 款通过意见完成了审议：3 份，其中 1 份来文的审议未发现违约行为；

（2）宣布不可受理：12 份；

（3）停止审议或撤回：2 份；

（4）尚未完成审议：5 份。

在上诉统计中，委员会宣布为可受理的 3 份个人来文中均是关于西班牙的，这 3 份来文分别为 López Rodríguez 诉西班牙 [2]；I.D.G. 诉西班牙 [3]；Ben Djazia et al 诉西班牙 [4]。近期值得引起注意的是，2018 年 3 月 26 日委员会对 Trujillo Calero 诉厄瓜多尔 [5] 作出了裁决，宣布厄瓜多尔社会保障署

---

[1] 参见 UN Doc. A/RES/63/117（2008），《经济、社会、文化权利国际公约任择议定书》第 8 条。

[2] UN Doc. E/C.12/57/D/1/2013.

[3] UN Doc. E/C.12/55/D/2/2014.

[4] UN Doc. E/C.12/61/D/5/2015.

[5] UN Doc. E/C.12/63/D/10/2015.

（Ecuadorian Social Security Institute）剥夺来文人社会保障权侵犯了《经济、社会、文化权利国际公约》第 9 条所保障的权利，从而使得成功获得委员会提供国际救济的案例由 3 个增加到了 4 个。

在 I.D.G. 诉西班牙一案[1]中，委员会澄清了其根据《经济、社会、文化权利国际公约》及其任择议定书审查个人来文的性质和范围问题，委员会在审查结论中强调：委员会审查来文的权限来源于《经济、社会、文化权利国际公约任择议定书》第 9 条第 1 款，审议来文不是为了核实国内司法和行政程序是否依照国内法律进行。委员会的任务仅限于审议本来文中提供的事实是否证明缔约国侵犯公约所载的经济、社会和文化权利。[2] 就来文所涉及的《经济、社会、文化权利国际公约》中的适足住房权，委员会在裁决中明确指出适足住房权是一项基本权利，对享有所有经济、社会和文化权利至关重要，[3] 并且与包括《公民权利和政治权利国际公约》规定的各项权利在内的其他人权有着紧密的关联。[4] 应确保所有人，不论其收入或经济来源如何，都享有住房权，[5] 并且各缔约国应当为充分实现这项权利采取一切必要措施。[6] 适足住房权的许多组成部分与确保有效享有这项权利的国内法律补救规定息息相关。[7] 最终，委员会结合来文案情的事实，认为由于西班牙[8]未能履行向提交人提供有效补救的义务，从而侵犯了提交人根据《公约》中与第 2 条第 1 款一并解读的第 11 条第 1 款享有的适足住房权。[9]

---

[1] UN Doc. E/C.12/55/D/2/2014.

[2] UN Doc. E/C.12/55/D/2/2014.

[3] 参见委员会关于适足住房权（《公约》第 11 条第 1 款）的第 4（1992 年）号一般性意见，第 1 段。

[4] 参见委员会关于适足住房权（《公约》第 11 条第 1 款）的第 4（1992 年）号一般性意见，第 7 段和第 9 段。

[5] 参见委员会关于适足住房权（《公约》第 11 条第 1 款）的第 4（1992 年）号一般性意见，第 7 段。

[6] 参见委员会关于适足住房权（《公约》第 11 条第 1 款）的第 4（1992 年）号一般性意见，第 12 段。

[7] 参见委员会关于适足住房权（《公约》第 11 条第 1 款）的第 4（1992 年）号一般性意见，第 17 段。

[8]《经济、社会、文化权利国际公约任择议定书》已经于 2013 年 5 月 5 日对缔约国生效，同时，西班牙是该任择议定书的缔约国。

[9] UN Doc. E/C.12/55/D/2/2014.

五、经济、社会和文化权利委员会下的调查程序

所谓的调查程序（Inquiry Procedure）指的是委员会在符合一定的条件下，根据可靠资料，显示某一缔约国严重或有系统地侵犯《公约》规定的任何经济、社会和文化权利时，可以决定指派一名或多名委员对缔约国开展调查。根据《经济、社会、文化权利国际公约任择议定书》第11条和第12条之规定：（1）在调查程序中，委员会若收到可靠信息表明缔约国正系统地侵犯委员会所监督的《公约》包含的权利，便可启动调查程序。（2）委员会邀请缔约国通过提交意见的形式配合审查信息。（3）委员会可以在缔约国意见和其获得的其他相关信息的基础上，决定指派一名或多名委员开展调查并向委员会进行紧急报告。若获得相关缔约国的同意或批准，调查可能包括对该国领土的访问。（4）委员会之后将审议成员（们）的调查结果，并将其与意见和建议一道发送给缔约国。（5）缔约国应在特定时间范围内（通常是6个月）提交其关于委员会成果、意见和建议的评论，并在受到委员会邀请的情况下，告知委员会该国针对该调查采取的措施。（6）调查程序是保密的，委员会在进程所有阶段均希望获得缔约国的配合。[1]

六、经济、社会和文化权利委员会下的一般性意见

所谓的一般性意见（General Comments），指的是委员会通过特定的程序发布针对《公约》相关条款的解读性文件。该一般性意见根据委员会在审查国家报告方面所获经验，对缔约国的责任作了权威性解释和界定。[2] 应联合国经济及社会理事会的邀请，委员会从第三届会议起，开始拟订关于《公约》各项权利和条款的一般性意见，主要是为了协助缔约国履行《公约》规定的义务。在第六十一届会议上，委员会通过了关于国家在工商活

[1] 参见经济、社会和文化权利委员会网：https：//www.ohchr.org/CH/HRBodies/CESCR/Pages/InquiryProcedure.aspx，最后访问时间：2018年12月25日。

[2] See UN Doc. E/2018/22（2018）.

动中履行《经济、社会、文化权利国际公约》规定的义务的第 24 号一般性意见（2017 年）。

表 11-9 经济、社会、文化权利委员会的一般性评论列表[1]（截至 2018 年）

评论编号	评论主题	评论时间	官方文件索引
第 1 号	缔约国报告义务	1989 年 01 月 01 日	U.N. Doc. E/1989/22, annex III at 87 (1989)
第 2 号	国际技术协助措施	1990 年 01 月 01 日	U.N. Doc. E/1990/23, annex III at 86 (1990)
第 3 号	缔约国义务之性质	1991 年 01 月 01 日	U.N. Doc. E/1991/23, annex III at 86 (1990)
第 4 号	适当住房权	1992 年 01 月 01 日	U.N. Doc. E/1992/23, annex III at 114 (1991)
第 5 号	残疾人的经济、社会、文化权利	1995 年 01 月 01 日	U.N. Doc E/1995/22 at 19 (1995)
第 6 号	老年人的经济、社会、文化权利	1996 年 10 月 07 日	U.N. Doc. E/1996/22 at 20 (1996)
第 7 号	强迫迁离与适当住房权	1997 年 12 月 12 日	U.N. Doc. E/1998/22, annex IV at 113 (1998)
第 8 号	经济制裁与保障经济、社会、文化权利的关系	1998 年 01 月 01 日	U.N. Doc. E/C.12/1997/8 (1997)
第 9 号	公约的国内履行	1998 年 12 月 03 日	U.N. Doc. E/C.12/1998/24 (1998)
第 10 号	保障经济、社会、文化权利中国内人权机构的角色	1998 年 12 月 10 日	U.N. Doc. E/1999/22 at 18 (1998)

[1] 参考经济、社会和文化权利委员会（CESCR）英文网站：https：//www.ohchr.org/en/hrbodies/cescr/pages/cescrindex.aspx；明尼苏达大学人权图书馆，http：//www1.umn.edu/humanrts/gencomm/econ.htm. 按照联合国人权高专办（OHCHR）之介绍，所有条约机构的一般性意见均汇编在了以下联合国官方出版物中。UN Doc. HRI/GEN/1/REV.9（VOL.I）；UN Doc. HRI/GEN/1/REV.9（VOL.II）（2008）.

续表

评论编号	评论主题	评论时间	官方文件索引
第 11 号	初等教育行动计划	1999 年 05 月 10 日	U.N. Doc. E/C.12/1999/4 (1999)
第 12 号	适足食物权	1999 年 05 月 12 日	U.N. Doc. E/C.12/1999/5 (1999)
第 13 号	受教育权	1999 年 12 月 08 日	U.N. Doc. E/C.12/1999/10 (1999)
第 14 号	享有能达到的最高健康标准的权利	2000 年 08 月 11 日	U.N. Doc. E/C.12/2000/4 (2000)
第 15 号	饮水权	2003 年 01 月 20 日	U.N. Doc. E/C.12/2002/11 (2003)
第 16 号	男女在享受一切经济、社会及文化权利方面的平等权利	2005 年 08 月 11 日	U.N. Doc. E/C.12/2005/3 (2005)
第 17 号	人人有权享受对其本人的任何科学、文学和艺术作品所产生的精神和物质利益的保护	2006 年 01 月 12 日	U.N. Doc. E/C.12/GC/17 (2006)
第 18 号	工作权	2006 年 02 月 06 日	U.N. Doc. E/C.12/GC/18 (2006)
第 19 号	社会保障权	2008 年 02 月 04 日	U.N. Doc. E/C.12/GC/19 (2008)
第 20 号	经济、社会及文化权利中的反歧视原则	2009 年 07 月 02 日	U.N. Doc. E/C.12/GC/20 (2009)
第 21 号	人人有权参加文化生活	2009 年 12 月 21 日	U.N. Doc. E/C.12/GC/21 (2009)
第 22 号	性健康和生殖健康权利	2016 年 03 月 04 日	U.N. Doc. E/C.12/GC/22 (2016)
第 23 号	享受公正和良好的工作条件的权利	2016 年 03 月 04 日	U.N. Doc. E/C.12/GC/23 (2016)
第 24 号	国家在工商活动中履行《经济、社会、文化权利国际公约》规定的义务	2017 年 06 月 23 日	U.N. Doc. E/C.12/GC/24 (2017)

资料来源：经济、社会和文化权利委员会官方网站，2019 年

《经济、社会、文化权利国际公约》第 2 条第 1 项承认各缔约国经济发展状况不一，仅要求缔约国尽最大能力采取措施逐渐达到权利的充分实现，而不像批准公政公约的缔约国负有立即执行的义务。[1] 依照一般性意见第 43 点，缔约国在内国法上负有尊重义务（obligation to respect）、保护义务（obligation to protect）与实现义务（obligation to fulfill），以落实社会保障权利。[2]

首先，缔约国负有尊重义务，不得直接或间接干预人民享有平等、适当的社会保障权利，亦不得恣意干预民间自助建立之社会安全制度；[3] 其次，缔约国负有保护义务，应立法或采取其他有效措施防止第三人，如雇主等阻碍权利人享有其社会保障权利，监督雇主等第三人将其受雇者缴纳之保费确实缴交至社会保障制度之账户，倘若采取缴费性社会保险制度，缔约国必须建立有效监督制度，包括制定框架性立法（framework legislation）、独立监测（independent monitoring）、真正的公民参与（genuine public participation），并对违法行为加以惩罚。[4] 当然，缔约国也负有实现义务，其可细分为促进、

[1] Thomas Beurgenthal, Dianh Shelton and David P. Stewart:《国际人权概观》，杨雅婷、陈文晖译，2007 年，第 61 页。

[2] 张乃翊:《经济社会文化权利国际公约与我国社会宪法之比较及其实践——以社会保障权为例》，载《第五届海峡两岸公法学论坛论文集》，2014 年，第 61 页。

[3] 一般性意见第 44 点:“尊重的义务要求缔约国不得直接或间接地干预社会保障权利的享有。尤其是，这项义务还包括不得参与以下的做法或行为：限制或者否定平等享有适当的社会保障；任意或无理干预用于社会保障的互助性的或习俗的或传统的安排；任意或无理干预个人或法人团体为提供社会保障而设立的机构。”转引自张乃翊:《经济社会文化权利国际公约与我国社会宪法之比较及其实践——以社会保障权为例》，载《第五届海峡两岸公法学论坛论文集》，2014 年，第 61 页。

[4] 一般性意见第 45 点:“保护义务要求缔约国防止第三方以任何方式干预社会保障权利的享有。第三方包括：个人、团体、公司和其他实体以及属于其管辖的代理人。尤其是，这项义务包括：制定必要的和有效的立法和其他措施，以便禁止第三方阻碍有关人员享有同等机会参加由他们或他人经管的社会保障计划，以及规定不合理的参加条件；禁止第三人任意或无理干预符合社会保障权利的互助性的或习俗的或传统的安排；监督第三方将法律规定为受雇人或其他受益者缴纳的保费转入社会保障制度的账户。”第 46 点:“如果社会保障计划（无论是缴费性还是非缴费性的）是由第三方经管和控制的，缔约国必须负责管理国家社会保障制度并且确保私人行为者不会损害平等的、适当的、可负担的以及可及的社会保障。为了防止这种滥用职权的行为，必须建立一种有效的规范制度，其中应当包括：架构立法、独立监督、真正的民众参与以及对于违规行为的惩罚措施。”转引自张乃翊:《经济社会文化权利国际公约与我国社会宪法之比较及其实践——以社会保障权为例》，载《第五届海峡两岸公法学论坛论文集》，2014 年，第 61 页。

推动与提供三个面向：促进义务（obligation to facilitate）系指缔约国应在法律与政治度内充分承认人民享有社会保障权利，最好以法律明文定之；推动义务（obligation to promote）系要求缔约国为此进行适当的教育与宣传工作；至于提供义务（obligation to provide），系指当人民非因自己所能控制之因素以致无法实现其社会保障权利时，国家有义务提供之，而即使在资源有限或财政困难情形下，社会保障制度亦须照顾到社会弱势者或边缘化的族群[1]。

第四节　经济、社会、文化权利的保障——以中国为重点的探讨

自1949年中华人民共和国成立以来的70年的历史发展中，中国已经加入了27项国际人权条约，在这些中国加入的条约中，中国签署并批准了大部分的“核心人权公约”。[2]就1966年人权两公约而言，1998年10月5日，中国常驻联合国代表秦华孙大使在联合国总部代表中国政府签署了《公民权利

[1] 一般性意见第48点：“促进的义务要求缔约国采取积极措施，帮助个人和群体享有社会保障权利。尤其是，这项义务还包括：在国家政治和法律制度内充分承认这项权利，最好是透过立法实现这项权利；采用国家社会保障策略和行动计划以实现这项权利；确保为所有人提供适当的和可及的社会保障制度，为社会风险和突发事件提供保障；”第49点：“推动的义务要求缔约国采取措施，以便确保在参加社会保障计划方面进行适当的教育和宣传，特别是在农村地区和城市贫困地区以及对在语言和其他方面处于少数地位的人进行教育和宣传；”第50点：“在个人和团体因为合理认为超出其控制的原因而无法依靠本身力量在现有的社会保障制度中实现自己的权利时，缔约国有义务提供社会保障权利。缔约国需要制定非缴费性计划或其他社会援助措施，以便向那些没有能力为自身保护缴纳足够保费的个人和团体提供补助。应该特别注意确保：在发生自然灾害、武装冲突和农作物歉收等紧急状况之时以及之后，社会保障制度能够作出反应；”第51点：“即使在来自税收和/或受益人保费的社会保障经费十分有限的情况下，社会保障计划也必须顾及处于弱势的和被边缘化的团体。可以发展低成本和替代性计划，以便立即帮助无法享受社会保障的人，虽然目标应该是将这些人纳入正常的社会保障计划。可以制定政策和立法架构，以便逐步吸收在非正规经济部门中或通常被排除在社会保障体系以外的人。”转引自张乃翊：《经济社会文化权利国际公约与我国社会宪法之比较及其实践——以社会保障权为例》，载《第五届海峡两岸公法学论坛论文集》，2014年，第61页。

[2] 参见罗艳华：《联合国对国际人权保护机制的构建及中国的参与》，载《国际政治研究》2015年第6期。

和政治权利国际公约》，截至目前我国暂未批准该公约。1997年10月27日，时任中国常驻联合国代表正式签署《经济、社会、文化权利国际公约》。2001年2月28日，第九届全国人大常委会第二十次会议作出了批准《经济、社会、文化权利国际公约》的决定。[1]中国批准该公约之时，面临两个主要的法律问题：其一是公约部分条款的保留问题；其二是公约在香港、澳门两个特别行政区和台湾地区的法律适用问题。关于条约的保留，学术界和实务界一般区分了一般条约的保留和人权条约的保留，而人权条约的保留必须通过更加严格的“兼容性测试”（Compatability Test）[2]，不得减损或者破坏条约之根本宗旨和目的（not to Defeat the Object and Purpose of a Treaty）。缔约国一般可以条约之保留排除与内国宪制相冲突的条约条款、排除一国暂时不能或者不愿履行义务的条约条款、排除条约本身允许保留的条款来达到合法地排除或者减轻相应的国家义务。[3]为了符合当下宪制架构、宪法性权利所容许的限度、防止滥用相关权利对我国的经济、社会发展产生不良影响，2001年中国批准该公约时声明：中华人民共和国政府对《经济、社会、文化权利国际公约》第8条第1款（甲）项[4]（主要涉及成立自由工会、加入国际工会组织以及游行罢工的权利），将依据《中华人民共和国宪法》《中华人民共和国工会法》《中华人民共和国劳动法》等法律的有关规定办理。[5]

---

[1] 全国人民代表大会常务委员会关于批准《经济、社会及文化权利国际公约》的决定（2001年2月28日通过）。

[2] Ryan Goodman, Human Rights Treaties, Invalid Reservations, and State Consent, 96. AM. J. INT' L L. 531（2002）.

[3] 赵建文：《中国的条约保留实践回顾与评价》，载《政治与法律》2013年第9期。

[4]《经济、社会、文化权利国际公约》第8条第1款（甲）项规定：人人有权组织工会和参加他所选择的工会，以促进和保护他的经济和社会利益；这个权利只受有关工会的规章的限制。对这一权利的行使，不得加以除法律所规定及在民主社会中为了国家安全或公共秩序的利益或为保护他人的权利和自由所需要的限制以外的任何限制。

[5] 赵建文：《中国的条约保留实践回顾与评价》，载《政治与法律》2013年第9期。

一、中国履行公约义务的宪制框架

关于条约在不同宪制架构下的空间适用范围问题，原则上国际公约（包括人权条约）的空间适用效力及于单一制或联邦制管辖区的全部领土。然而，政府的宪制架构存在历史发展和政治安排上的复杂性，香港和澳门特别行政区的建立是落实“一国两制”的一项宪法性的安排，在此种架构下，香港和澳门均按照各自的基本法肯定和承诺了港澳居民的生活方式“五十年不变”，凡是不与基本法相抵触的“原有法律制度”得以保留且受到宪法层面的保障。根据《中华人民共和国宪法》第31条之规定，全国人大有权设立特别行政区。在香港和澳门两个特别行政区适用国际公约的问题是一个关涉到“一国两制”实施的宪制安排问题。根据《中华人民共和国香港特别行政区基本法》（以下简称《香港基本法》）第39条之规定，《经济、社会、文化权利国际公约》和相关的国际劳工公约适用于香港的有关规定继续有效，通过香港特别行政区的法律予以实施。在澳门特别行政区，根据《中华人民共和国澳门特别行政区基本法》第40条之规定，《经济、社会、文化权利国际公约》和相关的国际劳工公约适用于澳门的有关规定继续有效，通过澳门特别行政区的法律予以实施。以《经济、社会、文化权利国际公约》在香港特别行政区的适用为例，在“孔允明对社会福利署署长”案[1]（关于“综援”）中，香港法院在解释《香港基本法》第36条（社会福利权）与第145条（社会福利制度）所保护的经济、社会、文化权利之时，借助《经济、社会、文化权利国际公约》来澄清基本法的相关含义；在“何赛云诉房屋署”案（关于“有能力负担房屋”的解释）[2]中，香港法院在解释《房屋条例》第16（1）（a）条时，运用了《经济、社会、文化权利国际公约》来澄清经济社会资源稀缺条件下的政府法定义务问题；在“罗焕琼诉房屋署案”[3]（关于居住权）中，香港法院援引了《经济、社会、文化权利国际公约》相关条款作为判案之依

[1] Kong Yunming v. The Director Of Social Welfare [2013] HKCFA 107;(2013) 16 HKCFAR 950; [2014] 1 HKC 518; FACV 2/2013(17 December 2013).

[2] Ho Choi Wan v. Hong Kong Housing Authority [2005] 8 HKCFAR 628.

[3] Law Woon King v. Appeal Tribunal (Housing) & Another, HCAL 15/2011, 30 March 2012.

据。当然，在更大多数的涉及社会福利纠纷的案件中，当事人若主动向法院提出适用《经济、社会、文化权利国际公约》时，法院则多数情况下基于《香港基本法》第39条“通过香港特别行政区的法律予以实施”之规定而尽量避免直接依据公约裁判，但这并不阻碍或者影响香港法院将《经济、社会、文化权利国际公约》作为香港居民基本权利保护的重要法律渊源来对待。[1]

二、中国在《经济、社会、文化权利国际公约》之下的国家义务

中国于1997年10月27日签署《经济、社会、文化权利国际公约》。2001年2月28日，第九届全国人民代表大会常务委员会批准中国加入《经济、社会、文化权利国际公约》。2001年3月27日，中国常驻联合国代表团向联合国秘书长递交了批准书。2001年6月27日，《经济、社会、文化权利国际公约》正式对中国生效。

按照《经济、社会、文化权利国际公约》第16条、第17条之规定，中国必须在一定的时间周期内向经济、社会及文化权利委员会（The Committee on Economic，Social and Cultural Rights，CESCR）就遵行公约所承认的权利方面所采取的措施和所取得的进展进行定期报告。

1. 首次报告

2003年6月27日，中国首次向经济、社会及文化权利委员会提交执行《公约》情况的履约报告。[2] 中国所提交的初次报告着重从国家立法、司法实践情况，包括存在的困难和问题等方面介绍了中国执行《经济、社会、文化权利国际公约》的总体情况。[3] 经济、社会和文化权利委员会在2005

[1] 参见秦前红、付婧:《香港法院如何适用〈经济、社会、文化权利国际公约〉——以香港法院裁判经济社会文化权利的实践为中心》，载《甘肃政法学院学报》2015年第5期。

[2] UN Doc. E/1990/5/Add.59；UN Doc.HRI/CORE/1/Add.21/Rev.2（2001）.

[3] 中国提交的初次履约报告分为三个部分，第一部分为中国执行《经济、社会、文化权利国际公约》方面有关情况及进展。第二部分为中国香港特别行政区执行《经济、社会、文化权利国际公约》有关情况，由香港特别行政区政府撰写。第三部分为中国澳门特别行政区执行《经济、社会、文化权利国际公约》有关情况，由澳门特别行政区政府撰写。

年 4 月 27 日、28 日和 29 日举行的第 6 次至第 10 次会议上（E/C.12/2005/SR.6-10），审议了中华人民共和国（包括香港和澳门特别行政区）关于履行《经济、社会、文化权利国际公约》情况的首次报告（E/1990/5/Add.59），并在 2005 年 5 月 13 日举行的第 27 次会议上通过了关于中国履约情况的结论性意见（Concluding Observations）。[1] 经济、社会和文化权利委员会的结论性意见着重从积极方面，妨碍执行《经济、社会、文化权利国际公约》的因素和困难，主要关注问题、意见和建议四个方面对中国的履约情况进行了评价。[2]

2. 第二次报告

2010 年 6 月 30 日，中国第二次向经济、社会及文化权利委员会提交执行《公约》情况的履约报告。[3] 经济、社会和文化权利委员会在 2014 年 5 月 8 日举行的第 17 次和第 18 次会议上审议了中国关于《经济、社会、文化权利国际公约》执行情况的第二次定期报告（E/C.12/CHN/2），包括中国香港的第三次定期报告（E/C.12/CHN-HKG/3）和中国澳门的第二次定期报告（E/C.12/CHN-MAC/2），并在 2014 年 5 月 23 日举行的第 40 次会议上通过了关于中国履约情况的结论性意见。[4]

3. 第三次报告

根据《国家人权行动计划（2016—2020 年）》，中国开展了《经济社会文化权利国际公约》第三次履约报告。按照联合国经济、社会和文化权利委员会的审议进度安排，中国必须于 2019 年 5 月 30 日之前向联合国经济、社会和文化权利委员会提交第三次缔约国报告，在中国正式提交第三次报告之后，

---

[1] UN Doc.E/C.12/1/Add.107.

[2] 经济、社会和文化权利委员会对中国首次履约报告的结论性意见分为三个部分，第一部分针对中国内地执行《经济、社会、文化权利国际公约》进行评价。第二部分针对中国香港特别行政区执行《经济、社会、文化权利国际公约》有关情况进行评价。第三部分针对中国澳门特别行政区执行《经济、社会、文化权利国际公约》有关情况进行评价。每个部分都分别就履行公约的积极方面，妨碍执行《经济、社会、文化权利国际公约》的因素和困难，主要关注问题、意见和建议四个方面进行了分析和评述。

[3] UN Doc.E/C.12/CHN/2.

[4] UN Doc. E/C.12/CHN/CO/2.

经济、社会和文化权利委员会按照其工作规则和流程会对中国的履约情况进行审议并最终形成关于中国履约情况的结论性意见。

4. 来文和调查程序

在国家间来文方面，中国目前尚未批准《经济、社会、文化权利国际公约任择议定书》，故《经济、社会、文化权利国际公约任择议定书》第10条之下的国家间来文程序目前暂不适用于中国（含香港和澳门特别行政区）。在个人投诉程序的受理方面，中国目前尚未批准《经济、社会、文化权利国际公约任择议定书》，故《经济、社会、文化权利国际公约任择议定书》第2条之下的个人投诉程序目前暂不适用于中国（含香港和澳门特别行政区）；在该调查程序的受理方面，中国目前尚未批准《经济、社会、文化权利国际公约任择议定书》，所以《经济、社会、文化权利国际公约任择议定书》第11条所规定的调查程序暂不适用于中国（含香港和澳门特别行政区）。

三、经济、社会、文化权利在中国的保障模式

1. 国家人权行动计划的战略指引

自1993年世界人权大会以来，已经至少有38个国家制定了55期国家人权行动计划。[1] 而经过学者的比较研究发现，有四种机制对于提升国家人权行动计划的实施效能具有比较关键的作用，分别为：本国核心人权问题的定位聚焦机制、行动计划与其他发展战略的嵌套融合机制、本国的经济增长及相关资源的挖掘利用机制、国内公共冲突的有效治理及公共秩序保障机制。[2] 若将人权建设置于国家治理的语境下进行研究则可以通过人权行动计划的实施机制来提升国家人权建设的能力，从规范主义的视角来看，国家人权行动计划可以被定位为国家“人权方针和政策”，这种方针政策具有极强

[1] 许尧、韩雪:《国际衔接与本土融合：对各国人权行动计划的考察及思考》，载《广州大学学报》（社会科学版）2017年第11期。

[2] 许尧:《保障人权行动计划效能的四种机制：基于非洲的经验》，载《人权》2018年第3期。

的牵引力和指导力。经济、社会和文化权利委员会 2005 年在审议中国首次履约报告的意见中建议中国制定《国家人权行动计划》。2009 年 4 月，中国出台首份《国家人权行动计划（2009—2010）》。自 2009 年以来，中国先后制定并实施了三期国家人权行动计划，即《国家人权行动计划（2009—2010 年）》《国家人权行动计划（2012—2015 年）》《国家人权行动计划（2016—2020 年）》。国家人权行动计划的制定和实施的意义在于：第一，国家人权行动计划是中国在国家层面履行国际人权法义务的举措和宣示。在国际人权条约法的实施机制中，缔约国的强制报告义务使得国际人权条约的国内法实施有了一个国际社会成员共同遵守的履约程序，各个成员国也在此机制下，充分利用强制报告程序阐述其对人权的理解、解释和适用的基本态度，通过具体的“清单式”举措来宣示其遵守和履行国际义务的。第二，国家人权行动计划为中国提供了一个形成人权建设的战略和政策指引。在人权公约的履行中，各国建基于各自的政治制度和宪制结构，在战略层面上系统谋划和规划关涉国家治理和公民权利保障的议题、议程和时间表。中国的人权建设议题正需要这样一个全国层面的战略指引和方针谋略，在这样一个宏观指引下，中国可以形成一个理念和战略上的统合，再借助人权保障的法治化推动国家治理的现代化。第三，国家人权行动计划为中国与世界的人权交流提供了一个制度化的平台，在这样一个平台上，政府和社会形成合力持续加大各项人权保障力度，全社会尊重和保障人权的意识明显提升，国际人权交流与合作不断推进，中国特色社会主义人权事业迈上新台阶。

目前我国的《国家人权行动计划》主要的结构是六大方面：（1）经济、社会、文化权利；（2）公民权利和政治权利；（3）特定人的权利（少数民族、妇女、儿童、老年人和残疾人的权利）；（4）人权教育和研究；（5）国际人权条约义务的履行和国际人权合作、交流；（6）人权实施和监督。在这六大方面，中国政府始终是将经济、社会、文化权利列为《国家人权行动计划》的首要内容，由此也可以看出，中国的人权建设事业是以服务于全体人民经济、社会、文化全面发展为首要任务的一个系统工程。

《国家人权行动计划》实施的监督和评估机制的构建是人权建设的关键议题，其最终目标是使国家层面的战略规划能够引领社会各个方面凝结共识、形成落实人权的强大合力。为此，构建一个《国家人权行动计划》(以下简称《行动计划》）的监督和评估机制的重点有三：首先，尊重人民主体地位，创新社会治理机制，发挥社会组织在实施《行动计划》过程中的建设性作用。其次，《行动计划》作为人权培训的重要内容，使各级党政干部充分认识实施《行动计划》的重要性。最后，鼓励新闻媒体广泛宣传《行动计划》的内容，并在《行动计划》的实施中发挥监督作用。[1] 针对前两期国家人权行动计划的实施情况，中国政府分别通过中期评估会和终期评估会来监督国家人权行动计划从“书面”转向“实践”，分别于 2011 年 7 月 14 日公布了《〈国家人权行动计划（2009—2010 年）〉评估报告》、于 2016 年 6 月 14 日公布了《〈国家人权行动计划（2012—2015 年）〉实施评估报告》。

2. 立法主导的保障模式

在国家的宪法实施当中，基本权利的保障有所谓“立法主导模式”“行政给付模式”“司法救济模式”等多种样态。长期以来，中国的法律体系受到大陆法系的影响较为深刻，相比于普通法系国家或地区较为发达和完善的“司法中心主义”模式而言，中国在经济、社会、文化权利的保障方面表现出极强的“立法主导模式”。2004 年 3 月 14 日，中国第十届全国人大第二次会议通过《宪法》修正案，将“国家尊重和保障人权”明确写入宪法，经济、社会、文化权利作为人权的重要组成部分也在最高法和根本法层面上受到肯定和承认。进一步细致分析可以看到，中国在尊重和保障经济、社会、文化权利的重心在于通过立法的牵引、宪法中基本权利的具体化来实现。正如中国首次向经济、社会及文化权利委员会提交的履约报告中所展示的，中国向多年来致力于通过立法保护和促进公民的经济、社会和文化权利，进而使相关权益的保护法制化。

《经济、社会、文化权利国际公约》第 2 条第 1 款规定：“每一缔约国家承担尽最大能力个别采取步骤或经由国际援助和合作，特别是经济和技术方面的援助和合作，采取步骤，以适用一切适当方法，尤其包括用立法方法，逐步达到本公约中所承认的权利的充分实现。”基于对公约的文意解

[1] 参见《国家人权行动计划（2016—2020 年）》第六部分。

释，经济、社会、文化权利的立法保障是公约着重以明确的立法语言强调的，而公约也规定了一个“渐进性”的国家义务。经济、社会和文化权利委员会在第 3 号一般性意见（缔约国义务的性质）澄清了《经济、社会、文化权利国际公约》第 2 条第 1 款中关于“立法”的含义，委员会认为：“在许多情况之下立法是特别需要的，在有些情况下可能甚至是必不可少的。例如，如果必要的措施没有可靠的立法基础，可能就很难有效地反对歧视。另外，在卫生、保护儿童和母亲及教育领域及在第六至九条涉及的事务方面，立法从许多角度看都会是不可或缺的一项内容。”[1] 基于立法主导的人权保障模式，中国政府从本国国情出发，参照世界各国立法和有关国际文件，制定了多部法律法规，形成了以《宪法》为核心，包括《民法典》《消费者权益保护法》《矿产资源法》《土地管理法》《水法》《水土保持法》《煤炭法》《环境保护法》《劳动法》《工会法》《矿山安全法》《城市居民最低生活保障条例》《国务院关于建立企业养老保险制度的规定》《教育法》《义务教育法》《高等教育法》《文物保护法》《科学技术进步法》《国家通用语言文字法》《未成年人保护法》《妇女权益保障法》《老年人权益保障法》《残疾人保障法》等在内的一系列保障公民经济、社会和文化权利的法律体系，为促进和保护公民的经济、社会及文化权利提供了重要的法律保障。

3. 渐进主义（Incrementalism）的实现模式

《经济、社会、文化权利国际公约》第 2 条使用了“逐步达到”（Progressive Realization）一词来规范缔约国的国家义务。经济、社会和文化权利委员会在第 3 号一般性意见（缔约国义务的性质）阐明了“逐步……实现”一词的概念内涵。委员会认为：逐步实现的概念等于承认在短时期内一般无法充分实现所有的经济、社会和文化权利。从这个意义上讲，这一义务与《公民权利和政治权利国际公约》第 2 条的义务有重大区别，该条中具有立即尊重和确保一切有关权利的义务。然而，不应把本《经济、社会、文化权利国际公约》中长期实现或逐步实现误解为解除了有其充分含义的义务。

---

[1] U.N. Doc. E/1991/23, annex III at 86（1990）.

一方面，这是一种有必要灵活性的安排，反映了当今世界的现实和任何国家争取充分实现经济、社会和文化权利面临的困难；另一方面，必须结合《经济、社会、文化权利国际公约》的总目标，即其存在的理由来理解这句话，这一目标就是为缔约国确立充分实现所涉各种权利的明确义务。因而它确立了尽可能迅速和有效地争取目标的义务。而且，在这方面的任何后退的措施都需要最为慎重的考虑，必须有充分的理由，顾及《经济、社会、文化权利国际公约》规定权利的完整性，并以充分利用了所有可能的资源为条件。中国仍是发展中国家。[1] 基于这种“渐进主义”的理念，中国政府强调了《经济、社会、文化权利国际公约》虽然对中国生效，但不意味着全部条款已全面实现，某些权利的享受还不能达到《经济、社会、文化权利国际公约》的要求。但中国将根据《经济、社会、文化权利国际公约》尽最大能力采取步骤逐步达到《公约》中所承认权利的充分实现。中国政府在保障经济、社会、文化权利时基于这种“渐进主义”的理解强调了在中国实现这组权利群受制于一定的经济和社会资源，正如马克思在 1875 年的《哥达纲领批判》中所论述的:“权利永远不能超出社会的经济结构以及由经济结构所制约的社会的文化发展。”中国的经济总量虽已位居世界前列，但人均水平仍排在世界 100 位以后。城乡之间、地区之间发展不平衡。人均资源占有率很低，经济和社会发展仍受到资源、能源、环境等“瓶颈”的制约。按中国现行扶贫标准，贫困地区各项社会事业发展仍较滞后；社会保障制度须适应人口老龄化、城镇化加快、就业形式多样化和物价上涨等状况；卫生事业发展水平与人民群众健康需求不适应的矛盾比较突出；残疾人等特殊群体权利保障仍面临压力；国家工作人员，特别是地方政府工作人员人权意识和依法行政水平有待提高。这些国情都表明了中国在实施《经济、社会、文化权利国际公约》受制于一定的物质和文化资源，故渐进主义的实现模式较为符合中国保障经济、社会、文化权利的现实和国情。

[1] U.N. Doc. E/1991/23，annex III at 86（1990）.

第五节　经济、社会、文化权利的保障——以香港“孔允明诉社会福利署案”为例

《香港基本法》第 36 条订明，香港居民有依法享受社会福利的权利，劳工的福利待遇和退休保障受法律保护。《香港基本法》第 39 条订明：《公民权利和政治权利国际公约》《经济、社会、文化权利国际公约》和国际劳工公约适用于香港的有关规定继续有效，通过香港特别行政区的法律予以实施。《香港基本法》第 145 条又订明，香港特区得根据经济条件和社会需要而自行制定政策，以发展和改进原有的社会福利制度。所有香港居民，不论性别、种族或宗教，均享有获得社会保障的权利。[1] 为此，香港特别行政区政府为了落实《香港基本法》之下经济、社会、文化权利保障的相关宪制义务，推行了一个完全无须香港居民供款的综合社会保障制度（the Comprehensive Social Security Assistance，CSSA）。这个制度由两个主要部分构成，分别是综合社会保障援助（综援）计划和公共福利金计划。综援计划为那些基于年老、残疾、短期患病、收入低微或失业等种种原因，而无法应付基本生活需要的市民，提供一个安全网；公共福利金计划则为年老的市民和严重残疾人士提供援助，以照顾他们的特别需要。这两个非法定计划都无须供款，经费悉数来自政府一般收入，并由社会福利署负责管理。[2] 综援计划申请人须接受经济状况调查，计划的目的是向有需要的家庭提供经济援助以应付其生活上的基本需要。公共福利金申请人则大致无须接受经济状况调查，计划的目的是通过伤残津贴和高龄津贴，分别协助严重残疾人士和长者应付他们的特别需要。有关人士可领取综援计划下的援助金，或公共福利金计划下的其中一项津贴。[3] 综

[1] 本书引用之《香港特别行政区基本法》均来源于香港律政司之官方出版物并参照其英文版本。参见《全国人民代表大会关于〈中华人民共和国香港特别行政区基本法〉的决定》（1990 年 4 月 4 日第七届全国人民代表大会第三次会议通过）（见“电子版香港法例”文件 A104）。

[2] Implementation Of The International Covenant On Economic，Social And Cultural Rights ：3Rd Periodic Report Submitted By States Parties Under Articles 16 And 17 Of The Covenant ：Hong Kong，China. See Un Doc. E/C.12/Chn-Hkg/3.

[3] See UN Doc. E/C.12/CHN-HKG/3.

援计划的标准项目金额和公共福利金计划下的津贴金额，每年都会按社会保障援助物价指数（社援指数）(Social Security Assistance Index of Prices，SSAIP)的变动而调整，以维持金额的购买力。社援指数量度综援受助家庭购买的商品及服务的价格水平变动，由政府统计处编制。社会福利署每五年根据综援住户开支统计调查的结果，更新一次社援指数的权数系统（即指数涵盖的个别商品及服务项目的相对开支比重）。统计调查收集综援住户用于各类商品及服务的开支资料。居于香港并至少有一名正领取综援标准金额的符合资格成员的综援家庭，均列入统计调查的范围内。[1]

一、"孔允明诉社会福利署案"案情

上诉人孔允明，女性，广东人，职业为家庭佣工。1983 年，孔允明与第一任丈夫育有两子，由于感情破裂在大陆离婚。2001 年，她与香港永久居民陈荣（Chan Wing）相识，2003 年孔、陈两人结婚，之后，孔女士不定期持双程证（two-way permit ）看望其身体健康欠佳的丈夫。2005 年 12 月 21 日，孔女士（ 当时，64 岁）获中国政府签发单程证（one-way permit）来香港与丈夫定居，抵港后，翌日（12 月 22 日）孔女士的丈夫便不幸逝世，遗下 982.37 元给她。随后，孔女士丈夫的公屋被收回，她被迫住在露宿者宿舍。[2]

2006 年 3 月 20 日，孔允明向香港特区政府申请"综合社会保障援助"(Comprehensive Social Security Assistance/CSSA)（以下简称综援），但特区政府社会福利署署长（以下简称署长）拒绝了孔允明的申请，理由是自 2004 年 1 月 1 日起，所有综援申请人按规定必须已居港至少七年。2004 年之前，综援申请资格在居港条件方面是居港一年。署长亦拒绝就孔允明的情况行使酌情权宽免该项居港规定。孔允明就署长拒绝批予综援向社会保障上诉委员会提出上诉，该项上诉被驳回。孔允明基于《香港特别行政区基本法》

[1] See UN Doc. E/C.12/CHN-HKG/3.

[2] Kong Yunming v. The Director of Social Welfare，FACV2/2013（17 December 2013）.

第 25 条（平等权条款）[1]、第 36 条（社会福利权条款）[2]、第 145 条（社会福利制度和政策条款）[3] 和第 22 条第 4 款（“入境条款”）[4] 就社会福利署的决定提出司法复核并质疑综援计划下的七年居港规定是否符合宪法。至 2009 年原讼法庭及上诉法庭均裁定“综援计划下的七年居港规定”合宪。[5] 孔允明不服香港法院初审和上诉判决继而向香港终审法院提出上诉。[6]

二、“孔允明诉社会福利署案”判决意见

香港特区政府声称引入该项七年居港规定，正当的目的是节约金钱，以确保社会保障制度可长期维持。终审法院裁定此项声称不成立。该项七年居港规定抵触两项重要社会政策，即（1）签发单程证以便家庭团聚的政策；（2）目的是使老化人口年轻化的人口政策。此外，有关证据显示借引入该项居港规定而节约到的金钱款额微不足道，由此导致本院断定该项七年居港规定，与政府所声称的目的，即确保社会保障制度的可持续性，并无合理关联，或是一项明显没有合理基础的措施。

---

[1]《香港特别行政区基本法》第 25 条规定：“香港居民在法律面前一律平等。”

[2]《香港特别行政区基本法》第 36 条规定：“香港居民有依法享受社会福利的权利。劳工的福利待遇和退休保障受法律保护。”

[3]《香港特别行政区基本法》第 145 条规定：“香港特别行政区政府在原有社会福利制度的基础上，根据经济条件和社会需要，自行制定其发展、改进的政策。”

[4]《香港特别行政区基本法》第 22 条第 4 款规定：“中国其他地区的人进入香港特别行政区须办理批准手续，其中进入香港特别行政区定居的人数由中央人民政府主管部门征求香港特别行政区政府的意见后确定。”

[5] Kong Yunming v. The Director of Social Welfare，[2009] HKCFI 488；[2009] 4 HKLRD 382；[2009] 4 HKC 98； HCAL127/2008（23 June 2009）. 注：本书对于诸如“香港高等法院上诉法庭民事上诉 2009 年第 185 号”“香港终院民事上诉 2013 年第 2 号判决书第 9 段”等判决来源均采用英文。

[6] Kong Yunming v. The Director of Social Welfare，FACV2/2013（17 December 2013）.

三、“孔允明诉社会福利署案”判决结果

香港终审法院一致裁定上诉人的上诉得当，并宣布该项七年居港规定属违宪。根据《香港基本法》第 36 条，香港居民有权按照综援计划于 1997 年 7 月 1 日的情况（连同一项居港一年的限定条件），享受综援计划下的社会福利待遇，但政府有权依据《香港基本法》第 145 条而制定的政策，修改该等待遇。然而，任何其后对该等权利的限制，必须受到法院在宪法层面的复核，而法院在复核时将对有关限制进行相称性的分析。对权利的限制必须与贯彻一项正当目的有合理关连，而对权利的侵犯不能明显地没有合理基础。

四、“孔允明诉社会福利署案”核心法律问题点

香港终审法院李义大法官（Justice Ribeiro PJ）和包致金大法官（Justice Bokhary NPJ）在终审法院的判决书中陈述了本案的主要法律问题点，首席大法官马道立（Chief Justice Geoffrey MA Tao-li）等其他三名判案法官赞同了前述法官提出的主要法律问题。这些法律问题的关键点简言之如下。

1. 综合社会保障援助的性质与目的

综合社会保障援助（CSSA）其法律上属于一种政府为经济上无办法自给自足的香港市民的社会福利安全网，它是“无须缴费的、以家计调查为依据的”（non-contributory，means-tested）社会福利最低保障。[1] 由香港社会福利署负责统筹，社会福利署署长也可运用行政自由裁量权（Administrative Discretionary Power），批准向个别个案发放综援金。唯当局于 2008 年检讨政策，建议 18 岁以下的，不可独自申请，必须由父母或照顾者代为申请。香港社会福利体制下的综援金本身可分为三部分：标准金额、补助金以及特别津贴。如表 11-10 所示。

[1] Kong Yunming v. The Director of Social Welfare，FACV2/2013（17 December 2013），para. 9.

表 11-10　香港综合社会保障援助的金额构成

标准金额	补助金	特别津贴				
	长期个案补助金	单亲补助金	社区生活补助金	交通补助金	院舍照顾补助金	
视申请人本身情况而定，60岁以上长者、单亲家庭、健康欠佳或残疾人士，会获得不同程度的基本入息补助	连续领取综援12个月或以上者，家庭成员或申请人本身高龄、伤残，或有医生证明健康欠佳，每年可获发一次长期个案补助金，用作更换家居用品或耐用品	单亲家庭或独力照顾家庭者，每月可获发单亲补助金	申请人或其家庭成员如获得医生证明残疾程度达100%，或需长期护理而没有居住院舍，每月可获发社区生活补助金	12—64岁的受助人而获得医生证明残疾程度达100%或需要经常护理，每月可获发交通补助金；此外，该等受助人亦可申请“残疾人士身份”个人八达通卡，并透过“长者及合资格残疾人士公共交通票价优惠计划”，于港铁、轻铁、港铁巴士（新界西北）、专营巴士及渡轮可享有每程优惠收费HK$2	居于非资助院舍而年老、残疾或经医生证明为健康欠佳的综援受助人，每月可获发院舍照顾补助金	这类津贴用以应付申请人个人或个别家庭需要，如租金、水费、排污费、子女学费等教育费用、必需的交通费用、医生建议的膳食、复康及医疗用具、殓葬费等支出

资料来源：孔允明诉社会福利署案判决书，2013 年

2.《香港基本法》第 36 条及相关宪法条款的法理内涵与宪法审查

《香港基本法》第 36 条用极为简约的语言宣明所有香港居民都享有社会福利权（Social Welfare Rights），在宪法层面上肯定了该权利属于香港居民的“基本权利”。在本案中，法官并没有直接判决上诉人孔允明因其身份属性而得享有《基本法》保障的社会福利基本权利，因为孔允明的丈夫已经是香港合法居民且他已经获中国政府签发单程来港许可证。法官进而从《香港基本法》第 25 条、《香港人权法案条例》[1] 第 22 条规定的“平等权”来看待香港政府的行为。同时《香港人权条例》第 22 条也与《公民权利和政治权利国际公约》第 25 条规范内涵重叠。[2] 如果香港政府想要基于其行政政策和资源可利用的范围限制公民的社会福利权，那么，这种“基本权利”的限制必须符合两项原则：（1）“得由法律限制之”；（2）“合比例性原则”。在判决书的第 23 段中，李义大法官已经明确表示《香港基本法》第 36 条属于一种“框架性条款”（framework provision），它的意旨在于确保香港居民根据法律人人都受到“最低限度的社会安全网”（safety net）的保护。任何对该权利的剥夺除了法律的明确规定都不可被正当化。至于香港社会福利署是否可以根据《香港基本法》第 145 条之“社会福利政策”的规定来行使其“行政自由裁量”呢？终审法院否定了上诉法院赋予政府过多裁量权和经济考虑的观点，认为综合社会保障援助并非严格意义上的立法而属于政府的政策，该政策必须接受法院的宪法审查。在判决书第 35 段，李义大法官认为，《香港基本法》第 36 条制定时香港实行的是“一年制”的综援计划，而非现在的七年。立法的原义已经非常明了。如果政府基于《香港基本法》第 145 条的规定而制定社会福利政策试图修改第 36 条所保障的基本权利，那么任何的修改都必须接受本院

[1]《香港人权法案条例》，简称香港人权法，是《香港法例》的第 383 章，其内容是把《公民权利和政治权利国际公约》适用于香港的条文纳入香港法律，废除一些与之抵触的过时苛法，保障人权。根据《香港基本法》第 39 条列明《公民权利和政治权利国际公约》适用于香港的有关规定继续有效。

[2] Kong Yunming v. The Director of Social Welfare，FACV2/2013（17 December 2013），Para. 12，20，21.

的宪法审查，更何况，正如 Lord Pannick 所认为的，第 145 条在于维持和发展香港的社会福利体制。

香港学者陈弘毅教授指出，香港终审法院事实上还将《香港基本法》第 36 条应与第 145 条（关于政府可“在原有社会福利制度的基础上……制定其发展、改进的政策”）放在一起作合并解释，其结果是第 36 条保障香港居民在 1997 年《香港基本法》开始实施时根据当时的有关政策享有的社会福利的权利，1997 年后，如有关权利被削减，法院可根据“比例原则”（或译为“相称性原则”，即 proportionality）对有关的政策改变进行审查（即一般所谓“司法复核”或“违宪审查”），法院如认为政府对有关权利的削减并无足够理据，便可裁定它为违宪和无效。

3. “综援计划”社会福利权与经济、社会资源的关系

正如终审法院在 *Fok Chun Wah v. Hospital Authority* 一案的判决：“法院在其职权范围内有权对政府的经济、社会政策的得失（merits or demerits）给予法律上的判断。”[1] 正如斯特拉斯堡欧洲人权法院在 ***Humphreys v. Revenue and Customs Commissioners*** 一案中确认了“裁量余地原则”[2]，香港法院也会尊重行政机关必要的“裁量空间”，且这一点也在本院的 *Fok Chun Wa v Hospital Authority* 案中被适用。[3] 但是在政府的经济—社会政策“明显地毫无正当化理由”（manifestly without reasonable justification）[4] 时，司法介入就成为一种必要。[5]

政府方面提出限制综援计划的资格年限应该考虑三点：（1）在“单程通

---

[1] （2012）15 HKCFAR 409，para. 66.

[2] Humphreys v. Revenue and Customs Commissioners [2012] 1 WLR 1545，pp.16-22.

[3] Fok Chun Wa v. Hospital Authority（2012）15 HKCFAR 409，p.63.

[4] （2012）15 HKCFAR 409，para. 71，76.

[5] Kong Yunming v. The Director of Social Welfare，FACV2/2013（17 December 2013），para. 41.

行证计划"（OWP）[1]下接纳内地的移民；（2）香港人口的老龄化趋势；（3）综援计划日益增长的政府开支。但是法院基于 *Fok Chun Wah v. Hospital Authority* 案中的法理开始分析"综援计划下的七年居港规定"是否（1）有一个"正当的社会目的"（legitimate societal aim）；（2）这种社会福利的给付限制是否与"正当的社会目的"有着紧密的关联。法院通过对香港政府"人口政策专责小组报告书"（Task Force on Population Policy）中"要在香港住满七年才有资格享用以大量公帑资助的社会福利。考虑收紧申领综援的资格，要在港住满七年的居民才可以申请（未满 18 岁者除外）。上述措施的生效日期容后确定（届时已在香港的居民不会受这一规定影响）"的目的进行了审查，并认为香港政府将综援的资格年限加长的目的在于"省钱"，但是"省钱"本身并非一个可以正当化的社会目的（Saving money would not in itself be a legitimate aim）。

法院在判决书中分析了香港的综援计划下受益人口增长的情况，"单程通行证计划"与"综援计划下的七年居港规定"的关系和现行综援计划的财政开支。

表 11-11　香港的综援计划下受益人口增长的情况[2]

年度	综援计划的受益人总数（人）	综援计划的新增受益人总数（人）	增长比率
1998/1999	382,454	45,945	12%
2000.03	370,231	45,477	12.3%
2001.03	367,470	50,146	13.6%

[1] 中国内地至香港单程通行证配额原为每日 75 个，1995 年增至现时 150 个，而每日 60 个配额分配予符合香港或澳门居留权资格的儿童及 30 个配额是分配予长期分隔两地的配偶，60 个配额则分配予下列申请人：（1）夫妻一方定居香港、澳门的（经批准赴港澳地区定居的，可携带所有申请时未满 18 周岁的子女同行）；（2）申请赴港澳照顾父母定居需同时满足三个条件：（i）在港澳的父母均年满 60 周岁，（ii）在港澳定居的父母身边无人照顾，即在港澳无子女，（iii）申请人提出申请时 18 周岁以上、60 周岁以下；（3）内地 60 周岁以上无依靠老人，身边无人照顾，需投靠定居香港、澳门的直系亲属或者近亲属的；（4）内地 18 周岁以下无依靠小孩，父母均不在内地定居或父母双亡，需投靠定居香港、澳门的直系亲属或者近亲属的；（5）香港、澳门居民的遗产无人继承，必须由内地直系亲属去定居才能继承的；（6）其他特殊情况，必须去香港、澳门定居的。

[2] Kong Yunming v. The Director of Social Welfare，FACV2/2013（17 December 2013），para. 90.

续表

年度	综援计划的受益人总数（人）	综援计划的新增受益人总数（人）	增长比率
2002.03	410,998	60,982	14.8%
2002.12	466,868	69,345	14.9%

表 11–12　香港综援计划的财政开支 [1]

金额：百万元（港币）

年度	净盈余	财政来源	财政开支	社会福利支出	外汇基金盈余
2002—2003	（43,384）	151,244	（210,727）	（21,815）	31,488
2003—2004	10,979（重计）	167,014	（212,188）	（22,860）	65,738
2004—2005	19,434	192,369	（207,827）	（23,247）	24,571
2005—2006	48,974（重计）	231,156	（206,907）	（23,444）	33,165
2006—2007	124,867	223,627	（208,318）	（23,185）	65,887
2007—2008	179,343	265,269	（218,835）	（24,130）	63,821
2008—2009	（133,103）	250,609	（251,775）	（27,466）	（146,429）
2009—2010	145,252	242,133	（251,376）	（27,959）	116,309
2010—2011	96,724	274,637	（247,132）	（25,928）	50,037

通过上述数据和证据，香港终审法院认为香港综援计划所需的资金在个别年份确实存在入不敷出的情况，但入不敷出的财政状况仅仅是在个别年份，且存在金融上的外汇基金上的波动。作为承担保障公民社会福利权的法定义务主体，香港政府给予其财政赤字而将综援计划下的年限资格由一年提升至七年并没有合理的理由支撑。

包致金大法官在“经济状况和社会福利权保障”时也指出，经济状况的恶化可以减缓社会保障制度的提升或进步，但是在存在财政上的可能时候，政府不得以“经济资源之有限”为理由滥用其自由裁量权违背社会中部分群

[1] Kong Yunming v. The Director of Social Welfare，FACV2/2013（17 December 2013），para. 113.

体的社会福利权，即使是限制，那么这种限制也必须遵守法治的原则。[1]

4. 香港政府与《经济、社会、文化权利国际公约》的履行与实施

包致金大法官认为经济、社会、文化权利对于普通法来说并不陌生，为此，他援引英国学者 Geraldine Van Bueren 在《经济—社会权利和权利法案——英国法律传统概述》[2] 一文中的论述支持其论点。[3] 包致金大法官认为社会保障权是《经济、社会、文化权利国际公约》所肯定的权利。香港不存在单行的法律——像《香港人权法案条例》(Hong Kong Bill of Rights Ordinance)[4] 那样将《公民权利和政治权利国际公约》并入的方式将《经济、社会、文化权利国际公约》并入为香港本土立法的一部分。但《经济、社会、文化权利国际公约》的许多条款已经通过《香港基本法》的若干条款（如第 27 条、第 36 条、第 137 条、第 144 条和第 149 条）和超过 50 多部条例并入本土法。这些法律已经在附件三列出……我们认为前述举措比单纯地在本土立法中重复公约条文更能有效地保护公约规定的权利。

根据判决意见，由于《香港人权条例》已经将《经济、社会、文化权利国际公约》转化为香港的法律，故香港法院也会考虑并适用《经济、社会、文化权利国际公约》，尤其联合国经济、社会、文化权利委员会的一般性评论意见。

香港大学法学院江嘉恩博士则认为，香港终审法院在“孔允明诉社会福利署案”和“游文辉诉社会福利署案”中的判决法理显示了香港法庭在判决

[1] Kong Yunming v. The Director of Social Welfare，FACV2/2013（17 December 2013），para. 160.

[2] Geraldine Van Bueren，Socio-Economic Rights and a Bill of Rights–An Overlooked British Tradition，Public law Vol. 4（2013）：821-837.

[3] Kong Yunming v. The Director of Social Welfare，FACV2/2013（17 December 2013），para. 168.

[4]《中华人民共和国香港特别行政区基本法》第 39 条规定：“《公民权利和政治权利国际公约》、《经济、社会与文化权利的国际公约》和国际劳工公约适用于香港的有关规定继续有效，通过香港特别行政区的法律予以实施。香港居民享有的权利和自由，除依法规定外不得限制，此种限制不得与本条第一款规定抵触。”1991 年 6 月由香港立法会通过的《香港人权法案条例》(《香港法例》的第 383 章）意在将《公民权利和政治权利国际公约》并入香港法，此举使得《香港人权法案条例》在香港法律体系中具有凌驾性。在中国政府对香港恢复行使主权前后，香港临时立法会（Provisional Legislative Council）将《香港人权法案条例》第 2 条第 3 节、第 3 条及第 4 条在主权移交后废除，不采纳为特区法律。

有关社会及经济权利的案件，特别是当其决定会影响有限的公共支出的分配时采用的手法。检讨的幅度备受争议，而政府为法庭提供的原因及说辞解释了两件案件的不同结果。由此清楚可见法庭很大程度受到其决定可能带来的政治及社会后果所影响。江嘉恩博士提出法庭在判决社会经济权利时的内部限制是不合时宜的，在处理社会权利时有采用更有系统的方法的可能性，尤其是在决策的过程中，应同时尊重民主政府决定自身政策的自由。[1]

第六节 本章小结

“法律的生命在于实施。”人权条约的实施和落实问题始终是国际人权法发展的核心议题之一。自联合国系统于 20 世纪 60 年代设立“消除种族歧视委员会”以来，负责监督国际人权条约实施的“条约机构”已达十个之多，经历近半个世纪左右的发展，国际人权条约监督机构逐渐形成了“缔约国强制报告程序”“国家间指控程序”“个人申诉程序”“调查程序”组合而成的四重程序，这种较为普遍存在于国家人权条约机构的准司法程序共同担负着监督国际人权条约履行的神圣使命。

人权条约之下的四重程序虽不能穷尽国际人权监督机制的全部，但被国际社会普遍认为是最为重要的四种准司法程序。四重程序在目标设定和功能实现方面深刻塑造了现代国际人权法的发展，它使得国际社会在现有的政治和法律框架下，找寻到了一个监督国际人权条约履行的较为现实和可行的一种机制。四重程序的配置是一个维持现行人权条约体系的关键机制，它意图通过具有独立性、专业性的机构建制的方式来督促核心国际人权条约的履行，由此形成了人权保障的制度主义（institutionalism）进路，亦即，通过制度设施的建立和机构规则的确立来规范缔约国的行动、促进人权价值和人权保护在国际社会的实现。面对人权条约机构运行的种种法律挑战和现实困境，国际社会必须深刻认识到制度设施在国际政治经济结构下的角色界限问题，

[1] Karen Kong, Adjudicating Social Welfare Rights in Hong Kong, International Journal of Constitutional Law, 2012, Vol. 10, Iss. 2, pp.588-599.

一方面，条约机构必须坚守和夯实其机构建制的民主正当性（Democratic Legitimacy）问题，在公约的解释权限、限度方面妥善处理好委员会解释与缔约国解释的关系问题。另一方面，条约机构也必须强化本身的制度能力（Institutional Capacity），不断在人力资源、财政资源、工作机制和工作负荷等方面提高机构运行的有效性和实效性。囿于国际政治、经济结构及相关历史条件等因素的制约，"条约机构"在构建人类和平时期的国际人权法律秩序的征程中仍然面临诸多严峻挑战，但"四重程序"的推进和完善将促使人类社会向着《世界人权宣言》所昭示的目标不断前进。

经济、社会、文化权利的保障是一个国际法和国内法相互交织的问题。就经济、社会、文化权利的重要性而言，国际人权法肯定和认可了这一理念：只有在创造了使人可以享有其经济、社会及文化权利，正如享有其公民和政治权利一样条件的情况下，才能实现自由人类享有免于恐惧和匮乏的自由的理想。"二战"之后，很多国家的宪法在其基本权利条款中通过罗列诸如工作权、社会保障权、健康权、适当住房权等条款肯定了经济、社会、文化权利的宪法和法律地位。就经济、社会、文化权利的保障方式而言，在国际法层面上，基于宪章设立的机构（例如人权理事会）和基于条约设立的机构（例如经济、社会、文化权利委员会）都发挥了其作为经济、社会、文化权利保障监督机构的功能，这些国际监督机构对于阐明和发展经济、社会、文化权利的法理具有极为重要的推动作用。在国内法层面上，一旦一个国家签署并批准了《经济、社会、文化权利国际公约》之后，该国就必须担负起实施该公约的义务，人权监督机构关于经济、社会、文化权利的相关解释就可以影响一个国家宪法性权利的保障。就经济、社会、文化权利保障的国际法和国内法互动关系而言，一方面，国际人权法的很多公认的规范、原则和法理都被我国主流法学界认可，论者的理由大多集中于"人权的普遍性"，而经济、社会、文化权利对于国民生存必要意义是不可否认的。另一方面，中国也是《经济、社会、文化权利国际公约》的积极推动者和践行者，经济、社会、文化权利的国际法和国内法保障机制的交织必然会导致国际人权法和我国宪法的交融和互动。

人不独亲其亲，不独子其子，使老有所终，
壮有所用，幼有所长，矜寡孤独废疾者皆有所养。
——《礼记·礼运篇》

第十二章　经济、社会、文化权利保障的现实困境与中国面向

第一节　经济、社会、文化权利保障的中国语境

虽然权利的观念是中国历史近代化的产物，但无可否认，生活在一定土地上的人民也生活在一个由各种正式或非正式的制度构成的政治、经济和文化结构之中。正如先秦思想家所表达的一种人民生活的理想状态："人不独亲其亲，不独子其子，使老有所终，壮有所用，幼有所长，矜寡孤独废疾者皆有所养。"[1] 中国古代社会统治的合法性从很大程度上来源于国家对人民的生活关照。我国有学者指出：中国古代社会保障水平较低，如对老年人有给予食品、免除徭役等手段。中国古代传统社会保障制度在先秦时期初步形成，历经汉唐的发展，至宋代基本定型。明清两朝，国家的政策重在继承，而民间社会救助事业（慈善事业）渐趋兴盛。各种民间救助组织的存在，弥补了官方社会保障制度的不足，救助了大量困难人群，在传统社会保障体系中发挥了重要作用。这种"官民合力"模式，使得明清时期传统社会保障体系进一步有所发展。[2] 现代法律制度便随着"西法东渐"的过程输入中国。《礼记·礼运篇》中的社会保障思想在新的历史条件下被激发出了新的内涵。陈独秀最早在《青年杂志》创刊号上发表了《敬告青年》一文，他试图将"权利"的观念引入需要觉醒的中国年轻人中："等一人也，各有自主之权，绝无奴隶他人之权利，亦绝无以奴自处之义务。奴隶云者，古之昏弱对于强暴

[1]《礼记·礼运篇》。

[2] 王卫平、黄鸿山:《中国古代传统社会保障事业述论》，载《学习与探索》2007 年第 1 期。

之横夺，而失其自由权利者之称也。自人权平等之说兴，奴隶之名，非血气所忍受。世称近世欧洲历史为‘解放历史’——破坏君权，求政治之解放也；否认教权，求宗教之解放也；均产说兴，求经济之解放也；女子参政运动，求男权之解放也。”[1] 从中国近代权利观念的早期植入来看，经济上“均权”成为当时先进中国人的一大诉求。在《吃饭问题》一文中，陈独秀认为，权利的培育和生成需要解决以“吃饭”为核心的生存权问题，生存权问题也成为 20 世纪第一大问题。[2] 在民国时期，工人阶级的联合和运动在很大程度上由经济上的权利诉求逐渐转向了政治上的权利追求。中国共产党的创始人之一毛泽东就认为：“权利是争来的，不是送来的，这世界上有一个‘争’字，我们的同志不要忘了。”[3] 在新民主主义革命下，以反对帝国主义、封建主义、官僚资本主义“三座大山”专政的人民权利观的目的就是要建立一个政治、经济和文化上“均权”的理想社会。在生存权斗争的漫长历史中，以农民生存权为核心的土地革命在新民主主义革命的各个阶段发挥了极大的作用。新中国建立后，经历战争创伤的神州大地，百废待兴。1950 年，中国人民政治协商会议第一届全国委员会第二次会议提出的中华人民共和国土地改革法草案，经中央人民政府委员会第八次会议讨论通过，自 1950 年 6 月 30 日起公布施行了《中华人民共和国土地改革法》。根据学者研究和官方公布的数字，1953 年，中国大部分地区的土地改革基本完成（除新疆、西藏等部分少数民族地区），3 亿多无地或少地的农民无偿分得约 7 亿亩土地及生产资料，并每年免除地租和 3000 万吨粮食。所谓“耕者有其田”。1950—1953 年的“土地改革运动”在中国彻底改变了旧有的土地制度，它从很大程度上解决了农民生存权赖以实现的“生产资料”的占有、使用和支配方面的权利。该项土地政策和措施也使得新成立的中华人民共和国政权获得了农民的高度信任。[4]1953 年，以“农业社会主义改造、手工业社会主义改造、资本主义工商业社会主义改造”为核心的“三大改造”运动开始将国家从生产资料私人

[1]《青年杂志》1915 年第 1 卷第 1 号。

[2]《陈独秀文章选编》（上），生活·读书·新知三联书店 1984 年版，第 423 页。

[3]《毛泽东选集》（第 1 卷），人民出版社 1991 年版，第 274 页。

[4] 李良玉：《建国初期的土地改革运动》，载《江苏大学学报》（社科版）2004 年第 1 期。

占有制转变为社会主义公有制经济。其中，我国仿照苏联建立合作社的模式推行了“农业合作化运动”来完成农业的社会主义改造。1953年2月15日，中共中央做出《关于农业生产互助合作的决议》，让农民把土地通过互助组、合作社交给了“集体”。截至1956年年底，农业社会主义改造在经历了互助组、初级社、高级社三阶段后基本完成，全国加入合作社的农户达96.3%。在城市地区，中共中央采取了“和平赎买”的政策，通过国家资本主义形式，逐步将旧有的“资本主义工商业”改造成社会主义公有制。按照刘少奇在中国共产党第八次全国代表大会上的政治报告，社会主义改造取得了“改造的全面的决定性的胜利”[1]，中国共产党将领导人民在新的历史条件下进行社会主义建设。

第二节 社会主义建设初期关于经济、社会、文化权利的保障

经济、社会、文化权利是一组与社会保障制度密切相关的权利群，综观大多数国家的社会保障制度，它在设计之初就是借着国家的资源和财富第二次分配把一定社会内的贫富“拉平”的政策。1936年，斯大林在《关于苏联宪法草案》中讲：“纲领和宪法有重大的差别。纲领上说的是还没有的东西，是要在将来获得和争取到的东西；相反，宪法上应当说的是已经有的东西，是现在已经获得和争取到的东西。”[2]《1956年到1967年全国农业发展纲要》明确提出：“农业合作社对于社内缺乏劳动力、生活没有依靠的鳏寡孤独的社员，应当统一筹划……在生活上给予适当照顾，做到保吃、保穿、保烧（燃料）、保教（儿童和少年）、保葬，使他们生养死葬都有指靠。”1949年9月21日，中国人民政治协商会议第一届全体会议在北京通过了具有临时宪法性质的《中国人民政治协商会议共同纲领》。随着社会主义建设事业的推进，1952年年底，党中央提出要起草和制定一部宪法。在宪法草案的形成过程中，毛泽东认真总结和吸取了近代世界各国特别是当

---

[1] 刘少奇：《在中国共产党第八次全国代表大会上的政治报告》，1956年9月。

[2]《斯大林选集》（下），人民出版社1979年版，第398页。

时苏联以及旧中国历届政府的立宪经验教训，以马克思主义国家政治学说和有关宪法论述为理论依据，结合民主革命时期根据地的立宪实践和新中国的基本国情，为制定第一部宪法提供了基本指导思想和基本原则。[1] 1954 年 9 月 20 日，第一届全国人民代表大会第一次会议审议通过了中华人民共和国的第一部宪法。1954 年宪法是中华人民共和国成立之后的首部宪法，它以根本法的形式体现了社会主义宪法的基本原则和精神。1954 年宪法包括序言和正文，正文部分共计 106 条，分别规定了总纲、国家机构、公民的基本权利和义务以及国旗、国徽、首都。在公民的基本权利方面，1954 年宪法不仅确认了公民所享有的广泛的政治权利，同时还明确规定了公民所享有的一系列经济、社会和文化权利。从历史的角度来看，1954 年宪法在中华人民共和国宪法发展史上占据着重要的地位，它奠定了我国社会主义建设初期的政治、经济和文化制度。从宪法规范的角度来看，1954 年宪法中的基本权利条款既包括纲领性的权利，又包括了“应予实现的”法定权利，它表达了中国人民对权利的认识、追求和向往。1958 年周恩来也指出:“我们的宪法一面把已有的成就固定下来，一面强调了纲领性，并指出发展的方向。因此，我们的宪法是发展的宪法。如若宪法仅仅是肯定过去，则实际上是不要奋斗目标。”[2] 沈宗灵教授认为，宪法上规定的基本权利以其可实现程度而论，一般可分为“应予实现的”权利和“纲领性的”权利。政府应保证公民享有前一类权利（如选举权），而对于后一类权利（如就业权），只是政纲式宣言，并不意味着政府一定能够保证每个要求就业者都能获得就业岗位，社会上不再存在失业者。[3] 根据我国开国者的权利设计思想，我国 1954 年宪法、1975 年宪法和 1978 年宪法中都含有相当明确的经济、社会、文化权利条款，兹分表陈列如下。

[1] 张焕琴、王胜国:《毛泽东与新中国第一部宪法》，载《河北法学》2004 年第 6 期。

[2] 陈荷夫:《中国宪法类编》，中国社会科学出版社 1980 年版，第 275 页。

[3] 沈宗灵:《比较宪法》，北京大学出版社 2002 年版，第 41 页。

表 12–1 "1954 年宪法"中的经济、社会、文化权利条款 [1]

条款	内容
第 91 条	中华人民共和国公民有劳动的权利。国家通过国民经济有计划的发展，逐步扩大劳动就业，改善劳动条件和工资待遇，以保证公民享受这种权利
第 92 条	中华人民共和国劳动者有休息的权利。国家规定工人和职员的工作时间和休假制度，逐步扩充劳动者休息和休养的物质条件，以保证劳动者享受这种权利
第 93 条	中华人民共和国劳动者在年老、疾病或者丧失劳动能力的时候，有获得物质帮助的权利。国家举办社会保险、社会救济和群众卫生事业，并且逐步扩大这些设施，以保证劳动者享受这种权利
第 94 条	（1）中华人民共和国公民有受教育的权利。国家设立并且逐步扩大各种学校和其他文化教育机关，以保证公民享受这种权利 （2）国家特别关怀青年的体力和智力的发展
第 95 条	中华人民共和国保障公民进行科学研究、文学艺术创作和其他文化活动的自由。国家对于从事科学、教育、文学、艺术和其他文化事业的公民的创造性工作，给以鼓励和帮助
第 96 条	（1）中华人民共和国妇女在政治的、经济的、文化的、社会的和家庭的生活各方面享有同男子平等的权利 （2）婚姻、家庭、母亲和儿童受国家的保护

表 12–2 "1975 年宪法"中的经济、社会、文化权利条款 [2]

条款	内容
第 12 条	无产阶级必须在上层建筑其中包括各个文化领域对资产阶级实行全面的专政。文化教育、文学艺术、体育卫生、科学研究都必须为无产阶级政治服务，为工农兵服务，与生产劳动相结合

[1]《中华人民共和国宪法》(1954 年)。

[2]《中华人民共和国宪法》(1975 年)。

续表

条款	内容
第 27 条	（1）年满十八岁的公民，都有选举权和被选举权。依照法律被剥夺选举权和被选举权的人除外 （2）公民有劳动的权利，有受教育的权利。劳动者有休息的权利，在年老、疾病或者丧失劳动能力的时候，有获得物质帮助的权利 （3）公民对于任何违法失职的国家机关工作人员，有向各级国家机关提出书面控告或者口头控告的权利，任何人不得刁难、阻碍和打击报复 （4）妇女在各方面享有同男子平等的权利 （5）婚姻、家庭、母亲和儿童受国家的保护 （6）国家保护国外华侨的正当权利和利益

表 12-3 "1978 年宪法"中的经济、社会、文化权利条款[1]

条款	内容
第 48 条	公民有劳动的权利。国家根据统筹兼顾的原则安排劳动就业，在发展生产的基础上逐步提高劳动报酬，改善劳动条件，加强劳动保护，扩大集体福利，以保证公民享受这种权利
第 49 条	劳动者有休息的权利。国家规定劳动时间和休假制度，逐步扩充劳动者休息和休养的物质条件，以保证劳动者享受这种权利
第 50 条	（1）劳动者在年老、生病或者丧失劳动能力的时候，有获得物质帮助的权利。国家逐步发展社会保险、社会救济、公费医疗和合作医疗等事业，以保证劳动者享受这种权利 （2）国家关怀和保障革命残废军人、革命烈士家属的生活
第 51 条	（1）公民有受教育的权利。国家逐步增加各种类型的学校和其他文化教育设施，普及教育，以保证公民享受这种权利 （2）国家特别关怀青少年的健康成长
第 52 条	公民有进行科学研究、文学艺术创作和其他文化活动的自由。国家对于从事科学、教育、文学、艺术、新闻、出版、卫生、体育等文化事业的公民的创造性工作，给以鼓励和帮助

[1]《中华人民共和国宪法》（1978 年）。

续表

条款	内容
第 53 条	（1）妇女在政治的、经济的、文化的、社会的和家庭的生活各方面享有同男子平等的权利。男女同工同酬 （2）男女婚姻自主。婚姻、家庭、母亲和儿童受国家的保护 （3）国家提倡和推行计划生育

比较社会主义建设初期的三部宪法，我们可以看到 1954 年宪法实际上奠定了基本权利的保障框架，之后的 1975 年宪法、1978 年宪法都没有超出 1954 年宪法所划定的基本权利的总体范畴。1954 年宪法第 93 条直接而明确地规定了劳动者的获得物质帮助权。劳动者物质帮助权是劳动者在丧失劳动能力或者暂时失去劳动能力的时候，有权得到国家或社会的救助，以维持本人或及其家庭的生活。该条规定的历史背景就在于中华人民共和国成立之后，由政府来为特定的劳动者提供物质帮助已经具有了现实的必要性和社会基础。根据我国著名宪法学者韩大元教授的研究，在中华人民共和国成立伊始，为了解决一般职工遇到生、老、病、死、伤、残而发生实际生活困难的问题，党和政府曾规定，从 1950 年起，在有职工 100 人以上的企业中实行劳动保险制度。1951 年 2 月 26 日，中央人民政府政务院公布了《劳动保险条例》，该条例进一步规定在 100 人以下的企业中，参照《劳动保险条例》，通过签订集体协议，使职工享受到劳动保险待遇。[1]

从立宪史的角度来看，现行宪法体系中流淌着 1954 年宪法的血液，故不明白 1954 年宪法的制定背景和制定经过则无法深刻洞悉当代中国宪法的实质和内核。国人很难通过立宪史的梳理得出这样一种结论，那就是作为新中国第一部宪法的 1954 年宪法第 93 条已经明文确认和规定了经济、社会、文化权利，而且宪法起草委员会在起草宪法之时，也没有明确提出“经济、社会、文化权利”的概念，宪法草案的讨论和会议记录中也很难找到“经济、社会、文化权利”这样的用语。但是，如果进一步考察 1954 年宪法关于公民基本权利的体系设计，我们可以看到，1954 年宪法第 91 条规定了劳动权，第 92 条

[1] 韩大元:《1954 年宪法制定过程》，法律出版社 2014 年版，第 415 页。

规定了休息权，第 93 条规定了物质帮助权，第 94 条规定了受教育权，第 95 条规定了文化权利，第 96 条规定了妇女权利和家庭权利，这些宪法条款都是体现“国家给付义务”的基本权利。从基本权利的原理上来看，1954 年宪法从第 91 条到第 96 条的规定实际上构成了一个我们今天称为“经济、社会、文化权利”的权利群。而这样一个权利群及其背后的制宪理念通过新中国宪法生命之成长，成为 1982 年基本权利体系中的重要组成部分。

第三节　改革开放后关于经济、社会、文化权利立法及政策

由于经济、社会、文化权利所涉及的领域较为宽广，将之作为“权利群”来研究是为了能够首先从宪法学的层面加以抽象化，然后再从基本权利的具体化角度探讨那些典型的权利。在当代中国法律语境下探讨经济、社会、文化权利，理论研究的中心在于社会保障权。中国的社会保障是以社会保险为核心的由“社会保险、社会救济、社会福利、社会互助、优抚安置”组成的一个社会安全网络。就如我国学者郑功成教授认为：“社会保障是国家依法强制建立的、具有经济福利性的国民生活保障和社会稳定系统；在中国，社会保障应该是各种社会保险、社会救助、社会福利、军人保障、医疗保健、福利服务以及各种政府或企业补助、社会互助保障等社会措施的总称。”[1] 改革开放之后，我国的社会福利立法的主要依据是我国 1982 年的宪法。为此本书有必要对我国现行宪法中的社会保障权规定做一个初步的背景介绍，然后再探讨现行社会保障体系的立法架构。

1982 年，彭真在《关于中华人民共和国宪法修改草案的报告》中讲：“还有一些意见，虽然是好的，但实施的条件不具备、经验不够成熟，或者宜于写在其他法律和文件中，不需要写入国家的根本大法，因而没有写上。”[2] 许崇德教授在论述我国宪法“实事求是，从实际出发”的基本精神的时候，也指出：“国家能办得到的事宪法就写上，办不到的就暂时不写。能做到什么程

---

[1] 郑功成：《社会保障学》，商务印书馆 2000 年版，第 11 页。

[2]《彭真文选》，人民出版社 1991 年版，第 437 页。

度，宪法就写到什么程度。因为宪法是要付诸实施的，不是摆样子的。”[1] 李步云教授认为这根本不是“权利”，而仅仅是社会福利，对它的享有取决于经济发展水平，即使规定在宪法中，也仅是空洞无用的。[2] 从早期的立宪背景资料来看，我国学者对于 1982 年宪法是否需要规定经济、文化和社会权利还存在很大的认识上的争议。但是，正如我国 1954 年宪法中也规定了经济、社会、文化权利条款一样，我国 1982 年宪法最终还是对经济、社会、文化权利进行了规定。在这些条款的宪法性质上，我国很多学者似乎把它作为一种“希望和理想”“社会要求”以体现我国社会主义国家的优越性。随着我国宪法研究的深入，我国越来越多的学者将这些条款看作立法上的指引，由此，我国宪法学者在呼吁宪法实施的过程中，更加强调以文本为中心，落实宪法文本中的规定。

表 12-4　“1982 年宪法”中的经济、社会、文化权利条款[3]

条款	内容
第 42 条	（1）中华人民共和国公民有劳动的权利和义务 （2）国家通过各种途径，创造劳动就业条件，加强劳动保护，改善劳动条件，并在发展生产的基础上，提高劳动报酬和福利待遇 （3）劳动是一切有劳动能力的公民的光荣职责。国有企业和城乡集体经济组织的劳动者都应当以国家主人翁的态度对待自己的劳动。国家提倡社会主义劳动竞赛，奖励劳动模范和先进工作者。国家提倡公民从事义务劳动 （4）国家对就业前的公民进行必要的劳动就业训练
第 43 条	（1）中华人民共和国劳动者有休息的权利 （2）国家发展劳动者休息和休养的设施，规定职工的工作时间和休假制度
第 44 条	国家依照法律规定实行企业事业组织的职工和国家机关工作人员的退休制度。退休人员的生活受到国家和社会的保障

[1] 许崇德：《我国宪法的诞生与宪法的基本精神》，载顾昂然、乔晓阳：《党政干部宪法教育读本》，中共中央党校出版社 2003 年版，第 53 页。

[2] 李步云：《宪法比较研究》，法律出版社 1998 年版，第 532—533 页。

[3]《中华人民共和国宪法》（1982 年）。

条款	内容
第 45 条	（1）中华人民共和国公民在年老、疾病或者丧失劳动能力的情况下，有从国家和社会获得物质帮助的权利。国家发展为公民享受这些权利所需要的社会保险、社会救济和医疗卫生事业 （2）国家和社会保障残废军人的生活，抚恤烈士家属，优待军人家属 （3）国家和社会帮助安排盲、聋、哑和其他有残疾的公民的劳动、生活和教育
第 46 条	（1）中华人民共和国公民有受教育的权利和义务 （2）国家培养青年、少年、儿童在品德、智力、体质等方面全面发展
第 47 条	中华人民共和国公民有进行科学研究、文学艺术创作和其他文化活动的自由。国家对于从事教育、科学、技术、文学、艺术和其他文化事业的公民的有益于人民的创造性工作，给以鼓励和帮助
第 48 条	（1）中华人民共和国妇女在政治的、经济的、文化的、社会的和家庭的生活等各方面享有同男子平等的权利 （2）国家保护妇女的权利和利益，实行男女同工同酬，培养和选拔妇女干部
第 49 条	（1）婚姻、家庭、母亲和儿童受国家的保护 （2）夫妻双方有实行计划生育的义务 （3）父母有抚养教育未成年子女的义务，成年子女有赡养扶助父母的义务 （4）禁止破坏婚姻自由，禁止虐待老人、妇女和儿童

社会保障是与社会主义市场经济的体制基础相适应，国家和社会依法对社会成员基本生活予以保障的社会安全制度。[1] 目前，中国已初步建立以社会保险、社会救济、社会福利、社会互助、优抚安置等为主要内容，多渠道筹集保障资金、管理服务逐步社会化的社会保障体系。[2]

第一，社会保险是社会保障体系的核心部分。我国的社会保险立法起步于改革开放，早期比较具有代表性的法规是 1986 年国务院发布的《国营企业实行劳动合同暂行规定》，该法规确立了劳动合同制工人的养老保险制度。与

[1] 郑秉文、和春雷：《社会保障分析导论》，法律出版社 2001 年版，第 3 页。另外，综观世界通行做法，为了保障公民经济、社会、文化权利而设立的社会保障制度可以分为以下几个类型：社会保险（Social insurance）、财产审查性收益（Means-tested benefits）、非缴费性收益（Non-contributory benefits）、酌情性收益（Discretionary benefits）、普惠性收益（Universal or categorical benefits）。

[2] UN Doc. E/C.12/CHN/2（2010）.

此同时，国务院还发布了《国营企业职工待业保险暂行规定》，初步确立了中国的失业保险制度。另外，1988 年国务院颁布的《女职工劳动保护规定》提高了生育保险待遇。1991 年国务院发布了《关于企业职工养老保险制度改革的决定》，明确了企业职工养老保险制度改革的基本方向。1993 年国务院发布了《国有企业职工待业保险规定》，扩大了失业保险的范围。从 1994 年开始，国务院组织了“社会统筹与个人账户相结合”的医疗保险试点。1998 年出台《国务院关于建立城镇职工基本医疗保险制度的决定》(征求意见稿)。工伤保险和医疗保险也都在相关行政法规指导下启动改革试点工作。1997 年国务院还发布了建立城市居民最低生活保障制度的通知。 1999 年 1 月 22 日由国务院颁布的《失业保险条例》和《社会保险费征缴条例》同时出台。此外，《劳动法》专章对社会保险和福利作了原则性和纲领性的规定。2010 年 10 月 28 日第十一届全国人民代表大会常务委员会第十七次会议通过了《中华人民共和国社会保险法》，这是我国在社会保险领域的一部综合性立法，具有基础性地位。依据《社会保险法》第 2 条之规定，我国的社会保险体系是由基本养老保险、基本医疗保险、工伤保险、失业保险、生育保险等社会保险制度组成的，该体系保障着公民在年老、疾病、工伤、失业、生育等情况下依法从国家和社会获得物质帮助的权利。

第二，在中国的社会保障体系中，最低生活保障制度建构起了一个能够覆盖城乡居民的安全网。最低生活保障制度在我国现阶段的突出特征是城乡二元分立结构，这也是我国当下社会主要矛盾的一个重要体现。学术界和实务界对这种城乡二元的最低生活保障体制都展开了积极的反思，该制度的一个重要诟病在于对法律平等保护原则的违反。针对城市地区，国家通过城市最低生活保障初步建立起了一个与经济发展的承受力相适应的低保标准动态调整机制。针对农村地区，农村低保是指政府对家庭年人均纯收入低于当地低保标准的农村贫困家庭，按照其家庭年人均纯收入与保障标准的差额发放最低生活保障金的制度。2007 年 7 月，国务院下发《关于在全国建立农村最低生活保障制度的通知》，对农村低保标准、保障对象、资金落实等内容作出了明确规定，2007 年 9 月底，这一制度已在全国 31 个省（直辖市、自治区）

所有 2777 个涉农县（市、区）全面实施。[1] 为了确保农村最低生活保障制度与扶贫开发政策有效衔接，国务院通过行政规范性文件制定了农村最低生活保障制度与扶贫开发政策有效衔接的行政政策，[2] 旨在确保到 2020 年现行扶贫标准下农村贫困人口实现脱贫。

第三，作为社会保障体系的重要组成部分，我国的社会福利制度主要是由一些针对农村特定村民、老年人、孤儿和残疾人等群体提供物质帮助的政策和法律文件所支撑起来的。

在农村特定村民的社会福利制度建构方面，农村五保供养指国家对无劳动能力、无生活来源又无法定赡养、抚养、扶养义务人或法定赡养、抚养、扶养人无赡养、抚养、扶养能力的老年、残疾或者未满 16 周岁的村民，在吃、穿、住、医、葬方面给予的生活照顾和物质帮助。[3]1994 年 1 月，国务院公布施行《农村五保供养工作条例》，规定五保供养的主要内容是“保吃、保穿、保住、保医、保葬（孤儿保教）”，供养标准为当地村民一般生活水平，所需经费和实物，从村提留或者乡统筹费中列支。1997 年 3 月，民政部颁布《农村敬老院管理暂行办法》，规范了农村敬老院建设、管理和供养服务。这两项法规规章的出台，标志着我国农村五保供养工作开始走上规范化、法制化的管理轨道。2000 年以来，随着我国农村税费改革试点工作的推进，农村五保供养资金渠道随之调整。取消农业税及附加后，供养经费又调整为主要从上级财政转移支付和地方各级财政预算中安排。2006 年 1 月，国务院第 121 次常务会议通过了《农村五保供养工作条例》，使这项制度实现了从农民互助共济向政府财政保障为主的重大转变。[4]

在老年人权利保障方面，1996 年 8 月 29 日第八届全国人民代表大会常务委员会第二十一次会议通过了《中华人民共和国老年人权益保障法》，该法

---

[1] UN Doc. E/C.12/CHN/2（2010）.

[2]《国务院办公厅转发扶贫办等部门关于做好农村最低生活保障制度和扶贫开发政策有效衔接扩大试点工作意见的通知》（国办发〔2010〕31 号）；《国务院办公厅转发民政部等部门关于做好农村最低生活保障制度与扶贫开发政策有效衔接指导意见的通知》（国办发〔2016〕70 号）。

[3] UN Doc. E/C.12/CHN/2（2010）.

[4]《国务院关于农村社会保障体系建设情况的报告》，2009 年 4 月 22 日。

规定，国家和社会采取措施，改善老年人生活、健康以及参与社会发展的条件，从而为老年人社会福利的保障提供了法律依据。[1] 在儿童福利方面，依据《中华人民共和国未成年人保护法》《中华人民共和国教育法》等法律法规，国家为儿童提供教育、计划免疫等社会福利，特别是为残疾儿童、孤儿和弃婴等处在特殊困境下的儿童提供福利项目、设施和服务，保障其生活、康复和教育。[2] 在残疾人社会福利的保障方面，国家颁布实施《中华人民共和国残疾人保障法》，为残疾人康复、教育、劳动就业、文化生活、社会福利等提供法律保障。[3]

第四，社会互助是由国家承认或认可的一种基于社会成员自愿组织和参与扶弱济困的事业，通常认为社会互助包括两个方面：一是社会成员或者组织为受助者提供资金的帮助，包括社会（国内）捐赠、海外捐赠、互助基金和义演义赛义卖等；二是为受助者提供服务的社会互助，包括邻里互助、团体互助和慈善事业等。[4] 在社会互助的立法领域，最受社会关注的当数慈善法。《中华人民共和国慈善法》由中华人民共和国第十二届全国人民代表大会第四次会议于 2016 年 3 月 16 日通过。作为我国慈善事业发展进程中的第一部基础性和综合性的法律，慈善法可谓我国社会互助领域立法的里程碑。[5] 慈善法立法的目的在于规范慈善活动，保护慈善组织、捐赠人、志愿者、受益人等慈善活动参与者的合法权益，促进社会进步，共享发展成果。

第五，优抚安置制度是中国政府对以军人及其家属为主体的优抚安置对

---

[1]《中华人民共和国老年人权益保障法》于 1996 年 8 月 29 日由第八届全国人民代表大会常务委员会第二十一次会议通过，于 2009 年、2012 年、2015 年、2018 年进行了多次修正、修订。该法将 60 周岁以上的公民定义为老年人，第 3 条明文规定：国家保障老年人依法享有的权益。老年人有从国家和社会获得物质帮助的权利，有享受社会服务和社会优待的权利，有参与社会发展和共享发展成果的权利。禁止歧视、侮辱、虐待或者遗弃老年人。

[2] 国务院新闻办公室：《中国的社会保障状况和政策》，2004 年 9 月。

[3]《中华人民共和国残疾人保障法》于 1990 年 12 月 28 日由第七届全国人民代表大会常务委员会第十七次会议通过，截至目前，该法于 2008 年和 2018 年经历了一次修订、一次修正。该法对残疾人定义为："残疾人是指在心理、生理、人体结构上，某种组织、功能丧失或者不正常，全部或者部分丧失以正常方式从事某种活动能力的人。"

[4]《国务院关于农村社会保障体系建设情况的报告》，2009 年 4 月 22 日。

[5] 王涛：《〈慈善法〉的立法理念、制度创新和完善路径》，载《法学论坛》2018 年第 1 期。

象进行物质照顾和精神抚慰的一种制度。《中华人民共和国兵役法》[1]《退役士兵安置条例》[2]等法律法规，对退役军人的安置作出规定。例如，《中华人民共和国兵役法》第54条规定，国家建立健全以扶持就业为主，自主就业、安排工作、退休、供养以及继续完成学业等多种方式相结合的士兵退出现役安置制度。《退役士兵安置条例》第3条规定，国家建立以扶持就业为主，自主就业、安排工作、退休、供养等多种方式相结合的退役士兵安置制度，妥善安置退役士兵。

第四节　中国经济、社会、文化权利保障的量化分析

为了落实和保障经济、社会、文化权利，目前国际社会发展出了一种基于“国家义务”的所谓的“AAAAQ标准”定量分析框架，根据该定量分析框架，国家之义务体现为确保经济、社会、文化权利的可提供性（availability）、可获取性（accessibility）、可接受性（acceptability）、可调适性（adaptability）以及国家提供公共产品的品质（quality）。[3] 特定经济、社会、文化权利的“可提供性”意味着国家应该在其管辖范围内履行其积极义务，采取具体的举措，确保机制层面上具有可操作、可运行的方案。可获取性意味着人人能够在不受任何歧视的法律原则保障下具有获得权利保障的公平机会。可接受性则要求经济、社会、文化权利的形式和实质内容必须得到相关受益人的接受。可调适性则强调经济、社会、文化权利的保障能够针对社会的变迁和社会的发展而进行调适，使其符合各种社会和文化环境中的权利主体的需求。

国家若要对经济、社会、文化权利保障进行量化分析，其难点和争议点

[1]《中华人民共和国兵役法》于1984年5月31日由第六届全国人民代表大会第二次会议通过，截至目前，经历了1998年、2009年和2011年三次修正。

[2]《退役士兵安置条例》经由中华人民共和国国务院、中华人民共和国中央军事委员会令第608号发布实施，根据该条例，退役士兵是指依照《中国人民解放军现役士兵服役条例》的规定退出现役的义务兵和士官。

[3] General Comment No. 13（Twenty-first session，1999），The right to education（article 13 of the Covenant），UN Doc. E/C.12/1999/10（1999）.

在于确定测量的基准问题，这也是当下学术界批判的焦点之一。一般而言，尽管存在定性和定量分析方式、理论模型、评估指标体系方面的巨大分歧，学术界提出了一个一般的分析框架：第一，确定经济、社会、文化权利所要求的“最低核心国家义务”；第二，确定国家在经济、社会、文化权利保障方面的现有水准；第三，衡量国家为保障经济、社会、文化权利所采取的政策和法律措施；第四，评价国家是否尽其最大努力利用了现有资源来保障经济、社会、文化权利；第五，评估国家在实现经济、社会、文化权利的资源限度问题。[1] 近年来针对法治实施的定量分析方法也逐渐在我国学术界兴起，如法治评估指标体系的建立。[2] 在权利评估方面，我国学者指出基于科学性、公正性、可操作性原则，人权指标体系建构包括指标设置、指标赋权和标准设定三个方面，建构过程注意需要结合学界、政府和公众的意见。[3] 2016 年 6 月 14 日，国务院公布了《国家人权行动计划（2012—2015 年）实施评估报告》，该报告就是运用了定量方法对我国在人权保障方面的成效进行一个系统的官方的评估。根据天则经济研究所 2008 年发布的《中国的经济人权研究总报告》，研究者对经济、社会和文化权利的测度可以分成以下三个层次。

第一层次，是测度政府在经济、社会和文化权利保障方面的承诺，相关依据来自政府对有关国际人权法和国际公约的签署和认可，以及把相关国际法精神具体化为国内具体的法律规章的情况。通常来说，一国越认同国际法的相关条款和精神，并能够在国内基本法律和具体规章上得到充分体现，那么至少在承诺层面上，可以表明该国为劳动权保障提供了更有力的制度平台。[4] 笔者认为第一层次的测量比较偏向于一种态度上的定性。从中国经济、社会、文化权

---

[1] Allison Corkery；Sally-Anne Way, Integrating Quantitative and Qualitative Tools to Monitor the Obligation to Fulfill Economic, Social and Cultural Rights: The OPERA Framework, 30 Nordic J. Hum. Rts. 324, 349 (2012)；CESCR, An evaluation of the obligation to take steps to the “Maximum of Available Resources” under an optional protocol to the Covenant’ (10 May 2007) UN Doc E/C.12/2007/1.

[2] 钱弘道、戈含锋、王朝霞、刘大伟:《法治评估及其中国应用》，载《中国社会科学》2012 年第 4 期；侯学宾、姚建宗:《中国法治指数设计的思想维度》，载《法律科学》(西北政法大学学报) 2013 年第 5 期；孟涛:《论法治评估的三种类型——法治评估的一个比较视角》，载《法学家》2015 年第 3 期。

[3] 侯健:《人权评估的若干问题研究》，载《人权》2017 年第 5 期。

[4] 中国的经济人权研究总报告课题组:《中国的经济人权研究总报告》，天则经济研究所，2008 年。

利保障的实际来看，我国于2001年2月28日，第九届全国人大常委会做出决定，批准我国政府于1997年10月27日签署《经济、社会、文化权利国际公约》，同时声明中华人民共和国对《经济、社会、文化权利国际公约》第8条第1款第1项予以保留。[1] 与此同时，中国政府在国际社会中强调国际人权事业，尤其经济、社会和文化权利保障的重要性，中国已经成为推动《经济、社会、文化权利国际公约》的重要缔约国。在国内宪法层面，2004年宪法修正案规定了“国家尊重和保障人权”“国家建立健全同经济发展水平相适应的社会保障制度”，表明中国政府保障经济、社会和文化权利的决心和意愿。

第二层次，是测度一国政府在经济、社会和文化权利保障方面的实践，相关依据来自三个部分：一是通过观察一国对基本权利侵犯的事件，来形成对该国权利保障的评判，如在劳动权方面：如就业歧视、强迫劳动；等等。二是通过标准化数据来度量人权实践情况，如把劳动权方面的国际公约和国际法的有关规定形成度量标准，然后对比国内实践进行打分。三是通过对经济活动参与者的调查，来获得居民对相关权利的可得性与持续性的主观认知信息，并通过这些信息形成量化数据。Landman（2004年）在基本的人权范畴对这三种可能的数据特征进行了比较。[2] 以社会保障权为例，我国已经在2012年实现新型农村社会养老保险和城镇居民社会养老保险制度全覆盖。截至2013年，全国城乡居民参保人数达到49,750万人，比2012年增加1381万人；全国城镇职工基本养老保险参保人数为32,218万人，比2012年增加1791万人。2013年，企业退休人员月人均基本养老金水平继续调整，调整水平按2012年企业退休人员月人均基本养老金的10%左右确定，达到近1900元，并对具有高级职称的企业退休科技人员、基本养老金相对偏低的人员等进行适当倾斜。2014年2月，国务院发布《关于建立统一的城乡居民基本养

[1] 根据天则经济研究所的分析，中国政府对该条款的保留是有原因的，依据《中华人民共和国宪法》《中华人民共和国工会法》《中华人民共和国劳动法》等法律的有关规定办理。也就是说，除了“组织和参加工会的权利”应当按照国内法的规定进行保护之外，其他各项经济、社会和文化权利应当按照《经济、社会、文化权利国际公约》的标准加以保护。参见中国的经济人权研究总报告课题组:《中国的经济人权研究总报告》，天则经济研究所，2008年。

[2] 中国的经济人权研究总报告课题组:《中国的经济人权研究总报告》，天则经济研究所，2008年。

老保险制度的意见》，将新型农村社会养老保险和城镇居民社会养老保险两项制度合并实施，在全国范围内建立统一的城乡居民基本养老保险制度。[1]

第三层次，就是针对经济、社会和文化权利实践后果的评价。也就是通过政府绩效来间接度量权利保障的程度。通常假定权利保障和相关绩效指标之间存在正反馈，才可以形成这种有效的度量方法。从测度角度看，这种间接度量数据可得性强，容易形成时间序列，并做横向比较。但间接度量依赖指标的设计和数据的可靠性，通常要和调查数据结合起来，才能够形成完整的数据集。但正如 Cingranelli 和 Richards 在 2006 年指出的，在做间接度量时，存在一些陷阱，如政府支出数据方面，有一些看似在促进某种人权，但实际上却损害了另一种人权。比如，政府教育支出中对某些重点学校或者对城市的倾斜政策，实际上侵犯了普通学校学生和农村居民受教育的权利。因此，这就存在一个权利优先顺序的权衡，而不同发展层次的国家这种优先顺序显然不同。[2]通过研究，我们可以看出：中国政府对经济、社会和文化权利做出了很多的承诺，并且在这些权利的实施方面也取得了相当的成绩。但是，我们也应该看到，现实生活中对相关权利的保障还存在一定的不足，对部分权利的侵犯屡屡发生。必须采取恰当的措施，来改进中国的经济、社会和文化权利实践。

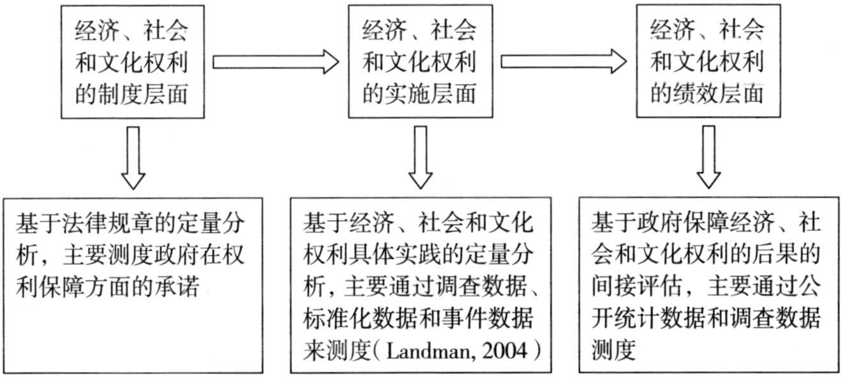

图 12–1　经济、社会和文化权利的定量分析框架[3]

---

[1] 中国国务院新闻办公室：《2013 年中国人权事业的进展》，2014 年 5 月 26 日。

[2] 中国的经济人权研究总报告课题组：《中国的经济人权研究总报告》，天则经济研究所，2008 年。

[3] 中国的经济人权研究总报告课题组：《中国的经济人权研究总报告》，天则经济研究所，2008 年。

第五节　中国经济、社会、文化权利宪法保障的问题与对策

中国经济、社会、文化权利宪法保障历经“1954 年宪法”“1975 年宪法”“1978 年宪法”“1982 年宪法”等历次变迁，其形成机制和法理基础已经可以容纳相当的权利保护的内涵。我国也是《经济、社会、文化权利国际公约》的积极推动者和践行者，联合国经济、社会、文化权利委员会曾对我国的履约报告有着多方面肯定性的评价。但就我国人权宪法保障的实效来看，以“社会保障权”为核心的权利落实状况离宪法基本权利条款的设计本意还存在一定的距离。这种权利的实定化和现实化的区隔客观上也源于我国宪法保障机制还没能积极回应民间的各种诉求，也正如我国学界和实务部门所认识到的那样，我国的社会保障制度还处在一个建制和改革交互影响的阶段，这个阶段的主要问题和矛盾都需要在点滴的实践中逐步得到妥善和圆满的解决。

正如中国在向联合国经济、社会、文化权利委员会提交的缔约国报告中所指出的，虽然改革开放使得中国的经济、社会和文化状况发生了巨大的改变，中国的经济总量虽已位居世界前列，但人均水平仍排在后列。在中国的改革开放事业进入新时代后，中国社会主要矛盾转化为人民日益增长的美好生活需要和不平衡不充分的发展之间的矛盾。社会主要矛盾集中体现在城乡之间、地区之间发展不平衡；人均资源占有率很低；经济和社会发展仍受到资源、能源、环境等“瓶颈”的制约。对于当下的中国而言，《经济、社会、文化权利国际公约》虽然已对中国生效，但不意味着全部条款已全面实现，某些权利的享受还不能达到公约要求。但中国强调了作为一个负责的大国，将根据公约尽最大能力采取步骤逐步达到公约中所承认权利的充分实现。[1]

总观现阶段人权保障的实际状况，笔者认为，我国经济、社会、文化权利宪法保障中面临的主要问题大体存在于以下几个方面。

---

[1] UN Doc. E/1990/5/Add.59 (2004); UN Doc. E/C.12/CHN/2 (2010).

1. 宪法保障的实施机制尚待完善

我国自 1982 年宪法颁布和实施以来一直强调构建社会主义法治国家的重要性，依法治国成为我国的一项基本治国方略，宪法的最高性原则成为法治中国建设的题中应有之义。然而，目前我国还没有发展出一套可以“实证化”的宪法实施制度，亦即宪法的最高性和权威性仍然停留在原则性的层面，宪法规范和宪法现实在很多时候不能有效对应。在这种情况下，建立完善的宪法保障的实施机制无疑成为确保宪法权威不受贬损的不二法门。笔者坚信，破解宪法核心规范的实证化的难题在于寻求宪法得以作用于政治共同体的每一次行为，从这个角度看，基本权利核心规范的实证化是我国宪法规范要落实在人民生活实际的必然要求。考察世界各国的宪法保障方法，若要弥合宪法规范和宪法现实之间的鸿沟，除了配合较为科学、合理的政治构架之外，法律制度赖以良好运行的机构建制实属关键。我国法学界曾在很长一段时间内关注合宪性审查制度的建立，试图通过建立专门的宪法监督机构保障每一次的违宪行为都受到法治化的制裁。学者观点不外有两类：其一，赋予已有的国家机关宪法实施的职权；其二，增设新的国家机关专司宪法的实施。本书认为基于宪法核心规范实证化的法律需要，增设新的法律设施专司宪法的实施是一条可取的进路，一旦新增了宪法实施机构，需要立刻制定宪法施行法实施细则、机构组织法、机构程序法来配套。只是这种进路涉及新增宪法实施机构与原有国家机构衔接、配合、制衡的问题，故迈出这一步不仅需要法律上的考虑更需要巨大的政治诚意和勇气。

2. 经济、社会、文化权利的立法保障尚不能全面贯彻宪法规范的意旨

为保障经济、社会、文化权利，世界各国社会保障制度建立和发展的历史告诉我们，立法发挥着人权保障的首要作用。譬如，本书重点提及的德国社会保障建制就是立法推动的，德国早在 1883 年就颁布了《劳工疾病保险法》，堪称世界上首个建立社会保险法制的国家。之后，德国又于 1884 年和 1889 年分别颁布《劳工伤害保险法》和《残废和老年保险法》，奠定了社会保险立法的基础，一时间成为各国效仿立法的楷模。[1] 经由政治和民主过程

[1] 参见史探径：《世界社会保障立法的起源和发展》，载《外国法译评》1999 年第 2 期。

的立法在我国当下的法治环境中所要解决的问题就是制度运行的依据问题，这不仅是“依法行政”“公正司法”的前提要件，也是在变革时期通过法律推动社会改革的最简便的手段。也许在一定的时间内，立法的效果并不能立竿见影地显现出来，人民也未见得可以在极短的时间内分享到立法推动制度革新的最新成果，但就法治国家构建的探索和改革期，它无疑能够凝聚立法者的智慧、沟通理想和现实，为今后的制度建设提供借鉴和指引。经济、社会、文化权利的立法既有可能体现了立法机关在形成、形塑和具体化宪法规范上的独特功能，又可以在宪法规范的指引下、在宪法修改的层级下最大限度划定权利的保障边界和保障深度。

就经济、社会、文化权利的立法现状而言，2010 年 10 月 28 日全国人民代表大会常务委员会通过的《中华人民共和国社会保险法》[1] 是我国在第二代人权保障领域最新的成果，它也预示着我国社会保障法治化在逐步推进和深入。但是，我们如果仔细思索经济、社会、文化权利的相关宪法规范便会发现，我国现行宪法自第 42 条至第 49 条的规范尚不能完全被现行立法加以贯彻实施。除社会保险外，社会保障制度构建还必须包括社会救助、社会福利、医疗保健、社会互助、社会优抚等一系列领域的立法。也有学者认为，中国直到目前为止尚无一部综合性社会保障法律，由于社会保障立法滞后，仲裁机构和人民法院对社会保障争议案件的处理，也处于“无法可依”的状态。笔者认为，这种见解也有一定的合理性。类似德国《社会法典》那样的法典化和体系化的立法也是我国将来推进经济、社会、文化权利的立法保障的可取之路。

3. 经济、社会、文化权利的保障尚以“行政主导”为特征，未能在法律保留原则下限缩和规范行政机关的自由裁量权限

作为一个“行政主导”范式下的后发性法治国家，在新中国成立以后的历次制度变革都离不开行政机关强有力的推动。这种“行政主导”模式的优

---

[1] 2010 年 10 月 28 日第十一届全国人民代表大会常务委员会第十七次会议通过，根据 2018 年 12 月 29 日第十三届全国人民代表大会常务委员会第七次会议《关于修改〈中华人民共和国社会保险法〉的决定》修正。

点也促成了我国在改革开放的四十多年内迅速在经济、政治、社会、文化、生态等领域发生了巨大的变化。行政机关由于其执行决策的高效性、绩效考核的明确性被认为是关系政策法律落实的关键实施者。但是，现代法治国家的根本特征之一便是将行政权置于立法权和司法权的约束和监督之下，使得行政权不至于过于膨胀，也不能使得行政权碌碌无为、怠于作为。在民生领域，我国行政机关主导的特征深深嵌入了从财政分配、人事配置、给付裁量、争议化解的各个方面，从一个方面来看，行政主导的给付分配模式无疑具有迅速、高效等特征；但是从行政控权的角度上看，法律保留原则被事实上稀释，行政机关的自由裁量权限在资源可以触及的范围内表现出扩张和肆意的态势。以城乡居民的受教育权为例，我国的户籍制度成为阻滞教育公平的一大机制性和体制性障碍；在社会福利的分配方面，城乡二元结构无疑在事实上造成了改革成果的分享上的差异。

4. 经济、社会、文化权利的司法保障还不能有效化解实务中的个案纠纷、回应司法保障人权的制度需求

我国的司法体制除承担着维护社会公平的神圣职责外，还肩负着贯彻党和国家的大政方针政策的使命，这是我国在相当长一个时期内司法政策的主要功能。由于民生问题的突出、社会不稳定因素的增加，我国的司法还必须贯彻“司法为民”的政策，在有些时候，司法还承担着“维护稳定”的作用。笔者认为，我国现阶段的司法理念很容易被“司法为民”“司法为政治服务”“司法为经济建设服务”等所吸纳。

笔者认为，我国经济、社会、文化权利保障的根本立意在于严格贯彻宪法规范做到“只服从法律”。所以在理念上，我们需要认真对待经济、社会、文化权利，将这些权利看作一种真正意义上的可以实证化的、可司法性的人权。宪法中人权保障的条款不但是对立法机关、行政机构课以的积极义务，也是对司法机关课以的积极义务。

在经济、社会、文化权利保障的司法实务中，我国还处于积极保障这些权利消极面向的阶段，即司法机关紧紧围绕平等权纠纷、资格纠纷等属于传统公民权利和政治权利领域的争议点来定分止争。以劳动权和社会保障权为例，我国的劳动权争议案件侧重于反歧视、薪酬纠纷、工伤认定纠纷等领域，

劳动权作为基本权利的消极属性在这些纠纷中均有深刻的体现。由于经济、社会、文化权利在本质上不仅具有基本权利的消极面向，还具有基本权利的积极面向，所以我国司法机关在切实背负起保障人权的使命的同时，还需要对国家的给付义务、行政机关的给付裁量、立法机关的立法懈怠等情况通盘加以考虑，以渐进地实现“实质法治国”的最终目标。更进一步说，推进我国经济、社会、文化权利的司法保障还牵涉到构建适合于社会保障法治化的合宪性审查制度。在西方法治国家，建立以宪法诉讼和宪法诉愿为特征的合宪性审查制度，对基本人权的保护都具有根本意义，这些合宪性审查制度构建的成功经历可资借鉴，当然，这种最高形式的司法保障人权的制度对我国经济、社会、文化权利的保障也将发挥积极的重大作用。

第六节　本章小结

我国在经济、社会、文化权利宪法保障方面的进展在很大程度上受制于宪法实施机制的完善。从 1954 年宪法到 1982 年宪法关于基本权利的立宪原意、框架结构、条文设计和现实关涉来看，中国宪法不仅承认了经济、社会、文化权利的基本权利地位，同时立宪者也通过这些条文设计宣示了国家对公民的生存关照。实施和保障经济、社会、文化权利的本质是将这些宪法上的“纸面权利”转化为人民生活中的“现实权利”，我国在经济、社会、文化权利的保障方面应该以构建法治化的社会保障为重心，首先通过平等权确保所有国民在法律上的一律平等，其次渐进推及国家的积极保护义务。

第十三章 结论和启示

人类生活素材的累积使得今人生活在一个丰富、多元和庞大的经济、社会、文化结构之中。人类对于善良、美好生活的追求在近代以来凝结在权利的奋斗和抗争史中。经济、社会、文化权利集中体现了人们为了确保合于人性尊严的生存而生生不息的追求。权利是法律文化的起点和基石，构成了制度文化的核心要素，它始终是法学所关注的对象。[1]宪法作为一部权利法案，故宪法学者的使命之一就是发掘出宪法作为一部政府组织法的第二重含义，这项使命的完成需要基于极大的理论勇气仔细展开并审查支持某种宪法权利理论胜过另一种理论的理由。[2]同时，在实现宪法基本权利所保障的价值和目标的时候，我们也应该充分认识到，经济、社会、文化权利宪法保障机制的建构是在一个民主政治的语境下进行的。

本书通过对经济、社会、文化权利的系统比较研究得出以下的结论和启示。

一、经济、社会、文化权利对一般人权理论的发展

从“世代”（Generations）的观点看待人权的体系，我们可以发现：经济、社会、文化权利成为人权发展历程中的“第二代人权”，在各国宪法纷纷承认、确认和保障经济、社会、文化权利的过程中，经济、社会、文化权利被广泛地认为是第二份“权利法案”（Second Bill of Rights）。经济、社会、文

[1] 张文显:《二十世纪西方法哲学思潮研究》，法律出版社 1996 年版，第 489 页；何志鹏:《权利基本理论：反思与构建》，北京大学出版社 2012 年版，第 3 页；Roscoe Pound, An Introduction to the Philosophy of Law, New Haven: Yale University Press, 1922 (revised in 1954), p.1.

[2] [美] 索蒂里奥斯・巴伯、詹姆斯・弗莱明:《宪法解释的基本问题》，徐爽、宦盛奎译，北京大学出版社 2016 年版，第 172 页。

化权利的历史来源包括：古代希伯来法律传统中的济贫思想；西方工业化文明时代的社会主义思潮；1917 年墨西哥宪法中关于社会权的规范；1918 年德国魏玛宪法中的经济、社会权利条款；罗马天主教教宗利奥十三世在《新神谕》一书中关于普通民众经济、社会、文化权利的论述；美国总统富兰克林·罗斯福“四大自由”中“免于匮乏的自由”。本书认为严格实证宪法意义上第一次规定经济、社会、文化权利的根本法律是 1917 年的墨西哥宪法，它的思想来源是天主教教宗利奥十三世的《新神谕》。经济、社会、文化权利在人权的功能体系上超越了传统“夜警国家”模式下以“个体自由、政治参与”为核心内容的防御权能面向而更加倚重现代福利国家模式下以“经济参享、福利公平”为重心的给付权能面向。由此，一般人权理论开始转向思考社会可供给资源与合于人性尊严生活需求的契合。在这种意义上，经济、社会、文化权利无疑将通过现代福利国家机器牵引现代宪法的发展，人民也因此而通过权利话语与政治国家协力面对后工业化文明世界中诸如“贫困”“疾病”“城市化”“老龄化社会”“高风险社会”等一系列挑战和难题。

二、经济、社会、文化权利阐释框架和基本内涵

在“人民之自由非有国家无以为之”（Freiheit nicht ohne den Staat）的理念下，基本权利的功能逐渐从传统的倚重“防御权”的体系框架下扩及“国家之积极作为义务”（positive Handeln）为诉求目标的“给付权利”（Leistungsgrundrechte）和国家机构组织和程序法上调整的“客观法上之规范”（objektive-rechtliche Vorgaben）。经济、社会、文化权利由此涵括了“防御权功能”“受益权功能”“客观法秩序功能”三重面向。具体而言，公民所享有的经济、社会、文化权利非经法律的正当程序，国家不得恣意介入或剥夺；国家对于公民的经济、社会、文化权利诉求负有提供合于人性尊严的最低给付义务；人民可以根据其所享有的宪法上的经济、社会、文化权利向国家公权力机关请求保护其基本权利所应保障的法益，以免受他人的非法侵害；国家也有义务通过一定的组织法和程序法来确保公民实在地享有经济、社会、文化权利。具体而言，经济、社会、文化权利是一个包括工作权、社会保障

权、家庭权利、适足生活水准权、健康权、受教育权、文化活动权等涉及公民生活、身体、知识发展的“权利群”。它是一种宪法加以确认的公民要求国家采取必要措施实现其在经济、社会、文化诸方面合法诉求的请求权，国家则负有积极履行若干职责助其实现的义务。国家保障公民经济、社会、文化权利一般根据其经济资源的最大可能性负担一种“渐进实现”（Progressive Realization）的义务，但就其经济财政资源承允的范围内，国家也承担一种“最低核心义务”（Minimum Core Obligation），这种最低核心义务不是“渐进义务”（Progressive Obligation）而是一种“即刻义务”（Immediate Obligation）。首先，国家保障经济、社会、文化权利的“最低核心义务”体现为一种宪法规范上的核心（Normative Core），即所谓合于人性尊严的人类生活，它可通过公民的物质生存资料的最低要求而被限定，或者也可以通过公民追求自由、平等、尊严等所需的最低价值而被限定。其次，国家保障经济、社会、文化权利的“最低核心义务”体现为一种民主法治社会的“最低认同”（Minimum Consensus），它可以通过公民的“自我决定”在一个民有、民享、民治的议会体制下达到一种最低限度的合意。最后，国家保障经济、社会、文化权利的“最低核心义务”体现为主权国家在国际人权法体系下所应当承担的最低人权标准（Minimum Standards），这种最低人权标准是任何文明社会能够共存的最低限度要求。在这个方面，《经济、社会、文化权利国际公约》必须以国际社会所认可的方式在国内得到实施，同时，联合国经济、社会、文化权利的一般性评论和法理发展具有极大的参考价值和应用价值。

三、经济、社会、文化权利所需国家财政预算调整

国家负担保障生活在其国土上公民的经济、社会、文化权利，同时，由国家提供“物质性”给付或服务必定在宪法层面上涉及国家财政之支出与分配（Finazielle Afuwendungen）。公民虽然没有直接要求国家履行保障其生活支出、享受的特定请求权，但就国民经济中财政资源的分配去向涉及社会保障的层面享有概括的请求权。在财政的横向分配中，国家应该通过预决算确保社会保障支出在“资源可用的最大范围内”尽力满足公民的权利诉求，此种

财政资源的分配可以在具体化个案中接受司法审查；同时，我国应该保持适当的中央和地方的财政划分，社会保障支出系经过中央和地方共同协力来完成，适当的中央与地方的财政划分对于健全和完善转型社会中的经济、社会、文化权利保障尤为必要。在这个方面，唯鉴于国家的经济资源和财力资源在一定时间和空间范围内的有限性，国家在制定或者实施有关公民社会保障的政策或法规时，必须考虑社会保障支出在一般国民之间平等分配。在具体的个案中，国家必须在现有资源可以承允的范围内，衡平可支出之公共财政的总量并应斟酌请求权人（受益人）的财力、收入、家计负担及其他相关因素。国家既不能超过达成目的所需必要限度而给予特定公民或特定群体明显过度的生活照顾，也不得漠视社会弱势群体或弱势族群的生活困难而造成明显的财政资源分配不公。

四、经济、社会、文化权利立法、行政和司法保障互动关系

宪法法定化了经济、社会、文化权利，但人民原则上尚无法仅依据这些宪法规定直接向国家请求具体的给付，须待国家制定相关法令设定受益条件与给付内容之后，人民方能依照该实践宪法的法令产生具体的权利而能对国家请求。立法对于公民经济、社会、文化权利的保障同时起到“形成作用”和“定限作用”，立法机关应该承担起宪法上的使命，通过宪法解释、立法具体化等手段明确或者增益公民的经济、社会、文化权利保障，否则国家的立法机关则会出现一种“立法怠慢”而承担“立法不作为”的责任。在涉及公民经济、社会、文化权利的限制方面，立法机关的立法活动必须遵循民主和法治的基本要求，尊重公民参与立法、参与听证等程序性和实体性的权利，立法机关不得制定明显违反必要性原则的、限制公民经济、社会、文化权利的法律，否则立法机关的立法活动应该接受宪法审查或承担违反宪制性规定的责任。

经济、社会、文化权利的保障在很大程度上依赖以“给付行政”为特征的行政法上的调整，给付行政的实施不仅需要贯彻立法中规定的经济、社会、文化权利条款，也在于通过其所掌握的经济资源为公民享有经济、社会、文化权利创设良好的条件。现代福利法治国家的给付行政种类极多，诸如行政

机关可以通过社会保险保障全体公民的社会安全网，行政机关也可以通过兴建公共设施、普及文化教育、提供职业训练、经济补助等手段保障公民能够接近或者参享国家的福利制度。虽然行政机关在给付行政中享有较大的自由裁量权限，但对于直接作用于公民生活的授益行为应该以授益性行政处分作出，行政机关以私法形态向人民提供服务时也必须履行其行政给付义务，以行政契约或事实行为实施之。

诚如拉丁法谚云“ubi jus，ibi remedium”（有权利就有救济）。经济、社会、文化权利属于宪法基本权利同时也是国际社会承认和肯定的基本权利，其权利的本质属性决定了其可司法性，司法机关在特定的个案中负有救济人权的义务，在有合宪性审查的建制下，司法机关还需要对立法机关关于社会保障的立法活动行使司法审查权限。无论经济、社会、文化权利的规范多么完美至善，司法机关的救济都具有不可替代的功能，司法救济人权的本质要求司法机关在经济、社会、文化权利侵权案件中不仅依法裁判而且在宪法价值的指引下保障当事人经济、社会、文化方面的合法权益。

在现代民主法治国家的构架下，国家保障经济、社会、文化权利需要引进立法、行政、司法和人民之间的“制度合作”（Multi-institutional cooperation）。在传统民主宪制范式下，国际和国内主流研究学者，如哈佛大学马克·图什纳特教授认为经济、社会、文化权利是一种强权利（Strong Rights），应搭配弱司法审查（Weak Judicial Review）的宪法救济方式。本书通过对南非宪法法院涉及经济、社会、文化权利的 *Grootboom* 案（2000 年）和 *Olivia Road* 案（2008 年）的分析认为，应该在立法机关、行政机关、司法机关和权利请求人（或群体）四方之间搭建一种“制度合作”机制以弥补弱司法审查不能对强权利提供完整救济的不足。同时，“制度合作”并不意味着传统宪法体制的崩溃，而是通过对财政资源、案件事实等信息和计划的共享而补足传统宪法体制的弊端。

五、经济、社会、文化权利国际保护

在国际层面上，“二战”后，经济、社会、文化权利首先得到《联合国宪章》第55条认可，然后获得《世界人权宣言》第22条至第27条之承认，最后被明确载入具有法律约束力的《经济、社会、文化权利国际公约》中。本书从国际法和国内法二元互动的角度探讨了经济、社会、文化权利国内实施的法律问题，认为联合国经济、社会、文化权利委员会的一般性评论（General Comments）对于经济、社会、文化权利的法理发展起到特别重要作用，无论该委员会在关于缔约国义务的性质和范围的评论还是“最低核心义务”的阐释都可以作为缔约国实施《经济、社会、文化权利国际公约》的法理指引或者参照。在经济、社会、文化权利相关的司法阐释中，经济、社会、文化权利委员会的一般性评论可以作为缔约国国内法律救济不足的“漏洞填补”。同时，为了加强经济、社会、文化权利的国际保护，联合国经济、社会、文化权利委员会应该加大力度监督各缔约国为执行公约所采取的行政措施、司法措施，在未来也不排除各会员国向联合国经济、社会、文化权利委员会提交为保障公民经济、社会、文化权利而采取的国别财政资源分配方案。

六、中国经济、社会、文化权利保障未来发展

从宪法发展史的角度来看，中国1954年宪法和1982年宪法中一系列的基本权利条款已经形成了经济、社会、文化权利保障的宪法基础，当代中国法律人的使命之一就是透过宪法的生长，从我国的社会保障制度构建的当代视野揭示当今中国经济、社会、文化权利保障深层次的法理，肩负起历史和现实的双重使命。当下经济、社会、文化权利的保障落实在社会保障的层面展现出极强的政策性和宣示性，其法律属性还在艰难成长当中；进一步来看，行政机关在社会保障方面无疑占据主导地位，经济、社会、文化权利享有的不均衡性问题仍然没有很好地被法治原则所约束。为此本书建言：第一，社会保障和文化体制必须接受宪法平等权的检讨，破除以身份为依据、以“城乡二元结构”为特征的社会保障体制和文化管理体制，实现所有国民在权利保障方面“在法律面前人人平等”。第二，社会保障和文化体制必须实现“法治化”，以贯彻“社会国”“民主国”“法治国”为核心限缩行政主导体制下的自由裁量空间。第三，我国应将社会保障体制和文化管理体制中关涉公民切

身利益的部分逐步纳入司法诉讼的范畴，并最终构建以合宪性审查制度为救济形式的制度来保障公民的经济、社会、文化权利。

海内外关于经济、社会、文化权利的探讨已经呈现出法理学、宪法学、国际法之三角互动关系的交叉研究态势。本书运用了规范实证主义、系统功能主义、法解释学和案例经验法等研究工具，吸收了国内外具有代表性的学者的既有研究成果，结合了最新的法律实践，得出了最终的结论和启示。然而，随着经济、社会、文化权利理论和实践的发展和深入，本书绝非为既有的研究画上一个句号，而是一个新的起点和开始，至少在未来的研究中，以下研究视角还亟待关注。

第一，经济、社会、文化权利经历了20世纪50年代的国际人权辩论，怀疑论和否定论曾一度将经济、社会、文化权利在人权的浩瀚研究中放逐，随着《经济、社会、文化权利国际公约》的实施逐步深入，现代社会福利国家在所谓的“阶级妥协”（Klassenkompromiß）中也呈现出所谓黄金三角——政治民主、经济自由、社会保障。本书囿于篇幅和论域之限定还暂时无法从政治民主和经济自由的角度反思和检讨经济、社会、文化权利对于未来福利国家发展走向的影响。

第二，中国当下学术界关于经济、社会、文化权利的探讨还大多停留在“理论引介—法理移植—中国视角”这一叙述体例上，本书的写作也难逃此范式之束缚。在将来研究推进的过程中，笔者也应该将上述权利研究的进路细化到具体的社会保障法治化上来，通过对社会保障制度内部构架的洞悉和研究来以“个案”或“某项权利”推动中国经济、社会、文化权利的整体保障。例如，经济、社会、文化权利保障制度的研究还可以细化为“医疗保障权”与“健康权”关系的互动研究、“住宅权”与“最低生活水准权”关系的研究，“足食权”“取水权”等权利如何在某个特定的地区实现的问题。

第三，本书的研究试图展示经济、社会、文化权利保障对现代宪制发展的深远影响，这一课题有别于传统权利研究以“解释”为核心的概念法学的研究，而且不可能在极短的时间内构建起一个一劳永逸的人权保障模式。然而，从经济、社会、文化权利的法社会学、法经济学基础来深度认识这组权利的社会基础和经济基础还有待后续的努力，如从公民身份理论的视角解读经济、社会、文化权利也殊为必要，再则从福利经济学的角度研究经济、社会、文化权利的保障将会有更多、更新的发现和收获，本书虽提及却未能深入展开，这些问题和领域只能留待笔者今后的相关学术探索再继续推进。

参考文献

一、中文类[1]

（一）译著类

1.［古希腊］柏拉图:《理想国》，郭斌和、张竹明译，商务印书馆 1986 年版。

2.［古希腊］西塞罗:《国家篇・法律篇》，苏力、沈叔平译，商务印书馆 1999 年版。

3.［古希腊］亚里士多德:《政治学》，吴寿彭译，商务印书馆 2009 年版。

4.［德］哈特穆特・毛雷尔:《行政法学总论》，高家伟译、刘兆新校，法律出版社 2000 年版。

5.［德］哈贝马斯:《在事实与规范之间：关于法律和民主法治国的商谈理论》，童世骏译，生活・读书・新知三联书店 2003 年版。

6.［德］拉伦茨:《法学方法论》，陈爱娥译，商务印书馆 2003 年版。

7.［德］康德:《永久和平论》，何兆武译，上海人民出版社 2005 年版。

8.［德］卡尔・施密特:《宪法学说》，刘锋译，上海人民出版社 2005 年版。

9.［德］康拉德・黑塞:《联邦德国宪法纲要》，李辉译，商务印书馆 2007 年版。

10.［德］克劳斯・施莱希、斯特凡・科里奥特:《德国联邦宪法法院：地位、程序与裁判》，刘飞译，法律出版社 2007 年版。

11.［德］卡尔・施密特:《宪法的守护者》，李君韬、苏慧婕译，商务印书馆 2008 年版。

[1] 本部分参考文献按照类别和初始汉字所对应的汉语拼音首字母排序，同一类别的，按照年代顺序排序。

12.[德]黑格尔:《法哲学原理》，范扬、张企泰译，商务印书馆 2009 年版。

13.[德]耶利内克:《宪法修改与宪法变迁论》，柳建龙译，法律出版社 2012 年版。

14.[德]哈贝马斯:《关于欧洲宪法的思考》，伍慧萍、朱苗苗译，上海人民出版社 2013 年版。

15.[德]《马克思恩格斯选集》(第 1—4 卷)，中共中央马克思恩格斯列宁斯大林著作编译局译，人民出版社 2013 年版。

16.[法]卢梭:《爱弥儿》，李平沤译，商务印书馆 1978 年版。

17.[法]孟德斯鸠:《论法的精神》，张雁深译，商务印书馆 1982 年版。

18.[法]托克维尔:《论美国的民主》，商务印书馆 1998 年版。

19.[法]卢梭:《社会契约论》，何兆武译，商务印书馆 2014 年版。

20.[法]莱昂・狄骥:《公法的变迁》，商务印书馆 2013 年版。

21.[美]刘易斯・亨金:《权利的时代》，信春鹰、吴玉章、李林译，知识出版社 1997 年版。

22.[美]卡多佐:《司法过程的性质》，苏力译，商务印书馆 1998 年版。

23.[美]弗莱纳・格斯特:《人权是什么?》，谢鹏程译，中国社会科学出版社 2000 年版。

24.[美]杰克・唐纳利:《普遍人权的理论与实践》，王浦劬等译，中国社会科学出版社 2001 年版。

25.[美]史蒂芬・霍尔姆斯、凯斯・R. 桑斯坦:《权利的成本——为什么自由依赖于税收》，毕竟悦译，北京大学出版社 2004 年版。

26.[美]伯根索尔:《国际人权法精要》(第 4 版)，黎作恒译，法律出版社 2010 年版。

27.[美]杜兹纳:《人权与帝国》，辛亨复译，江苏人民出版社 2010 年版。

28.[美]汉密尔顿、麦迪逊、杰伊:《联邦论》，尹宣译，译林出版社 2010 年版。

29.[美]诺瓦克:《国际人权制度导论》，柳华文译，北京大学出版社 2010 年版。

30.[美]亨特:《人权的发明：一部历史》，沈占春译，商务印书馆 2011 年版。

31.[美]却伯:《看不见的宪法》，田雷译，法律出版社 2011 年版。

32.[挪]A. 艾德等主编:《经济、社会和文化权利》，黄列译，中国科学出版社 2003 年版。

33.[瑞典]博・罗思坦:《正义的制度：全民福利国家的道德和政治逻辑》，靳继东、丁浩译，中国人民大学出版社 2017 年版。

34.[日]大贺须明:《生存权论》，林浩译，法律出版社 2001 年版。

35.[英]洛克:《政府论》(下篇)，叶启芳、瞿菊农译，商务印书馆 1964 年版。

36.[英]洛克:《政府论》(上篇)，叶启芳、瞿菊农译，商务印书馆 1982 年版。

37.[英]托马斯·莫尔:《乌托邦》，戴镏龄译，商务印书馆 1982 年版。

38.[英]霍布斯:《利维坦》，黎思复、黎廷弼译，商务印书馆 1985 年版。

39.[英]A. J. M. 米尔恩:《人的权利与人的多样性——人权哲学》，夏勇、张志铭译，中国大百科全书出版社 1995 年版。

40.[英]惠尔:《现代宪法》，翟小波译，法律出版社 2006 年版。

41.[英]内维尔·哈里斯等:《社会保障法》，李西霞等译，北京大学出版社 2006 年版。

42.[英]白芝浩:《英国宪法》，夏彦才译，商务印书馆 2010 年版。

43.[英]莫里斯·罗奇:《重新思考公民身份：现代社会中的福利、意识形态和变迁》，郭忠华等译，吉林出版集团有限责任公司 2010 年版。

44.[英]拉兹:《实践理性与规范》，朱学平译，中国法制出版社 2011 年版。

45.[意]彼德罗·彭凡得:《罗马法教科书》，黄风译，中国政法大学出版社 1992 年版。

46.[印]阿马蒂亚·森:《以自由看待发展》，任赜、于真译，中国人民大学出版社 2012 年版。

(二)著作类

1. 蔡维音:《社会国之法理基础》，正典出版文化有限公司 2001 年版。

2. 蔡定剑:《宪法精解》，法律出版社 2006 年版。

3. 陈红霞:《社会福利思想》，社会科学文献出版社 2002 年版。

4. 陈新民:《德国公法学基础理论》(上、下卷)，法律出版社 2010 年版。

5. 邓大松:《美国社会保障制度研究》，武汉大学出版社 1999 年版。

6. 董保华:《社会法原论》，中国政法大学出版社 2001 年版。

7. 葛明珍:《〈经济、社会和文化权利国际公约〉及其实施》，社会科学出版社 2003 年版。

8. 郭曰君等:《国际人权救济机制和援助制度研究——以〈经济、社会和文化权利国际公约任择议定书为中心〉》，中国政法大学出版社 2015 年版。

9. 龚向和:《社会权的可诉性及其程度研究》，法律出版社 2012 年版。

10. 龚祥瑞:《比较宪法与行政法》，法律出版社 2012 年版。

11. 韩德培、李龙:《人权的理论与实践》，武汉大学出版社 1995 年版。

12. 韩大元:《亚洲立宪主义研究》，中国人民公安大学出版社 2008 年版。

13. 韩大元、王建学:《基本权利与宪法判例》，中国人民大学出版社 2013 年版。

14. 何志鹏:《权利基本理论：反思与构建》，北京大学出版社 2012 年版。

15. 何华辉:《比较宪法学》，武汉大学出版社 2013 年版。

16. 何平:《公民社会救助权研究》，北京大学出版社 2015 年版。

17. 胡敏洁:《福利权研究》，法律出版社 2008 年版。

18. 胡适:《人权论集》，中国长安出版社 2013 年版。

19. 黄俊杰:《财政宪法》，元照出版有限公司 2005 年版。

20. 黄金荣:《司法保障人权的限度——经济和社会权利可诉性问题研究》，社会科学文献出版社 2009 年版。

21. 黄金荣:《〈经济、社会、文化权利国际公约〉国内实施读本》，北京大学出版社 2011 年版。

22. 江国华:《宪法哲学导论》，商务印书馆 2007 年版。

23. 蒋银华:《国家义务论：以人权保障为视角》，中国政法大学出版社 2012 年版。

24. 李浩培:《条约法概论》，法律出版社 1987 年版。

25. 李龙、万鄂湘:《人权理论与国际人权》，武汉大学出版社 1997 年版。

26. 李龙:《良法论》，武汉大学出版社 2005 年版。

27. 李步云、龚向和:《人权法的若干理论问题》，湖南人民出版社 2007 年版。

28. 李震山:《人性尊严与人权保障》，元照出版有限公司 2001 年版。

29. 李海星:《人权哲学导论》，社会科学文献出版社 2012 年版。

30. 梁西:《国际组织法》，武汉大学出版社 2001 年版。

31. 林来梵:《从宪法规范到规范宪法：规范宪法学的一种前言》，法律出版社 2001 年版。

32. 林家有:《孙中山研究》（第五辑），广东人民出版社 2016 年版。

33. 刘复之:《人权大辞典》，武汉大学出版社 1993 年版。
34. 刘海年:《〈经济、社会和文化权利国际公约〉研究》，中国法制出版社 2000 年版。
35. 刘茂林等:《中国宪法权利体系的完善：以国际人权公约为参照》，北京大学出版社 2013 年版。
36. 刘志强:《人权史稿——兼论罗隆基人权思想》，中国民主法制出版社 2014 年版。
37. 刘志刚:《人权的立法保障》，复旦大学出版社 2015 年版。
38. 柳华文:《论国家在〈经济、社会和文化权利国际公约〉下义务的不对称性》，北京大学出版社 2005 年版。
39. 柳华文:《经济、社会和文化权利可诉性研究》，中国社会科学出版社 2008 年版。
40. 吕耀军:《全球化背景下伊斯兰人权思潮及现状研究》，中国社会科学出版社 2012 年版。
41. 罗隆基:《人权・法治・民主》，刘志强编，法律出版社 2013 年版。
42. 毛俊响:《国际人权条约中的权利限制条款研究》，法律出版社 2011 年版。
43. 莫纪宏:《人权保障法与中国》，法律出版社 2008 年版。
44. 秦前红:《宪法原则论》，武汉大学出版社 2012 年版。
45. 秦奥蕾:《基本权利场域：理论、规范、生活》，知识产权出版社 2016 年版。
46. 丘宏达:《现代国际法》，三民书局 2010 年版。
47. 萨孟武:《宪法新论》，中国方正出版社 2006 年版。
48. 萨孟武:《政治学与比较宪法》，商务印书馆 2013 年版。
49. 沈宗灵:《比较宪法：对八国宪法的比较研究》，北京大学出版社 2006 年版。
50. 苏力:《制度是如何形成的》，北京大学出版社 2007 年版。
51. 孙谦、韩大元:《世界各国宪法》，中国检察出版社 2012 年版。
52. 孙平华:《〈世界人权宣言〉研究》，北京大学出版社 2012 年版。
53. 宋艳慧:《公法视野下的社会保障权研究》，中国民主法制出版社 2014 年版。
54. 万鄂湘:《欧洲人权法院判例评述》，湖北人民出版社 1999 年版。
55. 王铁崖:《国际法》，法律出版社 1995 年版。
56. 王世杰、钱端升:《比较宪法》，商务印书馆 2010 年版。
57. 王名扬:《美国行政法》(下)，中国法制出版社 2005 年版。
58. 王惠玲:《成文宪法的比较研究：以 107 部宪法文本研究对象》，对外经济贸易大学出版社 2010 年版。
59. 王希:《原则与妥协：美国宪法的精神与实践》(第 3 版)，北京大学出版社 2014 年版。
60. 汪习根:《法治社会的基本人权：发展权法律制度研究》，中国人民公安大学出版社 2000 年版。
61. 汪进元:《基本权利的保护范围：构成、限制及其合宪性》，法律出版社 2013 年版。
62. 翁岳生:《行政法》(上、下册)，中国法制出版社 2009 年版。
63. 吴庚:《宪法的解释与适用》，三民书局 2004 年版。
64. 吴庚:《行政法之理论与实用》，中国人民大学出版社 2005 年版。
65. 吴双全:《少数人权利的国际保护》，中国社会科学出版社 2011 年版。
66. 夏勇:《人权概念起源——权利的历史哲学》(修订版)，中国政法大学出版社 2001 年版。
67. 夏正林:《社会权规范研究》，山东人民出版社 2007 年版。
68. 谢瑞智:《宪法大辞典》，千华出版社 1993 年版。
69. 谢鹏程:《公民的基本权利》，中国社会科学出版社 1999 年版。
70. 谢荣堂:《社会法治国基础问题与权利救济》，元照出版有限公司 2008 年版。
71. 熊万鹏:《人权的哲学基础》，商务印书馆 2013 年版。
72. 徐显明:《人权研究》(第 10 卷)，山东人民出版社 2011 年版。
73. 许崇德:《中华人民共和国宪法史》(上下卷)，福建人民出版社 2005 年版。
74. 许崇德、韩大元:《中国宪法年刊(2008)》，法律出版社 2009 年版。
75. 许宗力:《法与国家权力》，元照出版有限公司 2007 年版。
76. 许育典:《宪法》，元照出版有限公司 2009 年版。
77. 薛小建等:《社会保障救济模式的国际经验与中国道路》，中国政法大学出版社 2014 年版。
78. 阎天:《美国劳动法学的诞生》，中国民主法制出版社 2018 年版。
79. 杨宏山:《府际关系论》，中国社会科学出版社 2005 年版。
80. 杨小君:《国家赔偿法律问题研究》，北京大学出版社 2005 年版。
81. 杨建顺:《比较行政法——给付行政的法原理及实证性研究》，中国人民大学出版社 2008 年版。

82. 杨松才、泰莉、龚向和、陈佑武:《〈经济、社会和文化权利国际公约〉若干问题研究》，湖南人民出版社 2009 年版。
83. 杨松才、李步云:《〈经济、社会和文化权利国际公约〉若干问题研究》，湖南人民出版社 2009 年版。
84. 杨春福等:《经济、社会和文化权利的法理学研究》，法律出版社 2014 年版。
85. 俞可平:《权利政治与公益政治》，社会科学出版社 2003 年版。
86. 喻少如:《行政给付制度研究》，人民出版社 2011 年版。
87. 袁钢:《权利回归：国家人权机构研究》，中国法制出版社 2011 年版。
88. 袁楚风:《权保障与经济发展——规范性与功利性的双重视角》，中国社会科学出版社 2018 年版。
89. 叶必丰:《行政行为原理》，商务印书馆 2014 年版。
90. 曾令良等:《国际人权条约的实施与中国的实践》，武汉大学出版社 2015 年版。
91. 翟小波:《论我国宪法的实施制度》，中国法制出版社 2009 年版。
92. 张文显:《法哲学范畴研究》(修订版)，中国政法大学出版社 2001 年版。
93. 张知本:《宪法论》，殷啸虎、李莉校，中国方正出版社 2004 年版。
94. 张千帆、朱应平、魏晓阳:《比较宪法：案例与评析》，中国人民大学出版社 2011 年版。
95. 张翔:《基本权利的规范建构》(增订版)，法律出版社 2018 年版。
96. 张翔主编:《德国宪法案例选释（第 1 辑）：基本权利总论》，法律出版社 2012 年版。
97. 张志宏:《德性与权利——先秦儒家人权思想研究》，人民出版社 2012 年版。
98. 张乃根:《西方法哲学史纲》(第 4 版)，中国政法大学出版社 20018 年版。
99. 张震:《1982 年宪法与人权保障》，法律出版社 2012 年版。
100. 张震:《社会权层面的住宅权宪法保障研究》，中国人民大学出版社 2016 年版。
101. 赵晓力:《宪法与公民》，上海人民出版社 2004 年版。
102. 赵海峰:《〈欧盟宪法条约〉与欧洲法的新发展》，哈尔滨工业大学出版社 2008 年版。
103. 赵汀阳:《每个人的政治》，社会科学文献出版社 2010 年版。
104. 钟秉正:《社会法与基本权保障》，元照出版有限公司 2010 年版。

105. 周勇:《少数人权利的法理》，社会科学文献出版社 2002 年版。
106. 周伟:《宪法基本权利司法救济研究》，中国人民公安大学出版社 2003 年版。
107. 周雪光:《中国国家治理的制度逻辑——一个组织学研究》，生活·读书·新知三联书店 2017 年版。
108. 周叶中:《代议制度比较研究》(修订版)，商务印书馆 2014 年版。
109. 周鲠生:《国际法》(全二册)，武汉大学出版社 2010 年版。

(三)期刊论文类

1. 毕小青:《经济、社会、文化权利及其保障措施》，载《外国法译评》1994 年第 4 期。
2. 卜凌嘉:《人权事务委员会一般性意见的法律意义》，载《国际法研究》2019 年第 2 期。
3. 蔡茂寅:《社会法之概念、体系与范畴——以日本法为例之比较观察》，载《政大法律评论》1997 年第 58 期。
4. 陈寒枫、周卫国、蒋豪:《〈经济、社会及文化权利国际公约〉及其实施》，载《外交学院学报》2001 年第 3 期。
5. 陈文敏:《〈经济、社会、文化权利国际公约〉和 WTO》，载《法学》2006 年第 2 期。
6. 陈鹏、林来梵:《立法机关的宪法解释功能比较研究》，载《中国宪法年刊》2013 年第 9 卷。
7. 陈鹏:《合宪性审查中的立法事实认定》，载《法学家》2016 年第 6 期。
8. 邓炜辉:《论社会权的国家保护义务：起源、体系结构及类型化》，载《法商研究》2015 年第 5 期。
9. 高秦伟:《论作为社会权的健康照护权》，载《江汉论坛》2015 年第 8 期。
10. 郭曰君:《经济和社会权利国际救济机制评述》，载《环球法律评论》2008 年第 5 期。
11. 郭曰君:《国际人权法中的准司法程序与中国——以〈经济、社会和文化权利国际公约任择议定书〉为例》，载《广州大学学报》(社会科学版)2016 年第 3 期。
12. 龚向和:《社会权的历史演变》，载《时代法学》2005 年第 3 期。

13. 龚向和:《通过司法实现宪法社会权——对各国宪法判例的透视》，载《法商研究》2005 年第 4 期。
14. 龚向和:《论社会、经济权利的可诉性——国际法与宪法视角透析》，载《环球法律评论》2008 年第 3 期。
15. 韩大元:《论社会变革时期的基本权利效力问题》，载《中国法学》2002 年第 6 期。
16. 韩大元:《宪法文本中“人权条款”的规范分析》，载《法学家》2004 年第 5 期。
17. 何海岚:《〈经济、社会和文化权利国际公约〉实施问题研究》，载《政法论坛》2012 年第 1 期。
18. 何志鹏:《作为软法的〈世界人权宣言〉的规范理性》，载《现代法学》2018 年第 5 期。
19. 胡敏洁:《论社会权的可裁判性》，载《法律科学》2006 年第 5 期。
20. 胡敏洁、宋华琳:《美国宪法上的福利权论争》，载《政治与法律》2004 年第 3 期。
21. 胡敏洁:《转型时期的福利权实现路径：源于宪法规范与实践的考察》，载《中国法学》2008 年第 6 期。
22. 黄金荣:《〈经济社会文化权利国际公约〉的中文文本问题及其可能化解途径》，载《法治研究》2018 年第 3 期。
23. 蒋清华:《基本权利宪法保留的规范与价值》，载《政治与法律》2011 年第 3 期。
24. 姜峰:《权利宪法化的隐忧——以社会权为中心的思考》，载《清华法学》2010 年第 5 期。
25. 焦洪昌:《论作为基本权利的健康权》，载《中国政法大学学报》2010 年第 1 期。
26. 李步云:《论人权的三种存在形态》，载《法学研究》1991 年第 4 期。
27. 林来梵:《合宪性审查的宪法政策论思考》，载《法律科学》2018 年第 2 期。
28. 凌维慈:《历史视角下的社会权——以日本生存权理论的发展变革为视角》，载《当代法学》2010 年第 5 期。
29. 刘海年:《适当生活水准权与社会经济发展》，载《法学研究》1998 年第 2 期。
30. 罗艳华:《联合国对国际人权保护机制的构建及中国的参与》，载《国际政治研究》2015 年第 6 期。

31. 毛俊响:《试论〈经济、社会和文化权利国际公约〉中的健康权》,载《西部法学评论》2008 年第 2 期。
32. 聂鑫:《宪法基本权利的法律限制问题——以中国近代制宪史为中心》,载《中外法学》2007 年第 1 期。
33. 聂鑫:《宪法社会权及其司法救济——比较法的视角》,载《法律科学》2009 年第 4 期。
34. 秦前红、涂云新:《经济、社会、文化权利的可司法性研究——从比较宪法的视角介入》,载《法学评论》2012 年第 4 期。
35. 秦前红、涂云新:《经济、社会、文化权利的保障路径及其选择——在立法裁量与司法救济之间》,载《交大法学》2013 年第 1 期。
36. 上官丕亮:《论宪法上的社会权》,载《江苏社会科学》2010 年第 2 期。
37. 孙世彦:《〈经济、社会、文化权利国际公约〉研究述评——从“〈经济、社会、文化权利国际公约〉:评论、案例和资料”谈起》,载《国际法研究》2014 年第 4 期。
38. 孙世彦:《〈经济、社会、文化权利国际公约任择议定书〉生效五年之观察》,载《国际法研究》2018 年第 6 期。
39. 孙萌:《经济、社会和文化权利的国际可诉性》,载《山东大学学报》(哲学社会科学版)2013 年第 5 期。
40. 万鄂湘、毛俊响:《经济、社会和文化权利保护领域的重大突破》,载《法律适用》2008 年第 11 期。
41. 王德新:《经济、社会和文化权利可诉性问题探析》,载《北方法学》2010 年第 6 期。
42. 王新生:《略论社会权的国家义务及其发展趋势》,载《法学评论》2012 年第 6 期。
43. 汪习根:《免于贫困的权利及其法律保障机制》,载《法学研究》2012 年第 1 期。
44. 夏正林:《从基本权利到宪法权利》,载《法学研究》2007 年第 6 期。
45. 夏正林:《论基本权利的一般性和特殊性》,载《法学评论》2012 年第 5 期。
46. 徐显明:《生存权论》,载《中国社会科学》1992 年第 5 期。
47. 徐显明:《人权的体系与分类》,载《中国社会科学》2000 年第 6 期。

48. 徐振东:《社会基本权理论体系的构造》，载《法律科学》2006 年第 3 期。
49. 杨伟民:《论国家福利政策的根据》，载《中国人民大学学报》2014 年第 3 期。
50. 杨伟民:《社会权利之根据探究——从马歇尔的范式出发》，载《社会学评论》2016 年第 4 期。
51. 于亮:《国家在经济、社会和文化权利方面的域外义务》，载《法制与社会发展》2016 年第 1 期。
52. 张雪莲:《“合理性”标准:〈经济、社会和文化权利国际公约任择议定书〉第 8（4）条述评》，载《西部法学评论》2016 年第 3 期。
53. 张雪莲:《经济、社会和文化权利委员会的一般性意见》，载《国际法研究》2019 年第 2 期。
54. 张翔:《基本权利的受益权功能与国家的给付义务——从基本权利分析框架的革新开始》，载《中国法学》2006 年第 1 期。
55. 张翔:《财产权的社会义务》，载《中国社会科学》2012 年第 9 期。
56. 郑贤君:《基本权利的宪法构成及其实证化》，载《法学研究》2002 年第 5 期。
57. 郑贤君:《社会权利的司法救济》，载《法制与社会发展》2003 年第 2 期。
58. 郑功成:《中国社会福利的现状与发展取向》，载《中国人民大学学报》2013 年第 2 期。
59. 钟会兵、李龙:《社会保障权可诉性分析：背景、规范与实践》，载《武汉大学学报》（哲学社会科学版）2009 年第 6 期。

二、英文类（English Literature）[1]

（一）法律与公约（Laws & Conventions）

1. 法律类（Domestic Laws and Statutes）

1. Act for the Relief of the Poor，1610.（U.K）
2. Administrative Procedure Act，Pub. L. 79-404，60 Stat. 237，1946.（U.S）
3. Bill of Rights，1689.（U.K）

[1] 本部分参考文献按照类西文文献的首字母排序，同一类别的，按照年代顺序排序。

4. Constitution of the Union of Soviet Socialist Republics, 1936.(USSR)

5. Constitution of 4 October 1958, 4 October 1958.(France)

6. Constitution Act, 1982.(Canada)

7. Constitution of the Republic of South Africa, 10 December 1996.(S. Africa)

8. Disability Discrimination Act, 2005.(U.K)

9. Education Act, 1996.(U.K)

10. Employment Rights Act, 1996.(U.K)

11. Human Rights and United States assistance policies with international financial institutions, 22 U.S.C. § 262d(1994)

12. Human Rights and Development assistance, 22 U.S.C. § 2151n(1994)

13. Human Rights and Security assistance, 22 U.S.C. § 2304(1994)

14. Housing Act, 1996.(U.K)

15. Preamble to the Constitution of 27 October 1946.(France)

16. Social Security Act, 1935.(U.S)

17. The Declaration of the Rights of Man and of the Citizen, (Déclaration des Droits de l' Homme et du Citoyen de 1789)(France)

18. The Constitution of United States of America, 17 September 1787.(U.S)

19. The Constitution of India, 1949.(India)

20. The Colombian Constitution of 1991. (Colombia)

21. The Development Facilitation Act, 1995.(S. Africa)

22. The Housing Consumers Protection Measures Act, 1998.(S. Africa)

23. The Prevention of Illegal Eviction from and Unlawful Occupation of Land Act (PIE), 1998.(S. Africa)

24. The West Cape Housing Development Act, 1999.(S. Africa)

2. 公约类 (International Conventions)

1. American Declaration of the Rights and Duties of Man, O.A.S. Res. XXX, adopted by the Ninth International Conference of American States, Bogota, Colombia, entered into force April 1948.

2. American Convention on Human Rights, O.A.S.Treaty Series No. 36, 1144 U.N.T.S.

123, entered into force July 18, 1978.

3. Additional Protocol to the American Convention on Human Rights in the Area of Economic, Social and Cultural Rights, "Protocol of San Salvador," O.A.S. Treaty Series No. 69 (1988), entered into force November 16, 1999.

4. African [Banjul] Charter on Human and Peoples' Rights, adopted June 27, 1981, OAU Doc. CAB/LEG/67/3 rev. 5, 21 I.L.M. 58 (1982), entered into force Oct. 21, 1986.

5. African Charter on the Rights and Welfare of the Child, OAU Doc. CAB/LEG/24.9/49 (1990), entered into force Nov. 29, 1999.

6. Covenant of the League of Nations, signed Jun. 28, 1919, entered into force Jan. 10, 1920.

7. Constitution of the International Labour Organisation (ILO), signed Jun. 28, 1919, entered into force Jan. 10, 1920.

8. Charter of the United Nations, 1 U.N.T.S. 16, signed Jun. 26, 1945, entered into force Oct. 24, 1945.

9. Convention for the Protection of Human Rights and Fundamental Freedoms, 213 U.N.T.S. 222, entered into force Sept. 3, 1953.

10. European Convention for the Protection of Human Rights and Fundamental Freedoms, 213 U.N.T.S. 222, ETS 5, entered into force Sept. 3, 1953.

11. European Social Charter, 529 U.N.T.S. 89, entered into force Feb. 26, 1965.

12. European Union, Charter of Fundamental Rights of the European Union, 26 October 2012, 2012/C 326/02.

13. International Convention on the Elimination of All Forms of Racial Discrimination, 660 U.N.T.S.211, entered into force July 3, 1966.

14. International Covenant on Civil and Political Rights, 999 U.N.T.S. 171, signed December 16, 1966, entered into force March 23, 1976.

15. Optional Protocol to the International Covenant on Civil and Political Rights, G.A. Res. 2200A (XXI), 21 U.N. GAOR Supp. (No. 16) at 59, U.N. Doc. A/6316 (1966), 999 U.N.T.S. 302, entered into force March 23, 1976.

16. Second Optional Protocol to the International Covenant on Civil and Political Rights, aiming at the abolition of the death penalty, G.A. Res. 44/128, annex, 44 U.N. GAOR Supp. (No. 49) at 207, U.N. Doc. A/44/49 (1989), entered into force July 11, 1991.

17. International Covenant on Economic, Social and Cultural Rights, G.A. Res. 2200A (XXI), 21 U.N.GAOR Supp. (No. 16) at 49, U.N. Doc. A/6316 (1966), 993 U.N.T.S. 3, signed December 16, 1966, entered into force January 3, 1976.

18. Optional Protocol to the International Covenant on Economic, Social and Cultural Rights, G.A. Res. 63/117 (2008)

19. Right to Organise and Collective Bargaining Convention (ILO No. 98), 96 U.N.T.S. 257, entered into force July 18, 1951.

20. Statute of the International Court of Justice, 1 U.N.T.S. 993, entered into force October 24, 1945.

21. UN Educational, Scientific and Cultural Organisation (UNESCO), Convention Concerning the Protection of the World Cultural and Natural Heritage, entered into force November 16, 1972.

22. UN Educational, Scientific and Cultural Organisation (UNESCO), UNESCO Universal Declaration on Cultural Diversity, entered into force November 2, 2001.

23. Vienna Convention on the Law of Treaties, 1155 U.N.T.S. 331, signed May 23, 1969, entered into force January 27, 1980.

（二）文件与报告（Documents & Related Material）

1. 国际联盟（League of Nations）/ 联合国（United Nations）

1. Commission on Human Rights, Economic, Social and Cultural Rights: Report of the open-ended working group to consider options regarding the elaboration of an optional protocol to the International Covenant on Economic, Social and Cultural Rights on its third session, UNESCOR, UN Doc E/CN.4/2006/47 (2006)

2. Declaration concerning the aims and purposes of the International Labour Organisation, adopted at the 26th session of the ILO, Philadelphia, 10 May 1944 (The Declaration of

Philadelphia)

3. International Labour Organization (ILO) Declaration on Fundamental Principles and Rights at Work, June 1988.

4. Open-Ended Working Group on an Optional Protocol to the International Covenant on Economic, Social and Cultural Rights, Draft Optional Protocol to the International Covenant on Economic, Social and Cultural Rights, U.N. Doc. A/HRC/8/WG.4/3 (Apr. 4, 2008).

5. Office of the UN Commissioner for Human Rights and UNHABITAT (2009) The Right to Adequate Housing, Fact Sheet No. 21/Rev. 1. Geneva: United Nation.

6. Report of the Open-ended Working Group on an optional protocol to the International Covenant on Economic, Social and Cultural Rights on its fourth session, UNHRC, UN Doc A/HRC/6/8 (2007).

7. Universal Declaration of Human Rights, G.A. Res. 217A (III), U.N. Doc A/810 at 71 (1948).

8. United Nations, Economic and Social Council, Siracusa Principles on the Limitation and Derogation Provisions in the International Covenant on Civil and Political Rights, U.N. Doc. E/CN.4/1985/4, Annex (1985).

9. UN office of the High Commissioner for Human Rights (1994) Fact Sheet No. 21, The Human Right to Adequate of housing. Geneva: United Nation.

10. UN Office of the High Commissioner for Human Rights (1996) Fact Sheet No. 25, Forced Evictions and Human Rights. Geneva: United Nation.

11. World Conference on Human Rights, Declaration and Programme of Action, Doc A/CONF.157/23 (1993).

2. 条约监督机构（人权理事会 / 经济社会文化委员会）

1. Committee on Economic, Social and Cultural Rights, General Comment 1, Reporting by States parties (Third session, 1989), U.N. Doc. E/1989/22, annex III at 87 (1989).

2. Committee on Economic, Social and Cultural Rights, General Comment 2, International technical assistance measures (Fourth session, 1990), U.N. Doc.

E/1990/23, annex III at 86 (1990) .

3. Committee on Economic, Social and Cultural Rights, General Comment 3, The nature of States parties' obligations (Fifth session, 1990), U.N. Doc. E/1991/23, annex III at 86 (1991) .

4. Committee on Economic, Social and Cultural Rights, General Comment 14, The right to the highest attainable standard of health (Twenty-second session, 2000), U.N. Doc. E/C.12/2000/4 (2000) .

5. Committee on Economic, Social and Cultural Rights, General Comment 19, The right to social security (art. 9) (Thirty-ninth session, 2007), U.N. Doc. E/C.12/GC/19 (2008) .

6. Human Rights Committee, General Comment 1, Reporting obligation (Thirteenth session, 1981), Compilation of General Comments and General Recommendations Adopted by Human Rights Treaty Bodies, U.N. Doc. HRI/GEN/1/Rev.6 at 124 (2003)

7. Human Rights Committee, General Comment 2, Reporting guidelines (Thirteenth session, 1981), Compilation of General Comments and General Recommendations Adopted by Human Rights Treaty Bodies, U.N. Doc. HRI/GEN/1/Rev.6 at 124 (2003) .

8. Human Rights Committee, General Comment 5, Article 4 (Thirteenth session, 1981) Compilation of General Comments and General Recommendations Adopted by Human Rights Treaty Bodies, U.N. Doc. HRI/GEN/1/Rev.1 at 5 (1994) .

9. Human Rights Committee, General Comment 8, Article 9 (Sixteenth session, 1982), Compilation of General Comments and General Recommendations Adopted by Human Rights Treaty Bodies, U.N. Doc. HRI/GEN/1/Rev.1 at 8 (1994) .

10. Human Rights Committee, General Comment 10, Article 19 (Nineteenth session, 1983), Compilation of General Comments and General Recommendations Adopted by Human Rights Treaty Bodies, U.N. Doc. HRI/GEN/1/Rev.1 at 11 (1994) .

11. Human Rights Committee, General Comment 15, The position of aliens under the Covenant (Twenty-seventh session, 1986), Compilation of General Comments and

General Recommendations Adopted by Human Rights Treaty Bodies, U.N. Doc. HRI/GEN/1/Rev.1 at 18 (1994) .

12. Human Rights Committee, General Comment 19, Article 23 (Thirty-ninth session, 1990), Compilation of General Comments and General Recommendations Adopted by Human Rights Treaty Bodies, U.N. Doc. HRI/GEN/1/Rev.1 at 28 (1994) .

13. Human Rights Committee, General Comment 23, Article 27 (Fiftieth session, 1994), Compilation of General Comments and General Recommendations Adopted by Human Rights Treaty Bodies, U.N. Doc. HRI/GEN/1/Rev.1 at 38 (1994) .

14. Human Rights Committee, General Comment 31, Nature of the General Legal Obligation on States Parties to the Covenant, U.N. Doc. CCPR/C/21/Rev.1/Add.13 (2004) .

15. Rules of Procedure of the Committee on Economic, Social and Cultural Rights, U.N. Doc. E/C.12/1990/4/Rev.1 (Third session, 1989) .

（三）案件判决与裁决（Cases and Judgments）

1. 国际性法院或裁判性机构（International Courts & Tribunals）

非洲人权和民族权利委员会 African Commission on Human and Peoples' Rights (ACommHPR)

1. Centre for Minority Rights Development (Kenya) and Minority Rights Group (on behalf of Endorois Welfare Council) v. Kenya, Communications No. 276/03, 2009.

2. Equality Now and Ethiopian Women Lawyers Association (EWLA) v. Federal Republic of Ethiopia, Communication No. 341/2007, 2015.

美洲人权法院 Inter-American Court of Human Rights (IACtHR)

1. Case of the Street Children (Villagrán Morales et al) v. Guatemala, IACHR Series C no 63 (Official Case No) [1999] IACHR 17.

2. Undocumented Workers v. United States of America, IACHR, Report No. 50/16, Case 12.834, Merits (Publication)

3.Victor Rosario Congo v Ecuador, Case 11.427, Report No. 63/99, IACHR, OEA/Ser.L/V/II.95 Doc. 7 rev, 475 (1998)

欧洲人权法院 European Court of Human Rights（ECtHR）

1. Chapman v. The United Kingdom, Application No. 27238/95（18 January 2001）ECHR

2. Centre for Legal Resources on behalf of Valentin Campeanu v. Romania? Application No. 47848/08,（14 July 2014）ECHR

3. European Federation of National Organisations Working with the Homeless（FEANTSA）v. France, Application No. 39/2006,（5 December 2007）ECHR

4. European Federation of National Organisations working with the Homeless（FEANTSA）v. the Netherlands（Merits）, Application No.86/2012,（10 November 2014）ECHR

5. Khamidov v. Russia, Application No.72118/01（23 October 2006）ECHR

6. N v. The United Kingdom, Application No.26565/05（27 May 2008）ECHR

7. S.A.S v. France, Application No. 43835/11（1 July 2014）ECHR

8. Taylor v. United Kingdom, Application No.47114/99（22 October 2002）ECHR

欧洲社会权利委员会（European Committee of Social Rights）

1. Centre on Housing Rights and Evictions（COHRE）v. Italy, Complaint No. 58/2009, Council of Europe: European Committee of Social Rights, 25 June 2010.

2. Conference of European Churches（CEC）v. The Netherlands（complaint）, Complaint No 90/2013, Council of Europe: European Committee of Social Rights, 21 January 2013.

3. Defence for Children International（DCI ）v. Belgium - decision on the merits, Complaint No. 69/2011, Council of Europe: European Committee of Social Rights, 23 October 2012.

4. European Roma and Travellers Forum v. France（decision on the merits）, Complaint No. 64/2011, Council of Europe: European Committee of Social Rights, 24 January 2012.

欧洲法院 European Court of Justice（ECJ）

1. Commission v Italy 39/72［1973］ECR 101

2. Factortame I C-213/89［1990］ECR I-2433

3. Factortame II C-221/89 [1991] ECR I-3905

4. Germany v Commission 24/62 [1963] ECR 131

5. Internationale Handelsgesellschaft 11/70 [1970] ECR 1125

6. Van Gend en Loos 26/62 [1963] ECR 1

2. 国内性法院或裁判机构 (Domestic Courts & Tribunals)

南非 (South Africa)

1. August and Another v. Electoral Commission and Others (CCT8/99) [1999] ZACC 3; 1999 (3) SA 1; 1999 (4) BCLR 363 (1999)

2. Abahlali Base Mjondolo Movement SA and others v. Premier of the Province of Kwazulu, and others, 2010 (2) BCLR 99 (CC)

3. Bhe v. Magistrate Khayelitsha & Ors. 2005 (1) BCLR 1 (CC), 15 Oct. 2004

4. City of Johannesburg Metropolitan Municipality v. Blue Moonlight Properties 39 Ltd. and Another, (CCT 37/11) [2011] ZACC 33

5. Dladla v City of Johannesburg, [2017] ZACC 42

6. Government of the Republic of South Africa. & Ors v Grootboom & Ors 2000 (11) BCLR 1169. (CC)

7. Head of Department : Mpumalanga Department of Education and Another v Hoërskool Ermelo and Another (CCT40/09) [2009] ZACC 32; 2010 (2) SA 415 (CC) ; 2010 (3) BCLR 177 (CC) (14 October 2009)

8. Jaftha v. Schoeman; Van Rooyen v. Stoltz 2005 (2) SA 140 (CC)

9. Joseph v. the City of Johannesburg 2010 (4) SA 55 (CC)

10. Khosa & Ors v Minister of Social Development & Ors, 2004 (6) BCLR 569 (CC)

11. Lindiwe Mazibuko & Others v City of Johannesburg & Others, Case CCT 39/09, [2009] ZACC 28

12. Minister of Health v Treatment Action Campaign (TAC) (2002) 5 SA 721 (CC)

13. Minister of Public Works & Ors. V. Kyalami Ridge Environmental Association & Ors [2002] 1 LRC 139; (2002) 3 CHRLD 313

14. Minister of Basic Education v Basic Education for All (20793/2014) [2015] ZASCA 198; [2016] 1 All SA 369 (SCA)

15. Mazibuko v Johannesburg 28 B.H.R.C. 250;(2009)10 WLUK 204

16. Ntombizodwa Yvonne Maphango and others v. Aengus Lifestyle Properties PTY Ltd, CCT 57/11(2012)ZACC 2

17. Nokotyana v Ekurhuleni Metropolitan Municipality 28 B.H.R.C. 296;(2009)11 WLUK 448

18. Occupiers of 51 Olivia Road, Berea Township and 197 Main Street Johannesburg v City of Johannesburg and Others(24/07)[2008]ZACC 1; 2008(3)SA 208(CC); 2008(5)BCLR 475(CC)(19 February 2008)

19. Port Elizabeth Municipality v.Various Occupiers 2004(12)BCLR 1268(CC)

20. President of the Republic of South Africa and Anor. v. Modderklip Boerdery(Pty)Ltd 40 2005(5)SA 3(CC)

21. Phakamile Ranelo v. South African Social Security Agency[2009]ZAECMHC 7.

22. Residents of the Joe Slovo Community, Western Cape v.Thubelisha Homes and others 2010(3)SA 454(CC)

23. Soobramoney v Minister of Health(Kwazulu-Natal)(CCT32/97)[1997]ZACC 17; 1998(1)SA 765(CC)

24. South African National Traders Retail Association and Others v City of Johannesburg and Others(Case CCT 173/13 & 174/13)

25. University of Stellenbosch Legal Aid Clinic(Clinic)& Others v Minister of Justice and Correctional Services & Others; Association of Debt Recovery Agents NPC v Clinic & Others; Mavava Trading 279(Pty)Ltd & Others v Clinic & Others[2016]ZACC 32

26. Western Cape Forum for intellectual Disability v Government of the Republic of South Africa and Another[2011(5)SA 87(WCC)][2010]ZAWCHC 544; 18678/2007 (11 November 2010)

27. Young Ming Shan CC v. Chagan NO and Others, 2015(3)SA 227(GJ)

哥伦比亚(Colombia)

1. Bermúdez Urrego v.Transmilenio, Constitutional Court of Colombia, T-595/2002.

2. Decision T-616/2010, Right to Water, Constitutional Court of Colombia.

3. Decision T-077/2013, Water rights in prisons, Constitutional Court of Colombia.

4. Eduardo Bernal Navia v. Social Security Agency (ISS), Constitutional Court of Colombia, Decision T-406/10.

5. Restrepo and López v. Salud Colmena, Constitutional Court of Colombia, T-849/2001.

印度(India)

1. Azad Rickshaw Pullers Union (regd.) Ch. Town Hall, Amritsar V. State of Punjab & Ors 1981 AIR 14 1981 SCR (1) 366

2. Bandhua Mukti Morcha v Union of India, (1984) 3 SCC 161 (Supreme Court of India)

3. Bachpan Bachao Andolan v Union of India, (2011) 5 SCC 1 (Supreme Court of India)

4. Bayer Corporation and Ors. v. Cipla, Union of India, 162 (2009) DLT 371

5. Consumer Education and Research Centre v Union of India, (1995) 3 SCC 42 (Supreme Court of India)

6. Francis Coralie Mullin v. Union Territory of Delhi, (1981) 2 SCR 516, 529

7. Laxmi Mandal v. Deen Dayal Harinagar Hospital & Ors, W.P. (C) Nos. 8853 of 2008

8. Mohini Jain v. State of Karnataka (1992 AIR 1858)

9. Medha Kotwal Lele & Ors. v. Union of India and Others, (2012) INSC 643

10. Naz Foundation v. Government of NCT of New Delhi and Others, WP (C) No. 7455/2001

11. Olga Tellis & Ors v Bombay Municipal Council, (1985) 2 Supp SCR 51

12. Olga Tellis v Bombay Municipal Corp, (1985) 3 SCC 545 (Supreme Court of India)

13. Paschim Banga Khet Mazdoor Samity & Ors v State of West Bengal & Anor. Cited as: (1996) AIR SC 2426/(1996) 4 SCC 37

14. People's Union for Civil Liberties v. Union of India & Ors, In the Supreme Court of India, Civil Original Jurisdiction, Writ Petition (Civil) No.196 of 2001

15. Ramakant Rai v. Union of India, W.P (C) No 209 of 2003

16. Shantistar Builders v Narayan Khimalal Totame, (1990) 1 SCC 520

17. Upendra Baxi (I) v State of UP, (1983) 2 SCC 308 (Supreme Court of India)

18. Upendra Baxi (II) v State of UP, (1986) 4 SCC 106 (Supreme Court of India)

19. Upendra Baxi (Dr) v State of UP (III), (1998) 8 SCC 622 (Supreme Court of India)

20. Unni Krishnan, J.P. & Ors. v. State of Andhra Pradesh & Ors., 1993 AIR 217, 1993 SCR (1) 594, 1993 SCC (1) 645, JT 1993 (1) 474, 1993 SCALE (1) 290

21. Shri Bodhisattwa Gautam v. Miss Subhra Chakraborty, 1996 AIR 922, 1996 SCC (1) 490

22. Sudama Singh & Others vs Government of Delhi & Anr

英国 (United Kingdom)

1. R v East Sussex ex parte, [1998] AC 714, [1998] 2 All ER 769, [1998] 2 WLR 884, [1998] 2 FCR 221

2. R (Adam, Limbuela and Tesema) v. Secretary of State for the Home Department [2005] UKHL 66

3. The Queen on the Application of Bernard v. London Borough of Enfield, [2002] EWHC 2282 (Admin)

4. Yemshaw v. London Borough of Houslow, [2009] EWCA Civ 1543, [2011] UKSC 3

5. The Queen on the Application of Sheila Winder, Lisa Marie Dowen and Sarah Hampton v Sandwell Metropolitan Borough Council, [2014] EWHC 2617 (Admin)

6. R (on the application of UNISON) (Appellant) v Lord Chancellor (Respondent), [2017] UKSC 51

爱尔兰 (Ireland)

1. Carmody v Minister for Justice, Equality and Law Reform [2010] 1 I.R. 635

2. O' Donoghue v. Minister for Health & Ors, [1993] I.E.H.C.2 (Ir.)

3. Sinnott v. Minister for Education [2001] I.E.S.C. 63; [2001] 2 I.R. 505 (12th July, 2001)

4. State (Healy) v Donoghue [1976] I.R. 325

美国 (United States)

1. Brown v. Board of Education, 347 U.S. 483 (1954)

2. Browder v. Gayle, 142 F. Supp. 707 (M.D. Ala. 1956)

3. Baker v. Carr, 369 U.S. 186 (1962)

4. Brown v. Plata, 563 U.S. 493 (2011)

5. Craig v. Boren, 429 U.S. 190 (1976)

6. Callahan v. Carey, No. 79-42582 (Sup. Ct. N.Y. County, Cot. 18, 1979)

7. Campaign for Fiscal Equity v. State of New York et al. 719 N.Y.S.2d 475

8. DeShaney v. Winnebago County, 489 U.S. 189 (1989)

9. City of Boerne v. Flores, 521 U.S. 507 (1997)

10. Disability Advocates, Inc. v. David A. Paterson and Others, 653 F.Supp.2d 184 (2009)

11. Edgewood Independent School District v. Kirby. 777 S.W. 2d 391 (Tex. 1989)

12. Finch v. Commonwealth Health Insurance Connector Authority, 461 Mass. 232 (2012)

13. Goldberg v. Kelly, 397 U.S. 254 (1970)

14. Garcia v. San Antonio Metropolitan Transit Authority, 469 U.S. 528 (1985)

15. Grutter v. Bollinger, 539 U.S. 306 (2003)

16. Hammer v. Dagenhart, 247 U.S. 251 (1918)

17. In re Gault, 387 U.S. 1 (1967)

18. John Doe I, et al., v. UNOCAL Corp., et al., 395 F.3d 932 (9 Cir. 2002)

19. Kircher v. Perales, 112 A.D.2d 431 (1985)

20. Korematsu v. United States, 323 U.S. 214 (1944)

21. Kelo v. City of New London, 545 U.S. 469 (2005)

22. Kiobel v. Royal Dutch Petroleum Co., 569 U.S. 108 (2013)

23. King v. Burwell, 576 U.S. ______ (2015)

24. Lochner v. New York, 198 U.S. 45 (1905)

25. Loving v. Virginia, 388 U.S. 1 (1967)

26. Luke Gannon, et al v. State of Kansas, et al, 298 Kan. 1107, 319 P.3d 1196 (2014)

27. Marbury v. Madison, 5 U.S. 137 (1803)

28. Munn v. Illinois, 94 U.S. 113 (1876)

29. Muller v. Oregon, 208 U.S. 412 (1908)

30. Miranda v. Arizona, 384 U.S. 436 (1966)

31. Mathews v. Eldridge，424 U.S. 319（1976）

32. Masterpiece Cakeshop v. Colorado Civil Rights Commission，584 U.S. ______（2018）

33. National League of Cities v. Usery，426 U.S. 833（1976）

34. National Association for the Advancement of Colored People v. Alabama，357 U.S. 449（1958）

35. National Federation of Independent Business v. Sebelius，567 U.S. ______（2012）

36. New York Times Co. v. Sullivan，376 U.S. 254（1964）

37. Obergefell v. Hodges，576 U.S. ______（2015）

38. Plessy v. Ferguson，163 U.S. 537（1896）

39. Perry v. Sindermann，408 U.S. 593（1972）

40. Roe v. Wade，410 U.S. 113（1973）

41. Regents of the University of California v. Bakke，438 U.S. 265（1978）

42. Rose v. Council for Better Education，790 S.W.2d 186，60 Ed. Law Rep. 1289（1989）

43. Slaughter-House Cases，83 U.S. 36（1873）

44. San Antonio Independent School District v. Demetrio P. Rodriguez et al.，411 U.S. 1（1973）

45. Sosa v. Alvarez-Machain，542 U.S. 692（2004）

46. South Fork Band and others v. United States DOI，588 F.3d 718，（2009）

47. Students for Fair Admissions v. Harvard（2018）

48. Texas Department of Housing and Community Affairs v. The Inclusive Communities Project，576 U.S. ______（2015）

49. United States v. Virginia，518 U.S. 515（1996）

50. United States v. Morrison，529 U.S. 598（2000）

51. United States v. Windsor，570 U.S. ______（2013）

以色列（Israel）

1. 4112/99 Adalah -The Legal Center for Arab Minority Rights in Israel *et. al. v.* Municipality of Tel Aviv *et. al.*（2002）

2. 0532/04 Adalah -The Legal Center for Arab Minority Rights in Israel *et. al. v.* The Prime Minister *et. al.*（2006）

3. 2504/11 Adalah- The Legal Center for Arab Minority Rights in Israel *at. al. v.* The Knesset *et. al.* (2006)

4. 7052/03 Adalah -The Legal Center for Arab Minority Rights in Israel *et. al. v.* The Minister of Interior (2006)

5. 9535/06 Abdullah Abu Musa' ed *et. al. v.* The Water Commissioner *et. al.* (2011)

6. 840/97 Auni Sabit *et. al. v.* The Israeli Government (2003)

7. 552/08 David Kempler *et.al. v.* Israel Land Administration *et. al.* (2011)

8. 8036/07 Fatna Abric-Zbidat *et. al. v.* Israel Land Administration *et. al.* (2011)

9. 4905/98 Gamzu v.Yeshayahu (2001)

10. 111/01 Hajj Ali Brothers *et. al. v.* The Governmental Authority for Water and Sewage (2008)

11. 5373/08 Ismaeel Ibrahim abu Lavda *et. al. v.* The Minister of Education *et. al.* (2011)

12. 6698/95 Ka' adan *v.* The Israel Lands Administration (2000)

13. 5030/07 MK Zehava Galon *et. al. v.* The Minister of Interior *et. al.* (2012)

14. 11956/05 Suhad Bishara *et. al. v.* The Ministry of Construction and Housing (2006)

15. 2599/00 Yated，Children with Down Syndrome Parents Society *v.* Ministry of Education (2002)

中国香港（Hong Kong，SAR of China）

1. Equal Opportunities Commission v. Director of Education，[2001] 2 HKLRD 690

2. Fok Chun Wa and Another v.The Hospital Authority and Another，CACV 30/2009.

3. Ho Choi Wan V. Hong Kong Housing Authority；FACV1/2005；[2005] 4 HKLRD 706；[2005] 8 HKCFAR 628

4. Kong Yunming v. The Director of Social Welfare [2013] HKCFA 107；[2013] 16 HKCFAR 950；[2014] 1 HKC 518；FACV 2/2013 (17 December 2013)

5. Law Woon King v. Appeal Tribunal (Housing) & Another，HCAL 15/2011，30 March 2012.

（四）书籍和专著 (Books &Treaties)

1. A. Halpin，Rights and Law Analysis and Theory：Analysis and Theory，Hart Publishing，

1997.

2.A. Pollis & P. Schwab, Human Rights: New Perspective, New Realities, Lynne Rienner Publishers, 2000.

3.A. Eide, C. Krause & A. Rosas, Economic, Social and Cultural Rights: A Textbook, 2nd Ed, The Hague: Kluwer Law International, 2001.

4.Alan M. Dershowitz, Rights from Wrongs: A Secular Theory of the Origins of Rights, Basic Books, 2005.

5.Amrei Müller, The Relationship between Economic, Social and Cultural Rights and International Humanitarian Law: An Analysis of Health Related Issues in Non-international Armed Conflicts, Martinus Nijhoff, 2013.

6.A. Cassese, International Law, 2nd Ed, Oxford University Press, 2005.

7.A. Edward & F. Marta; Achieving Economic and Social Rights: The Challenge of Assessing Compliance, London: Overseas Development Institute, 2008.

8.A. Bradley & K. Ewing, Constitutional and Administrative Law, 15th, Longman, 2010.

9.Aoife Nolan, Children' s Socio-Economic Rights, Democracy and the Courts, Hart Publishing, 2010.

10.Aoife Nolan, Rory O' Connell & Colin Harvey, Human Rights and Public Finance: Budgets and the Promotion of Economic and Social Rights, Hart Publishing, 2013.

11.Alicia Ely Yamin & Siri Gloppen, Litigating Health Rights: Can Courts Bring More Justice to Health? Human Rights Program at Harvard Law School, 2011.

12.Andrew Le Sueur, Maurice Sunkin & Jo Murkens, Public Law: Text, Cases, and Materials, Oxford University Press, 2013.

13.Alison Brysk, The Future of Human Rights, Polity, 2018.

14. Brian Inglis, Poverty and The Industrial Revolution, Hodder & Stoughton, 1971.

15. Barry E. Carter & Allen S. Weiner, International Law, 6th , Aspen Publishers, 2011.

16. Ben Saul, David Kinley & Jaqueline Mowbray, The International Covenant on Economic, Social and Cultural Rights: Commentary, Cases, and Materials, Oxford University Press, 2014.

17. C. Sampford & D. Galligan, Law, Rights and the Welfare State, London: Croom

Helm, 1986.

18. Christof Heyns and Frans Viljioen, United Nations Human Rights Treaties on the Domestic Level, The Hague: Kluwer Law International, 2002.

19. Christof Heyns, The Impact of the United Nations Human Rights Treaties on the Domestic Level, Springer, 2002.

20. C. Gearty, Can Human Rights Survive? Cambridge: Cambridge University Press; 2006.

21. Cass Sunstein, The Second Bill of Rights: FDR' s Unfinished Revolution-And Why We Need It More Than Ever, 1st Ed., Basic Books, 2006.

22. Cass R. Sunstein, David Schkade , Lisa M. Ellman , Andres Sawicki, Are Judges Political?: An Empirical Analysis of the Federal Judiciary, Brookings Institution Press, 2006.

23. Christopher N May, Allan Ides, Constitutional Law: National Power and Federalism (4th ed.) New York: Aspen Publishers, 2007.

24. C. N. May & A. Ides, Constitutional Law: National Power and Federalism, 4th Ed. New York: Aspen Publishers, 2007.

25. Christopher Mbazira, Litigating Socio-Economic Rights in South Africa: A Choice Between Corrective and Distributive Justice, The Pretoria University Law Press, 2009.

26. Charles R. Beitz & Robert E. Goodin, Global Basic Rights, Oxford University Press, 2011.

27. Colin Turpin & Adam Tomkins, British Government and the Constitution: Text and Materials (Law in Context), 7th Ed., Cambridge University Press; 2011.

28. Chris Taylor, Constitutional and Administrative Law, 3rd, Pearson, 2012.

29. Conor Gearty & Costas Douzinas, The Cambridge Companion to Human Rights Law, Cambridge University Press, 2012.

30. Christina Binder/Jane A. Hofbauer/Flávia Piovesan/Anna-Zoe Steiner/Elisabeth Steiner, Social Rights in the Case Law of Regional Human Rights Monitoring Institutions, Intersentia N.V., 2016.

31. D. Hodgson, The Human Right to Education, England: Ashgate Publishing, 1998.

32. Daniel A. Bell, East Meets West: Human Rights and Democracy in East Asia, New Jersey: Princeton University Press, 2000.

33. David Novak, Covenantal Rights: A Study in Jewish Political Theory, Princeton University Press, 2000.

34. D. Bilchitz, Poverty and Fundamental Rights: The Justification and Enforcement of Socio-Economic Rights, Oxford University Press, 2007.

35. David N. Weisstub & Guillermo Díaz Pintos, Autonomy and Human Rights in Health Care: An International Perspective, Springer; 2008.

36. D.J. Harris, Cases and Materials on International Law, 7th, Sweet & Maxwell, 2010.

37. E. De Wet, The Constitutional Enforceability of Economic and Social Rights: The Meaning of the German Constitutional Model for South Africa, Butterworth-Heinemann, 1996.

38. E. Benvenisti & G. Nolte, The Welfare State, Globalization, and International Law, Springer, 2003.

39. Ernst-Ulrich Petersmann, Constitutional Functions and Constitutional Problems of International Economic Law: International and Domestic Foreign Trade Law and Foreign Trade Policy in the United States, the European Community and Switzerland, 2004.

40. E. P. Hennock, The Origin of the Welfare State in England and Germany, 1850—1914: Social Policies Compared, Cambridge University Press, 2007.

41. E. Palmer, Judicial Review, Socio-Economic Rights and the Human Rights Act, Hart Publishing Limited, 2009.

42. Erwin Chemerinsky, Constitutional Law: Principles and Policies, 4th, Aspen Publishers, 2011.

43. Evelyne Schmid, Taking Economic, Social and Cultural Rights Seriously in International Criminal Law, Cambridge University Press, 2015.

44. Eibe Riedel, Gilles Giacca & Christophe Golay, Economic, Social, and Cultural Rights in International Law: Contemporary Issues and Challenges, Oxford University Press, 2016.

45. F. Bastiat, The Law, in Essays on Political Economy, NewYork: Irvington-on-Hudson, 2009.

46. Geoffrey R. Stone, Louis M. Seidman, Cass R. Sunstein, Mark V. Tushnet & Pamela S. Karlan, Constitutional Law, 7th, Aspen Publishers, 2013.

47. H. Corder, A Charter For Social Justice: A Contribution to the South African Bill of Rights Debate, Cape Town: University of Cape Town, 1992.

48. H. Shue, Basic Rights: Subsistence, Affluence and U.S. Foreign Policy, 2nd Ed, Princeton University Press, 1996.

49. H. J. Steiner & P. Alston, International Human Rights in Context: Law, Politics, Morals, Oxford & New York: Oxford University Press, 2008.

50. Herry J.Steiner & Philip Alston, International Human Rights in Context: Law, Politics, Morals, Oxford and New York: Oxford University Press.

51. H. P. Lee, Judiciaries in Comparative Perspective, Cambridge University Press, 2011.

52. Hans F. Zacher, Social Policy in the Federal Republic of Germany: The Constitution of the Social, Ed. by Lutz Leisering, Springer; 2013.

53. I. Berlin, Liberty, (Henry Hardy Ed.), Oxford University Press, 2002.

54. I. Brownlie, Principles of Public International Law, 6th Ed, Oxford University Press, 2003.

55. Ian Brownlie, Principles of Public International Law, 7th Ed, Oxford University Press, 2008.

56. Ilias Bantekas & Lutz Oette: International Human Rights Law and Practice, Cambridge University Press, 2nd ed., 2016

57. Joseph Raz, The Morality of Freedom, Oxford University Press, 1986.

58. J. Dreze & A. Sen, Hunger and Public Action, Oxford University press, 1989.

59. Jennifer M. Green, Beth Stephens, Judith Chomsky, Paul Hoffman & Michael Ratner, International Human Rights Litigation in U.S. Courts, Martinus Nijhoff, 2nd ed., 2008.

60. Jennifer M. Green & Jack Tobin, Guide to Human Rights Research, Harvard Human Rights Program, Harvard Law School, 1994.

61. J.P. Sterba, From Liberty to Welfare in Ethics: The Big Questions, Malden, MA : Blackwell, 1998.

62. Janusz Symonides, Human Rights: Concept and Standards, Ashgate, 2000.

63. J. Donnelly, Universal Human Rights in Theory and Practice, 3rd Ed., Cornell University Press, 2013.

64. James W. Nickel, Making Sense of Human Rights, 2nd Ed. Blackwell Publishing, 2007.

65. J. W. Nickel, Making Sense of Human Rights, 2nd Ed, Blackwell Publishing, 2007.

66. Jan Klabbers, Anne Peters & Geir Ulfstein, The Constitutionalization of International Law, Oxford University Press, 2009.

67. Jonathan D. Varat, William Cohen & Vikram David Amar, Constitutional Law, Cases and Materials, 13th, Foundation Press, 2009.

68. James Crawford & Martti Koskenniemi, The Cambridge Companion to International Law, Cambridge University Press, 2012.

69. J. King, Judging Social Rights, Cambridge University Press, 2012.

70. Jacco Bomhoff, Balancing Constitutional Rights: The Origins and Meanings of Postwar Legal Discourse, Cambridge University Press, 2013.

71. Jack Donnelly, Universal Human Rights in Theory and Practice, 3rd Ed., Cornell University Press, 2013.

72. Jerome A. Barron & C. Thomas Dienes, Constitutional Law in a Nutshell, 8th, West Publisher, 2013.

73. K. Isaac Eisler, A Justice for All: William J. Brennan, Jr., and the Decisions that Transformed America, New York: Simon & Schuster, 1993.

74. Kuhn, Thomas S, The Structure of Scientific Revolutions, 3rd Ed. Chicago and London: Univ. of Chicago Press, 1996.

75. K. Arambulo, Strengthening the Supervision of the International Covenant on Economic Social and Cultural Rights: Theoretical and Procedural Aspects, Intersentia, 1999.

76. Kathleen M. Sullivan & Gerald Gunther, Constitutional Law, 17th, Foundation Press,

2010.

77. Kathleen M. Sullivan & Noah Feldman, Constitutional Law, 18th, Foundation Press, 2013.

78. Lori F. Damrosch, Louis Henkin, Sean D. Murphy & Hans Smit, International Law, Cases and Materials, 5th, West Publisher, 2009.

79. Laurence H. Tribe, Constitutional Choices, Harvard University Press, 1985.

80. Laurence H. Tribe, The Invisible Constitution, Oxford University Press, 2008.

81. Laurence H. Tribe, American Constitutional Law, 3rd, Foundation Press, 2000.

82. M. Cranston, Human Rights: Real and Supposed, in Political Theory and the Rights of Man, (D. D. Raphael ed.), Bloomington: Indiana University Press, 1967.

83. Malcolm N. Shaw, International Law, 8th Ed., Cambridge University Press, 2017.

84. Malcolm David Evans, International Law, Oxford University Press, 2006.

85. Malcolm Langford (Ed.), Social Rights Jurisprudence: Emerging Trends in International and Comparative Law, Cambridge University Press, 2008.

86. Malcolm Langford, Bruce Porter, Rebecca Brown & Julieta Rossi, The Optional Protocol to the International Covenant on Economic, Social and Cultural Rights: A Commentary, Pretoria University Law Press, 2016.

87. Malcolm Nathan Shaw, International Law, 6th Ed, Cambridge University Press, 2008.

88. M. Tushnet, Weak Courts, Strong Rights: Judicial Review and Social Welfare Rights in Comparative Constitutional Law, Princeton University Press, 2009.

89. M. Langford, Perspectives on a New Complaint and Inquiry Procedure: the Optional Protocol to the International Covenant on Economic, Social and Cultural Rights, Universitetforl, 2009.

90. Mark Elliott & Robert Thomas, Public Law, Oxford University Press, 2011.

91. M. Langford, Global Justice, State Duties: The Extraterritorial Scope of Economic, Social, and Cultural Rights in International Law, Cambridge University Press, 2013.

92. Michel Rosenfeld & András Sajó, The Oxford Handbook of Comparative Constitutional Law, Oxford University Press, 2013.

93. Michael Stolleis, Origins of the German Welfare State: Social Policy in Germany to

1945, Springer, 2013.

94. Mark V. Tushnet, Advanced Introduction to Comparative Constitutional Law, Edward Elgar Publishing Ltd, 2014.

95. Manisuli Ssenyonjo, Economic, Social and Cultural Rights in International Law, 2nd ed., Hart Publishing, 2016.

96. Nsongurua Udombana & Violeta Beširević, Re-thinking Socio-Economic Rights in an Insecure World, Central European University Press, 2006.

97. Nigel Foster, Blackstone 's EU Treaties & Legislation 2012-2013 Blackstone' s Statute Series, Oxford University Press, 2012.

98. Olivier De Schutter, International Human Rights Law, Cambridge University Press, 2010.

99. Paul Sieghart, The International Law of Human Rights, Oxford University Press, 1984.

100. Philip Bobbitt, Constitutional Fate: Theory of the Constitution, Oxford University Press, 1982.

101. P. Hunt, Reclaiming Social Rights: International and Comparative Perspectives, Dartmouth, 1996.

102. Peter Dwyer, Welfare Rights And Responsibilities: Contesting Social Citizenship, Policy Press, 2000.

103. Paul Craig & Gráinne de Búrca , EU Law: Text, Cases, and Materials, Oxford University Press, 2011.

104. Philip Alston & Ryan Goodman, International Human Rights 2nd Revised Ed., Oxford University Press, 2012.

105. R. Jennings & A. Watts (ed.), Oppenheim' s International Law, 9th ed., Harlow, 1992.

106. Robert Alexy, A theory of Constitutional Rights, Trans. By Julian Rivers, Oxford and New York: Oxford University Press, 2002.

107. Robert A. Carp, Ronald Stidham , Kenneth L. Manning , Judicial Process in America, CQ Press; 8th Ed., 2010.

108. Richard Rawlings, Peter Leyland & Alison Young, Sovereignty and the Law: Domestic, European and International Perspectives, Oxford University Press, 2013.

109. Rosalind Dixon & Tom Ginsburg, Comparative Constitutional Law in Asia, Edward Elgar Publishing Ltd, 2014.

110. R Beddard & DM Hill eds. Economic, Social And Cultural Rights: Progress and Achievement, Springer, 2016.

111. Rory O' Connell, Aoife Nolan, Colin Harvey, Mira Dutschke & Eoin Rooney, Applying an International Human Rights Framework to State Budget Allocations: Rights and Resources, Routledge, 2016.

112. Richard H. Fallon Jr. The Dynamic Constitution: An Introduction to American Constitutional Law and Practice, 2nd,

113. Richard H. Fallon Jr. Law and Legitimacy in the Supreme Court, Belknap Press: An Imprint of Harvard University Press, 2018. Cambridge University Press, 2013.

114. S. Liebenberg, The Constitution of South Africa from a Gender Perspective, Cape Town: David Philip, 1995.

115. S. Holmes & C. R. Sunstein, The Cost of Rights: Why Liberty Depends on Taxes, New York: W.W. Norton & Co., 1999.

116. Sotirios A. Barber, Welfare and the Constitution, Princeton University Press, 2005.

117. S. Leckie& A. Gallagher, Economic, Social, and Cultural Rights: A Legal Resource Guide, Philadelphia: University of Pennsylvania Press, 2006.

118. S. Liebenberg, Socio-Economic Rights: Adjudication Under a Transformative Constitution, Juta, 2010.

119. Stephan W. Schill, International Investment Law and Comparative Public Law, Oxford University Press, 2010.

120. T. Kuhn, The Structure of Scientific Revolutions, 3rd Ed. Chicago and London: University. of Chicago Press, 1996.

121. Thomas Buergenthal & Sean D. Murphy, Public International Law in a Nutshell, 4th, West Group, 2006.

122. Tom Ginsburg & Rosalind Dixon, Comparative Constitutional Law, Edward Elgar

Publishing Ltd, 2012.

123. Thomas Murray, Contesting Economic and Social Rights in Ireland: Constitution, State and Society, 1848–2016, Cambridge University Press, 2016.

124. Vicki C. Jackson & Mark V. Tushnet, Comparative Constitutional Law, Foundation Press, 1999.

125. Wei-Tung Pan, The Chinese Constitution: A Study of Forty Years of Constitution Making in China, Hyperion Pr, 1985.

126. Wim Van Oorschot, Femke Roosma, Bart Meuleman & Tim Reeskens, The Social Legitimacy of Targeted Welfare: Attitudes to Welfare Deservingness, Edward Elgar, 2017.

127. Y. P. Ghai, Economic, Social & Cultural Rights in Practice: The Role of Judges in Implementing Economic, Social & Cultural Rights, 2004.

128. Zhang Qian-Fan, The Constitution of China: A Contextual Analysis (Constitutional Systems of the World), Hart Publishing, 2012.

（五）期刊和评论（Journals & Law Reviews）

1. A. Reich, Individual Rights and Social Welfare: The Emerging Legal Issues, Vol.74, Yale L.J., 1965.

2. A. Eide et al, Right to Adequate Food as a Human Right, Tokyo: The United Nations University, 1984.

3. A. Eide, Realisation of Social and Economic Rights and the Minimum Threshold Approach, Vol. 10, H. R. L. J., 1989.

4. Aoife Nolan, Leading Cases on Economic, Social and Cultural Rights: Summaries, Working Paper No.2, Geneva: GROHE, 2005.

5. Aoife Nolan, B. Porter & M. Longford, The Justiciability of Social and Economic Rights: An Updated Appraisal, CHRGJ Working Paper No. 15, 2007.

6. Aoife Nolan & Mira Dutschke, Article 2 (1) ICESCR and states parties' obligations: whither the budget? E.H.R.L.R. 2010, 3, 280-289.

7. Aoife Nolan, Children' s Socio-Economic Rights, Democracy and the Courts, H.R.L. Rev. 2012, 12 (3), 608–611.

8. Adrian Berry, Social Rights under Directive 2004/38/EC, J.I.A.N.L. 2007, 21 (3), 233–244.

9. Burt Neuborne, State Constitutions and the Evolution of Positive Rights, 20 Rutgers L.J. 881 (1988–1989)

10. B. Stark, Economic Rights in the United States and International Human Rights Law: Toward an "Entirely New Strategy", Vol.44, Hastings L.J., 1992.

11. B. Abel-Smith, The Beveridge Report: Its Origins and Outcomes, International Social Security Review, Vol.45: 5–16, 1992.

12. Brian Griffey, The 'Reasonableness' Test: Assessing Violations of State Obligations Under the Optional Protocol to the International Covenant on Economic, Social and Cultural Rights, 11 HRLJ 275 (2011)

13. Ben T.C. Warwick, Socio-economic rights during economic crises: a changed approach to non-retrogression, I.C.L.Q. 2016, 65 (1), 249–265.

14. C. M. Davis, The Case Against the Inclusion of Socio-Economic Demands in a Bill of Rights Except as Directive Principles, Vol.8, S. Afr. J. of Hum. Rts., 1992.

15. C. Scott & P. Macklem, Constitutional Ropes of Sand or Justiciable Guarantees? Social Rights in a New South African Constitution, Vol. 141, U. Pa. L. Rev., 1992.

16. C. Sunstein, Against Positive Rights, Vol.2, E. Eur. Const. Rev., 1993.

17. Colin Harvey & D. Russell, A New Beginning for Human Rights Protection in Northern Ireland? (2009) E.H.R.L.R. 748.

18. Colin Harvey & Alex Schwartz, Designing a Bill of Rights for Northern Ireland, (2009) 60 N.I.L.Q. 181.

19. C. Harvey & E. Rooney, Integrating Human Rights? Socio-Economic Rights and Budget Analysis, E.H.R.L.R. Vol.3, 2010.

20. C. Rodriguez-Garavito, Beyond the Courtroom: The Impact of Judicial Activism on Socioeconomic Rights in Latin America, 89 Tex. L. Rev. 1669, 2011.

21. Chava Schwebel, The Hartz IV Case and the German Sozialstaat, 12 German L.J. 1901

(2011)

22. Courtney Jung, Ran Hirschl & Evan Rosevear, Economic and Social Rights in National Constitutions, 62 AM. J. COMP. L. 1043, 1050(2014)

23. David Nicholls, The American Political Science Review, Vol. 56, No. 1(1962)

24. D. Wiseman, The Charter and Poverty: Beyond Injusticiability, 51 U. Toronto L. J. 425, 2001.

25. D. Bilchitz, Giving Socio-Economic Rights Teeth: The Minimum Core and Its Importance, 119 S. African L.J. 484(2002)

26. David Matas, *Gosselin v Québec* (*Attorney-Genera*l): Is Starvation Illegal? The Enforceability of the Right to an Adequate Standard of Living, 4 Melb. J. Int' l L. 217 (2003)

27. D. Kelly, Revisiting the Rights of Man: Georg Jellinek on Rights and the State, Vol. 22, Law & Hist. Rev., 2004.

28. D.Wiseman, Competence Concerns in Charter Adjudication: Countering the Anti-Poverty Incompetence Argument, 51 McGill L.J. 503, 2006.

29. D. McGoldrick, The Boundaries of Justiciability, Vol.59, Int' l & Com. L. Qua., 2010.

30. D. Landau, The Reality of Social Rights Enforcement, 53 Harv. Int' l. L.J. 189, 2012.

31. Diane A. Desierto, ICESCR Minimum Core Obligations and Investment: Recasting The Non-Expropriation Compensation Model During Financial Crises, 44 Geo. Wash. Int' l L. Rev. 473(2012)

32. Diane A. Desierto & Colin E. Gillespie, A modern integrated paradigm for international responsibility arising from violations of economic, social, and cultural rights, C.J.I.C.L. 2014, 3 (2), 556-595.

33. E. Mureinik, Beyond a Charter of Luxuries: Economic Rights in the Constitution, Vol.8, S. Afr. J. on Hum. Rts., 1992.

34. E. Wiles, Aspirational Principles or Enforceable Rights: The Future for Socio-Economic Rights in National Law; 22 Am. U. Int' l L. Rev. 35(2006-2007)

35. Eric C. Christiansen, Using Constitutional Adjudication to Remedy Socio-Economic

Injustice: Comparative Lesson from South Africa, 13 UCLA J. INT' L L. & FOREIGN AFF. 369, 378-81 (2008)

36. E. Macfarlane, Dialogue or Compliance? Measuring Legislatures' Policy Responses to Court Rulings on Rights, International Political Science Review/ Revue internationale de science pol, Vol. 34 (1), 2013.

37. Elsabé Huysamen, The Future of Legislated Minimum Wages in South Africa: Legal and Economic Insights, 2 DEJURE 19 (2018)

38. F. Davis, Parliamentary Supremacy and the Re-Invigoration of Institutional Dialogue in the UK, Parliam. Aff. 2012.

39. G. Williams, The Concept of Legal Liberty, Vol. 56, Colum. L. Rev, 1956.

40. G Backman, P Hunt, R Khosla, et al. Health systems and the Right to Health: An Assessment of 194 Countries, The Lancet, 2008, 372 (9655): 2047-2085.

41. H. Schwartz, Do Economic and Social Rights Belong in A Constitution? Vol.10, Am. U. J. Int 'l L. & Pol' y., 1994.

42. Howard Chitimira, An analysis of socio-economic and cultural rights protection under the Zimbabwe Constitution of 2013, J.A.L. 2017, 61 (2), 171-196.

43. John N. Gray, On Negative and Positive Liberty, Political Studies, Vol. 28, No.4 (1980), pp.507-526.

44. J. C. Mubangizi, The Constitutional Protection of Socio-Economic Rights in Selected African Countries: A Comparative Evaluation, African Journal of Legal Studies, 2006, 2 (1)

45. J. Connolly, Torts, Costs and Socio-Economic Rights in the Constitution, Q.R.T.L. 4 (3), 2011.

46. Jochnick Chris & Javier Mujica Petit, Preface to the Quito Declaration on the Enforcement and Realization of Economic, Social, and Cultural Rights in Latin America and the Caribbean, Yale Human Rights and Development Journal 2.1 (2014)

47. K. Arambulo, Drafting an Optional Protocol to the International Covenant on Economic, Social and Cultural Rights: Can an Ideal Become Reality? Vol.2, UC Davis J. Int 'l L & Pol' y, 1996.

48. K.D. Ewing, Social Rights and Human Rights: Britain and the Social Charter-the Conservative Legacy, E.H.R.L.R., Vol. 2, 2000.

49. K. L. Scheppele, A Realpolitik Defense of Social Rights, Vol.82, Tex. L. Rev., 2003.

50. K. G. Young, The Minimum Core of Economic and Social Rights: A Concept in Search of Content, Vol.33, Yale J. Int' l L., 2008.

51. K.G.Young, Constituting Economic and Social Rights, P.L. 2014, Jan, 163-169.

52. Kai Moller, Two Conceptions of Positive Liberty: Towards an Autonomy-based Theory of Constitutional Rights, O.J.L.S. 2009, 29 (4), 757-786.

53. Karen Kong, Kong Yunming v Director of Social Welfare, 44 Hong Kong L. J. 67. (2014)

54. Kehinde Anifalaje, Implementation of the Right to Social Security in Nigeria, 17 A.H.R.L.J 413 (2017)

55. L. Henkin, Economic Rights Under the United States Constitution, Vol.32, Colum. J. Transnat' l L., 1994.

56. Leïla Choukroune, Justiciability of Economic, Social, And Cultural Rights: The Un Committee on Economic, Social and Cultural Rights 'Review of China' s First Periodic Report on the Implementation of the International Covenant on Economic, Social and Cultural Rights, 19 Colum. J. Asian L. 30 (2005)

57. Lisa Forman, Can Minimum Core Obligations Survive a Reasonableness Standard of Review under the Optional Protocol to the International Covenant on Economic, Social and Cultural Rights? 47 Ottawa L. Rev. 557 (2015–2016) .

58. M. Scott, The Interdependence and Permeability of Human Rights Norms: Towards a Partial Fusion of the International Covenants on Human Rights, Vol. 27, Osgoode Hall L. J. 1989.

59. M. Jackman, From National Standards to Justiciable Rights: Enforcing International Social and Economic Guarantees Through Charter of Rights Review, 14 Journal of Law & Social Policy, 1999.

60. M. Jackman, What 's Wrong With Social and Economic Rights? 11 Nat' l J. Const. L. 235, 1999.

61. M. Tushnet, Social Welfare Rights and the Forms of Judicial Review, Vol.82, Tex. L. Rev., 2003.

62. M.Pieterse, Possibilities and Pitfalls in the Domestic Enforcement of Social Rights: Contemplating the South African Experience, Vol.26, Human Rights Quarterly, 2004.

63. M. Jackman, The Last Line of Defence for [Which?] Citizens: Accountability, Equality and the Right to Health in Chaoulli, 44 Osgoode Hall L.J., 2006.

64. M. Jackman, Charter Review as a Health Care Accountability Mechanism in Canada, Vol.18 Health Law Journal, 2010.

65. M. Zeller, From Preservative to Transformative: Squaring Socioeconomic Rights with Liberty and the American Constitutional Framework, 88 Wash. U. L. Rev. 735, 2011.

66. Murray Hunt, Enhancing Parliament' s Role in Relation to Economic and Social Rights, 3 E.H.R.L.R. 242, 2010.

67. M. J. Hall & D. C. Weiss, Human Rights and Remedial Equilibration: Equilibrating Socio-Economic Rights, 36 Brook. J. Int' l L. 453, 2011.

68. M. Tushnet, The Relation Between Political Constitutionalism and Weak-Form Judicial Review, German. L.J, 2013, 14: 2237.

69. Michael J. Dennis & David P. Stewart, Usticiability of Economic, Social, And Cultural Rights: Should There be an International Complaints Mechanism to Adjudicate the Rights to Food, Water, Housing, And Health?, 98 Am. J. Int' l L. 462 (2004)

70. N. Haysom, Constitutionalism, Majoritarian Democracy and Socio-Economic Rights, Vol.8, S. Afr. J. on Hum. Rts, 1992.

71. N. Bruhn, Litigating Against an Epidemic: HIV/AIDS and the Promise of Socioeconomic Rights in South. Africa, 17 Mich. J. Race & L. 181, 2011.

72. Nicholas Wasonga Orago, Limitation of Socio-Economic Rights in the 2010 Kenyan Constitution: A Proposal for the Adoption of a Proportionality Approach in the Judicial Adjudication of Socio-Economic Rights Disputes, Potchefstroom Electronic Law Journal, 16 (5) 2013.

73. Nicholas Wasonga Orago, The Place of the "Minimum Core Approach" in

the Realisation of the Entrenched Socio-Economic Rights in the 2010 Kenyan Constitution, J.A.L. 59（2), 2015.

74. Natasha G. Menell, Judicial Enforcement of Socioeconomic Rights: A Comparison Between Transformative Projects in India and South Africa, 49 Cornell Int' l L.J. 723 (2016).

75. P.Alston & I.C.J., Development, Human Rights and the Rule of Law, International Commission of Jurists, 1981.

76. P.W. Hogg & A.A. Bushell, The Charter Dialogue Between Courts and Legislatures (Or Perhaps the Charter of Rights Isn' t Such a Bad Thing After All), 35 Osgoode Hall L. J. 75, 1997.

77. P. O' Connell, The Death of Socio-Economic Rights, M.L.R. 74（4), 2011.

78. R.Churchill & U. Khaliq, The Collective Complaints System of the European Social Charter: An Effective Mechanism for Ensuring Compliance with Economic and Social Rights? Eur. J. Int' l L., Vol.15, 2004.

79. R.Dixon, Creating Dialogue about Socioeconomic Rights: Strong-form versus Weak-form Judicial Review, Int' l J. Constitutional Law, Vol. 5（3), 2007.

80. Randall Peerenboom, Economic and Social Rights: The Role of Courts in China, 12 San Diego Int' l L.J. 303 (2011)

81. Redson E Kapindu, Courts and the Enforcement of Socio-Economic Rights in Malawi: Jurisprudential Trends, Challenges and Opportunities, 1 AHRLJ 7 (2013)

82. Rehan Abeyratne, Socioeconomic Rights in the Indian Constitution: Towards a Broader Conception of Legitimacy, 39 BROOKLYN J. INT' L L. 1, 29 (2014)

83. Rohan J Alva, Continuing Mandamus: A Sufficient Protector of Socio-Economic Rights in India? 44 Hong Kong L. J. 207 (2014)

84. R. Venkataramani, Challenges in Constitutional Law, 1 Ind. J. of Const. & Admin. L. 39-46 (2017).

85. Sandra Liebenberg, The International Covenant on Economic, Social and Cultural Rights and its Implications for South Africa, Vol.11, S. Afr. J. on Hum. Rts., 1995.

86. Sandra Liebenberg, Judicially Enforceable Socio-Economic Rights in South Africa:

between light and shadow, D.U.L.J 2014, 37, 137-171.

87. S. Sun, The International Covenant on Civil and Political Rights: One Covenant, Two Chinese Texts? Vol.75, Nordic J. Int' l L., 2006.

88. S. P. Marks, The Past and Future of the Separation of Human Rights into Categories, Vol.24, Md. J. Int' l L., 2009.

89. S. Bulto, Exception as Norm: The Local Remedies Rule in the Context of Socio-Economic Rights in the African Human Rights System, I.J.H.R. 16 (4), 2012.

90. S. Liebenberg, Socio-Economic Rights: Adjudication Under a Transformative Constitution, H.R.L. Rev. 12 (1), 2012.

91. Sacha Garben, The Constitutional Imbalance Between "the market" and "the social" in the European Union, E.C.L. Review 2017, 13 (1), 23–61.

92. W. Bradley Wendel, Certain Fundamental Truths: A Dialectic on Negative and Positive Liberty in Hate-Speech Cases, 65-SPG Law & Contemp. Probs. 33-85.

93. W.H. Simon, The Invention and Reinvention of Welfare Rights, Vol.44, Md. L. Rev., 1985.

94. W.E. Forbath, Constitutional Welfare Rights: A History, Critique and Reconstruction, Vol.69, Fordham L. Rev., 2000.

三、德语类及其他(Deutsche Literatur)[1]

1. Achterberg, Norbert: Rechtsnorm und Rechtsverhältnis in demokratischer Sicht, in: W. Krawietz/E. Topitsch/P. Koller (Hrsg.), Ideologiekritik und Demokratietheorie bei Hans Kelsen, Rechtstheorie, Beiheft 4, 1982.

2. Alexy, Robert: Theorie der juristischen Argumentation (1972), 2. Auflage, Frankfurt am Main, 1991.

3. Agamben, Giorgio: Ausnahmezustand, übersetzt von Ulrich Müller-Sch?ll, Frankfurt am Main, 2004.

[1] 本部分参考文献按照类西文文献的首字母排序，同一类别的，按照年代顺序排序。

4. Andreas Voßkuhl, Grundgesetz für die Bundesrepublik Deutschland, München: C.H. Beck, 2018.

5. Bodo Pieroth & Bernhard Schlink, Grundrechte. Staatsrecht II, Müller (C.F.Jur.), Heidelberg; Auflage: 25, 2009.

6. Bernd Rüthers, Christian Fischer & Axel Birk, Rechtstheorie: Begriff, Geltung und Anwendung des Rechts, 5. Auflage, C.H.Beck, 2010.

7. Carl Schmitt, Verfassungslehre, Duncker & Humblot, 1993.

8. Christiaan F. Ruter, Dick W. de Mildt, Justiz Und NS-Verbrechen: Sammlung Deutscher Strafurteile Wegen Nationalsozialistischer Totungsverbrechen 1945–1999 (German Edition), Amsterdam University Press, 2008.

9. Carl Sartorius, Verfassungs- und Verwaltungsgesetze Gebundene Ausgabe 2012: Rechtsstand: 1. Februar 2012, Beck Juristischer Verlag; Auflage: 1. Auflage., 2012.

10. Christoph Gröpl, Kay Windthorst & Christian von Coelln, Studienkommentar zum Grundgesetz, 2. Auflage. Verlag C.H. Beck München, 2015.

11. Dieter Grimm, Paul Kirchhof & Michael Eichberger, Entscheidungen des Bundesverfassungsgerichts Studienauswahl - Band 1, UTB, Stuttgart, 8. Aufl., 2007.

12. Dieter Grimm, Paul Kirchhof & Michael Eichberger, Entscheidungen des Bundesverfassungsgerichts: Studienauswahl - Band 2, UTB, Stuttgart, 8. Aufl., 2007.

13. Eberhard Grabitz, Freiheit und Verfassungsrecht: krit. Unters. zur Dogmatik u. Theorie d. Freiheitsrechte, Mohr Siebeck, 1976.

14. G. Jellinek, System der Subjektiven öffentlichen Rechte, 2nd edn. Tübingen, 1905.

15. Gabriel Nogueira Dias, Rechtspositivismus und Rechtstheorie: Das Verhältnis beider im Werke Hans Kelsens, Tübingen, 2005.

16. Gerhard Igl & Felix Welti, Sozialrecht.. 8. Auflage. Werner Verlag, Neuwied 2007.

17. Hans F. Zacher, Einführung in das Sozialrecht der Bundesrepublik Deutschland. C. F. Müller Juristischer Verlag, Heidelberg 1983.

18. Hans Peter Bull & Veith Mehde, Allgemeines Verwaltungsrecht mit Verwaltungslehre, C.F. Müller; Auflage: 8., neu bearbeitete Auflage 2009.

19. Josef Isensee, Das Grundrecht auf Sicherheit (Schriftenreihe der Juristischen

Gesellschaft Zu Berlin), De Gruyter, 2012.

20. Jürgen Schwabe: Die sogenannte Drittwirkung der Grundrechte. Zur Einwirkung der Grundrechte auf den Privatrechtsverkehr. Goldmann, München 1971.

21. Jürgen Schwabe, Entscheidungen des Bundesverfassungsgerichts: Studienauswahl (Band 1—109), Selbstverlag; 8. Aufl., 2004.

22. Karl Josef Partsch, Die Rechte und Freiheiten der europaischen Menschenrechtskonvention, Duncker & Humblot, 1966.

23. Kurt Eichenberger, Leistungsstaat und Demokratie, Helbing & Lichtenhahn, 1969.

24. Karl S. Althaler, Vom Wohlfahrtsstaat zum Leistungsstaat? Sonderzahl-Verlag-Ges., 1996.

25. Klaus Schlaich, Das Bundesverfassungsgericht. Stellung, Verfahren, Entscheidungen, 5. Auflage. C. H. Beck, 2001.

26. Ludwig C. R Hannemann, Die Justiz der Kriegsmarine 1939-1945: Im Spiegel ihrer Rechtsprechung (Zeitgeschichte) (German Edition), S. Roderer (1993)

27. Michael Stolleis, Geschichte des Sozialrechts in Deutschland. Ein Grundriss. Lucius & Lucius. Stuttgart. 2003.

28. Otto Majewski, Auslegung der Grundrechte durch einfaches Gesetzesrecht?: Zur Problematik der sogenannten Gesetzmässigkeit der Verfassung, Duncker & Humblot, 1971.

29. Peter Lerche, Übermaß und Verfassungsrecht, Köln, Berlin, München: Heymann, Bonn 1961.

30. Paul Kirchhof & Charlotte Kreuter-Kirchhof, Staats- und Verwaltungsrecht Bundesrepublik Deutschland: Mit Europarecht, C.F. Müller; Auflage: 58., 2018.

31. Paul Kirchhof & Charlotte Kreuter-Kirchhof, Staats- und Verwaltungsrecht Baden-Württemberg, C.F. Müller; Auflage: 41., 2019.

32. Recht der Verwaltungsorganisation und des Verwaltungshandelns, in: Wolfgang Hoffmann-Riem / Hans Joachim Koch (Hrsg.), Hamburgisches Staats- und Verwaltungsrecht, 2. Auflage 1998

33. Raimund Waltermann, Sozialrecht.. 1. Auf., C.F. Müller, Heidelberg 2000.

34. Reinhold Zippelius, Thomas Würtenberger & Theodor Maunz, Deutsches Staatsrecht:

Ein Studienbuch, C.H.Beck; 32. Auflage, C. H. Beck, 2008.

35. Rene Kreisl, Das Grundrecht auf Religionsfreiheit und die Grenzen des Strafrechts (German Edition), GRIN Verlag (November 26, 2010)

36. Rüdiger Lautmann, Justiz-die stille Gewalt: Teilnehmende Beobachtung und entscheidungssoziologische Analyse (German Edition), VS Verlag für Sozialwissenschaften; 2011 edition (August 19, 2011)

37. Stanley L. Paulson & Michael Stolleis, Keslen-Staatsrechtslehrer und Rechtstheoretiker des 20. Jahrhunderts, Tübingen, 2005.

38. Stefan Berger, Grundrecht auf den Tod? (German Edition), RIN Verlag (December 11, 2011)

39. Stefan Muckel & Markus Ogorek, Sozialrecht. 4. Auflage. C. H. Beck, München 2011.

40. Stefan Korioth & Klaus Schlaich, Das Bundesverfassungsgericht, 9. Auflage. C. H. Beck, 2012.

41. Thomas Henne, Arne Riedlinger (Hrsg.): Das Lüth-Urteil aus (rechts-) historischer Sicht. Die Konflikte um Veit Harlan und die Grundrechtsjudikatur des Bundesverfassungsgerichts. Berliner Wissenschafts-Verlag, Berlin 2005.

42. Vereinigung der Deutschen Staatsrechtslehrer, Wolfgang Martens, Otto Bachof, Grundrechte im leistungsstaat [von] Wolfgang Martens und Peter Hä berle, De Gruyter, 1972.

43. Wolfgang Martens, Peter Häberle, Otto Bachof, Winfried Brohm, Grundrechte im Leistungsstaat. Die Dogmatik des Verwaltungsrechts vor den Gegenwartsaufgaben der Verwaltung, Walter de Gruyter, 1972.

44. Wolfgang Fikentscher, Methoden des Rechts: In vergleichender Darstellung, Bd. I., Tübingen, 1975.

45. Werner Krawietz & Helmut Schelsky, Rechtssystem und gesellschaftliche Basis bei Hans Kelsen, 2. Auflage, Duncker & Humblot GmbH, 1984.

46. Winfried Ridder, Verfassung ohne Schutz: Die Niederlagen der Geheimdienste im Kampf gegen den Terrorismus, Deutscher Taschenbuch Verlag (1. April 2013)

Your doctrine is only the half of my program;
you have stopped at liberty; I go on to fraternity.
— Alphonse de Lamartine [1]

The second half of your program will destroy the first half.
And, in fact, it is quite impossible for me to separate the word "fraternity" from the word "voluntary".
It is quite impossible for me to conceive of fraternity as legally enforced,
without liberty being legally destroyed, and justice being legally trampled underfoot.
— Frédéric Bastiat [2]

So long as there shall exist, by reason of law and custom, a social condemnation, which, in the face of civilization, artificially creates hells on earth, and complicates a destiny that is divine, with human fatality; so long as the three problems of the age—the degradation of man by poverty, the ruin of women by starvation, and the dwarfing of childhood by physical and spiritual night—are not solved; so long as, in certain regions, social asphyxia shall be possible; in other words, and from a yet more extended point of view, so long as ignorance and misery remain on earth, books like this cannot be useless.
— Victor Hugo[3]

后记·法学琐忆

《经济、社会、文化权利论纲》一书的写作是在锱铢积累中得以缓缓完结的……

"写作即生命，生命即战斗"（Schreiben ist Leben，Leben ist kämpfen）。若将此句用于刻画那些以文字为业的人类的一部分，或者更具体地说用文字换面包的知识分子的一部分而言算是尤为贴切了。英人常曰"文字攸关"（Words Matter）。文字虽不是声、影、形、光，但它足以用一切超越感官触觉

---

[1] F. Bastiat, The Law, Chap.2 in G. B. Huszar (Ed.), Selected Essays on Political Economy, Irvington-on-Hudson: Foundation for Economic Education, 1995.

[2] *Ibid.*

[3] The Preface to "Les Miserables".

的想象力还原一个真实和变革一个现实，试想用泰戈尔那精妙绝伦的文字也可以演绎一场胜似天籁的东方交响乐。文字从来没有像今天这样与生命本身粘黏得如此之紧密，以至于作者写作活动的总和就是一场漫漫的生存旅行，那些文字所裹挟的变革性潜质和美的魅力又何曾传递到在以文字谋生的人们的手上呢？每感于此，毋宁将后记中的文字看作一个诚恳而谦卑的孩童在用一种幻想的魔力给这个劳苦乏味的世界再蘸上几滴清墨，这也许会使得先前漫长的写作过程在收笔时刻摆脱理性的束缚，稍稍带着体温而适合今人的阅读。

一、忆学

对于校园生活之最初印象，我只能一任尘封的记忆匣子漂泊至二十多年前的小学时候。秋日的晚霞映红了半个校园，放学的孩子尽情地在操场上追逐嬉戏，礼拜四的下午是全校大扫除，学生们三五成群去河里挑水、去擦玻璃、去打扫卫生、去给树浇水，当然体育好的同学就在脚上缠着沙包练长跑。虽然当时我并没有关于教育的任何想法，但自觉或不自觉地深深浸染在《三字经》《百家姓》《增广贤文》透出的哲理之中，受过旧式小学教育的父亲常常用这些道理来告诫我。在校园里，语文老师常常教我们反复念诵“颐和园里演《蔡文姬》，熙熙攘攘真拥挤”“横戌点戍戊中空，十字交叉就认戎”，免得下次的作业本上再有密密麻麻的错别字。数学老师则常常责令我们背诵“山巅一寺一壶酒，尔乐苦煞吾”而把祖冲之发现的圆周率数字牢牢记在心里。幸运的是，我还能够继续上初中，到镇里面唯一的初中上学。我的校园生活又多了几分快乐——中午时大家一起分享干粮的美味、放学后同学们一起骑车回家的旅程、每个学期学校组织的义务劳动。20 世纪 80 年代大专毕业的姑姑是我初中的老师，那时候她常带回来一些文学作品放在家中，西游、水浒、三国、红楼都一应俱全，对于这些文学书、哲理书，我或者囫囵吞枣式翻看或者断章取义式运用到语文课堂上抑或在睡不着觉的时候枕着它们睡去，但是令我印象深刻的还有《钢铁是怎样炼成的》，因为没有它我或许不能够激发起自己的“死学精神”而跨入高中的校门……

二、求学

成人意义上的求学之旅之于我，或许始于高中。虽然我的中考成绩在全县名列榜首但我应该感激父母的开明，是父母让我有机会在十六七岁的时候能够离开家里，独自去四五十公里远的地方上学。天，已经立秋了，但八月的骄阳仍然不饶人，爸妈拖着我的行李把我送到了我心慕已久的校园、一个有五千多人的大学校。安排好住宿和找到了教室后，爸爸妈妈就准备带我去一家饭馆吃饭，临行时，爸爸竟然悄悄地拭去了泪珠，我回到学校后也偷偷大哭了一场……高中的生活使得我的心智在缓慢的过程中开始成熟，学习生活紧张而充实，那些科学家、文学家的理想逐渐离我越来越远，任凭我有怎样的狂想和努力，结果都是西西弗斯式（Sisyphusian）的推石上山。除假期可以得闲狠狠地享有那些经典文学著作、武侠小说外，上学时间学生们绝对以学习上惨烈的竞争为第一要务。当然，这段时间也教会我如何独立地面对生活的海洋。我只记得高中生活的所有精华都莫过于高考岁月，那是一个由分钟和秒钟累积的刻骨铭心的过程，我还能记得最后一门“文科综合”考完后，许多要好的同学们一起徒步去郊外登山，那些狂野的呐喊似乎透过遥远的天际一直飘到了千重山万重水之外的某个地方……

如果说求学路上有一个最大的转折，那么这个转折莫过于大学。甲申年立秋之后的那段时间似乎重演了高中入校时与父亲母亲离别时的情景，临行时，爸爸在火车站以木炭为喻让我珍惜美好而来之不易的学习时光，爸爸是一块灰白的木炭，他已经燃烧了大半辈子的生命……历数从甲申之秋到甲午季春近十年的岁月流逝，我竟有五年不在家中与奶奶、爸爸、妈妈、弟弟一起团圆，父亲竟能在一个现代通信无孔不入的社会用最传统的书信与我谈人生、谈理想、谈为人、谈处事……稀少的回家是为了弥补我的不孝更让我害怕那一次次沉甸甸的告别——怎能想象那震耳欲聋的火车呼啸声中掺杂了多少啜泣声，铁轨的那头是他们的，铁轨的这头是我的。四年的大学期间，我庆幸自己能够徜徉于古朴校园的那一条条石板路上，每条路都可以通往那书籍的圣殿里。本科期间沉浸在知识的海洋里，我便可以试着学习钱氏的“杂学旁搜，志在打通；孤往冥行，不由师授”——哲学社科、文法政经，几乎

“无经书不翻，无讲座不听”，从邓晓芒的“康德哲学中的自由观”到赵一凡的“巴蒂、克娃文本双人舞”，从乌尔里希·锡伯（Ulrich Sieber）的“国际刑法”到安乐哲（Roger T. Ames）的“比较哲学”，从杨逢彬的“文字学”到翟振明的“虚拟实在”，从黄茂荣的“法学方法论”到曾繁仁的“生态美学观”，从冯天瑜的“历史文化语义学”到斯蒂格利茨（Joseph E. Stiglitz）的“宏观经济学”，讲座见闻、所感所知都要化作学子渴望真知的灵性。起初每每获得一点知识，我便如痴如醉、欣喜若狂，渐至知识深处，顿感迷惑重生、渺茫无依，最后不得不返归原典、如蚁蛇行，在此过程中，商务印书馆出版的“汉译世界学术名著丛书”开启了我的智识。大学三年级我旁听了《小学概论》《史记》《语言学》……带着二十多本学习笔记的基础知识积累和外语学习的语言证书，幸运女神再次眷顾我让我可以到海外高校交流学习一年。大学四年级，我选择去的是素有“欧洲雨城”之称的卑尔根（Bergen），就如西雅图（Seattle）一样，那是一个一年四季都飘雨的梦幻之城。也正是在卑尔根大学，我放弃了许多华人留学生周游列国的雄伟计划，当我收到父亲寄来的书信后，我更是如痴如醉地选课、上课。所修者，除了法学之外，还有拉尔夫·朱厄尔（Ralph Jewell）主讲的“西方哲学史”、教育学院的“外语选修”。及至法学院第一学期的期末考试那段时间，我还在醉心于聆听罗纳德·德沃金（Ronald Dworkin，1931—2013）在被授予 2007 年霍尔堡国际纪念奖（Holberg Prize）时发表的“法律与政治道德”演讲。万万没有想到的是，这一学期也是我“欧盟法”这一科目论文考试的滑铁卢，虽然通过了论文考试，但是由于我掺杂太多的法哲学思辨性内容，评阅老师给我的论文判了低分。我不服而依据学校官方的考试规则提起申诉，由法学教授和律师组成的申诉委员会的充分说理让我懂得法学专业学习需要用“成文法”“案例法”和学说组成的“法源”（*fontes juris*/Sources of Law）来完成，那一刻的感动告诉我：法律实证主义（Legal Positivism）的方法至少在很大程度上还统治着欧洲那些以法官、检察官、律师、法学家、其他法律工作者和学习者为代表的法律共同体的思维。在奥斯陆大学的硕士期间，我虽然没有放弃那种“杂学旁搜”的习惯，但已经转向了法学领域的“术业专攻”，不论是在大陆法系法度森严的逻辑金字塔还是普通法系自由舒展的经验蓄水池抑或国际法高屋建瓴的大同理想国，我都采取了以“法理学说”和“案例精读”为重心的积累式学习模式，而这种方式也在相当大程度上主导了我后来的法学学习。及至我回国继续攻读学位后，我顿时陷入了很多具体的中国法学问题方面的“滑铁卢”——思而复学、学而复思，些许感悟汇聚成了后面的文字。

三、治学

托克维尔（Alexis de Tocqueville，1905—1859）曾言：“一般而言，别无其他东西较权利的概念更能振奋和支持人心。权利的概念中有某些伟大和有力的东西，不但消除了任何要求中的乞求性质，而且使索求权利者与给予权利者平起平坐。”我所关注的是人，确切地说是人的权利，我深深感到：就任何的权利研究或者叙事而言，人类智力的所有探索即在于改变或者适应这个世界并使之成为满足吾人生活和理想的场所；它是一门“存在于吾身，围绕于吾身，主张正义之学问”。“何为正义？”在柏拉图的《理想国》中苏格拉底这样质问道。从那时起，人类关于正义的追问成为所有人文社会科学最重要的学问之一。约翰·罗尔斯（John Rawls，1921—2002）说：“就如真理之于观念和想法，正义是人类社会制度首要的美德。”我们虽然一次次在这些追问的浪潮中被击退却仍然初心不改——冒着被困惑打倒的危险或代价极力去看清正义这张普洛透斯似的脸（Protean face）。

《经济、社会、文化权利论纲》的写作在于追缅先贤所关注的“人数最多和最贫穷的阶级（la classe la plus nombreuse et la plus pauvre）的正义和命运”。尤金·德布斯（Eugene V. Debs，1855—1926）说：“只要有下层阶级，吾即俦俪；只要有刑科罪犯，吾即其一；只要有狱底魂灵，吾定非自由！”别林斯基（Vissarion Belinsky，1811—1848）也说：“如果别人的自由被剥夺，如果我的同胞兄弟仍然生活于穷困污秽之中，如果他们还生活在脚镣手梏之中，那么，我也不要自由，我用双手拒绝这些自由，我宁愿和我的同胞兄弟同甘共苦。”对于任何具有自由之思想、独立之人格的研习者来说，学术在根本上在于增益知识，而知识的本质是一种爱，它来源于任何一个想要接近它的人对人类苦难的同情，即使此爱将他/她陷入痛苦的深渊抑或带到绝望的边缘。

为此，我常常在自由和福利的学理世界中警醒自己："自由权权赋予民群己权界权界分明为自由而限权，社会权权泽于民家国福祉福祉参享为福利而问责"。

写作的过程，即使有"驰翰未暇食，日昃不知晏"，我试图用时间的流逝来洗涤那些汗渍。在此过程中，我曾无数次想经由打通欧陆法与英美法之间的町畦来看待当代权利理论，又倍感这种"理论旅行"在破除初步的语言和资料障碍后，又宿命般地在现实关照上受到双重阻滞——似乎没有任何一个西学理论在旅行目的地可以圆满阐释现实的困惑，似乎任何一个中华大地上的法律问题的特殊性都可以对抗任何外来理论的"治疗"。至此，我已发现自己在"西学东渐"以来中国学人的"阐释困境"之中苦苦挣扎许久，凡此种种，几经周折……幸而在思绪流转中，与中国一样同是"后殖民化"语境的南非和印度学理深深触动了我，我开始尝试跳出传统德、美学者主导范式的约束和藩篱，在这个过程中，我更有感于那些被现代主导范式所忽视的文明故土还幸而存在着真正有见地的作者。然而，这样孤注一掷的治学也会伴随着风险，若我辈不能得其要领而走向极端，学人定难免陷入故步自封的"学术民族主义"泥淖——凡我族类者为优、异我族类者为劣。

四、问学

以文字为业的学问诚为一庞杂而繁复的社会事业。圣西门（Saint-Simon，1760—1825）在1802年写作《一个日内瓦居民给当代人的信》中曾预言：将来的社会中，"人的统治"将彻底让位于"事的管理"（The Government of Men Will Be Replaced by The Administration of Things）。二百多年转瞬即逝的此世界已经变成了由无数事件、事故、事态、事项、事宜、事例、大事、小事、杂事、琐事等所组成的庞大的"事"的帝国。今天，世事的交织和堆积已经冗繁和庞杂到一种难以凭借一个个体的想象力所能到达的程度，它足以使得今天的群体丧失我们先辈们所有关于统治正当性和合法性的追问和思考能力。在人类以铺路的速度来进行文字写作和书籍印刷的今天，学问这项社会活动，本身就变成了一种生产事业。21世纪的此项事业绝非一人一己之力所能完成，借用托马斯·库恩（Thomas Kuhn，1922—1996）典范转移理论，现代学者的科研创作就如集体狩猎活动，猎物之寻找和最终获得虽然仅在一人之手，却万万离不开那些集体成员的参与、分工和配合。循此，学术事业在一个科层制的社会中要想有所收获越来越仰仗“事”的汇集以至于今天的学术成果在以文字铺路的速度来匹敌工业社会的产品生产，在此情形下，谁人又有精力与能力去考问这一整套知识生产装置的正当性呢？现代作者大多被千般万般的学术之“事”管理着、统治着。然而，学问离开初心越远，它就会越不安分地增加着人们的疾苦，殊不知，不经过追问和反思的学问是不值得的。

我们对于有关正义和权利学问的反思开始于一个半世纪以前的“西学东渐”。如美国作者赛珍珠（Pearl S. Buck，1892—1973）所言：“在这个漫长的近代化过程中，西方的各种学说在中华大地上乘时而兴，纷纭杂糅，几乎扯碎了青年们脆弱的心灵……事实了然，向之为弱点者依然为弱点，而此等弱点又生而存在于人民的观念中。”每每学习之后，我也常常在幻想中国人理想中的法律国度是什么样子的。也许，正义之学问，在一个兼具斗争勇气和苦难情结的国家里，面对的并不只是孤寂、消沉和愤慨，而是一种执着的深爱，此爱将迫使我们不会忘却那些苦难的故事和死去的灵魂，心灵总是寄希望于将身体安置在一个体面的未来，即使为了它去牺牲也是惬意和幸福的，那些所牺牲的时间和精力都是那么微不足道。

三百年来的中华学术圈，学术与政治在历史长河中展现着它们极其复杂和紧密的联系。学问定穿梭于由政治和利益所编制的巨大罗网中，自清季以来这片土地上最德高望重的学问家也概莫能外，岂不闻意大利思想家乔治·阿甘本（Giorgio Agamben）曾痛陈道“政治最核心之谜，不在主权，而在政府；不在上帝，而在天使；不在君主，而在部长；不在法律，而在警察；或者更准确地说：在于形成与巩固政治的这双头统治机器之上”（林佳和译）。法学之学术，若照着阿甘本（Giorgio Agamben）的揭示，似乎永远逃离不了政治之宰制同时又永远依附于利益之运用。在平庸乏味的学术海洋中，我们也许常感“为学术而学术”实在是一个高洁和忠贞的理想，沉浮学海的共同体学人，但凡如此，或多或少都存有几分纯学术的关怀、牵挂乃至托词。然而学术与现实交融使得今人又不得不拖着皮囊与心神达到“所学即所用”的最高境界。我们若是感慨现实对学术的吞噬过多倒不如彻底省思自我，知识的社会基础缘何能够成为知识本身的栖身之所……反求诸己而已矣。

五、感学

维克多·雨果（Victor Hugo，1802—1885）在创作《悲惨世界》（Les Misérables）时写道：“只要因法律和习俗所造成的社会压迫还存在一天，在文明鼎盛时期人为地把人间变成地狱并使人类与生俱来的幸运遭受不可避免的灾祸；只要本世纪的三个问题——贫穷使男子潦倒，饥饿使妇女堕落，黑暗使儿童羸弱——还得不到解决；只要在某些地区还可能发生社会的毒害，换句话说，同时也是从更广的意义来说，只要这世界上还有愚昧和困苦，那么，和本书同一性质的作品都不会是无益的。”纵使我们今日所学、所知、所感远不能逃离文明世界的无涯愚昧和困苦，我辈何曾默然忍受坎坷命运的无情打击？然而，致力于探讨一个理论问题而又给予这个真实的法律世界一丝如雨果那样“同一性质”关怀的我，写作之后，确感梁任公所言不谬：“坐此为能力所限，而稗贩、破碎、笼统、肤浅、错误诸弊，皆不能免。”惭愧和感慨充塞着我的整个身心……可我深知那文字所到之处皆满满地浸染着师友的慈爱恩惠、亲人的望眼欲穿、十年的含辛茹苦呀！初心是那么的美妙亦足以感天感地，就连此时此刻的夜雨也能和着这感慨一起奏鸣，就如肖邦叙事曲定会让灵魂在那柔和忧郁的琴声和刚毅挺拔的旋律之间来回漂泊……此时，记忆匣子还颠沛流离在漫漫的光阴旅途中被海水般的理性与情感放逐、放逐，这也似乎注定着一颗枕着波涛的心灵从未有过归途、绝不能渴望归途。怜此世界吧，以下有莎翁“商籁体”（Sonnet）的第一篇为证——

吾人皆欲至美灵物繁衍，
俾美之灼华能长开不谢，
然物之成熟者皆迫大限，
赖其幼嗣传其记忆不绝。
然君陷恋于己明眸之艳，

焚君之膏以持君炬之焰，
使乎饥馑生乎丰饶之原，
自为己雠待己殊为残贱，
君当此际乃此世之华瑞，
艳彩春光之不二先遣使，
然竟埋精锁悦于君花蕾，
吝其用兮痴汉致其徒失，
请怜此世界莫为彼饕餮，
啖世之应份——任君与墓穴。
（莎士比亚　诗　颜斯华　译）

拙作得以在“青蓝文库”出版，得益于张翔、张龑等老师的大力举荐，离不开中国法制出版社马颖、王雯汀等老师付出的大量心血，可我所应感恩和致谢者又何止于这浅浅笔墨所能延展到的地方，又怕那尽数罗列，拙文后记将永无完结。任凭造化为庸人设计的这如许的光阴，我且将那些在法学学习和研究中能够感悟到的记忆一并锁好再珍藏进这些文字吧……

涂云新

己亥冬雨夜于沪上江湾

图书在版编目（CIP）数据

经济、社会、文化权利论纲 /
涂云新著. —北京：中国法制出版社，2020.10
（青蓝文库）
ISBN 978-7-5216-1344-5

Ⅰ. ①经… Ⅱ. ①涂… Ⅲ. ①人权法—研究
Ⅳ. ① D912.704

中国版本图书馆 CIP 数据核字（2020）第 195928 号

策划编辑 马 颖 王雯汀 责任编辑 王雯汀 封面设计 蒋 怡

经济、社会、文化权利论纲
JINGJI、SHEHUI、WENHUA QUANLI LUNGANG

著 者 / 涂云新
经 销 / 新华书店
印 刷 / 三河市紫恒印装有限公司
开 本 / 710 毫米 ×1000 毫米 16 开
印 张 / 35.5
字 数 / 495 千

版次：2020 年 10 月第 1 版 / 2020 年 10 月第 1 次印刷
书号：ISBN 978-7-5216-1344-5 定价：119.00 元

北京西单横二条 2 号
邮政编码：100031 传真：010-66031119
网址：http://www. zgfzs. com 编辑部电话：010-66060794
市场营销部电话：010-66033393 邮购部电话：010-66033288

（如有印装质量问题，请与本社印务部联系调换。电话：010-66032926）